U0856214

北京安全生产年鉴

BEIJING ANQUAN SHENGCHAN NIANJIAN

2016

北京市安全生产监督管理局
北京煤矿安全监察局 编

中国劳动社会保障出版社

图书在版编目(CIP)数据

北京安全生产年鉴. 2016/北京市安全生产监督管理局，北京煤矿安全监察局编. —北京：中国劳动社会保障出版社，2017

ISBN 978-7-5167-3074-4

Ⅰ.①北… Ⅱ.①北…②北… Ⅲ.①安全生产-北京-2016-年鉴 Ⅳ.①X931-54

中国版本图书馆 CIP 数据核字(2017)第 108968 号

中国劳动社会保障出版社出版发行

(北京市惠新东街 1 号 邮政编码：100029)

*

中国铁道出版社印刷厂印刷装订 新华书店经销

787 毫米×1092 毫米 16 开本 35.25 印张 5.5 彩色印张 859 千字

2017 年 6 月第 1 版 2017 年 6 月第 1 次印刷

定价：230.00 元

读者服务部电话：(010) 64929211/64921644/84626437

营销部电话：(010) 64961894

出版社网址：http://www.class.com.cn

《北京安全生产年鉴》编纂委员会

《北京安全生产年鉴》编辑部

编辑说明

一、《北京安全生产年鉴》2016年版，由北京市安全生产监督管理局（简称“市安全监管局”）、北京煤矿安全监察局（简称“北京煤监局”）编，委托北京市安全生产联合会负责资料收集和编辑工作。

二、本年鉴是一部记载北京市2015年安全生产信息的大型工具书，内容客观、真实、全面、系统，对于了解和掌握北京安全生产工作状况、取得的成效和存在的问题，研究安全生产发展变化及其规律性有重要的参考价值。

三、本年鉴紧紧围绕2015年北京市安全生产中心工作，坚持群众路线，“众手成鉴”，突出北京市安全生产的特点，全面记述、宣传和报道。

四、本年鉴选用材料由北京市安全生产委员会办公室、市安全监管局、北京煤监局、市政府有关委办局，以及16个区县、北京经济技术开发区安全监管局和部分企事业单位提供，经年鉴编辑部审读修改选编，报年鉴编委会审查批准后，由出版社出版发行。

五、《北京安全生产年鉴》创刊于2008年（2003年至2007年合刊），已连续出版发行9部。

六、《北京安全生产年鉴》编辑部联系方式：

电话：63522181

传真：63522105

电子邮箱：bjax2013@126.com

地址：北京市朝阳区惠新东街1—1号

邮编：100029

目　录

特　载

大　事　记

安全监管

统计资料

事故案例

人　　物

附　录

索　引

▲ 2 月 15 日，市长王安顺（左一）检查安全生产工作

▲ 11 月 3 日，国家安全监管总局局长杨焕宁（左一）调研北京市安全生产工作

▲ 5 月 8 日，国家安全监管总局副局长孙华山（左二）调研北京市地铁施工安全生产工作

▲ 8 月 14 日，副市长张延昆（右三）检查危险化学品安全生产工作

▲ 12 月 30 日，副市长王宁（左二）检查燃气企业安全生产工作

▲ 6 月 16 日，市安全监管局局长张树森（中）参加安全生产宣传咨询日活动

▲ 4 月 1 日，市安全监管局副局长贾太保（后排右二）与企业负责人开展对话谈心活动

▲ 6 月 13 日，市安全监管局副局长阎军（中）在有限空间作业大比武理论考试现场

▲ 7月3日，驻市安全监管局纪检组组长续栋在局机关党员大会上讲话

▲ 6月26日，市安全监管局副局长唐明明（左四）检查油气输送管道隐患整改工作

▲ 6 月 2 日，市安全监管局副局长李东洲（右二）检查燕山石化安全生产工作

▲ 5 月 27 日，市安全监管局副巡视员谢清顺（后排中）与企业负责人开展对话谈心活动

▲ 8 月 24 日，市安全监管局副巡视员钱山（右一）检查加油站安全生产工作

▲ 5 月 30 日，市安全监管局副巡视员高士虎（前左一）检查企业安全生产工作

▲ 7 月 29 日，京津冀安全生产地方标准协同工作会议

▲ 12 月 14 日，市安委会督查怀柔区安全生产大检查“回头看”工作

▲ 5 月 14 日，京津冀三地联合组织输油管道泄漏爆燃事故应急演练

▲ 6 月 16 日，安全生产宣传咨询日活动现场

▲ 6 月 16 日，安全生产宣传咨询日活动现场

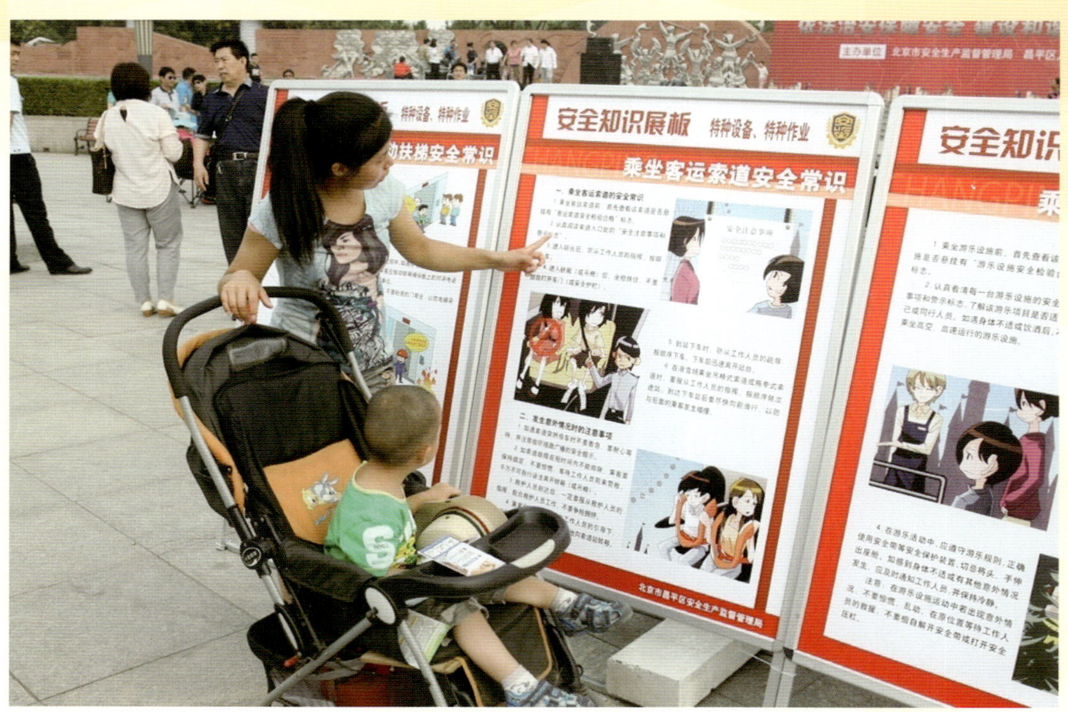

▲ 6 月 16 日，安全生产宣传咨询日安全知识展板

▲ 6 月 16 日，安全生产宣传咨询日市民观看安全生产文艺表演

▲ 7 月 6 日，“北京汽车杯”北京市十佳安全宣传员评选活动总结表彰大会

▲ 12 月 5 日，北京市 2015 年“职工技协杯”特种作业电工安全技能竞赛现场

特　载

【文　选】

北京市市长王安顺在全市安全生产工作电视电话会议上的讲话

2016 年 1 月 29 日

刚才，王宁同志传达了习近平总书记等中央领导同志关于加强安全生产工作的重要指示，总结部署了全市安全生产工作；良栋同志通报了朝阳区孙河乡“1・24”火灾事故处置情况。

过去一年，各地区、各部门、各单位在市委、市政府的坚强领导下，认真贯彻落实党中央、国务院关于安全生产的决策部署，着力强化安全预防控制，加大隐患排查治理力度，深入推进标准化、信息化建设，全市安全风险防控能力得到增强，安全生产事故起数和死亡人数实现“双下降”，没有发生重特大事故。成绩值得充分肯定。但是，我们也要清醒地看到，我市安全生产形势依然严峻，一些突出问题仍然存在。有些部门和单位对安全生产工作重视不够，责任落实不到位，导致一些突出隐患久拖不治；部分行业领域安全生产基础还比较薄弱，群租房、小作坊、小散乱污企业大量存在；有的不法分子肆无忌惮地从事违法建设、非法生产经营活动，滋生大量新的安全隐患，严重威胁城市安全运行。去年采暖季以来，全市已发生煤气中毒事件 24 起、死亡 35 人。据市应急办统计，今年 1 月 1 日至 26 日，全市共发生火灾、交通事故等致人意外死亡事故 52 起、死亡 67 人。就在新年伊始、市“两会”期间，朝阳区孙河乡发生了火灾事故，造成 8 人死亡、5 人受伤，事故令人痛心，代表和委员都高度关注。金龙书记做出了重要指示，我也提出“五个不放过”的要求。刚才，市公安局又通报了火灾事故处置情况，播放了有关影像资料。这次事故再次暴露出我市公共安全和安全生产工作中，仍存在隐患排查不彻底、消除隐患不及时、部分人员责任心不强等问题。我们必须引以为戒，深刻汲取教训，举一反三，牢记首都责任，时刻紧绷安全生产这根弦，居安思危、警钟长鸣。下面，我就做好安全生产工作，再强调几点意见。

一、坚决贯彻落实中央决策部署，牢固树立安全生产“红线”意识

安全生产是人命关天的大事，是不能踩的“红线”。党中央、国务院历来高度重视，习近平总书记、李克强总理多次做出重要指示批示。在中央城市工作会上，习近平总书记强调，要“把安全工作落实到城市工作和城市发展各个环节各个领域。这是一条硬杠杠”。在中央政治局常委会上，总书记再次强调指出，“公共安全绝非小事，必须坚持安全发展，扎实落实安全生产责任制，堵塞各类安全漏洞，坚决遏制重特大事故频发势头，确保人民生命财产安全”。就在近期，总书记又专门做出“对首都存在的各种风险隐患要高度重视，积极防范化解”的重要批示。国务院也多次召开全国电视电话会议，针对不同阶段安全生产情况进行部署。这些新精神、新要求为我们做好安全生产工作指明了方向，提供了遵循。

正如金龙书记强调的那样，“首都公共安全无小事，首都安全责任重于泰山。再怎么重视也都应该，再多的措施都不为过”。各区、各部门、各单位要坚决贯彻党中央、国务院关于安全生产的指示精神，认真落实市委、市政府决策部署，牢固树立安全发展理念，切实强化首都意识，进一步增强做好安全生产工作的责任感和紧迫感，以对人民群众生命财产安全高度负责的态度，以最严格的尺度和标准，深入细致地抓好各项安全生产工作。

二、采取有效措施，全力抓好重点行业领域安全生产工作

当前，我市城乡结合部等地区，油气输送管道、轨道交通等行业领域还存在较多安全隐患，稍有不慎，就有可能发生重特大事故。我们必须坚持问题导向，从最薄弱环节抓起，采取针对性措施，全力防范各类安全事故发生。

一是深入推进专项整治。这些年的实践证明，专项整治是堵塞安全漏洞的重要抓手。要把重点行业领域专项整治引向深入，全力抓好危险化学品和易燃易爆物品专项治理，争取在白酒制造、涉爆粉尘、涉危使用3个领域的安全隐患治理上取得明显实效。要集中力量打好油气输送管道隐患整治攻坚战，限期清理违法占压物中的生产经营活动及相关人员，坚决杜绝重特大事故发生。

二是持续开展隐患排查。防范大事故必须把隐患消灭在萌芽状态。今年是实施隐患排查治理体系建设三年行动计划的第2年，要在易发生重特大事故的行业领域，采取风险分级管控、隐患排查治理双重预防性工作机制，构建“两道防线”，推动安全生产关口前移。隐患排查要深入细致，重点行业领域要反复排查，不能蜻蜓点水、走过场，满足于签个字、留个记录。要把隐患当事故处理，对发现隐患不整改、整改不到位的单位和企业，坚决进行查处，该关停的一律关停，绝不姑息。

三是不断加强执法检查。安全生产工作宁可百日紧，不可一日松。我们必须加大执法检查力度。市级执法要向在京央企、市属国企、大型连锁企业、跨区域经营企业、高危企业等重点领域聚焦，区和街乡镇负责属地和重点区域的执法检查。各执法部门既要主动作为，又要相互配合，特别是重点领域和关键

环节的执法检查，必须严上加严，绝不能漏过任何隐患、放过任何事故。

四是切实强化事故调查处理。一些行业领域之所以一而再，再而三发生安全生产事故，主要在于相关责任人没有真正从事故中汲取教训，做到举一反三。安全生产事故发生后，信息必须及时报送，绝不能迟报、漏报、瞒报，“1·24”火灾事故就是一起迟报事件。对于发生的安全生产事故，必须依法依规严肃处理，做到“事故原因不查清不放过、事故责任不查清不放过、事故责任人依法依规处理不到位不放过、全市安全生产全面整改不到位不放过、教训不吸取不放过”，该免职的免职，该罚款的罚款，该移交司法的也绝不姑息，必须让失职渎职者受到惩罚，让肇事者付出惨痛代价，切实发挥事故的警示教育作用。我们处理人不是目的，主要还是让大家从每件事故中吸取教训，更好地做好公共安全和安全生产工作，确保首都安全稳定。

三、转变治理方式，不断健全安全生产长效机制

在着力补齐短板、堵塞漏洞、消除隐患的同时，还要注重解决影响安全生产的深层次问题，推进安全生产长效机制建设。

一是深化改革创新。在监管体制上，安委会要发挥好综合协调作用，统筹安全生产监管部门、行业管理部门和属地开展工作，强化安全生产综合治理。在监管方式上，要综合运用法律、经济、行政等多种手段，积极采取派驻执法、跨区域执法、委托执法和购买服务等举措，提高安全监管的效能。

二是强化依法治理。要以贯彻落实新修订的《中华人民共和国安全生产法》为抓手，对我市安全生产方面法规、规章和规范性文件进行系统梳理，结合当前工作实际，逐步修改完善。要实施好安全生产监管权力清单、责任清单制度，不断创新执法方式，提高执法效能。多渠道宣传安全生产政策法规，增强全社会的法治意识，提升安全生产法治化水平。

三是夯实基层基础。基础不牢，地动山摇。相对于当前量大面广的监管任务，我市安全生产的基层基础工作显得还很薄弱。一方面，要抓紧充实基层执法检查力量，管好用好现有的4700名街乡专职安全员，发挥好他们的作用。加快推进区政府职能部门专职安全员队伍组建工作，确保今年7月能够正式上岗。另一方面，要多做打基础的工作，推动安全生产信用体系和安全预防控制体系建设，完善安全准入退出机制，发挥社会力量在安全生产中的协同作用，形成推动安全发展的合力。

四、严格落实责任，加快形成安全生产齐抓共管的良好格局

做好安全生产工作，关键在于责任落实。要坚持“党政同责、一岗双责、失职追责”，全面抓好安全生产责任制和管理、防范、监督、检查、奖惩等措施的落实，不断健全安全生产责任体系。

一是落实好党委和政府领导责任。区、街乡镇要切实承担起“促一方发展、保一方平安”的政治责任，特别是党政“一把手”，要强化责任担当，切实承担起安全生产第一责任人的责任，真正把安全生产责任扛在肩上，亲力亲为，亲

自研究部署、亲自抓督促落实；分管领导要协助主要领导，共同抓好安全生产工作，通过层层落实责任、层层传导压力，让每个人对安全生产工作都真正重视起来。

二是落实好部门监管责任。按照“管行业必须管安全、管业务必须管安全、管生产经营必须管安全”的要求，进一步明确、落实行业监管职责，与综合监管部门形成合力，把监管漏洞堵塞住。要建立健全工作责任制，实行谁检查、谁签字、谁负责，检查了就要签字，签字了就要负责，出事了就要追责，做到不打折扣、不留死角、不走过场，务必见到成效。

三是落实好企业主体责任。继续开展安全生产标准化达标企业创建活动，督促企业严格履行法定义务，建立岗位安全生产责任清单，尽快做到安全投入到位、安全培训到位、基础管理到位、应急救援到位。对不达标企业，要坚决予以关停整顿，其中有不符合首都功能定位的，尽快淘汰退出。这方面，市属国有企业要带好头、做表率，舍得在安全生产上多投入一些，切实把安全隐患消除掉，确保不出事、少出事。

再过几天就是春节，节后很快就是全国“两会”。这期间，人员流动大、交通运输忙，加上烟花爆竹燃放集中、各种活动增多，很容易发生安全生产事故。各区、各部门、各单位要针对这段时间安全生产工作的特点，全面落实消防安全责任制和防火措施，强化烟花爆竹运储销放各环节安全监管，加强庙会等大型文化娱乐活动和公交场站、地铁枢纽等人员密集场所的安检工作，做好现场管控和安全防范，防止发生突发恐怖事件。同时，还要做好应急值守，加强社会矛盾排查调处，确保春节和全国“两会”安全。

最后，提前给大家拜个年，也给辛辛苦苦战斗在公共安全和安全生产工作一线的同志们拜年，祝大家身体健康、工作顺利、阖家幸福！希望你们再接再厉，在春节期间值好班、站好岗，为首都平安保驾护航。

北京市副市长王宁在全市安全生产工作电视电话会议上的讲话

2016 年 1 月 29 日

根据会议安排，我传达习近平总书记等中央领导同志重要指示和 1 月 6 日全国安全生产电视电话会议精神，通报全市安全生产情况。

习近平总书记在中共中央政治局常委会会议上发表重要讲话，对全面加强安全生产工作提出明确要求。习近平强调：重特大突发事件，不论是自然灾害还是责任事故，其中都不同程度存在主体责任不落实、隐患排查治理不彻底、法规标准不健全、安全监管执法不严格、监管体制机制不完善、安全基础薄弱、应急救援能力不强等问题。习近平对加强安全生产工作提出 5 点要求：一是必须坚定不移保障安全发展，狠抓安全生产责任制落实。要强化“党政同责、一岗双责、失职追责”，坚持以人为本、以民为本。二是必须深化改革创新，加强和改进安全监管工作，强化开发区、工业园区、港区等功能区安全监管，举一反三，在标准制定、体制机制上认真考虑如何改革和完善。三是必须强化依法治理，用法治思维和法治手段解决安全生产问题，加快安全生产相关法律法规制定修订，加强安全生产监管执法，强化基层监管力量，着力提高安全生产法治化水平。四是必须坚决遏制重特大事故频发势头，对易发重特大事故的行业领域采取风险分级管控、隐患排查治理双重预防性工作机制，推动安全生产关口前移，加强应急救援工作，最大限度减少人员伤亡和财产损失。五是必须加强基础建设，提升安全保障能力，针对城市建设、危旧房屋、玻璃幕墙、渣土堆场、尾矿库、燃气管线、地下管廊等重点隐患和煤矿、非煤矿山、危险化学品、烟花爆竹、交通运输等重点行业以及游乐、“跨年夜”等大型群众性活动，坚决做好安全防范，特别是要严防踩踏事故发生。

李克强总理对安全生产工作做出重要批示：当前安全生产形势依然严峻，务必高度重视，警钟长鸣。各地区、各部门要坚持人民利益至上，牢固树立安全发展理念，以更大的努力、更有效的举措、更完善的制度，进一步落实企业主体责任、部门监管责任、党委和政府领导责任，扎实做好安全生产各项工作，强化重点行业领域安全治理，加快健全隐患排查治理体系、风险预防控制体系和社会共治体系，依法严惩安全生产领域失职渎职行为，坚决遏制重特大事故频发势头，确保人民群众生命财产安全。

1 月 6 日，国务院召开全国安全生产电视电话会议。国务院副总理马凯、国务委员郭声琨出席会议并讲话，国务委员王勇主持会议。会上，马凯同志充分肯定2015年全国安全生产工作取得的新进展，分析安全生产形势，对抓好2016年安全生产重点工作和岁末年初工作提出要求：着力完善落实安全生产责任制；着力遏制重特大事故频发势头；着力提升安全生产法治化水平；着力深化安全生产领域改革；着力加强安全基础和能力建设；着力推进安全监管方式方法创新。

下面，简要通报全市安全生产情况。

一、2015年全市安全生产工作取得新进展

市委、市政府高度重视安全生产工作。市委书记郭金龙、市长王安顺多次主持召开市委常委会、市政府常务会，学习传达贯彻习近平总书记等中央领导同志重要指示要求，研究部署安全生产工作。2015年，市委、市政府领导就安全生产工作做出批示226次，市委市政府领导带队检查16次。市政府和市安委会召开会议15次，对不同阶段安全生产工作进行部署。

各地区、各部门、各单位认真贯彻落实党中央、国务院和市委市政府工作部署，紧紧围绕和谐宜居之都建设和京津冀协同发展，把安全生产与疏解非首都功能、调整产业结构结合起来，建立健全安全生产责任体系，深入开展安全生产大检查和隐患排查治理，坚决遏制重特大事故，安全生产工作取得新成效。一是建立健全“党政同责、一岗双责、失职追责”北京市“1＋7”安全生产责任体系，落实“五级五覆盖”要求。二是贯彻落实新修订的《中华人民共和国安全生产法》，发布实施《北京市生产安全事故隐患排查治理办法》（市政府令第266号）政府规章，实施北京市安全生产“百项地标”工程，本市安全生产法治建设取得新突破。三是深刻吸取天津港特大事故教训，全面开展安全生产大检查和危险化学品专项整治等综合治理，严厉打击非法违法违规行为，圆满完成中国人民抗日战争暨世界反法西斯战争胜利70周年纪念活动等36项安全生产保障任务。四是坚持严格执法，严厉处罚和责任追究，全年累计向司法机关移送追究刑事责任36人，给予党政纪处分18人，行政罚款3858万元。五是深入推进隐患排查治理和预防控制体系建设，实施危险化学品集中管理，开展试点建设，形成可复制、能推广的经验做法。六是进一步规范安全生产标准化建设，全市达标企业近8万家，其中道路交通、市政、建设、旅游、文化、园林、体育等部门安全生产标准化工作进展顺利。七是建立健全安全生产社团组织，推进责任保险制度试点工作，深入开展安全生产诚信体系建设和宣传教育培训活动，安全生产基层基础工作取得成效。

2015年全市安全生产工作取得丰硕成果，离不开各地区、各部门、各单位的共同努力，实现首都安全生产形势总体稳定好转。主要表现在5个方面：

一是安全生产事故起数和死亡人数实现“双下降”，全年发生各类死亡事故963起，死亡1031人，同比减少40起、65人，分别下降4.0%和5.9%。二是较大事故得到一定控制。发生一次死亡3人以上较大事故9起，死亡32人，同比减少2起、15人，分别下降18.2%和31.9%，均为道路交通事故。未发生重

特大安全生产事故。三是4类相对指标同比下降，亿元国内生产总值生产安全事故死亡率、工矿商贸企业从业人员10万人生产安全事故死亡率、道路交通万车死亡率、煤矿百万吨死亡率分别下降11.8%、52.7%、0.6%、75.8%。四是重点行业领域事故基本稳定，道路交通、建筑施工、铁路交通同比下降，未发生农业机械死亡事故。五是各地区和市属企业总体稳定。16个地区和北京经济技术开发区事故总量均未超标，市属和中央在京国有企业共发生生产安全事故9起，死亡11人，同比下降43.8%和62.1%。这些成绩来之不易，各区、各部门、各单位要及时总结经验，常怀忧患意识，进一步把本市安全生产工作抓好。

二、清醒认识当前安全生产形势

当前，全市正处于经济结构调整、疏解非首都功能、推进京津冀协同发展的关键时期，这既给安全生产带来有利因素，也面临新的挑战。2015年，全市安全生产形势保持总体稳定向好态势，但事故总量依然较大，较大事故和重大影响事故时有发生，安全生产形势依然严峻。特别是进入2016年，各类事故呈现上升势头。21日，朝阳区小红门平房起火，造成3人死亡。24日，朝阳区孙河乡又发生火灾，造成8人死亡，5人受伤。朝阳区连续发生火灾事故，市委、市政府高度重视，市委书记郭金龙、市长王安顺相继做出重要批示。事故教训仍历历在目，我们必须时刻警醒。

这些事故，一方面反映出影响和制约首都安全的深层次矛盾还没有根本解决，非法违法生产经营建设问题依然严重，非首都功能疏解力度还需进一步加大，安全生产基础工作依然薄弱，广大职工群众的安全防范意识还需要进一步加强和提升。另一方面，城市运行安全保障压力巨大，老旧小区消防安全隐患众多，新老问题聚集，安全监管任务重，隐患排查治理不及时、不彻底。

安全生产面临的深层次矛盾问题突出表现为：

一是安全生产主体责任不落实。一些企业安全意识淡薄，侥幸心理严重，冒险作业，“三违”现象突出。在安全上低标准、少投入，隐患排查治理不及时、不彻底，从企业管理层到现场岗位层层失守。如中外运长航北京外运物流中心存在重大火灾隐患，被国务院安委会督查组督办，隐患整改进度缓慢。

二是安全生产非法违法问题屡禁不止。一些城乡结合部地区违法建设严重，长期用于非法生产经营或出租。危险化学品领域存在相当数量的非法生产、非法经营、非法运输、非法使用等问题。一些违法建设占压油气输送管道和城镇燃气管道等重要设施，形成安全隐患，历史遗留问题多。目前，全市排查确认的1280项油气输送管道安全隐患，尚有515项未整改完成，与全国其他省市相比治理进度存在较大差距。西城、东城、房山、丰台、海淀等地区隐患整改总进度不足50%，治理难度大，应引起高度重视。

三是部分行业领域安全监管体制机制不完善。“12·18”清华大学化学实验室爆炸事故暴露出我市高校实验室危险化学品安全管理存在薄弱环节，安全教育培训不足，急需制定符合实际的安全管理标准规范。另外，本市商业零售、餐饮住宿、星级饭店、建筑施工等领域还存在监管漏洞盲区，有些对象并未纳入有关行政主管部门的安全监督管理范围。

四是安全生产执法力度有待进一步加强。各地区全年检查力度不平衡，部分地区存在覆盖范围小、发现问题隐患能力弱、查处惩戒力度软等问题。如丰台、海淀执法文书下达率和立案处罚率在全市排名靠后。

五是城市运行领域事故依然多发。从近年来全国和我市事故情况看，事故开始由传统高危行业领域向其他领域发散。2015 年我市相继发生“3·13”朝阳区华能热电厂事故、“3·25”地铁亦庄线台湖车辆段出轨事故、“6·18”丰台区南宫镇液化天然气罐车泄漏事故、“6·30”丰台区大红门木材厂彩钢板库房起火事故，这些事故虽未造成人员伤亡，但造成极为恶劣的社会影响。

北京作为首都，安全工作不能有丝毫闪失。我们必须坚定安全发展理念，坚持以人为本、安全至上，不断深化对安全生产规律特点的认识，把安全工作融入城市规划、建设、管理、运行的各个方面，切实保障人民群众生命财产安全。

三、扎实做好 2016 年安全生产工作

2016 年是安全生产“十三五”规划实施的开局之年，也是集中精力推动京津冀协同发展，继续深化安全生产领域改革创新的重要一年。重点抓好以下几个方面工作：

一是强化激励约束，有效推动企业主体责任落实。加快制定企业主体责任落实指导意见，强化企业法定代表第一责任人的责任。持续推进安全生产标准化达标创建活动、安全生产诚信体系、安全生产责任保险制度等举措，加强对企业主体责任落实情况的督促检查，确保企业安全投入、管理、应急、培训等措施真正落到实处。

二是深化落实推动，健全党政部门安全生产责任体系。市政府与各地区签订《安全生产目标责任书》，严格落实“党政同责、一岗双责、失职追责”，进一步细化责任和工作任务。各级安委会要加强督促协调，指导各地区、各部门落实安全生产责任，发生事故的要坚决查处，严肃追究责任，社会影响较大的一般事故要提高处理层级。

三是编制“十三五”规划，深入推进京津冀协同发展。坚持把疏解非首都功能、推进京津冀协同发展作为安全生产“十三五”规划的核心任务，加快研究首都危险化学品企业的布局，探索危险化学品集中管理体系向津冀延展。进一步提高首都安全准入标准，推动经济存量中高危险、高污染、高耗能、高职业危害企业转移或退出。

四是加强统筹推进，深化隐患排查治理和预防控制体系建设。在全市范围内开展淘汰不合格燃气具和推广安装独立式感烟火灾探测报警装置的工作，各部门要协调联动，各区政府负责具体组织实施，切实消除居民火灾和燃气泄漏爆燃事故隐患。深入贯彻实施《北京市生产安全事故隐患排查治理办法》（市政府第 266 号令），完成 2000 家企业标准清单编制任务。坚决打好城镇燃气和输

油气管线重大隐患治理攻坚战，争取年内全部完成1280项隐患的治理任务。

五是严格监督执法，持续推进安全生产法治建设。制定重点行业领域的执法计划，深入开展道路交通、建筑施工、矿山、危险化学品、涉爆粉尘等重点行业领域专项整治。启动危险化学品管理办法立法调研工作，推进实施“百项地标”工程，进一步健全安全生产地方法规标准体系。继续深化打非治违，严厉打击非法违法生产经营建设行为，公开曝光一批责任不落实的违法企业。

六是强化科技创安，提升安全生产科技支撑作用。深化和加快安全生产信息资源的开发利用，依托全市安全生产条件普查，加快推进安全生产大数据可视化平台建设，搭建全市安全生产数据中心。开展安全生产监管大数据应用研究，综合分析各类风险因素，提升基于大数据挖掘分析的安全监管监察及风险预警预测能力。

七是夯实基层基础，提高安全生产保障水平。加大安全生产中介机构培育力度，完善职业卫生监管机制。深化应急救援体系建设，提高应急救援队伍能力水平。继续抓好乡镇街道（园区）专职安全员队伍建设，加快组建区政府部门专职安全员队伍，解决基层安全生产监管力量薄弱问题。持续开展宣传教育活动，普及安全常识，营造良好社会舆论氛围。发挥“12350”安全生产举报投诉热线作用，调动社会力量参与安全生产监督，查找安全隐患，落实有奖举报制度。

北京市安全监管局局长张树森在全市安全监管监察系统工作大会上的讲话（摘要）

2015 年 12 月 28 日

全市安全生产监管监察系统 2016 年度工作大会的主要任务是：深入学习贯彻党的十八届五中全会精神和市委十一届八次、九次全会精神，深刻分析京津冀协同发展背景下安全生产工作面临的新机遇新要求，认真总结提炼两年来在推进“四化三体系双基”总任务中的经验做法，进一步动员全市安全监管系统干部职工，振奋精神，勇于开拓，努力开创本市“十三五”时期安全生产工作新局面，不断提升本市安全生产治理体系和治理能力现代化水平，为建设国际一流的和谐宜居之都提供坚强的安全保障。

一、科学聚焦，善作善成，本市安全监管能力、水平迈上新台阶

两年来，全市安全监管系统认真贯彻落实党中央、国务院和习近平总书记关于安全生产的决策部署，在市委、市政府、国家安全监管总局的坚强领导下，紧紧围绕落实“四化三体系双基”总任务，大力弘扬“六个坚持”的“北京安监精神”，全面深化安全生产领域改革，加大执法检查力度，深入开展专项整治，圆满完成 APEC、抗战胜利 70 周年纪念活动、世界田径锦标赛等各项重大政治活动安全保障任务。2015 年安全生产事故死亡人数降至 5 年来最低水平，本市安全生产形势呈现持续稳定好转的态势。回顾两年来的工作历程，主要启示有6个方面：

（一）必须敢于担当，有强烈的责任感和使命感

坚持时代担当。制定《关于实施安全发展战略促进和谐宜居之都建设的意见》，推动安全生产与加快经济方式转变、人口调控、加强城市管理相结合，把安全生产工作融入疏解非首都功能、解决制约首都可持续发展的难题上进行谋划和部署。

坚持改革担当。紧紧抓住国务院安委会把北京作为全面深化安全生产领域改革试点省份的有利契机，全方位整合资源，多层次加强协作。

坚持职责担当，把保护人民群众生命财产安全作为工作的最高职责。

坚持任务担当。在落实“四化三体系双基”总任务和各类重大政治活动安全保障面前，展示出敢于担当的坚强意志和优秀品格，赢得市委、市政府肯定，赢得广大市民认可。

（二）必须锐意进取，有勇于改革的魄力和能力

在体制机制创新方面取得新进展。推进行政审批制度改革，梳理承担的行政审批事项，创新行政许可方式，健全

完善“网上申请、网上审批”信息化系统，逐步完善“一个窗口对外，一站式服务”的工作格局。建立行政许可抽查制度和监督检查结果通报制度。与市编办联合部署，实现在区政府职能部门内设科室加挂安监科牌子或独立设置安监科的改革突破；创新事业单位组建方式，以事业单位法人登记的方式成立一批新型安全生产技术支撑机构；积极争取人力社保部门批准在安全生产领域建立3个博士后科研工作站；运用政府购买服务的方式，支持市局6个社团组织的可持续发展。

在监管方法手段改革方面取得新进展。积极探索生产经营单位诚信体系建设，加大安全生产责任保险推进力度，以期综合运用市场、经济手段推动企业落实主体责任。大力开展安全生产监管大数据技术研究，以期用先进的技术手段革新监管手段。

在监管理念改革方面取得新进展。积极推动监管体制机制综合改革试点、安全生产社会化改革试点、危险化学品集中管理体系建设改革试点、注册安全工程师培养使用管理试点、区县生产安全事故调查处理规范化试点、从工伤事故中甄别筛选生产安全事故试点等项目，已经取得许多可借鉴、可推广、可复制的经验和成果。

（三）必须久久为功，有钉钉子的精神和劲头

坚持守住发展决不能以牺牲人的生命为代价这条“红线”不动摇。通过细化“1+7”安全生产责任体系，“党政同责、一岗双责”得到有效落实。从顶层设计上积极推进隐患排查治理体系、安全预防控制体系建设，把安全生产的关口前移、防线前移。对以轨道交通、“两客一危”为重点的交通运输行业，以危险化学品使用、粉尘涉爆为重点的工业领域，以在建住房项目和轨道交通等基础设施项目为重点的建筑施工领域，持续反复开展执法检查活动。

坚持安全生产京津冀一体化协同发展的战略布局不动摇。与津冀建立定期会商机制，初步确立建立促进京津冀一体化的安全生产标准制度体系的合作意向。探索建立京津冀安全生产科技成果转化服务平台和安全生产专家库、技术服务机构信息库等资源共享机制。

坚持安全生产“四化三体系双基”总任务不动摇。制定“四化”建设的三年行动计划，已经或者即将以市政府文件出台隐患排查治理体系建设意见和安全预防控制体系建设意见。大力开展安全生产条件普查，大力建设安全员队伍、健全基层安全管理机构。

坚持安全生产为了企业、依靠企业、成果由企业共享不动摇。面对企业对安全生产的个性化需求，在具体指导方式方法上更加注重针对性、具体化，教育培训中更加注重针对不同行业企业的特点，宣传引导中更加注重发挥好微信公众号、官方微博等新媒体作用，专项整治中更加注重专项整治成果的运用。

（四）必须综合施策，有科学的治理能力和水平

整合发掘各类可以利用的资源为安全生产服务。在市政府的高度重视下，在有关部门的支持下，我们获得资金、项目支持前所未有的多，获得人才、机构、编制、表彰奖励名额支持前所未有

的多，获得地方标准、立法支持前所未有的大，获得媒体关注、新闻报道数量前所未有的多。

发挥行业监管作用，形成工作合力。规定政府部门安全监管职责的市政府27号文件的修订，得益于安委会所有成员单位的鼎力支持和理解配合。地下空间综合治理、城乡结合部地区安全生产专项整治、“六打六治”专项行动、油气管线安全隐患专项整治等工作的推进，得益于各委办局的协调联动和通力协作。道路运输安全年、商市场安全生产执法检查、清理住宅内非法违法生产经营活动、生产经营单位用电安全专项治理等工作的开展，得益于各委办局的各司其职和主动作为。

培育社会组织力量。用足社会化政策，以市安委会名义印发文件，明确政府购买安全生产社会服务的主要内容和工作机制。规范中介机构管理，推动“注安师”事务所规范化、专业化发展。成立“注安师”事务所27家，安全生产领域社团组织已有20家。

努力赢得公众的关注和支持。进一步规范市、区两级安全生产举报投诉工作规则、信息处理流程、公众咨询手册等，通过建立有偿奖励办法，最大限度激发群众参与积极性。深入推进安全文化建设，打造安全文化论坛品牌，提高安全文化建设示范企业创建质量。深入开展安全社区建设，建立安全生产政策宣讲团，采用多种形式最大限度赢得公众对安全生产工作的支持和理解。

（五）必须狠抓落实，有高的标准和严的要求

坚持雷厉风行抓落实。在全国、北京第一个以市政府名义出台隐患排查治理体系建设方案，第一个出台安全预防控制体系指导意见。危险化学品集中管理体系对北京尤为重要，我们就在认真研究的基础上提出推进方案。在推进全市乡镇街道专职安全员工作上，3812名安全员从筹划组建到正式上岗，仅用半年时间。北京市安全生产工程研究院以事业法人登记的方式设立，从动议到注册完毕仅用两个月时间。

坚持上下联动抓落实。比如标准化工作和深化改革试点工作，既重视发挥好市级层面的指导协调，为区县组织实施和改革创新探索提供政策法律咨询和业务指导，又强调通州、朝阳、房山等区落实好具体工作的要求以及具体工作安排，做好政策的落实、落地。

坚持问题导向抓落实。结合非首都功能疏解中面临的问题，通过建立安全生产负面清单、推进部分安全监管重点行业稳步退出、严厉打击非法违法行为等手段，在非首都功能疏解中切实发挥作用。通过对城乡结合部、“五小企业”“六小场所”等安全隐患众多的部位加大执法监管力度，最大限度减少安全生产事故的发生。结合从业人员对安全健康权益愈发关注中发现的问题，组织开展区职业卫生评估和中介服务机构评估。

坚持深入调研抓落实。因为有市局处级干部开展乡镇街道专职安全员专项调研和安全生产信息化专项调研，才更加清楚如何搭建安全员日常检查信息化系统；因为有对全市所有特种作业考试点和部分特种作业从业人员需求的深入了解，才会建立首钢技师学院安全生产实训基地、提出特种作业人员培训补贴

申请并获得支持。

（六）必须凝心聚力，有强大的队伍支撑和保障

凝聚干部队伍思想。提炼“坚持敢于担当的鲜明品格，坚持雷厉风行的务实作风，坚持善作善成的优良传统，坚持问题导向的科学方法，坚持无怨无悔的奉献精神，坚持清正廉洁的道德操守”的“六个坚持”的“北京安监精神”，在全系统大力倡导法治、系统、共治、底线、创新、辩证“六种思维方式”，以全新的思维方式推进安全生产治理体系的日趋完善和治理能力的显著提高。

提升干部队伍能力。开展“职工技协杯”特种作业安全技能竞赛、执法技能竞赛、有限空间作业技能竞赛，举办全市安全生产执法检查干部“三位一体”轮训班、全市乡镇街道安全生产主管领导轮训班，不断提升安全生产领域高技能人才的数量和质量。

塑造队伍良好风气。强化监督执纪和作风建设，举办安全监管系统先进人物事迹报告会，树立执法检查队伍良好形象，树立团结意识、程序意识、组织意识和原则意识。组织“十佳安全宣传员”“十佳安全监管卫士”“青年安全示范岗创建”“青年安全管理大师赛”“市级安全生产先进个人评比”等评选表彰活动，以典型引路的方式激发安全监管战线干部职工的荣誉感、成就感和归属感。

二、统一思想，提高认识，在有序疏解北京非首都功能、服务京津冀协同发展上有所作为

从宏观角度看，积极推进、主动参与京津冀协同发展是促进首都安全生产监管工作改革创新、强基提档的重大政策利好和契机。从微观角度看，疏解非首都功能、推动京津冀协同发展至少给安全监管工作创造有利条件。一是疏解非首都功能、控制人口规模将使人口和产业结构发生变化，进而给全市安全生产监管工作创造更好的外部条件。二是通过区域性物流和专业市场疏解，将大大缓解部分行政区域局部安全风险。三是加强城市管理，可以治理城市顽疾并降低城乡结合部地区的安全生产管控压力。

在把握好重要机遇的同时，也必须清醒认识到在疏解非首都功能、推进京津冀协同发展过程中面临的挑战。一是对安全发展的要求将更高，我们肩上承担的责任将更重。二是对我们准确研判安全生产形势、及时调整安全监管工作方向的水平和能力要求更高。三是涉及利益调整和产业退出期间的安全监管面临众多压力。四是新业态、新项目、新的城市发展布局将给安全监管工作带来新挑战。2016 年，我们要在推进京津冀一体化协同发展中实现突破。

（一）构建京津冀安全生产协同工作机制

会同津冀两省市安全监管部门建立三地安全生产监管协同工作机制，建立安全生产情况通报制度和工作交流制度，建立统一的安全生产信息化指挥平台，实现区域内安全生产资源信息互联互通、监管队伍协同联动、突发事件联合应对、应急资源合作共享。

（二）探索建立相关衔接、统一安全生产标准体系

加强三地在地方标准制定上的沟通

合作，抓好油气输送管道、供水、输电网络等基础设施安全监管标准的衔接工作，建立三地统一的安全生产信用体系和奖惩联动机制，共同打击安全生产违法违规行为。

（三）强化京津冀重点建设领域的安全监管

针对横跨三地的轨道交通、干线铁路、高速公路网以及北京新机场建设，危险化学品运输以及输油、输气、输水设施的安全监管，做好监管协同，建立联合执法检查机制。合理安排危险化学品生产、经营、运输及废弃物处置环节在京津冀三地的布局，整合周边危险化学品仓库资源，保障危险化学品全环节的安全。

（四）建设三地安全监管技术支撑体系

鼓励专业技术人才跨区域交流合作，推进三地安全生产中介服务机构服务一体化，为输转企业和单位提供安全生产定制化服务。推动北京市安全生产科研机构与津冀两地相关机构开展合作，在科技研发、人才培养、教育培训等方面建立合作共享机制。

三、巩固深化，持续发力，实现“十三五”时期安全生产工作的良好开局

2016年，全市安全生产工作的总体要求是：坚决贯彻落实党中央、国务院和习近平总书记、李克强总理等中央领导同志关于安全生产工作的重要指示精神，在市委、市政府和国家安全监管总局的坚强领导下，牢固树立创新、协调、绿色、开放、共享的发展理念，大力实施安全发展战略，紧紧围绕落实“四化三体系双基”总任务，更加注重推进企业主体责任落实，更加注重夯实基层基础，更加注重加强信息化引领支撑，更加注重强化综合治理，努力破解发展难题，厚植发展优势，实现首都安全生产更高水平的发展，实现“十三五”时期安全生产工作的良好开局。

（一）推进企业安全生产主体责任落实

隐患排查治理体系建设要取得决定性成果。《北京市生产安全事故隐患排查治理办法》将于2016年7月1日起施行，要组织声势浩大的宣贯活动，积极推动隐患治理办法的落地。要认真组织开展东城、西城、朝阳、海淀、石景山、昌平6个区隐患排查治理体系试点。要全力推进“一企业一标准、一岗位一清单”编制试点。采取政府购买服务方式，组织30家安全生产中介服务机构，帮助指导2 000家企业编制个性化的企业隐患排查标准和岗位隐患排查清单，有效解决隐患排查治理“谁来查、查什么、何时查、怎么查、如何改”的问题。煤矿企业120个岗位要按照《北京市煤矿岗位达标考评标准》实行动态达标考评，持续推进员工的规范操作。要持续深入开展重点行业领域隐患排查治理。以调查评估为手段、以执法检查为重点，继续强化人员密集场所、建筑施工、道路交通等重点行业领域隐患排查治理。要有序开展白酒制造、涉爆粉尘、工业企业涉危使用安全隐患治理专项行动。要进一步加大油气输送管道隐患整治、危险化学品和易燃易爆物品专项治理。配合综合治理部门，开展城乡结合部安全秩序专项治理。要加强统筹，用好隐患

治理资金。

持续深化安全生产标准化建设。坚持“创建目标是有质量的目标”和“数量服从质量、进度服从质量”两个原则，严格创建流程，加强监督检查，严把评审质量。坚持咨询与评审分开的工作机制，使评审单位和咨询单位互相监督、互相制约，促进标准化评审工作的公平、公正。严格开展全市标准化达标企业核查，对放松安全管理、没有持续改进的达标企业及造成事故或存在重大安全隐患的企业，坚决撤销标准化企业的称号。要从严从实开展标准化评审，严格评审机构管理和考核，实行约谈、通报、退出机制。加强评审员队伍管理，建立完善的业绩考评制度，对评审员评审技能、职业道德、工作业绩等情况实施年度业绩考评。积极组织开展创建企业示范活动，通过示范带动，促进标准化达标企业保持安全标准并不断持续改进工作。要研究激发企业自主、自愿、自觉开展安全生产标准化创建内生动力的政策措施，把标准化创建与诚信体系建设、工伤保险费率浮动、“安责险”、隐患排查治理体系建设、安全文化示范企业创建等工作相结合，做到相互促进、相互衔接，互为补充、互为基础。

不断强化安全生产执法检查。要紧紧围绕城市安全运行、非首都功能疏解和京津冀协同发展，找准执法检查定位，明确执法检查重点。市级执法重点将向中央驻京企业、市属国企、大型连锁企业、跨区域经营的企业、高危企业聚焦，力求达到“检查一家企业、约谈一批企业、监察一个行业”的目标。区和乡镇街道执法检查重点将指向区域和属地。市、区、乡镇街道三级执法检查计划要有机衔接，逐步形成各负其责，各尽其责的执法工作格局，推动执法工作向层级监管方向迈进。要着力在执法标准上下实功夫，严格规范执法程序，创新执法方式。要着力在执法检查信息化应用上下实功夫，开展执法信息系统应用试点，探索移动执法、执法过程痕迹化管理等工作方式，及时发现问题、总结经验。推动街道、乡镇（园区）专职安全员检查系统的应用，通过定期通报、抽查检查以及集中指导等方式，加强对应用系统的宣传引导和督促检查。

（二）夯实安全生产基层基础

以实现全覆盖为目标，健全安全生产责任体系。本市安全生产责任体系“1＋7”系列文件已经出台，各区、各部门、各单位都制定相关的落实文件。要按照“党政同责、一岗双责、失职追责”的要求，进一步完善和细化各级党委、政府的安全生产职责，并建立相应考核机制。要研究起草加强综合监管的意见、关于企业主体责任规定等，建立起系统完善的责任体系。要按照“三个必须”的要求，厘清危险化学品、地下管线、人员密集场所等重点领域各有关部门的安全监管职责，消除监管盲区、漏洞。

以提升预警防范水平为目标，推动安全预防控制体系建设。《北京市安全预防控制体系建设指导意见》已通过市政府专题研究，各区、各部门、各单位要尽快组织学习贯彻，研究出台配套的措施，具体落实各项任务要求。要增强安全生产运用法律手段、经济手段、技防手段等实施预防控制的能力，建立安全监管与工商、经信、公安消防等部门的联动防范机制。

以提高履职能力为目标，抓好专职安全员队伍建设。加快推进区政府职能部门专职安全员队伍组建工作，着力做好招聘、培训、管理等方面的顶层设计，确保2016年7月正式上岗。加强乡镇街道专职安全员队伍管理，扩大专职安全员规范化管理试点范围，力争2016年全市30%的乡镇街道专职安全员检查队实现规范化建设达标。结合2016年全市执法工作形势和任务特点，做好新上岗的乡镇街道和区职能部门两支专职安全员队伍的集训工作，提高专职安全员履职能力。精心谋划组织全市乡镇街道专职安全员安全生产检查技能竞赛，树立业务技能先进典型。

以落实落小落细为目标，提高安全生产宣传教育质量。重点宣传《中华人民共和国安全生产法》、隐患排查治理办法、已出台的各类地方标准等。宣传方式上，在巩固拓宽传统新闻宣传渠道基础上，推进宣传教育活动的减量提质、整合提升。固化青年安全示范岗、青年安全生产管理大师赛、安全榜样人物评选等宣传教育品牌，改进安全生产月咨询日举办方式，提升宣传教育工作的针对性。宣传手段上，在运用好传统媒体的基础上，推动安全监管政务手机应用、安全监管网络电视等新的自媒体网络平台的应用，建设集采、编、播一体的安全生产演播室，打造以全媒体为特征的分类宣教平台。

以加强实操实训为目标，提升安全生产培训的针对性和有效性。开展特种作业大培训，针对外来务工人员、市域内下岗失业人员、大学毕业生，采取补贴培训的方式，开展电工、制冷、高处悬吊等4个特种作业类别、9个操作项目的大培训工作。深入实施企业班组长、非高危企业负责人培训工程，依托首钢技师学院，建立北京市安全生产执法检查实训基地。举办第四届安全生产技能竞赛活动，吸引生产经营单位一线职工广泛参加。充分发挥安全生产职业技术鉴定所的作用，开展电工、电焊工、架子工、制冷工及中央空调系统操作员职业技术等级鉴定工作，推进安全生产实用型人才队伍建设。

以落实企业职业病防治主体责任为目标，强化职业卫生监管。以完善职业病防治机制为核心，进一步完善职业卫生指标监控体系，引入“职业病直报情况”监控内容，使监控体系更加完善。支持北京市职业病防治联合会发展，为职业卫生监管提供有力的外部支持。扎实推进重点行业职业病危害现状评价工作，开展汽修行业重点工艺的专项治理，深化用人单位职业卫生基础建设工作，提升用人单位职业卫生管理水平。做好乙级、丙级技术服务机构许可和监管，为职业卫生监管提供技术支撑。

（三）发挥信息化的引领支撑作用

继续完善顶层设计。市局要继续围绕“四化三体系双基”总任务，优化一个平台、盘活一批系统、建立一个机制。在不断优化市局平台的基础上，增强各区平台、乡镇街道平台、企业平台、市级委办局平台系统的功能。重点强化企业平台功能，实现企业台账、隐患数据、行政许可、执法检查等业务数据的无缝隙共享。要利用移动互联、云计算、大数据等新技术，继续优化行政许可、执法检查两个系统功能。实施局政务网站改版，提高系统实用性、易用性和稳定性。升级行业委办局平台，实现市局平台信息的共享和推送。借助隐患数据采集分析平台项目，改版各区、乡镇街道和企业三级平台，汇总隐患相关数据，统一企业台账管理，在各区、乡镇街道、企业、委办局平台间，实现业务流程、功能应用的合理分布。要统筹建设各类安全生产业务系统。

加强数据共享交换。全市数据共享工作主要从以下 3 个方面展开：一是市局与各区局之间，要通过市局统一开发建设的共享交换接口，按照统一的系统对接标准，实现数据共享交换；二是市局与市级各行业监管部门之间，要通过全市统一的共享交换平台实现业务资源数据共享；三是市局与国有企业（集团）之间，考虑到企业信息化情况差异较大，市局将提供数据接口、表格导入等多种方式实现数据共享。

加强系统推广应用。重点加大行政许可、执法检查、隐患排查、标准化等业务系统推广应用力度。要抽调业务骨干组成工作组，包片包干落实推广应用任务。系统推广应用工作要真正成为“一把手”工程，要建立配套的系统使用制度，强化对系统使用的量化考核，强化安全生产基础台账动态更新机制建设。

注重培育服务机构。一是结合北京市安全生产社会化三年行动计划，利用高等院校、科研院所、互联网公司等力量，积极培育安全生产信息化服务机构，针对系统建设、数据使用维护等重点领域，探索建立合作模式。二是可以由信息化服务机构全程参与信息系统建设，在需求分析阶段提升工作专业性，在开发阶段实现系统代码级别管控，提升系统功能性和技术性水平。三是区局自建系统要把数据运维当作今后的一项重点工作，借助机构开展数据清洗比对、大数据分析等工作，确保系统数据的完整、准确和动态更新。四是加快培育一支既懂信息化技术也懂安全生产业务的人才队伍。

树立推广应用典型。要开展交流观摩，树立信息化推广应用典型。要及时总结经验，规范业务流程，完善系统功能，不断提高信息系统的可用性、实用性和通用性，提升业务系统的应用效能。市局将结合执法系统、隐患排查系统推广应用工作，组织进行观摩学习，增加单位间的横向交流。

（四）强化安全生产综合治理

充分发挥好行业部门的监管（管理）作用。安全生产监督管理必须充分发挥行业安全生产管理部门的优势和作用。要继续依靠安委会这个工作平台和综合监管手段，采取联席会议、联合执法、综合考核以及在各区职能部门配备专职安全员等措施，充分调动行业部门落实“三个必须”并主动履行安全生产工作职责的积极性。市级各行业部门要高度关注区政府职能部门配备专职安全员这项工作，从“条”上切实拿出一些招数，使这支队伍真正发挥作用。

充分发挥好社会力量在安全生产监管中的协同作用。通过购买服务的方式，扶持社团组织发展壮大。加强专家库建设，组建多样化专家服务团队，指导企业加强安全管理。充分依托在京高等院校、科研机构等各类创新主体建立实验室、研究中心，运用科技方法、手段解决安全生产中的技术“难题”。认真做好安全生产高级工程师评审工作，抓好注册安全工程师管理和试点工作。科学管理安全生产中介机构，评定“安全生产中介服务机构示范单位”，努力创建公开透明、竞争有序、服务规范的安全生产社会化服务市场。运用好新闻媒体、群众举报投诉的监督作用，在全社会营造重视安全生产工作、支持安全生产工作的良好氛围。朝阳区的安全生产社会化改革要继续深化。

全面启动安全生产信用体系建设。制定《北京市安全生产信用体系建设管理办法》及配套制度措施，研发信用体系信息管理系统，建立安全生产企业信用信息数据库，与社会征信系统相衔接，实现信息互通互享。研究建立安全生产负面清单制度，明确安全生产准入标准和淘汰退出标准，依法依规推动经济存量中高危险、高职业危害企业的淘汰退出。

全力推进“安责险”制度试点。对本市“安责险”制度进行完善，研究本市实施风险抵押金制度的办法，研究将安全生产标准化、安全生产诚信体系、安全文化示范企业创建等与“安责险”制度进行有效衔接的制度安排。要积极开发新的“安责险”保险产品，逐渐扩大试点的行业领域。要进一步加大宣传培训力度，使全社会对“安责险”加强事故预防、转移经营风险、保障安全生产事故伤害人员合法权益的3项功能有充分的了解和理解。

大力推进安全文化建设，激发安全生产的恒久活力。要以点带面推进企业安全文化建设，举办安全文化建设示范企业培训班，培养一批企业安全文化建设的骨干，指导企业深入开展安全文化建设示范企业创建活动。要充分研究工伤保险、“安责险”费率浮动等激励机制的运用，进一步调动各单位参与创建的积极性。要通过创建，形成一批创建经验有特色、有亮点、可复制、可推广的示范企业，在不同地区、不同行业中充分发挥引领和带动辐射作用。要研究制订《北京市安全社区建设五年规划（2016—2020年）》，本着有效整合资源，全面提高质量的工作要求，推动我市安全社区建设工作。要高标准筹划北京市安全生产的互动体验式基地，依托现有各类宣传教育场所，推动向社会定期开放，不断提高社会公众对安全常识的认知度。

【市政府规章】

北京市人民政府令

第 266 号

《北京市生产安全事故隐患排查治理办法》已经 2015 年 11 月 10 日市人民政府第 97 次常务会议审议通过，现予公布，自 2016 年 7 月 1 日起施行。

市长　王安顺

2015 年 11 月 24 日

北京市生产安全事故隐患排查治理办法

第一条　为加强和规范生产安全事故隐患排查治理工作，防止和减少生产安全事故，根据《中华人民共和国安全生产法》和《北京市安全生产条例》，制定本办法。

第二条　本市行政区域内生产安全事故隐患的排查治理和监督管理活动适用本办法。

本办法所称生产安全事故隐患（以下简称事故隐患），是指生产经营单位在生产经营活动中存在的可能导致生产安全事故发生的物的危险状态、人的不安全行为和管理上的缺陷。

第三条　事故隐患排查治理工作应当坚持生命至上、预防为主、科学管理、单位主责、政府监督、社会参与的原则。

第四条　市和区人民政府应当加强对事故隐患排查治理监督管理工作的领导，支持和督促各有关部门依法履行事故隐患排查治理监督管理职责，及时协调解决事故隐患排查治理中存在的重大问题，将事故隐患排查治理监督管理工作列入政府工作部门考核内容，并在本级财政预算中安排资金，用于事故隐患排查治理监督管理工作。

乡、镇人民政府以及街道办事处应当协助有关部门依法履行事故隐患排查治理监督管理职责。

第五条　市和区安全生产监督管理部门对本行政区域内事故隐患的排查治理实施综合监督管理，指导、协调、监督政府有关部门履行事故隐患排查治理监督管理职责，并依法对生产经营单位事故隐患排查治理工作实施监督管理。

发展改革、经济信息化、公安、国土资源、住房城乡建设、市政市容、交通、水务、质量技术监督、安全生产监督管理、园林绿化和农业等按照有关法律、法规负有安全生产监督管理职责的政府有关部门，在各自职责范围内对相关行业、领域的事故隐患排查治理工作实施监督管理。

安全生产监督管理部门和本条前款规定的政府有关部门，统称为负有安全生产监督管理职责的部门。

第六条 生产经营单位应当遵守法律、法规、规章和本办法有关事故隐患排查治理的规定，采取技术和管理措施，及时发现并消除事故隐患，承担事故隐患排查治理的主体责任。

对发现的事故隐患，生产经营单位应当立即消除；无法立即消除的，应当按照事故隐患危害程度、影响范围、整改难度，制定治理方案，落实治理措施，消除事故隐患。

生产经营单位应当保障隐患排查治理所需资金。所需资金按照实际发生额列支，可以依照税法有关规定实行税前扣除。

第七条 生产经营单位的主要负责人对本单位事故隐患排查治理工作全面负责，履行下列职责：

（一）组织制定本单位事故隐患排查治理制度；

（二）督促、检查本单位事故隐患排查治理工作，及时消除事故隐患；

（三）保证事故隐患排查治理投入的有效实施。

第八条 生产经营单位的安全生产管理机构以及安全生产管理人员履行下列职责：

（一）参与拟定本单位事故隐患排查治理制度；

（二）按照本单位事故隐患排查治理制度，检查本单位的安全生产状况，及时排查事故隐患，提出改进安全生产管理的建议；

（三）制止和纠正违章指挥、强令冒险作业、违反操作规程的行为；

（四）督促落实本单位事故隐患排查治理整改措施。

第九条 从业人员发现事故隐患或者其他不安全因素，应当立即向现场安全生产管理人员或者本单位负责人报告；接到报告的人员应当及时予以处理。

从业人员发现直接危及人身安全的紧急情况时，有权停止作业或者在采取可能的应急措施后撤离作业现场。

第十条 生产经营单位应当建立健全事故隐患排查治理制度，细化和明确从业人员、基层班组等基层作业单位和工艺、技术、设备等部门事故隐患排查的具体内容、周期、责任等事项，对事故隐患的排查、登记、报告、监控、治理、验收各环节和资金保障等事项做出具体规定。

第十一条 生产经营单位应当每月向从业人员通报事故隐患排查治理情况。

重大事故隐患消除前，生产经营单位应当向从业人员公示事故隐患的危害程度、影响范围和应急措施。

第十二条 有下列情况之一的，生产经营单位应当及时向所在地负有安全生产监督管理职责的部门报告：

（一）事故隐患无法及时消除并可能危及公共安全的；

（二）非本单位原因造成或者可能造成事故隐患的。

报告的内容应当包括事故隐患的现状、形成原因、危害后果和影响范围等情况。

第十三条　生产经营单位在事故隐患治理过程中应当采取相应的监控和防范措施，必要时应当派员值守。事故隐患消除前或者消除过程中无法保证安全的，应当从危险区域内撤出作业人员，疏散可能危及的人员，设置警戒标志，暂时停止使用相关装置、设备、设施。

第十四条　事故隐患消除后，生产经营单位应当组织验收。暂停使用的相关装置、设备、设施未经验收合格，不得投入使用。

第十五条　本市建立健全生产安全事故隐患排查治理信息系统，全过程记录生产经营单位事故隐患排查治理情况，分析、预测安全生产形势，实现事故隐患排查治理和监督管理的信息化。

负有安全生产监督管理职责的部门应当分析事故隐患排查治理信息，定期通报本辖区事故隐患排查治理情况、发布预警信息，为生产经营单位提供指导和服务。

第十六条　生产经营单位应当按照要求使用生产安全事故隐患排查治理信息系统，如实记录事故隐患的排查时间、所属类型、所在位置、责任部门和责任人、治理措施及整改情况等内容。

第十七条　负有安全生产监督管理职责的部门应当按照年度监督检查计划，对生产经营单位事故隐患情况进行监督检查；建立事故隐患治理督办制度，督促生产经营单位消除事故隐患。

负有安全生产监督管理职责的部门应当设立并向社会公布事故隐患举报渠道。

其他负有安全生产监督管理职责的部门的职责范围难以确定或者存在争议的，由安全生产监督管理部门协调、确定。

第十八条　负有安全生产监督管理职责的部门应当按照各自职责，制定相关行业、领域的事故隐患目录。

第十九条　负有安全生产监督管理职责的部门对检查中发现的事故隐患，应当责令立即消除；重大事故隐患消除前或者消除过程中无法保证安全的，应当责令从危险区域内撤出作业人员，责令暂时停产停业或者停止使用相关设施、设备；重大事故隐患消除后，经审查同意，方可恢复生产经营和使用。

负有安全生产监督管理职责的部门采取责令暂时停产停业措施，对居民生活影响较大的，应当向社会公告。

第二十条　负有安全生产监督管理职责的部门接到本办法第十二条规定的事故隐患报告的，应当及时调查、了解有关情况，采取治理措施；对于超出本部门管理权限的，应当及时报告本级人民政府，由本级人民政府协调处理。

第二十一条　本市鼓励安全生产协会组织、技术管理服务机构和注册安全工程师等专业技术人员参与事故隐患排查治理工作，为生产经营单位提供事故隐患排查治理技术和管理服务。

第二十二条 任何单位和个人发现事故隐患，均有权向负有安全生产监督管理职责的部门举报。接到举报的部门应当依法为举报人保密，对举报有功人员应当给予奖励。

鼓励生产经营单位的从业人员举报本单位存在的事故隐患。

第二十三条 居民委员会、村民委员会发现其所在区域内的生产经营单位存在事故隐患，应当向负有安全生产监督管理职责的部门报告。

第二十四条 负有安全生产监督管理职责的部门的工作人员，未按照本办法规定履行事故隐患排查治理监督管理职责的，依法给予行政处分；构成犯罪的，依法追究刑事责任。

第二十五条 对事故隐患排查治理工作不力的生产经营单位，负有安全生产监督管理职责的部门应当对其主要负责人进行约谈和教育培训。

第二十六条 生产经营单位的主要负责人未履行本办法第七条规定的事故隐患排查治理职责的，责令限期改正；逾期未改正的，处 2 万元以上 5 万元以下罚款。

第二十七条 违反本办法第十条规定，生产经营单位未建立健全事故隐患排查治理制度的，责令限期改正，可以处 10 万元以下罚款；逾期未改正的，责令停产停业整顿，并处 10 万元以上 20 万元以下罚款。

第二十八条 违反本办法第十一条规定，生产经营单位未定期通报事故隐患排查治理情况，或者未公示重大事故隐患的危害程度、影响范围和应急措施的，责令限期改正，可以处 5 万元以下罚款；逾期未改正的，责令停产停业整顿，并处 5 万元以上 10 万元以下罚款。

第二十九条 违反本办法第十二条第一款第一项规定，生产经营单位未将无法及时消除并可能危及公共安全的事故隐患，向所在地负有安全生产监督管理职责的部门报告的，处 5 万元以下罚款。

第三十条 违反本办法第十六条规定，生产经营单位未按照要求使用生产安全事故隐患排查治理信息系统，如实记录隐患排查治理情况的，责令限期改正，可以处 5 万元以下罚款；逾期未改正的，责令停产停业整顿，并处 5 万元以上 10 万元以下罚款。

第三十一条 生产经营单位及其主要负责人，在一年内有两次以上违反本办法规定行为的，应当依法从重处罚。

第三十二条 生产经营单位及其主要负责人被约谈、教育培训或者行政处罚的信息，应当纳入本市信用信息系统，负有安全生产监督管理职责的部门可以通过报纸、广播、电视和网络等方式向社会公布。

第三十三条 本办法规定的行政处罚，由负有安全生产监督管理职责的部门按照职责分工决定。

第三十四条 本办法自 2016 年 7 月 1 日起施行。

【市安委会文件】

北京市安全生产委员会关于印发《关于深入开展油气输送管道隐患整治攻坚战推进工作实施方案》的通知

京安发〔2015〕1号

各区县人民政府、北京经济技术开发区管委会，市安全生产委员会成员单位，各有关企业：

根据国务院安全生产委员会《关于深入开展油气输送管道隐患整治攻坚战的通知》（安委〔2014〕7号）精神，结合本市实际，市安全生产委员会研究制定了《关于深入开展油气输送管道隐患整治攻坚战推进工作实施方案》。现印发给你们，请认真贯彻落实。

附件：《关于深入开展油气输送管道隐患整治攻坚战推进工作实施方案》

北京市安全生产委员会

2015年1月20日

附件：

关于深入开展油气输送管道隐患整治攻坚战推进工作实施方案

为有效防范和坚决遏制本市油气输送管道重特大事故的发生，根据国务院安全生产委员会《关于深入开展油气输送管道隐患整治攻坚战的通知》（安委〔2014〕7号）精神，市安全生产委员会决定于2015年1月至2017年9月在全市范围内深入开展油气输送管道隐患整治攻坚战。为确保隐患整治顺利实施并取得实效，特制定本方案。

一、指导思想

深入贯彻落实习近平总书记等中央领导同志重要指示精神和市委、市政府关于安全生产一系列工作部署，以确保人民群众生命财产和城市运行安全为主线，依法严厉打击破坏损害油气输送管道及其附属设施的各类违法行为，全面彻底整改本市油气输送管道安全隐患，确保油气输送管道安全生产形势持续稳定好转。

二、目标原则和时间安排

（一）整治范围和目标

按照“全面排查、坚决整治、巩固成果、杜绝新增”的要求，力争用 3 年左右时间，完成本市城镇燃气、石油天然气和危险化学品输送管道全部隐患整治工作。通过整治，进一步完善油气输送管道保护和安全运行等法规制度与标准规范，建立健全安全监管体系和应急体系，实现油气输送管道生产安全事故明显减少，油气输送管道保护安全管理水平明显提升。

（二）基本原则

按照“谁主管、谁负责”“谁形成、谁负责”的原则，集中解决重大隐患，打击影响油气输送管道安全的非法违法行为，全面排查和整治本市油气输送管道安全隐患。落实企业安全生产主体责任和行业主管部门、区县政府的安全监管责任，加快建立健全本市油气输送管道安全生产责任体系，形成与超大型城市相匹配的城市建设管理能力和水平。

（三）时间安排

自 2015 年 1 月起至 2015 年 3 月底前，对排查发现的隐患进行评估核查，逐一制定治理方案；2015 年 4 月至 2015 年 9 月底前，完成评估确认的全部重大隐患和形成密闭空间隐患的整治工作；2016 年 9 月底前，隐患整改率达到 80%；2017 年 9 月底前，完成排查出的全部隐患整治工作。本市已经整治的，要结合本方案要求，加大检查力度，防止反弹。

三、组织领导和职责分工

（一）组织领导

市政府成立油气输送管道安全隐患整改工作领导小组，组长由副市长张延昆担任，副组长由市政府副秘书长刘志、市安全监管局局长张树森、市市政市容委主任孙新军担任。领导小组下设办公室，设在市安全生产委员会办公室，承担领导小组日常工作。

（二）职责分工

管道权属企业是此次油气输送管道安全隐患整治的责任主体，要加强管道巡查，及时发现和消除隐患；对油气输送管道严格按照检验周期检验，并做好记录和日常维护工作；要切实落实责任人员、资金、方案和措施，加快隐患整治进度，确保如期完成隐患整治任务。

各相关部门要在市油气输送管道安全隐患整改工作领导小组的领导下，按照“管行业必须管安全”的工作要求，履行管道安全保护职责，做好隐患整改督促指导工作。具体责任分工如下：

1. 市发展改革委：严格油气输送管道规划和项目审核，做好与其他专项规划的统筹衔接。

2. 市财政局：负责会同相关部门通过现有经费渠道或部门预算，落实油气输送管道安全隐患排查工作经费。

3. 市市政市容委：负责督促指导石油、天然气和城镇燃气管道隐患整治，牵头制定隐患整治工作方案，按照现有的标准规范，梳理确定隐患标准，组织相关部门和管道权属企业集中打击本市行政区域内破坏损害油气输送管道及其附属设施的行为。

4. 市安全监管局：负责督促指导危险化学品管道的隐患整治，制定隐患整治工作方案，按照现有的标准规范，梳理确定隐患标准；严格落实油气输送管道建设项目安全设施“三同时”审查，组织开展全市危险化学品输送管道隐患专项整治。

5. 市住房城乡建设委：配合管道保护部门严查管道周边经许可的施工活动，对施工企业违法行为依法进行行政处罚。督促检查管道周边施工单位，与管道权属单位确定施工方案，落实监护责任；对没有与管道权属单位对接、未明确施工方案和管道保护措施的，一律不得颁发施工许可证。

6. 市公安局：依法严厉打击打孔盗油等破坏油气输送管道的违法犯罪活动，维护良好的管道保护治安秩序。

7. 市国土局：依法查处毗邻油气输送管道保护范围的无证开采、超越批准的矿区范围采矿等违法违规行为；做好油气输送管道隐患整改中需要迁移敷设的用地供应。

8. 市规划委：依法根据城乡规划为管道建设项目核发规划许可，按照北京市严厉打击违法用地、违法建设专项行动指挥部办公室有关职责，对占压管道的违法建设进行认定，拆除管道占压违法建设，并依据有关规定牵头做好油气管道档案管理工作。

9. 市国资委：负责督促油气输送管道相关市属国有企业严格落实隐患整改责任。

10. 市政府法制办：配合有关主管部门研究完善油气输送管道保护制度，按照职责分工做好相关法律法规草案的审查修改工作。

11. 市质监局：在管道保护部门的统一协调下，依法实施油气输送压力管道安全监督。运用风险评估等手段，开展行政许可、监督检查和检验检测等工作，负责对挂账隐患压力管道安全生产情况开展监督检查。

12. 市城管执法局：负责对职责范围内管线占压违法建设拆除。

13. 市公安局消防局：依法对管道保护区内的单位进行消防监督检查，督促指导有关单位落实火灾隐患整改工作。

14. 市气象局：依法对管道保护区内可能遭受雷击的建筑物、构筑物和其他设施安装的防雷装置的安全情况进行监督检查，督促防雷安全隐患整改落实。其中，已经投入使用的防雷装置须进行定期检测，新改扩建的防雷装置须进行审核和竣工验收、风险评估。

市交通委、市水务局、市农业局、市通信管理局和其他相关部门，要按照国务院安全生产委员会办公室《关于切实加强城镇地面开挖和地下施工管理保障油气等危险化学品管道安全的紧急通知》（安委办明电〔2014〕16号）要求，进一步规范地面开挖和地下施工行为，强化监督检查，严厉打击乱建乱挖乱钻非法违法行为，积极配合做好隐患整治，确保油气输送管道安全平稳运行。

市安全生产委员会办公室承担油气输送管道安全隐患整改工作领导小组日常工作。

各区县政府要落实属地管理责任，要明确辖区内管道保护主责部门，切实履行本行政区域内油气管道运行安全管理责任。要建立专项整治机构，制定工作方案。要全面掌握本行政区域内油气输送管道的基础信息、隐患信息和风险信息。要组织开展督查和执法检查，督促管道权属企业排查整治安全隐患。要掌握占压管道违法建设台账，组织力量予以拆除，坚决防止新生占压隐患。要建立安全运行、突发事件应急处置联动协调工作机制，防范事故发生。

四、工作步骤

（一）隐患排查梳理阶段（2015 年 1 月至 2015 年 3 月）

按照《北京市人民政府关于全市地下管线安全专项治理工作方案的通知》（京政发〔2013〕39 号）和《北京市安全生产委员会关于开展油气输送管线安全专项排查整治的通知》（京安发〔2014〕1 号）文件要求，各管道权属企业要制定专项整治工作方案，对前阶段排查的事故隐患进行重新核查，聘请管道保护方面的专家或具有资质的专业机构进行评估，进一步完善隐患台账，确定隐患级别，并将本单位地下管道基础信息和隐患排查情况按所属行政区域报告属地区县政府；对排查出的隐患，逐一制定隐患整治方案，形成“一点一案”“一事一案”，明确整治目标、责任单位、整改时限。各企业要在 2015 年 3 月底前，将隐患情况和整改方案录入信息化系统。

市市政市容、安全监管等相关部门，要依据有关规定明确石油天然气管道以及城镇燃气和危险化学品管道隐患判定标准，及时下发至各企业，并上报市安全生产委员会办公室备案。

市、区县两级安全生产委员会根据隐患评估情况、隐患判定标准和整改难易程度，对隐患进行分级挂账督办，逐项落实隐患整改责任单位和整改措施。

（二）隐患整改阶段（2015 年 4 月至 2017 年 9 月）

管道权属企业作为隐患整改的责任主体，要进一步细化隐患整改措施和方案，对所有隐患实施逐条逐处整改销项，隐患整改完成并经验收合格后 3 日内，通过信息化系统申请销账，经区县和有关部门同意后销账。在隐患整改完成之前，要加强周边巡护和检查，配备充足的应急抢险物资、设备，防患于未然。对于需要协调支持解决、必须改线或拆迁占压物等隐患，要逐项说明具体情况，报告属地政府和有关主管部门，请其协调解决。

各区县、各相关部门要制定检查计划，对上账隐患整改情况进行监督检查，指导协调相关部门和企业加快隐患整治进度。对于申请验收销号的隐患，要组织专家及时进行审核。对于需要政府协调支持解决、必须改线或拆迁占压物等隐患，加大协调力度，积极研究制定相关政策措施，给予政策和资金保障，确保隐患整改到位。

五、工作措施

（一）实行隐患整治分级挂牌督办制度

对排查出的安全隐患要按照整治难易程度，由市、区县两级安全生产委员会分级挂牌督办。要建立依靠专家整治隐患的工作机制，组织专家加强对隐患整治的督促、指导、检查和验收，确保隐患整治工作到位。

（二）依靠信息化手段强化整治效果

市安全生产委员会办公室负责开发油气输送管道隐患整治信息系统，作为全面、及时掌握和全过程记录隐患排查治理、判定隐患整改责任落实的重要依据。各区县、各相关部门和管道权属企业要按照要求，通过信息化系统上报隐患整治方案、日常监督检查情况，实施备案销账，实现痕迹化管理。

（三）建立政府和企业应急联动机制

各区县、各管道权属企业要深刻吸取近年来油气输送管道典型事故教训，认真分析当前应急处置工作中存在的问题和不足，进一步修订完善政府应急预案和企业应急预案，实现“一对一”有效衔接。每年至少协同组织开展一次有针对性的应急演练并加强分析总结、评估和再完善，强化政府、企业之间的应急快速响应和协同联动，完善重大险情通报和事故应急处置协调指挥机制，全面提升油气输送管道应急处置能力。

（四）建立隐患整改信息统计通报制度

市安全生产委员会办公室要建立油气输送管道安全隐患整治和“打非治违”工作通报制度，在相关安全动态信息刊物和网站上，按月发布各区县、各相关部门和管道权属企业工作进展情况。各区县、各相关部门和管道权属企业每月 3 日前，通过信息化系统上报本地区、本部门、本企业油气输送管道安全隐患整改进度以及“打非治违”和隐患整治工作好的经验、做法。

（五）集中开展“打非治违”专项行动

各区县、各相关部门和管道权属企业要扎实推进市安全生产委员会部署的“六打六治”打非治违专项行动，坚持依法治理、源头治理和综合治理，从严从重打击先清后占、盲目施工、打孔盗油等破坏损害油气输送管道及其附属设施、危及管道安全运行的乱建乱挖乱钻非法违法行为，确保油气输送管道安全平稳运行。

（六）强化源头治理，推进长效机制建设

各区县、各相关部门和管道权属企业要认真贯彻落实有关法律法规及文件规定，加强油气输送管道建设项目从规划、设计、施工到投产、运行维护等各个环节的有效衔接和严格管理，通过专项整治，加快推动出台油气输送管道完整性管理等配套法规、部门规章和标准规范，落实部门分工，细化工作职责，督促管道权属企业全面实施完整性管理，加强日常监督检查和管道保护宣传，推动建立油气输送管道保护和安全管理长效机制。

（七）实行隐患整改责任倒查和责任追究制度

市油气输送管道安全隐患整改工作领导小组建立督查工作制度，组织开展督查检查，及时发现问题，对因防范措施不到位、整改方案不落实而出现事故的区县、相关部门和企业，严肃追究相关地方政府、相关部门和企业的责任。加大行政问责和行政监察力度，严肃查处失职、渎职行为。2015 年 3 月以前排查出的隐患视为既有隐患，以后排查出的隐患视为新增隐患。对区县政府因规划、建设及监管不到位等原因，导致新增或重复出现的，追究地方政府及有关部门的责任，确保隐患“零增长”。

（八）加大隐患治理资金投入

油气管道隐患治理资金原则上由主体责任单位自行筹措。对2015年3月以前排查发现的非企业自身原因造成的油气管道占压等重大事故隐患，可根据隐患形成原因等具体情况，采取一事一议方式，按照企业和公共财政比例分担原则，由市或区县财政给予一定比例的资金支持。

六、有关工作要求

（一）加强组织领导，落实整改责任

各区县、各相关部门要成立工作机构，建立工作机制，分解整改任务，落实属地整改责任，抓紧研究整改方案和措施办法，抓实抓好隐患整治攻坚工作。各管道权属企业要成立相应机构，在加大内部隐患整治力度的同时，主动与属地隐患整改工作机构对接协商，“一点一案”“一事一案”地落实管道占压等外部隐患整改方案。

（二）密切协调配合，形成工作合力

各相关部门要加强配合，充分用好法律手段，对破坏损害油气输送管道及其附属设施、在管道周边乱建乱挖乱钻、管道超期未检等行为要依法严管重罚；对构成犯罪的要坚决依法追究法律责任。对在油气输送管道周边经营相关业务，安全管理粗放、隐患突出、事故频发而危及管道安全运行的企业，视情节给予资质降级、纳入企业安全“黑名单”、取消相关经营范围等处罚。区县、乡镇街道各级人民政府要督促指导相关部门建立定期沟通协商机制，加强协调配合，强化隐患防控，帮助企业加快需要政企协调解决的隐患整改工作进度。

（三）严格监控防范，落实整改措施

隐患整改完成之前，各管道权属企业要加强巡护、检查和监测，做到早发现、早报告、早安排、早处置，坚决防止出现新的占压等隐患，防止发生重大事故。整改完成之后，各区县和油气输送管道保护主管部门或行业主管部门要协同企业联合组织检查验收，实现隐患整治闭环。对短期内隐患无法整改，随时可能危及人民生命财产安全的，要坚决予以停输或果断改线，地方政府规划土地的时候要满足管道改线的需求。

（四）广泛宣传引导，营造良好氛围

各区县、各相关部门和各管道权属企业要充分发挥各类媒体作用，多形式、多渠道深入开展油气输送管道法律法规和相关标准的宣传工作，广泛普及管道保护和管道事故应急施救知识，着力提升管道周边单位和广大群众保护管道的自觉性和保护意识，形成全社会齐抓共管的良好氛围。对隐患整治和“打非治违”工作不得力、不彻底、进展缓慢，安全防控措施不到位，以及先清后占、隐患重复出现的区县和单位，予以公开曝光。

请各区县、各相关部门于2015年1月31日前将整治方案、领导机构组成人员和联系人报市安全生产委员会办公室。

北京市安全生产委员会关于做好2015年安全生产重点工作任务的通知

京安发〔2015〕4号

各区县人民政府，市政府有关委办局，市属企业，各有关单位：

为深入贯彻党的十八大和十八届三中、四中全会精神，落实中共中央办公厅、国务院办公厅《关于切实做好当前安全生产和人员密集场所安全管理工作的紧急通知》（中办发电〔2015〕1号）和全国安全生产电视电话会议要求，深刻吸取重特大事故教训，进一步加强本市安全生产工作，推动首都安全生产形势实现根本好转，现就做好2015年全市安全生产工作通知如下：

一、总体要求和工作目标

以习近平总书记关于安全生产和视察北京时的重要讲话精神为指导，以贯彻落实市委、市政府《关于实施安全发展战略促进和谐宜居之都建设的意见》（京发〔2014〕21号）为核心，进一步深化安全生产专项整治，强化安全监管和责任落实，努力减少一般事故，有效防范较大事故和社会影响大的事故，坚决遏制重特大事故，着力构建长效机制，努力实现本市安全生产形势根本好转。

2015年，全市道路交通、火灾、生产安全、建筑施工、特种设备、铁路交通、农业机械等事故指标要明显下降。其中：亿元地区生产总值生产安全事故死亡率控制指标下降14.3%；道路交通万车死亡率控制指标下降3.5%；工矿商贸从业人员十万人生产安全事故死亡率控制指标下降33.1%；建筑业百亿元产值死亡率控制指标下降10%；煤矿百万吨死亡率控制指标下降47.2%；特种设备万台死亡率指标下降15%；10万人口火灾死亡率控制指标下降10%；铁路交通事故控制指标下降40%；农业机械事故控制指标下降50%。一次死亡3人以上较大事故控制指标下降26.1%，重特大事故实行零控制。

二、主要任务

（一）深化安全生产专项整治

按照“安委会统筹，部门牵头，属地推动”的原则，在规范合法企业的同时，对非法违法生产经营建设行为予以严厉打击，进一步整顿和规范安全生产秩序。

1. 开展建设施工领域专项整治。市住房城乡建设委要以建筑施工预防坍塌以及危险性较大的工程为重点，牵头组织开展建设施工领域专项整治，严厉查处建设工程未办理施工许可和企业无资质、无安全生产许可证，以及工程发包、承包、分包中的违法行为；深化施工设计、技术方案的制定和实施；强化施工企业资质、安全生产许可动态监管和核查工作，规范建设市场秩序；加强对施工现场安全监管，严格落实施工现场地下管线安全防护监督管理工作，防止因施工等外力作用破坏地下管线正常运行；铁路、公路、水务、园林绿化、电力、市政管线、文物、通信等行业管理部门按照“管行业、管安全”“谁许可、谁负责”的原则，切实履行行业安全监管（管理）责任，做到工程检查和隐患整改到位。2015年，全市在建施工工程检查抽查数量要有一定幅度上升，上账事故隐患整改率达到90%以上。

2. 开展城镇燃气和油气输送管道隐患整治攻坚战。市市政市容委、市安全监管局等部门要按照职责分工，以城镇燃气、石油天然气和危险化学品输送管道为重点，组织开展燃气供应与使用、油气输送管道隐患专项整治工作；严查城镇燃气供应与使用环节安全隐患，重点整治餐饮企业非法违法供、用气行为；打击破坏损害油气输送管道及其附属设施行为，整治管道周边乱建乱挖乱钻及管道超期未检等问题。2015年，对全市城镇燃气和油气输送管道隐患单位检查抽查数量达到100%，经评估确认的油气输送管道重大隐患和形成密闭空间隐患整改率达到100%。

3. 开展人员密集场所和劳动密集型企业消防安全专项整治。市公安局消防局要以商市场、仓储单位、劳动密集型企业为重点，开展消防安全专项整治，重点治理疏散通道、安全出口和消防通道堵占，消防设施器材维护保养不到位、违规动用明火作业、电气线路设计敷设维保检测不符合标准和管理规定、生产储存经营易燃易爆场所与居住场所设置在同一建筑内，不符合消防技术标准等违法行为，加强人员密集场所重大活动安全保障，防范踩踏事故发生。各区县政府重点解决消防队站、消防水源欠账和重大火灾隐患等问题，以及城乡结合部、农村地区消防安全基础薄弱等问题。市商务、旅游、文物、规划、城管、安全监管、工商、住建、市政市容、国资、发展改革、经信、质监、文化、体育、交通、民政、广电、教育、卫生、民航、铁路和物业管理等主管部门，要按照各自职责，指导督促企业及人员密集场所开展隐患排查治理。2015年，对人员密集场所和劳动密集型企业检查抽查数量要有一定幅度上升，上账事故隐患整改率达到90%以上。

4. 开展交通运输领域专项整治。市交通委要以“两客一危”、轨道交通和大货车安全监管为重点，认真开展道路运输、轨道交通运营、危险化学品运输以及高速公路隧道、公路桥梁等专项整治。严查非法违法运输、“挂靠”经营行为；严查进京大货车违法行为，进京大货车要符合本市各项标准；全面排查地铁运营设备、设施和控制保护区安全隐患，加大对轨道交通大客流监管力度，严防拥堵踩踏事故发生；强化高速公路隧道、病害桥梁的安全隐患排查治理，消除事故隐患；市公安局交管局要进一步提升路面管控力度，开展超速、超员、超载、疲劳驾驶和酒后驾驶等严重违法违规行为专项整治，形成路面严查严管高压态势；铁路部门要以客运安全为重点，扎实开展铁路安全生产和沿线环境秩序专项整治，严查铁路沿线安全保护区内违法建设、违法施工、违法经营等问题。2015年，对道路运输企业检查抽查数量同比上升10%，上账轨道交通、道路交通、铁路交通事故隐患整改率达到90%以上。

5. 开展打非治违专项行动。市安委会办公室牵头开展住宅内非法违法生产经营活动清理专项行动。打击住宅内非法违法生产、经营、储存危险物品等行为；深化城乡结合部安全生产专项整治，严厉打击“工业大院”“五小企业”（小化工、小木器、小服装、小加工、小作坊）、“六小场所”（小歌厅、小餐饮、小网吧、小洗浴、小旅馆、小市场）非法生产、非法经营、非法储存行为，取缔“三合一”“多合一”等存在安全隐患的住宿与生产、储存、经营合用场所；各相关行业主管部门要清理本行业领域非法违法情况，建立台账，在管好合法企业的同时，还要对非法违法行为予以打击。2015 年，对非法违法单位检查数量、关闭取缔数量要有一定幅度上升，上账非法违法生产经营隐患整改率达到 90%以上。

6. 开展工矿领域专项整治。市安全监管局牵头开展煤矿隐患排查治理行动，全面建立煤矿基本情况及隐患数据库，落实煤矿安全“双七条”要求，彻查安全隐患；继续开展涉爆粉尘企业隐患排查治理行动，摸清存在粉尘防爆危险企业的基本情况，督促落实防尘防爆措施；开展加油站升级改造工程，提升加油站本质安全水平；开展有限空间专项执法检查，预防、控制有限空间中毒和窒息事故发生；开展职业卫生执法，推进职业卫生监管能力建设。2015 年，对工矿领域企业抽查检查数量要有一定幅度上升，上账事故隐患整改率达到 90%以上。

（二）强化安全生产事故隐患排查治理体系

坚持政府引导，强化企业主体责任落实，发挥示范作用，实现事故隐患排查治理常态化、规范化、法制化，提高企业防范事故能力。

7. 健全完善隐患排查治理机制。引导、推动各级政府和企业深入贯彻落实市政府《关于推进安全生产隐患排查治理体系建设的意见》（京政发〔2014〕23 号），市安全监管局牵头制定隐患排查治理体系建设规范、企业导则等指导性文件，明确建设标准；建立隐患排查治理考核评价指标体系，客观反映评价体系建设的特点和状况；进一步完善隐患排查治理信息系统，积极推进区县、乡镇街道、市属国有企业三个层面的体系建设试点。各区县政府要结合本地区实际，完成本地区隐患排查治理体系建设顶层设计，以区县政府名义出台指导性文件，强化资金保障，规范、完善隐患排查治理工作机制。

8. 实施重点行业领域消隐工程。市市政市容委、市安全监管局要推动油气输送管道、燃气管线占压等重大隐患治理，2015 年完成城六区具备管线改移条件的燃气管线占压隐患治理工作。各区县、各部门要按照“动态分类排查、动态评审挂账、动态整改销账”工作机制，推动生产经营单位开展隐患自查自改自报，对检查发现的重大隐患要进行分级挂账督办，限期整改。2015 年，市和区县挂账重大隐患整改率要达到 95%。

9. 开展全覆盖的企业安全生产条件普查。市安全监管局要全面启动企业安全生产条件普查，逐一摸清企业安全生产基本情况，做到底数清、情况明，要落实每家企业的政府监管责任，实现各类企业与政府监管部门的对应；各区县要做好人员、资金保障，强化宣传培训，做好入户登记、普查数据采集录入工作；要严把质量关，做好数据审核、抽查。2015 年，要完成 70 万家普查任务。

10. 启动预防控制体系研究。市安全监管局要研究提出《北京市安全生产预防控制体系建设指导意见》，健全完善城市运行安全风险评估制度和预测预警机制；继续推进危险化学品集中管理体系建设，研究制定并组织实施《北京市危险化学品集中管理体系建设三年行动计划》。市规划委、市发展改革委、市市政市容委、市安全监管局等部门要建立规划环节安全风险管控制度，加强城乡发展规划和城市地下公用基础设施与建设规划的衔接。市安全监管局、市发展改革委、市经济信息化委等部门要研究提出本市淘汰落后工艺设备目录，加快推广应用安全技术装备，依靠科技进步，促进安全生产形势根本好转。

（三）健全完善安全生产责任体系

进一步落实各级党委、政府安全生产责任，强化安全生产监督管理，推进“党政同责、一岗双责、齐抓共管”全覆盖。

11. 健全党委政府安全生产责任体系。各区县、市有关部门要从建设和谐宜居之都的大局出发，制定出台贯彻落实“党政同责、一岗双责、齐抓共管”的文件，明确党委、政府在安全生产工作中的具体职责，推动区县、乡镇街道、村委会（社区）三级安全责任全覆盖；各区县政府每季度至少研究一次安全生产工作，协调解决重大问题，督促和支持各有关部门依法履行安全生产监管职责，落实安全生产目标管理责任制；要发挥安全生产规划引领作用，把安全生产规划纳入本地区国民经济和社会发展规划体系，实施严格考核。市属国有企业要参照北京市人民政府《关于印发安全生产“一岗双责”暂行规定的通知》（京政发〔2013〕38 号），研究制定本单位“一岗双责”制度。

12. 严格落实部门安全监管职责。负有安全监管（管理）职责部门要落实“管行业必须管安全、管业务必须管安全、管生产经营必须管安全”的要求，切实承担起安全生产监管（管理）职责，严格行业准入条件，提高行业安全生产水平；各行业部门要按照北京市人民政府《关于进一步完善和加强市政府工作部门安全监管（管理）职责的通知》（京政发〔2014〕27 号）等文件要求，完善安全生产工作职责，细化安全生产责任分工，健全安全生产责任体系；要制定年度执法检查计划，分行业制定检查标准，明确安全检查的频次、内容、方式和要求；加强对事故多发易发的重点地区、重点行业领域、重点企业、重点部位、重点环节的安全监管，建立健全台账，着重治理整顿企业生产、经营、建设过程中非法违法等问题；市安委会要制定印发《2015 年度全市安全生产重点执法检查计划》，明确全市安全生产检查的重点内容和主要任务，抓好组织实施；市安全监管部门要总结综合监管工作经验，修订完善本市安全生产综合监管工作的意见。2015 年，安全生产执法检查计划完成率要达到 100%。

13. 强化安全生产目标考核。安全监管、公安、交通、建设、质监、铁路、农业等部门要把安全生产控制考核指标细化分解落实到各区县和基层单位，严格通报和考核奖惩制度，对事故多发地区和单位加大工作督导；各区县政府和相关部门要层层分解落实控制指标，采取有效措施，控制和减少事故发生；市安委会办公室要建立动态管理的安全生产统计监测与考核体系，开展量化、差异化、动态化安全生产综合考核。

（四）推动落实企业主体责任

进一步规范企业生产经营行为，健全安全生产管理制度，强化生产过程管理的领导责任，全面实施安全生产标准化，提升安全生产管理工作的规范化、科学化水平。

14. 推进安全生产制度建设。市安全监管局要制定《北京市落实企业安全生产主体责任指导意见》，研究提出落实生产经营单位安全生产主体责任相关政策措施，推动生产经营单位安全生产主体责任的落实。工商、经济信息、公安、财政、发展改革、住建、金融、税务等有关部门要配合做好有关工作；市安全监管局要建立专家参与的安全检查和帮扶企业工作机制，开展百名安全监管干部对话万家企业、百名专家服务万家企业活动。

15. 落实企业法定代表人第一责任人的责任。各市属国有企业要带头学习贯彻新修订的《中华人民共和国安全生产法》，确保安全投入、管理、应急、培训等措施落实到位；要加强以班组建设为重点的现场安全管理，依法设立安全管理机构并配齐专（兼）职安全生产管理人员；要严格落实安全生产法律法规和行业规程标准，严禁违章指挥、违章作业、违反劳动纪律，坚决遏制超能力、超强度、超定员组织生产；要加强特种作业人员管理，按照规定配足特种作业人员。

16. 推进安全生产标准化建设。市安全监管局要进一步加强安全生产标准化建设的统筹，强化目标考核。2015 年，完成 3 万家企业的达标创建任务；市商务、文化、旅游、广电、住建、交通、电力、市政市容、水务、园林等部门要加大工作力度，指导、督促区县行业部门推进企业安全生产标准化创建工作的深入开展，实现本行业领域标准化达标企业数量增加 10%以上；要制定完善标准化评审制度体系，建立咨询与评审相分离的工作机制；要加大对企业现场审核力度，对于不符合创建标准的企业坚决不予通过，确保创建质量；对完成达标创建后放松安全管理、造成标准下滑的，要撤销标准化称号，并在新闻媒体予以公示。

17. 建立企业安全生产信用体系。市安全监管局要加大与工商、经济信息等有关部门沟通，研究起草《北京市企业安全生产信用体系建设管理办法》，把企业安全生产诚信纳入社会信用体系，强化激励约束措施；实行安全生产信用承诺制度，督促企业签订《安全生产承诺书》，并向全社会和全体员工公开，接受各方监督，做到“一企业一承诺”。

18. 推动安全生产责任保险制度试点。发挥责任保险在安全生产工作的作用。2015 年，市安全监管局、市金融局等部门要在危险化学品、矿山、轨道交通运营、高处悬吊作业、使用液化石油气罐餐饮企业等 11 个领域，推动安全生产责任保险制度试点，逐步完善责任保险运行管理机制；市政府有关部门要制定有关保险制度的政策措施，监督保险机构的服务。

（五）提高安全生产保障水平

以强化安全生产科技支撑、推广应用先进技术为手段，加大安全投入，深化队伍建设，切实加强安全保障能力建设，提升安全生产水平。

19. 加强基层安全生产机构和队伍建设。市安全监管局要制定《专职安全员管理暂行办法》等指导意见，加强和规范基层安全监管队伍建设；要进一步聚集首都安全生产领域优秀人才资源，建立安全生产专家信息库，实现市区两级安全生产专家资源共享；要统筹研究、着力解决相关政府部门、乡镇政府和街道办事处安全生产管理机构、人员配备和经费保障等问题。2015 年，区县街道（乡镇）专职安全员数量达到市政府文件规定要求。

20. 进一步加大安全生产投入。市安全监管局、市发展改革委要做好安全生产“十三五”规划编制工作，制定实施全市安全生产监管监察保障能力建设规划；继续抓好企业安全生产费用提取使用制度的落实，加大财政资金对市级挂账生产安全事故隐患治理的支持力度，落实区县和企业的配套资金；各区县政府要进一步加大对安全生产的投入，加强对各项安全费用的审计监督，保证投入到位、专款专用；推动建立北京市安全生产公益基金，倡导社会机构和个人参与安全生产公益活动；市人力社保、安全监管、财政等部门要落实工伤保险基金费用提取制度，强化事故预防。

21. 健全完善法规标准和政策措施。要以修订《北京市安全生产条例》为契机，着力解决安全生产监管监察工作中的深层次问题；要建立安全生产责任行政处罚权力清单，全面梳理安全生产行政处罚权力并实行目录管理，加强安全生产行政执法监督，坚持依法行政；市安全监管局要进一步加大对新《安全生产法》的宣传，加快出台《北京市生产安全事故隐患排查治理办法》，做好隐患排查治理法治保障；市质监局、市安全监管局要推进百部安全生产地方标准的制定，2015 年要完成制定目标的 30%。各区县、市有关部门要进一步健全相关规范性文件、标准和政策措施。

22. 坚持“科技兴安”战略。各负有安全生产监督管理职责的部门要加快科技成果推广，利用信息化和“物联网”等技术，对重大危险源、重点设备设施、重点工艺环节、危险区域、重要岗位以及影响生产作业安全的环境状态进行监控和预警；市政公用、人防工程使用、人员密集场所、道路交通、轨道交通建设及运营等企业，要建设并完善视频监控、远程监测、自动报警、智能识别等安全防护系统；安全监管部门要进一步督促基层单位配齐必需的安全监管装备，提升安全生产技术支撑中心检测、验证、分析和鉴定等技术水平。

23. 全面推进安全生产信息化建设。安全监管部门要完善安全生产监管业务系统，深化“物联网”、隐患排查治理、行政执法、综合指标等核心业务系统应用，实现与工商、质监等部门基础信息库的资源共享；各区县政府要按照全市安全生产信息化总体规划要求，加快推进本地区安全生产信息化建设。

24. 提升应急救援保障能力。市安全监管局要加强对企业生产经营行为的风险监测分析，加快建立风险评估指标体系；要完善市区两级和部门间联动机制，规范事故现场的应急指挥工作，提高事故现场的应急处置能力。重点推进重大危险源“一对一”应急预案管理工作，强化企业与属地政府应急救援方面的联动机制。2015 年，完成全市所有重大危险源“一对一”应急预案编制和演练工作。

25. 高质量完成改革试点任务。各区县政府、市政府有关部门要按照《北京市安全生产领域改革试点工作分工方案》(京安办发〔2014〕89号)文件要求,落实承担的工作任务;市安全监管局要进一步推进通州区安全生产监管体制机制综合改革、朝阳区安全生产社会化工作、房山区危险化学品集中管理体系建设等试点任务。

26. 加强宣传教育培训工作。充分利用各类新闻媒体,广泛开展宣传教育活动,突出抓好第十四个安全生产月等各项宣传活动;实施全民安全素质提升工程,大力开展安全发展示范城市、安全生产示范街道(乡镇)、安全社区、安全文化示范企业建设,继续开展"安康杯"竞赛等系列宣教活动。推动安全生产培训教学体系建设,制定出台安全生产培训大纲考核标准和培训教材编制规划;加强对生产经营单位"三项岗位人员"培训考核,做好新拓展领域和特种作业人员的培训,推进企业全员培训。鼓励社会公众和从业人员积极参与安全生产工作,举报安全隐患和安全事故。

27. 严格事故查处和责任追究。严格按照"四不放过"的原则,查处每一起生产安全事故以及社会影响较大的事故,将事故调查处理情况及时向社会公布,接受社会监督;要针对事故多发、连发领域,对社会影响大的较大以下事故,提级到由市级调查组调查。

三、保障措施和工作要求

(一)实施安全生产承诺

各区县、各有关部门要将安全生产重点工作和压减事故目标纳入企业承诺内容,组织国有企业向行业主管部门做出安全生产承诺,分别在行业主管部门和本企业网站公开,接受社会监督。

(二)签订压减事故目标责任书

市政府与各区县政府签订安全生产目标责任书。各区县政府要层层签订责任书,确保安全生产各项工作顺利完成。

(三)实施通报、约谈制度

对安全生产工作履职不到位,存在重大安全隐患或对重大隐患整改不到位,发生恶劣社会影响的较大生产安全事故的市政府有关部门、区县人民政府、市属国有和国有控股企业,按照《北京市人民政府办公厅关于印发〈北京市安全生产约谈办法的通知〉》(京政办发〔2014〕40号)要求,由市政府对区县、相关部门和企业的负责人进行约谈。

(四)强化考核和责任追究

市安委会办公室负责制定下达《2015年度安全生产综合考核细则》,对完成事故压减目标,工作突出的单位和个人给予表彰和奖励。对于工作目标完不成、事故压减措施不到位的区县政府、市政府有关部门和国有企业的主要负责人,要向市政府做出书面检查。对发生事故的单位,严格开展责任倒查。

(五)加强领导,落实责任

各区县政府、各部门、各单位要明确分管领导,落实工作目标和任务,做好组织实施，确保各项工作落实到位。市安委会办公室要定期召开安委会专题会议，及时研究、协调解决工作中出现的突出问题。各区县政府要充分发挥安委会及其办公室的作用，加强工作统筹，做好各项工作的综合协调和检查督查，及时掌握工作进展情况。各牵头部门要加强统筹协调，各配合部门要加强配合协作，做好有关信息收集报送工作。

北京市安全生产委员会

2015 年 3 月 2 日

北京市安全生产委员会关于加强危险化学品和易燃易爆物品安全管理工作的通知

京安发〔2015〕13号

各区县政府、北京经济技术开发区管委会，各安委会成员单位：

为深刻汲取天津港“8·12”瑞海公司危险化学品仓库特别重大火灾爆炸事故教训，深入贯彻党中央、国务院和市委、市政府领导的批示指示精神，进一步加强危险化学品和易燃易爆物品的安全管理，按照《国务院安全生产委员会关于深入开展危险化学品和易燃易爆物品安全专项整治的紧急通知》（安委明电〔2015〕3号）要求，结合8月13日和8月15日市安全生产委员会电视电话会议精神，现将危险化学品和易燃易爆物品专项整治有关工作通知如下，请认真抓好落实。

一、切实提高危险化学品和易燃易爆物品安全管理工作重要性的认识

各区县、各部门要深刻领会党中央、国务院和市委、市政府领导的重要指示批示精神，清醒认识当前我市安全生产形势的严峻性、复杂性、突发性，进一步强化安全生产“红线”意识，牢固树立政治意识、大局意识、责任意识，增强做好安全生产工作的使命感和紧迫感，结合首都非核心功能疏解和产业结构调整，坚决打好危险化学品和易燃易爆物品安全专项整治这场攻坚战。各级领导干部要亲力亲为，亲自深入生产作业场所督促检查，加大对重点地区、重点环节、重点工艺和重点企业的暗查暗访力度，真正了解实情、发现问题，及时督促落实整改。各相关企业要全面落实安全生产主体责任，认真组织开展自查自纠，严格落实各项安全生产措施，坚决防范各类事故发生。

二、立即组织开展危险化学品和易燃易爆物品的安全大检查

按照“全覆盖、零容忍、严执法、重实效”的总体要求，对所有的危险化学品和易燃易爆物品生产、经营、储存、使用、运输企业进行一次全面彻底排查，重点排查居民集中居住区、人员密集场所以及危险货物场站、机场、车站、危险品运输物流中转场所、油气罐区和大量涉及危险化学品使用的工业企业等。发现隐患必须立即整改，一时难以整改到位或安全生产不达标的，必须立即停产、停工、停用、停运，安排专人24小时盯守，确保安全。对生产、储存、装卸易燃易爆危险物品的工厂、仓库和专用车站，易燃易爆气体和液体的充装站、供应站、调压站的建筑物，要严查是否依法通过消防审核验收。对重大火灾隐患要挂牌督办。目前，市安全监管局制定了特殊时期的安全保障措施，各区县要严格按照规定的要求，坚决做好特殊时期危险化学品等领域的安全监管工作，要切实做到隐患整改措施、责任、资金、时限和预案“五落实”，确保绝对安全。对隐患排查治理工作不认真、不到位、走过场的单位，依法依规严肃追究单位主要负责人和有关人员的责任。检查中，要特别关注并严格落实氰化物等剧毒化学品、硝酸铵等易制爆危险化学品等的特殊管控措施，严格流向管理。对违法生产、经营、储存、使用和运输的，要严肃查处。性质恶劣的，依法吊销相关许可。

三、严格落实危险化学品和易燃易爆物品企业安全生产主体责任

各区县、各有关部门要强化监督检查，督促企业全面落实安全生产主体责任，切实加强重点类型、重点品种、重点环节和重点时期的安全管理。

（一）加强重大危险源等重点类型企业的安全管理

一是石油化工、罐区、液氨等重大危险源企业要扎实推进正在开展的石油化工企业、危险化学品罐区和涉氨非制冷等一系列专项整治工作。严格按照《危险化学品重大危险源监督管理暂行规定》（国家安全监管总局第40号令）的有关要求，完善各项压力、液位、温度等监测和远程监控措施及视频监控、泄漏报警、自动控制和紧急切断装置。加强避雷、防静电设施的检修、检测和现场电气设备防爆的安全管理。对未经正规设计的相关装置，必须进行设计复核。二是危险化学品运输企业要严格落实危险货物运输操作规程要求和“一日三检”的安全检查制度；利用卫星定位动态实时监控危险货物运输专用车辆，实现“联网联控”闭环管理；加强危险货物运输驾驶员、押运员、装卸管理人员的教育培训，提高应急处突能力。要严格遵守我市车辆停驶和交通管制措施，在人员稠密的地区和场所运输、装卸危险化学品时，要采取有效的保护措施，加强周围人群的引导和宣传工作，防止发生道路交通运输事故和社会治安问题。三是涉及危险化学品使用的工业企业，重点是液氯、液氨、清洗剂、萃取剂、溶剂等重点品种使用企业和白酒企业，要加强储罐区、危化品库房、危化品输送管道、使用危化品工艺设备等重点部位的安全管理，按规定设置防雷、防静电等设施，安装高低液位报警、可燃气体泄漏报警和通风装置，加强电气防爆安全管理和人员教育培训，保障安全生产。

（二）加强重点品种的安全管理

一是剧毒和易制爆危险化学品企业要严格落实《危险化学品安全管理条例》的相关要求，认真做好剧毒和易制爆危险化学品的储存和销售管理，严格实施流向管控，实时查验、登记上游购买单位和下游销售单位的相关信息。严格落实“五双”管理制度，严禁超范围经营。二是烟花爆竹企业要严格落实库内温度、湿度巡检和记录制度。在储存场所湿度超过75%的情况下，要按照相关技术要求，采用无水氯化钙进行除湿。加强对库区周围防火隔离带设置的检查，严格库区管理，确保专库专用。严格作业人员教育培训，严禁违规操作，防范事故发生。

（三）加强重点环节的安全管理

一是对于曾经取得危险化学品生产经营许可证，不再从事相关生产经营活动的企业要严格按照《北京市危险化学品企业装置设施处置安全管理规定》的相关要求，及时、妥善处置危险化学品生产装置、储存设施以及库存的危险化学品；处置方案经过安全论证后报所在地区县安全监管部门、经济和信息化部门、环境保护部门和公安机关备案。对于暂时处于停产阶段的企业要制定停产方案，对相关设备设施进行清洗吹扫，确保装置中没有残存物料，处置完成后要进行安全论证，停产方案和安全论证报告要报属地安监部门备案，切实防范由于非法生产经营活动或危险化学品处置不到位引发的事故。对于非法生产、出租和储存危险化学品行为，相关部门要依法进行严肃查处。二是企业严格按照《常用化学品贮存通则》（GB15603－1995）的要求，采取隔离、隔开和分离的储存方式，落实距离要求，禁忌物品严禁混存，切实加强储存环节的安全管理。三是企业要严格落实《化学品生产单位特殊作业安全规程》（GB 30871－2014）的相关要求，严格履行动火、受限空间及其他危险作业等的审批手续，落实安全措施和现场监护要求。检维修作业中要认真制订检修计划，明确安全责任，落实安全措施和应急预案。严格执行安全操作规程和危险作业管理制度，做好现场监护和上下工序间的协作配合，保障作业过程中的安全。严格执行挂牌检修管理制度。检修作业后设备启动调试前，要切实做好检查验收工作，确保不留死角和盲点。四是要加强对承包商的管理。对涉外检修和施工的单位，要严把单位、人员及特种设备检测合格有效资质审查关，严禁无资质或不符合要求的单位进入。要严格执行相关作业规定，落实各项安全保障措施，加强作业人员教育培训，规范作业过程。五是要加强消防安全。完善消防安全管理制度，加强消防培训，保障灭火系统、报警系统、给水系统等消防设施设置完好运行，消防控制室、消防泵房等重点岗位值班操作人员熟悉应急处置程序，按规定持证上岗。按照《消防法》的规定，依法建立专职消防队伍，配齐专业车辆及装备器材，储备灭火药剂，开展实战演练，提高初期火灾处置能力。

（四）加强重点工艺的安全管理

对涉及首批重点监管的十五类危险化工工艺，特别是氯化、氧化、聚合工艺的生产、使用企业要严格按照《首批重点监管的危险化工工艺目录》（安监总管三〔2009〕116号）及其《首批重点监管的危险化工工艺安全控制要求、重点监控参数及推荐的控制方案》要求，对照危险化工工艺及其特点，确定重点监控的工艺参数，装备和完善自动控制系统，大型和高度危险化工装置要按照推荐的控制方案装备紧急停车系统。

（五）加强重点时期的安全管理

一是加强高温和汛期的安全管理。危险化学品和易燃易爆物品企业要针对高温期间危险化学品容易发生火灾、爆炸、中毒等特性，落实防雷、防静电、防火、防爆措施，加强相关作业场所通风排风，特别要做好各类设施设备的维护、保养，防止危险化学品泄漏引发的火灾、爆炸、中毒等事故。要根据工艺要求，对危化品储存仓库、露天储罐采取通风、遮阳防晒、降温等措施。合理安排生产经营活动，对低闪点液体和易挥发、易爆炸物质的装卸以及户外作业等，要避开高温时段。针对汛期做好仓库防水防潮工作。特别是遇水、遇潮发生反应的危险化学品，要做好库区的防雨防漏检查，疏通排水管道，配备排水设施，储备充足的防汛物资并确保储存安全。二是要按照《北京市安全生产监督管理局关于发布世界田径锦标赛和抗战胜利70周年阅兵期间本市危险化学品、烟花爆竹、金属非金属矿山和煤矿有关安全生产管理措施的通告》的要求，严格落实各项检查、报告和停产、停工、停售措施，对危险物品集中封存，确保安全。

四、进一步提升危险化学品和易燃易爆物品事故应急处置能力

一是针对可能发生的各类事故，进一步完善危险化学品和易燃易爆物品事故应急预案，并加强应急演练。二是加快整合危险化学品物流企业GPS监控平台、高速公路交通运行监控系统、公安交警交通安全管理系统等信息系统资源，统一和规范地方政府危险化学品事故接处警平台，建立责任明晰、运转高效的应急联动机制，确保遇有突发事件能及时有效进行处置。三是在充分发挥公安消防等专业救援队伍作用的同时，依托相关企业和单位，建立危险化学品和易燃易爆物品专兼职应急救援队伍，配备专门装备和物资。四是将事故应急意识和自救互救技能教育培训作为全民素质教育的重要内容，组织开展全方位、多角度的宣传教育，不断提高全民事故防范意识和逃生避险、自救互救技能。

五、切实落实监管责任，全面加强危险化学品和易燃易爆物品安全生产工作

各区县要落实属地监管责任，加快建立“党政同责、一岗双责、齐抓共管”安全生产责任体系，尽快实现安全生产责任“五级五覆盖”，推动企业安全生产责任“五落实五到位”。综合监管部门要发挥好指导、监督、协调功能，推动下级政府和相关行业部门履行好安全生产监督管理职能。各行业部门要结合本领域实际，加大隐患排查治理的力度和措施，完善行业领域安全生产标准，推动安全生产标准化工作。要加大执法检查和处罚力度，按照“深下去、严起来”的要求，把隐患当事故处理，事故要处理到位，处罚要切实触动企业和企业主要负责人的核心利益。对于安全条件不达标和隐患整改不到位的企业，要坚决停产、停业、停用、停运。待企业按标准整改完成后，经安全评估方可恢复生产。要采取“四不两直”暗查暗访、随机抽查、“回头看”检查等多种方式，确保各项措施落实到位，确保安全大检查和专项整治取得实效。要对典型事故实行提级调查、挂牌督办，查处结果及时向社会公布，真正起到震慑的作用，坚决避免同类事故频发多发反复发生。

各区县、各相关部门要按照“一类企业一个标准”及重点企业“一个企业一个检查方案”的原则，细化工作方案，认真开展检查督查工作，于9月中旬完成对全市所有危险化学品生产、经营企业、重大危险源企业和烟花爆竹经营企业的检查，并将结果上报市安委会办公室。

北京市安全生产委员会

2015年8月17日

北京市安全生产委员会关于全面开展安全生产大检查深化“六打六治”专项行动工作的通知

京安发〔2015〕14号

各区县人民政府、北京经济技术开发区管委会，市安委会各成员单位，市属国有企业，各有关单位：

为深入贯彻落实党中央、国务院领导同志关于安全生产工作的重要批示和全国安全生产电视电话会议精神，做好抗日战争胜利70周年纪念活动等重大活动安全保障工作，进一步加强安全监管，根据《国务院安委会关于全面开展安全生产大检查深化“打非治违”和专项整治工作的通知》（安委明电〔2015〕2号）要求，经市政府同意，定于2015年8月至12月，在全市全面开展安全生产大检查，进一步深化“六打六治”打非治违专项行动和重点行业领域专项整治。就有关事项通知如下：

一、总体要求和工作目标

认真贯彻落实党中央、国务院和市委、市政府关于加强安全生产工作的一系列决策部署，按照“全覆盖、零容忍、严执法、重实效”的总要求，坚持问题导向，全面开展大检查、大排查，深化重点行业领域专项整治，全力压减一般事故，有效防止较大事故和社会影响大的事故，坚决遏制重特大事故，为纪念抗日战争胜利70周年等重大活动创造良好的安全生产环境，为稳增长、促改革、调结构、惠民生和推进京津冀协同发展提供有力的安全保障，确保全年安全生产工作取得更好成效。

二、工作重点

（一）安全生产大检查

1. 检查重点：本市行政区域内所有行业领域，所有生产经营单位和人员密集场所。突出煤矿、金属非金属矿山等重点矿区，粉尘涉爆、油气罐区等重点部位，校车、客车和旅游大巴等重点车辆，电梯、游乐设施等特种设备，农村、山区、风景区道路等重点路段，养老院、福利院、救助管理机构、中小学校、幼儿园等重点人员密集场所，以及执法检查和事故暴露出的问题开展检查。

2. 检查内容：

（1）建立健全“党政同责、一岗双责、齐抓共管”安全生产责任体系，落实市委市政府《关于实施安全发展战略促进和谐宜居之都建设的意见》（京发〔2014〕21号）等“1+7”文件要求，实现“五级五覆盖”、企业“五落实五到位”，推进重点工作落实情况；

（2）贯彻落实新《安全生产法》《国务院办公厅关于加强安全生产监管执法的通知》

（国办发〔2015〕20号）要求，加强监管执法情况；

（3）严格落实企业主体责任，健全安全制度，落实安全投入，加强安全培训，推进安全生产标准化建设等情况；

（4）落实安全检查责任制，突出重点行业领域，加强安全管理，深入开展隐患排查治理体系建设，对查出的问题和隐患整改落实情况，特别是油气输送管道和城镇燃气管道安全隐患整改情况；

（5）严格执行事故查处挂牌和跟踪督办制度，对典型事故实行提级调查，从严从快查处各类事故，落实整改措施和责任追究情况；

（6）建立健全预防自然灾害引发事故应急处置协调联动机制，落实汛期安全防范措施情况。

3. 责任分工：

市安全监管局牵头负责煤矿、金属非金属矿山等重点矿区，涉爆粉尘企业，危险化学品生产、经营和仓储等重点部位的安全检查；

市公安局牵头负责大型活动使用可燃性彩色粉尘情况的安全检查；

市交通委牵头负责省际客运、旅游客运、汽车租赁、危险货物运输、轨道交通运营、公交运营、交通运输场站的安全检查；

市教委牵头负责中小学校、幼儿园等重点人员密集场所的安全检查；

市民政局牵头负责养老院、福利院、救助管理机构等社会福利机构的安全检查；

市旅游委牵头负责宾馆、饭店和旅游景区（景点）的安全检查；

市商务委牵头负责商市场等人员密集场所的安全检查；

市消防局牵头负责高层建筑、“三合一”“多合一”场所、劳动密集型企业等人员密集场所的消防安全检查；

市住房城乡建设委牵头负责建筑施工工地和轨道交通建设的安全检查；

市质监局牵头负责电梯、大型起重机械、大型游乐设施、客运索道等重点设备，以人员密集场所和劳动密集型企业为重点领域，全面开展特种设备安全检查；

铁路、民航、水务、电力、地下管线、文化娱乐场所、农业机械、粮食储存加工、食品药品加工等其他行业领域，由相关行业部门结合实际制定安全生产大检查方案，明确检查内容，全面开展安全检查活动，消除事故隐患。

（二）“六打六治”和专项整治

突出煤矿、金属与非金属矿山、危险化学品、油气输送管道、交通运输、建筑施工、消防等重点行业领域，集中开展“六打六治”：

1. 矿山方面：重点打击无证或证照不全、不按设计要求生产建设、违抗停产停建指令、打假密闭以及尾矿库违规排放等行为，整治隐蔽致灾因素不清盲目组织生产、遇险不撤人、以非煤矿山名义开采共（伴）生煤炭、小采石场不分台阶开采等问题。

牵头部门：市安全监管局

2. 危化品、烟花爆竹、油气输送管道方面：重点打击危险化学品企业违规进行倒罐、动火、有限空间作业，乱挖、乱钻破坏损害油气输送管道，无证非法生产烟花爆竹等行为，整治油气等危险化学品罐区和化工市场安全距离不足、仓储与经营混杂，油气输送管道违法占压、安全距离不足、违规交叉穿越，以及烟花爆竹非法违法生产、经营、储存等问题。

牵头部门：市市政市容委、市安全监管局

3. 交通运输方面：重点打击客车和校车非法改装、非法营运等行为，整治超速、超载、疲劳驾驶、酒后驾驶，旅游包车和客运车辆不开展安全宣誓、不配戴安全带、不执行夜间禁行和农村及山区道路限行规定，危险化学品运输车辆不按规定安装紧急切断装置等问题。

牵头部门：市交通委、市公安局交管局

4. 建筑施工方面：重点打击无资质施工、超资质范围承揽工程、违法分包转包工程行为，整治不按专项设计方案施工、无相应资质证书从事建筑施工活动等问题。

牵头部门：市住房城乡建设委

5. 消防方面：重点打击消防设计未经审核、消防设施未经验收投入使用行为，整治违规住人、违规使用聚苯乙烯和聚氨酯泡沫塑料作装修装饰材料、消防设施缺失损坏、安全出口疏散通道堵塞锁闭等问题。

牵头部门：市公安局消防局

6. 粉尘涉爆方面：重点打击大型活动违规使用可燃性彩色粉尘行为。整治作业场所违反《严防企业粉尘爆炸五条规定》（国家安全监管总局令第68号），除尘系统未按防爆标准规范设计安装，未按规定设置泄爆装置和采取防雷防静电措施，以及粉尘清理不及时等问题。

牵头部门：市公安局、市安全监管局

三、工作方式

此次安全生产大检查和“六打六治”专项行动，按照属地管理和“谁审批、谁负责，谁许可、谁负责”的原则，以及“管行业必须管安全，管业务必须管安全，管生产经营必须管安全”的要求，全面做好本地区、本行业部门安全生产大检查和“六打六治”专项整治工作。要把“六打六治”专项行动与安全生产大检查紧密结合起来，将安全生产大检查中发现的严重非法违法行为和重大隐患纳入“六打六治”的重点内容，依法依规严厉打击、彻底整治。

各区县政府负责本地区安全生产大检查和“六打六治”专项整治的组织实施工作。要结合实际制定工作方案，及时召开会议动员部署，并做好组织实施工作。要对辖区内的各类单位做到全面检查和专项整治，加快建立健全安全生产责任体系，把责任落实到街道（乡镇）、社区（村）。

市政府各有关部门要依据职责按照“一行业、一标准”及重点企业“一企业、一方案”的要求，制定本行业领域实施方案，明确工作目标，明确检查内容，制定检查标准，组织对本行业领域各单位进行全面检查和专项整治。要成立督查组，开展全过程督查。指导区县行业部门深入开展安全生产大检查和专项整治工作。

各生产经营企事业单位要按照“零容忍”的要求，认真开展自查自纠，进行全面深入、细致、彻底的大检查。对于排查出的隐患和问题要如实记录，建立台账，按照隐患自查自报有关规定，做好上报工作。对于不能立即整改的隐患，要制定整改方案、防范措施和应急预案，确保不发生事故。

市安委会办公室统筹全市安全生产大检查和“六打六治”专项整治，组织相关部门，对各区县、各部门、各单位安全生产大检查和专项行动情况进行督导检查，推动各项工作措施落实到位、取得实效。

四、工作步骤

（一）动员部署阶段（8月）

各区县、各部门、各单位要完成实施方案制定，全面部署安全生产大检查和“六打六治”专项行动。要加大宣传力度，营造舆论氛围。

（二）企业自查及检查实施阶段（8月至10月）

各生产经营企事业单位全面开展自查，深入细致排查治理安全隐患，做到全覆盖、无死角。请各生产经营企业事业单位于9月30日前，将本单位隐患自查自改情况，通过北京市安全生产隐患排查治理信息系统进行上报（登录网址：http://211.147.135.209/ajjweb；用户名为本单位中文全称，默认密码666666，未注册的单位要首先进行注册；登录后在系统首页动态信息管理区点击“隐患自查自报”图标。技术服务电话：010－88011224）。

各区县政府和市政府各有关部门在生产经营企事业单位自查的基础上，采取“四不两直”、明察暗访、突击夜查、回头检查、交叉检查等方式，组织开展督查抽查，确保安全生产大检查和专项整治取得实效。要督促、指导生产经营企事业单位，如实记录并及时上报隐患排查治理情况。

（三）巩固深化阶段（11月至12月）

各区县政府和市政府各有关部门在开展督导检查基础上，认真总结，把查找深层次问题与完善规范制度结合起来，把大检查和专项行动中行之有效的方法、措施上升为制度规范，推动建立长效机制。

五、工作要求

（一）加强组织领导，全面落实责任

各区县要按照“党政同责、一岗双责、齐抓共管”的要求，加快建立健全“五级五覆盖”的安全生产责任体系，强化区县各级党委、政府的统一组织领导。各行业主管部门按照“管行业必须管安全”的要求，牵头抓好本行业领域工作。各类企业要切实做到“五落实五到位”，认真开展自查自纠。

（二）创新工作方式，严格检查执法

要按照马凯副总理“深下去、严起来”的指示要求，对每个地区、每家企业、每个工地、每条道路进行全面彻底排查，对存在重大隐患和严重非法违法行为的，坚决采取

“四个一律”和停产、停建、停电、停供、扣押、关闭等强制执法措施，强力推进做到“四个一批”（查封一批、关掉一批、处罚一批、曝光一批），打出声势、查出实效。

（三）广泛宣传发动，强化社会监督

要充分发挥舆论引导和群众监督的作用，加大宣传力度，畅通社会监督渠道，鼓励发动职工群众举报和新闻媒体曝光非法违法生产经营建设行为。选择一批非法违法以及事故典型案例，通过媒体集中曝光，强化警示和震慑。

各区县、各有关部门要在8月30日前，将安全生产大检查和“六打六治”专项整治工作实施方案报送市安委会办公室。12月31日前，报送工作总结。

北京市安全生产委员会

2015年8月18日

北京市安全生产委员会关于开展生产安全事故隐患排查治理“一企一标准一岗一清单”编制试点工作的通知

京安发〔2015〕17号

各区县人民政府、北京经济技术开发区管委会，市安委会有关成员单位，各安全生产中介服务机构，各市属企业：

为深入贯彻落实《北京市人民政府关于推进安全生产隐患排查治理体系建设的意见》（京政发〔2014〕23号）精神，配合做好即将出台《北京市生产安全隐患排查治理办法》政府规章的贯彻实施工作，切实推动企业安全生产主体责任落实，着力解决企业隐患排查“不愿查、不会查、不治理”等问题，经市政府同意，决定在部分企业开展隐患排查治理“一企一标准一岗一清单”编制试点工作。现就有关事项通知如下：

一、编制试点范围

根据全市隐患排查治理体系建设工作部署，利用3年时间完成本市行政区域内重点企业隐患排查治理“一企一标准一岗一清单”编制工作。2016年开展清单编制工作试点，选取达到安全生产标准化三级以上等级、具有一定隐患排查治理工作基础的重点企业先行先试。试点企业范围包括：矿山企业，危险化学品企业（加油站和其他无实体经营行为的除外），具有较大危险性的规模以上工业企业（侧重于危险化学品使用、粉尘涉爆等领域），各级安全监管部门确定为重点监管的具有一定规模的其他企业。具体企业名单由市和区县安全监管部门确定。

二、工作目标

按照“政府推动、企业实施、中介帮扶”的工作原则，组织相关安全生产中介服务机构，指导企业依据国家相关法律法规、标准规定，结合企业生产经营活动特点和岗位实际，从危险源辨识及风险评价入手，逐一梳理隐患排查的内容、标准、责任、周期，编制“一企一标准一岗一清单”隐患排查治理标准，解决“谁来查，查什么，何时查，怎么查，如何改”的问题，实现企业隐患排查治理标准的具体化、岗位化和规范化；指导企业使用全市隐患排查治理信息系统，如实记录清单制定和隐患排查治理工作开展情况。2016年计划完成不少于2000家企业的清单编制工作。

三、清单编制内容

以《北京市企业事故隐患排查治理实施导则》为重点，完成安全管理层级化、制度规程规范化、隐患排查常态化、排查项目清单化、治理措施科学化、台账记录电子化，提升企业隐患排查治理主体责任落实能力，为企业贯彻落实本市隐患规章，实现隐患排查治理闭环管理、电子化如实记录报告奠定基础。

（一）建立完善层级化责任机制。按照“管业务必须管安全”要求，在企业现有安全生产责任制基础上，建立健全本企业从主要负责人到每个岗位的隐患排查治理责任制，明确各级领导、各部门和每个职工在隐患排查治理工作中的职责，实现按层级和岗位定期开展隐患排查，逐一落实隐患治理责任，建立自下而上、全员覆盖的隐患排查治理模式。

（二）制定个性化排查标准。企业结合本单位生产经营性质和工艺设备、危险程度等实际，参照本行业领域隐患排查通用指导标准，对标准内容进行增补、删减、细化和完善，形成适应本企业生产经营特点、个性化的隐患自查标准。企业要将个性化隐患自查标准按照岗位或者场所分解制定车间、班组和岗位的隐患排查清单，并明确排查内容、排查周期、治理措施、责任部门和责任人员等内容。

（三）形成常态化排查治理机制。企业按照要求注册登录隐患排查治理信息系统，上传隐患排查治理相关制度和清单，设定管理层级，划定系统权限，实现相关从业人员与岗位隐患排查清单的逐一对应。按照本单位隐患排查治理制度规定的内容和频率要求，开展岗前排查、日常排查、专项排查和全面排查，建立隐患排查治理台账，并通过隐患排查治理信息系统如实记录。

（四）建立规范化岗位规程。企业根据《行业领域隐患排查通用指导标准》等，制定完善本企业隐患排查治理相关规章制度和岗位操作规程，做好隐患排查治理制度落实及相关的宣传、教育、培训工作。

四、职责分工与工作方式

“一企一标准一岗一清单”隐患排查治理清单编制工作由各级安全监管部门负责推动，企业具体组织实施，安全生产中介服务机构负责指导检查。

（一）市安全监管局负责组织有关单位制定《行业领域隐患排查通用指导标准》《企业岗位隐患排查清单样本》《岗位操作规程编制导则》等相关指导性文件，负责对安全生产中介服务机构、区县安全监管部门和街道（乡、镇）专职安全员开展培训；负责按照有关规定确定安全生产中介服务机构，并开展绩效评价、抽查检查及资金拨付工作；负责指导市属国有企业清单编制工作。

（二）发展改革、经济信息、公安、国土资源、住房城乡建设、市政市容、交通、水务、质量技术监督、园林绿化和农业等部门，在各自职责范围内督促相关行业领域企业做好清单编制和隐患排查治理工作。

（三）各区县政府负责统筹推进本地区企业清单编制工作，支持和督促各有关部门依法履行事故隐患排查治理监督管理职责，及时协调解决存在的重大问题。区县安全监管部门负责会同有关行业部门确定本地区重点企业名单，及时召开动员部署会议进行动员部署；负责本地区企业清单编制效果抽查检查，组织辖区企业开展培训，做好企业和安全生产中介服务机构之间的对接联系，并组织区县行业部门安全员和街道（乡、镇）

专职安全员“一对一”全程参与企业清单编制工作。

（四）安全生产中介服务机构负责对企业清单编制工作进行指导、检查，提出专业的意见建议。要主动与区县和企业沟通联系，落实“专人专盯”工作制度，每家企业至少落实1名专业技术人员，专盯企业隐患排查清单编制工作；要落实“个性化服务”工作制度，根据企业规模、主要风险点、生产工艺、设备设施和重点岗位或场所，指导、服务、帮助企业制定隐患自查标准和岗位排查清单；落实“痕迹化管理”工作制度，对企业个性化隐患自查标准中删减的内容进行重点审核并保留记录，形成工作档案，相关工作进度和工作成果定期向安全监管部门报送。

（五）企业要加强组织领导，借助中介服务机构力量，认真开展清单编制，建立健全隐患排查治理工作机制，落实主体责任。主要负责人要亲自研究督促，明确专人负责，全面开展风险点、危险源辨识，掌握本企业安全生产现状。要制定符合企业实际和岗位特点的隐患排查清单，开展全员培训，切实解决隐患排查“谁来查，查什么，何时查，怎么查，如何改”等问题。要使用全市隐患排查治理信息系统，如实记录清单制定和相关情况。

五、工作步骤及主要任务

（一）工作筹备与部署阶段（2015年10月—2015年12月）

1. 制定各行业领域隐患排查治理通用指导标准。由市安全监管局组织有关单位，依托安全生产标准化标准和企业安全生产等级评定技术规范，制定各行业领域隐患排查通用指导标准。

2. 确定安全生产中介服务机构。采取各区县安全监管局推荐、中介机构自荐相结合的方式，选取具有相关资质并具备一定工作能力的安全生产中介服务机构（持有甲级、乙级资质的安全评价单位、职业卫生技术服务单位，注册安全工程师事务所，安全标准化评审单位等），由市安全监管局采取政府采购方式，确定安全生产中介服务机构目录，供企业和区县安全监管局选用。

3. 确定清单编制的试点企业名单。由各区县安全监管局会同有关行业部门，根据本地区安全生产特点，确定需要开展清单编制的企业。

4. 编制培训手册。由市安全监管局组织编写清单编制培训手册，制作企业隐患自查标准、岗位隐患排查清单范例，明确清单编制的步骤、内容、程序和要求，为企业参照制定和中介机构提供参考样本。

5. 开展全面培训。市安全监管局负责分期分批组织对区县安全监管局、乡镇专职安全员、中介服务机构开展清单编制培训，明确清单编制的要求、程序、方法和标准。各区县安全监管局按照行业领域组织相关企业参加清单编制培训，并落实企业与安全生产中介服务机构的对接工作。

6. 召开清单编制动员部署会。召开全市动员部署会，有关委办局、各区县、中介机构、市属国有企业等单位参加会议。全市会议后，各区县应立即召开本地区动员部署会，迅速贯彻落实。

（二）推动实施阶段（2016 年 1 月—2016 年 5 月）

7. 严格工作标准，推进“一企一标准一岗一清单”编制。各安全生产中介服务机构逐一制定详细的工作计划，落实责任人员，定时间、定进度，根据企业不同规模、管理现状，主动与企业沟通，按照“缺什么、补什么”的原则，抓好推动落实。要按照“一企一册”要求，建立工作档案，对个性化隐患自查标准中删减的内容要重点审核，企业岗位隐患排查清单等成果性文件要提交属地安全监管局，防止工作走过场、流于形式。

8. 加强工作督促和成果审核。各区县安全监管局要每月听取安全生产中介服务机构工作情况汇报，掌握工作进度和节奏，确保如期完成进度目标。要定期检查企业和中介机构工作进展情况，参与对中介机构工作开展情况和企业个性化隐患自查标准成果的审查验收工作，确保工作质量。要组织乡镇专职安全员实施“一对一”全程参与清单编制，提升业务技能。

9. 强化工作统筹，提升中介机构工作质量。加强对中介服务机构进行工作统筹和质量管理，定期召集工作例会和研讨会，解决疑难问题，统一工作标准；定期进行回访，听取意见建议。

10. 落实主体责任，提升企业安全管理水平。各企业要广泛发动职工参与，提高自身安全管理水平。要坚持“以我为主”原则，在中介服务机构指导帮助下，修订隐患排查治理制度，开展风险辨识，制定个性化隐患排查标准，制定岗位隐患排查清单和岗位安全操作规程。要开展全员培训，使全体从业人员熟悉、了解本岗位的隐患排查清单，知晓、掌握本岗位隐患排查的项目、内容、方法和程序，并能熟练运用本市隐患排查信息系统填报、记录相关情况。

（三）总结验收阶段（2016 年 6 月—8 月）

11. 开展帮扶行动效果评价。市安全监管局制定清单编制绩效考核评价办法，委托北京市安全生产科学技术研究院，根据企业隐患自查标准和岗位隐患排查清单完备情况、检查抽查情况以及隐患信息系统使用情况等指标综合评定企业和中介机构工作绩效。各区县安全监管局参与评价工作。

12. 拨付工作经费。市安全监管局根据验收评价结果和抽查检查情况，对达到绩效要求的中介机构拨付服务经费。

六、工作要求

（一）高度重视、严密组织

各区县、各部门、各企业单位要高度重视此项工作，成立领导小组，组织工作专班，制定工作方案，细化工作措施，确定完成任务的时间节点，确保编制清单的质量和进度。要把此次清单编制帮扶工作与安全生产标准化工作相衔接，做到同部署、同推动、同落实。

（二）抓好服务，严把质量

各安全中介机构要根据企业不同规模、管理现状，主动与企业沟通，按照企业“缺什么、补什么”的原则制定详细的工作计划，落实责任，定时间、定进度，抓好落实；对企业个性化隐患自查标准出现“应查未查”重大疏漏的，应当及时指出。对于工作走过场、流于形式的安全生产中介机构，严格予以淘汰并通报批评。

（三）加强监管，兑现考核

安全中介机构要按照“一企一册”要求，建立工作档案，每月报送工作进展情况。市安委会将把清单编制工作纳入年度安全生产目标考核，要对工作质量进行考评，效果评价结果与安全中介机构服务费用直接挂钩。

请各区县于2015年11月6日18时前，将本地区负责此项工作的联系人员的姓名、联系方式，以及拟推荐的中介服务机构名单和拟参加清单编制试点的企业名单上报市安全监管局。

北京市安全生产委员会

2015年10月29日

【规范性文件】

北京市安全生产监督管理局　北京市财政局关于印发《北京市安全生产举报奖励实施办法（试行）》的通知

京安监发〔2015〕39号

各区县、北京经济技术开发区安全监管局：

为充分调动全市群众参与安全生产社会监督的积极性，依据《中华人民共和国安全生产法》《北京市安全生产条例》等法律法规和国家安全监管总局、财政部颁布的《安全生产举报奖励办法》（安监总财〔2012〕63号）文件要求，市安全监管局与市财政局共同制定《北京市安全生产举报奖励实施办法（试行）》，现印发给你们，请认真贯彻执行。

附件：北京市安全生产举报奖励实施办法（试行）

北京市安全生产监督管理局　北京市财政局

2015年3月6日

附件

北京市安全生产举报奖励实施办法（试行）

第一条　为加强安全生产领域的社会监督作用，鼓励举报安全生产事故隐患和非法违法行为，提高社会力量参与安全生产工作的积极性，依据《中华人民共和国安全生产法》《中华人民共和国职业病防治法》《北京市安全生产条例》等法律、法规以及《国家安全监管总局　财政部关于印发〈安全生产举报奖励办法〉的通知》（安监总财〔2012〕63号）的要求，制定本办法。

第二条　本办法适用于本市行政区域内煤矿、非煤矿山、道路交通、危险化学品、烟花爆竹、冶金机械等行业领域涉及的安全生产事故隐患和非法违法行为，以及用人单位存在职业病危害因素违法行为的举报奖励。

第三条　任何单位或个人（以下简称举报人）有权向市和区县安全生产监督管理部门（以下统称安全监管部门）举报安全生产事故隐患和非法违法行为。

举报内容属于安全监管部门没有发现，或者虽然发现但未按有关规定依法处理，经核查属实的，依照本办法给予举报人现金奖励。

举报人对其举报内容的真实性负责，不得捏造、歪曲事实，不得诬告、陷害他人。

第四条 全市统一设置“12350”安全生产举报投诉特服电话。举报人可以通过电话、网络、传真、信函、来人等方式举报安全生产事故隐患和非法违法行为。

举报内容应当详细说明安全生产事故隐患或非法违法行为发生的时间、地点、情形、被举报单位名称，必要时，提供确凿真实的证据和举报人姓名及有效联系方式。

第五条 安全生产举报奖励遵循方便群众、分级负责、适当奖励的原则。

第六条 本办法下列用语的含义和认定：

安全生产事故隐患分为重大事故隐患和一般事故隐患。本办法所称安全生产重大事故隐患，是指危害和整改难度较大，应当全部或者局部停产停业，并经过一定时间整改治理方能排除的隐患，或者因外部因素影响致使生产经营单位自身难以排除的隐患。安全生产一般事故隐患，是指危害和整改难度较小，发现后能够立即整改排除的隐患。

生产安全事故的等级，按照《生产安全事故报告和调查处理条例》（国务院令第493号）的规定认定。

安全生产非法违法行为，按照国家安全监管总局印发的《安全生产非法违法行为查处办法》（安监总政法〔2011〕158号）规定的原则认定。

用人单位存在职业病危害因素违法行为，按照《中华人民共和国职业病防治法》相关法律规定的原则认定。

煤矿安全生产重大事故隐患按照《国务院关于预防煤矿生产安全事故的特别规定》（国务院令第446号）、《煤矿重大安全生产隐患认定办法（试行）》（安监总煤矿字〔2005〕133号）的规定认定。

第七条 对实名举报下列安全生产事故隐患或非法违法行为，经安全监管部门查证属实后，给予举报人现金奖励。

（一）举报瞒报、谎报一般生产安全事故的，奖励3千元；举报瞒报、谎报较大生产安全事故的，奖励5千元；举报瞒报、谎报重大生产安全事故的，奖励1万元；举报瞒报、谎报特别重大生产安全事故的，奖励3万元。

（二）举报生产经营单位未取得安全生产许可证或许可证已过期，从事生产经营活动的，奖励1千元。

（三）举报生产经营单位拒不执行安全监管监察指令的，奖励1千元。

（四）举报生产经营单位违反建设项目安全设施“三同时”规定的，奖励1千元。

（五）举报矿山建设项目和用于生产、储存危险物品的建设项目，安全设施未按规定审查，擅自建设施工或建设项目竣工后未按规定验收，擅自投入生产或使用的，奖励1千元。

（六）举报矿山企业领导未现场带班，未与工人同时下井、同时升井的，管理人员违章指挥，强令工人冒险作业的，超能力、超强度、超定员组织生产的，奖励1千元。

（七）举报生产经营单位非法违法生产、经营、储存危险化学品，非法违法批发或销售烟花爆竹的，奖励1千元。

（八）举报生产经营单位使用国家明令淘汰或禁止的危及生产安全的工艺、设备的，奖励1千元。

（九）举报生产经营单位未依法对从业人员、被派遣劳动者、实习学生进行安全生产教育和培训的，奖励1千元。

（十）举报生产经营单位与从业人员订立劳动合同，免除或者减轻其对从业人员因生产安全事故伤亡依法应承担的责任的，奖励1千元。

（十一）举报生产经营单位的主要负责人、安全生产管理人员、特种作业人员未依法取得相应资格上岗的，奖励1千元。

（十二）举报承担安全评价、认证、检测、检验工作的机构和职业卫生技术服务机构出具虚假证明的，奖励1千元。

（十三）举报生产经营单位将生产经营项目、场所、设备发包或者出租给不具备安全生产条件或者相应资质的单位或者个人，或者未与承包单位、承租单位签订专门的安全生产管理协议或者未在承包合同、租赁合同中明确各自的安全生产管理职责，或者未对承包、承租单位的安全生产进行统一协调、管理的，奖励1千元。

（十四）举报存在职业病危害因素的用人单位未按规定及时、如实申报产生职业病危害因素项目的，订立或者变更劳动合同时，未告知劳动者职业病危害真实情况的，奖励200元。

（十五）举报用人单位未按照规定组织劳动者进行职业健康检查、建立职业健康监护档案或者未将检查结果书面告知劳动者的；用人单位隐瞒、伪造、篡改、毁损职业健康监护档案、工作场所职业病危害因素检测评价结果等相关资料，或者拒不提供职业病诊断、鉴定所需资料的；劳动者离开用人单位时，索取本人职业健康监护档案复印件，用人单位拒绝提供的，奖励200元。

（十六）举报存在职业病危害因素的用人单位未按照规定对工作场所职业病危害因素进行检测、评价的；工作场所职业病危害因素的强度或浓度超过国家职业卫生标准的；用人单位职业病防护设备、应急救援设施和个人使用的职业病防护用品未按照规定进行维护、检修、检测，或者不能保持正常运行、使用状态的，奖励200元。

（十七）举报用人单位未为劳动者创造提供国家职业卫生标准和卫生要求的工作环境和条件，对劳动者生命健康造成严重损害的；用人单位违章指挥和强令劳动者进行没有职业病防护措施的作业的，奖励500元。

（十八）举报用人单位使用国家明令禁止使用的可能产生职业病危害的设备或者材料的，用人单位擅自拆除、停止使用职业病防护设备或者应急救援设施的，奖励500元。

（十九）举报其他安全生产一般事故隐患的，经安全监管部门核查属实，给予举报人200元奖励。同一举报人在一个季度内，奖励金累计不超过2000元。

第八条 下列情况不适用于本办法的奖励：

（一）对已经受理或正在查处的安全生产违法案件线索的举报；

（二）举报人是负有安全监管特定责任和义务的人员；

（三）信访事项；

（四）司法机关正在办理或已结案的涉法涉诉事项；

（五）法律法规规定不予奖励的其他事项。

第九条 各级安全生产监管部门按照其职责受理安全生产举报，安全生产举报奖励由北京市安全生产举报投诉中心按照规定的程序办理。

同一个举报内容被多人多次举报，只奖励最先举报人。

对两人以上联名举报同一个举报内容的，奖励自行分配，由实名举报的第一署名人或者第一署名人书面委托的其他署名人领取奖励。

安全监管部门移送相关部门核查的案件线索举报奖励，由相关部门按规定执行。

第十条 依法保护举报人的合法权益，严格遵守保密制度。受理举报的单位和人员未经举报人同意，不得以任何方式公开或泄露举报人个人信息及相关举报情况。调查核实情况时，不得出示举报材料原件或复印件，不得暴露举报人；宣传报道和奖励举报有功人员，不得公开举报人的个人信息。

第十一条 本办法自发布之日起施行。

北京市安全生产监督管理局关于修订烟花爆竹经营许可有关事项的通知

京安监发〔2015〕110号

各区安全监管局、各有关单位：

为进一步做好本市烟花爆竹经营许可证的颁发和管理工作，按照《烟花爆竹经营许可实施办法》（国家安全监管总局令第65号）和《烟花爆竹作业安全技术规程》（GB 11652—2012）的有关规定，结合本市工作实际，市安全监管局对《关于实施烟花爆竹经营许可工作有关事项的通知》（京安监发〔2014〕2号，以下简称《通知》）进行了修订。具体修订内容如下：

一、《通知》第五条第一款第四项修改为："经营场所面积50（含50）平方米以上，周边防火间距大于12米的，限制存放量400箱。"

二、《通知》第五条增加第二款："烟花爆竹零售点应根据周围环境、距离确定含药量，最大含药量不宜超过300千克。"

三、《通知》第六条中"本市五环路以内地区零售许可证的有效期为每年的农历腊月二十五日至次年正月十五日"修改为"本市五环路以内地区零售许可证的有效期为每年的农历腊月二十五日至次年正月初五日"。

本通知自印发之日起施行。《通知》将据此做相应修改，重新公布。

北京市安全生产监督管理局

2015年12月7日

北京市安全生产监督管理局关于印发《北京市安全生产行政处罚自由裁量基准（一）》的通知

京安监发〔2015〕115号

各区、北京经济技术开发区安全监管局，局机关各处室、局属事业单位：

为进一步规范北京市安全生产行政执法，促进执法人员合法、合理使用行政处罚自由裁量权，按照国家和本市安全生产相关法律、法规、规章和文件要求，市局就《安全生产法》《职业病防治法》《危险化学品安全管理条例》《生产安全事故报告和调查处理条例》等法律、法规、规章研究制定了自由裁量基准制度。现将《北京市安全生产行政处罚自由裁量基准（一）》正式印发并自2016年1月1日起施行。请各单位在执法工作中严格落实，执行中遇有问题，请及时函告市局。

附件：北京市安全生产行政处罚自由裁量基准（一）

北京市安全生产监督管理局

2015年12月21日

附件：（略）

大 事 记

1月

1月1日 市安全监管局组织市交通委、商务委、市政市容委、旅游委、文化委、体育局等部门和各区县安全监管局，召开安全生产大检查工作视频会，贯彻落实市委、市政府安全生产紧急会议精神，对元旦期间安全生产大检查工作进行动员部署。市安全监管局局长张树森参加会议并讲话。

1月4日 市安全监管局局长张树森主持召开专题会，研究百项安全生产地方标准有关工作。副局长唐明明、李东洲和副巡视员高士虎参加会议。

1月6日 副市长张延昆出席全市安全生产专职安全员组建工作座谈会。会上，市安全监管局局长张树森通报全市专职安全员组建工作总体情况，朝阳、丰台、房山、通州、顺义、大兴等区安全监管局负责人汇报本区相关工作进展情况。

1月7日 副市长张延昆带领市安全监管局、公安局消防局负责人对北京绿地通州07＃地块项目施工现场进行安全生产检查。

1月9日 副市长张延昆主持召开市轨道交通运营安全领导小组2015年度第一次工作会议，市轨道交通运营安全领导小组成员单位主管领导参加会议。会议通报2014年落实市政府办公厅59号文件及突出问题整治进展情况，并对桥下空间安全隐患专项整治行动进行总结。

1月14日 市安全监管局局长张树森主持召开2015年第一次地方标准制修订工作调度会。副局长阎军、唐明明参加会议。

同日 市安全监管局副局长唐明明主持召开全市安全监管系统视频会，贯彻市安委会办公室关于加强本市餐饮单位醇基液体燃料和轻烃混合燃气使用安全管理通知精神，动员部署清理住宅内非法违法生产经营活动专项行动。

同日 市安全监管局副局长李东洲主持召开市供销社系统烟花爆竹安全管理工作专题会。

1月15日 北京市职业病防治研究院（在北京市化工职业病防治院的基础上）正式挂牌成立，成为本市安全监管系统职业病防治技术支撑机构。

1月19日 市人大财经委主任委员王琪带领调研组，到市安全监管局调研本市安全生产工作。市安全监管局局长张树森、副局长唐明明参加座谈交流。

同日 市安全监管局副局长阎军带领市安委会第三督查组，对北京经济技术开发区、大兴区开展安全生产综合督查。

1月20日 市安全监管局副局长贾太保带领市安委会第二督查组，对石景山区、门头沟区开展安全生产综合督查。

同日 市安全监管局副巡视员谢清顺带领市安委会第一督查组，对延庆县开展安全生产综合督查。

同日 市安全监管局副巡视员高士虎带领市安委会第七督查组对密云县开展安全生产综合督查。

同日 市编办制发《关于同意撤销北京市外地来京务工人员安全生产培训指导中心牌子的函》（京编办事〔2015〕12号），就《北京市安全生产监督管理局关于报送直属事业单位挂牌培训中心整改方案的函》（京安监函〔2014〕511号）予以函复。

1月21日 市安全监管局召开百项安全生产地方标准2015年项目启动会，副局长李东洲、副巡视员高士虎参加会议。会议通报《北京市百项生产经营单位安全生产等级评定技术规范（地方标准）实施方案》，明确地方标准编制各项任务要求。

同日 市安全监管局副局长李东洲带领市安委会第五督查组，对平谷区开展安全生产综合督查。

1月21日 市安全监管局副局长唐明明带领安委会第四督查组，对丰台区、房山区开展安全生产综合督查。

1月23日 2015年全国春运工作电视电话会召开。会后，副市长张延昆在北京分会场主持召开本市春运工作会，对全市春运工作进行动员部署。

1月26日 国家质检总局副局长陈钢带领国务院安委会第九督查组对北京市安全生产工作进行专项督查。

同日 国家安全监管总局发布《关于表彰第六届安全生产科技成果奖的决定》，市安全监管局和市劳保所《有限空间作业安全生产综合监管体系构建与应用》项目（AQJ－6－2－105）荣获第六届安全生产科技成果奖二等奖。

1月29日 市安全监管局召开2015年全局党风廉政建设大会。

同日 市安全监管局在市安科院召开科学技术协会成立大会，市安全监管局副局长贾太保、市科协副主席周立军，以及市安全监管局局属事业单位和社团组织、区县安全监管局代表参加会议。

1月30日 市安全监管局、质监局联合召开百项安全生产等级评定技术规范（地方标准）编制工作动员部署会议，市安全监管局局长张树森参加会议并讲话。

同日 市安全监管局副局长唐明明主持召开北京市油气输送管道隐患整治领导小组办公室第一次会议。

2月

2月3日 副市长张延昆到大兴区调研安全生产工作，实地查看京台高速起点、京开高速改扩建工程终点和北京昆仑润滑油厂、北京烟花爆竹公司仓库，听取工作进展情况汇报。

2月5日 市安全监管局在大兴区召开全市安全生产条件普查工作推进会，市安全监管局局长张树森、副局长李东洲参加会议并讲话。

同日 北京煤监局召开2015年煤矿安全监管监察工作会议，传达贯彻全国安全生产工作会议精神，部署2015年重点工作，并对“安全·和谐”班组和优秀班组长进行表彰。

2月10日 副市长张延昆带领市政府办公厅、商务委、安全监管局、公安局消防局、公安局治安总队、公园管理中心和西城区政府负责人，对春节庙会安全工作筹备情况、商业零售企业和加油站安全生产情况进行检查。

同日 国家安全监管总局监管二司召集中国民航局、首都机场集团公司、北京市安全监管局、河北省安全监管局专题研究北京新机场安全监管工作，梳理监管内容，明确监管职责。

2月11日 副市长张延昆主持召开2015年第二次消防工作联席会议暨消防关爱行动现场会。

同日 副市长程红在北京国际会议中心主持召开全市旅游工作暨春节假日旅游安全工作会议。

同日 国家煤矿安全监察局监察专员辛广龙带队到京煤集团长沟峪煤矿，专题调研煤矿事故隐患排查治理体系建设工作情况。

同日 市安全监管局进行新闻发布，通报全市2010年至2014年非法违法行为导致的生产安全事故情况。

2月12日 市重大办、住房城乡建设委、安全监管局、市政市容委、公安局消防局等部门联合召开北京市轨道交通建设工程安全质量工作通报会，对轨道交通建设2014年第四季度安全生产、安全质量监督执法等情况进行通报，对2015年安全质量工作进行部署。

同日 市、区两级安全监管部门对全市942家烟花爆竹零售网点开展突击夜查。

2月17日 市安全监管局副局长李东洲带队，采取“四不两直”的方式，对房山区北京汇源北路工贸有限责任公司（烟花爆竹批发企业）和4家零售网点进行抽查。

2月26日 市安全监管局副局长贾太保带队对木城涧煤矿复产验收工作进行检查。

2月28日 市安全监管局局长张树森、副局长贾太保带领局有关处室和直属事业单位负责人赴市科委座谈安全生产科技工作。

3月

3月1日 市安全监管局副局长贾太保在大安山煤矿现场召开煤矿安全紧急会议，就昊华能源公司大安山煤矿相继发生“2·14”事故和“3·1”事故，紧急部署本市煤矿安全生产工作。

3月3日 副市长张延昆主持召开全市安全生产和消防工作电视电话会议，总结2014年安全生产和消防工作，部署2015年全年重点工作。

同日 市安全监管局召开全市注册安全工程师考试暨试点工作部署动员视频会议，全市相关行业部门、各区县安全监管局、乡镇街道和重点企业主管领导和安全管理人员，以及20家注册安全工程师事务所负责人参加会议。

3月4日 副市长张延昆带领市政府办公厅、安全监管局、公安局消防局负责人，对全国“两会”代表驻地周边重点企业进行安全检查。

同日 国家安全监管总局副局长徐绍川来京调研安全生产工作，实地考察密云冶金矿业公司威克铁矿选矿厂和首云铁矿，并在首云铁矿召开座谈会。市安全监管局局长张树森参加调研。

3月6日 市安全监管局召开“百名安监干部与企业主要负责人对话”和“百名专家服务万家中小企业”活动动员视频会议，局长张树森、副局长贾太保、副巡视员谢清顺参加会议。

3月9日 市安全监管局局长张树森、副局长阎军带队到北京燕山石化职业病防治所，就安全培训、应急救援、扩大服务等合作事项进行调研和座谈。

3月19日 市安全监管局、财政局公布实施《北京市安全生产举报奖励实施办法（试行）》，规范全市安全生产举报行为，引导社会公众参与社会监督，为全市安全生产举报奖励发放提供依据和标准。

3月24日 市安全监管局举行“安责险”制度参保企业签约仪式，并就“安责险”相关工作进行新闻发布。

同日 北京市安全生产应急管理地标体系建设工作启动仪式在中国安科院举行，市安全监管局副局长李东洲、国家安全生产应急救援指挥中心巡视员雷长群、中国安科院院长吴宗之参加启动仪式并讲话。

3月26日 市安全监管局在北京会议中心召开2015年危险化学品和烟花爆竹安全监管工作会议，总结2014年全市工作情况并部署2015年重点任务。

3月27日 市安全监管局副局长唐明明主持召开《北京安全生产年鉴》编纂工作暨培训视频会议。

3月31日 副市长陈刚主持召开2015年全市建设工程安全生产工作会。市安全监管局局长张树森参加会议并就加强安全生产管理工作提出具体意见。

4月

4月2日 市安全监管局召开全市危险化学品运输行业执法监察工作电视电话会议，对危险化学品运输行业专项执法监察工作进行动员部署。

4月7日 市安全监管局编制完成《北京市2014年职业卫生白皮书》，该书利用统计学、分析学相关理论，结合2014年度职业卫生日常行政监管实践数据统计，全面反映本市职业卫生工作的现状，并预判职业病防治重点方向。

4月8日 副市长张延昆主持召开市轨道交通安全形势分析会。会议通报2014年第一季度轨道交通运营安全情况、消防隐患分类排查工作，研究部署下一步工作。市安全监管局副局长唐明明参加会议。

同日 市安全监管局联合市委宣传部、市总工会召开全市安全生产宣传工作暨“安康杯”竞赛动员部署会议，总结2014年安全生产宣传工作并部署2015年工作。市安全监管局局长张树森、市委宣传部副部长赵卫东、市总工会副主席韩世春参加会议并讲话。

4月9日 市政府召开第二季度全市公共安全形势分析会议，常务副市长李士祥、副市长张延昆参加会议并讲话。市安全监管局局长张树森通报一季度全市安全生产形势，并提出具体应对措施。

4月16日 市安科院与石景山区安全监管局签署安全生产技术支撑战略合作框架协议。市安全监管局副局长贾太保、石景山区副区长富大鹏出席协议签署仪式。

4月17日 市安全监管局召开全市安全生产标准化工作会议，对2014年安全生产标准化工作进行总结，部署2015年重点工作。副市长张延昆出席会议并讲话，各区县政府分管领导和有关部门负责人参加会议。

4月21日 市重大办、住房城乡建设委、安全监管局、市政市容委、公安局消防局等部门联合召开全市轨道交通建设工程2015年一季度安全质量工作通报会，对轨道交通建设工程一季度安全生产、安全质量监督执法等情况进行通报，对下一阶段安全质量工作进行部署。

4月22日 副市长张延昆带队到昊华能源公司大安山煤矿，就加强煤矿安全生产工作进行专题检查和调研。市安全监管局局长张树森、副局长贾太保参加检查和调研。

4月27日 市安全监管局副局长唐明明主持召开2015年安全生产综合监管工作会，市住房城乡建设委、规划委、交通委等32个部门相关负责人参加会议。会议通报2014年度安全生产综合监管工作情况、安全生产标准化建设和“百项地标”制订情况，并就下一步综合监管重点工作进行部署。

4月28日 市安全监管局副局长阎军主持召开全市有限空间安全生产工作视频会，市和区县有关部门负责人、重点企业和新闻单位有关负责人参加会议。会议对2015年有限空间安全生产工作进行部署。

同日 市安全监管局召开《北京市安全生产举报奖励实施办法》新闻发布会。

4月29日 市安全监管局与市民政局签署安全生产技术支撑全面战略合作协议。市安全监管局局长张树森、市民政局局长李万钧出席协议签署仪式。

4月30日 市安科院与大兴区安全监管局签署安全生产技术支撑战略合作协议。市安全监管局副局长贾太保出席协议签署仪式。

5月

5月7日 市安全监管局会同朝阳区安全监管局召开应急管理示范企业创建动员暨培训会，各区县安全监管局主管领导和有关单位负责人200余人参加会议。会议明确市级应急管理示范企业的创建标准，提出市级应急管理示范企业的创建要求。

5月8日 市交通委、安全监管局、公安局交管局联合召开2015年“道路运输平安年”活动部署会，贯彻落实交通运输部、公安部、国家安全监管总局关于开展“道路运输平安年”活动要求，通报《北京市2015年“道路运输平安年”活动方案》，安排部署相关工作。

5月14日 京津冀联合处置输油管道泄漏和爆燃事故应急演练在东方化工厂举行。北京市、天津市、河北省相关单位和企业团体参加演练活动。

同日 北京市安全生产应急志愿者服务队伍建设启动暨授旗仪式在北京市通州区东方化工厂院内举行。国家安全生产应急救援指挥中心信息管理部副主任孔亮、市安全监管局副局长李东洲、市志愿服务指导中心副主任王赢出席活动，来自全市重点企业安全生产应急救援志愿者参加活动。

5月26日 市安全监管局会同市公安局消防局、发展改革委等部门召开全市生产经营单位用电安全管理暨用电安全警示教育周活动动员部署视频大会。市安全监管局局长张树森参加会议并讲话。

5月28日 市安全监管局局长张树森做客首都之窗“政风行风热线”直播访谈节目，以“锤炼队伍作风 推进监管工作”为主题，介绍市安全监管局重点工作情况，并回答网友的提问。

5月29日 副市长张延昆主持召开专题会议，专题研究部署本市轨道交通运营重点岗位人员管理工作。市安全监管局、发展改革委、交通委、国资委、公安局消防局、公安局公交总队和北京电力公司、市轨道交通指挥中心、北京地铁公司、京港地铁公司负责人参加会议。

6月

6月2日 全国营运大客车驾驶员安全宣誓活动启动仪式在北京六里桥长途汽车站举行。国家安全监管总局副局长孙华山、交通运输部副部长冯正霖、公安部交管局局长许甘露、北京市副市长张延昆等领导出席启动仪式。

同日 副市长张延昆带队对中国石油化工股份有限公司北京燕山分公司储运二厂进行安全生产检查。市安全监管局局长张树森、副局长李东洲参加检查。

6月3日 全国安全生产工作视频会议召开。会后，市安全监管局局长张树森主持召开市安委会第二次会议，传达贯彻习近平总书记、李克强总理关于安全生产工作重要批示指示精神，以及5月28日市政府安全生产工作会议精神，对安全生产工作进行部署。

6月10日 副市长张延昆到朝阳区就油气输送管道安全隐患整治工作进行督导调研。市安全监管局局长张树森参加调研。

6月11日 市安全监管局局长张树森主持召开全市百部安全生产地方标准和隐患排查治理体系建设工作会，国家安全监管总局监管司司长马锐、北京市质监局副局长姚娉以及有关部门和单位负责人参加会议。

6月16日 2015年北京市安全生产宣传咨询日活动在昌平区永安公园举行。本次活动由市安全监管局和昌平区政府主办，主题为“依法治安保障安全，建设和谐宜居之都”。国家安全监管总局副局长徐绍川、北京市副市长张延昆出席主会场活动。全市各区县、各行业、各企业、各乡镇街道组织开展本区域宣传咨询日活动。

6月26日 副市长隋振江带队检查北京东方石油化工有限公司化工四厂和北京京煤化工有限公司安全生产和消防安全工作。

同日 北京市安全生产工程技术研究院发展战略研讨会暨揭牌仪式在北京石油化工学院举行。副市长张延昆，市安全监管局局长张树森，市委教育工委常务副书记张雪，市教委副主任郑登文，市科委党组书记呼文亮、副主任张光连，市编办副主任孙仕柱，中国安科院党委书记吕敬民、副院长李克荣参加研讨会。

7月

7月6日 市安全监管局局长张树森主持召开“北京汽车杯”北京市十佳安全宣传员活动总结表彰大会。本次活动以企业基层安全管理人员为评选对象，经过初赛、复赛、决赛3个阶段的评选，最终评选出10名最佳安全宣传员。

7月9日 市安全监管局召开新闻发布会，通报安全生产百项地方标准编制工作情况。

7月13日 市安全监管局局长张树森带队对中国人民抗日战争暨世界反法西斯战争胜利70周年纪念活动大屏幕钢架建设及观礼台加工厂进行安全检查。

7月16日 副市长张延昆主持召开市油气输送管道安全隐患整改工作领导小组会议，通报国务院督查组来京督查情况，对全市油气输送管道安全隐患整治工作进行再动员和部署。

7月18日 由市安全监管局、妇联、市政市容委共同主办，以“关注燃气安全，建设平安家庭”为主题的2015年北京市家庭燃气安全知识竞赛总决赛在市燃气集团二分公司礼堂圆满落幕。西城区代表队荣获比赛一等奖，房山区、平谷区代表队荣获比赛二等奖，通州区、怀柔区、延庆县代表队荣获比赛三等奖。

7月22日 常务副市长李士祥主持召开第三季度公共安全形势分析会，市政府办公厅、安全监管局、水务局分别就第三季度全市公共安全总体形势、第三季度全市安全生产总体形势、全市防汛工作形势进行通报，并提出具体应对措施。

7月27日 重庆市安全监管局总工程师何建平带领重庆市安全监管局、城乡建设委和相关专家组成的安全生产检查组，对本市建筑工程项目进行检查。

7月28日 市安全监管局副局长贾太保主持召开全市特种作业考试标准化、信息化、现代化资格考试点建设总结暨启动安全生产职业技能鉴定现场会。会议通报全市“三化”考试点建设及认定情况，部署安全生产资格培训考核工作。

7月29日 市安全监管局召开京津冀安全生产地方标准协同工作会议，国家安全监管总局副局长李兆前、北京市副市长张延昆出席会议。会上，京津冀安全监管、质监三地六部门联合签署“京津冀安全生产地标协同合作框架协议”，通报京津冀安全生产地方标准协同的工作思路和工作建议。

7月31日 市油气输送管道安全隐患整治工作领导小组办公室组织召开油气输送管道安全隐患整治推进工作会，传达全国油气管道安全隐患整治攻坚现场推进会精神，通报本市油气输送管道隐患整治情况和信息报送工作。

8月

8月3日 副市长张延昆主持召开市安委会第三次全体会议。会议通报全市贯彻实施安全发展战略促进和谐宜居之都建设意见情况，传达全国油气输送管道安全隐患整治攻坚现场推进会会议精神，对安全生产大检查、“六打六治”整治工作进行专题部署。

8月5日 国务院安委会第一督查组对本市粉尘作业和使用场所防范粉尘爆

炸大检查工作进行专项督查。

8月6日 市安全监管局召开全市危险化学品安全监管工作视频会议，贯彻落实国务院安委会办公室关于山东石大科技石化公司“7·16”着火爆炸事故现场会议精神，部署中国人民抗日战争暨世界反法西斯战争胜利70周年纪念活动和北京2015年世界田径锦标赛期间危险化学品领域安全保障工作，启动本市危险化学品储罐区安全生产大检查。

8月13日 副市长张延昆主持召开全市安全生产视频会议，传达市委书记郭金龙和市长王安顺关于加强安全生产工作的指示要求，通报天津滨海新区爆炸事故情况，部署全市危险化学品、烟花爆竹和工业企业安全生产、消防安全和运输安全监管工作。

8月14日 副市长张延昆带队对大兴区北京华腾天海环保科技有限公司、北京华腾化工有限公司两家危险化学品生产经营单位进行安全生产检查。

8月18日 市长王安顺主持召开市政府第89次常务会议，通报天津港“8·12”特别重大火灾爆炸事故情况，传达全国安全生产电视电话会议精神。市安全监管局局长张树森参加会议，汇报安全生产工作。

同日 市安委会印发《关于全面开展安全生产大检查 深化“六打六治”专项行动工作的通知》，在全市开展安全生产大检查，深化“六打六治”打非治违专项行动和重点行业领域专项整治。

8月19日 国家安全监管总局和国家卫生计生委等部门对北京市《国家职业病防治规划（2009—2015年）》落实情况开展联合督查。市安全监管局副局长阎军参加督查。

同日 市安全监管局副巡视员钱山带队对2015年北京国际田联世界田径锦标赛开幕式焰火存放仓库进行安全检查。

8月20日 市安全监管局局长张树森带队对大兴区大兴油库、华泰加油站危险化学品经营储存单位和朝阳区城环城汽配城进行突击检查。

8月24日 公安部消防局副局长张福生带领国务院安委会督查组，对北京市安全生产大检查情况进行综合督查。

同日 国务院安委会督查组召开会议，听取北京市有关情况汇报。副市长张延昆、市安全监管局局长张树森参加会议并向督查组汇报本市安全生产工作情况。

同日 市安全监管局局长张树森主持召开全市安全生产大检查情况通报会，传达市政府第89次常务会议精神，通报全市安全生产大检查工作情况。

8月26日 市委书记郭金龙主持召开市委常委会，研究部署安全生产工作。会议强调，要认真贯彻落实中央领导同志的重要指示批示精神，下更大决心，深入排查安全隐患，并建立隐患台账，做到底数清、情况明、全覆盖。要坚决落实安全生产责任制，层层传导压力，消除安全隐患，真正做到“党政同责、一岗双责、失职追责”。各生产单位要承担和落实安全生产主体责任，强化安全生产第一意识，加强安全生产基础能力建设，坚决遏制重特大事故发生。要把安全生产与疏解非首都功能、调整产业结构和空间布局结合起来，依法加强监管，落实好安全生产各项任务。

8月27日 市委政法委副书记闫满

成带领督查组对门头沟区危险化学品经营单位及易燃易爆物品从业单位进行督查。

8月28日 市安全监管局局长张树森主持召开全市危险化学品安全监管工作视频会议，通报全市危险化学品、易燃易爆物品安全专项整治情况和危险化学品罐区专项检查情况，并对“安责险”试点工作进行部署安排。

同日 市安全监管局副局长李东洲在北京铁路局北京机务段主持召开铁路系统北京辖区危险化学品安全监管工作会议。

同日 市安全监管局和各区县安全监管局出动执法检查人员，对全市1030座加油站、33座油库进行全覆盖夜查，并对城乡结合部人员密集场所进行重点抽查。

9月

9月8日 市政府副秘书长王成国主持召开专题会议，部署全市电梯安全隐患排查工作。市质监局、教委、住房城乡建设委、交通委、卫生计生委、旅游委、安全监管局和各区县政府负责人参加会议。

9月11日 市编办印发《关于明确第二批市属事业单位类别的通知》，明确北京市安全生产宣传教育中心、北京市安全生产科学技术研究院（北京市安全生产考试中心、北京市危险化学品登记注册办公室、北京市重大事故预防预警中心）为市属公益一类事业单位。

9月22日 国家安全监管总局信息研究院院长贺佑国到顺义区调研隐患排查治理系统建设情况，市安全监管局副局长贾太保及相关部门负责人参加调研。

9月23日 副市长张延昆主持召开市安委会第四次全体会议，通报全市安全生产大检查和危险化学品等专项整治工作情况，部署下一步工作。

9月25日 市政府召开第四季度公共安全形势分析电视电话会议，研究部署国庆、五中全会和四季度公共安全与安全生产工作。市安全监管局局长张树森参加会议，通报全市安全生产总体形势。

10月

10月12日 国家安全监管总局副局长杨元元来京调研安全生产执法工作，了解本市安全生产执法检查的工作流程、主要内容及监管队伍建设情况。市安全监管局局长张树森参加调研。

10月13日 阅兵联合指挥部对在纪念中国人民抗日战争暨世界反法西斯战争胜利70周年阅兵保障活动中做出突出贡献的单位进行表彰，市安全监管局作为市级贡献突出单位获此荣誉。

10月15日 市安全监管局局长张树森主持召开座谈会，专题研究本市物业管理企业安全生产二级标准化评定工作。

10月20日 国家安全监管总局监察专员施卫祖带领安全生产专家，对首钢矿业公司杏山铁矿“机械化换人、自动化减人”科技强安示范企业试点工作进行调研。市安全监管局副局长贾太保和首钢矿业公司负责人参加调研。

10月23日 市安全监管局局长张树森主持召开百项安全生产地方标准工作

调度会，市质监局、交通委、市政市容委等25个部门和标准编制单位负责人参加会议。

10月26日 副市长王宁到市安全监管局检查调研工作，市安全监管局局长张树森就安全生产重点工作进行汇报。

10月28日 市安全监管局局长张树森组织召开“忠诚践行‘六个坚持’的北京安监精神，做敢于担当、作风优良、业务精通的安监人”视频报告会。

10月29日 市安委会印发《关于开展生产安全事故隐患排查治理“一企一标准一岗一清单”编制试点工作的通知》，部署落实“一企一标准、一岗一清单”编制试点工作。

同日 广西安全监管局局长黎志逘带队，到北京市安全监管局调研安全生产执法监督、执法装备建设和综合监管工作。市安全监管局局长张树森主持召开座谈会，重点介绍“四化三体系双基”总任务开展情况，以及安全员队伍建设、“双百工程”“百项地标”等重点工作推进情况。

11月

11月3日 国家安全监管总局局长杨焕宁深入北京市基层企业单位，就贯彻落实党的十八届五中全会精神，科学谋划“十三五”时期安全生产工作，推进安全生产治理体系和治理能力现代化建设，促进安全发展开展调研。副市长王宁，市安全监管局、顺义区政府、大兴区政府负责人参加调研。

11月5日 市安全监管局召开北京市安全生产月总结表彰会议，国家安全监管总局人事司（宣教办）监察专员杨占科，北京市安全监管局局长张树森，市委宣传部副部长赵卫东，市总工会党组成员何广亮，团市委企业工作部部长杜新峰，市有关委办局、各区县和北京经济技术开发区、部分中央及市属企业集团公司、部分非公有制企业分管领导及具体工作负责人参加会议。会议对2015年北京安全生产月活动进行总结，并对全市103家单位和17名个人进行表彰和颁奖。

11月10日 《北京市生产安全事故隐患排查治理办法》经第97次市政府常务会议审议通过，市长王安顺签发第266号市政府令，于11月24日正式公布。《北京市生产安全事故隐患排查治理办法》自2016年7月1日起施行。

同日 国家住房城乡建设部房地产市场监管司副司长王玉平带领国务院安委会办公室督查组到本市进行电梯安全工作专项督查调研。

11月11日 副市长王宁主持召开市安委会第五次全体会议，传达国务委员王勇在全国安全生产大检查综合督查汇报会上的讲话和国家安全监管总局局长杨焕宁在京调研时的讲话，通报全市安全生产情况。市安全监管局局长张树森、副局长唐明明参加会议。

11月12日 副市长王宁带队到东城区、朝阳区重大火灾隐患单位进行督导检查。市安全监管局局长张树森参加检查。

11月16日 国家安全监管总局正式批复，同意在北京市职业病防治研究院建立“国家级职业病危害防治专业技术人才培养基地”。

11月26日 由北京市安全监管局、北京交通大学、北京市科学技术研究院及首都经济贸易大学共同主办，北京市安全文化促进会、北京石油化工学院承办的第九届北京安全文化论坛隆重举行。国家安全监管总局宣教中心主任何国家、北京市安全监管局局长张树森等领导出席开幕式。

同日 市安全监管局在北京石油化工学院举办第一届安全生产应急管理论坛。

11月30日 市油气输送管道安全隐患整治工作领导小组办公室召开视频会议，通报全市油气输送管道隐患整治总体情况，部署油气输送管道隐患整治重点工作。

12月

12月2日 市长王安顺主持召开市政府专题会研究安全生产工作。市安全监管局局长张树森汇报《关于推进安全预防控制体系建设的指导意见》起草工作情况。

12月4日 市安全监管局副局长李东洲带队到市政府新闻办，就安全生产突发事件媒体应对工作进行沟通。市政府新闻办主任王惠参加会议。

12月5日 北京市2015年“职工技协杯”特种作业电工安全技术竞赛决赛暨闭幕式在北京大兴区中建一局培训中心举行。

12月16日 公安部消防局副局长张福生带领国务院安委会督查组，对北京市开展安全生产大检查“回头看”情况进行督查。

12月28日 副市长王宁主持召开市安委会电视电话会议，通报国务院安委会督查组来京督查和全市安全生产工作情况、全市油气输送管道和城镇燃气管道安全隐患整改情况，部署冬季建筑施工安全管理、高校实验室危险化学品安全管理和冬季火灾防控工作。

安全监管

综　述

2015年，北京市安全生产工作在市委、市政府领导下，在国家安全监管总局指导下，完成确定的各项任务，安全生产形势持续保持稳定好转。

2015年，北京市发生生产安全、道路交通、火灾、铁路交通等各类死亡事故963起，死亡1031人，事故起数同比减少40起，下降4.0%，死亡人数同比减少65人，下降5.9%。发生一次死亡3人以上较大事故9起，死亡32人，事故起数同比减少2起，下降18.2%，死亡人数同比减少15人，下降31.9%。未发生重特大安全生产事故。

一、安全生产依法治理取得积极进展

法规标准逐步完善。随着新修订的《中华人民共和国安全生产法》颁布实施，及时启动《北京市安全生产条例》《北京市危险化学品管理办法》修订工作，并列入市政府立法计划。制定颁布《北京市生产安全事故隐患排查治理办法》政府规章，将生产安全事故隐患排查治理纳入法治化轨道。推进"百项地标"工程，新立项24项。适应京津冀协同发展战略的要求，签署《京津冀安全生产地标协同合作框架协议》。

政策制度更加健全。贯彻落实国务院办公厅《关于加强安全生产监管执法的通知》精神，严格规范执法。编制包括行政处罚权力467项、通用权力18项的安全生产权力清单；编制烟花爆竹、建筑施工专项责任清单，明确专项工作中政府部门的权力边界和职责分工。编制安全生产自由裁量基准制度，形成22部法律、法规、规章自由裁量基准。印发《北京市较大、重大生产安全事故调查处理工作程序》等事故调查处理制度。

普法宣传更有针对性。印发《中华人民共和国安全生产法》宣传贯彻实施方案，采用发放宣传材料、专家集中授课、组建街乡宣讲员队伍等形式广泛开展《中华人民共和国安全生产法》宣传贯彻工作，全市直接培训企业员工10万人，发放各种宣传材料27万份。

专项整治和执法检查力度进一步加大。完成中国人民抗日战争暨世界反法西斯战争胜利70周年纪念活动、2015年北京国际田联世界田径锦标赛等36项保障任务，确保重大活动期间未发生任何安全生产事故。组织开展安全生产大检查，深化"六打六治"专项行动，组织用电安全和特种作业"双打"专项行动、危险化学品运输企业专项执法，开展有限空间、职业危害、醇基燃料和轻烃燃气隐患治理以及人员密集场所、白酒企

业、涉危使用企业、矿山、涉氨非制冷企业、石油化工企业等专项整治行动，消除大批事故隐患。

二、安全生产责任制深入落实

安全生产责任制实现全覆盖。进一步细化落实北京市安全生产“1＋7”责任体系，全市16个区县和北京经济技术开发区、24个负有安全生产监督（管理）职责的政府部门落实“党政同责、一岗双责”。全市各乡镇（街道办事处）、村（居委会、社区）“五覆盖”完成100％。贯彻落实《企业安全生产责任体系五落实五到位规定》，规模以上企业全部实现“五落实五到位”。

综合考核不断创新。修订年度区县政府和市政府部门安全生产综合考核细则，进一步突出差异化、个性化考核。建立市政府部门“一事一快报、一季一初评、半年一观摩、年终总考评”的动态考核机制，协调指导各区县和政府部门完成年度工作任务。将综合考核结果纳入市政府绩效考核、首都综治考核之中，将综合考核结果和年度安全生产情况向市委组织部报告，作为部门和干部考核的重要依据之一。

综合监管作用突出。组建安全生产督查组，建立常态化督查机制，形成年初确定督查计划、过程反馈督查意见、定期向市政府报告督查结果、定期总结分析督查效果的全流程闭环督查模式。联合市政府相关部门对客运企业、快递行业、涉危企业、工业园区等行业领域进行安全生产状况调查评估，提出改进安全生产工作的对策建议。

三、安全生产标准化建设提质增效

政策制度更加科学。印发《关于加强标准化建设质量的意见的通知》等10项标准化建设制度，形成完善的标准化建设制度体系。修订评审标准，提高强制性标准的比例，其中，二级标准中否决项由7项增加至15项，三级标准由5项增加至14项。积极推动行业部门开展标准化工作，初步实现危险化学品生产经营、道路运输、建筑施工、轨道交通、人员密集场所等全部生产经营单位参加创建的目标。

评审监督更加严格。建立标准化咨询与评审分离的机制，对工业企业二级标准化评审机构资质重新进行认定，对存在评审质量问题的评审机构进行约谈和通报，对1300名评审员进行取证培训和继续教育。强化核查复核，采取政府购买服务的方式，完成550家企业的标准化核查，对所有申报二级标准化的企业进行100％现场复核。

支持保障更加到位。市财政投入2300万元隐患资金用于标准化创建。将标准化企业降低工伤保险费率的规定纳入《北京市工伤保险费率降低管理办法》，从制度上实现达标企业工伤保险费率的实时浮动。制作并印发评审标准、隐患排查实施导则、培训教材等宣传资料1.5万份。全市各区县举办标准化培训班351期，培训人数65140人次。

全市完成标准化达标企业73962家。其中一级标准化企业46家，二级标准化企业661家，三级标准化企业14241家，小微岗位达标企业59014家。

四、安全生产信息化建设稳步推进

安全生产监管信息平台功能不断优化。围绕全市隐患排查治理体系“532”

的工作框架，启动全市安全生产隐患自查自报、隐患排查数据采集分析两个平台建设。推进市、区县两级监管信息平台对接，有效支撑执法检查、行政许可、标准化建设、举报投诉、培训考核、日常办公等各项业务工作。印发《监管信息平台对接和资源共享技术指南》，推进数据对接共享，与国家安全监管总局共享易制毒数据，与市统计局共享104.7万项企业基础数据，与市属企业集团建立隐患排查系统数据对接标准。

信息化系统得到广泛应用。针对安全监管干部、专职安全员、基层信息化管理人员组织开展多层次信息化系统应用业务培训，各项业务信息系统使用水平显著提高。全年通过系统办理各类业务事项17.2万件，其中，依托系统开展执法10094次，专职安全员检查65766次，办理各类许可事项66913项，办理举报投诉事项3628件，完成13942家生产经营单位达标创建，完成特种作业人员考核81207人，收发文件1992件，发布各类通知、信息4585条。

五、隐患排查治理体系建设进展顺利

完善制度设计。制定《2015年隐患排查治理体系建设年度工作要点》，逐一细化阶段性工作任务。建立信息统计和通报制度，定期通报体系建设进度。组织编写《企业事故隐患排查治理实施导则》，对各区县、行业部门和重点企业开展隐患排查治理体系建设进行培训。

夯实建设基础。完成北京市第一次生产经营单位安全条件普查，投入资金近4000万元，动员1.3万余人参与普查工作，培训普查人员5.3万余人次。入户核查企业112.6万家次，核实并录入企业56.7万余家，初步建成企业基础、业务管理信息、物联数据和知识数据等4大数据库，基本摸清全市生产经营单位的安全生产条件。

试点带动引领。部署“一企业一标准、一岗位一清单”隐患排查治理体系建设试点，组织30家中介机构，指导2000家生产经营单位编制符合企业实际的个性化隐患排查清单和岗位操作规程，使用信息系统如实记录隐患排查治理情况，加快推动隐患排查治理体系建设取得阶段性成果。

六、安全预防控制体系建设初见成效

顶层设计顺利完成。研究起草《北京市安全预防控制体系建设指导意见》，并以市政府名义印发。通过预防控制体系建设，充分动员全社会各方面力量参与安全预防工作，建立企业、行业、区域的风险防控机制，加强风险分析和预警预测，对促进本市安全生产形势持续好转具有积极作用。

危险化学品集中管理体系建设稳步推进。制定《北京市危险化学品集中管理体系信息化建设总体方案》，明确体系信息化建设方向、内容、进度安排、资金预算等事项。已初步完成剧毒化学品、易制爆危险品、工业气体和成品油3个品种的纳入对接工作，完成危险货物道路运输行业服务管理系统试运营工作。

“数字化”示范矿山建设成效明显。首钢矿业公司杏山铁矿建成全国首家“数字化”示范矿山，全市7座运行尾矿库安装在线监测系统，实现对尾矿库、非煤矿山远程实时监测和分级预警。指导首钢矿业公司建设安全隐患排查整改系统，建立近600个无隐患单元，地下矿山全部建设安装安全避险“六大系统”。

应急管理水平不断提高。在全市范围内选取200家加油站开展安全生产应急管理示范企业试点，落实《安全生产应急管理九条规定》。全面推进安全生产应急管理地方标准体系建设，及时修订应急救援预案。深入落实京津冀应急合作协议，牵头开展京津冀三地联合处置输油管道泄漏和爆燃事故应急演练，增强应对突发生产安全事故应急处置能力。

七、安全生产社会治理水平显著提高

安全生产中介组织不断壮大。建立健全以安全生产联合会为枢纽，安全生产科技促进会、职业病防治联合会、安全生产技术服务协会、安全文化促进会等为支撑的社团组织体系。截至年底，联合会共发展吸收会员单位261家，其他协会会员单位数量不断增长。全市成立注册安全工程师事务所27家，聘请注册安全工程师355名。全市成立超过200家安全生产领域中介组织，在行业自律、标准化评定、检验检测、宣传教育、安全文化示范企业和安全社区创建等方面发挥积极作用。

“双百工程”活动成效显著。组织“百名安监干部与企业主要负责人对话谈心”活动，全市安全监管干部对话谈心规模以上企业3306家。组织开展“百名专家服务万家中小企业”活动，建立专家参与检查的工作机制，专家服务企业数量达3657家，查找隐患近1万项，培训专职安全员1.2万余人次。“双百工程”开创安全生产服务新模式，是探索建立政府和企业良性互动关系的有益尝试。

有效运用市场机制。持续推进安全生产责任保险试点，发挥“安责险”的安全投入、风险预防和理赔服务等功能。全市10个试点行业实现企业参保，投保企业2989家，为企业提供超过118亿元的风险保障。研究起草《北京市安全生产信用体系建设管理办法》，提出对企业安全生产信用信息进行分类归集、量化打分、动态评定，建立守信激励和联合惩戒机制。

安全生产宣传教育有声有色。组织安全生产月和北京安全文化论坛等16项全市性宣传活动，分别与市委宣传部、市总工会等部门联合举办执法技能大赛、有限空间作业大比武、电工技能竞赛等活动。在省级以上主流媒体刊发新闻报道3100余篇。以政务网站、微博、微信公众号为主要渠道的新媒体宣传工作迅速发展，政务网站共发布信息1.7万余条，同比增长42%，网站日均点击量13万次，同比增长41.3%。

八、安全生产监管监察力量不断壮大

基层监管力量进一步增强。市政府办公厅印发《关于建立区县职能部门安全生产专职安全员队伍的通知》，为各区县政府所属的23个负有安全生产监管职责的部门配备1600名专职安全员，有效解决乡镇街道安全生产检查力量薄弱和部门安全管理力量薄弱的问题。与市编办联合发文，以加挂牌子、独立设置等方式在区职能部门设立安监科。组织安全监管系统3800余名专职安全员开展集中轮训和安全员检查队队长专项培训，着手在首钢技师学院筹建执法监察人员实训基地，提升专职安全员队伍履职能力。

安全生产专业人才培养体系不断完善。在市安科院、职业病防治研究院、安工院建立博士后科研工作站，将安全工程高级专业技术资格评审工作纳入北京市年度职称评审项目，搭建安全生产领域高层次人才培养平台。建设科研机构，与北京工业职业技术学院和北京电子科技学院合作建立“安全生产职业技术学院”；与北京石油化工学院联合建立“北京市安全生产工程技术研究院”；会同北京工业职业技术学院，筹备成立北京市电气安全技术研究所。推动高职院校增加增设安全工程专业和安全生产相关课程，为安全生产培养职业化实用型技术人才提供支撑。

加强职业资格考试培训基础设施建设。投入 1.2 亿元，建设超 4 万平方米的“三化”考点，形成设备先进、考场规范、交通便捷的“三化”考点网络。完成 66 个培训大纲、考核标准以及 44 本培训教材的编制工作。完成 10 期特种作业人员和高危人员安全资格考试，考核从业人员 16.1 万人。

市安委会工作

【副市长张延昆检查市场安全】 1月6日，副市长张延昆带领市安全监管局、公安局消防局负责人，对朝阳区王四营乡天宝旧货市场开展“四不两直”安全检查。检查组在市场监控室查看值守状况和疏散通道、安全出口设置情况，并实地检验消火栓等消防设施的维护情况及应急演练情况。针对暴露的消火栓压力不足、水带维护不到位、应急处置演练缓慢及配电室内堆放可燃物且无应急照明、无安全绝缘等问题，市安全监管局、公安局消防局分别下达执法文书，并约谈其主要负责人。

（叶子楠）

【副市长张延昆检查施工安全】 1月7日，副市长张延昆带领市安全监管局、公安局消防局负责人对北京绿地通州07#地块项目施工现场进行安全生产检查。检查主要针对施工方落实本市工地全面停工整改、开展隐患自查自纠的情况，并对临时用电、高处作业安全防护、施工现场消防器材配备、特种作业人员持证上岗等情况进行现场检查，对监理单位履行安全质量监督职责的情况进行抽查。张延昆指出：安全生产工作丝毫不能马虎，有问题坚决不能开工，企业单位要组织开展自查自纠活动，不能走过场，抓紧对现场问题进行整改；监管部门，特别是属地部门要对该项目建设许可情况、执行施工技术方案情况和企业资质、人员证件及现场管理等情况进行彻底检查，坚决不能放过一丝隐患，复查合格方能准予施工。

（叶子楠）

【一季度形势分析会】 1月20日，副市长张延昆主持召开全市一季度安全生产形势分析会议，通报安全生产形势和重点工作进展情况，研究部署安全生产工作。市安全监管局局长张树森通报全市2014年和2015年一季度全市安全生产形势。2014年，全市安全生产形势总体严峻，道路交通、生产安全、火灾、铁路交通等事故多发，一次死亡3人以上较大事故连续发生，城市运行领域事故不断。2014年，全市发生道路交通、生产安全、火灾、铁路交通死亡事故1003起，死亡1096人，同比分别增加66起64人，上升7.0%和6.2%。一些单位安全意识淡薄，企业主体责任不落实，违规违章行为普遍，部分项目岁末年初面临阶段性收尾，人心不稳，赶工期、赶进度，忽视安全生产的现象仍然存在。张延昆要求：要深入开展专项整治，强化重点行业领域监管；要完善配套措施，全面推进隐患排查治理体系建设；要深化责任落实，健全安全生产责任体系；要强化激励约束，有效推动企业主体责任落实；要坚持改革创新，稳步推进安全生产领域改革；要强化基层基础，提高安全生产保障水平。

（胡静）

【门头沟区综合督查】 1月20日，市安全监管局副局长贾太保带领市安委会第二督查组，对门头沟区开展安全生产综合督查工作。督查组听取门头沟区政府安全生产情况汇报，通报“12·29”清华附中建筑事故、“12·31”上海外滩踩踏事故等重大事故，查阅安全生产工作部署落实、“党政同责、一岗双责、齐抓共管”安全生产责任体系建设、隐患排查治理工作开展情况等文件资料。贾太保对门头沟区政府落实安全生产各项工作给予肯定，并就做好2015年安全生产工作强调指出：一是以新修订的《中华人民共和国安全生产法》宣贯为契机，指导企业负责人和安全管理人员深刻领会安全生产工作职责。二是明确责任，特别要把乡镇街道党委安全生产责任落实到位。三是建立完善专职安全员队伍各项工作机制，加强队伍作风建设，不断提升专职安全员队伍业务水平。四是加强安全生产责任体系建设，要勇于创新，积极谋划企业责任体系建设。五是深化岗位达标建设，推进安全生产社会化工作。

（李广、张雷）

【丰台、房山区综合督查】 1月21日，市安全监管局副局长唐明明带领市安委会第四督查组对丰台区、房山区开展安全生产综合督查。通过督查，唐明明肯定两区为全市安全生产工作做出的突出贡献，并强调，要全面贯彻落实全国安全生产电视电话会议精神，做好春节、全国“两会”期间安全防范工作，加强“党政同责、一岗双责、齐抓共管”安全生产责任体系建设，制定完善党政同责、一岗双责、部门安全监管职责等相关配套制度措施，加强隐患排查治理工作，落实生产经营单位安全生产主体责任，重点检查矿山、危险化学品、建筑施工、道路交通、烟花爆竹、油气输送管道、粉尘涉爆等行业领域安全生产保障措施落实，按照“零容忍”的要求对排查出的隐患、问题及时进行整改。

（李环宇）

【国务院安委会专项督查】 1月26日至29日，国家质检总局副局长陈钢带领国务院安委会第九督查组，对北京市安全生产工作进行专项督查。督查组抽查朝阳公园、住总集团北京档案馆新馆项目工地、北京燃气集团等10家生产经营单位安全生产工作情况，其中对十里河民乐建材市场、中建二局北京金税三期工程数据中心项目工地、润福通石油化工有限公司等4家生产经营单位，采取“四不两直”的方式进行随机抽查。督查组对本市安全生产工作取得的成效给予肯定，同时结合督查发现的问题，提出建议。副市长张延昆要求市有关单位按照督查组提出的要求，抓紧整改，抓紧落实。按照督查组和市领导的要求，各项隐患问题全部整改完毕。

（胡静）

【副市长张延昆春节前带队安全检查】 2月10日，副市长张延昆带领市政府办公厅、商务委、安全监管局、公安局消防局、公安局治安总队、公园管理中心和西城区政府负责人，对春节庙会安全工作筹备情况、商业零售企业和加油站安全生产情况进行抽查，先后对宣武门沃尔玛超市、陶然亭公园厂甸庙会、中石化陶然桥加油站进行实地检查。重点检查疏散通道设置情况、消防中控室应急值守、加油站卸油区现场防护等重点部位安全管理状况，并对庙会应对大客流、防止人员踩踏事故及冬季火灾预防措施进行检查。张延昆指出：各单位要加强隐患排查工作，坚持把各类问题和隐患消除在萌芽状态，并把应急预案演练工作落到实处，强化节日期间应急值守，保障春节期间安全工作万无一失。

（叶子楠）

【副市长张工春节前带队安全检查】 2月16日，副市长张工带队对北京市珐琅厂、北京燃气集团有限责任公司高压管网分公司方庄调压站进行春节前安全生产检查。重点检查生产车间、库房、配电室等重点部位安全管理状况，以及燃气调压站燃气过滤装置、调压装置等设备设施运行维护状况等。张工详细询问企业春节期间燃气供应、事故应急救援管理及救援队伍建设等工作情况，要求企业负责人增加安全投入，配备先进的救援装备，打造一支专业化、科技化的高效救援队伍。要加强春节期间应急值守，保障市民安全、祥和地欢度春节。

（叶子楠）

【市安委会第一次会议】 3月3日，副市长张延昆主持召开全市安全生产和消防工作电视电话会议，总结2014年安全生产和消防工作，部署2015年全年重点工作。市安全监管局、公安局消防局分别通报2014年全市安全生产情况和消防安全情况。市政府副秘书长王成国宣布2014年度安全生产综合考核表彰决定，表彰先进单位。张延昆要求：全市各地区、各部门、各单位要贯彻习近平总书记、李克强总理关于安全工作的一系列重要指示精神，牢记安全工作是各级党政领导的第一职责，充分发挥好安委会、防火委平台的作用，全力压减事故，坚决防止发生重大事故。

（胡静）

【副市长张延昆检查“两会”安全】 3月4日，副市长张延昆带领市政府办公厅、安全监管局、公安局消防局对“两会”代表驻地周边重点企业进行安全检查。检查组采取“四不两直”的方式，赶赴朝阳区广西大厦、河南大厦，对其附近的加油站、加气站等重点区域，以及规模以上餐饮、超市等人员密集场所进行抽查。经检查，各单位领导在岗带班，安全设备设施维护情况较好，加油站、加气站主要负责人及安全管理人员值守情况良好，日常安全管理较为到位。但人员密集场所安全管理存在薄弱环节，个别企业员工安全设备操作不熟练，有的安全设备无法正常使用。针对检查发现的隐患问题，市安全监管局、公安局消防局执法人员责令企业负责人立即整改，并依法下达执法文书。张延昆要求企业管理人员认真落实安全管理主体责任，切实消除生产经营过程中的隐患。要求政府部门搞好安全教育培训和宣传，提升行业整体安全管理水平。

（叶子楠）

【建设工程安全生产工作会】 3月31日，副市长陈刚主持召开2015年全市建设工程安全生产工作会。会上，市住房城乡建设委主任徐贱云对全市住房城乡建设系统2014年安全生产工作情况作总结报告并部署2015年工作，市安全监管局局长张树森就加强安全生产管理工作提出具体工作意见，副市长陈刚结合本市建设系统安全生产形势强调6项工作：一是要求各单位认清形势、统一思想，充分认识抓好施工安全工作重要意义；二是要求工程参建各方严格落实主体责任，进一步规范建筑市场行为；三是要求加强建筑施工安全生产标准化建设，深化事故隐患排查治理工作；四是要求各区县落实属地管理责任，进一步加大监督执法力度；五是要求各有关部门建立联动机制，规范建筑工程安全生产事故调查，切实做到事故调查“四不放过”；六是要求加强安全培训教育，在全市大力推广安全体验式培训教育。市住房城乡建设委、安全监管局、环保局、市政市容委、城管执法局和各区县政府及各区县住房城乡建设委主管领导，相关房地产开发企业、建筑施工企业、工程监理企业260余人参加会议。

（李环宇）

【二季度形势分析会】 4月9日，市政府召开第二季度全市公共安全形势分析会议，常务副市长李士祥、副市长张延昆参加会议并讲话。市安全监管局局长张树森通报一季度全市安全生产形势，并提出具体应对措施。李士祥指出：要牢固树立“红线”意识，严格执行“党政同责、一岗双责”制度要求，继续保持对事故易发多发的重点场所、要害部位、关键环节的高压态势，坚决防止松懈麻痹思想。继续深入开展道路交通、燃气和油气输送管道、建筑施工、危险化学品、有限空间、人员密集场所等重点行业领域专项整治，消除事故隐患。强化检查执法，对发现的隐患问题盯住不放，采取果断措施，确保隐患问题整改到位。

（胡静）

【轨道交通安全专题会】 5月29日，副市长张延昆主持召开专题会议，研究部署本市轨道交通运营重点岗位人员安全管理工作。市安全监管局、发展改革委、交通委、国资委、公安局消防局、公安局公交总队和北京电力公司、市轨道交通指挥中心及市地铁运营公司、京港地铁公司负责人参加会议。张延昆指出：一是地铁安全无小事，地铁运营单位和相关部门要切实落实安全责任，抓紧完善地铁设备设施，认真研究“双司机”制度、变配电站值守人员配置以及站区人员配置等问题。二是加强地铁安全文明引导志愿者队伍建设，加强培训指导，提高专业素质。三是及时分析地铁消隐工程推进中存在的问题和原因，抓紧统筹协调，加快完成地铁消隐工程。四是有效借助外界力量做好地铁运营安全管理工作。五是加强地铁运营秩序管理，加大治安检查巡视力度。市安全监管局局长张树森、副局长唐明明参加会议。

（李环宇）

【副市长张延昆检查化工安全】 6月2日，副市长张延昆带队，采取“四不两直”的方式对中国石油化工股份有限公司北京燕山分公司储运二厂进行安全生产检查。在检查过程中，张延昆详细询问企业安全生产管理工作情况，仔细检查厂区危险化学品输配管线维护保养、安全标识设置情况和危险化学品存储球罐检查应急设备管理情况。检查结束后，执法人员向企业集中反馈检查情况。针对检查中发现的危险化学品储罐区警示标识不明显、危险区域内叉车未安装防火帽、储罐区部分管线老化且未定期维护、782号储罐防护堤破损、从业人员安全生产教育培训档案不健全、特种作业人员培训复审档案不健全6项安全隐患和问题，执法人员向企业依法下达责令限期整改指令书。

（叶子楠）

【市安委会第二次会议】 6月3日，全国安全生产工作视频会议召开。会后，市安全监管局局长张树森主持召开市安委会第二次会议，传达贯彻习近平总书记、李克强总理关于安全生产工作重要批示指示精神，以及5月28日市政府安全生产工作会议精神，分析全市安全生产形势，对安全生产工作进行部署。张树森指出：要深刻汲取其他省市发生的重特大事故教训，切实把思想和行动统一到党中央、国务院与市委、市政府的重大决策部署上来，全面落实安全生产监管责任和企业主体责任。要时刻绷紧安全生产这根弦，真正把安全生产作为不能触碰、不可逾越的高压线。要组织开展安全生产大检查，加大执法检查力度，扎实推进重点行业领域整治，强化隐患排查治理体系建设、安全生产标准化建设、安全生产条件普查、安全生产责任保险制度试点、“双百工程”等重点工作，推动全年安全生产重点工作任务落实。

（胡静）

【副市长隋振江带队安全检查】 6月26日，副市长隋振江带队检查北京东方石油化工有限公司化工四厂和北京京煤化工有限公司安全生产和消防安全工作。检查组听取企业主要负责人关于安全生产和消防安全的专题汇报，现场检查调度中心、雷管生产车间、炸药库等重点部位。隋振江指出：首都工作无小事，安全生产工作更是容不得任何闪失。要严格落实安全生产责任制和企业的安全生产主体责任，坚持问题导向，举一反三。要通过采用先进的技术与设备，使用清洁的能源与原料，减少废弃物的数量与毒性，进行洁净生产，从而实现更高层次的生产安全。

（叶子楠）

【三季度公共安全形势分析会】 7月22日，市政府召开全市第三季度公共安全形势分析会，常务副市长李士祥、副市长张延昆参加会议并讲话。市政府办公厅、安全监管局、水务局分别就第三季度全市公共安全总体形势、第三季度全市安全生产总体形势、全市防汛工作形势进行通报，并提出具体应对措施。李士祥要求：要认真学习贯彻习近平总书记重要讲话精神，进一步增强做好公共安全和安全生产工作的责任感，按照首善标准扎实做好重大活动安全服务保障工作，周密部署夏季公共安全重点工作，落实责任，确保安全生产形势稳定好转。

（胡静）

【市安委会第三次会议】 8月3日，副市长张延昆主持召开市安委会第三次全体会议。会议通报全市贯彻实施安全发展战略促进和谐宜居之都建设意见情况，传达全国油气输送管道安全隐患整治攻坚现场推进会会议精神，对安全生产大检查、“六打六治”整治工作进行专题部署。张延昆指出：上半年全市安全生产形势虽然实现持续稳定好转，但安全生产形势依然不容乐观。要进一步加强安全监督检查，重点做好3项工作：一是开展安全生产大检查和新一轮“六打六治”专项行动；二是做好中国人民抗日战争暨世界反法西斯战争胜利70周年纪念活动和2015年北京国际田联世界田径锦标赛安全保障；三是抓好市委十一届七次全会精神落实，把全市安全生产工作推上新的高峰。

（胡静）

【安全生产专项行动】 8月18日，市安委会印发《关于全面开展安全生产大检查 深化“六打六治”专项行动工作的通知》，在全市开展安全生产大检查，深化“六打六治”打非治违专项行动和重点行业领域专项整治。各区县政府负责本地区安全生产大检查和“六打六治”专项行动的组织实施工作，市政府各有关部门依据职责按照“一行业、一标准”和重点企业“一企业、一标准”的要求制定实施方案，各企事业单位按照“零容忍”的要求，开展自纠自查，进行细致彻底的大检查。市安委会办公室建立全市安全生产大检查和专项整治每日信息专报制度，每日向市委、市政府主要领导报告安全生产大检查及专项整治进展情况。

（胡静）

【安全生产督查】 8月21日，市安委会印发《关于开展安全生产大检查督查工作的通知》，部署安全生产大检查督查工作。市安委会成立17个综合督查组和8个专业督查组，对全市16个区县和北京经济技术开发区开展安全生产督查工作。明确督查对象、督查内容、督查组成员及分工、督查时间、督查方式及有关工作要求。

（胡静）

【国务院安委会综合督查】 8月24日至28日，公安部消防局副局长张福生带领国务院安委会督查组，对北京市安全生产大检查情况进行综合督查。督查组分别对朝阳区、海淀区、房山区、北京经济技术开发区进行督查，对危险化学品、烟花爆竹、民爆器材、建筑施工、工业企业等企业和场所开展现场抽查。督查组对北京市安全生产工作给予肯定，并结合督查过程中发现的问题，提出整改意见。副市长张延昆要求，各单位对国务院安委会督查组发现的问题要立即限时整改，抓紧落实。按照督查组和市领导有关要求，各单位迅速部署落实，各项隐患问题均整改完毕。

（胡静）

【行政机关办公场所安全检查】 9月6日，市安委会办公室印发《关于开展行政机关办公场所安全检查的通知》，对全市各行政机关办公场所开展安全检查。本次安全检查为贯彻落实国务院安委会督查组来京检查提出的意见建议，做好行政机关办公场所消防安全工作，按照“条块结合、层层负责”的原则开展。文件明确检查内容、检查方式和工作要求。各单位9月30日前报送行政机关办公场所安全检查情况报告。

（胡静）

【市安委会第四次会议】 9月23日，副市长张延昆主持召开市安委会第四次全体会议。会议通报全市安全生产大检查和危险化学品等专项整治工作情况，部署下一步工作安排。张延昆要求：各地区、各部门、各单位要加强危险化学品安全监管，形成整体安全监管的工作闭环；加大执法检查力度，开展安全生产大检查；认真总结安全生产工作，层层传导压力，落实企业主体责任；贯彻落实国务院安委会关于“两节”通知要求，提前部署，狠抓落实，做好节日期间安全生产工作。

（胡静）

【电梯安全专项督查调研】 11月10日至11日，国家住房城乡建设部房地产市场监管司副司长王玉平带领国务院安委会办公室督查组到本市进行电梯安全工作专项督查调研。督查组先后召开专题会议，分别听取市质监局、住房城乡建设委、财政局、交通委、教委、商务委、卫生计生委、工商局及中国保监会北京监管局关于电梯安全工作情况汇报，并与电梯生产、使用、维保单位及物业、业委会、开发商等就电梯安全工作进行交流座谈。督查组赴海淀区、西城区对地铁、商场、医院及居民小区电梯安全状况进行现场督查调研。11日，督查组在市政府召开督查工作情况反馈总结会议，市政府副秘书长朱炎参加会议。

（李环宇）

【市安委会第五次会议】 11月11日，副市长王宁主持召开市安委会第五次全体会议。会议传达国务委员王勇在全国安全生产大检查综合督查汇报会上的讲话和国家安全监管总局局长杨焕宁在京调研时的讲话，通报全市安全生产情况。市住房城乡建设委、昌平区政府、市燃气集团分别汇报建筑行业安全生产大检查、输油气管道安全隐患整治、燃气管道安全隐患整改情况，安排部署冬季安全生产工作。王宁要求：一是认清形势，找准问题，有针对性地把工作抓紧抓实抓出成效；二是严密防范，加强排查，抓好岁末年初安全生产工作；三是与时俱进，开拓创新，推进安全生产“十三五”规划编制工作。

（胡静）

【安全生产大检查“回头看”】 12月2日，市安委会办公室印发《关于贯彻落实国家安全监管总局会议精神扎实做好安全生产大检查“回头看”工作的通知》，并转发国务院安委会关于开展安全生产大检查“回头看”的文件，要求全市做好安全生产大检查“回头看”工作。截至12月底，全市组织安全生产检查执法组76856个，检查企业221911家次，排查隐患241571项，整改237157项，整改率98.2%。其中：重大隐患465项，整改460项，整改率98.9%；打击整治非法违规生产经营建设行为120590起，停产整顿企业1775家，关闭取缔企业116家，罚款3077.03万元，依法暂扣吊销许可证照152个，移交司法机关追究刑事责任38人。

（胡静）

【国务院安委会专项督查】 12月16日至19日，公安部消防局副局长张福生带领国务院安委会督查组，对北京市开展安全生产大检查“回头看”情况进行督查。国务院安委会督查组召开会议，听取北京市有关工作情况汇报，查阅安全生产资料档案。召开意见反馈会议，通报督查情况，提出意见建议。张福生对北京市安全生产工作给予肯定，并指出督查发现的问题，提出工作建议。副市长王宁针对国务院安委会督查组提出的意见建议，要求有关单位举一反三，抓好整改，及时反馈复查结果，做好首都安全生产各项工作。

（胡静）

【市安委会第六次会议】 12月28日，副市长王宁主持召开市安委会电视电话会议，通报国务院安委会督查组来京督查和全市安全生产工作情况、全市油气输送管道和城镇燃气管道安全隐患整改情况。市住房城乡建设委、教委、公安局消防局主管领导分别部署冬季建筑施工安全管理、高校实验室危险化学品安全管理和冬季火灾防控工作。王宁指出：要深刻认识岁末年初安全生产工作的复杂性、特殊性，加强对建筑施工、人员密集场所、烟花爆竹、道路运输、消防安全等重点行业领域的安全监管，坚决落实国务院安委会办公室《关于做好元旦春节期间安全生产工作的通知》要求，切实履行安全生产监管职责，督促企业落实主体责任。

（胡静）

【综合考核表彰】 2月9日，市安委会印发《关于表彰2014年度安全生产综合考核先进单位的决定》。根据《北京市安全生产综合考核办法（试行）》有关要求，通过对各区县政府、北京经济技术开发区管委会和市政府有关部门安全生产综合考核，经市政府同意，决定东城区、西城区、朝阳区、丰台区、石景山区、门头沟区、通州区、顺义区、大兴区、房山区、平谷区、怀柔区、密云县、延庆县和北京经济技术开发区15个区县政府（管委会）为“2014年度安全生产工作先进区县”；决定市发展改革委、市经济信息化委、市国土局、市规划委、市市政市容委、市交通委、市农委、市水务局、市商务委、市旅游委、市文化局、市工商局、市质监局、市安全监管局、市新闻出版广电局、市体育局、市园林绿化局、市民防局、市南水北调办、市城管执法局、市气象局、市公安局交管局、市公安局消防局23个市政府工作部门为“安全生产工作先进单位”。授予大兴区“安全生产工作基础管理创新奖”，授予房山区“安全生产工作重大进步奖”；授予市规划委、市市政市容委、市交通委、市商务委、市旅游委、市质监局、市公安局交管局、市公安局消防局8个市政府工作部门“安全生产工作突出成绩奖”，授予市发展改革委、市交通委、市农委、市商务委、市旅游委、市质监局、市民防局、市城管执法局8个市政府工作部门“安全生产工作管理创新奖”。

（胡静）

【印发综合考核细则】 4月29日，市安委会办公室印发《2015年度区县政府安全生产综合考核细则》，明确本年度区县政府安全生产综合考核等次、奖项设置、考核内容、考核方式、时间频次以及有关工作要求。

（胡静）

【控制指标下达】 5月4日，市安委会印发《关于下达2015年全市安全生产控制指标的通知》，将全市安全生产控制指标下达至各区县政府、市政府有关部门及有关单位，并要求贯彻执行。

（胡静）

【控制指标落实】 本年，全市共发生道路交通、生产安全、火灾、铁路交通死亡事故963起，死亡1031人，事故起数同比减少40起，下降4.0%；死亡人数同比减少65人，下降5.9%。事故起数和死亡人数实现“双下降”。发生一次死亡3人以上较大事故9起，死亡32人，事故起数同比减少2起，下降18.2%；死亡人数同比减少15人，下降31.9%。较大事故得到一定遏制。全市亿元GDP

生产安全事故死亡率 0.045，同比下降 11.8%；工矿商贸从业人员 10 万人生产安全事故死亡率 0.43，同比下降 52.7%；道路交通万车死亡率 1.64，同比下降 0.6%；煤矿百万吨死亡率 0.22，同比下降 75.8%。从指标控制情况看，全市 16 个区县和北京经济技术开发区安全生产事故均控制在指标范围内。反映安全生产整体情况的相对指标控制良好，各区县安全生产死亡事故总体呈下降趋势。

（胡静）

市安全监管局安全监管

综 合 监 管

【市轨道运营安全领导小组工作会】 1月9日，副市长张延昆主持召开市轨道交通运营安全领导小组2015年度第一次工作会议，市轨道交通运营安全领导小组成员单位主管领导参加会议。会议通报2014年落实市政府办公厅59号文件及突出问题整治进展情况，并就桥下空间安全隐患专项整治行动进行总结。会上，张延昆肯定市轨道交通运营安全领导小组发挥的作用，并强调在取得成绩的同时，也要看到轨道交通运营安全工作中存在的困难和问题，推动工作落实，保障轨道交通运营安全。

（李环宇）

【昌平、顺义消防考核督查】 1月13日，市安全监管局副局长唐明明带队对昌平区、顺义区政府2014年消防工作开展情况进行督查。考核督查会上，昌平区、顺义区政府及其区安全监管局、发展改革委、住房城乡建设委、工商局等部门分别汇报各自相关工作开展情况。唐明明对昌平区、顺义区消防安全工作都给予充分肯定，并对两区存在的问题提出改进工作意见。

（李环宇）

【安全监管系统视频会】 1月14日，市安全监管局副局长唐明明主持召开全市安全监管系统视频会，贯彻市安委会办公室关于加强本市餐饮单位醇基液体燃料和轻烃混合燃气使用安全管理的两个通知精神，动员部署清理住宅内非法违法生产经营活动专项行动。会议要求各区县安全监管部门结合辖区情况，推进开展相关工作。唐明明提出：本市不推广使用醇基液体燃料和轻烃混合燃气，要从维护首都安全，疏解首都非核心功能的高度，加大对使用醇基液体燃料的餐饮企业监管力度。在开展清理住宅非法违法生产经营活动专项行动方面，属地政府和相关部门要切实履行各自职责，树立起“管合法也必须管违法，用打击违法保障合法”的观念，协调各部门齐抓共管，形成强大的“住宅清非”声势。

（李环宇）

【春运工作动员部署】 1月23日，2015年全国春运工作电视电话会召开，国家发展改革委会同公安部、交通运输部、国家安全监管总局对全国春运各项工作进行动员和部署。会后，副市长张延昆在北京分会场主持召开本市春运工作动员会并讲话，会议分析2015年全市春运工作形势，明确工作重点、工作措施，对春运工作进行动员部署。

（李环宇）

【春运交通安全动员部署会】 1月29日，市安全监管局副巡视员谢清顺参加全市2015年春运交通安全工作动员部署电视电话会。会议通报2015年春运交通安全形势，部署2015年春运交通安全管理工作。谢清顺从安全生产综合监管角度，提出要开展全覆盖式安全教育培训工作，落实“一岗双责”安全生产责任体系，开展全方位安全隐患排查治理工作，严格落实道路交通安全规定要求。市交通管理系统的主管领导及客运企业、场站代表260余人参加会议。

（李环宇）

【总局专题研究新机场安全监管】 2月10日，国家安全监管总局监管二司召集中国民航局、首都机场集团公司、北京市安全监管局、河北省安全监管局专题研究北京新机场安全监管工作，梳理监管内容，明确监管职责。与会单位介绍北京新机场立项审批、规划建设初步情况，并针对机场航站楼工程、空管工程和供油工程跨省特点，结合规划、建设等相关施工许可手续办理程序和要求，就新机场安全监管职责分工，达成初步意见。会议明确：一是按照安全生产属地管理和“谁审批、谁负责”的原则，根据建设项目所在省市位置以及规划、建设等行政审批办理情况，确定由所在省市相关部门依法进行监管；二是京冀两地安全监管部门要建立信息沟通机制，及时通报工作情况，加强工作联动，共同做好新机场工程安全监管工作；三是中国民航局应进一步落实行业管理职责，积极提出完善新机场建设工程安全监管体制机制意见建议，强化和规范新机场工程安全监管工作；四是首都机场集团等新机场建设工程建设单位要认真落实建设单位安全责任，加强工程进度管理、确保必要的安全投入、严格规范建设工程市场管理，加强新机场建设工程全过程安全管理工作。

（李环宇）

【轨道交通建设安全部署】 2月12日，市重大办、住房城乡建设委、安全监管局、市政市容委、公安局消防局等部门联合召开北京市轨道交通建设工程安全质量工作通报会，对轨道交通建设2014年第四季度安全生产、安全质量监督执法等情况进行通报，对2015年安全质量工作进行部署。会上，市重大办、住房城乡建设委、市政市容委、公安局消防局、公安局轨道治安办、安全监管局分别通报2014年轨道交通建设安全监督管理工作情况以及存在的问题，就2015年安全生产工作，特别是对春节、“两会”期间安全生产重点工作提出具体要求。市住房城乡建设委、公安局消防局、市政市容委、公安局轨道办等部门相关负责人和全市轨道交通建设参建单位负责人等300余人参加会议。

（李环宇）

【责任清单试点工作座谈会】 3月13日，市安全监管局副局长唐明明主持召开责任清单试点工作座谈会，邀请市编办副主任孙仕柱参加座谈，专题研究市安全监管局负责的烟花爆竹和建设工程安全生产责任清单编制工作。会上，市安全监管局分别就烟花爆竹和建设工程安全生产责任清单编制情况进行汇报。并围绕编制两个责任清单的目的和作用、涵盖的具体内容以及实施效力进行探讨和交流，明确责任清单编制要坚持问题导向、实事求是、因地制宜原则，理顺综合监管部门、专项监管部门、行业管理部门之间履职范围，进一步解决职责交叉重叠问题，厘清责任边界，规范行政职权运行流程。

（李环宇）

【轨道交通建设季度通报会】 4月21日，市重大办、住房城乡建设委、安全监管局、市政市容委、公安局消防局等部门联合召开全市轨道交通建设工程2015年一季度安全质量工作通报会，对轨道交通建设工程一季度安全生产、安全质量监督执法等情况进行通报，对下一阶段安全质量工作进行部署。会上，市重大办，市住房城乡建设委、市市政市容委、市公安局消防局、市公安局轨道治安办、市安全监管局分别通报2015年第一季度轨道交通建设工程安全监督管理工作情况以及存在的问题。针对3月28日丰台区地铁14号线第11标段（方庄站）事故，市重大办、住房城乡建设委分别从行业监管角度，提出安全管理要求。市住房城乡建设委、公安局消防局、市政市容委、公安局轨道建设安全保卫分局等部门相关负责人参加会议。

（李环宇）

【安全生产综合监管工作会】 4月27日，市安全监管局副局长唐明明主持召开2015年安全生产综合监管工作会。会议通报2014年度安全生产综合监管工作情况、安全生产标准化建设和“百项地标”制订情况，就2015年区县政府考核（延伸到区县部门）有关工作进行说明，并就下一步综合监管重点工作进行部署。会上，市住房城乡建设委、发展改革委、质监局、经济信息化委围绕本部门2015年安全生产责任体系建设、专项治理、标准化建设等重点工作进展进行介绍。市住房城乡建设委、规划委、交通委等32个部门相关负责人参加会议。

（李环宇）

【建设工程落实施工方案专项行动】 4月至12月，市安全监管局、住房城乡建设委共同开展建设工程落实施工方案专项行动，重点整治基坑支护、土方（隧道）开挖、脚手架、模板支撑体系、起重机械安装吊装及拆卸5类建设工程安全隐患，强调执行在施工现场落实施工作业前必须编制施工方案、施工方案必须按规定审批或论证、施工作业前必须进行安全技术交底、施工过程中必须按施工方案施工、施工方案完成后必须经验收合格后方可进入下道工序5项规定，强化施工现场安全管理，落实企业和从业人员安全管理责任，确保危险性较大建设工程全部具有施工方案，并按照方案组织实施。行动期间，各有关部门结合行业建设工程实际，按照每月一次的频次，采取“四不两直”的方式，对重点地区、重点企业、重点项目进行暗查抽查，并加大处罚力度。专项行动期间，市安委会办公室将此项工作列为安全生产综合考核重点内容，适时组织对有关部门工作开展情况进行督导检查，通过强有力的措施，推动工作落实，促进全市建设工程安全生产形势稳定好转。

（李环宇）

【“道路运输平安年”部署会】 5月8日，市交通委、安全监管局、公安局交管局联合召开2015年“道路运输平安年”活动部署会，贯彻落实交通运输部、公安部、国家安全监管总局关于开展“道路运输平安年”活动要求。会上，市交通委通报《北京市2015年“道路运输平安年”活动方案》，安排部署相关工作。市安全监管局、公安局交管局分别就“道路运输平安年”活动提出工作意见。

（李环宇）

【用电安全警示教育周动员部署会】 5月26日，市安全监管局会同市公安局消防局、发展改革委等部门组织召开全市生产经营单位用电安全管理暨用电安全警示教育周活动动员部署视频大会。市安全监管局局长张树森参加会议并讲话。会议重点解读市安全监管局等5部门联合印发的《关于进一步加强企业用电安全管理工作的意见》，对用电安全警示教育周活动进行动员部署。

（李环宇）

【大客车驾驶员安全宣誓活动】 6月2日，全国营运大客车驾驶员安全宣誓活动启动仪式在北京六里桥长途汽车站举行。该活动由国家安全监管总局、交通运输部、公安部和北京市人民政府主办，北京市安全监管局、交通委、公安局公安交通管理局协办。国家安全监管总局副局长孙华山、交通运输部副部长冯正霖、公安部交管局局长许甘露、北京市副市长张延昆等领导参加启动仪式。启动仪式上，驾驶员代表、乘客代表、公安交通干警代表分别提出安全驾驶、安全乘车和严格执法倡议，北京市政府、公安部、交通运输部、国家安全监管总局领导同志先后发表重要讲话，10家道路客运企业负责人签订并郑重宣读安全运营承诺书。道路客运企业驾驶员代表，交通文明引导员和乘客代表，安全监管、交通运输、公安交管、首都精神文明办代表，近千人参加活动。

（李环宇）

【省市级安全监管交叉检查】 7月27日至30日，重庆市安全监管局总工程师何建平带领重庆市安全监管局、城乡建设委和相关专家组成的安全生产检查组，对本市东城区、西城区、丰台区的天坛医院迁建工程（中建一局承建）、文化活动中心工程项目（北京城建集团承建）、地铁八号线三期工程土建03标段（中铁十四局集团承建）等6个项目进行检查。在交叉检查情况反馈会议上，检查组对北京市建设工程安全生产监督管理工作给予肯定，并提出施工单位要加强对危险性较大工程专项施工管理，强化入场的钢管、扣件以及特种设备安全管理，监管部门要加大对专项整治“五整治、五落实”工作内容的执法检查力度。

（李环宇）

【京津冀地方标准协同工作会】 7月29日，市安全监管局召开京津冀安全生产地方标准协同工作会议，贯彻落实中央关于京津冀协同发展的战略部署和北京市委全会精神，促进京津冀安全生产工作的协同发展。国家安全监管总局副局长李兆前，北京市副市长张延昆，国家安全监管总局四司司长马锐，北京市安全监管局局长张树森、质监局副局长姚娉，天津市安全监管局局长魏青松、市场和质量监督管理委员会副主任杨振林，河北省安全监管局局长刘宝玲、质监局副局长刘朝申等领导出席会议。会上，京津冀安全监管、质监三地六部门联合签署“京津冀安全生产地标协同合作框架协议”。会议介绍“百项地标”编制背景、总体思路、编制目标、所开展的工作以及总体工作进展，通报京津冀安全生产地方标准协同的工作思路和工作建议。与会各方均表示京津冀安全生产地方标准协同工作符合《京津冀协同发展规划纲要》的要求，符合依法治国的要求。北京市副市长张延昆在讲话中指出：京津冀安全生产地方标准协同是安全监管部门贯彻落实《京津冀协同发展规划纲要》的一项重要举措，对于保障京津冀协同发展具有十分重要的意义。国家安全监管总局副局长李兆前肯定京津冀安全生产地方标准协同工作，要求京津冀三地安全监管部门提高做好安全生产地方标准协同工作重要性的认识，明确责任部门、责任人员，提高京津冀协同地方标准的编写质量，广泛深入开展宣传教育，为标准实施营造良好氛围。

（范慧）

【起重机械租赁企业信用评价】 8月28日，市住房城乡建设委印发《北京市建筑起重机械租赁企业备案和信用评价管理办法》，对租赁企业实施备案和信用评价管理。依据该办法将对租赁企业开展信用评价，通过采集已备案租赁企业的信用信息，按照一定的评分标准和评分方法，对信用信息进行评分，对评价结果实行量化分级，从而对租赁企业实施差别化监管和动态监管。按照信用评价得分，把租赁企业分为租赁信用良好和租赁信用不良的租赁企业。

（王洪志）

【电梯隐患排查工作部署会】 9月8日，市政府副秘书长王成国主持召开专题会议，部署全市电梯安全隐患排查工作。市质监局、教委、住房城乡建设委、交通委、卫生计生委、旅游委、安全监管局和各区县政府负责人参加会议。会上，市质监局通报本市电梯安全情况并部署安排电梯隐患排查工作。王成国提出4项工作要求：一是高度重视电梯安全工作；二是多措并举，督促企业开展自查自纠，排查治理电梯安全隐患，切实落实企业主体责任；三是属地政府和市政府有关部门要各司其职，把隐患排查治理落到实处；四是建立完善电梯安全隐患排查治理长效机制。市安全监管局将按照工作要求发挥安全生产委员会平台作用，加强对本市电梯安全工作综合指导协调，督促专业部门、行业部门、属地政府落实电梯安全监管与管理的职责。调动基层安全生产专职安全员力量，配合做好基层电梯安全隐患排查治理工作。

（王洪志）

【客运行业安全生产调查评估推进会】 9月9日，市安全监管局召开本市客运行业安全生产调查评估推进会，研究讨论客运企业评估重点内容等问题，协调推进调查评估工作。市交通委运输局、公安局交管局和中国道路交通协会相关负责人参加会议。会议通报客运行业调查评估工作背景情况以及开展调查工作的目的、方式、内容、工作步骤等。市交通委运输局、公安局交管局分别对调查评估方案、被评估企业抽样方式和比例、检查重点内容提出意见和建议，并围绕调查提纲，针对客运企业安全管理法律法规、客运企业及人员资质许可、安全执法权限等介绍各自工作开展情况。

（王洪志）

【客运行业安全监管协调会】 9月9日，市安全监管局召开本市客运行业安全监管工作协调会，针对本市客运车辆夜间在高速公路违规行驶查处问题进行专题研究。市交通委、公安局交管局和中国道路交通协会相关负责人参加会议。会上，市安全监管局从安全生产综合监管的角度提出意见和建议：一是首都安全生产无小事，相关主管部门应高度重视通报反映的问题，督促企业自觉遵章守法，坚决防范客运交通事故发生。二是针对公安部通报的客运车辆违规运行的问题，主管部门应进行认真调查，对违规问题突出的企业要采取严厉措施，警示企业坚决杜绝此类问题反复出现。三是进一步研究完善对客运车辆夜间违规运行的查处措施和监管机制。四是安全监管部门通过牵头开展客运行业安全生产调查评估工作，研究提出对客运企业的安全监管意见，认真落实“道路客运平安年”有关工作，组织开展联合检查，督促企业加强安全管理，做好事故预防工作。

（王洪志）

【假日旅游安全监管】 9月14日，市假日旅游工作领导小组召开2015年中秋、国庆假日旅游工作会议，市假日旅游工作领导小组成员单位、市重点旅游企业参加会议。市旅游委主任宋宇代表市假日旅游工作领导小组部署中秋、国庆长假各项假日接待保障工作。市安全监管局副局长唐明明参加会议，并就假日旅游安全生产工作提出要求。要求各旅游企业和单位落实全国安全生产电视电话会议精神，从加强安全风险管理、加强危险物品管理、加强用电安全管理、学习贯彻新修订的《中华人民共和国安全生产法》方面，强化全市旅游行业安全生产基础工作。要求各旅游企业和单位落实安全生产主体责任，深刻汲取天津危险化学品爆炸事故教训，将安全生产工作做细做实。

（王洪志）

【农机安全生产联合检查】 9月24日，市农业局会同市公安局交管局、工商局、质监局、安全监管局和农机监理总站等部门在顺义区赵全营镇和北京兴农天力农机服务专业合作社等区域，开展“三秋”农机安全生产联合执法检查。检查组发放农机安全知识手册，印有农机安全生产宣传口号的文化衫，现场检查正在作业的青贮收获机，上路检查拖拉机和联合收割机等活动。深入北京兴农天力农机服务专业合作社3个作业区域排查车库、维修、储油和生产用电等安全生产情况，并对个别作业场所存在的违规作业行为给予告诫、对个别违规用电情况责令限期改正。

（王洪志）

【制订“百项地标”协调会】 10月28日，市安全监管局组织市交通委、市政市容委等11个行业主管部门、安全生产地方标准编制技术支撑单位及中国安科院、中国船级社等22家编制单位，召开2016年“百项地标”编制工作组第3次协调会。会议决定，安全生产地方标准编制工作组将每季度召开工作会，协调推进安全生产地方标准编制工作。有关行业部门、标准编制单位和市劳保所有关负责人参加会议。

（李环宇）

【广西安全监管局调研】 10月29日，广西安全监管局局长黎志逵带领调研组，到北京市安全监管局调研安全生产执法监督、执法装备建设和综合监管工作。市安全监管局局长张树森主持召开座谈会，向广西安全监管局通报相关工作情况，重点介绍“四化三体系双基”总任务开展情况，以及街乡安全员队伍建设、“双百工程”“百项地标”制订等重点工作推进情况。调研期间，市安全监管局副巡视员谢清顺陪同调研组到怀柔区，参观福田汽车公司总装车间和涂装车间，听取福田汽车公司安全生产管理和一级标准化创建等方面的工作汇报，并与企业安全管理人员进行座谈交流。

（李环宇）

【冬季施工安全工作部署会】 11月5日，市住房城乡建设委会同市公安局消防局召集各区县住房城乡建设委和建筑企业集团公司主管领导及安全部门负责人，对冬季施工消防、煤气中毒、冬季施工安全生产等工作进行重点部署。各区县住房城乡建设委主管主任、安全监督机构负责人和建筑企业集团公司主管领导及安全部门负责人，共计100余人参加会议。

（李环宇）

【京津冀地方标准协同联络员会议】 12月25日，市安全监管局召开京津冀地方标准协同联络员工作会议。天津市安全监管局、河北省安全监管局和北京市劳保所有关负责人参加会议。会议通报“百项地标”编制工作总体进展、主要工作特色和下一步工作重点。市劳保所介绍“百项地标”体系架构、总则及通则的内容特点，并以机械标准为例简要介绍行业标准基本内容。会议就协同目录及相关事宜进行商讨，会议议定：一是初步拟定机械、烟草等10项行业地方标准项目作为第一期京津冀三地协同地方标准首批目录，后期将根据三地实际扩大协同范围。二是制定首批地方标准协同发布工作计划，明确时间进度和要求，指导三地地方标准协同工作开展。三是鉴于北京市“百项地标”部分为北京市地方标准、政府规章或规范性文件，天津、河北两地要研究标准内容在两地的适用性。四是天津市在“8·12”事故后颁布《危险化学品企业安全治理规定》，“百项地标”可以借鉴完善协同地方标准中关于危险化学品管理部分的相关内容。五是深化京津冀三地协同工作，地方标准项目可以增加调研天津与河北的企业，三地提供专家开展地方标准编制与评审工作。

（范慧）

【编制工业企业典型事故防范简明手册】 12月，市安全监管局编制完成《工业企业典型事故防范简明手册》，陆续发放到区县、乡镇街道安全监管人员和重点企业管理人员手中。《工业企业典型事故防范简明手册》选取发生在本市和外省市工业企业的机械伤害、有限空间、可燃粉尘爆炸、危险化学品使用4大类典型事故12个案例，涉及食品、纺织、酒业、金属加工、危险化学品及机械制造等领域。手册主要分为两个部分：第一部分为案例，概要地对事故进行介绍。第二部分为附录，主要包括工业企业相关法规标准等。

（范慧）

危险化学品安全监管

【油库专项检查】 1月13日，市安全监管局副局长李东洲带队到房山区，对北京市燕东化工厂、北京尤博利石油化工有限公司自动化改造和建设项目安全审查工作进行现场检查。重点检查企业改造后风险源监控情况、应急设备配备情况以及监测系统运行情况。针对应急电话设置数量和位置、应对报警区域的视频跟踪等问题，检查组要求企业按照《危险化学品重大危险源 罐区 现场安全监控装备设置规范》和《危险化学品地上储罐区安全要求》进行完善。检查组提出，企业在安全管理自动化的环境下，更要注重发挥监控技术人员的作用。应当强化人员培训，做到会熟练操作，懂得如何维护，确保安全仪表系统的正常运行。

（杨洪）

【危险化学品企业泄漏管理】 2月6日，市安全监管局印发《关于加强危险化学品企业泄漏管理有关工作的通知》（京安监发〔2015〕17号），对本市危险化学品生产企业和危险化学品安全使用许可企业加强泄漏管理提出明确要求。重点要求相关企业明确企业泄漏管理的主要内容、完善自动化控制系统、开展泄漏风险辨识与评估、建立健全泄漏管理制度、完善泄漏管理文件、完善化工装置泄漏报警系统、加强泄漏应急处置能力，推动化工企业落实安全生产主体责任，有效预防和控制泄漏，防止和减少由泄漏引发的事故。

（魏志钢）

【涉氨非制冷企业专项整治】 2月至9月，市安全监管局在全市范围内开展涉氨非制冷企业专项整治工作。在借鉴前期涉氨制冷企业专项整治经验基础上，制定《涉氨非制冷企业安全生产专项整治工作方案》。此次整治范围包括所有液氨经营企业以及除液氨制冷企业以外的液氨使用企业，整治重点为北京市地方标准《液氨使用与储存安全技术规范》（DB11/1014—2013）规定的主要内容。全市47家涉氨非制冷企业中，9家企业停止液氨使用，其余38家企业完成整治并通过验收。

（魏志钢）

【全国“两会”加油站安全检查】 3月7日，市安全监管局采取“四不两直”的方式，对加油站进行安全检查。检查组检查通州区、丰台区、大兴区6座加油站，重点检查《北京市安全生产监督管理局关于加强“元宵节”“两会”期间危险化学品和烟花爆竹安全管理工作的通知》的落实情况。经查，所有加油站高度重视全国“两会”安全管理工作，配备充足的应急救援物资，完善视频监控系统，按要求进行应急预案演练，并严格落实各项人防、物防、技防措施。检查中发现少数加油站未落实领导带班制度，值班领导脱岗；防撞柱损坏未及时维修；加油区地面柴油溢洒未及时清理；加油区与社会区域未明显隔离等问题。针对存在的问题，检查组要求企业立即进行整改。检查组提出，加油站要落实领导带班制度，杜绝脱岗现象；要认真开展隐患排查，及时消除安全隐患；要落实反恐怖防范工作要求，强化重点时段散装油管理。

（杨洪）

【全国“两会”易制毒化学品检查】 3月9日至10日，市安全监管局开展非药品类易制毒化学品专项检查，强化“两会”期间企业非药品类易制毒化学品管理工作。检查人员对国药集团化学试剂北京有限公司、中土畜三利香精香料有限公司两家一类易制毒化学品经营单位进行检查，重点对责任制落实、管理机构设置、采购及销售管理、从业人员培训等方面进行检查。经查，上述两家单位按要求建立易制毒化学品各级人员责任制，设置易制毒化学品管理机构，明确管理机构日常工作负责人并建立入库、出库、库存盘点、流向登记等台账。检查人员要求非药品类易制毒化学品经营单位，按照国家安全监管总局印发的《企业非药品类易制毒化学品规范化管理指南》的要求，细化各级职责，把易制毒化学品管理责任制落到实处，完善易制毒化学品记录台账。

（杨洪）

【危险货物罐车紧急切断装置】 4月27日，市安全监管局、质监局、公安局交管局、交通委运输局召开会议，落实《关于明确我市在用液体危险货物罐车加装紧急切断装置工作有关事项的通知》精神，推进本市在用液体危险货物贯彻加装紧急切断装置有关工作。会议要求：一是市交通委运输局督促有关企业贯彻执行国家强制性标准要求，保证液体危险货物罐车装有紧急切断装置并质量合格，加强液体危险货物罐车年审工作，对没有加装紧急切断装置且无安全技术检验合格证明的液体危险货物罐车年审一律不予通过，并注销其道路运输证；二是市公安局交管局监督本市机动车检测场落实安全检验项目和要求，对经过专业检测机构检测合格的液体危险货物罐车进行年检，并发放相关许可准许上路运营。通过各部门协作，全市淘汰一批不符合安全要求的液体危险货物罐车，强化对相关运营企业的监督，提升本市危险化学品安全管理水平。

（杨洪）

【石化企业隐患排查治理】 4月至9月，市安全监管局按照国家安全监管总局《关于开展石油化工企业安全隐患专项排查整治工作的通知》（安监总管三〔2015〕43号）要求，开展石油化工企业安全隐患专项排查整治工作。全市共有5家石油化工企业，分别是中国石化北京燕山分公司、北京燕山集联石油化工有限公司、北京燕山东炼石油化工有限公司、北京东方石油化工有限公司有机化工厂、中石化催化剂（北京）有限公司。经过专项整治，本市5家石油化工企业共排查安全隐患222项，完成整改168项，计划整改54项。

（魏志钢）

【化学品特殊作业安全培训】 5月21日，市安全监管局举办专题培训班，对新颁布实施的国家标准《化学品生产单位特殊作业安全规范》（GB30871－2014）进行解读和宣贯。全市危险化学品安全监管人员及执法人员共80余人参加培训。通过学习培训，有关监管人员明确特殊作业的具体工作要求，对加强化学品生产企业特殊作业安全监管，避免和减少危险化学品事故发生，具有重要作用。

（魏志钢）

【生产企业评估试点】 6月25日，市安全监管局组织中国安科院专家召开会议，专题研究危险化学品生产企业安全生产评估公示试点工作。会议决定选取以中石化北京燕山分公司为代表的5家危险化学品生产企业开展安全生产评估公示试点工作。会议对评估试点工作的目标、组织形式、评估内容、评估依据、结果运用、工作步骤进行深入探讨，并形成如下意见：一是聘请化工工艺、设备、仪表、管理、设计等领域的专家，确保评估结果的全面性、科学性及准确性；二是评估试点工作要与标准化复评、化工企业整治、罐区整治工作相结合；三是重点对安全设施自动化控制改造、安全生产投入、一线员工培训考核进行评估；四是正视评估中的隐患问题，做到实事求是。年内，5 家企业评估试点工作全面完成，并形成评估报告。

（杨洪）

【“一书一签”管理】 6 月 26 日，市安全监管局印发《危险化学品安全技术说明书和安全标签编制和管理指南》（京安监办发〔2015〕64 号），针对部分企业存在的“一书一签”缺失、编写不规范、“一书一签”管理制度不完善等问题，从“一书一签”编制主体、内容、使用、传递、管理及相关标识制作、使用与管理 6 方面提出全面要求，规范危险化学品生产、经营和使用企业“一书一签”管理工作。

（魏志钢）

【汛期安全管理】 7 月 17 日至 18 日，全市大部分地区突降中到大雨，局部地区雨量较大，少数加油站出现加油场地、站房进水现象。市安全监管局对加强危险化学品企业汛期安全管理工作提出 4 点要求：一是密切关注天气趋势，遇有雷电、暴雨等极端天气情况及时做好应对处置准备工作，配备沙袋、雨靴等充足的防汛物资；二是加强防汛应急预案演练，确保全体员工熟知本岗位防汛应急职责；三是强化应急值守，一旦出现雷电、暴雨等极端天气，及时启动应急预案，做到妥善应对、有序处置；四是属地安全监管部门加强巡视检查力度，督促危险化学品生产经营单位及时消除安全隐患，落实汛期各项安全管理要求。

（杨洪）

【乡镇街道安全检查员培训】 8 月 3 日至 7 日，市安全监管局在北京石油化工学院组织举办危险化学品重点乡镇街道安全检查员培训班。全市部分区县安全监管局和重点危险化学品乡镇街道安全检查员 80 余人参加培训。培训重点内容包括：危险化学品安全监管重点工作、危险化学品法律法规规章及标准、危险化学品“一书一签”安全管理、危险化学品分类、特性及应急处置、危险化学品重大危险源监管、危险化学品企业安全检查等。培训内容结合危险化学品安全监管重点工作，结合乡镇街道安全检查员工作特点，强化对重点危险化学品企业监督检查。培训班为学员配发系列危险化学品培训教材，确保培训具有较强针对性，取得较好的效果。

（魏志钢）

【罐区专项检查部署】 8 月 6 日，市安全监管局组织市质监局、经济信息化委、国资委、公安局消防局召开会议，研究部署危险化学品罐区专项安全大检查工作。会议通报“7·16”山东石大科技石化公司着火爆炸事故情况，传达国务院安委会《关于开展油气等危险化学品罐区专项安全大检查的通知》精神。会议要求：一是在全市范围内，对所有危险化学品生产经营及化工企业的储油罐区、储气罐区和其他危险化学品罐区开展专项安全大检查。重点检查储存易燃易爆、有毒有害危险化学品罐区，以及周边有学校、医院、养老院、住宅小区和其他人员密集场所的罐区。二是市质监局负责罐区内特种设备的检查，公安局消防局负责罐区消防管理的检查，国资委、经济信息化委协助开展市属国有企业安全检查。三是以市安委会办公室名义下发文件部署危险化学品罐区专项大检查工作。

（杨洪）

【危险化学品安全监管视频会】 8月6日，市安全监管局召开全市危险化学品安全监管工作视频会议。会议贯彻落实国务院安委会办公室关于“7·16”山东石大科技石化公司着火爆炸事故现场会议精神，部署中国人民抗日战争暨世界反法西斯战争胜利70周年纪念活动和北京2015年世界田径锦标赛期间危险化学品领域安全保障工作，启动本市危险化学品储罐区安全大检查。会议提出：深刻吸取全国危险化学品领域着火爆炸等典型事故多发的教训，树立“安全生产要追求零死亡”的理念，在危险化学品行业追求“零泄漏、零火灾、零爆炸”，为阅兵活动和世锦赛创造安全的社会环境；二是各区县要在执法检查和事故调查中“严”字当头，解决“失之于软、失之于宽”的问题，督促企业主要负责人履行职责；三是推动疏解非首都功能，加快产业结构调整，严控新增危险化学品项目，严格进行安全条件审查，深入开展重点领域专项整治和标准化工作，推进产业转型升级。

（杨洪）

【停产企业监管】 8月7日，市安全监管局组织专家对已停产的北京东方化工厂进行专项检查，确保生产装置及储存设施安全受控，保证处置措施得当。检查组听取北京东方化工厂关于停业后安全管理情况汇报，进入生产区及储罐区检查。检查后认为东方化工厂前期采取的处置措施得当，厂区安全风险可控，并要求该单位继续落实各项安全措施，强化汛期安全管理工作，一旦进行拆除设备作业，要落实《北京市危险化学品企业装置设施处置安全管理规定（试行）》（京安监发〔2012〕4号）文件要求，进行危害识别、风险评估并制定应急处置方案。

（杨洪）

【危险化学品运输联合审批】 8月10日至9月3日，市安全监管局会同市交通委运输局、公安局交管局组成联合审批窗口，对临时交通管理措施期间保障城市生产生活的危险化学品运输车辆进行审批并核发专用车辆证件。期间，受理危险品运输需求申请企业76家，其中气体运输21家、成品油运输18家、燃气运输19家、易燃液体运输6家、腐蚀品运输6家、其他危险品运输6家，保证中国人民抗日战争暨世界反法西斯战争胜利70周年纪念活动和北京2015年世界田径锦标赛期间危险化学品运输安全。

（魏志钢）

【危险化学品安全大检查】 “8·12”天津爆炸事故发生后，按照国务院、北京市有关工作部署和市领导的批示精神，市安全监管局组织开展全市危险化学品和易燃易爆物品安全大检查工作。大检查期间，全市出动执法人员32007人次，检查企业11789家次，发现各类隐患17648项，下达责令限期整改指令347份，对115家企业下达停产指令，关闭取缔 19 家，立案处罚 68 家，罚款 291.98 万元，行政拘留 65 人，追究刑事责任 3 人。

（魏志钢）

【危险化学品安全管理部署】 8 月 13 日，副市长张延昆主持召开全市安全生产视频会议，传达市委书记郭金龙和市长王安顺关于加强安全生产工作的指示要求，通报天津滨海新区爆炸事故情况，对全市危险化学品、烟花爆竹和工业企业安全生产、消防安全和运输安全监管工作进行全面部署。会议要求，全市立即组织开展对危险化学品生产、经营、运输和使用单位的安全检查，重点加强对石油化工、罐区、液氨和重大危险源等企业的重点部位、重点环节、重点品种进行检查，落实各项防范措施，保障危险化学品安全。加强高温和汛期安全管理，落实防雷、防静电、防火、防爆措施，加强相关作业场所通风排风，特别要做好各类设施设备的维护、保养和检修，防止危险化学品泄漏引发的火灾、爆炸、中毒等事故。加强汛期应急值守工作，确保领导带班和 24 小时应急值守。落实消防安全管理责任制和运输过程中的各项安全管理措施，确保消防和运输安全。针对中国人民抗日战争暨世界反法西斯战争胜利 70 周年纪念活动和北京 2015 年世界田径锦标赛安全保障工作，在特殊时期采取特殊的管理措施，在规定时限内，所有危险化学品生产经营单位暂停施工改造工作，停止动火和有限空间等特殊作业，做好现场安全防护，确保安全。

（魏志钢）

【市领导检查危险化学品企业】 8 月 14 日，副市长张延昆带队对大兴区北京华腾天海环保科技有限公司、北京华腾化工有限公司两家危险化学品生产经营单位进行安全生产检查。张延昆询问企业危险化学品安全生产管理情况，检查北京华腾天海环保科技有限公司危险化学品生产装置和储存罐区，并进入北京华腾化工有限公司的危险化学品仓库进行检查，指出仓库内存在硝酸钾、氧化钙等氧化性危险化学品混存和低温危险化学品仓库通风不良的问题。检查结束后，执法人员向企业反馈检查情况，要求企业除配备灭火器、灭火毯之外，还要有消防沙、铁锹等器材，遇到突发事件，科学施救。针对检查中发现的氧化性危险化学品混存、低温危险化学品仓库通风不良等问题，执法人员要求企业立即进行整改，消除安全隐患。

（杨洪）

【重大活动安全保障】 8 月 14 日，市安全监管局发布《世界田径锦标赛和抗战胜利 70 周年阅兵期间本市危险化学品、烟花爆竹、金属非金属矿山和煤矿有关安全生产管理措施的通告》，明确对高危行业的安全管理措施，并开展对加油站、油库、危险化学品生产、烟花爆竹仓库的安全检查，确保特殊时期安全稳定。

（魏志钢）

【检查房山、大兴区危险化学品企业】 8 月 17 日，市安全监管局副局长李东洲带队检查房山区危险化学品生产经营单位。检查组实地检查北京市金和储运有限责任公司、房山区双山福利化工厂、中国石油化工股份有限公司北京房山双山加油站。检查组询问企业主要负责人日常管理工作开展情况，对危险化学品仓库、监控室监控设备以及部分日常监测记录进行检查。检查组在检查过程中要求，危险化学品生产经营单位要深刻吸取天津港“8·12”瑞海公司危险化学品仓库特别重大火灾事故教训，加强生产运行管理，发现隐患问题应立即组织整改并上报区县安全监管部门。区县安全监管部门要切实担负起监管责任，组织精干力量深入重点乡镇、企业开展拉网式排查，一旦发现存在隐患，要立即下达整改指令，存在重大隐患且一时不能整改的要果断停产停业，确保首都安全平稳态势。同日，市安全监管局检查组对大兴区北京吉利石油产品服务有限公司（油库）和北京华宇辰气体有限公司进行安全生产检查。执法人员重点检查油库罐区安全管理情况、重大危险源监控情况、门禁制度落实情况、防雷防静电措施，检查气体单位库区设置情况、钢瓶码放情况、标识标注情况。执法人员针对检查发现的视频监控系统缺少日常维护保养、门禁及危险告知措施落实不到位、未设置报警通信设备、监控室现场无人值守、未落实重大危险源监控管理要求、部分气体钢瓶未分区码放、现场看护人员不足等问题，责成大兴区安全监管局对吉利石油产品服务有限公司下达现场措施决定书，责令其停业整顿，并依法予以行政处罚；要求北京华宇辰气体有限公司立即整改，并责成大兴区安全监管局进行全程监督。

（杨洪）

【检查丰台区危险化学品企业】 8月22日，市安全监管局副局长李东洲带队对丰台区中油蓝天油库（已停业）、北京北方大红门化工有限公司（无储存危险化学品经营单位）和2家加油站进行突击抽查。检查组重点检查停业油库物料处置和现场看护情况，无储存单位现场是否储存危险化学品，加油站特殊时期管控措施情况。检查中发现，已停业的北京中油蓝天油库储罐和输油管线内的油品均已抽出，并进行清洗，现场人员看护力量到位；北京北方大红门化工有限公司虽然仓库中储存一般化学品，无危险化学品，但存在存放混乱、标签不明确等问题，责令其立即整改；2家加油站管控措施比较到位，视频监控运行正常、应急物资齐备、加油现场秩序良好、特殊车辆加油记录详细。检查组强调，已停产停业的危险化学品单位，如果处置和管控措施不到位，发生事故的概率也很大，对此类企业要高度关注。同时指出，要加大对出租仓库类企业的检查力度，要对储存物品底数清楚，确保每栋仓库按要求储存。

（杨洪）

【铁路系统危险化学品安全监管】 8月28日，市安全监管局在北京铁路局北京机务段组织召开会议，就加强北京铁路局所辖北京境内危险化学品安全生产管理工作进行专题研究。会议提出，北京铁路局对北京辖区铁路系统危险化学品安全管理负主要责任，北京市安全监管局依法履行对危险化学品综合监管工作职能。会议议定：一是北京铁路局要立即组织开展系统内危险化学品安全隐患大排查工作。要在安全生产大检查工作基础上，重点开展对企业附属油库和危险化学品货运办理站的对标检查。依据《石油库设计规范》（GB 50074－2014）、《危险化学品重大危险源安全监控通用技术规范》（AQ 3035－2010）和《危险化学品重大危险源　罐区　现场安全监控装备设置规范》（AQ 3036－2010）等相关国家、行业和地方标准，引入有资质的中介机构进行安全评估。对于不符合标准要求的，要坚决关停；对于有改造基础的，科学制定整改方案，立即组织实施整改。整改工作中涉及危险化学品建设项目“三同时”审查的，要与消防部门积极配合，落实各项立项、设计审查等工作。要对照国家及铁路相关标准，对辖区内23个货物办理站的危险化学品储运安全进行彻底排查。通过排查工作，建立台账，做到底数清，情况明，并针对排查发现的隐患制定整改计划。二是针对北京东油库特殊地理位置和隐患情况，积极采取超常措施，强化组织领导，细化责任分工，对油罐区、管线井口等重点部位，安排专人“死看死守”。加大对输油管线巡检频次，加强对卸油栈桥区域人员分流和安全保卫工作，确保“9·3”阅兵活动万无一失。保障任务结束后，北京东油库应立即停产，全面消除事故隐患。三是北京铁路局要汲取天津“8·12”事故教训，针对“零担货运”业务存在货物类别难以区分、量级不明确、时间与地点不确定、易于夹带危险化学品等问题，研究完善“零担货运”安全管理措施，增强安全管理工作的针对性、有效性。四是北京市铁路局要立即组织开展铁路系统危险化学品安全管理相关标准的梳理及与国家相关标准的对接工作，北京市安全监管局将在法律法规、技术标准、产业政策等方面提供支持，确保危险化学品安全管理相关措施落实到位。五是北京市安全监管系统将与北京铁路系统建立有效的沟通协调机制，指导属地安全监管部门履行属地监管职责，配合做好辖区内铁路系统油库和办理站的危险化学品安全生产工作。

（杨洪）

【航空运输危险品安全检查】　9月9日，市安全监管局对顺义天竺综合保税区民用航空运输危险品地面服务单位安全管理情况进行检查，并与顺义区安全监管局研究相关企业监管措施。综合保税区内民用航空运输危险品地面服务一级储存单位有2家，二级储存单位有29家。检查组对综合保税区内敦豪全球货运（中国）有限公司北京分公司、北京大田国际运输代理有限公司、日立物流（中国）有限公司北京分公司3家民用航空运输危险品地面服务单位进行安全检查。从检查情况来看，3家民用航空运输危险品地面服务单位属于二级储存单位，租赁航港发展公司仓库，在海关监管下划出专门的区域，承接临时储存除第1类、第6类、第7类以外的危险品的业务，取得首都机场出入境检验检疫局核发的《中华人民共和国国境口岸储存场地卫生许可证》，储存仓库取得消防部门的消防验收，建立仓库管理制度及操作规程。8月30日前，3家地面服务单位已清空所有储存的危险品，做到危险品零储存。市安全监管局与顺义区安全监管局，就民用航空运输危险品地面服务单位日常安全管理问题进行研究，并达成共识：一是理清民航、海关、环保、公安等相关部门对民用航空运输危险品地面服务单位的监管职责；二是采取措施与民航、海关等部门建立联系，做好企业监管工作对接；三是按照“管行业必须管安全”和属地监管的原则理清相关企业安全管理职责。

（杨洪）

【规范建设项目竣工验收】 9月22日，市安全监管局印发《关于加强危险化学品建设项目安全设施竣工验收工作的指导意见》（京安监发〔2015〕95号）。指导意见根据《中华人民共和国安全生产法》和国家安全监管总局《危险化学品建设项目安全监督管理办法》有关规定，结合北京市实际情况，从建设项目验收的组织实施、专家组成、验收人员、验收材料、验收程序和档案管理等方面提出具体要求，全面规范本市危险化学品建设项目安全设施竣工验收工作。

（魏志钢）

【企业安全调查摸底】 9月，市安全监管局会同市公安局消防局、国土局、规划委等部门对全市外部安全距离不符合要求的危险化学品企业情况进行调查摸底。经调查，全市存在外部安全距离不足的危险化学品企业112家。其中加油站92家，油库2家，气体经营单位12家，危险化学品生产企业1家，液氨使用单位5家。造成安全距离不足的主要原因有：一是由于国家标准修订调整，部分涉及安全距离的内容发生变化；二是随着城市建设发展变化，部分新建建筑物、构筑物未按标准与危险化学品储存设施保持规定的安全距离。

（魏志钢）

【国庆期间安全检查】 10月2日，市安全监管局副局长李东洲带队，对朝阳区北京普莱克斯实用气体有限公司（危险化学品生产单位）和北京市水源九厂（危险化学品使用单位）进行安全检查。检查组重点检查了危险化学品生产过程安全控制情况、仓储安全管理情况、节日期间领导带班和值班制度落实情况及危险化学品安全防范工作。在检查北京普莱克斯实用气体有限公司时发现，存在部分工业气瓶未安装防倒链防护、安全标签缺失、气瓶占用通道等问题，执法人员责令企业立即整改。检查组要求企业提高从业人员安全意识，加强对涉及氯、氨、硝酸铵等易爆场所的看护，做好危险化学品安全防范工作。

（杨洪）

【剧毒易制爆安全检查】 10月4日，市安全监管局对位于朝阳区的北京益利精细化学品有限公司（剧毒化学品生产单位）、位于海淀区的国药集团化学试剂北京有限公司海淀营业部（剧毒化学品经营单位）和位于大兴区的北京凤礼精求商贸有限责任公司（易制爆危险化学品经营单位）进行检查。执法人员重点检查了剧毒、易制爆危险化学品储存场所安全管理情况、国庆期间领导带班和应急值守制度落实情况。北京益利精细化学品有限公司储存剧毒化学品2种约150千克，国药集团化学试剂北京有限公司海淀营业部储存剧毒化学品22种约200千克，两家单位于9月30日对剧毒化学品分装车间及储存仓库实施封存管理，国庆期间停止一切生产、经营活动，并严格落实领导带班和应急值守制度，制定领导带班表，安排专人负责国庆期间的安全管理及应急值守工作。北京凤礼精求商贸有限责任公司属于无储存贸易公司，已停止一切易制爆危险化学品经营活动，10月8日起正常经营。检查组要求：一是带班领导、应急值守人员要尽职尽责，做好国庆期间安全管理及重点部位的巡查、检查工作；二是按照相关法规开展生产、经营活动，落实“五双”管理，细化流向台账，严防剧毒、易制爆危险化学品流入非法渠道；三是提高安全防范意识，落实各项安全防范要求，一旦发现剧毒、易制爆危险化学品丢失现象要及时上报政府相关部门。

（杨洪）

【卫生系统危险化学品管理】 10月19日，市安全监管局与市卫生计生委就卫生系统使用危险化学品安全管理相关工作进行沟通，研究普查工作。会议就普查工作范围、普查内容以及相关保障措施进行研讨。会议议定：一是将全市二级及以上医院纳入普查范围；二是普查内容主要涉及危险化学品储存和使用情况、安全设施、用电安全、特种设备等方面内容；三是关于普查人员和资金保障等事项需进一步研究确定。会议指出：开展全市使用危险化学品医疗机构普查工作是建立动态管理台账，做好安全管理工作的基础，既要对普查对象使用危险化学品的品种、理化性质和安全措施进行梳理汇总，也要关注用电安全、特种设备等与安全生产相关情况的调查，做到数据全面、真实、准确。

（杨洪）

【化工安全仪表管理专题培训】 10月30日，市安全监管局举办危险化学品专题业务培训班，对新修订的国家标准《建筑设计防火规范》（GB 50016—2014）和《国家安全监管总局关于加强化工安全仪表系统管理的指导意见》（安监总管三〔2014〕116号）进行学习研讨。各区县安全监管局危险化学品安全监管人员参加培训。

（魏志钢）

【进出口危险化学品安全监管】 11月24日，市安全监管局召开专题座谈会，就本市进出口危险化学品安全监管工作与有关部门进行协调沟通。北京出入境检验检疫局、中国民用航空华北地区管理局、北京海关、顺义区安全监管局参加座谈会。会上，北京出入境检验检疫局介绍本市各口岸及重点企业危险化学品进出口情况，并提出危险化学品监管中存在的主要问题。中国民航华北局介绍航空运输危险品的安全管理要求以及对航空地面服务代理人的安全管理情况。北京海关重点介绍本部门主要工作职责及有关工作情况。通过座谈会，与会各部门互相了解有关工作职责和工作信息，建立部门之间的信息沟通及业务合作机制。会议提出：各部门要加强沟通配合，根据工作需要提供有关工作信息，做好本市进出口和航空运输危险化学品安全管理工作。

（魏志钢）

【大数据管控预警研讨会】 12月1日，市安全监管局副局长李东洲主持召开危险化学品管控预警研讨会。清华大学公共安全研究院介绍在《中国安全生产报》上发布的最新研究成果，指出危险化学品事故往往伤亡重大，教训惨痛，造成重大社会影响，危险化学品全过程动态监管技术要考虑利用网络通信、传感监测和物联网等技术手段，建设危险化学品在线监测系统，通过对危险化学品安全生产动态信息、仓储实时状况信息和运输过程动态信息的可视化、图形化展示分析，实现对危险化学品动态监管，进而达到危险化学品来源可查、去向可追、责任可究、规律可循的目的。会议一致认为基于大数据危险化学品管控预警技术是在大数据技术不断发展进步、我国危险化学品事故多发的背景下提出的，该技术对于提高危险化学品行业监管能力，形成以政府主导为主体、企业联动为支撑、社会参与为补充的危险化学品管控预警体系具有十分重要的意义。

（杨洪）

【教育系统危险化学品安全监管】 12月7日，市安全监管局召开教育系统危险化学品使用环节安全管理工作协商会，就如何加强教育系统危险化学品使用环节安全管理的具体问题进行座谈讨论。市教委、市公安局、北京大学、北京化工大学、北京石油化工学院、首都师范大学等单位参加会议。会议听取高校关于危险化学品使用与管理情况、院校危险化学品使用管理部门的职责区分等情况介绍，并就危险化学品管理现状、存在问题以及改进措施意见建议等问题进行研究和讨论。通过讨论研究，会议形成推进教育系统危险化学品使用环节安全管理工作路径与工作步骤。各部门将按照“摸清底数、找准路数、逐步推进”的工作原则，加强沟通与协作，采取联合行文、问卷调查、调研评估、细化标准、强化措施等形式与方法，推进全市教育系统危险化学品使用环节安全管理工作落实，最大限度地减少安全隐患。

（杨洪）

【大兴区化工企业安全检查】 12月11日，市安全监管局副局长李东洲带队，赴大兴区检查北京亿鑫宏达科技发展有限公司、北京市德福大业化工有限公司、北京仕全兴涂料有限责任公司3家小化工企业。检查组重点检查储罐区、危险品仓库、发货区等重点场所的监测、防火、防爆、防静电、通风、防泄漏等安全设施、设备的设置和维护情况，重点部位周边安全距离、货物码放情况，以及“一书一签”落实情况。北京亿鑫宏达科技发展有限公司由于安全条件不达标，已由大兴区安全监管局责令停业，并准备处置剩余危险化学品及相关设施。北京市德福大业化工有限公司按照全市危险化学品罐区整治工作要求，完成整体设计复核，准备进入施工阶段，力争提升本质安全水平。在检查北京仕全兴涂料有限责任公司时发现甲类库房货物码放不符合要求、库房内用电未防爆、加工区与仓储区未隔离等问题，同时存在违规加工油漆的行为，现场管理混乱，检查组立即责令该企业停止经营行为，责成大兴区安全监管局针对隐患和违法行为进行调查处理。检查组强调：在本市产业调整和疏解非首都功能的大环境下，大兴区要高度重视化工企业的治理工作，不符合国家标准和北京市地方标准的化工企业一律责令停业整顿，对不具备整改条件的化工企业要一律“停、关、退”，用严厉的手段、严格的措施、严肃的态度开展化工企业治理工作。

（杨洪）

【元旦节前安全检查】 12月30日，市安全监管局前往通州区开展节前安全检查。检查组先后对通州区北京中油晟德石油销售有限公司、北京中油潞安石油销售有限公司、北京东方石油化工有限公司销售中心3家油库进行安全检查。查阅企业隐患台账、应急演练记录、领导带班值班记录等资料，现场查看储罐区、油气回收装置、中控室以及应急物资储备库，就标准化复评以及节假日领导带班值班情况进行检查。经检查，3家企业自动化改造后系统运行情况良好，日常安全管理能够按照标准化的要求运行，各项检查记录和领导带班值班情况良好。但检查过程中也发现一些问题，如储罐区踏步处缺少静电导除装置、个别部位未做等电位连接或接地、隐患台账未定期填写等。针对存在的问题，检查组责令企业立即进行整改，并提出工作要求：一是对元旦、春节等重点时期安全工作要有针对性的部署并传达到全体企业员工；二是加强对中控室人员培训，尤其是自动化改造后系统使用的相关培训；三是细化检查记录和隐患台账的填写，做到细致、规范，形成闭环。

（杨洪）

【罐区专项整治】 本年，市安全监管局按照国家安全监管总局有关工作要求，组织开展危险化学品罐区专项整治工作。企业重点从储罐区监测监控设施、生产运行管理、特殊作业管理、设备设施管理、人员培训、源头控制、隐患排查治理7个方面进行整治。138家纳入整治的企业中，81家企业完成整治工作，30家企业停止使用储罐区，通州区21家企业将整体退出，其余6家企业正在整改。

（魏志钢）

【加油站技术改造】 本年，全市加油站按照贯标改造整体工作安排，明确改造内容、改造程序，完成改造加油站229家。双层罐、双层管道、自动切断系统等技术的应用，提升了风险控制能力，增强了加油站重点部位安全性。为激励全市各加油站按照高标准进行技术改造，市安全监管局计划投入1000万元专项资金，用于奖励完成改造的企业，从而有力推动加油站技术改造工作，改善企业安全条件。

（魏志钢）

【易制毒化学品监管】 本年，市安全监管局根据国家安全监管总局《关于印发企业非药品类易制毒化学品规范化管理指南的通知》要求，结合本市实际，推进非药品类易制毒化学品示范企业建设工作。截至年底，完成国药集团化学试剂公司和中土畜香精香料有限公司2家示范企业的培育工作。下一步将采用典型引路、全面推动的方式，规范本市非药品类易制毒化学品企业安全监管（管理）工作。

（魏志钢）

【地方标准制修订】 本年，市安全监管局以“凸显安全需求、区分轻重缓急、强化技术管理、实现精细监管”为原则，开展危险化学品安全监管方面的地方标准起草与规划工作。所有地方标准的制定都按照市安全监管局《安全生产地方标准管理办法》要求，严格把控申报、起草、征求意见、预审、审查、报批和实施等各环节。截至年底，《实验室危险化学品安全管理规范》（DB11/T 1191—2015）和《加油加气站非油品设施安全设置管理要求》（DB11/T 1229—2015）两项地方标准正式发布实施。《烟花爆竹零售网点设置管理安全规范》和《危险化学品经营企业分装作业安全管理规范》完成前期起草审查工作。

（魏志钢）

【危险化学品集中管理体系建设】 本年，北京市危险化学品集中管理体系建设有序推进。一是成立以常务副市长李士祥为组长，副市长张延昆为副组长，市发展改革委、经济信息化委、公安局等18个职能部门以及17个区县政府（北京经济开发区）组成的协调小组，印发《北京市危险化学品集中管理体系建设工作协调小组工作职责及议事规则》，明确成员单位工作内容及职责分工，为工作开展提供基础保障。二是市安全监管局与市发展改革委、财政局、质监局、交通委、市政市容委等部门及可研报告编制机构开展多次沟通，并会同北京石油交易所到10余家危险化学品单位调研，印发《北京市危险化学品集中管理体系信息化建设总体方案》。三是重点推进，分品种纳入集中管理体系。市安全监管局会同市公安局联合印发《剧毒化学品、易制爆危险化学品管理系统上线运行的通知》，并召开全市剧毒化学品、易制爆危险化学品从业单位安全管理大会，对系统上线工作进行安排部署；市安全监管局会同市质监局组织相关科研院所和工业气体试点单位，召开《北京市工业气体企业信息化系统建设技术指导建议书》专家评审会，修改完善建议书并向试点企业推广；依托北京石油交易所初步建立“成品油管理系统”，完成3家试点单位的信息对接，初步完成“人车货”绑定的系统功能开发，实现各成品油试点单位共124辆运输车辆的远程卫星定位数据的接入。四是注重载体，做好电子运单试点工作。市交通委运输局召开北京市危险货物道路运输电子运单制度试点工作研讨会，加快启动项目立项申报，并完成技术准备工作。

（魏志钢）

【标准化复评】 本年，市安全监管局印发《关于危险化学品从业单位安全生产标准化复评工作的指导意见》（京安监发〔2015〕56号），将复评工作由过去的达标管理转变为过程管理，结合危险化学品罐区、泄漏管理、自动化改造等方面的重点整治内容，以及市安全监管局在安全生产责任保险、注册安全工程师等试点工作中的要求，对复评标准重新进行修订调整，增加相应内容。截至年底，全市所有危险化学品从业单位完成标准化自评工作，三级标准化达标企业978家，二级标准化达标企业22家。

（魏志钢）

烟花爆竹安全监管

【烟花爆竹零售网点设置与销售储存】 本年，全市16个区县设置烟花爆竹零售网点942个，同比减少20%。其中：五环路内网点324个，同比减少24.1%；五环路外网点618个，同比减少17.7%；长期零售网点34个，同比减少43.3%。全市680个零售网点装备音、视频监控设备，覆盖率72.2%，城区覆盖率100%。全市烟花爆竹备货31.5万箱，同比减少38.8%；入库12.7万箱，同比减少56.7%；配送22.4万箱，同比减少35.4%；销售19.6万箱，同比减少31.9%。烟花爆竹回收2.8万箱，库存7.6万箱。

（王雷）

【市供销社系统烟花爆竹安全管理专题会】 1月14日，市安全监管局召开市供销社系统烟花爆竹安全管理工作专题会。会议听取市烟花鞭炮有限公司关于烟花爆竹销售期间人员安排、经营模式、安全管理情况的汇报，就明确安全岗位责任、确保产品质量、强化仓储管理和物联网运行做出部署，并要求各单位做好烟花爆竹采购、入库、贴签、看护、配送等重要环节安全管理工作，确保安全运营。

（王雷）

【烟花爆竹批发企业执法检查】 1月30日，市安全监管局副局长李东洲带队对顺义、怀柔烟花爆竹批发企业开展执法检查。检查组现场检查烟花爆竹批发企业储存、销售计划，重点检查烟花爆竹仓库储存情况、应急物资储备情况、从业人员培训情况以及温湿度监测、视频监测、周界入侵报警等物联网设备运行情况。检查发现，个别企业存在烟花爆竹包装破损、消防水泵不能正常运行、温湿度监测数据不准确等问题。针对企业安全管理存在的问题，执法人员责令企业立即整改。

（王雷）

【烟花爆竹储存仓库执法检查】 2月9日，市安全监管局对门头沟区生产资料日用杂品公司烟花爆竹储存仓库进行安全检查，通过“一查现场管理、二看管理档案、三问管理人员”的方式检查该仓库的安全措施、责任体系、规章制度、人员出入库管理、产品流向等安全管理情况。检查发现该仓库存在库房地面未做防潮处理、部分货物存放倒置、易燃物未及时清理、温控器损坏无法正常使用、中控室内存放生活用品等问题。针对检查发现的问题，执法人员责令该单位立即整改，消除安全隐患，做好库区安全管理工作，确保仓库及周边区域安全。

（王雷）

【夜查烟花爆竹零售网点】 2月12日，市区两级安全生产执法队伍启动夜查机制，对全市942家烟花爆竹零售网点开展突击式夜查。本次夜查以“四不两直”的方式，对东城、西城、朝阳、海淀、丰台、石景山等区烟花爆竹零售网点开展随机抽查。检查发现个别零售点存在现场工作人员未持证上岗、消防水桶空置、零售点无人值守等问题。执法人员对存在问题的零售网点下达执法文书，并劝告店主暂时关停网点，立即实施整改，消除安全隐患。

（王雷）

【烟花爆竹执法检查】 2月13日至23日，市区两级安全监管部门出动执法检查人员9251人次，出动执法车辆3247辆次，检查烟花爆竹批发企业和零售网点7153家次，下达执法文书2303份，发现并督促整改问题和隐患956项。全市烟花爆竹管理安全有序，未发生生产安全事故。

（王雷）

【批发零售企业安全检查】 2月17日，市安全监管局采取“四不两直”的方式对房山区北京汇源北路工贸有限责任公司（烟花爆竹批发企业）和4家零售网点进行安全检查。执法人员重点检查批发企业烟花爆竹仓储安全管理情况、产品流向管理情况以及春节期间应急值守情况；检查零售网点大棚搭建情况、音视频监控管理情况、产品码放情况和人员看护情况。执法人员针对检查发现的问题，当即责令相关单位进行整改，并责成房山区安全监管局监督落实整改。要求批发、零售企业负责人在销售期间做好库区、销售大棚巡查和看护工作，及时清理周边可燃物，提高安全意识和责任意识，确保春节期间安全稳定。

（王雷）

【夜查烟花爆竹回收安全】 2月24日，市安全监管局对东城、西城、朝阳、丰台4个区的12个零售网点烟花爆竹回收工作进行夜查。通过检查发现，12个零售网点均按照要求于2月23日（正月初五）24时停止销售，其中1个网点完成库存烟花爆竹回收工作，5个网点完成未出售烟花爆竹的装箱并等待回收，剩余6个网点正在进行未出售烟花爆竹的整理装箱。市安全监管局要求：一是在烟花爆竹全部回收完毕之前，零售网点必须有专人现场值守并按要求佩戴上岗证。二是在棚内所有物品全部清空情况下，必须保证在视频监控设备拆除、切断电源后人员方可撤离。三是及时发现、处置并报告回收过程中存在的安全隐患问题，确保回收工作顺利完成。

（王雷）

【修订零售网点设置安全规范】 4月27日，市安全监管局召开专题会，研究《烟花爆竹零售网点设置安全规范》地方标准修订工作。会议逐条研究《烟花爆竹零售网点管理安全规范》，对规范修订内容进行讨论。会议要求：一是科学设置零售网点安全距离标准，根据相关法规明确零售网点与学校、幼儿园、医院、集贸市场等人员密集场所和加油站等易燃易爆物品生产、储存设施的安全距离。二是细化零售网点内部布置，明确将销售区与储存区出入口错开设置，两个区之间应有不燃烧材料制成的硬质隔断，隔断上方应设置到顶，不留空隙。三是提高对零售网点建构要求，明确网点必须为单层建构，避免“上宅下店”的现象出现。临建零售网点墙板与地面间缝隙必须采用水泥或沙土封堵，不得使用玻璃胶等可燃材料。四是提高零售网点电气安全标准，配电箱（柜）如确需安装在室内，箱体下方不能摆放烟花产品。配电线路、通信线路等应沿墙或屋面敷设并远离产品，不得在网点内使用除照明灯具及音视频设备以外的用电设备。五是落实登记报告制度、夜间值守制度，以及产品搬用操作规范，杜绝在零售网点以外存放烟花爆竹产品。

（王雷）

【物联网应用示范项目通过终验】 7月9日，市安全监管局会同市应急办召开春节期间烟花爆竹综合管理物联网应用示范工程终验会。会议听取项目建设情况汇报、监理意见、用户使用意见，并观看项目系统演示，检查和审阅项目文档。经过质询和讨论，专家组一致同意项目通过竣工验收。烟花爆竹综合管理物联网应用系统在2012年开始投入运行，重点针对春节期间烟花爆竹综合管理所涉及的烟花爆竹流向实时跟踪管理、燃放期间综合保障和燃放后环境整治3个方面开展示范应用。运行期间，通过依托本市物联网应用支撑平台、政务外网等基础设施，合理设置数据对接、传输和综合展现方式、智能分析实时获取有关感知信息，提高安全监管等部门对烟花爆竹存储、运输和销售的实时监控能力，提高公安消防、医疗卫生和环境整治等综合保障力量的部署与调度水平，为春节期间烟花爆竹管理科学决策提供支撑。此外，还能够为市民提供烟花爆竹燃放指数服务，引导市民合理、科学燃放，提升服务公众的能力。

（王雷）

【烟花爆竹安全培训教材审定会】 11月19日，市安全监管局召开烟花爆竹类4本安全培训教材审定会，北京理工大学烟花爆竹检测站、中国烟花爆竹协会、熊猫烟花有限公司等单位烟花爆竹专家参加审定会。会上，北京理工大学烟花爆竹检测站作为主编单位，介绍烟花爆竹批发零售单位主要负责人、安全生产管理人员和从业人员培训教材的主要编制内容。与会专家从标准引用是否有效、教材内容是否全面等方面提出意见。专家一致认为，教材的内容能够结合本市烟花爆竹批发和零售企业的实际，实用性、针对性较强，满足烟花爆竹主要负责人、安全管理人员和其他从业人员分类培训的需求。

（王雷）

【市供销社系统烟花爆竹安全部署】 11月20日，市安全监管局组织市供销合作总社、北京京农控股集团有限公司、市烟花鞭炮有限公司召开会议，专题研究2016年春节烟花爆竹安全管理工作，明确采购、仓储、销售等重点环节的工作机制和相关措施。会议要求市烟花鞭炮有限公司制订方案，完成订货、流向登记，封库储存过期产品，维护物联网设备，做好人员配备和培训等工作；要求北京京农控股集团有限公司增强市烟花鞭炮有限公司的安全生产投入和重点岗位人员配备；要求市供销合作总社负责督促、指导市烟花鞭炮有限公司做好烟花爆竹产品的采购、供应工作。

（王雷）

【烟花爆竹经营单位培训考试】 12月12日，市安科院（市安全生产考试中心）完成烟花爆竹经营单位相关人员培训考试的组织工作。培训考试有15个区县514人报名，实考489人，合格440人，通过率90%。此次考试设置考点7个，指派监考人员30名。

（王铮）

矿山安全监管监察

【煤矿安全监察专题会】 1月4日，市安全监管局副局长贾太保主持召开煤矿安全监察专题会。会议研究确定2015年煤矿安全监察重点工作：一是落实《顶板管理五条措施》；二是深化煤矿隐患排查治理行动；三是深化煤矿安全质量标准化建设；四是开展事故案例警示教育活动；五是推进煤矿隐患排查治理和风险预控两个体系建设；六是深化“安全·和谐”班组建设；七是开展重点煤矿安全督查。会议要求，2015年煤矿安全生产工作要以全力压减事故为目标，坚决落实新修订的《中华人民共和国安全生产法》各项规定，进一步加大执法力度，督促企业落实主体责任；严肃查处安全生产事故，进一步加大处罚力度，用事故推动安全工作；切实加强地质变化管理，细化安全管理规定，预防顶板事故发生；深入煤矿企业开展调研，明晰岗位达标、班组建设、示范工作面三者之间的关系，推进煤矿安全基层基础工作。

（董伟）

【示范班组及优秀班组长评选表彰】 1月4日，市安全监管局、北京煤监局和市总工会联合发出《关于表彰2014年度北京矿山“安全·和谐”示范班组及优秀班组长的通报》，授予昊华能源公司长沟峪煤矿采煤三段31队3班等8个班组市级“安全·和谐”示范班组的称号；授予昊华能源公司大安山煤矿开拓三段工程3队1班班长罗明宽等8人市级优秀班组长的称号。《通报》号召全市矿山企业要以先进为榜样，学习他们牢固树立“安全第一”的思想和坚持原则、遵章守纪的好品德、好作风。各矿山企业要加强班组安全建设，探索班组安全建设的新方法、新思路，提高班组安全管理能力。

（崔永杰）

【长沟峪煤矿重点监察】 1月13日至14日，北京煤监局对昊华能源公司长沟峪煤矿开展采掘部署、生产计划和教育培训重点监察。按照《北京煤矿安全监察局监察执法检查方案制度》要求，监察人员查阅长沟峪煤矿采掘工程部署、生产计划、教育培训相关资料，并对－140米水平水泵房和火药库进行现场检查。本次检查查出各类安全隐患和问题6项，监察人员对长沟峪煤矿开拓2队下达责令停止作业的监察指令，并提出相关工作要求和建议。针对检查中发现的隐患和问题，长沟峪煤矿制定整改方案，明确专门部门和专门人员进行整改，由昊华能源公司验收，并报北京煤监局备案。

（崔永杰）

【木城涧煤矿重点监察】 1月20日至22日，北京煤监局对昊华能源公司木城涧煤矿开展采掘部署、生产计划和安全教育培训重点监察。按照《北京煤矿安全监察局监察执法检查方案制度》要求，监察人员查阅木城涧煤矿采掘工程部署、生产计划、安全教育培训相关资料，并对煤矿＋700米水平火药库、＋700米水平调度站、＋570米水平调度站和＋150米水平一采区三槽东一壁高档普采工作面进行现场检查。监察人员还对木城涧煤矿掘进一段、掘进二段、开拓段、机电科、通风段、技术科等段队开展煤矿事故案例警示教育宣讲活动。本次检查查出各类安全隐患和问题21项，监察人员依法下达相应的执法文书，并提出相关工作要求和建议。

（崔永杰）

【大安山煤矿春节定期监察】 2月3日至4日，北京煤监局对昊华能源公司大安山煤矿开展采掘工程部署重点监察和春节前定期监察。监察人员在检查前分析大安山煤矿2015年1、2月份采掘计划安排，将＋400米和＋550米两个主要生产水平的采掘工作面部署是否合理确定为检查的重点内容，并制定《监察执法检查方案》。监察人员到矿后，听取大安山煤矿春节放假期间各项安全工作安排的汇报，并对照图纸对大安山煤矿19个掘进工作面和8个采煤工作面工程部署情况进行了解。下井检查＋400米水平西三轴5槽、＋550米水平西五石门轴4槽、＋550米水平西一轴13槽3个回采工作面。本次检查查出各类安全隐患和问题9项。监察人员针对检查发现的煤矿安全、技术管理中存在的问题，对＋550米水平西五石门轴4槽回采工作面下达停止生产的监察指令。要求煤矿做好春节放假期间井下通风、供电、排水等系统的维护和各项安全生产保障工作，合理安排采掘接替和生产计划，抓好安全培训特别是转岗人员的安全培训工作。

（崔永杰）

【煤矿安全监管监察会议】 2月5日，北京煤监局召开2015年煤矿安全监管监察工作会议，市发展改革委、国资委、总工会和京煤集团、昊华能源公司负责人，各煤矿矿长、安监站长、总工程师和部分生产段队长、班组长共100余人参加会议。会议传达贯彻全国安全生产工作会议精神，总结回顾2014年北京煤矿监察工作，部署2015年重点工作，并对"安全·和谐"班组和优秀班组长进行表彰。市安全监管局副局长贾太保在讲话中指出：2015年要重点做好"一个树立"和"五个强化"等6个方面工作。一是牢固树立"红线"意识，切实做到安全第一；二是以贯彻落实新修订的《中华人民共和国安全生产法》为契机，从严执法，强化依法治安；三是依托专家，强化事故查处，严格依法追究相关责任人的责任；四是突出重点，强化顶板管理，狠抓《顶板管理五条措施》的落实；五是强化对重点煤矿的督查，抓出实效；六是强化安全警示教育，不断创新方式，持续开展对井下一线职工全覆盖的煤矿事故案例警示教育活动。

（崔永杰）

【隐患排查治理体系建设调研】 2月11日，国家煤矿安全监察局监察专员辛广龙一行4人到昊华能源公司长沟峪煤矿，专题调研煤矿事故隐患排查治理体系建设工作情况。长沟峪煤矿按照北京煤监局《关于北京市煤矿事故隐患排查治理体系建设的指导意见》要求，制定煤矿隐患分级认定标准，建立隐患4级排查、评估登记、整改治理、验收消除，以及综合保障机制，利用信息化手段，初步实现全方位、全时段的隐患排查治理工作格局。调研组听取长沟峪煤矿有关工作情况汇报，现场检查隐患排查治理系统运行情况，并就有关问题进行交流。辛广龙表示，本次调研达到了预期目的，为国家煤矿监察局研究起草隐患排查治理体系文件提供了支持。辛广龙还对长沟峪煤矿开展对家庭发生变故、休假10天以上等重点人员的排查管控工作给予肯定，希望煤矿在隐患排查系统与监测监控系统整合以及提高使用效果等方面继续做出积极探索。

（崔永杰）

【木城涧煤矿复产验收检查】 2月26日，市安全监管局副局长贾太保带队对昊华能源公司木城涧煤矿复产验收工作进行检查，昊华能源公司主要负责人参加检查。检查组抽查矿级领导带队复产验收情况和采煤三段复工情况，听取木城涧煤矿复产验收工作汇报。木城涧煤矿制定春节放假期间停复工方案和安全技术措施，复工坚持谁停工谁复工、谁验收谁负责的原则，组织13个复产验收小组对全矿生产系统和30个采区工作面进行验收，复工人员严格按照复工检查程序、复产验收标准及安全技术措施对系统和工作面进行全面检查，并报请昊华能源公司总经理签字批准。贾太保对木城涧煤矿复产验收工作给予肯定，要求木城涧煤矿要加强员工安全教育培训，特别是对转岗人员、新入职人员教育培训，认真吸取大安山煤矿"2·14"事故教训，落实各级人员安全责任。

（董伟）

【大安山煤矿复产验收检查】 2月27日，北京煤监局对昊华能源公司大安山煤矿春节后复工措施制定及落实情况开展定期监察。检查组听取大安山煤矿复产验收工作汇报，查看大安山煤矿关于春节停工、复工及放假期间相关工作安排的通知及复产验收标准，并对照文件对大安山煤矿复工安全技术措施、复产验收、返矿职工教育培训等情况进行检查，抽查采煤三段31队职工出勤及岗前培训情况。对未按要求开展安全教育培训等问题，检查组提出整改要求。

（庄过兵）

【煤矿安全紧急会议】 3月1日，市安全监管局副局长贾太保主持召开煤矿安全紧急会议，就昊华能源公司大安山煤矿相继发生“2·14”事故和“3·1”事故，紧急部署本市煤矿安全工作。昊华能源公司落实会议精神，决定在公司所属各矿开展安全整顿，其中木城涧煤矿、大台煤矿停产整顿3天。北京煤监局对各矿停产整顿进行监督检查。停产整顿期间，各矿采取措施，全面开展隐患排查治理，对系统设计、变化管理、检修管理进行对标检查，做到无盲区、无漏项。各矿按照北京煤监局和昊华能源公司要求，结合实际情况，分别制定停产整顿方案，从思想整顿、制度整顿、岗位整顿、现场整顿等各环节入手，重新学制度、学规范，使各项制度措施执行到位、落实到位，确保安全生产。

（董伟）

【煤矿负责人谈心对话】 3月27日，市安全监管局副局长贾太保到昊华能源公司大安山煤矿和煤矿负责人进行谈心对话。按照国家安全监管总局、国家煤矿安全监察局《关于启动新一轮“千名干部与万名矿长谈心对话”活动的通知》文件要求，北京煤监局制定《谈心对话活动工作方案》，对各煤矿矿级管理人员的谈心对话要做到全覆盖。贾太保首先和矿长、党委书记一起观看《两声巨响带来的警示》案例教育片，围绕大安山煤矿“3·1”支架伤人事故、北京喜隆多商厦火灾事故和密云赛特商厦火灾成功扑救事故，以及《中华人民共和国安全生产法》规定的企业主要负责人安全管理职责等，与煤矿负责人进行交流座谈。分别从思想根源、认识和管理上查找发生事故的原因，针对在一些工作方面还存在着麻痹大意、注重质量而忽视安全等问题，进行剖析和总结。谈心对话活动结束后，北京煤监局组织煤矿管理人员，结合新修订的《中华人民共和国安全生产法》赋予生产经营单位安全生产工作职责，进行现场答题考试。

（杨庆三）

【木城涧煤矿“回头看”复查】 3月31日，北京市煤矿隐患排查治理行动第三检查组对昊华能源公司木城涧煤矿开展煤矿隐患大排查“回头看”复查。检查组结合集中排查阶段发现的问题，确定“回头看”3项重点内容：一是整改落实双验证，对集中排查阶段发现的196项问题和隐患的复查采取地面、井下相结合的方式，进行实地复查验证，确保隐患整改工作的落实。二是地面系统全覆盖，深刻吸取大安山煤矿“2·14”事故教训，对木城涧煤矿所有地面生产系统进行全面排查，对规程措施、安全培训、安全管理制度等进行全面梳理。三是对集中排查结束后新增工作面、主要硐室、主要岗点及发生事故的工作面、岗点按要求进行全面排查。本次检查组成员在集中排查的基础上增加两名专家，并按照“时间服从质量”的原则，不设时限，确保隐患整改措施、责任、资金、时限和预案“五落实”。

（唐涓）

【木城涧煤矿“回头看”复查】 3月31日至4月10日，北京煤矿隐患排查治理第三检查组对昊华能源公司木城涧煤矿开展煤矿隐患大排查“回头看”复查。检查组结合集中排查阶段发现的问题，将前期排查出的隐患和问题整改落实情况、地面生产系统安全管理情况和集中排查结束后新增和发生变化的采掘工作面以及主要硐室作为“回头看”复查的重点。检查组对集中排查阶段196项问题和隐患复查采取地面、井下相结合的“双验证”方式，首先查看隐患整改方案、验收记录等资料，然后到井下现场对整改落实情况进行实地复查。经检查，木城涧煤矿对检查组在集中排查阶段移交的196项问题和隐患均按要求制定整改方案，并在规定期限内完成整改。从木城涧煤矿自查自改和检查组集中排查以及“回头看”复查的结果看，木城涧煤矿各生产系统、工作面、岗点无重大隐患，安全生产秩序正常，煤矿隐患大排查活动取得阶段性成果。

（崔永杰）

【“3·28”事故责任人处理】 4月2日，门头沟区人民法院公开审理昊华能源公司大台煤矿2014年“3·28”事故主要责任人梅杰涉嫌重大责任事故一案。2014年3月28日，大台煤矿采煤八段8106工作面早班发生一起安全事故，造成1人死亡。经“3·28”事故调查组调查认定，梅杰在事故当班违章指挥且在盯岗工作中失职，对事故发生负主要责任，建议移交司法机关追究其刑事责任。门头沟区人民检察院根据《刑法》第一百三十四条以梅杰涉嫌重大责任事故罪向门头沟区人民法院提起公诉。经法院审理认为，梅杰涉嫌重大责任事故罪证据确凿，当庭宣判判处梅杰有期徒刑1年零6个月，缓期1年零6个月执行。昊华能源公司组织所属煤矿副段长以上管理人员100余人到法庭现场旁听整个庭审过程。此次公开宣判进一步提高法律的威慑力，警示每位煤矿从业人员和管理人员时刻牢记遵章守纪、依法治安。

（唐涓）

【煤矿事故案例警示教育】 4月8日，北京煤监局组织昊华能源公司大台煤矿采煤四段、采煤五段、掘进五段部分职工分别进行事故案例警示教育培训。监察人员结合大台煤矿2014年“3·28”“7·10”事故案例，认真分析事故发生原因以及事故暴露出的问题，警示煤矿职工汲取事故教训，严格按章作业，增强安全意识，做到不伤害他人、不伤害自己、不被他人伤害。大台煤矿约110人参加警示教育培训。

（董伟）

【门头沟区专职安全员调研】 4月15日，北京煤监局到门头沟区大台街道办事处和城子街道办事处开展专职安全员队伍建设情况调研工作。调研组与门头沟区安全监管局相关工作人员、大台街道办事处和城子街道办事处新入职的3名安全员进行座谈，了解专职安全员上岗、管理制度建立与管理模式构建、办公条件与装备配备、合同签订和工资发放、安全检查开展等情况。

（董伟）

【长沟峪煤矿集中监察】 4月16日至17日，北京煤监局对昊华能源公司长沟峪煤矿顶板管理、“一通三防”和安全质量标准化开展集中监察。按照《北京煤矿安全监察局监察执法检查方案制度》要求，监察人员首先查看煤矿顶板管理、“一通三防”及安全质量标准化的制度建立落实情况，随后分为3个小组对井下采掘工作面进行现场检查。查出各类隐患和问题12项，监察人员依法下达相应的执法文书，并提出相关工作要求和建议。针对检查发现的隐患和问题，长沟峪煤矿制定整改方案，明确专门部门和专门人员进行整改，由昊华能源公司进行验收，并报北京煤监局备案。

（崔永杰）

【市领导煤矿安全调研】 4月22日，副市长张延昆带队到昊华能源公司大安山煤矿，就加强煤矿安全生产工作进行专题检查和调研。张延昆与京煤集团、昊华能源公司、大安山煤矿有关领导和基层管理人员进行交流。在听取京煤集团和大安山煤矿工作汇报后，张延昆指出：安全生产是煤矿企业的生命线，是不可逾越的“红线”，没有安全生产就没有煤矿企业生存和发展空间；企业健康发展是煤矿企业实现安全的重要条件，要站在首都功能定位的高度和北京能源安全的角度上，稳定职工队伍，为首都发展做好服务。张延昆强调：要注重经验总结和方式创新，进一步加强煤矿安全生产工作。一是加强全面安全管理，从井下到地面，从班组建设到警示教育等各个工作环节，都要全面落实好安全管理主体责任，切实提高企业安全保障能力。二是要把吸取事故教训落实到操作层面，不断强化技防监督、班组建设等管理手段的应用。三是从提高企业安全管理水平的角度出发，积极探索利用第三方对企业安全管理工作进行监督和评估的工作机制。

（崔永杰）

【全国劳模表彰大会安全保障】 4月26日至28日，北京煤监局按照《北京市服务保障2015年庆祝“五一”国际劳动节暨表彰全国劳动模范和先进工作者大会工作方案》要求，采取4项措施加强会议期间煤矿安全生产保障工作。一是加强应急值守工作，会议召开期间煤矿主要负责人和重点岗位负责人必须在岗值班。二是加强火工产品管理，严格执行爆炸物品的领用、运输、使用等管理制度，加强爆炸物品库房值守与隐患排查工作，做好爆炸物品管理工作。三是加强领导带班下井管理，对于重点工作面必须有矿领导现场盯岗，否则不得生产作业。四是加强隐患排查治理工作，对于隐患整改不及时、不到位的工作面坚决停产整顿，做到不安全不生产。

（孙鹏）

【木城涧煤矿“雨季三防”重点监察】 5月5日至7日，北京煤监局对昊华能源公司木城涧煤矿开展防治水、“雨季三防”重点监察。监察人员重点检查木城涧煤矿地面防治水措施落实情况、防排水系统检查、检修情况以及防雷电设施检查、检修情况，现场查看运销科煤厂防汛工作开展情况以及器材科防汛物资储备仓库。从检查情况看，木城涧煤矿成立由党委书记、矿长担任总指挥的“雨季三防”指挥部，制定“雨季三防”工作计划及应急预案，相关防汛应急设备、材料准备充足。检查组要求木城涧煤矿高度重视煤矿汛期安全生产工作，加大隐患排查治理力度，加强《防汛应急预案》的培训，做好应急准备工作。

（崔永杰）

【大台煤矿“回头看”复查】 5月11日至22日，北京煤监局会同市国土局、昊华能源公司有关人员，并聘请专家组成检查组，对大台煤矿开展煤矿隐患大排查“回头看”复查工作。检查组将前期排查出的隐患和问题整改落实情况、地面生产系统安全管理情况、集中排查结束后新增和发生变化的采掘工作面以及主要硐室作为本次“回头看”工作的重点。为杜绝隐患整改落实书面化，检查组对在集中排查阶段移交的191项问题和隐患的复查采取地面、井下相结合的“双验证”方式，首先在地面查看隐患整改方案、验收记录等资料，然后到井下现场对整改落实情况进行实地复查验证，确保隐患整改的真落实、真闭合。经检查，大台煤矿对检查组在集中排查阶段移交的191项问题和隐患均按要求制定整改方案并在规定期限内完成整改，煤矿各系统、工作面、岗点无重大隐患，安全生产秩序正常，煤矿隐患大排查活动取得阶段性成果。

（崔永杰）

【长沟峪煤矿“回头看”复查】 5月20日至29日，北京煤监局组织昊华能源公司有关人员，并聘请专业技术专家组成检查组，对长沟峪煤矿开展煤矿隐患大排查“回头看”复查工作。检查组重点检查第一阶段隐患集中排查中发现问题的整改情况，并结合执法计划，开展防治水及“雨季三防”的重点监察和安全生产许可证持证条件的专项监察。从复查情况看，长沟峪煤矿各系统运转正常，所检查的工作面和岗点无重大隐患，隐患大排查活动取得阶段性成果。通过隐患排查治理活动的开展，煤矿各级管理人员及全体员工的安全意识进一步提高，安全生产秩序稳定正常。

（庄过兵）

【木城涧煤矿集中监察】 6月16日至17日，北京煤监局对昊华能源公司木城涧煤矿防治水、“雨季三防”和安全生产许可证持证条件等工作开展集中监察。按照监察方案，监察人员到矿后分组查阅相关资料，对煤矿岗位安全风险项目清单的制定落实情况、汛期应急演练方案制定实施情况进行检查，抽查综采一段、掘进一段等生产单位特殊工种配备情况，并对综采三段和采煤32队工作面进行现场检查。检查期间，监察人员听取煤矿落实北京煤监局相关工作要求情况的汇报，参加煤矿安全生产分析会，同时还开展北京煤监局干部与矿级管理人员谈心对话和事故案例警示教育活动。

（孙鹏）

【长沟峪煤矿暗查暗访】 6月25日，北京煤监局采用“四不两直”的方式，对昊华能源公司长沟峪煤矿进行暗查暗访。监察人员到矿后，深入井下对－140米水平北二石门三槽耙装采煤工作面进行检查。从现场检查情况看，该工作面设备设施运转正常、劳动组织有序。但在安全生产环境方面，存在工作面尾轮巷、打眼巷浮煤造成巷道高度和宽度不够等3项事故隐患，监察人员责令煤矿立即整改，并提出加强现场安全管理的建议。通过暗查暗访，能够进一步掌握煤矿安全生产情况，并对煤矿企业起到警示作用。

（孙鹏）

【大台煤矿柔掩工作面专项监察】 7月27日，北京煤监局采取“暗查暗访”突击检查方式，对昊华能源公司大台煤矿开展柔掩工作面安全管理专项监察。监察人员分组深入井下，全面排查煤矿重点段队柔掩工作面存在的安全隐患，分析、查找煤矿安全管理中存在的问题，对采煤四段的4个柔掩采煤工作面和掘进六段的3个煤巷掘进工作面进行现场检查。对检查发现安全隐患的工作面，检查组要求立即停止生产进行整改，做到立查立改。本次检查查出问题40余项，包括在安全、技术管理等方面存在的一些突出和普遍问题，以及人员配备和劳动组织方面存在的问题。监察人员对采煤四段44队798工作面和掘进六段下达停产整改的监察指令。

（崔永杰）

【综采液压支架专项监察】 7月6日至9日，北京煤监局对大安山煤矿、木城涧煤矿开展综采液压支架使用管理专项监察。检查组对两个煤矿7个综采工作面中4种类型的700余部液压支架进行全覆盖、全方位检查，对照相关标准排查工作面液压支架的每一处细节，随机抽查一线操作人员对操作规程和技术标准的掌握情况。查出各类问题45项（大安山煤矿24项、木城涧煤矿21项），分别下达责令整改的监察指令，其中对大安山煤矿综采三段责令停产整改。检查组对本次查出的问题进行梳理和分类，提出支架构件连接部位管理不到位、镀铬层破损、胶管老化、泵站管理不规范等6类共性和重点问题，要求煤矿加强设备规范化管理，加强职工和管理人员教育培训，严把设备维修质量关。

（孙鹏）

【长沟峪煤矿谈心对话活动】 7月14日至15日，北京煤监局到昊华能源公司长沟峪煤矿与中层以上管理人员开展谈心对话活动。监察人员传达习近平总书记、李克强总理等中央领导同志关于安全生产一系列重要讲话和批示精神，就新修订的《中华人民共和国安全生产法》部分章节进行解读，观看大安山煤矿“2·19”事故和大台煤矿“3·28”事故案例警示教育片。双方就煤矿安全生产形势，在安全生产管理方面存在的主要问题、困难及解决途径办法等方面进行沟通交流。为保证谈心对话质量，按照每次谈心对话人数不超过5人的要求，两天共有20名煤矿中级管理人员参加谈心对话活动。

（董文同）

【专题学习实践活动】 7月16日，北京煤监局全体监察人员到中煤北京煤矿机械有限公司开展专题学习实践活动。监察人员现场参观液压支架的生产工艺流程，公司技术人员详细介绍支架相关技术细节，通过细致解答，全体监察人员对液压支架的工作原理、结构、性能和技术参数等有了深入的了解。现场学习后，监察人员又与公司领导、安监部、设计院相关人员进行交流座谈，使全体监察人员加深对设备使用安全重要性的认识。就安全生产工作中的实际问题进行深入探讨，使学习实践的过程变成梳理问题、研究问题和解决问题的调研过程。通过学习实践活动，全体监察人员普遍反映，学习实践越投入、调查研究越深入，思想观念就更加开阔，工作思路也更加清晰，要坚持在学习上求“深”，在工作中求“实”，以实际行动努力践行“六个坚持”的“北京安监精神”。

（孙鹏）

【大安山煤矿事故案例警示教育】 7月28日至30日，北京煤监局到昊华能源公司大安山煤矿综采二段、综采四段、掘进二段和安监科开展事故案例警示教育培训活动，232人参加教育培训。为做好事故案例警示教育工作，北京煤监局安排专人编制案例，组织专题会议反复研讨修改，聘请专业机构编排制作，最终完成贴近煤矿实际、反映事故发生过程的案例动画片，并下发到各煤矿。

（董文同）

【大台煤矿“雨季三防”重点监察】 7月30日，北京煤监局对大台煤矿进行“雨季三防”重点监察。检查组重点查看大台煤矿“雨季三防”应急预案演练、降雨量监测统计分析、应急响应以及防雷电设施检查、检修情况，现场检查大台煤矿防汛物资储备情况。从检查情况看，大台煤矿成立由党委书记、矿长担任总指挥的“雨季三防”指挥部，相关防汛应急设备、材料准备充足。检查组要求大台煤矿高度重视煤矿汛期安全生产工作，吸取“7·21”洪灾事故教训，克服麻痹思想，将“雨季三防”工作纳入安全生产工作的重点，采取有效措施做好“雨季三防”工作。

（崔永杰）

【长沟峪煤矿柔掩工作面专项监察】 8月3日至6日，北京煤监局采取“暗查暗访”突击检查方式，对昊华能源公司长沟峪煤矿开展柔掩工作面安全管理专项监察。监察人员分组深入井下，对煤矿柔掩工作面进行全覆盖的检查，对安全、技术、教育培训、管理等基础工作进行“把脉会诊”。做到检查问题的同时提出整改意见，对存在安全隐患的工作面责令立即停止生产进行整改，做到立查立改。

（崔永杰）

【煤矿安全生产大检查】 8月19日，北京煤监局进驻昊华能源公司木城涧煤矿，开展安全生产大检查。检查组重点检查木城涧煤矿重大活动保障措施的制定落实情况，以及井下工作面安全生产情况。木城涧煤矿按照要求制定中国人民抗日战争暨世界反法西斯战争胜利70周年纪念活动和2015年北京国际田联世界田径锦标赛专项保障方案，加强盯岗人员力量，加大隐患排查治理力度，开展顶板、火工品及机电运输等自查工作。按照昊华能源公司统一安排，所属各煤矿于8月31日至9月6日停产放假，木城涧煤矿对停产放假期间治安维稳工作做出具体部署。

（孙鹏）

【木城涧煤矿专项检查】 8月20日至21日，北京煤监局对昊华能源公司木城涧煤矿开展专项安全检查。检查组抽查采煤三段落实重大活动期间专项保障方案情况，检查段队安全管理、隐患排查治理、工伤和违章管理等工作情况。对木城涧煤矿选运系统进行现场检查。针对检查中发现的问题，监察人员向煤矿负责人进行通报，提出工作建议，并下达执法文书，责令限期整改。

（董伟）

【大安山煤矿专项检查】 8月20日至21日，北京煤监局对昊华能源公司大安山煤矿开展专项安全检查。检查组重点检查大安山煤矿安全生产保障措施的制定、落实情况和工伤事故调查处理情况，对井下工作面生产作业情况进行抽查。从检查情况看，大安山煤矿按照要求制定重大活动期间安全生产保障方案，加强矿、职能科室和生产段队盯岗人员力量，加大隐患排查治理力度。对8月31日至9月6日停产放假期间的停、复产验收及治安维稳和生活保障等工作都做出具体安排。针对现场检查中发现的瓦斯牌板填写不规范、监控视频不清晰、灭火器超期使用等问题，监察人员向煤矿安全负责人进行通报，要求立即整改。

（孙鹏）

【大台煤矿安全检查】 8月26日，市安全监管局副局长贾太保带队检查昊华能源公司大台煤矿安全生产工作。检查组采取“四不两直”方式，到矿后立即对地面运销系统，带式输送机运行维护、放射源使用管理和主要岗点安全设施的设置使用等重点部位和关键环节进行检查。随后，检查组检查调度指挥中心安全监测监控系统运行情况，抽查矿领导下井带班情况。现场检查后，检查组听取煤矿负责人的工作汇报。大台煤矿在天津港“8·12”危险化学品仓库特别重大事故发生后，立即部署危险化学品自查，对地面材料库的油脂、漆料存放情况和电气焊使用情况进行排查，对发现的问题立即进行整改。针对中国人民抗日战争暨世界反法西斯战争胜利70周年纪念活动安全保障工作，制定停产复工计划和火工品管理、安全维稳等8项具体工作方案，从8月20日起采取加大出入井检身力度、增加矿领导下井带班人数等方式加强现场安全管理，确保安全生产。贾太保肯定大台煤矿的工作，并传达国务院安委会、市政府有关会议精神和相关工作要求，要求煤矿做好“9·3”阅兵前各项保障工作，加强运销系统等生产辅助环节安全管理，要从“做好全员警示教育培训”和“严格开展复产验收”两个环节做好安全生产工作。

（孙鹏）

【长沟峪煤矿专项监察】 9月15日，北京煤监局对昊华能源公司长沟峪煤矿开展火工品管理和领导干部带班下井专项监察。监察人员查阅相关台账记录，并进行现场检查。要求煤矿企业加强管理，严格火工品执行发放、领用、回交制度，按照相关规定健全完善交接班制度。

（唐涓）

【长沟峪煤矿标准化专项监察】 9月15日至17日，北京煤监局对昊华能源公司长沟峪煤矿开展安全质量标准化专项监察。检查组查看煤矿达标工作计划、制度的制定和落实情况，重点查看岗位达标相关制度落实情况，并对井下现场进行抽查。从检查情况看，长沟峪煤矿重视标准化建设工作，成立以矿长、矿委书记为组长的工作小组，制定标准化年度工作方案，明确由专门部门、专门人员负责标准化达标考评工作。煤矿能够按月进行标准化达标考评，岗位达标考评能够做到各段队、各工种的全覆盖。针对检查中发现的个别考评打分表记录不清晰、扣分标准和规定不一致等问题，监察人员依法下达责令立即整改的监察指令。

（孙鹏）

【长沟峪煤矿掘进工作面专项监察】 9月16日至17日，北京煤监局对昊华能源公司长沟峪煤矿开展掘进工作面专项监察。长沟峪煤矿布置的掘进工作面倾角约30度，在安全管理和顶板支护等方面的要求都很高。经专题研究，确定将作业规程和安全技术措施是否符合煤矿安全规程要求、是否与现场作业相符、掘进巷道遇地质变化是否严格执行管理规定、掘进工作面放炮管理情况、上山掘进工作面迎头临时支护和超前支护情况、矿压监测及应力集中防范措施执行情况等作为重点检查内容。监察人员重点对长沟峪煤矿－140米水平北－3槽掘进工作面、－140米水平北二北15槽掘进工作面进行现场检查。通过检查，工作面安全管理有序、质量标准化程度较高，但在检查中也发现15槽掘进工作面分层掘进时缺少操作平台、工作面上帮侧的护帮超前支护距迎头距离较大等问题。依据相关规定，监察人员下达责令整改指令，要求煤矿加大隐患排查治理力度，确保安全生产。

（董伟）

【大安山煤矿重点监察】 9月22日至23日，北京煤监局对大安山煤矿开展煤矿安全生产大检查和“一通三防”重点监察。检查组采取查阅隐患整改措施编制文件和检查井下现场安全整改落实情况双验证的方式，对专项监察发现问题整改落实及“一通三防”工作开展检查，并听取大安山煤矿关于中秋、国庆期间煤矿安全生产保障工作的部署情况。监察人员针对检查发现的综采三段工作面个别支架不符合规定等问题下达执法文书，责令煤矿立即进行整改。

（崔永杰）

【大安山煤矿调研检查】 9月30日，市安全监管局副局长贾太保带队到昊华能源公司大安山煤矿检查调研。贾太保一行对大安山煤矿洗煤厂进行现场检查，查看“2·14”事故落地煤皮带改造情况，现场对操作人员进行岗位责任制和操作要点的询问。贾太保与昊华能源公司和大安山煤矿领导进行座谈交流。贾太保提出3点意见：一是要客观评价京津冀一体化等新常态对煤矿安全生产工作带来的影响，认真分析研究，采取针对性措施；二是落实各级领导责任，制定班组出勤人数不够不准生产、主要管理人员空岗不准生产等制度，确保安全生产；三是持续推进隐患排查治理、安全预防控制和安全生产责任体系建设工作，开展安全生产标准化和班组建设，深化教育培训工作。

（崔永杰）

【大安山煤矿国庆安全检查】 10月4日，北京煤监局对昊华能源公司大安山煤矿国庆期间安全生产和火工品使用情况进行检查。检查组采用“四不两直”的方式，检查煤矿领导节日期间应急值守情况、下井带班情况、火工品管理制度建立情况。监察人员深入煤矿井下，对该矿＋400米水平火药库安全管理情况进行现场检查，查阅火工品出入库管理记录及领、用、交台账，查看火药库防冲击波门及相关设施完好情况、火工品堆放情况及各项技防设施设置情况，现场询问操作人员岗位责任制和操作要点。检查组对该矿国庆期间安全生产保障措施和火工品安全管理工作给予肯定，对发现的火药库存放火工品问题提出整改要求。北京电视台记者对检查进行现场采访。

（潘洪季）

【大安山煤矿专项监察】 10 月 15 日至 16 日，北京煤监局对昊华能源公司大安山煤矿开展监测监控、采掘工程部署和劳动组织，以及安全生产标准化专项监察。监察人员采取查阅相关资料、图纸和抽查段队的形式进行，重点检查监测监控系统运转是否正常、各类监测监控设备是否齐全有效、传感器标校是否符合要求以及采掘工程部署和劳动组织是否科学合理等。从检查情况看，大安山煤矿监测监控系统能够正常运转，采掘工程部署和劳动组织较为合理。针对检查中发现的瓦斯传感器标校不太规范等问题，监察人员下达责令立即改正的监察指令并提出要求：一是进一步优化矿井通风系统，科学调配工作面用风；二是加强应力集中显现工作面压力的实时监测，采取有效措施，避免应力集中引发事故；三是合理优化班组人员配置，夯实班组基础建设。

（庄过兵）

【大台煤矿专项监察】 10 月 20 日至 22 日，北京煤监局对昊华能源公司大台煤矿开展监测监控专项检查、采掘工程部署和劳动组织重点监察。检查组采取查阅相关资料、图纸和现场抽查的形式进行，重点检查监测监控系统运转是否正常、各类监测监控设备是否齐全有效、传感器标校是否符合要求以及采掘工程部署和劳动组织是否科学合理等，并抽查两个采煤工作面，现场让职工进行瓦斯超限断电试验的操作。从检查情况看，大台煤矿监测监控系统能够正常运行，采掘工程部署较为合理，能够合理安排使用劳动力。针对检查中发现的采煤六段 61 队工作面下眼口支架拉开距离较大，监察人员责令采 61 队停止推采，下达责令立即改正的监察指令，并提出整改要求。

（庄过兵）

【木城涧煤矿标准化专项监察】 10 月 28 日至 30 日，北京煤监局对昊华能源公司木城涧煤矿开展安全质量标准化专项监察。重点检查煤矿安全质量标准化年度工作计划和一级达标方案制定和执行情况，以及煤矿前三季度质量标准化四级达标考评工作开展情况等。从检查情况看，木城涧煤矿制定质量标准化年度计划和一级达标工作方案，并认真落实。一级质量标准化矿井申报的相关准备工作基本完成，并向国家煤矿安全监察局提交验收申请。针对检查发现的煤矿专业达标考评计分有错误、段队岗位达标考评标准不全面等方面存在的 5 项具体问题，监察人员下达责令立即整改的监察指令。

（孙鹏）

【木城涧煤矿专项监察】 11 月 11 日至 12 日，北京煤监局对昊华能源公司木城涧煤矿开展监测监控系统、安全费用提取和采掘工程部署重点监察。检查组采取听取汇报、查阅相关资料、图纸和现场抽查工作面的方式，重点检查安全费用提取和使用是否符合规范要求、监测监控系统运转是否正常、瓦斯超限断电、传感器标校是否符合要求以及采掘工程部署是否科学合理等，现场检查该矿＋700米水平四石门八槽采煤11队工作面“一通三防”和瓦斯监测监控系统情况。从检查情况看，木城涧煤矿能够按照有关规定提取安全费用，监测监控系统运转较为正常，采掘工程部署基本符合要求。针对检查中发现的监测监控系统中瓦斯传感器超限断电试验累计次数系统不能正常统计的问题，监察人员下达责令限期整改指令，要求煤矿查明原因，制定整改方案，限一周内整改完成。针对该矿采煤11队工作面收尾期间工程部署和安全管理中存在不规范行为，要求该矿组织相关人员进行整改。

（庄过兵）

【长沟峪煤矿标准化达标检查】 11月19日至20日，北京煤监局会同市发展改革委对昊华能源公司长沟峪煤矿开展标准化年度达标考评验收检查，并聘请机电、通风等专业专家参与检查。检查组查阅相关文件和自检记录，抽查采煤23队、42队和掘进14队工作面及井下变电站等机电硐室。对照考评标准，检查组认为长沟峪煤矿能够按照安全质量标准化考评办法进行日常检查考评，严格管理，达到二级标准化矿井水平。针对检查中发现的问题，检查组要求煤矿制定整改方案，认真加以整改，提升煤矿安全质量标准化工作水平。

（董伟）

【木城涧煤矿标准化达标检查】 11月24日至25日，北京煤监局会同市发展改革委对昊华能源公司木城涧煤矿开展安全质量标准化年度达标考评验收检查。检查组查阅相关文件和自检记录，抽查采煤工作面和掘进工作面以及井下变电站等机电硐室。对照考评标准，检查组认为木城涧煤矿严格标准管理，能够按照安全质量标准化考评办法进行日常检查考评，达到一级标准化矿井水平，推荐木城涧煤矿申报一级标准化矿井。针对检查中发现的问题，检查组要求煤矿制定整改方案，高标准严要求，提升煤矿安全质量标准化工作水平。

（董伟）

【大台煤矿标准化达标检查】 11月26日至27日，北京煤监局会同市发展改革委对昊华能源公司大台煤矿开展安全质量标准化年度达标考评验收检查。检查组查阅相关文件和自检记录，现场抽查3个采掘工作面、4个主要机电硐室和部分重要工作岗点的现场安全管理情况。检查组认为大台煤矿严格标准管理，能够按照安全质量标准化考评办法进行日常检查考评，达到二级标准化矿井水平。针对检查中发现的问题，检查组要求煤矿要制定整改方案，查找问题原因，认真加以整改，提升煤矿安全质量标准化工作水平。

（董伟）

【木城涧煤矿火工品专项检查】 12月16日至17日，北京煤监局到昊华能源公司木城涧煤矿，对煤矿出入井检身、煤研中废雷管捡拾以及雷管火药存放、发放、使用、交回、销毁登记等管理制度的建立情况，以及开展火工品专项检查记录、台账等进行检查。通过检查，煤矿在火工品管理制度建立方面比较健全，各个环节都有相应的管理制度，煤矿每月都要对火工品管理特别是工作面火药雷管使用登记、出入井检身、废弃雷管捡拾和销毁等工作情况开展检查，严防煤矿火工品流失。检查中发现两方面问题：一是煤矿火工品管理台账全部在井下火药库，每月汇总后交回地面科室，科室内没有建立实时出入库台账；二是对于煤矿安全规程中关于火药库中火药存储量不超过3天使用量的要求，在煤矿具体操作层面，没有相应的制度措施，只是煤矿材料科根据前段时间的使用量进行估算。对此，监察人员要求煤矿立即整改。

（孙鹏）

【煤矿火工品及防灭火安全检查】 12月16日至22日，北京煤监局对昊华能源公司木城涧煤矿、大台煤矿、长沟峪煤矿火工品清理整顿和防灭火自查工作进行安全检查。检查组先后查看3个煤矿火工品管理有关制度、台账的建立落实情况，以及鸡西杏花煤矿“11·20”火灾事故警示教育活动开展情况。经检查，3个煤矿建立火工品管理制度，对爆炸物品的存储、发放、使用、回收和销毁进行全过程管控。每月定期开展火工品专项检查，对火工品领、用、交和废弃雷管捡拾、销毁等进行安全检查。制定重大活动等特殊时期火工品管理专项措施，落实出入井检身制度，严防火工品流失。3个煤矿按照北京煤监局要求，对运输系统开展防灭火专项检查，对检查出来的问题，制定隐患整改落实“五定表”，明确隐患整改方案、时限、措施和责任人，并按期整改落实。检查中发现的主要问题：木城涧煤矿火工品管理台账全部在井下火药库，每月汇总后交回地面科室，科室内没有实时出入库台账；对于煤矿安全规程中关于火药库中火药存储量不超过3天使用量的要求，没有相应的制度措施，只是材料科根据前段时间的使用量进行估算。大台煤矿－210米水平火药库和－410米水平火药库之间进行火工品移库时，未严格执行有关规定。长沟峪煤矿井下爆炸物品消耗量核算制度不健全，未明确井下炸药使用量核算方法。对此，监察人员责令煤矿立即整改。

（崔永杰）

【煤矿安全监察务虚会】 12月21日，市安全监管局副局长贾太保主持召开煤矿安全监察务虚会，研究2016年煤矿安全监察重点工作思路。与会人员结合2015年煤矿监察工作开展情况，针对煤矿安全生产中的薄弱环节和突出问题，对2016的工作提出意见建议。贾太保指出：要在做好常规工作的基础上，开拓思路，加强研究，创新性地开展工作。一是强化专家“会诊”监管，充实专家队伍力量，提高煤矿执法监察水平。二是开展专项检查，对近年来煤矿2人以上事故案例进行梳理分析，找准症结，结合日常执法监察发现的薄弱环节，从严从细开展检查，杜绝较大以上事故发生。三是建立煤矿岗位达标动态管理机制，完善煤矿岗位达标考核标准，加强监督考核，提升煤矿安全质量标准化水平。四是创新警示教育方式，深入调查研究，选择试点矿井探索推行安全心智培训模式。五是加强煤矿安全生产责任体系建设，进一步完善覆盖全体人员及各个工种的安全生产岗位责任制。六是加强执法计划落实情况的监督检查，定期通报情况和问题。

（唐涓）

【顶板管理评估报告评审】 12月23日，北京煤监局召开专题会，对市安全生产技术服务中心制订的《北京市煤矿顶板管理五条措施实施情况评估报告》进行评审。会上，市安全生产技术服务中心汇报《评估报告》有关情况，认为《顶板管理五条措施》科学、全面、合理、实用性强，实施一年多以来在消除顶板管理隐患、预防顶板事故方面取得明显成效。参会人员就《评估报告》中存在的部分内容结构不合理、定性描述缺少多量化分析支撑等问题与市安全生产服务中心交换意见。会后，市安全生产服务中心将修改完善《评估报告》。

（崔永杰）

【风险管理现状评估报告评审】 12月29日，北京煤监局召开专题会，对北京神龙安科技术发展中心制订的《北京市煤矿安全风险管理现状评估报告》进行评审，昊华能源公司安监部有关人员及专家组成员参加会议。会上，北京神龙安科技术发展中心汇报北京市煤矿安全风险管理现状评估工作开展情况及评估结果。认为北京市煤矿危险源辨识较为充分，风险评估适宜，现行安全管理有效，煤矿存在的风险在执行风险控制措施后，可以得到有效控制。对于大安山、大台煤矿存在的其他安全管理方面的问题，该中心也提出相应的完善措施。参会人员就安全风险管理评估方法、评估结果及完善措施进行交流研讨，并对《评估报告》中存在的问题提出修改意见。会后，北京神龙安科技术发展中心将修改完善《评估报告》。

（崔永杰）

【煤矿安全监察执法监督】 本年，北京煤监局制定《关于开展规范监察执法自查的通知》，健全工作机制，明确执法责任，完善工作制度，认真开展自查，确保监察执法责任制落到实处。一是加强组织领导。建立主管局领导负总责，各室主任分工负责，处室监察员责任到人的责任体系，认真制定年度监察执法计划，规范监察执法行为和执法程序，并将规范监察执法责任制的落实情况作为一项重要考核内容。二是建立长效机制。研究制定《北京煤矿安全监察局执法检查方案制度》《北京煤监局开展对执法文书“四查”制度》《北京煤矿安全监察局执法文书点评制度》《北京煤矿安全监察局监察执法主办监察员制度》等制度，规范执法行为、强化执法监督的效能。三是抓好队伍建设。积极参加国家安全监管总局、国家煤矿安全监察局组织的各种专业知识培训。采用监察员“轮流主讲”的学习方式，通过全体监察员自学、互学，达到业务资源整合、信息共享的良好效果。四是实施执法监督。会同驻局纪检组不定期到煤矿企业，听取煤矿企业对监察员执法情况的意见，作为改进监察执法工作的参考依据。五是确保廉洁执法。注重日常廉政教育学习，提高监察员廉洁自律意识。严格按照中央“八项规定”及局各项廉政要求，严格执法，并结合日常检查中发现的问题提出合理的建议，做到监察与服务相结合。

（董文同）

【煤矿安全监察执法计划】 本年，北京煤监局制定煤矿安全监察执法计划。一是合理确定对煤矿的“三项监察”、对集团公司监督检查等内容，加强“两会”“两节”等重点时期的定期监察，做到措施具体，目标明确，内容翔实。二是坚持问题导向，以压减事故为目标，强化重点监察。针对煤矿顶板事故多发的特点，将煤矿顶板管理列为重点监察内容。三是细化分解监察执法任务，确定不同时期监察工作的重点，做到既突出重点、又覆盖全面，均衡执法。

（庄过兵）

【全市非煤矿山安全生产工作会】 1月19日，市安全监管局在北京会议中心召开全市非煤矿山安全生产工作会，总结部署非煤矿山安全生产工作。市安全监管局副局长贾太保参加会议。首钢矿业公司杏山铁矿、密云威克铁矿和金隅集团凤山矿等3家单位作典型交流发言。贾太保强调2015年非煤矿山企业要突出抓好9个方面重点工作：一是深化《中华人民共和国安全生产法》学习贯彻落实，牢固树立“红线”意识，做到依法办矿、依法管矿；二是深化安全培训工作，切实把培训工作做细做实做到位；三是深化岗位安全标准化达标工作，进一步提高从业人员安全意识；四是要深化“安全、和谐”班组创建工作，全面提升班组安全管理水平；五是深化信息化、数字化矿山建设，提升信息化水平；六是深化尾矿库的治理，加强尾矿库综合治理工作；七是落实发包方和承包方的责任，切实做到“五个统一”；八是落实顶板、通风、防治水等行之有效的管理制度，加强矿山安全基础工作；九是落实有关注册安全工程师工作，发挥注册安全工程师作用。

（李广、张雷）

【非煤矿山企业暗查】 1月21日至22日，市安全监管局采用“四不两直”的方式对北京兴发水泥有限公司、中煤河北煤炭建设第四工程处首云铁矿项目部的安全生产工作进行暗查。检查组重点检查企业安全生产规章制度、安全费用提取及使用情况、特种作业人员安全管理情况等。针对北京兴发水泥有限公司存在的安全生产责任制未及时修订、安全生产规章制度审批不规范等问题，检查人员要求企业立即整改。针对中煤河北煤炭建设第四工程处首云铁矿项目部存在的未提交安全生产管理制度及工伤保险缴费记录、隐患排查记录填写不规范等问题，检查人员下达责令限期整改指令书，10日内整改完毕。

（李广、张雷）

【首钢矿业公司安全检查】 1月27日至29日，市安全监管局聘请专家赴河北省迁安市对首钢矿业公司新水村尾矿库、大采尾矿库进行安全许可现场核查，并对春节前安全生产工作进行督查。检查组重点检查企业安全生产责任制制定落实、教育培训计划、安全费用提取和企业负责人下井带班情况，并进行现场检查。检查发现各类隐患和问题36项，检查人员依法下达责令限期整改指令书。经复查，隐患全部整改完毕。

（李广、张雷）

【首钢总公司许可证延期核查】 2月2日，市安全监管局对首钢总公司安全生产许可证延期进行现场核查。检查人员按照安全许可条件和标准，逐一进行严格检查。重点检查企业安全生产责任制、安全检查记录、安全教育培训、安全生产管理机构的设置、安全管理人员（技术人员）及特种作业人员配备等档案资料，对发现的问题提出整改意见和要求。一是按照新修订的《中华人民共和国安全生产法》有关规定，修改完善安全生产规章制度，并落实到实处；二是对检查中发现的问题要立即整改，并将整改情况正式上报市安全监管局；三是落实企业安全生产主体责任，加大对所属矿山及尾矿库监督检查，确保安全生产。

（李广、张雷）

【昌平区非煤矿山节前安全检查】 2月4日，市安全监管局对昌平区强尼特新型建筑材料有限公司采石厂、兴寿海宇石材中心春节前安全生产工作进行检查。检查组重点检查企业节日期间停复工情况及应急值守情况，并对采石场进行现场检查。针对强尼特采石厂存在的安全生产责任制不完善、重点部位缺少安全警示标识等问题，检查人员提出整改指令。检查组要求企业克服麻痹大意思想，制定并落实节日期间安全生产防范措施，妥善安排好节前外地员工的返乡工作，严格按照规定组织复产验收工作。

（李广、张雷）

【非煤矿山标准化评审研讨会】 3月26日，市安全监管局会同市安全生产联合会（标准化评审组织单位）、相关标准化评审机构召开研讨会。会议通报非煤矿山安全生产标准化开展情况，分析存在的突出问题和薄弱环节。与会人员就如何加强非煤矿山标准化评审和开展选矿厂标准化工作进行研讨，提出提升评审质量的意见和建议。会议要求评审组织单位和评审机构认真履行职责，加强自身建设，规范评审工作程序，严格评审工作纪律，按照安全生产标准化评分办法进行评审。市安全监管局建立安全生产标准化日常检查机制，对非煤矿山标准化工作开展定期检查和考核，促进评审工作质量进一步提升。

（李广、张雷）

【油气服务企业安全许可研讨会】 3月26日，市安全监管局组织有关油气服务企业、业内专家专题研究油气服务企业安全生产许可问题，并听取意见和建议。会上，市安全监管局解读起草的《北京市石油天然气企业安全生产许可工作补充规定》及企业应具备的安全生产基本条件。与会人员从安全、技术、管理等角度对油气服务企业许可工作提出意见和建议，为开展安全生产许可工作起到积极作用。

（李广、张雷）

【非煤矿山安全管理培训班】 4月1日，北京市非煤矿山安全管理业务培训班在门头沟区正式开班。本次培训班历时3天，学员来自房山、密云等6个非煤矿山区县的安全监管部门相关管理人员以及新招录的负责检查非煤矿山安全生产工作的专职安全员。市安全监管局结合学员实际情况，专门制定教学计划，明确授课时间、授课内容。聘请矿山专家学者担当授课教师，重点讲授法律法规、露天矿山、地采矿山、尾矿库等基本技术，以及危险因素及控制措施、标准化建设、安全检查方式方法、检查内容等。培训班还印发《中华人民共和国安全生产法》等法律法规、重要文件及非煤矿山2015年重点工作等文件汇编和学员手册等，并安排专人负责，保证培训工作顺利进行。

（李广、张雷）

【专家“会诊”座谈会】 4月21日，市安全监管局召开非煤矿山专家“会诊”安全监管工作座谈会。会议传达国家安全监管总局关于全面开展“三项监管”工作文件精神，听取来自中国安科院、北京矿冶研究总院、北方工业大学、北京中安质环技术评价中心有限公司等科研院所及中介机构专家对专家“会诊”监管工作的意见和建议。专家“会诊”是国家安全监管总局为加强对非煤矿山安全监管实施的创新举措，是指通过政府购买服务，组成专家组对矿山企业进行全面安全体检，提出整改建议，由安全监管部门严格执法，跟踪督办，直至整改销号的监管过程。为确保专家“会诊”到位，市安全监管局研究制订《北京市非煤矿山专家“会诊”工作方案》，落实经费，组建由27名尾矿库、采矿、通风、机电、安全管理等方面专业人才组成的专家队伍，明确工作范围、目标任务。

（李广、张雷）

【许可到期地勘企业停产指令】 4月26日，市安全监管局在对非煤矿山企业安全生产许可集中检查中，发现石景山区中煤地质工程总公司、西城区中兵勘察设计研究院和朝阳区中国地质矿业总公司安全生产许可证到期，企业未上报许可证延期材料。对此，市安全监管局依法对3家许可证到期企业分别下达现场处理措施决定书，责令3家企业立即停止生产活动，待取得安全生产许可后方可继续生产。

（李广、张雷）

【企业负责人对话谈心】 4月至6月，市安全监管局相关负责人分3次与门头沟区的矿山、建筑、餐饮、机械加工、食品、加油站、印刷等行业领域的15家企业负责人开展对话谈心活动。门头沟区安全监管局及相关乡镇街道、管委会负责人参加对话谈心活动。在对话谈心中，组织观看安全生产警示教育片，发放安全宣传教育资料，详细了解企业安全生产情况，倾听企业负责人对安全生产工作的认识、体会、意见和建议，并从提高安全意识、落实安全责任、加强安全管理等方面提出具体要求。此次对话谈心活动征求到意见和建议10条。参加活动的企业负责人表示，对话谈心活动为安全监管干部与企业负责人搭建面对面的交流平台，密切安全监管部门和企业之间的联系，加深企业对安全监管部门的信任和理解，增强企业安全生产法制观念，强化企业安全生产“红线”意识。

（李广、张雷）

【专家“会诊”检查标准研讨会】 5月7日，市安全监管局副局长贾太保主持召开非煤矿山专家“会诊”检查标准研讨会。会议通报本市非煤矿山专家“会诊”安全监管检查标准制订情况，听取与会人员的建议，并研究讨论相关工作。贾太保指出：非煤矿山专家“会诊”检查标准要突出重大危险源和事故多发环节、隐患常见部位，要科学合理到位。专家要深入一线，对照检查标准对生产现场和重点部位实地检查诊断，全面掌握企业安全生产真实状况，针对检查发现存在的隐患和问题，按照“一矿一策”，形成“会诊”报告和整治建议，送达企业主要负责人并报安全监管部门，确保专家“会诊”监管工作取得实效。

（李广、张雷）

【专家“会诊”检查】 5月11日至15日，市安全监管局组织尾矿库、地下矿山的8名专家，对北京云冶矿业有限责任公司、首云矿业股份有限公司所属尾矿库、地下矿山进行首次专家“会诊”式系统性检查。“会诊”检查期间，专家组分地下矿山、尾矿库2个组，按照“会诊”检查标准，采取查阅资料、勘查现场、现场考试、谈话提问等方式对北京云冶矿业有限责任公司、首云矿业股份有限公司所属尾矿库、地下矿山进行检查，突出对重大危险源、事故多发环节及隐患常见部位的检查。

（李广、张雷）

【地采矿山专家“会诊”检查结束】 5月11日至6月1日，市安全监管局组织地采矿山4名专家，对首钢矿业公司杏山矿、北京云冶矿业有限责任公司、首云矿业股份有限公司、北京威克冶金有限责任公司、北京潭龙鑫磊矿业有限公司本市全部5家地下矿山进行“会诊”检查。市安全监管局制定检查工作方案，会同专家制定安全管理、总图布置、采矿系统、通风防尘等10个检查单元，共44大项、237小项具体检查内容，并将证照是否齐全有效，是否存在超能力、超强度、超定员生产，越层越界开采行为等6项作为否决条件。“会诊”检查中，专家严格按照“会诊”检查标准，采取查阅资料、勘查现场、现场考试、谈话提问等方式，深入现场一线进行全面检查，重点突出对通风系统、排水系统、机电运输系统、采掘现场等重大危险源、事故多发环节及隐患常见部位的检查。“会诊”检查还邀请《中国安全生产报》等媒体记者参加，对专家“会诊”检查工作进行报道，取得很好效果。

（李广、张雷）

【石油天然气服务企业安全许可】 5月18日，市安全监管局组织部分石油天然气服务企业召开安全生产许可启动会。会议通报石油天然气服务企业申请许可的条件及标准、许可程序、许可申请及办理范围、申办许可应提交的材料等情况，就如何提交申报材料及应注意的事项对企业进行说明。会议要求各企业认真学习《非煤矿矿山企业安全生产许可证实施办法》，严格按要求上报相关材料，要对企业生产范围、安全管理状况、从业人员情况进行说明。市安全监管局在政务网站上增加石油天然气服务企业许可项目，做好咨询服务，严把准入关。

（李广、张雷）

【首钢矿业公司安全督查】 5月19日至22日，市安全监管局聘请尾矿库、地下矿山专家组成督查组，会同首钢总公司对首钢矿业公司开展第三季度安全检查督查。此次督查将季度安全督查、专家“会诊”检查与汛前安全检查有机结合起来，重点督查尾矿库、地下矿山安全管理和汛前安全生产工作。督查分为尾矿库、地下矿山2个督查小组，结合非煤矿山专家“会诊”检查标准、定期督查要求、汛前安全等重点，采取查阅资料、勘查现场、考试演练、谈话提问等方式分别对首钢矿业公司杏山铁矿、孟家冲尾矿库、大采尾矿库、尹庄尾矿库、新水村尾矿库进行安全检查，重点突出对尾矿库监测监控、排洪系统、度汛准备工作及铁矿通风、机电、排洪、顶板管理、度汛安排、上季度定期督查问题整改情况的检查。

（李广、张雷）

【潭龙鑫磊矿业公司专家“会诊”检查】 5月28日至29日，市安全监管局组织地下矿山4名专家组成检查组对门头沟区潭龙鑫磊矿业有限公司开展专家“会诊”检查。此次检查按照非煤矿山专家“会诊”检查标准，采取查阅资料、现场检查、考试演练、谈话提问等方式，重点突出对企业通风、机电、防排水、顶板管理、度汛安排、检查问题整改情况的检查。通过检查，发现潭龙鑫磊矿业有限公司存在图纸管理不规范、矿工没有按照要求戴口罩、通风设施不完整、通信设备未及时检修等13项问题和隐患。专家通报“会诊”检查中发现的问题、隐患及存在的薄弱环节，并从技术角度提出整改建议和措施。检查组要求企业结合专家提出的建议和企业实际，制定具体整改方案，立即整改，做好汛前各项度汛准备工作。要求专家组要针对检查发现的隐患和问题，按照“一矿一策”，形成“会诊”报告，送达企业主要负责人并报市安全监管局。

（李广、张雷）

【尾矿库专家授课】 6月5日，市安全监管局邀请国家尾矿库首席专家田文旗教授、地下矿山专家龚宇同教授，在密云威克铁矿为市和区县两级安全监管人员、密云冶金矿山公司及其所属5家矿山企业领导和安全生产管理人员授课，讲解尾矿库、地下矿山安全管理知识及安全度汛知识。田文旗教授主要针对尾矿库“会诊”情况及密云县尾矿库安全设施特点，结合尾矿库安全事故案例，对尾矿库运行管理基本知识与汛期管理重点进行讲解，提出预防措施，还对国内外尾矿库安全技术的发展趋势与尾矿堆存处置新工艺进行介绍。龚宇同教授利用多媒体，讲解非煤矿山企业日常安全管理、井下支护、安全事故预防等方面知识，结合密云县矿山实际情况，强调安全管理中应该注意的顶板、提升、防治水以及通风等问题，提出具体对策措施。通过培训，参训人员普遍反映专家讲解内容重点突出，实用性和可操作性强，内涵丰富，增强对地下矿山及尾矿库安全生产工作的认识。

（李广、张雷）

【非煤矿山汛期安全检查】 6月25日至26日，市安全监管局对北京立马长流水矿业有限公司、北京市琉璃河水泥有限公司高庄砂岩矿汛期安全生产工作进行重点检查。检查组重点检查矿山企业预防山体滑坡、边坡垮塌和泥石流及对周边山体、采场边坡监测监控情况，防排水系统是否通畅，汛期防汛组织机构是否健全，是否严格执行汛期领导带班制度、汛期排查巡查制度、汛期24小时值班制度，防汛物资是否储备充足，防汛应急救援预案、应急救援队伍是否落实到位等情况。通过检查发现，北京立马长流水矿业有限公司排水系统不符合规范要求；北京市琉璃河水泥有限公司高庄砂岩矿已停止生产，并且采场、运输道路极不平整、损毁严重，不具备生产、车辆运输条件。检查结束后，市安全监管局召开检查通报会，要求矿山企业立即对存在的问题进行整改，抓好防汛组织、队伍、物资、措施“四落实”，严格应急值守，确保万无一失。

（李广、张雷）

【矿山等级评定规范编制部署会】 7月3日，市安全监管局召开非煤矿山安全生产等级评定技术规范编制工作部署会，正式启动地方标准编制工作，北京中安科创科技发展有限公司（地方标准起草单位）、北京市劳保所有关负责人参加会议。会议通报2016年安全生产地方标准编制工作机制和制度保障，与会人员就做好非煤矿山安全生产等级评定规范编制工作进行研讨。会议要求：抓紧制定非煤矿山安全生产等级评定规范编制工作方案，明确工作分工、进度计划、资料收集、调研方式及时间安排等内容，深入开展调研，广泛征求意见，推进安全生产地方标准规范编制工作。

（李广、张雷）

【非煤矿山汛期安全检查】 7月21日至23日，市安全监管局副局长贾太保带队到密云县威克铁矿、河北省迁安市首钢矿业公司检查矿山汛期安全生产工作，密云县副县长郭鹏，首钢总公司副总经理赵民革参加检查。检查组先后检查密云县威克铁矿郝家庄尾矿库和首钢矿业公司所属新水村尾矿库、尹庄尾矿库、杏山铁矿等，分别听取有关部门和企业防汛工作情况汇报，了解矿山、尾矿库汛期安全生产情况和存在的问题，重点检查企业安全生产规章制度、隐患排查治理、应急演练、汛期值守、尾矿库等情况，并就建立企业岗位安全风险清单进行座谈研讨。贾太保指出：本市正值主汛期，矿山企业要做到思想认识、责任落实、隐患排查、救援人员、物资保障、应急联动“六到位”，确保安全度汛；要强化“红线”意识，做好安全生产责任体系“五个落实、五个到位”的贯彻落实工作；要组织观看国家安全监管总局非煤矿山视频培训课件，开展安全事故警示教育；要建立注册安全工程师培养、使用、管理工作机制，提高注册安全工程师在矿山专职安全生产管理人员队伍中的配备比例；要加强安全培训工作，提高安全培训针对性、操作性和实用性，将安全培训作为考核的硬指标。

（李广、张雷）

【油气服务企业许可核查】 7月27日，市安全监管局对安东石油技术（集团）有限公司、众通（北京）能源技术有限公司开展安全许可现场核查。核查人员通过听取汇报、查阅资料、询问质询等方式，重点检查申报材料与企业实际是否相符、与法律法规是否符合，企业证照及相关人员资格证、安全生产规章制度制定及落实情况，安全教育培训、隐患排查治理等情况。通过核查，发现安东石油技术（集团）有限公司存在提交QHSE文件不符合许可规定、特种作业人员操作证不齐全、多岗位共用一个安全生产责任制、专职安全管理人员岗位职责不符合规定等问题，对该企业不予通过现场核查；众通（北京）能源技术有限公司存在安全生产责任制缺乏针对性、安全生产教育培训及安全检查记录不完整等问题，对该企业责令限期整改。

（李广、张雷）

【闭库、停用尾矿库安全检查】 8月4日，市安全监管局对怀柔区后安岭1号黄金尾矿库、大蒲池沟黄金尾矿库、七道梁一号黄金尾矿库、七道梁二号黄金尾矿库4座闭库、停用尾矿库进行汛期安全检查。本市有闭库、停用尾矿库16座，其中有业主单位尾矿库5座，无主废弃尾矿库11座，分布在怀柔区（8座）、密云县（5座）、延庆县（1座）、平谷区（1座）等区县和河北省迁安市（1座）。为保证尾矿库安全，本市持续开展闭库、停用尾矿库安全专项整治。有业主单位尾矿库由业主单位对尾矿库实施闭库治理，并负责闭库后尾矿库的安全管理维护；无主废弃尾矿库，由政府出资进行专项整治，消除安全隐患，并由尾矿库所在乡镇政府作为管理责任单位，负责尾矿库安全管理维护工作。还协调有关区县政府按照库的大小及管理难易程度每年向每座库拨付1万至15万元不等的资金用于加强日常管理和维护。此次抽查的4座尾矿库均为治理后的无主黄金尾矿库，均由尾矿库属地乡镇政府进行管理。检查组重点检查尾矿库管理单位的责任落实、对尾矿库日常安全管理维护、汛期安全巡查、尾矿库现场安全现状等情况。从检查情况看，抽查的4座尾矿库安全状况较好，作为管理单位的属地乡镇政府明确尾矿库安全管理职责及具体责任人，加强汛期应急值守，向每座尾矿库派驻日常看护、维护人员，并对尾矿库的排洪沟进行清淤除障及维修，对坝体进行加固。

（李广、张雷）

【专家“会诊”通报会】 8月13日，市安全监管局召开地下矿山、尾矿库专家“会诊”通报会。地下矿山、尾矿库“会诊”专家组组长，门头沟区、密云县安全监管局相关负责人，首钢总公司、首钢矿业公司、密云冶金矿山公司相关负责人，全市5家地下矿山企业和9座尾矿库所在矿山企业的负责人参加会议。会上，专家组组长通报地下矿山、尾矿库专家“会诊”检查总体情况，分析存在的共性问题，逐矿、逐库通报具体问题和隐患，并结合问题提出有针对性整改意见。市安全监管局安全监管人员就地下矿山、尾矿库存在的共性问题予以强调说明，提出具体整改要求。专家组组长向参加会议的各企业主要负责人送达专家“会诊”报告，市安全监管局向各企业下达专家“会诊”情况通报及执法文书。会议要求：一是各矿山企业要结合专家提出的建议，研究制定“会诊”问题整改方案，并按照隐患整改责任、措施、资金、时限、预案“五落实”要求进行整改。二是深刻吸取天津港爆炸事故教训，举一反三，采取有效的措施，切实做好安全生产工作。三是结合专家“会诊”结果，研究制定非煤矿山风险分级监管办法，实施差异化监管，提升监管效能。

（李广、张雷）

【金属非金属矿山企业检查】 8月23日，市安全监管局副局长贾太保带队对首钢矿业集团鲁家山矿（已停产）进行安全检查。检查组重点检查矿山停产期间现场巡查情况，露天矿山、排土场汛期边坡管理情况，爆破施工单位炸药库管理情况，停产期间应急值守制度及执行情况。贾太保指出：正值北京2015年世界田径锦标赛比赛期间，并临近中国人民抗日战争暨世界反法西斯战争胜利70周年纪念活动，企业要高度重视安全保障工作，严格执行特殊时期安全保障措施。虽然矿山已经停产，但停产期间安全保障不得有一丝松懈，要加大现场巡查力度，严格执行管理人员 24 小时应急值守。同时强调，对炸药库的管理要作为重中之重，严格执行炸药库管理规定，确保安全稳定。

（李广、张雷）

【石油天然气服务企业安全检查】 8 月 25 日，市安全监管局对北京一龙恒业石油工程技术有限公司、瑞华通正非常规油气技术检测（北京）有限公司进行安全检查。检查组分别听取两家企业安全生产情况汇报，询问中国人民抗日战争暨世界反法西斯战争胜利 70 周年纪念活动和北京 2015 年世界田径锦标赛期间安全措施制定和落实情况，对企业相关证照、安全生产责任制、安全规章制度、安全管理机构及安全管理人员配置、安全教育培训、工伤保险缴纳、安全生产费用提取及使用、施工项目的安全管理等情况进行核查，其中重点复核申报材料与企业实际、法律法规符合性。检查组要求企业贯彻落实安全保障工作的各项要求，深刻吸取天津港爆炸事故教训，落实企业安全生产主体责任，强化对施工项目的安全管理。

（李广、张雷）

【两项地方标准专家评审】 9 月 11 日，非煤矿山两项地方标准《金属非金属矿山建设生产安全规范》和《尾矿库建设生产安全规范》通过市质监局专家评审审查。两项地方标准是在总结本市金属非金属矿山及尾矿库安全管理经验的基础上，从金属非金属矿山及尾矿库设计、建设、生产、监测监控、安全检查等方面，将有关规定细化及延伸，具有很强的先进性和可操作性，有利于提升金属非金属矿山及尾矿库安全生产水平。在市质监局统一组织下，与会专家从各自专业角度，对两项地方标准逐章逐条进行审核，提出合理的修改、补充和完善意见。市安全监管局提出的非煤矿山两项地方标准通过专家评审。

（李广、张雷）

【矿山企业负责人谈心对话】 9 月 16 日，市安全监管局副局长贾太保与本市金属非金属矿山矿长开展谈心对话活动。贾太保和非煤矿山矿长观看国家安全监管总局制作的湖南遥岗仙矿业有限公司“3·10”较大中毒窒息事故、吉林老金厂金矿“1·14”重大火灾事故和山东临沂济钢集团石门铁矿“3·15”重大坠罐事故等典型事故案例系列警示教育片。矿长们针对警示教育片反映出的问题和事故教训，结合企业生产现状和存在的问题进行深刻的反思，并就做好矿山安全生产谈体会，交流看法。贾太保强调做好安全生产工作的重要意义，并指出：要树立“红线”意识，强化安全意识，完善隐患排查治理体系、风险预控管理体系、安全生产责任体系“三个体系”的建设。结合企业自身特点，建立安全生产长效机制，切实做到安全责任到位、安全投入到位、安全培训到位、安全管理到位、应急救援到位。

（李广、张雷）

【密云铁矿专家“会诊”检查】 9 月 14 日至 16 日，市安全监管局组织中国安科院、北方工业大学、中国矿业大学安全、选矿、岩土专业的 7 名专家对密云 5 家铁矿选矿厂、排土场开展专家“会诊”检查，《中国安全生产报》记者全程参与检查。按照专业分组对照选矿厂、排土场专家“会诊”检查表，采取查阅资料、勘查现场、现场考试、谈话提问等方式，分别对选矿厂、排土场进行检查，5家矿山查出问题40余项。检查结束后，市安全监管局组织企业负责人、安全管理人员、技术人员等召开“会诊”检查通报会，由专家通报“会诊”检查发现的问题、隐患及存在的薄弱环节，并从技术角度提出整改建议和措施。

（李广、张雷）

【凤山矿国庆节前安全检查】 9月24日，市安全监管局赴昌平区对金隅集团凤山矿进行国庆节前安全检查。检查组听取企业安全生产情况汇报，详细询问节日期间安全生产工作部署情况，查阅有关安全生产规章制度、职工安全教育培训、安全例会、隐患排查记录等资料和台账，并深入采场检查作业现场安全状况及各项安全措施落实情况。从检查情况看，凤山矿开展节前安全检查，对节日期间安全生产工作进行安排部署，节日期间安排领导在岗值守。针对检查发现该企业存在的安全生产规章制度未及时修订、采场北侧边坡浮石较多、采场安全警示标识牌缺失、采场东侧台阶角度过大等问题，检查人员向凤山矿下达责令改正指令书。经复查，隐患全部整改完毕。

（李广、张雷）

【矿山专家“会诊”通报会】 10月15日，市安全监管局召开非煤露天矿山、选矿厂、排土场专家“会诊”通报会。非煤露天矿山、选矿厂、排土场“会诊”专家组组长，昌平区、门头沟区、房山区、顺义区、密云县安全监管局相关负责人，首钢总公司、首钢矿业公司、密云冶金矿山公司相关负责人，以及本市12家露天矿山企业主要负责人、7座选矿厂和6座排土场所在矿山企业负责人参加会议。会上，专家组组长通报露天矿山、选矿厂及排土场专家“会诊”检查总体情况，分析存在的共性问题，逐矿通报具体问题和隐患，并结合问题提出整改建议。市安全监管局安全监管人员就露天矿山、选矿厂及排土场存在的共性问题，提出具体整改要求。专家组组长向参加会议的企业相关负责人送达专家“会诊”报告，市安全监管局结合“会诊”报告向各企业下达专家“会诊”情况通报及执法文书。

（李广、张雷）

【非煤矿山安全检查】 11月11日，市安全监管局副局长贾太保带队赴昌平区对北京水泥厂有限公司凤山矿下庄采区进行安全检查。检查组听取凤山矿下庄采区安全工作情况汇报，了解矿山安全生产情况和存在的问题，查看企业安全生产规章制度落实、领导值班、物资保障等档案资料，并深入现场检查下庄采区安全状况。在检查中，贾太保要求矿山企业强化“红线”意识，做好安全生产责任体系“五个落实、五个到位”贯彻落实工作，高起点、严要求抓好矿山建设工作。要严格按照建设项目“三同时”有关规定履行审批手续，加强基建安全管理和监督检查，确保基建期间施工安全。

（李广、张雷）

【首钢矿业公司安全督查】 11月11日至13日，市安全监管局聘请露天矿山、尾矿库、排土场、地下矿山4名专家组成督查组，对首钢矿业公司开展第四季度安全督查，对首钢矿业公司水厂铁矿露天采场安全生产许可证延期情况进行现场核查。此次督查结合前期专家“会诊”情况，对专家“会诊”中关于地采矿山、露采矿山、排土场、尾矿库方面所提出的问题整改情况进行复查。督查组查阅相关文件资料、图纸，并深入水厂铁矿采矿场、排土场、尾矿库、铁矿井下生产现场进行检查。企业针对前期专家“会诊”报告中所提出的68项问题制定详细的整改措施，并按照整改措施要求进行整改。本次督查发现水厂铁矿现场存在采场道路部分路段地面有浮石、采场夜间照明不足、尾矿库自动监测数据与人工监测数据误差较大、杏山铁矿井下－180米水平中段粉尘浓度较大、主井－428米水平计量装载硐室监控视野模糊等问题。对此，安全监管人员依法下达执法文书，责令企业限期整改。经复查，隐患全部整改完毕。

（李广、张雷）

【地热、矿泉水企业安全检查】 11月25日，市安全监管局对北京德宝会议服务有限公司和北京北方温泉会议中心有限公司两家地热企业进行安全检查。北京德宝会议服务有限公司和北京北方温泉会议中心有限公司都在房山区良乡镇进行地热开采，持有开采许可证。市安全监管局听取两家企业安全管理情况汇报，查看有关安全管理制度、维修记录、特殊工种持证上岗情况等，并到泵室、工作间进行现场检查。检查发现：北京德宝会议服务有限公司泵室配电箱缺少防水措施、电线敷设比较杂乱；北京北方温泉会议中心泵室电线敷设不规范，工作间空间小、无照明、门口杂乱，有紧急情况时进入困难。针对两家企业存在的问题，安全监管人员依法下达执法文书，责令企业限期整改。经复查，隐患全部整改完毕。

（李广、张雷）

【3家企业停产指令】 12月1日、5日、9日，市安全监管局针对北京市琉璃河水泥有限公司高庄砂岩矿、北京立马长流水矿业有限公司和北京强尼特新型建筑材料有限公司采石厂的采矿许可证到期的实际情况，分别下达现场处理措施决定书，责令3家企业立即停止一切生产活动并将安全生产许可证上交所在区县安全监管部门，待取得新的采矿许可证后方可继续生产。并要求相关区县安全监管局做好对3家企业停产期间的安全监管。

（李广、张雷）

【凤山矿技改工程安全专篇评审】 12月16日至17日，市安全监管局组织专家对《北京水泥厂有限责任公司凤山矿环境保护技改工程（下庄矿段）初步设计安全专篇》进行专项评审。评审组到凤山矿下山矿段作业现场，查看边坡稳定治理、供电系统情况、现场存在安全隐患等重要环节。组织建设单位、设计单位召开《专篇》专家评审会，设计单位分别就建设项目基本情况及《专篇》进行汇报，市安全监管局安全监管人员和专家就有关问题进行质询。该《专篇》主要问题：一是《专篇》参照文件已废止；二是设计依据不充分，部分引用规范与现行法律法规不符；三是缺少边坡稳定性计算、无边坡检测系统设计等。经评审组研究讨论，决定对该《专篇》不予通过评审，并出具评审意见书。

（李广、张雷）

【云冶铁矿安全督查】 12月28日，市安全监管局赴密云县对云冶铁矿排土场、尾矿库等开展安全督查。检查组向企业主要负责人及安全管理人员通报深圳“12·20”渣土场滑坡事故及山东平邑“12·25”石膏矿垮塌事故情况，传达市领导批示精神和工作要求，听取企业生产经营情况及开展排土场、尾矿库、地下矿山安全隐患排查情况汇报，现场检查排土场及尾矿库安全状况，并对矿山采空区情况进行调查摸底。

（李广、张雷）

【顺义区非煤矿山安全督查】 12月29日，市安全监管局赴顺义区对北京哲君科技开发有限公司和北京玉林石灰厂开展安全督查。北京哲君科技开发有限公司和北京玉林石灰厂均停止采场矿石生产，仅保留应急值守人员。检查组听取企业生产经营、整合重组等情况汇报，向企业传达国家安全监管总局《建设项目安全设施“三同时”监督管理办法》，强调企业重组后要履行建设项目安全设施“三同时”手续，换领安全生产许可证。并督促企业做好安全生产标准化评审工作。

（李广、张雷）

隐患排查治理

【油气输送管道隐患整治方案】 1月20日，市安委会印发《关于深入开展油气输送管道隐患整治攻坚战推进工作实施方案》，决定于2015年1月至2017年9月在全市范围内深入开展油气输送管道隐患整治攻坚战，力争用3年左右时间，完成本市城镇燃气、石油天然气和危险化学品输送管道全部隐患整治工作。方案还明确目标原则、时间安排、组织领导和职责分工、工作步骤、工作时间及有关要求。

（胡静）

【油气输送管道隐患整治部署】 1月30日，市安全监管局副局长唐明明主持召开市油气输送管道隐患整治领导小组办公室第一次会议，部署油气输送管理隐患整治工作。市市政市容委、中国安科院和市安全监管局有关负责人，中石油管道北京输油气分公司等12家油气管线、化工管道、城市燃气管道权属企业主管领导参加会议，唐明明要求各有关单位增强政治意识、大局意识和责任意识，认真吸取事故教训；摸清底数，全面掌握隐患数量、位置、成因等；加快工作进度，倒排工作计划，确保按时完成隐患排查梳理任务；落实防范措施，坚决防止出现新的占压等隐患，防止未整改隐患发生事故。

（胡静）

【油气输送管道隐患整治调度会】 2月6日，市油气输送管道隐患整治领导小组办公室召开隐患整治工作调度会议，传达市油气输送管道隐患整治工作领导小组会议精神，对下一阶段工作进行部署。会议要求各区县明确油气输送管道隐患整改工作领导小组及办公室；结合实际摸清隐患底数，建立台账，制定隐患整治评估办法；对整治完成的隐患进行销账，通过企业自验、属地政府和行业主管部门联合验收确认后，报市油气输送管道隐患整治领导小组办公室销账备案；加强信息报送，全面、及时、准确掌握油气输送管道隐患整治攻坚战工作动态。

（胡静）

【油气输送管道隐患整治职责】 2月11日，市油气输送管道隐患整治领导小组办公室召开油气输送管道安全隐患整治工作会议。会议明确整治工作的职责分工。市安全监管局牵头负责危险化学品管道安全隐患整治工作；市市政市容委牵头负责油气输送管道和城镇燃气管道安全隐患整治工作；市安委会办公室负责整治工作的统筹、协调、指导和数据统计分析等工作。

（胡静）

【油气输送管道隐患整治工作会】 3月11日，市油气输送管道安全隐患整治工作领导小组办公室在燕山石化分公司召开隐患整治工作会议，会议通报全市油气输送管道安全隐患台账梳理情况，对下一阶段工作进行部署。会议要求各管道权属企业根据梳理确定的隐患台账信息，组织有资质的专业评估机构按时完成台账梳理工作。按照时间节点完成评估分级并确定隐患级别，逐一制定隐患整改方案和应急预案，报市油气输送管道安全隐患整治工作领导小组办公室。

（胡静）

【隐患排查治理体系建设要点】 4月18日，市安全监管局制定《2015年隐患排查治理（体系）建设工作要点》，明确2015年隐患排查治理体系建设的各项工作任务。该《要点》围绕市政府《关于推进安全生产隐患排查治理体系建设的意见》和市安委会《北京市安全生产事故隐患排查治理体系建设三年行动计划（2015—2017）》工作部署，从完善法规标准、推动资金支持项目实施、开展体系建设试点、强化基层基础、健全支撑保障机制等方面，对隐患排查治理体系建设重点工作进行全面细致的安排，包括5大项18小项具体任务。

（胡静）

【隐患排查治理规章草案】 4月22日，市政府法制办召开隐患排查治理规章修改会议，结合相关单位和社会公众提出的修改意见，对规章草案条文进行修改完善。本次修改后，规章草案送审稿由五章三十七条精简为五章三十三条。修改的主要内容：按照规章立法的逻辑结构，对规章草案相关条目顺序进行调整；根据精准、简洁的立法语言要求，对规章草案相关条文表述进行简化；按照规章立法的法律手段调整要求，对规章草案中属于工作协调层面解决条款设计给予删除；按照便于操作、有利的执法原则，对规章草案行政处罚设定进行优化。

（胡静）

【市财政资金支持隐患排查治理实施方案】 4月22日，市安委会印发《2015年财政资金支持隐患排查治理体系建设项目总体实施方案》。经市政府同意，2015年市级财政安排项目资金8000万元，重点用于支持油气输送管道安全隐患整治、成品油库隐患治理、安全生产条件普查、安全生产标准化创建和隐患排查治理体系建设工作。

（胡静）

【安全生产督查办法】 5月15日，市安委会印发《北京市安全生产督查工作办法》，按照“重计划、抓重点、强实效”的工作原则，健全安全生产督查工作机制，增强综合监管工作效能。《办法》的主要特点：设立督查机构，建立专职督查队伍；创新督查方式，设置多样化启动条件；突出督查重点，推动监管责任落实；细化工作流程，健全闭环督查模式；完善督查手段，强化督查结果运用。

（胡静）

【油气输送管道隐患整治例会】 5月15日，市油气输送管道安全隐患整治工作领导小组办公室召开工作例会，通报隐患排查整治工作情况，研究讨论隐患资金支持补助方案，安排推进下一步工作。经初步调查，全市油气长输管道里程976.91公里，危险化学品管道里程230.2公里，城市燃气管道里程1.79万公里。排查确认各类油气输送管道安全隐患1280项，其中城镇燃气管道占压隐患683项、石油天然气管道和危险化学品管道隐患597项。

（胡静）

【油气输送管道隐患整治督导调研】 6月10日，副市长张延昆到朝阳区就油气输送管道安全隐患整治工作进行督导调研，召开专题会议。市安全监管局局长张树森通报国务院油气输送管道安全隐患整治工作领导小组办公室关于开展重点省份油气输送管道隐患整治攻坚战专项督查的通知精神，市市政市容委、朝阳区政府、市燃气集团负责同志分别汇报本单位油气输送管道安全隐患整治工作开展情况。张延昆要求：各区县政府要采取强制措施，对非法违法从事生产经营活动的，由各区县负有安全生产监管职责的部门下达停产整顿通知单，停产停业、清理人员，限期拆除违法建设；要向市油气输送管道安全隐患整治工作领导小组办公室签订承诺书，保证完成隐患整治任务。有关部门要抓紧制订油气输送管道安全隐患整治资金相关政策的指导意见，组织开展隐患整治督导检查。

（胡静）

【隐患排查治理规章草案审查会】 6月11日，市政府法制办召开《北京市生产安全事故隐患排查治理办法（草案）》法律专家审查会。来自北京大学、中国政法大学、国家安全监管总局、中国安科院的专家学者参加会议并提出审查意见。市安全监管局主管领导和相关处室负责人列席会议。与会专家针对规章的部门分工、综合监管与行业监管和细化上位法原则规定等问题提出意见。结合专家审查意见，市政府法制办修改完善规章草案文本。

（胡静）

【重大安全隐患挂账督办】 6月12日，市安委会印发《关于对油气输送管道安全隐患和城镇燃气管道占压隐患进行挂账督办的通知》，对油气输送管道安全隐患和城镇燃气管道占压隐患等275项重大隐患进行挂账督办整改，纳入市政府年度绩效考核。文件要求各区县政府、市政府各有关部门、各有关单位树立“把隐患当事故处理”的思想，加强组织领导，落实监督治理职责，加快治理进度，防范事故发生；按照边评审、边整治、边验收的原则，制定275项重大隐患整改方案，按时完成隐患治理工作任务；管道权属企业要科学制定整改方案，做到隐患整改责任、经费、时间、措施、预案“五落实”。

（胡静）

【市油气输送管道隐患整治领导小组会议】 7月16日，副市长张延昆主持召开市油气输送管道安全隐患整治工作领导小组会议，通报国务院安委会督查组来京督查情况，听取相关区县隐患整治工作进展情况，对全市油气输送管道安全隐患整治工作进行再动员、再部署。张延昆强调指出：各区县要主动作为，不等不靠，安全隐患等不了，必须加快推进隐患整治进度；对涉及央属单位的隐患，各区县要厘清占压历史与产权关系，运用好法律手段，主动与有关单位“一把手”进行沟通，积极解决问题，各区县市政市容委要配合做好相关工作；各管道权属单位要落实企业主体责任，主动承担起消除隐患的任务；要加大市、区两级督查工作力度，每15天对各区县、各部门、各单位油气输送管道隐患整治工作情况进行通报。

（胡静）

【安全生产信用体系建设座谈会】 7月23日，市安全监管局召开安全生产信用体系建设座谈会，朝阳区、丰台区安全监管局有关负责人和首钢总公司、北汽新能源有限责任公司、北京荷美尔食品有限公司等8家企业代表参加座谈会。会上，市安全监管局就《北京市安全生产信用体系建设管理办法》（征求意见稿）起草的背景依据、工作流程、信息分类、信用评定、激励约束措施等方面进行说明。参会人员结合安全生产工作实际，重点就信用扣分的标准、约束性措施、黑名单管理等方面进行讨论交流，提出意见和建议。

（胡静）

【油气输送管道隐患整治推进会】 7月31日，市油气输送管道安全隐患整治工作领导小组办公室组织召开油气输送管道安全隐患整治推进工作会，传达全国油气管道安全隐患整治攻坚现场推进会精神，通报本市油气输送管道隐患整治情况和信息报送工作，研究讨论隐患整治补助资金申报工作。各区县、各管道权属企业结合实际，围绕信息报送工作、补助资金申报工作进行座谈交流，重点对隐患资金补助标准、支持范围、申报程序、评审程序、拨付程序等工作内容建言献策。

（胡静）

【隐患整治资金保障】 8月31日，市安委会办公室转发市财政局关于隐患整治资金保障相关文件，就有关工作提出要求：加快隐患治理进度，抓紧上报资金申请，确保年度资金落实；落实区县配套资金，加大资金统筹安排力度，优化支出结构，盘活各项沉淀资金，保障安全生产方面的资金需求；规范资金使用渠道，建立长期保障机制，做好隐患治理项目储备。

（胡静）

【“一企一标准、一岗一清单”编制试点】 10月29日，市安委会印发《关于开展生产安全事故隐患排查治理“一企一标准一岗一清单”编制试点工作的通知》，部署“一企一标准、一岗一清单”编制试点工作。“一企一标准、一岗一清单”编制工作着力解决企业隐患排查“不愿查、不会查、不治理”等问题，配合《北京市生产安全隐患排查治理办法》政府规章的贯彻实施，是构建隐患排查治理体系、推进政府购买服务、落实企业主体责任、促进安全生产社会共治的重要举措。

（胡静）

【白酒企业隐患治理指导书评审】 10月

30日，市安全监管局组织专家召开评审会，对《北京市白酒生产企业安全隐患治理技术指导书》进行评审论证。中国安科院有关负责人员就指导书中白酒生产企业所存在的隐患问题、隐患问题整改的依据、技术要求、整改措施以及工作开展程序与要求等内容进行说明。专家一致认为指导书的编写十分必要，给企业和监管人员在法规、标准、技术要求等方面提供依据，有利于工作的开展。专家还从不同的专业角度对指导书的相关条款提出修改补充意见。

（范慧）

【“一企一清单”项目公开招标】 11月2日，市安全监管局通过中国政府采购网、北京市政府采购网发布项目招标公告，对“一企一标准、一岗一清单”编制项目进行公开招标。在规定时间内，共66家单位购买招标文件。截至11月24日上午9时项目开标时间，共58家单位递交投标文件。11月25日，评标委员会根据各投标单位综合得分情况，按综合得分排序确定30家单位为项目入围单位。12月10日，市安全监管局召开隐患排查治理清单编制项目中标单位见面会，对“一企一标准、一岗一清单”编制工作内容解读，对合同签署和资金预拨工作进行安排，并就清单编制培训教材和中标单位考核管理办法两个配套文件征求与会单位意见。要求中标单位将优势资源向清单编制项目倾斜，优先保障人、财、物，主动与区县、企业对接，实施“个性化服务”和“痕迹化管理”，健全完善工作考核评价机制，推动安全生产社会共治模式健康发展。

（胡静）

【隐患排查治理体系建设调研】 11月23日，市安全监管局局长张树森、副局长唐明明、李东洲等一行到北京排水集团调研隐患排查治理体系建设试点工作。调研会上，结合北京排水集团隐患排查治理体系建设试点工作，就本市隐患排查治理体系建设信息系统信息平台建设中的系统对接、隐患级别判定、治理流程和检查频次等内容进行交流讨论。张树森对北京排水集团隐患排查治理体系建设试点工作给予肯定。同时，建议北京排水集团要在试点的基础上，推进隐患排查治理信息化系统，在集团各企业、各岗位全面实施。

（胡静）

【油气管道隐患整治核查验收】 11月30日，市油气输送管道安全隐患整治工作领导小组办公室召开视频会议，通报全市油气输送管道隐患整治总体情况，研究部署油气输送管道隐患整治下一步重点工作。会上，市油气输送管道安全隐患整治工作领导小组办公室和市市政市容委分别对隐患验收工作及2016年度隐患治理补助资金申报工作进行安排部署。

（胡静）

【生产安全事故统计联网直报工作研讨会】 12月17日，市安全监管局副局长唐明明主持召开生产安全事故统计联网直报工作研讨会，贯彻《国务院安委会办公室关于实行生产安全事故统计联网直报的紧急通知》《国家安全监管总局办公厅关于印发生产安全事故统计管理办法（暂行）》和《生产安全事故统计报表制度（暂行）的通知》，以及12月16日全国生产安全事故统计联网直报工作会议有关要求。会议对事故统计范围口径变化带来的新要求、建立事故报送工作新机制、畅通事故统计报送渠道等方面进行研讨交流。

（胡静）

【丰台区管道占压隐患“回头看”督查】 12月7日，市安全监管局督查组赴丰台区开展隐患“回头看”督查工作。督查组对照台账，采取现场抽查的方式，对丰台区新发地农产品批发市场3处燃气管道占压隐患治理情况进行检查。通过检查，发现该市场E、F库房现已清空，后续拆除涉及赔偿问题正在协调；金鑫库房占压管道建筑物已拆除，但周边建筑物不符合安全距离；塑料袋库房占压管道建筑物已拆除，但周边建筑物不符合安全距离。3处重大隐患符合降级条件。

（石逸超）

【西城区隐患“回头看”督查】 12月15日，市安全监管局督查组赴西城区开展隐患“回头看”督查工作。督查组采取现场检查、查阅相关资料等方式，对西城区隐患整改情况进行抽查。根据西城区上报的安全隐患种类和分布特点，督查组随机抽查违规使用醇基燃料、燃气管线占压、挤占消防疏散通道、无证经营等多家企业单位。从检查情况看，抽查企业均对存在的隐患问题进行整改。督查组对西城区隐患整改工作给予肯定，要求西城区安全监管局对督查发现的问题举一反三，抓好整改跟踪和检查工作。

（李环宇）

【隐患排查清单编制专题培训会】 12月22日，市安全监管局召开安全生产事故隐患排查“一企一标准、一岗一清单”编制专题培训会。清单编制中标入围的30家安全生产中介机构270余名专业技术人员参加培训。结合本市清单编制要求，按照“缺什么、补什么，需要什么、就培训什么”的原则，此次培训邀请市劳保所安全生产方面的专家对《北京市企业安全生产隐患排查清单编制指南》进行系统解读，按照成立工作组、制定工作计划、开展危险有害因素辨识、定制个性化自查标准、定制岗位排查清单、清单培训与运行6个工作阶段，逐一介绍帮扶指导各阶段工作的重点内容、具体方法和工作要求。

（胡静）

应急救援

【春节期间应急值守】 2月18日至24日，市安全监管局采取事故信息“零报告”、24小时在岗值守、汇总上报值守应急情况等措施，加强春节期间全市安全监管系统值守应急和应急准备工作。

（封光）

【海淀区“1·11”事故应急救援】 1月11日16时40分，市安全监管局接市应急办通报，14时50分，在北五环辅路上清桥东北角，一辆装有天然气的罐车发生侧翻，无泄漏，无人员伤亡。市安全监管局和海淀区安全监管局负责人迅速带队赶赴事故现场。经查，1月11日14时许，通州区阿友液化天然气站罐车行驶至北五环路上清桥东北角处向右急转弯时发生侧翻事故，无泄漏，无人员伤亡。17时10分，公安交管、消防等部门已将事故车辆安全拖离现场。

（封光）

【顺义区“1·25”事故应急救援】 1月

25日22时17分，市应急办紧急通报，顺义区北石槽镇大柳树村营桥西南角，电力施工作业过程中，不慎挖断燃气管线（管线属于DN500高压管线），燃气部门于第一时间赶到现场，研究制定抢险方案。事故未造成人员伤亡。副市长张延昆指示：注意抢修安全，随时报告情况。市安全监管局迅速行动：一是立即通知顺义区安全监管局核实上报事故情况；二是派员多次赶赴事故现场与顺义区安全监管局指导协调市燃气集团、中石油北京公司抢险作业；三是与市市政市容委、市燃气集团、中石油北京公司保持24小时信息沟通，全程掌控事故抢修情况。

（封光）

【京津冀联动危险化学品事故演练方案会商会】 1月26日，市安全监管局副局长李东洲主持召开京津冀三地联动危险化学品事故演练方案会商会。会议专题研究市安全监管局关于京津冀三地联动危险化学品事故演练总体方案，明确演练指导思想、总体原则、演练构想、演练规模、情景构想，提出“讲政治、有针对、求实效”的工作原则，基本确定演练总体方案。

（封光）

【房山区应急管理专项检查】 1月27日，市安全监管局对房山区开展危险化学品企业应急管理专项执法检查，检查北京环宇京辉京城气体科技有限公司、北京燕山集联石油化工有限公司、北京恒信化工有限公司3家企业。检查过程中，发现企业存在的共性问题：安全生产应急管理工作不细、不实，突出表现为应急管理培训不到位、应急预案演练不规范。应急管理培训不到位集中表现为以开会代替培训，未能实现应急管理培训全覆盖，应急培训质量不高；应急预案演练不规范集中表现为演练目的和内容不明、演练文件不全、演练过程缺失、演练总结不细，未能按照《生产安全事故应急演练指南》要求精心组织预案演练，未能从检验预案、锻炼队伍的角度出发，细化演练内容、精心组织演练、及时进行总结。检查组针对企业存在的问题，下达责令限期整改指令书，并进行复查。

（封光）

【东城区“1·29”事故应急救援】 1月29日11时40分，市安全监管局接到东城区安全监管局事故现场电话报告，10时左右，东城区百荣世贸商城二期西门10号8层发生火灾。市安全监管局相关领导立即赶赴事故现场，了解事故情况，向局值班室反馈事故处置进展情况。

（封光）

【地方标准体系建设合作框架协议】 1月29日，市安全监管局与中国安科院正式签订《北京市安全生产应急管理地方标准体系建设合作框架协议》。协议的签订，将进一步强化双方在安全生产应急管理地方标准体系建设工作中的合作机制，落实地方标准编制职责和程序，增强标准编制过程中的质量和进度控制。

（封光）

【开发区应急管理专项检查】 2月3日，市安全监管局对北京经济技术开发区开展危险化学品企业应急管理专项执法检查，检查普莱克斯（北京）半导体气体有限公司、法美高新气体（北京）有限公司2家企业。检查过程中，发现普莱克斯（北京）半导体气体有限公司安全生产应急管理工作不细，集中表现为应急业务培训专业性不强和应急预案演练系统性不足。应急业务培训专业性不强突出表现为忽视安全生产应急管理专业性特点，应急业务培训以日常业务培训代替，未能结合专项预案和现场处置方案开展应急预案培训，未能使公司全体员工熟知应急预案内容、明确应急职责、应急程序和现场处置方案。应急预案演练系统性不足突出表现为以消防演练代替安全生产应急预案演练，未能按要求开展综合预案、专项预案和现场处置方案应急演练工作，未进行预案全流程演练和必要的演练评估、总结。检查组针对企业存在的问题，下达责令限期整改指令书，并进行复查。

（封光）

【企业应急救援调研】 2月12日，市安全监管局会同市安科院到中石化燕山分公司应急救援队，就企业应急救援专业队伍训练与考核大纲编写、危险化学品专业救援队比武竞赛有关事宜进行调研。调研紧紧围绕专业训练课目设置、训练方法和标准、专业比武内容及组织形式等进行研究和讨论，就如何加强专业队伍建设，如何保持持续战斗能力等问题交换意见。通过调研，进一步明确应急救援专业队伍训练标准、训练内容、训练方式等必要性和重要性。

（封光）

【大兴区“3·5”事故应急救援】 3月5日22时25分，市安全监管局接到市应急办电话通知，大兴区长子营镇河津营村北京兴津化工厂发生火灾，失火时工厂库存有5吨左右的化工原料，其中2吨乙醇、3吨三氯甲烷和三乙酸甘油酯稀料。火情于23时30分许得到控制。工厂库房面积1000平方米，过火面积初步估算约200平方米，没有人员伤亡。市安全监管局相关领导立即赶赴事故现场，了解事故情况，向局值班室反馈事故处置进展情况。

（封光）

【京津冀联动演练工作推进会】 3月20日，市安全监管局副局长李东洲主持召开第二次工作推进会。会议听取相关单位准备工作汇报，集中研究演练准备工作的责任分工、推进步骤、协调内容等，并就下一步工作提出具体要求。市政府办公厅副巡视员卞杰成，以及市应急办、中航油集团管道公司有关负责人和特邀专家参加会议。

（封光）

【应急管理地方标准体系建设启动仪式】 3月24日，北京市安全生产应急管理地方标准体系建设工作启动仪式在中国安科院举行。市安全监管局副局长李东洲、国家安全生产应急救援指挥中心巡视员雷长群、中国安科院副院长吴宗之参加启动仪式并讲话。启动仪式介绍《北京市安全生产应急管理地方标准体系建设工作实施方案》和编制标准任务分解表，宣读《专家组工作规范》。国家安全生产应急救援指挥中心巡视员雷长群对应急管理地方标准体系建设工作提出要求，并向专家代表颁发《专家聘书》。

（封光）

【通州区“3·25”事故应急救援】 3月25日15时40分，市安全监管局接到市应急办通知，15时许，地铁亦庄线台湖车辆段一列车在调试过程中有四节车厢冲出轨道，司机被困在驾驶室内。市安全监管局相关领导立即赶赴事故现场，了解事故情况，向局值班室反馈事故处置进展情况。

（封光）

【应急救援物资更新验收】 3月30日至4月7日，市安全监管局组织市安科院和市劳保所，并聘请专家，分别到房山、朝阳、大兴、昌平和通州5个区应急救援物资仓库，对危险化学品应急救援物资更新入库工作进行验收，此次入库的各类应急救援物资共17类、154件套，经生产厂家配送到区县应急救援物资仓库。

（封光）

【朝阳区“3·31”事故应急救援】 3月31日12时49分，市安全监管局接到市应急办电话通报，11时40分许，朝阳区平房乡星河湾小区北侧建国润彩家具城发生坍塌，2人死亡。市安全监管局相关领导立即赶赴事故现场，了解事故情况，向局值班室反馈事故处置进展情况。

（封光）

【西城区“4·5”事故应急救援】 4月5日14时许，市安全监管局接到市应急办通知，13时25分，西城区马连道森源大厦5层仓库内茶叶起火（该楼共6层，1层为酒店餐厅，3、4层为办公室、5层为存放茶叶的仓库），无人员伤亡信息。市安全监管局相关领导立即赶赴事故现场，了解事故情况，向局值班室反馈事故处置进展情况。

（封光）

【东方化工厂应急救援专项检查】 4月27日，市安全监管局前往中石化燕山化工集团北京东方化工厂，对东方化工厂应急救援队的装备配备、人员训练和物资储备情况进行专项检查。

（封光）

【应急管理示范企业创建动员会】 5月7日，市安全监管局会同朝阳区安全监管局，组织召开应急管理示范企业创建动员暨培训会，各区县安全监管局主管领导和具体工作人员，朝阳区旅游委、文化委、商务委和参与创建活动的14家示范企业、乡镇街道主管领导及安全部门负责人200余人参加会议。会议明确市级应急管理示范企业的创建标准，提出市级应急管理示范企业的创建要求。

（封光）

【公路桥隧施工应急演练】 5月12日，市安全监管局参加由市交通委、交通委路政局在丰台区鲁陀路二期施工现场举办的交通路政行业公路桥隧施工突发事件应急处置演练。应急演练分为隧道塌方、触电、高处坠落、脚手架坍塌4项科目，整个演练过程按照预定的计划，取得圆满成功。市交通委委员逯福全和交通委路政局、丰台区市政市容委等单位负责人参加应急演练活动，并现场为一线施工人员赠送安全应急知识书籍。

（李环宇）

【京津冀联合处置事故应急演练】 5月14日，京津冀联合处置输油管道泄漏和爆燃事故应急演练在东方化工厂举行。演练在国家安全生产应急救援指挥中心指导下，在天津市、河北省应急办配合下，由北京市应急办、安全监管局主办。市委宣传部、团市委、环保局、经济信息化委、市政市容委、卫生计生委、红十字会，通州区应急办，区安全监管局，北师大社发学院，天津市、河北省相关单位，中航油津京管道公司、东方化工集团、中石油廊坊管道分公司等21个单位和企业团体参加演练活动。

（封光）

【安全生产应急志愿者服务队伍启动仪式】 5月14日，北京市安全生产应急志愿者服务队伍建设启动暨授旗仪式在北京市通州区东方化工厂院内举行。此次活动由市安全监管局与市志愿者联合会共同组织，国家安全生产应急救援指挥中心信息管理部副主任孔亮、市安全监管局副局长李东洲、市志愿服务指导中心副主任王赢出席活动，来自全市重点企业安全生产应急救援志愿者200余人参加活动。

（封光）

【丰台区“6·30”事故应急救援】 6月30日15时35分，市安全监管局接到市应急办电话通报，14时30分，丰台区大红门西路木材厂起火。市安全监管局局长张树森立即赶赴事故现场，与市应急办、丰台区安全监管局、大红门地区有关部门和企业负责人取得联系，了解事故情况，指挥现场救援工作。

（封光）

【海淀区应急管理专项检查】 7月10日，市安全监管局对海淀区开展应急管理专项执法检查，检查北京科若思技术开发股份有限公司、北京石大开元石油技术有限公司、北京市大地开源地质工程有限公司、北京市勘察设计研究院有限公司4家企业的应急管理工作。检查组针对企业存在的问题，下达责令限期整改指令书，并进行复查。

（封光）

【朝阳区“8·13”事故应急救援】 8月13日22时24分，市安全监管局接到市应急办电话通报，22时左右，朝阳区金盏机场二高速东坝出口北侧路边一无人居住院内存放3吨二氧化氯，现场冒烟，无明火，有刺激性气味。市安全监管局相关领导立即赶赴事故现场，会同朝阳区安全监管局了解事故情况，指挥现场处置和救援工作。14日凌晨1点14分，事故现场处置完毕。

（封光）

【通州区重大危险源单位安全检查】 8月24日至27日，市安全监管局采取“四不两直”的方式对通州区13家危险化学品重大危险源单位进行安全检查。检查中发现，中国石化北京东方油库的生产安全事故应急预案的编制、备案、修订、演练、培训，以及重大危险源标识和应急预案的备案、评审等方面不符合规范要求。检查组针对企业存在的问题，下达责令限期整改指令书，并进行复查。

（封光）

【顺义区重大危险源单位安全检查】 9月10日，市安全监管局采取“四不两直”的方式，检查顺义区危险化学品重大危险源单位安全生产工作情况。分别检查中石化北京销售公司顺义油库、中石油昆仑燃气公司顺义气库和首钢气体制备有限公司，检查中未发现存在严重问题。

（封光）

【通州区“9·14”事故应急救援】 9月14日7时5分，市安全监管局接到市应急办通报，5时40分许，京津2高速德仁务出口，一辆河北牌照危险化学品货车（31吨）内装有（芳烃、低毒易燃）汽油添加剂在匝道发生侧翻泄漏，无人员伤亡。市安全监管局相关领导立即赶赴事故现场，会同通州区安全监管局了解事故情况，指挥现场处置和救援工作。19时40分，事故现场处置完毕。

（封光）

【丰台区重大危险源单位安全检查】 9月16日，市安全监管局采取“四不两直”的方式，先后对丰台区北京市北水嘉伦水产品市场有限责任公司、北京市西南郊食品冷冻厂、北京市南三环玉泉营果菜批发中心、中石化伊思特加油站4家单位进行安全检查。检查组现场查看企业安全生产规章制度、隐患排查治理记录、教育培训记录、事故应急演练档案、重大危险源专项预案等文件资料，对工作场所进行实地检查，未发现存在严重问题。

（封光）

【安全生产应急管理论坛】 11月26日，市安全监管局在北京石油化工学院举办第一届安全生产应急管理论坛，国家安全生产应急救援指挥中心、中国安科院，北京市政府相关部门和区县安全监管局、北京大学政府管理学院、北京市行政学院有关负责人，以及本市50余家企事业单位、170余名专家学者和安全生产工作者参加论坛。市安全监管局副局长李东洲致开幕词，指出：本届论坛旨在交流安全生产应急管理理论、展示北京市安全生产应急管理经验及成果、促进应急管理创新发展，为各地区、各部门、各研究机构之间搭建一个高起点、深层次、多领域的交流平台，汇聚智慧，研讨新时期北京市安全生产应急管理工作的好思路、好方法、好经验，促进全市安全生产应急管理水平不断提升。

（封光）

【危化品事故应急预案专家评审会】 12月4日，市安全监管局副局长李东洲主持召开《北京市危险化学品事故应急预案》和《北京市矿山事故应急预案》专家评审会。国务院参事闪淳昌、国家安全生产应急救援指挥中心巡视员雷长群、北京市应急办副主任单青生等7名领导和专家，按照应急预案评审指南的要求对2个市政府专项应急预案进行评审。2个市政府专项应急预案通过专家组评审。

（封光）

【密云县企业应急管理检查】 12月29日，为贯彻《国务院安委会办公室关于深圳光明新区恒泰裕工业园“12·20”滑坡灾害的通报》，市安全监管局副局长李东洲带队到密云县检查北京威克冶金有限责任公司应急管理工作。检查组重点检查尾矿库安全生产工作情况，并实地查看尾矿库运行情况。密云县安全监管局和北京威克冶金有限责任公司主要领导和相关人员参加检查。

（封光）

【安全生产应急救援管理】 本年，市安全监管局制发《安全生产应急管理示范企业试点工作方案》，在部分危险化学品生产企业、经营企业和使用单位，以及烟花爆竹批发企业、非煤矿山企业、存在有粉尘爆炸危险的部分工业企业和部分人员密集场所等609家企业开展安全生产应急管理示范企业试点工作。制发《北京市安全生产应急管理地方标准体系建设工作实施方案（2015—2017）》，构建涵盖应急管理全过程的标准体系框架，提出“细化、补缺、协调、重点、特色”的10字原则，计划用3年时间完成21项地方标准的编制立项工作。落实京津冀应急合作协议，牵头开展京津冀三地联合处置输油管道泄漏和爆燃事故应急演练，增强应对突发生产安全事故应急处置能力。

（贯秋霞、赵芬）

执法监察

【安全生产大检查部署视频会】 1月1日，市安全监管局组织市交通委、商务委、市政市容委、旅游委、文化委、体育局等重点行业部门和各区县安全监管局，召开安全生产大检查工作视频会，贯彻落实市委、市政府安全生产紧急会议精神，对元旦期间安全生产大检查工作进行动员部署。市安全监管局局长张树森参加会议并讲话。张树森要求全市安全监管系统和重点行业主管部门增强政治意识、责任意识，以防踩踏事故为重点，抓好重点行业领域安全隐患整治，落实市领导关于安全检查“三个到位”的要求，全力压减各类安全生产事故。会后，市安全监管局局长张树森带队，采取“四不两直”方式，深入城区内重点长途客运站、大型超市等开展突击检查。

（叶子楠）

【专职安全员组建座谈会】 1月6日，副市长张延昆出席全市安全生产专职安全员组建工作座谈会，听取市安全监管局局长张树森关于全市专职安全员组建工作总体情况的汇报，朝阳、丰台、房山、通州、顺义、大兴等区安全监管局对本区县相关工作进展情况做了汇报。截至2014年年底，各区县按照《北京市人民政府办公厅关于建立乡镇、街道（园区）安全生产专职安全员队伍的意见》（京政办发〔2014〕31号）要求，招聘专职安全员3815人，队伍组建工作基本完成。张延昆指出：当前的安全生产形势和安全发展环境迫切需要建设一支专业化的安全员队伍，要强化专业培训和政治理论培训，培养专业型、专家型监管人才，严格管理，使用好这支队伍。要本着对事业负责和对专职安全员个人发展负责的态度，给专职安全员搭建职业发展平台，鼓励进行专业技能考试和相关就业考试，保持队伍的活力。

（叶子楠）

【中纪委第五次会议安全保障】 1月12日，中国共产党第十八届中央纪律检查委员会第五次全体会议在京西宾馆开幕。为营造良好的安全生产氛围，市安全监管局制定相关保障工作方案，于1月8日组织区商务委、市政市容委和属地街道组成联合检查组，对会场周边200米范围内生产经营单位开展安全生产执法检查。市安全监管局执法监察总队于1月12日按照“四不两直”的方式，对京西宾馆周边200米内企业进行安全生产执法抽查。被抽查的3家单位对安全生产管理工作较为重视，安全生产管理制度较为完善。会议召开期间，执法监察总队督促指导海淀区安全监管局对会场驻地周边开展巡查，确保会议周边安全稳定。

（叶子楠）

【北京市“两会”安全保障】 1月22日，市安全监管局执法监察总队对北京市第十四届人民代表大会第三次会议会场周边开展安全生产执法检查，重点抽查3家人员密集场所。检查组详细了解企业安全管理措施制定落实情况，以及对安全生产法律法规贯彻执行情况，并对配电室紧急停送电进行现场模拟演练。北京市“两会”期间，市安全监管局执法监察总队加大对会议场所周边执法监察力度，保障北京市“两会”期间安全稳定。

（叶子楠）

【北京世纪联保消防新技术有限公司执法检查】 1月23日，市安全监管局组织专家采取“四不两直”的方式对北京世纪联保消防新技术有限公司开展执法检查。检查组重点检查企业安全生产责任制、教育培训制度、事故隐患排查治理制度、特种作业人员管理制度等规章制度及应急救援预案的制定落实情况，并对企业现场管理进行检查。针对检查发现的安全生产规章制度缺失、生产车间及库房存在安全隐患等问题，执法人员下达限期整改指令书，责令企业在15日内整改完毕，由通州区安全监管局监督落实并进行复查。

（范慧）

【重点企业“回头看”检查】 2月4日，市安全监管局对昌平区北京铁科首钢轨道技术股份有限公司、北京希隆家具有限公司两家重点企业进行“回头看”检查。从检查情况看，北京铁科首钢轨道技术股份有限公司对前期市区两级安全监管部门检查指出的问题高度重视，专门成立整改工作小组，制定整改方案，对每一项问题认真进行整改。北京希隆家具有限公司隐患整改不彻底，车间内依然存在积尘，依然存在违规使用压缩空气吹尘等问题。执法人员依法对北京希隆家具有限公司进行行政处罚，责令该企业立即整改，并约谈该企业负责人。

（范慧）

【春节前烟花爆竹、加油站执法检查】 2月9日，市安全监管局执法监察总队对全市各区县烟花爆竹仓库和加油站开展“全覆盖”执法检查。在平谷区农达丰农业生产资料有限公司，执法人员对烟花爆竹仓库的消防设施、防静电设备、培训证件、值班记录、安全制度、监控设备等进行重点检查。在中石化北京石油分公司顺义六环李桥加油站，执法人员检查正在卸油车辆和人员的相关证件，查看加油站配电室、监控室、消防设施等安全状况，对发现配电箱电线存在虚接的问题，责令加油站员工立即修复。

（叶子楠）

【全市烟花爆竹零售网点夜查】 2月12日，市、区两级安全监管部门对全市942家烟花爆竹零售网点开展突击夜查。本次夜查以“四不两直”的方式开展，检查重点包括：零售网点许可证是否齐备、工作人员是否持证上岗、网点内存放烟花爆竹品种数量是否符合规定、网点内是否配备消防器材、夜间是否有工作人员看护等内容。当晚，市安全监管局执法监察总队分两组分赴东城、西城、朝阳、海淀、丰台、石景山等区对烟花爆竹零售网点开展随机抽查，检查零售网点11家，对存在问题的网点下达执法文书，暂时关停并立即整改，消除隐患。全市各区县安全生产执法队伍同时行动，对辖区内烟花爆竹零售网点开展安全检查，保障市民度过一个欢乐、祥和、安全的新春佳节。

（叶子楠）

【加油站安全检查】 2月16日，市安全监管局执法监察总队对北京安顺成贸易中心加油站、北京广铁兆元石油制品有限公司、北京市凭祥加油站等6家加油站进行安全检查。在每一个加油站，执法人员对加油机、卸油口、量油口、储罐区、配电室等重点部位逐一检查。当天晚间，执法监察总队随机抽查丰台、石景山区部分加油站安全生产管理情况，发现有的储罐区存放社会车辆、个别加油站工作人员无法提供从业资格证书、部分监控视频失效等问题，针对发现的隐患问题，执法人员要求立即整改，下达执法文书，并约谈企业主要负责人。

（叶子楠）

【全国“两会”安全保障】 2月27日，市安全监管局执法监察总队组织日夜连查执法行动，对“两会”代表驻地周边生产经营单位开展安全生产执法检查，重点检查人员密集场所和加油站、油库等危险化学品企业，防范安全生产事故的发生。执法监察总队分三路，以“四不两直”的方式直奔现场，对27个驻地周边的1558家生产经营单位实施随机抽查。全市各区县安全监管局调动力量投入“两会”保障，同步开展日夜连查执法行动。在检查中，针对部分生产经营单位电气使用、配电室管理、安全教育培训等问题，市区两级执法人员采取责令立即整改和下达执法文书等处理措施，要求企业负责人在“两会”期间落实值班制度，认真排查隐患问题，确保安全生产。

（叶子楠）

【电影节临建设施安全会】 3月6日，市安全监管局执法监察总队、怀柔区安全监管局联合市新闻出版广电局、怀柔区相关部门在怀柔区召开第五届北京国际电影节开闭幕式临建设施安全生产工作会。会上，搭建公司负责人就舞台设计、搭建方式等进行介绍演示，市新闻出版广电局介绍电影节筹备情况，并从时间进度、搭建质量、应急处置及安全保卫等方面提出工作要求和建议，执法监察总队就搭建布局、使用材质、施工时间、承重试验、用电安全等向承办单位和搭建单位提出工作要求，并派驻专人、聘请专家开展联合执法检查，全力保障本届电影节开闭幕式临建设施安全。

（叶子楠）

【电影节临建设施安全检查】 3月20日，市安全监管局执法监察总队会同怀柔区安全监管局和安全防护专家，对第五届北京（国际）电影节临时工程进行安全检查。当日施工作业进入灯光桁架吊装及舞台观众席承重结构施工作业阶段，施工难度系数高，危险性大。为确保安全，执法监察总队要求施工方在未经计算复核前，禁止进行悬吊物顶升作业，并明确搭建单位及场地方的安全职责，对高处悬吊作业现场实施安全监管，保障电影节筹备工作顺利进行。

（叶子楠）

【专职安全员集训首期开班】 3月22日，市安全监管局执法监察总队在北京军区联勤部招待所举办第1期全市乡镇、街道（园区）安全生产专职安全员培训班，对来自通州区的361名专职安全员开展法律法规业务和军事动作、检查礼仪规范的集中培训。在开班仪式上，执法监察总队负责人通报集训有关工作安排，学员代表、军训教官代表、军区联勤部招待所负责人分别作表态发言，市安全监管局副巡视员钱山对集训提出工作要求。3月至7月，市安全监管局执法监察总队分批对全市乡镇、街道（园区）安全生产专职安全员开展法律法规业务和军事动作、检查礼仪规范的集中培训。

（叶子楠）

【昌平区白酒企业安全检查】 3月27日，市安全监管局赴昌平区检查白酒企业安全生产情况。检查组先后到北京华都酿酒食品有限责任公司（原昌平县酿酒厂）和北京都星酒业有限公司，检查企业内业资料和生产现场，检查企业贯彻执行《酒厂防火设计规范》（GB 50694）和《白酒企业安全管理规范》（AQ/T 7006）的情况。通过检查，发现两家企业存在安全隐患。华都酒厂灌装车间未设置喷淋系统，勾兑车间无独立防火分区、通风不足，罐区罐间距不足、安全消防设备设施设置不规范，防爆区内防爆电器设置及安装不规范，制曲及粮食粉碎车间通风系统设置不规范，坛酒库未按规范设置防火分区、未分组存放等。都星酒厂厂区与高压线的距离不符合规范要求，白酒库、白酒罐区与其他生产区设置在同一建筑物内，厂房内的勾兑、灌装、包装、成品暂存等生产用房未进行防火分隔，灌装车间未设置自动报警及喷淋系统，勾兑车间无独立防火分区、通风不足，罐区罐间距不足、未设置可燃气体探测器、未与通风系统自动联锁、未设防火堤、无事故池、无独立泵房、罐区内设置输送泵配电箱等用电设备，存在使用快速接头软管等临时设备进行日常作业、安全消防设备设施设置不规范等问题。执法人员针对检查发现的问题，对北京都星酒业有限公司下达停产停业整顿的指令，并跟踪监督落实情况。向区有关部门通报北京华都酿酒食品有限责任公司存在的问题，提出企业改造、兼并或者退出的意见，并约谈企业主要负责人。

（范慧）

【冬奥会评估团考察安全保障】 3月，冬奥会国际奥委会评估团对北京联合张家口申办2022年冬奥会进行实地考察和风险评估。为做好安全生产保障工作，市安全监管局执法监察总队会同朝阳、海淀、延庆等区安全监管局于3月5日前完成会场驻地周边200米范围生产经营单位台账统计上报工作，在入驻宾馆及周边开展安全生产执法检查，并对评估团活动期间临建设施施工现场开展安全生产检查，坚决遏制安全事故的发生。

（叶子楠）

【危险化学品运输执法部署】 4月2日，市安全监管局组织召开全市危险化学品运输行业执法监察工作电视电话会议，对危险化学品运输行业专项执法监察工作进行动员部署。会上，市安全监管局对危险化学品运输行业执法监察工作进行全面部署，市交通委、公安局交管局分别就行业贯彻落实专项执法监察工作进行再动员再部署。市安全监管局局长张树森参加会议并讲话。专项执法监察工作主体涉及安全监管、交通运输、公安交管3个系统，监察对象包括运输企业、从业人员、车辆、运输货物和运输行为5个方面，持续时间长、动用人员多、检查对象广、工作任务重，安全监管部门要把提高危险化学品企业管理水平作为一条主线，通过各部门协调配合和执法监察，推动属地落实监管责任、企业落实主体责任，将“管行业必须管安全、管业务必须管安全、管生产经营必须管安全”的要求落到实处。

（叶子楠）

【房山区白酒企业安全检查】 4月3日，市安全监管局赴房山区检查北京仁和酒业有限公司安全生产情况。通过检查发现，该企业罐区罐间距不足、未设置可燃气体探测器、未与通风系统自动联锁、未设防火堤、无事故池、无独立泵房、输送泵配电箱等用电设备设置在罐区内、储罐安全消防设备设置不规范，灌装车间未设置自动报警及喷淋系统、车间紧急出口设置不规范，蒸馏车间未设置通风、报警系统，锅炉房与成品库、蒸馏车间之间安全间距不符合规定。执法人员针对检查发现的问题，对北京仁和酒业有限公司下达停产停业整顿的指令，并跟踪监督落实情况。由房山区安全监管局对辖区其他白酒企业按照有关规范逐一排查、逐一整治，消除安全隐患。

（范慧）

【危险化学品运输执法检查】 4月8日，市安全监管局执法监察总队结合危险化学品运输企业在全市的分布特点，对危险化学品运输企业数量较多的地区进行执法抽查，被抽查单位主要从事汽油、柴油的储存和运输，不同程度地存在安全生产责任制不明确、隐患排查整改自查自报工作不到位、驾驶员押运员教育培训缺乏针对性且复审档案不健全、应急救援预案未及时更新等问题，执法人员对存在隐患问题的企业下达责令限期整改指令书，并通知约谈。执法监察总队还将此次专项执法监察的情况通报至行业主管部门和属地政府。

（叶子楠）

【电影节临建设施安全保障】 4月23日，第五届北京国际电影节在雁栖湖国际会展中心落下帷幕，市安全监管局和各区县安全监管局相关安全保障工作任务圆满完成。3月18日至4月25日，安全监管系统出动检查人员355人次，发现各类安全隐患52项，下达执法文书12份，开、闭幕式临时工程拆除期间，市安全监管局执法监察总队及怀柔区安全监管局加强监管，为活动顺利举办提供安全保障，得到市委市政府领导及电影节组委会高度赞扬。

（叶子楠）

【国际长跑节临建设施安全保障】 4月26日，北京国际长跑节盛大举行，市安全监管局执法监察总队对活动沿线多处临时搭建施工项目承担安全监管任务。执法监察总队与市体育局沟通并与施工方就临时搭建工程的结构、材料和稳定性等方面提出安全要求，并聘请专家在施工现场实施从搭建到拆除的全过程监管监察，确保临建设施安全万无一失。

（叶子楠）

【“五一”节和劳模大会安全保障】 4月28日，庆祝“五一”国际劳动节暨表彰全国劳动模范和先进工作者大会在京隆重举行。会议召开前，市安全监管局组织力量，将涉及会场、驻地的东城区、西城区、海淀区、丰台区列为核心保障区，将其他区县设为外围保障区，按照“保内控外”的工作模式，对人民大会堂、北京国际饭店、首都大酒店等11处会场、驻地周边生产经营单位及危险化学品、矿山、烟花爆竹批发零售单位、工业企业等重点行业领域开展安全检查。核心保障区的安全监管部门分别建立会场、驻地周边913家生产经营单位台账，并对台账内生产经营单位进行全覆盖检查，检查覆盖率和隐患整改率均达到100%。按照安全生产保障工作方案，会议期间市安全监管局执法监察总队对保障工作落实情况进行抽查。各区县安全监管局制定保障方案和检查计划，严格落实监管任务，消除安全隐患，圆满完成大会安全生产保障任务。

（叶子楠）

【危险品运输企业负责人约谈】 5月6日，市安全监管局、交通委、公安局交管局集中约谈17家危险化学品运输企业负责人（其中7家企业被处以警告或罚款的行政处罚）。市安全监管局执法监察总队在约谈会议上通报专项执法情况。市安全监管、交通运输、公安交管部门在全市危险化学品运输企业专项执法监察行动中，各司其职开展执法监察。其中，安全监管部门出动执法检查人员458人次，执法车辆132台次，检查企业156家，查处各类安全隐患185项，下达执法文书86份，行政处罚企业7家；交通运输部门围绕“四站两场”，加大巡查力度，严查驾驶员、押运员无资质以及非法运输行为，查处危险化学品运输车辆违章行为13起，查扣非法运输危险化学品车辆19辆。公安交管部门成立30个检查组，出动检查人员150人次，检查生产经营企业105家，查处路面危险化学品运输车辆交通违法行为160起，对3家未落实交通安全防范责任的单位采取限制部分机动车辆上路行驶措施，停驶机动车辆10辆。会议宣布对7家违法企业的行政处罚决定，总结归纳8项突出问题：一是人员未持证上岗问题突出；二是安全生产教育培训流于形式；三是危险化学品运输车辆管理不到位；四是场区内安全隐患问题突出；五是应急救援预案形同虚设；六是安全生产投入不足；七是关键岗位人员资质欠缺；八是标准化达标持续改进不足。

（叶子楠）

【通州区工业企业安全检查】 5月7日，市安全监管局赴通州区检查北京天龙钨钼科技股份有限公司、北京同仁堂股份有限公司同仁堂药酒厂、北京古船食品有限公司安全生产工作。检查组重点检查企业安全生产管理、风险源监控、应急设备的配备以及监测系统运行等情况。针对检查发现的问题，执法人员对北京天龙钨钼科技股份有限公司、北京古船食品有限公司两家企业下达限期整改指令书，要求北京同仁堂股份有限公司同仁堂药酒厂制订整改方案，由通州区安全监管局监督落实。

（范慧）

【通州区白酒企业安全检查】 5月22日，市安全监管局赴通州区对北京同泉涌酒业有限公司进行安全生产检查。在检查中发现，该企业罐区罐间距不足，罐区未安装可燃气体浓度报警器、排风系统和灭火系统，未按照有关标准规定进行防雷设计，储罐未安装高低液位计，储罐等设备设施未按照标准规定做好防静电接地；灌装车间、包装车间、成品库等生产用房未进行防火分隔，勾兑车间通风不足，消防设备设施不规范；厂区无环形消防通道，无事故池、独立泵房和消防栓。针对检查中发现的问题，检查组责成通州区安全监管局加强安全监管，督促被查企业落实工作措施，整改治理安全隐患。

（范慧）

【亚信非政府论坛年会安全保障】 5月25日，亚洲相互协作与信任措施会议非政府论坛首次年会在北京开幕，为做好会议的服务保障工作，市安全监管局执法监察总队按照市政府办公厅的要求，对北京国际饭店和北京饭店活动场所内临建设施搭建开展安全监管工作。通过与组委会沟通，了解主要临建设施的搭建规模、搭建时间、作业人数、施工难度等情况，在第一时间向两家临建设施搭建公司提出搭建、拆除等作业安全监管要求。5月24日，执法监察总队派员对活动场地的11处搭建现场、34个主要临建设施逐一检查，对发现的问题依法下达责令限期改正指令书，要求施工单位立即整改，直至通过复查验收。在26日夜间拆除作业中，执法监察总队再次派员到现场检查，督促施工单位加强现场安全管理，防止高处坠落、物体打击和触电事故发生。27日清晨，所有临建设施如期拆除并运出活动现场。

（叶子楠）

【“双打”专项执法行动】 6月至7月，市安全监管局在全市范围内组织开展电气使用暨特种作业领域“双打”专项行动。全市安全监管部门发挥综合监管职责，采取“四不两直”的方式对企业进行执法检查，检查生产经营单位2545家，检查发现68人无特种作业人员证件，整改消除安全隐患8836项，下达执法检查文书2549份，立案处罚69起，罚款近50万元，停产停业生产经营单位31家。为巩固“双打”专项执法监察成果，严厉打击电气使用暨特种作业领域“双打”违法行为，7月23日，市安全监管局会同朝阳区安全监管局在朝阳区十八里店乡召开专项执法行动集中约谈处罚会，20家生产经营单位参加集中约谈，6家存在严重安全隐患的生产经营单位被行政处罚。

（叶子楠）

【“9·3”纪念活动临建安全检查】 7月13日，市安全监管局局长张树森带队对中国人民抗日战争暨世界反法西斯战争胜利70周年纪念活动大屏幕钢架建设及观礼台加工厂进行安全检查，实地查看观礼台加工厂和大屏幕钢架建设加工厂的安全生产、应急管理等工作情况，听取加工单位针对临时设施的设计方案、工程进度等情况的汇报。张树森指出：纪念活动政治影响大，临建设施不能发生任何安全问题。加工单位要对运输、搭建、拆除等工作方案进行论证，并报国家安全监管总局审查；监理、安全评价单位要加大巡查力度，加强隐患排查，及时消除安全隐患；市安全监管局要把安全监管工作重点转向运输、搭建、拆除等工作方面，做好统筹协调，安排专人进驻搭建现场进行安全保障，属地政府要落实属地责任，全力做好服务保障工作。

（叶子楠）

【专职安全员集训完成】 7月28日，第10期全市乡镇、街道（园区）安全生产专职安全员培训班结业仪式在北京军区联勤部举行，标志着本次安全生产专职安全员集训工作正式落下帷幕。本次集训历时125天，来自全市17个区县344

个乡镇街道和23个工业园区的3503名专职安全员分为10个批次，以全封闭形式接受法规业务、军事队列、检查礼仪、宣传报道等方面的集中轮训，人员参训率90%以上。市安全监管局执法监察总队按照政治建队、业务带队、作风强队的理念，精心制定工作方案，抽调骨干成立专门的集训管理机构，调动区县安全监管局共同承担集训日常管理与服务保障工作，按照“四位一体”的模式设计培训课程。每批参训学员经过10天的集训，在业务知识和操作能力上都取得进步，同时还凸显出一批业务熟练、作风优良、品行出众的基层人才，对今后的队伍建设具有重要的促进作用。

（叶子楠）

【安全生产保障视频会】 8月17日，市安全监管局召开全市安全生产大检查和“两个重大活动”安全生产保障工作视频会，对全市安全生产大检查和“两个重大活动”安全生产保障工作进行再动员、再部署、再落实。会议要求安全监管系统执法检查人员围绕纪念活动重要场地、沿线周边，城乡结合部、人员密集场所和“五小”企业、“六小”场所等重点区域，从“电、气、火、库、应急”5个方面深入检查生产经营单位安全隐患，针对行业特点明确检查内容，统一检查标准，确保检查实效。要认真践行“六个坚持”的“北京安监精神”，切实担负起职责，在市委、市政府的领导下，齐心协力，敢于担当，为重大活动安全保障做出应有贡献。

（叶子楠）

【世锦赛焰火储存安全检查】 8月19日，市安全监管局副巡视员钱山带队对2015年北京国际田联世界田径锦标赛开幕式焰火存放仓库进行安全检查。检查组听取熊猫烟花公司和储存仓库负责人关于焰火存储工作情况的汇报，以及大兴区安全监管局关于检查存在问题和督促整改情况的汇报，并现场检查存储仓库车辆、静电防护、交接班记录、温湿度检测记录和人员值守情况。钱山要求企业深刻吸取天津“8·12”爆炸事故教训，一丝不苟地做好焰火储存燃放工作，全力消除安全隐患，保障世锦赛开幕式焰火燃放顺利进行。

（叶子楠）

【危险化学品企业突击检查】 8月20日，市安全监管局局长张树森带领执法监察总队采取“四不两直”的方式，对大兴区大兴油库、华泰加油站危险化学品经营储存单位和朝阳区城环城汽配城进行突击检查。检查发现，3家企业不同程度地存在应急演练内容不详实、预案不具可操作性、值班领导不熟悉预案内容、应急响应迟钝等问题，个别企业配电室无人值班、电工用具混合存放、值班室存在吸烟现象、配电箱缺少配图、电工未持证上岗、中控室值班人员未持有特种作业人员从业资格证和临时电线未按规定敷设等问题。执法人员对此责令企业立即整改，并约谈其上级主管单位负责人，督促企业加强自身管理，确保安全生产。

（叶子楠）

【世锦赛安全保障】 8月22日，2015年北京国际田联世界田径锦标赛在国家体育场隆重开幕。市安全监管局在这项体育赛事中承担开幕式临建设施的搭建使用及焰火燃放安全监管工作。市安全监管局执法监察总队成立安全监管工作小组，制定方案明确职责，对临建设施的搭建使用、焰火存储和燃放实行进驻式全过程监管，并与大兴区安全监管局对焰火在京临时存储仓库进行监管，督促朝阳区安全监管局对赛场、驻地周边200米范围生产经营单位开展检查，向世锦赛组委会印发安全生产监管建议函，督促活动主办单位履行安全生产主体责任，确保安全。为世锦赛成功开幕及赛事顺利进行提供安全保障。

（叶子楠）

【市局领导深入基层督导安全】 8月25日，市安全监管局张树森局长带队赴基层开展安全生产大检查督导工作。在大兴区采育镇专职安全检查站听取工作汇报，并带队对两家关停企业再次检查。此次督导工作由局领导带队、执法人员检查并邀请专家参与，构建“三位一体”式的检查模式，丰富执法检查形式。张树森指出，开展安全生产大检查，必须先发动企业开展自查，进一步落实企业主体责任，不能政府一家忙，执法检查人员要充分利用法律赋予的权力，对违法违规企业要采取果断措施，确保生产运营过程中的安全。

（叶子楠）

【约谈乐天包装（北京）有限公司负责人】 8月26日，市安全监管局针对乐天包装（北京）有限公司易燃易爆危险化学品库、高压配电室、库房安全管理不到位等问题，紧急约谈企业负责人。会上，市安全监管局通报检查该单位发现的隐患和问题，结合本市重大活动期间安全生产工作要求，对该单位提出要求：一是立即制定整改方案，对隐患问题进行全面整改；二是做好停产期间应急管理工作，加强安全检查；三是落实安全生产管理制度和岗位责任制，做好安全生产各项工作。

（叶子楠）

【统一集中夜查行动】 8月28日，市安全监管局和各区县安全监管局出动1470余名执法检查人员，组成281个检查组，对全市1030座加油站、33座油库进行全覆盖夜查，并对城乡结合部人员密集场所进行重点抽查。当晚检查结果显示，全市油库、加油站安全管理有序，人员值班值守在位，安全风险点掌握清晰，应急措施科学，但城乡结合部的小型企业安全水平较低，管理不到位。对检查中发现的隐患和问题，检查组责令企业立即整改。

（叶子楠）

【纪念活动安全保障】 8月，为做好中国人民抗日战争暨世界反法西斯战争胜利70周年纪念活动安全生产保障工作，市安全监管局组织10个检查组，对本市47家纪念活动驻地周边生产经营单位的安全生产责任制及安全管理制度、应急预案制定情况，特种作业人员安全管理情况、安全培训、安全检查情况，经营场所用电安全管理、安全通道、出口等安全状况进行突击检查。检查中发现问题84项，其中对3家单位下达责令限期整改指令书。检查组及时汇总疏理检查发现的问题，制定有针对性的6条安全生产提示，督促强化驻地宾馆饭店落实安全措施，加强安全防范工作。并及时向本市纪念活动驻地服务保障组反馈检查情况。

（李环宇）

【涉危工业企业安全大检查】 8月，市安全监管局根据国家安全监管总局和市政府要求，吸取天津港瑞海公司“8·12”危险品仓库爆炸事故教训，对全市工业企业涉及危险化学品使用单位、爆炸性粉尘企业以及白酒企业开展安全生产大检查。重点检查危险化学品储存、设备设施安全情况，危险化学品安全管理规章制度、操作规程、警示标识、教育培训、应急救援和防护用品等管理情况。检查企业53家，查处隐患333项，停产停业整顿企业6家，对17家企业下达责令限期改正指令。

（范慧）

【国庆期间加油站安全检查】 10月7日，市安全监管局副局长贾太保带队对西城区中石化金融街、展览路、广安门北滨河路加油站、中石油月坛加油站4家生产经营单位进行安全检查。从检查情况看，各加油站安全生产情况较好，但也存在安全员为兼职、安全管理记录档案零乱不全、报警器未正常使用或故障等问题。针对发现的问题，检查组对相关企业提出整改要求。贾太保指出，现场带班人员要当好指挥员，要具备较强的安全管理能力和应急处置能力，落实各项安全制度和措施，加强应急演练，提高应急处置能力，防范各类事故发生，确保首都社会安全稳定。

（王洪志）

【市安全监管局获阅兵联合指挥部表彰】 10月13日，阅兵联合指挥部对在纪念中国人民抗日战争暨世界反法西斯战争胜利70周年阅兵保障活动中做出突出贡献的单位进行表彰，市安全监管局作为市级贡献突出单位获此荣誉。此次纪念活动安全保障工作中，全市安全监管系统承担重要场地周边、机动沿线和核心区临建设施安全生产保障3项职责，从5月7日到9月15日，市安全监管局执法监察总队通过采取源头管理、进驻监管和风险评估等创新方法，加强对整个纪念活动的全过程监管。经过全系统共同努力，整个纪念活动中安全生产任务圆满顺利，实现“确保阅兵活动安全生产保障工作万无一失”的工作目标。

（叶子楠）

【工业企业执法检查】 10月21日，市安全监管局组织专家采取“四不两直”的方式对北京造纸一厂、北京地大天成印务有限公司、北京城建沥青混凝土有限公司进行执法检查。检查发现，3家企业安全生产责任制和安全生产规章制度较为健全，安全生产管理比较规范，但存在设备设施缺少安全警示标识、库房物品货垛过高、燃气管线无手动关闭阀门、生产车间与库房混用等安全隐患。执法人员针对检查发现的问题，责令企业限期整改。经复查，隐患全部整改完毕。

（范慧）

【建筑事故“回头看”专项执法】 12月3日，市安全监管局执法监察总队会同市住房城乡建设委赴北京建工集团第五建筑工程集团有限公司承建的槐房村安置房项目，开展建筑单位事故“回头看”专项执法行动。此次执法行动采取领导带队、执法人员检查和专家参与“三位一体”的执法模式，以提高“回头看”专项行动的标准和质量，达到以事故推动企业安全生产管理，强化主体责任落实的目的。共检查10家企业的10个在建项目工程，发现安全隐患46项，下达整改指令书5份，现场措施决定2份，责令当场停产停业或局部停产停业整顿2家，对3家存在严重安全隐患的企业予以行政处罚。“回头看”专项执法检查针对性强，内容充实，是政府监管的有效手段，也是对企业安全管理工作的再督促、再警示，取得预期效果。

（叶子楠）

【安全检查能力素质提升培训班】 12月4日，第四期全市乡镇、街道（园区）安全生产检查队长能力素质提升培训班完成最后一门课程，培训工作圆满落下帷幕。此次培训自11月8日开始，历时27天，共有来自全市17个区县344个乡镇街道和23个工业园区的近400名安全生产检查队正、副队长参加培训。按照“培养检查队队长的法治思维、战略思维、管理思维、创新思维、团队思维能力”的工作方向，市安全监管局与各区县安全监管局、中国人民大学马克思主义学院密切合作，精心安排培训课程，严格规范培训纪律，以严谨高效的工作机制，确保此次培训活动顺利开展。培训期间，每期参训的学员经过9个科目、27个学时的学习，填充关于沟通协调、团队打造、创新管理等领域的知识储备，开阔视野、拓展思路。通过课堂研讨、课余交流和文娱活动，学员之间增进了解，积累信息资源，对日后带领各自的队伍开展安全检查和队伍建设工作均起到促进作用。

（叶子楠）

【石景山区“回头看”督查】 12月7日，市安全监管局采用“四不两直”的方式对石景山区开展安全生产大检查“回头看”活动情况进行督查。检查组听取石景山区安全监管局关于安全生产大检查工作开展情况的汇报。重点检查安全生产责任体系“四级五覆盖”和规模以上企业“五落实五到位”情况。安全生产大检查工作开展以来，石景山区按照“全覆盖、零容忍、严执法、重实效”的总体要求，组织检查组13594个，出动检查人员37982人次，检查生产经营单位34010家次，排查隐患12075项，整改完成11912项，整改率98.65%（重大安全隐患70项，整改完成70项，整改率100%）。责令停产、停业、停止建设企业147家，关闭非法企业96家。深化城乡结合部专项整治，加强罐装燃气安全隐患整治，采取综合督导检查等措施推进全区安全生产工作。

（李广、张雷）

【东城区“回头看”督查】 12月8日，市安全监管局对东城区安全生产大检查情况进行“回头看”督查。督查组随机抽查龙潭街道、北新桥街道和交道口街道7家生产经营单位。现场检查发现，虽然被抽查的单位对存在隐患均组织整改，但由于餐饮行业经营者转手频繁，还存在着经营者对燃气安全知识掌握不牢、基本情况不熟悉的情况，存在气瓶间及周边易燃物清理不及时、用电不规范等隐患。督查组针对检查发现的问题，向东城区安委会反馈，要求采取措施，及时整改。

（范慧）

【全国政协新年茶话会安全保障】 12月31日，全国政协2016年新年茶话会在京召开。根据市委、市政府总体部署，市安全监管局制定安全生产监管方案和应急预案，调动属地区安全监管局建立完善会场周边 200 米企业基础台账，并开展全覆盖安全检查及复查工作。保障工作中，西城区安全监管局全面排查、重点监控 18 家重点监管单位；市安全监管局开展对周边企业的抽查检查，全面排查治理安全隐患，确保活动顺利进行。

（叶子楠）

【“新年倒计时”临建设施安全检查】 12 月 31 日，2016 北京新年倒计时活动在劳动人民文化宫太庙举行。按照市政府工作部署，市安全监管局执法监察总队采取 3 项措施确保活动顺利进行。一是迅速与搭建单位北奥盛典公司联系，了解搭建进展情况；二是制定工作方案，要求属地安全监管局确定专门负责周边单位检查工作的领导，保证在活动当日 12：00 前完成 200 米范围内生产经营单位的全覆盖安全检查；三是组织执法力量和专家，对活动现场舞台、灯光架、LED 大屏幕等现场搭建的临建设施进行安全检查，确保新年倒计时活动顺利进行。

（叶子楠）

【执法检查和生产安全事故处理】 本年，市区两级安全监管部门检查各类生产经营单位 160827 家，下达行政执法文书 86309 份，查处隐患 206914 项，罚款 1865.07 万元。市安全监管局查处生产安全事故 43 起，结案 38 起，移送司法机关追究刑事责任 36 人，给予党政纪处分 18 人，罚款 1993 万元。

（贾秋霞、赵芬）

【安全生产举报投诉】 本年，市安全监管局、财政局联合发布《北京市安全生产举报奖励实施办法》。开通“12350”安全生产举报投诉微信公众号，搭建社会监督新平台。推进《举报投诉典型案例选编》编写。安全生产举报投诉中心获“2013—2014 年度全国青年文明号”荣誉称号，并通过 ISO 9001 质量管理体系认证。“12350”举报投诉热线共接听市民来电 10867 个，接收举报 750 件，立案查处 552 件，移送其他单位 198 件，办结 518 件，办结率 93.84%。

（贾秋霞、赵芬）

【“职工技协杯”执法监察业务竞赛】 本年，市安全监管局和市总工会共同举办 2015 年北京市“职工技协杯”职业技能竞赛安全生产执法监察业务技能竞赛。此次竞赛，由北京工业职业技术学院承办，分为安全生产业务理论初赛、各区选拔复赛以及工业、危险化学品经营、职业卫生专业现场执法决赛 3 个部分。竞赛期间，各单位积极发动，周密组织，引导安全生产执法人员以竞赛为平台，通过开展专业理论知识培训、现场模拟竞赛、优秀选手选拔等多种形式的教育培训活动，为提高广大安全生产执法人员业务能力和水平，发挥积极的推动作用。按照竞赛工作方案有关规定，本着“公平、公正、公开”的原则，经竞赛组委会办公室审评、组委会审核，决定对此次竞赛综合评选出的 6 个优胜团队，10 名优胜个人，6 个优秀组织单位予以通报表彰。

（叶子楠）

职业卫生监督检查

【职业病防治研究院成立】 1 月 15 日，北京市职业病防治研究院（在北京市化工职业病防治院的基础上）正式挂牌成立，成为本市安全监管系统职业病防治技术支撑机构。

（王海斌）

【“职业卫生全程无缝隙监控体系”正式运行】 1月15日，市安全监管局建立的“职业卫生全程无缝隙监控体系”正式运行。该体系由职业卫生指标监控分体系、职业病调查处理闭环管理分体系和职业病发病情况分析预警分体系组成。其中：职业卫生指标监控分体系能够全面掌握、客观评价、实时监控职业卫生工作情况；职业病调查处理闭环管理分体系对所有新发职业病调查处理落实到每个人；职业病发病情况分析预警分体系对职业病发病情况进行实时分析、预判、预警。

（王海斌）

【职业病危害现状评价技术导则】 1月20日，《用人单位职业病危害现状评价技术导则》地方标准通过市质监局审查。该标准结合本市职业卫生工作实际，对职业危害现状评价的程序和内容做出规定，统一规范技术服务机构的评价行为，有利于安全监管部门加强对用人单位的有效监管，具有现实指导作用。

（王海斌）

【有限空间作业科技项目获奖】 1月26日，国家安全监管总局正式发布《关于表彰第六届安全生产科技成果奖的决定》（安监总科技〔2015〕8号），市安全监管局和市劳动保护科学研究所报送的《有限空间作业安全生产综合监管体系构建与应用》项目（AQJ—6—2—105），荣获科技成果二等奖。

（王海斌）

【职业病防治责任告知启动】 1月30日，市安全监管局发出通知，部署开展用人单位职业病防治责任告知工作。一是启动早、动作快，有利于区县统筹安排、整体推进；二是坚持问题导向，从“一企一书、责任告知”入手，推动用人单位主体责任落实；三是寓管理于服务，将复杂的内容梳理归结为10条，简洁明了告知用人单位；四是月有监测、年有考核，力求效能最大化。

（王海斌）

【“双达标”工作启动】 2月5日，市安全监管局发出《关于开展用人单位职业病危害告知与警示标识设置双达标工作的通知》，对本市用人单位职业病危害告知与警示标识设置双达标工作进行部署。旨在通过为期1年的专项治理，规范本市用人单位职业病危害告知和警示标识设置，使职业病危害告知率和警示标识设置率均达到90%以上。

（王海斌）

【总局职业卫生调研】 3月6日，国家安全监管总局职业健康司监察专员杨国顺带队赴北京东陶有限公司进行调研。调研组对北京东陶有限公司调制车间、成型车间、生检施釉车间、烧成车间等车间进行了现场查看，了解陶瓷生产工艺流程，对职业危害因素进行检测，查阅卫生管理制度、职业危害检测报告、劳动者监护档案、培训档案等资料，并就职业卫生管理工作有关问题进行交流。

（石逸超）

【职业病危害防治评估总结】 3月6日，市安全监管局副局长阎军主持召开2014年职业病危害防治评估工作总结视频会议。会议总结2014年本市职业病危害防治评估工作，结合防治评估中发现的问题提出3项要求：一是加大宣传指导力度，落实用人单位主体责任；二是履行职责，提升职业卫生监管能力；三是统筹安排部署，发挥联动效应。

（王海斌）

【燕山石化职业病防治所调研】 3月9日，市安全监管局局长张树森、副局长阎军带队到北京燕山石化职业病防治所进行调研。该单位集职业卫生评价、检测，环境影响评价、检测，职工健康体检、心理健康咨询等为一体的综合性技术服务机构。调研就安全培训、应急救援、扩大服务满足社会需求等方面，以及双方合作事项进行深入探讨。张树森指出：北京燕山石化职业病防治所要进一步加强技术人才、科研攻关、专业特长、社会影响等资源优势培育，不断拓宽服务领域，使机构能够为北京市提供更加丰富的安全生产服务。

（石逸超）

【顺义、怀柔企业职业卫生检查】 3月12日，市安全监管局副局长阎军带队，分别对顺义区北京首钢冷轧薄板有限公司、怀柔区北京古诺凡希家具有限公司，采取直插作业现场、沿生产工艺流程，现场危害识别、现场向劳动者询问、现场实地检测、现场查阅职业卫生管理文件资料的方法进行检查。针对检查发现的问题，检查组要求企业落实职业病防治主体责任，对存在的问题立即进行整改，并分别要求顺义区、怀柔区安全监管局负责监督落实，要求企业整改完毕后，将整改报告报送市安全监管局。

（石逸超）

【职业病防治专业人才培养项目】 3月17日，市安全监管局向市委组织部申请批准《北京市优秀人才培养资助项目》，提出职业病防治领域专业技术人才培养计划。该计划项目以北京市职业病防治研究院为依托，着手培养一批放射防护和人类工效学专业的急需紧缺人才，通过建立博士后科研工作站、与高校合作、技术挂职等培养方式，在本市探索形成多层次、多渠道的职业病防治专业技术人才培养体系。

（王海斌）

【职业卫生白皮书编制完成】 4月7日，市安全监管局编制完成《北京市2014年职业卫生白皮书》。该书利用统计学、分析学相关理论，结合2014年度职业卫生日常行政监管实践数据统计，全面反映本市职业卫生工作的现状，并预判职业病防治的重点方向。

（王海斌）

【有限空间安全生产视频会】 4月28日，市安全监管局召开全市有限空间安全生产工作视频会。市发展改革委、住房城乡建设委、市政市容委、交通委、农委、水务局、广电局、通信管理局有关负责人，市电力公司、燃气集团、热力集团、市政路桥等18家企业集团和北京电视台、北京新闻广播、《中国安全生产报》《北京日报》等单位有关负责人参加会议。各区县及开发区相关委办局和企业有关负责人在分会场参加会议。会议对2015年有限空间安全生产工作进行安排部署。会议要求各行业部门履行监管职责，加大执法检查力度，督促企业落实主体责任；各区县要落实属地安全监管责任，加强组织领导，发挥统筹协调作用，增强抓好有限空间安全生产工作责任感、使命感；各企业落实安全生产主体责任，加强承发包管理、加大安全投入、贯彻“三个地方标准”、组织参加有限空间作业技能大比武活动，提升有限空间安全管理水平。

（石逸超）

【两部地方标准获批】 4 月 30 日，由市安全监管局起草制订的《工作场所防暑降温技术规范》（DB11/T 1192－2015）、《用人单位职业病危害现状评价导则》（DB11/T 1193－2015）两部地方标准，经市质监局批准发布，于 11 月 1 日正式实施。

（王海斌）

【职业病危害现状评价专项活动】 4 月，市安全监管局启动职业病危害现状评价专项活动。此次专项活动包括用人单位 513 家，涉及朝阳区、海淀区、丰台区、石景山区等 16 个区县。对于近 3 年出现过在岗职业病病人的用人单位、未进行“三同时”评价和“三同时”评价超过 3 年的职业病危害严重的用人单位，必须开展现状评价。将职业病危害现状评价与水泥制造行业专项治理行动“回头看”、陶瓷制造耐火材料专项治理行动、职业卫生基础建设活动相结合，做到相互促进、协调推进。

（石逸超）

【有限空间作业大比武】 4 月至 6 月，市安全监管局、总工会联合发出通知，开展北京市第二届有限空间作业大比武活动。此次大比武活动分为初赛、复赛和决赛 3 个阶段。6 月 24 日至 6 月 26 日，通过决赛，北京环境卫生工程集团有限公司一队、中国联通北京市分公司获得此次大比武活动一等奖，其他参赛队伍分别获得二等奖、三等奖和优胜奖，同时对大比武活动组织工作有力的相关行业部门和区县授予优秀组织奖。通过开展有限空间作业大比武活动，进一步提升一线作业队伍安全意识和业务技能，促进有限空间安全管理法规和地方标准的贯彻落实。

（石逸超）

【有限空间夜查】 6 月 4 日至 5 日，市安全监管局开展有限空间夜查行动，对东城、西城、海淀、丰台等核心区的主要街道进行拉网式巡查，检查 4 家作业单位，发现作业人员下井未佩戴安全绳、安全带和铺设光缆作业不符合安全作业要求等问题。针对发现问题，执法人员要求相关单位立即停止作业，责令立即整改，并对单位负责人进行约谈。

（石逸超）

【安工院发展战略研讨会】 6 月 26 日，北京市安全生产工程技术研究院发展战略研讨会暨揭牌仪式在北京石油化工学院举行。副市长张延昆，市安全监管局局长张树森，市委教育工委常务副书记张雪，市教委副主任郑登文，市科委党组书记呼文亮、副主任张光连，市编办副主任孙仕柱，中国安科院党委书记吕敬民、副院长李克荣参加研讨会。市安全监管局和北京石油化工学院于 2012 年 6 月开始合作共建“北京市安全生产科技创新研究院”，致力于开展安全生产培训、人才培养、科学研究、技术服务等各项工作，服务首都安全生产。2015 年 5 月，经市编办批准，将“北京市安全生产科技创新研究院”改名为北京市安全生产工程技术研究院，并申请成为独立事业法人单位。

（王海斌）

【防暑降温职业卫生检查】 7月7日，市安全监管局副局长阎军带队，到朝阳区、丰台区部分高温作业单位、建筑工地、交通场站等进行检查、指导防暑降温与职业卫生工作。采用实地检查与查阅资料方式，重点检查企业贯彻落实《防暑降温措施管理办法》规定、建立健全防暑降温工作制度、制定高温中暑应急预案、合理安排和调整作业时间、组织劳动者进行职业健康检查、落实各项防暑降温措施、发放高温津贴和防暑降温药品等情况。

（石逸超）

【职业病直报制度】 7月9日，市安全监管局制定的本市用人单位职业病直报安全监管部门的制度正式施行。用人单位及时向安全监管部门报告职业病，有利于用人单位迅速查摆作业场所存在问题，有利于劳动条件的改善，有利于避免出现更多的同类职业病病人。对于劳动者而言，直报有利于劳动者职业病待遇的落实，有利于劳动者职业病防治权利的维护，有利于劳动者自我保护意识的提升。

（王海斌）

【职业病防护设施竣工验收】 7月27日，市安全监管局组织专家验收组，赴北京铁路信号有限公司对其客运专线/高速铁路列控系统设备生产扩能技术改造建设项目—电子加工中心职业病防护设施进行竣工验收。验收组听取建设单位对建设项目试运行情况介绍，以及评价单位对电子加工中心职业病危害控制效果评价的汇报，实地查看电子加工中心水清洗机操作位、超声波清洗操作位、应答器灌封操作位、CAU 测试操作位等存在职业病危害因素的工作场所职业卫生管理及职业病防护设施设置运行情况，并核查职业卫生管理制度、职业健康检查、健康监护档案、职业病危害告知、宣传教育培训等有关资料。经过对《报告书》质询与讨论，验收组认为《报告书》评价目的明确、方法正确、程序规范、结论正确、建议可行，同意《报告书》通过评审，同时提出补充项目利旧内容、完善健康监护的分析与评价、细化放射工作人员个人剂量的分析与评价3条修改建议，要求评价单位修改后依程序上报。经对防护设施进行现场验收，验收组认为该项目工作场所职业病防护设施运行正常，主要职业病危害因素检测结果符合国家职业卫生标准，同意该项目职业病防护设施通过验收，同时提出增加警示标识和职业危害告知卡的数量、加强现场职业卫生管理、确保职业病防护设施正常运行2条整改建议。

（石逸超）

【职业卫生监管干部培训班】 7月29日至31日，市安全监管局在北京经济管理职业学院举办全市职业卫生监管干部培训班，各区县安全监管局主管领导、职安科全体人员90人参加培训。市安全监管局副局长阎军进行开班动员。此次培训是“从零起步，全面系统，侧重实用”的业务素质提升班，重点培养职业卫生监管骨干力量。

（王海斌）

【昌平区企业职业卫生执法检查】 8月11日，市安全监管局检查位于昌平区的北京华都肉鸡公司、北京利尔高温材料股份有限公司职业卫生管理工作。通过检查发现，北京华都肉鸡公司存在职业病危害申报变更不及时、噪声未进行检测、除尘系统维护保养不及时、配电室管理制度不完善等问题；北京利尔高温材料股份有限公司存在未给劳动者配备耳塞、除尘系统不到位、体检报告内容不全面、配电室管理制度不完善等问题。检查组要求北京华都肉鸡公司、北京利尔高温材料股份有限公司落实安全生产主体责任，针对存在问题立即进行整改，并委托昌平区安全监管局对两家企业进行行政处罚。

（石逸超）

【职业病防治工作联席会议】 8月19日至21日，国家安全监管总局和国家卫生计生委等部门对北京市《国家职业病防治规划（2009—2015年）》落实情况开展联合督查。按照市领导指示，根据国家安全监管总局和国家卫生计生委等部门的督查建议，市安全监管局依据相关部门职责，起草制订《加强职业病防治工作分工方案》。9月22日，市安全监管局召开全市职业病防治工作联席会议，专题研究讨论《加强职业病防治工作分工方案》。市卫生计生委、人力社保局、发展改革委、经济信息化委、财政局、市编办6个部门相关负责人参加会议，结合各自职责对方案提出修改意见和建议。

（王海斌）

【企业作业现场突击检查】 8月24日，市安全监管局副局长阎军带队，对丰台区北京中石化万泉寺加油站及北京博瑞凌志汽车销售服务有限公司、北京首创森美汽车贸易有限公司、大众汽车服务中心（北京）有限公司3家企业的喷漆间、调漆室等作业现场进行突击检查。检查中发现，北京中石化万泉寺加油站主要负责人在岗在位，值守人员和应急器材配备齐全，落实应急值守安排，组织员工进行职业健康检查。北京博瑞凌志汽车销售服务有限公司、北京首创森美汽车贸易有限公司、大众汽车服务中心（北京）有限公司3家汽车4S店均分区布置机修、钣金、喷烤漆、打磨、抛光等维修设备，作业人员个体防护较规范，机动车排气管与通风排毒装置有效连接，在独立设置的烤漆房内完成喷漆工作。但3家企业均不同程度存在调漆间机械排风装置排风量不足、警示标识和中文警示说明张贴不醒目、库房中维修使用的漆料、溶剂、油料等原辅料化学品存放不规范等问题。对此，执法人员要求企业严格落实整改，并对整改情况进行复查。

（石逸超）

【职业卫生机构资质认可】 9月10日至11日，市安全监管局组织专家对北京铁路疾病预防控制中心机构开展资质认可工作。专家组采取查阅资料、现场查看、理论笔试、现场口试、现场实操、盲样考核、编制模拟报告等形式，对北京铁路疾病预防控制中心的组织机构、人员、工作场所及实验室、仪器设备、职业病危害因素检测能力、建设项目职业病危害评价能力和质量管理体系运行情况等7个考核要素、99项考核内容进行现场评审，考核结果为整改后通过。专家组根据评审结果提出建议：一是加强人员培训，强化专业技术人员实际操作能力；二是强化实验室管理，改造实验室通风系统，加强样品溯源性管理；三是完善质量管理体系和管理制度，加强技术服务合同评审工作。

（石逸超）

【顺义区疾控中心评估检查】 11月3日，市安科院组织对顺义区疾病预防控制中心职业卫生技术服务工作进行评估检查。顺义区疾病预防控制中心具有职业卫生检测项目43项、职业健康检查项目18项，对42家用人单位进行检测，对47家企业进行重点职业病（有机溶剂中毒）哨点监测。从评估检查情况看，顺义区疾病预防控制中心组织机构健全，规章制度完整，设备设施符合要求。存在的主要问题：一是专业技术人员偏少，服务质量难以保证；二是实验室环境与规范要求有差距，缺少局部通风和安全警示标识；三是检测报告和技术服务档案不完善，专业人员内部培训记录不完整等。评估组针对检查中发现的问题，提出整改意见。

（杨琳）

【大兴区疾控中心评估检查】 11月5日，市安科院组织对大兴区疾病预防控制中心职业卫生技术服务工作进行评估检查。2015年，该机构出具31份委托职业病危害因素检测报告，完成534名重点职业卫生哨点监测企业劳动者问卷调查和职业健康监护，完成20家企业职业病危害因素监测，采集苯、甲苯、二甲苯各51点612件样品。从评估情况看，该机构组织机构健全，内部管理规范，质量体系完善，较好完成本区域内职业卫生技术支撑工作。存在的主要问题：一是检测评价人数10人少于乙级资质所要求的20人；二是现场调查报告和工作日调查记录过于简单；三是实验室无安全标识；四是无检测报告、审核记录和合同评审记录，未做评价报告。评估组针对检查中发现的问题，提出整改意见。

（苏希鹏）

【通州区疾控中心评估检查】 11月10日，市安科院组织对通州区疾病预防控制中心职业卫生技术服务工作进行评估检查。2015年北京市通州区疾病控制预防中心开展22家用人单位作业场所职业病危害因素检测，未开展职业病危害评价和现状评价工作。从评估检查情况看，该机构存在的主要问题：一是实验环境和规范要求有差距；二是档案管理有待进一步规范；三是检测报告质量有待进一步提高。评估组针对检查中发现的问题，提出整改意见。

（苏希鹏）

【工业技术开发中心评估检查】 11月12日，市安全监管局对北京市工业技术开发中心进行评估检查。评估组采取检查实验室、查阅书面材料、听取工作汇报的方式，对北京市工业技术开发中心组织机构、实验室管理、档案管理、服务业绩和质量、实验室盲样考核、遵纪守法情况进行检查评估。从评估检查情况看，该公司组织机构健全，技术人员配备合理，能够按照工作规范要求开展职业卫生技术服务，实验室设备先进；职业病危害因素现场调查记录内容翔实，职业病危害评价报告编写规范、结论正确；参与市安全监管局职业卫生基础建设抽查和顺义区职业卫生管理取证培训等延伸服务，参加国家级盲样考核。检查中发现该机构存在评价报告方案不详细等问题。针对发现的问题，评估组与北京市工业技术开发中心相关负责人和技术人员交换意见，并督促其立即整改。

（石逸超）

【职业病危害防治人才培养基地】 11月16日，国家安全监管总局正式批复，同意在北京市职业病防治研究院建立“国家级职业病危害防治专业技术人才培养基地”。这是我国第一个专门培养职业病危害防治专业技术人才的基地，是职业病防治领域的一项创新实措。

（王海斌）

【西城区疾控中心评估检查】 11月18日，市安科院组织对西城区疾病预防控制中心职业卫生技术服务工作进行评估检查。2015年西城区疾病预防控制中心只出具1份职业病危害因素检测报告，未进行职业危害评价工作。西城区疾病预防控制中心管理规范，检测分析设备先进，专业技术人员水平精湛，盲样考核结果全部合格。

（刘倩）

【平谷区疾控中心评估检查】 11月18日，市安科院组织对平谷区疾病预防控制中心职业卫生技术服务工作进行评估检查。平谷区疾病预防控制中心隶属于平谷区卫生计生委。2015年完成31家用人单位作业场所职业病危害因素检测，完成13家哨点企业中1133名工人体检工作。从评估情况看，该机构组织机构健全，内部管理规范，能按照职业卫生技术服务机构资质的相关要求，不断完善质量体系，规范职业卫生工作。存在的主要问题：一是专业技术人员短缺；二是档案管理不规范；三是实验室环境与规范要求有差距；四是报告质量需进一步提高。评估组针对检查中发现的问题，提出整改意见。

（李惠）

【职业卫生技术服务机构省际互查】 11月23日至12月4日，北京、新疆两地安全监管部门对6家职业卫生技术服务机构和2家用人单位开展省际互查。此次检查是在职业卫生技术服务机构自查基础上，两地安全监管部门通过实地查阅档案资料、实验室现场检查、人员访谈以及到机构服务的用人单位现场复核等方式，重点对技术服务机构资质条件、资质管理、人员管理、信息公开、技术服务规范性及真实性、技术服务原始记录及档案管理以及各省级安全监管部门贯彻落实国家安全监管总局有关文件精神等工作开展情况进行互查，对存在的问题分别提出整改意见。

（石逸超）

【职业病防治联合会理事会】 12月16日，北京市职业病防治联合会召开2015年度理事会。会议审议通过2015年度工作报告、财务报告和监事会报告。理事会表决通过2015年度北京职业病防治联合会会员的吸收与除名。理事会表决通过《关于变更北京市职业病防治联合会相关负责人的决定》，并选举新任秘书长（兼法人）和监事长。

（王海斌）

【职业病防治评估】 12月16日，市安全监管局组织开展全市职业病防治评估工作。市安全监管局作为评估工作责任主体，负责制定评估方案，组织协调，从整体上把控评估工作进程。市安科院作为评估工作具体实施主体，负责评估工作具体实施。市安科院、市疾病预防控制中心、市劳保所、市职业病防治研究院和国家安全监管总局职业安全卫生研究中心分别成立5个评估小组对各区县进行评估。按照统计学抽样原则，从每个区县随机抽取一定比例的存在职业危害的用人单位，通过资料审查和现场察看的方式，从用人单位人员培训、职业病危险因素检测、职业健康体检、职业危害告知、警示标识设置方面，评判用人单位职业病防治主体责任落实情况。根据抽样企业职业卫生管理状况，客观评估区县在职业病危害防治方面取得的成效。评估组完成15个区县职业卫生评估，以及160家单位资料审查和32家单位现场审查。

（王海斌、刘倩）

宣传培训

【基层专职安全员队伍建设】 1月21日，市安全监管局与首都之窗网站围绕专职安全员队伍建设这一话题与广大网民展开交流。节目谈到，这支队伍的建立能够进一步健全完善本市安全生产执法检查体系，夯实基层安全监管工作基础。全市3800余名专职安全员均为通过严格的招聘流程进行择优录用，进而充实到乡镇街道工作岗位上。通过抓全员培训、开展管理试点工作、召开专职安全员现场会和队伍建设大会等方式，着力推进基层安全员队伍建设。

（唐冉）

【“安全第一、生命至上”诗歌征集活动】 1月30日，市安全生产宣传教育中心启动“安全第一、生命至上”诗歌征集活动。本次活动由市安全监管局、文化局、新闻出版广电局、团市委联合主办，通州区安全监管局承办，中国诗歌学会朗诵演唱专业委员会、北京市语言学会朗诵研究会协办。活动自1月份开始，7月底结束。具有覆盖面广、宣传有力、原创为主、精品至上4个显著特点。7月30日，诗歌征集评选活动汇报演出暨颁奖典礼在通州区文化馆落幕。国家安全监管总局人事司（宣教办）监察专员杨智慧，北京市安全监管局局长张树森、副局长李东洲及市文化局、市新闻出版广电局、团市委分管领导出席，各区县、重点企业相关领导及一线职工，获奖选手、单位代表，媒体记者500余人参加活动。

（张玉昆）

【安全生产主题海报展示】 1月至2月，市安全监管局为做好新修订的《中华人民共和国安全生产法》宣传工作，设计制作宣传海报，通过长安街数字公交站亭进行宣传展示，在长安街中心区（王府井站、南河沿站、东单路口西站、天安门东站）4个公交站点投放展示，形成关爱生命、关注安全生产的良好社会氛围。

（唐冉）

【房山区企业负责人对话谈心】 3月17日，市安全监管局副局长贾太保到房山区长阳镇与5家企业负责人进行对话谈心。贾太保和企业负责人观看“山西溃坝”事故视频录像，通报北京喜隆多购物广场火灾事故、吉林省长春市宝源丰禽业有限公司“6·3”特别重大火灾爆炸事故、顺义区北京恩布拉科雪花压缩机有限公司“2·5”事故等事故情况，结合事故暴露出的问题，就如何落实企业安全生产主体责任、强化用电安全管理、特种作业人员管理，预防安全生产事故等内容，进行交流座谈。贾太保向企业负责人发放宣传教育材料。房山区安全监管局、长阳镇政府有关人员参加对话谈心活动。

（孙鹏）

【安全社区评审】 3月17日，市安全监管局组织2014年北京市安全社区创建综合评审会，对确定参加现场评审的单位逐一听取情况汇报，经专家综合审定，初步确定丰台区和义街道等14家单位为2014年北京市安全社区。在综合评审会上，专家们对获得现场评审资格的14家单位，进行详细说明和汇报，展示各单位在开展安全社区建设工作中的亮点、不足及后期整改情况，并提出最终评审意见。

（刘友强）

【“安责险”签约仪式暨新闻发布】 3月24日，市安全监管局举行“安责险”制度参保企业签约仪式，就“安责险”相关工作进行新闻发布。通报称，自2011年启动烟花爆竹销售网点“安责险”试点工作以来，市安全监管局在全市范围内12个重点行业领域动员部署“安责险”试点工作，取得良好成效。截至2月底，全市“安责险”参保企业952家，保费收入306万元，累计保险责任限额31亿元。会上，市热力集团、北京玻钢院复合材料有限公司和北京四风汇餐饮有限公司现场签署《安责险保险合同书》，市燃气集团签署《安责险投保意向书》，推进本市“安责险”市场化运营服务工作的全面展开。据统计，北京电视台、北京新闻广播、北京交通广播、《法制晚报》《北京晨报》和中国安全生产杂志社等媒体应邀参加此次会议。

（唐冉）

【安全文化建设示范企业评定】 3月25日，市安全监管局印发《北京市安全文化建设示范企业管理办法、评定标准（修订版）的通知》（京安监发〔2015〕41号），从制度上规范示范企业评定工作。4月7日，市安全监管局下发示范企业创建与复评工作的通知，经过各区县和市属集团企业推荐，本市有92家企业提交示范企业创建申请、50家企业提交示范企业复评申请。按照材料审查、现场评审、网上公示、综合评定程序后，最终命名北京京东方显示技术有限公司等28家企业为“2015年北京市安全文化建设示范企业”，北京铁路局等41家企业通过复评。

（郑羽莎）

【“安责险”推广访谈】 3月26日，市安全监管局与首都之窗网站录制“安责险”制度落实情况及投保注意事项访谈节目。市安全监管局相关负责人对“安责险”制度试点工作建立依据、工作开展情况等做出介绍，阐述“安责险”对于完善企业安全防范措施、健全事故后的经济保障机制等方面所起到的积极作用。对“安责险”的优势特点、价位期限等基本信息做出说明，对投保方式、购买保险注意事项等市民关心的问题进行细致讲解。节目最后，嘉宾提示广大市民：在发生生产安全事故时，应立即与政府相关职能部门、保险公司取得联系，力争第一时间采取合理措施进行抢险救援。

（唐冉）

【“安康杯”竞赛动员部署会】 4月8日，市安全监管局联合市委宣传部、市总工会召开全市安全生产宣传工作暨“安康杯”竞赛动员部署会议，全面总结2014年安全生产宣传工作并部署2015年工作。市安全监管局局长张树森、市委宣传部副部长赵卫东、市总工会副主席韩世春参加会议并讲话。会议总结2014年本市安全生产宣传工作，并对2015年工作进行部署。韩世春对2015年北京市“安康杯”竞赛进行动员部署，并提出工作要求。赵卫东从全市宣传思想文化的高度，对活动宣传方面落实的工作提出建议。张树森就安全社区建设和宣传队伍建设工作做重点强调。会议印发《中共北京市委宣传部　北京市安全生产委员会办公室关于加强2015年北京市安全生产宣传工作的指导意见》《北京市总工会　北京市安全生产监督管理局关于开展2015年北京市“安康杯”竞赛的通知》等文件。与会领导还为2014年北京市安全文化建设示范企业、2014年北京市家庭安全知识竞赛优秀组织单位、“幸福源于安全”安全心语短信征集活动优秀组织单位进行表彰颁牌。大兴区、房山区安全监管局，北京华德液压工业集团有限责任公司在会上作典型发言。市安委会成员单位，部分中央在京及市属大中型企业安全生产相关部门、工会组织负责人，各区县安全监管局有关领导、部门负责人、新闻通讯员、街乡及企业相关负责人，各区县委宣传部、工会有关领导，部分获奖单位及部分新闻单位500余人参加会议。

（张玉昆）

【微小说及安全连环漫画征集】 4月至8月，“宣贯新安法—我来说安全”微小说及安全连环漫画征集活动在本市举办。本次活动由市安全监管局和北京市总工会联合主办，市安全文化促进会承办，来自北京作家协会、《讽刺与幽默报》《工人日报》《东方早报》等单位专家担任评委。活动通过自由漫画联盟、中国新闻漫画网、百度贴吧等各类互联网平台发布比赛信息，采取新浪微博、电子邮件与传统邮寄并用的征集方式，收到微小说作品1169篇，漫画作品1654件。参赛作者中除各省市安全生产领域工作者，还汇聚各行各业关心安全的公众、中小学生，也有专业作家、画家等，覆盖上海、天津、黑龙江、安徽、湖南等10余个省市。最终共评出获奖作品60件。其中微小说、安全连环漫画一等奖各2名、二等奖各5名、三等奖各8名、优秀作品奖各10名、优秀组织奖各2名，微小说最具网络人气奖3名，增设连环漫画学生组优秀作品奖10名。

（邢小鹿）

【安全文化建设示范企业培训】 5月14日，北京市安全文化建设示范企业创建工作培训及现场经验交流会在北京经济技术开发区中铁十九局集团召开。会议将专家辅导、政策解读和实地观摩相结合，邀请北京交通大学教授宋守信进行授课，并前往北京金佰利个人卫生用品有限公司进行参观学习。市安全监管局局长张树森、北京经济技术开发区管委会副主任王合生等领导出席会议。全市各区县主管领导、企业安全文化建设负责人、安全文化专家等200多人参加会议。

（郑羽莎）

【“锤炼队伍作风，推进监管工作”访谈】

5月28日，市安全监管局局长张树森应邀参加首都之窗“政风行风热线”直播访谈节目，以“锤炼队伍作风，推进监管工作”为主题，介绍市安全监管局

“两书”活动、全市安全生产形势、事故调查处理、专职安全员队伍建设、“安责险”和安全生产举报投诉等工作，并回答网友的提问。

（唐冉）

【青年职工安全生产活动】 5月，市安全监管局、团市委共同举办“青春之我 实干兴邦”北京市青年安全生产管理大师赛成果展示暨“百万青工岗位建功”行动启动仪式。两项活动自2014年中旬启动，由市安全监管局、团市委共同举办。创建伊始，各区安全监管局和团区委广泛发动各行业、领域企业青年集体参与，《中国安全生产报》《劳动保护》《北京青年报》等10余家媒体先后对该活动进行宣传报道。最终，360个企业单位参与创建活动，参与企业数为历年之最。首次举办的青年安全生产管理大师赛，也吸引全市64家单位参赛，提交作品400余件。

（唐冉）

【安全生产新闻通讯员培训会】 6月4日，市安全监管局在北京市职工服务中心召开2015年安全生产新闻通讯员培训会。来自市区两级安全监管部门及市安全文化促进会会员单位的90余名通讯员参加培训学习。在授课培训环节，中国新闻社摄影部主任宋吉河、《北京日报》社会新闻部主任李学梅、《中国安全生产报》网络中心杨华主任为通讯员学习新闻业务知识提供指导。

（唐冉）

【工业企业事故隐患排查治理培训班】 6月5日，市安全监管局在北京市经济管理干部学院举办工业企业事故隐患排查治理培训班，各区县安全监管局主管领导和企业安全负责人80余人参加培训。在培训班动员会上，市安全监管局副巡视员高士虎介绍隐患排查治理顶层设计工作，并就企业如何以标准化为载体、以信息化为手段提出要求。北京启迪智信注册安全工程师事务所专家对《北京市企业事故隐患排查治理实施导则》相关内容进行讲解。此次培训组织有序，参会人员反映良好，取得较好效果。

（范慧）

【职业卫生专业技术人员培训班】 6月8日至19日，市安科院在北京安全生产教育培训基地举办职业卫生技术服务机构技术人员专业培训班。全市20家技术服务机构参加本次培训，其中参加职业卫生检测培训160人，参加职业卫生评价培训113人。此次培训按照国家安全监管总局培训大纲的培训内容、学时进行，重点培训职业卫生技术服务法律法规、工作场所有害物质检测、实验室分析技术以及检测报告编制等内容。

（杨虎）

【液氨专项治理访谈】 6月16日，市安全监管局与首都之窗网站录制关注液氨专项治理访谈，就液氨的特性、制冷原理及全市企业使用液氨的基本情况进行说明。对本市液氨专项治理工作的开展背景、治理措施、存在问题等向广大网民进行介绍，有效普及液氨的相关知识，消除市民对液氨使用企业安全性的疑虑。

（唐冉）

【宣传咨询日活动】 6月16日，2015年北京市安全生产宣传咨询日活动在昌平区永安公园举行。本次活动由市安全监管局和昌平区政府主办，主题为“依法治安保障安全，建设和谐宜居之都”。本次咨询日以宣传贯彻新修订的《中华人民共和国安全生产法》为主线，主题突出。活动首次设置安全文艺表演，与现场咨询活动同步进行；首次以现场问答形式进行互动，形式新颖，内容丰富。除主会场咨询活动外，在首都之窗网站开办安全生产宣传咨询日特别节目，解答市民网络咨询。在北京电视台以滚动字幕形式连续播出安全生产宣传语，主会场利用区 LED 显示屏，统一播放安全生产主题宣传内容，影响力广、覆盖面宽。昌平区企业职工、社区群众代表、新闻媒体 700 余人参与主会场活动。全市各区县、各行业、各企业、各乡镇街道也在当天组织开展本区域宣传咨询日活动。

（张玉昆）

【电工安全技术竞赛启动会】 6 月 16 日，市安科院召开北京市 2015 年“职工技协杯”特种作业电工安全技术竞赛启动会，各区县安全监管局特种作业培训考核科室负责人和 22 个特种作业考试机构主要负责人参加会议。会议通报竞赛活动背景，对电工安全技能竞赛工作进行部署。“职工技协杯”特种作业电工安全技术竞赛由市安全监管局、市总工会联合举办，分筹备、报名、初赛、复赛、决赛 5 个阶段，最终从全市特种作业人员中选拔出一批高素质、高质量的电工作业安全生产技术标兵和安全生产技术能手，充实本市安全生产电工专家队伍，为加强安全监管工作提供服务和保障。

（张玉娟）

【安全生产月】 6 月，全市以“强化依法治安意识，建设安全发展城市”为主题的第十四个安全生产月活动举行。安全生产月活动分别以用电安全警示教育周、隐患集中排查治理周、新修订《中华人民共和国安全生产法》集中宣贯周，安全生产应急演练周为主题。安全生产月期间，市安全监管局开展宣传咨询日、安全生产大型公开课、青年安全示范岗创建、家庭燃气安全知识竞赛、“宣贯新安法一我来说安全”微小说和安全连环漫画征集等活动。

（贾秋霞、赵芬）

【安全生产地方标准体系建设新闻发布】

7 月 9 日，市安全监管局召开新闻发布会，对安全生产“百项地标”编制工作，以及《用人单位职业病危害现状评价导则》《工作场所防暑降温技术规范》《高处悬吊作业企业安全生产管理规范》《实验室危险化学品安全管理规范》4 项安全生产地方标准进行通报。市安全监管局新闻发言人、副局长李东洲参加会议并进行发布工作。《北京日报》《中国安全生产报》《北京晚报》《法制晚报》《北京晨报》《北京青年报》《京华时报》《新京报》和中国安全生产杂志社、北京电视台、北京广播电台、千龙网 12 家媒体应邀参加此次会议。

（唐冉）

【家庭燃气安全知识竞赛总决赛】 7 月 18 日，由市安全监管局、妇联、市政市容委共同主办，以“关注燃气安全，建设平安家庭”为主题的 2015 年北京市家庭燃气安全知识竞赛总决赛在市燃气集团二分公司礼堂圆满落幕。西城区等 6 支家庭代表队激烈角逐，最终产生本次竞赛的冠军、亚军和季军家庭。其中：西城区代表队荣获比赛一等奖，房山区、平谷区代表队荣获比赛二等奖，通州区、怀柔区、延庆县代表队荣获比赛三等奖。市安全监管局局长张树森、市妇联副主席常红岩、市市政市容委副主任李楠出席活动，并为获奖家庭颁奖。决赛中，各区县代表队以饱满的精神状态进行风采展示，各区县啦啦队也不甘示弱，争相回答提问，现场气氛热烈。此项活动3月启动，有关单位高度重视，市燃气集团组织安全生产领域的专家编写《2015年北京市家庭燃气安全知识竞赛试题手册》，市安全监管局牵头组织开展基层选拔、区县预赛、全市复赛以及市级总决赛。总决赛实况在北京电视台新闻频道播出，面向全市公布“公众答卷”获奖名单，反响强烈。

（张玉昆）

【企业安全培训教材编写研讨会】 7月24日，市安科院组织专家召开危险化学品类企业安全培训教材编写研讨会。参会专家研究气体生产、气体经营、涂料经营三类企业安全培训重点内容，确定安全培训教材的编写内容、考核范围和时间进度。研讨12个危险化学品类企业安全培训大纲、考核标准的有关内容。

（贾娜莉）

【“三化”考试点建设总结部署会】 7月28日，市安全监管局副局长贾太保主持召开全市特种作业考试标准化、信息化、现代化资格考试点建设总结暨启动安全生产职业技能鉴定现场会。会议通报全市“三化”考试点建设及认定情况，12个区县20家单位通过本市第一批“三化”考试点。朝阳区、顺义区安全监管局有关负责人就区县层面如何做好考试点规划、指导和服务、引入社会力量参与建设等进行经验介绍。中建一局（集团）北京培训中心、首钢总公司、北京金隅科技学院围绕如何开展“三化”考试点建设、加强安全文化建设、强化考生应急能力培养等作交流发言。会议通报《2015年北京市安全生产职业技能鉴定工作实施方案》，正式启动安全生产领域职业技能鉴定工作。

（范立娜）

【专职安全员新闻宣传】 7月28日至29日，市安全监管局开展专职安全员专项新闻宣传工作。北京电视台、《北京日报》《北京晚报》《北京青年报》《法制晚报》《中国安全生产报》6家媒体全程参与采访。本次新闻报道结合媒体“走转改”工作，采用媒体集中采访和实地跟踪采访两种形式，对全市安全生产专职安全员工作进行全面、深度的采访报道。

（唐冉）

【天津市安全生产协会调研安全社区建设】 8月18日，天津安全生产管理协会会长孙建中带队来本市调研安全社区建设工作。调研会上，双方就开展安全社区建设工作情况进行交流。本次调研会增进北京市与天津市安全社区建设方面的经验交流，拓展双方推动安全社区建设的视野和思路。会后，双方表示今后要进一步加强联系，相互学习对方好的经验和做法，不断提高安全社区建设水平。

（刘友强）

【安全生产政策宣讲活动】 8月19日，全市安全生产政策宣讲活动正式启动，市安全监管局青年优秀骨干代表在延庆县安全监管局开展主题为“以案说法”“做实安全生产应急管理工作，守好安全生产最后一道防线”和“关注特种作业人员，保障城市安全”的政策宣讲，延庆县安全监管执法人员、专职安全员、危险化学品生产经营单位和有关重点工业企业负责人、安全生产管理人员180余人参加宣讲会。延庆县首站宣讲活动，宣讲成员准备到位，参加人员准时齐整，受邀企业具有代表性，达到活动预期目的。

（张慧）

【“三项行动”新闻宣传】 8月，市安全监管局组织开展全市安全生产大检查、“六打六治”打非治违专项行动和危险化学品、易燃易爆物品安全专项整治“三项行动”。以集中一个时期“电视有影、广播有声、报纸有字”的标准，开展安全生产新闻宣传。8月17日至25日，市安全监管局协调组织媒体参与安全生产检查督查工作7次，北京电视台、北京人民广播电台、《北京日报》《北京晚报》《法制晚报》《北京晨报》《新京报》《京华时报》和新华社北京分社等重点媒体参与采访39人次，报道相关新闻642条，其中《北京日报》刊发专题报道和新闻评论12篇；北京电视台《北京新闻》播出“直击安全现场”专题报道11篇，每篇平均时长约2分钟，并在北京电视台其他新闻中编辑播出。

（唐冉）

【专家服务企业培训班】 9月11日、15日，市安科院举办专家服务企业培训班，全市各区县100余名入选“百名专家服务万家企业”活动的专家参加培训。此次培训主要围绕4个方面内容开展：一是企业安全生产管理法律法规；二是企业安全用电；三是化工企业安全管理；四是燃气安全。重点讲解小微企业安全咨询服务的共性要求，内容丰富，针对性及现场感强。

（范立娜）

【安全生产机构负责人专题培训】 9月15日至16日，市安全监管局在北京市安全生产培训基地举办为期两天的市政府相关部门和单位安全生产机构负责人安全生产专题培训班。42个部门和单位的安全生产工作负责人参加培训。市安全监管局副巡视员高士虎进行授课。培训主要内容：新修订的《中华人民共和国安全生产法》及部门安全监管责任和综合监管规定解读、行业部门安全生产监管方法、安全生产信息化管理、电气安全生产事故分析与隐患检查、安全生产标准化与隐患排查治理5个方面。

（王洪志）

【安全社区建设工作培训】 9月25日，市安全监管局联合市安全文化促进会组织2015年北京市安全社区建设工作培训班。全市16个区县和北京经济技术开发区安全监管局、相关街道和社区负责人共110人参加本次培训。

（刘友强）

【矿山安全监管访谈】 9月28日，市安全监管局与首都之窗网站录制本市矿山安全监管工作的访谈节目。访谈中，市安全监管局有关负责人就网民关心的本市非煤矿山整体情况及矿山危害因素进行详细说明，并分别围绕非煤矿山整顿关闭情况、非煤矿山转型升级工作及矿山安全监管工作进行介绍。节目谈到，非煤矿山安全监管工作一直是市安全监管局的工作重点，随着落实首都城市战略定位、推动京津冀协同发展、适应和引领经济发展新常态等任务的日益紧迫，市安全监管局充分发挥市安委会办公室总体协调职能，定期组织有关部门研究、部署、督促矿山安全工作，还通过“专家会诊”等方式加强对矿山企业的监督管理。

（唐冉）

【“弘扬正能量、唱响主旋律——北京安监精神赞”摄影作品征集活动】 9月至12月，市安全监管局举办“弘扬正能量、唱响主旋律——北京安监精神赞”摄影作品征集活动。为提高本次活动影响力，市安全监管局利用“线下＋线上”模式扩大作品征集范围。线下向安全监管系统发出摄影作品征集活动通知和征稿海报，力求诠释“北京安监精神”；线上利用网络，在局政务网站和官方微博向社会发出征稿通知，面向公众公开征集摄影作品。摄影征集活动开展以来，公众积极参与，踊跃投稿，共征集摄影作品1100余张，参与人员超过200人。作品涉及现场检查、培训教育、服务基层等安全生产相关内容，涌现出众多展示基层执法检查人员工作状态和精神风貌的优秀摄影作品。中国工业摄影家协会主席谢海龙等多名专家组成评审组，本着“真实性兼顾专业性”的原则，对征集作品进行认真评审。最终评出相机摄影一等奖作品5张，二等奖作品10张，三等奖15张，优秀奖20张；手机摄影一等奖作品5张，二等奖作品10张，三等奖作品15张。

（朱亮）

【安全生产月总结表彰会】 11月5日，市安全监管局召开北京市安全生产月总结表彰会议，总结表彰2015年全市安全生产月活动。国家安全监管总局人事司（宣教办）监察专员杨占科，北京市安全监管局党组书记、局长张树森，市委宣传部副部长赵卫东，市总工会党组成员何广亮，团市委企业工作部部长杜新峰参加会议。市有关委办局、各区县和北京经济技术开发区、部分中央及市属企业集团公司、部分非公有制企业分管领导及具体工作负责人，获奖个人等240余人参加会议。会议对2015年北京安全生产月活动进行总结，并对全市103家单位和17名个人进行表彰和颁奖。

（邢小鹿）

【北京市安全社区建设指导手册】 11月6日，市安全监管局联合市安全文化促进会召开《北京市安全社区建设指导手册》研讨会，对《北京市安全社区建设指导手册》书稿格式、内容、实例进行修订完善，并于11月底完成。

（刘友强）

【通州区安全社区创建“一对一”指导】 11月11日，市安全文化促进会按照计划，启动下基层的“一对一”指导帮扶工作，首站对通州区梨园镇、北苑街道、新华街道、玉桥街道、中仓街道、永顺镇6个单位安全社区负责人进行指导培训。培训会上，市安全文化促进会专家对安全社区建设目的、理念、原则进行介绍，并结合多年工作实践，重点解读如何建立安全社区组织机构及制定安全社区建设方案，为通州区启动安全社区工作提供初期指导。

（刘友强）

【职业卫生专业技术人员培训班】 11月23日至12月4日，市安科院组织开展职业卫生技术服务机构技术人员专业培训。全市22家技术服务机构参加培训，参加职业卫生检测培训 152 人，参加职业卫生评价培训 110 人。本次培训按照国家安全监管总局培训大纲规定的培训内容、学时进行，培训内容主要为职业卫生法律法规、工作场所有害物质检测、实验室分析技术以及检测报告编制等内容。

（杨琳）

【第九届北京安全文化论坛】 11 月 26 日，以“提升安全法治理念，推进安全文化创新”为主题的第九届北京安全文化论坛在北京隆重举行。论坛以“1＋4”模式进行，即一个主论坛及 4 个分论坛的组合形式，聚焦全市乃至全国安全生产工作面临的迫切问题，推进北京市安全文化建设工作。本届论坛由北京市安全监管局、北京交通大学、北京市科学技术研究院及首都经济贸易大学共同主办，北京市安全文化促进会、北京石油化工学院承办。国家安全监管总局宣教中心主任何国家，北京市安全监管局局长张树森，首都经济贸易大学校长王稼琼，北京石油化工学院党委书记高锦宏等领导参加主论坛。主论坛紧密围绕《中华人民共和国安全生产法》宣贯和落实京津冀发展纲要的主题，邀请中国政法大学、国家安全监管总局和美国、加拿大等中外专家学者对“新安法下构建协同型治理体系”“京津冀一体化下疏解非首都功能安全监管对策”“工业危害与应急管理”等方面内容进行深入讲解和研讨，首次推出“安全文化助力安全生产监管工作——北京市安全文化建设主题展览”，将以往论坛“以听为主”转变为“融视觉、听觉为一体”。4 个分论坛从危险化学品安全管理、应急管理、安全生产青年领域、安全文化建设 4 个方面出发，面向 4 个领域的专业人士，更具针对性、专业性。

（郑羽莎）

【安全生产突发事件媒体应对】 12 月 4 日，市安全监管局与市政府新闻办召开会议，就安全生产突发事件媒体应对工作进行沟通，市政府新闻办主任王惠等参加会议。会议认为，新媒体迅速崛起，已经对新闻宣传工作提出更高的要求。特别是天津港“8·12”瑞海公司危险品仓库特别重大火灾爆炸事故给安全生产新闻宣传工作敲响警钟，做好突发事件媒体应对工作，已经成为各级各部门重大课题。市政府新闻办表示，将支持市安全监管局开展相关工作，积极提供专业支持。双方还就新闻宣传和媒体应对工作进行深入交流和探讨。

（唐冉）

【安全生产条件普查访谈】 12 月 22 日，市安全监管局与首都之窗网站录制北京市第一次生产经营单位安全生产条件普查工作节目。节目就普查的背景、方式、成果等方面进行介绍。节目谈到，市安全监管局高度重视该项工作，精心筹划、认真准备、严密组织，各区县积极配合。以市第三次全国经济普查数据为参考，对本市行政区域内（除行政事业单位）所有生产经营单位包括第一产业进行全面普查，做到“底数清、情况明、数字准”，为搭建全覆盖安全生产监管网络提供基础保障，取得明显实效。

（唐冉）

【共话企业安全文化建设】 12 月 24 日，市安全监管局和企业相关人员与首都之窗网站录制“共话企业安全文化建设”节目。节目谈到企业要落实好安全生产主体责任，需要企业各级管理人员和一线员工共同参与到安全文化工作当中来。广大企业要认真理解企业安全文化建设的积极作用，不光要有制度，还要让制度入脑入心，提出针对本企业独特的安全文化理念。自上“一把手”、自下一线员工，大家同心同德把安全理念贯穿于各个行为规范和行为制度。

（唐冉）

【特种作业考核】 本年，市安全监管局打造“三化”（现代化、标准化、信息化）考点精品工程，投入资金1.2亿元，建设面积达4万平方米，形成制度完善、机构健全、设备先进、考场规范、交通便捷的“三化”考试点网络。完成10期特种作业人员和高危人员安全资格考试，考核从业人员16.1万人。会同市人力社保局，实现特种作业考试与职业技能鉴定的有效对接，取得电工、焊工等5个类别五级职业技能认定资格，打通特种作业人员职业晋升通道。

（贾秋霞、赵芬）

【安全生产人才队伍】 本年，市安全监管局加强安全生产领域高端人才培养工作，市安科院、职业病防治研究院、安工院建立博士后科研工作站；在市人力社保局、质监局大力支持下，将安全工程高级专业技术资格评价工作列入2015年度北京市职称评审工作，22人获得安全工程高级专业技术资格；注册安全工程师报考9864人，同比增长10.1%。分别与市委宣传部、市总工会等部门联合举办执法技能大赛、有限空间作业大比武、电工技能竞赛等活动，执法技能大赛第一名马振、有限空间作业大比武第一名杨林、电工技能竞赛第一名崔奕，经市安全监管局推荐，市总工会审核批准，获得“首都五一劳动奖章”。

（贾秋霞、赵芬）

【“楼宇服务计划”活动】 本年，市安全监管局联合团市委开展“楼宇服务计划”活动。本次“楼宇服务计划”与以往开展安全知识宣讲具有两个显著不同。一是服务对象定位于全市所有区县重点商用写字楼、综合楼宇内非公有制企业青年职工，是加强非公企业安全生产宣传教育工作有益探索和尝试。二是活动完全采取市场化运作模式，按需供给。所有讲师从企业和相关单位进行征集（以往是聘请专家讲师进行授课），通过初步筛选后，进行现场试讲，由市安全监管局、团市委以及招募的试听志愿者进行现场评审。通过现场试讲课程，进入微店“楼宇服务计划”青年商店，以商品形式进行展列，以供全市商用写字楼、综合楼宇内企业选课，根据选课情况，安排对应讲师进行现场授课，极大地提高活动的效果。

（唐冉）

【十佳安全宣传员评选】 本年，由市安全监管局、首都精神文明办、市总工会主办，市安全文化促进会、北汽集团、北京人民广播电台承办的“北京汽车杯”北京市十佳安全宣传员（2014—2015年）活动正式启动。本次活动以企业基层安全管理人员为评选对象，报名阶段采取各区县、企业、行业部门逐级评比推荐的方式进行，共征集到来自42个区县、企业、行业部门等推荐单位的166名参赛选手。经过初赛、复赛、决赛3个阶段的评选，最终评选出10名最佳安全宣传员，并于7月6日在北京汽车集团有限公司研发基地隆重举行总结表彰大会。

（唐冉）

法制建设

【事故隐患排查治理办法实施】 11月10日，《北京市生产安全事故隐患排查治理办法》经第97次市政府常务会议审议通过，并由市长王安顺签发第266号市政府令，于11月24日正式公布。《办法》共34条，进一步明确事故隐患排查治理工作应当坚持生命至上、预防为主、科学管理、单位主责、政府监督、社会参与的原则；对《中华人民共和国安全生产法》第九条“负有安全生产监管职责的部门”进行本地化细化和明确，厘清政府部门监管职责边界；按照《中华人民共和国安全生产法》明确的“生产经营单位必须加强安全生产管理，确保安全生产”主体职责定位，对上位法进行细化和完善，进一步明确企业主体责任；要求建立全市事故隐患排查治理信息系统，生产经营单位要正确使用，如实记录事故隐患排查治理情况。《北京市生产安全事故隐患排查治理办法》自2016年7月1日起施行。

（马小伟）

【煤矿安全执法监督】 11月11日，市安全监管局、北京煤监局到昊华能源公司木城涧煤矿开展执法监督工作。通过查阅相关资料、参与监察执法过程以及与煤矿人员座谈，了解北京煤监局监察员执法情况，推动北京煤监局严格、公正、廉洁执法工作。煤矿企业一致反映北京煤监局监察人员严格按照法律法规公正执法，做到廉洁执法，服务意识强，对监察中发现的问题和隐患能够提出有针对性整改措施。

（李瑾）

【安全生产法治化建设】 本年，市安全监管局启动《北京市安全生产条例》《北京市危险化学品管理办法》修订工作，列入市政府立法计划。编制包括行政处罚权力467项、通用权力18项的安全生产权力清单。编制烟花爆竹、建筑施工专项责任清单，明确专项工作中政府部门的权力边界和职责分工。编制安全生产自由裁量基准制度，推进“百项地标”工程。印发《北京市较大、重大生产安全事故调查处理工作程序》等事故调查处理制度。

（马小伟）

【法制工作要点】 本年，市安全监管局制定《北京市安全生产监管监察系统2015年法制工作要点》，明确6项工作任务。一是推进《安全生产法治化三年行动计划》的落实；二是加强安全生产法规标准体系建设、加强执法监督；三是规范安全生产执法工作；四是加大法制培训力度，加强执法能力建设；五是加强法制工作基础；六是加强普法工作，营造安全生产法治氛围。

（马小伟）

【规范性文件】 本年，市安全监管局按照法定程序制修规范性文件，制定《北京市安全生产举报奖励实施办法（试行）》（京安监发〔2015〕39号）、《北京市安全生产监督管理局关于修订烟花爆竹经营许可有关事项的通知》（京安监发〔2015〕110号）、《北京市安全生产监督管理局关于印发〈北京市安全生产行政处罚自由裁量基准（一）〉的通知》（京安监发〔2015〕115号）3件规范性文件。

（马小伟）

【安全生产地方标准】 本年，市安全监管局申报安全生产地方标准项目36个，为申报项目最多的一年。第一批被市质监局批准立项共27个；第二批补充申报的6个项目，在6月底前向市质监局申报完毕。

（马小伟）

【安全生产自由裁量基准制度】 本年，市安全监管局按照市政府法制办《关于规范实施行政处罚裁量基准制度的若干指导意见》（京政法制〔2015〕16号）文件要求，推进行政处罚裁量基准制度工作。组织专家对22部法律法规规章中涉及行政处罚自由裁量的条款进行细化，编制完成《北京市安全生产行政处罚自由裁量基准》。制定并实施行政处罚自由裁量基准制度，将对规范全系统执法产生深远影响。

（马小伟）

【年度执法计划】 本年，市安全监管局根据《安全生产监管监察职责和行政执法责任追究的暂行规定》，在总结2014年执法计划编制实施工作的基础上，对执法工作日、年度工作量等基础数据进行反复测算，科学编制2015年度执法工作计划。执法工作计划经市政府批准，报国家安全监管总局备案，并组织实施。

（马小伟）

【行政复议应诉】 本年，市安全监管局办理行政复议案件2件，行政应诉案件2件，全部做到依法依规办理。在复议案件和应诉案件办理过程中，办案人员认真研究案情，确保当事人合法权益不受侵害。强化与市政府法制办和司法机关的沟通，化解矛盾和争议，提高案件办理质量。

（马小伟）

【行政复议和处罚案卷评查】 本年，市安全监管局按照市政府法制办相关要求，组织全系统行政处罚案卷评查工作，抽取17家单位34件案卷参加评查。开展此项工作目的在于查找执法人员在行政处罚证据运用、法律法规适用等方面的问题，推动基层安全生产行政处罚工作水平稳步提高。

（马小伟）

【兼职安全生产法制宣讲员培训班】 本年，市安全监管局为落实“四化三体系双基”总任务和《北京市安全生产法治化三年行动计划》要求，提高基层安全生产执法人员安全生产法律知识水平，先期在西城区、通州区和大兴区专职安全员队伍中选拔具有较高业务能力和突出表达能力的兼职安全生产法制宣讲员52名。并在北京经济管理职业学院举办培训班，进一步提高兼职安全生产法制宣讲员业务水平。

（马小伟）

【普法宣传】 本年，市安全监管局制定《2015年度普法工作计划》，以宣传贯彻新修订的《中华人民共和国安全生产法》和《中华人民共和国行政诉讼法》为主线，扎实开展普法宣传工作。创新普法方式，设计印刷《中华人民共和国安全生产法》宣传折页5万份，在执法过程中进行普法；编制安全生产法律法规三级考试题库并上线使用，实现全局干部法律自测功能；组建乡镇街道兼职法制宣讲员队伍，开展基层宣传培训活动。

（马小伟）

【执法人员资格管理】 本年，市安全监管局对全市各区县安全监管局执法证件持有情况进行全面调查，加强对离岗人员证件注销工作，全年新办或延期区县安全监管执法证99个，注销12个。为加强对全市安全生产执法人员资格动态管理，开发北京市安全生产执法人员资格管理系统。

（马小伟）

【安全生产中介机构监督管理】 本年，市安全监管局完成两家新申请乙级安全评价机构现场审查，一家申请延期乙级安全评价机构现场审查。对全市37家安全生产评价机构进行执法检查，完成年度执法计划，实现对安全评价机构执法检查全覆盖。完成37家安全评价机构及8家安全生产检测检验机构年度考核复审工作。

（马小伟）

【行政审批监督检查】 本年，市安全监管局对16个区县和北京经济技术开发区安全监管局行政审批情况进行检查，与61家许可企业相关负责人就行政审批工作存在的问题，以及对许可工作的意见、建议进行交流和座谈。

（张德武）

【行政许可及政务服务办理】 本年，市安全监管局办理各种行政许可事项124件（其中，非煤矿山63件，危险化学品24件，职业卫生27件，职业卫生备案10件），核发企业负责人和安全管理人员安全资格证件及特种作业人员操作资格证105950件；办理安评师从业登记1200余件、企业安全生产事故证明118件。

（张德武）

【进驻市政务服务中心】 本年，市安全监管局制定《北京市安全生产监督管理局进驻市政务服务中心方案》，确定局行政审批处及市安科院证件部整建制进驻市政务服务中心，设置固定窗口3个，办理市安全监管局21项行政审批事项及相关行政服务事项。11月中旬，市安全监管局正式进驻市政务服务中心，并在局政务网站发布通告。

（张德武）

【行政许可及电子监察系统建设】 本年，市安全监管局建立行政审批系统及电子监察系统，对非煤矿山、危险化学品、职业卫生、中介机构、特种作业5个领域14个行政许可事项进行审批。区县安全监管局审批的危险化学品、烟花爆竹、职业卫生、非煤矿山4个领域13个行政许可事项实现全流程网上办理。

（张德武）

【“先照后证”制度改革】 本年，市安全监管局制定《北京市安全生产监督管理局关于贯彻落实先照后证制度改革加强事中事后监管的工作方案》。《方案》就依托北京市企业信用信息网建立工商登记与审批信息共享机制，规定市和区县安全监管部门在行政审批15个工作日之内将第一类非药品易制毒生产经营许可和烟花爆竹批发零售经营许可的审批信息上传至市企业信用信息网，加强监督检查、实施行政约谈、明确监管标准、严格许可审查，强化预警警示等事中事后安全监管措施。

（张德武）

科技与信息化

【科技项目立项及奖励申报】 1月8日，市安全监管局在北京会议中心召开安全生产科技项目立项及奖励申报工作会议，各区县安全监管局主管领导、市属企业集团（总公司）安全管理机构负责人、有关科研机构课题负责人参加会议。会上，市科委有关负责人讲解市科委科技项目立项工作有关内容、程序和要求，明确科学技术奖励相关政策及申报推荐要求。市安全监管局有关负责人通报国家安全监管总局和市科协有关科技项目申请工作，以及第二届科技项目评奖工作进展情况。

（李建中、刘自杰）

【总局信息化调研】 1月9日，国家安全监管总局规划科技司来京调研安全生产信息化建设应用等工作。市安全监管局重点介绍信息化“京安工程”建设和推广应用情况，并就各级安全监管系统利用信息化监管平台开展业务、通过物联网系统提升预警处置能力等进行讲解和演示。双方表示今后将加大学习交流力度。

（梁伟光）

【房山区信息化调研】 1月13日，市安全监管局赴房山区安全监管局，调研安全生产综合监管信息平台建设等工作。双方围绕房山区安全监管信息平台的建设思路、现状分析和存在的问题进行座谈交流，建议强化系统对接和资源共享，加强信息化人员、资金等方面的配备，提前筹划后期项目运维和信息安全等工作。

（陆金周）

【安全生产科普课题项目验收】 1月16日，市科委召开会议，组织首都经贸大学、中国社科院、中国科普研究所、中国科学技术馆、北京市科学技术研究院专家对“安全生产科普培训与教材编写”项目进行验收。市安全监管局、顺义区安全生产服务中心有关负责人参加会议。会上，顺义区安全生产服务中心代表项目课题组，汇报安全生产科普培训与教材编写情况和项目实施情况。专家对课题组专项成果、验收总结报告等相关技术材料进行审查。专家一致认为：该项目通过培训教材的编写，普及安全生产科学知识；组织合理、管理规范，经费使用符合规定，实现项目任务书的既定目标，同意通过验收。

（李建中、刘自杰）

【注安师试点座谈会】 1月19日，市安全监管局副局长贾太保主持召开注册安全工程师试点工作座谈会，北京金隅集团、北京汽车集团、首钢总公司安全机构负责人参加座谈会。座谈会上，北京金隅集团安全机构负责人汇报在集团内开展注册安全工程师试点工作方案，首钢总公司、北京汽车集团安全机构负责人分别汇报开展注册安全工程师试点工作思路、准备情况和存在的问题。贾太保指出：各单位要掌握注册安全工程师和注册助理安全工程师的数量、所在岗位以及专兼职情况的底数，抓紧完善注册安全工程师试点工作方案，要有创新，要细化工作目标和任务。培养注册安全工程师的工作要纳入本单位人才培养总体规划，提高注册安全工程师管理水平。

（李建中、刘自杰）

【隐患及企业分类标准研讨会】 1月23

日，市安全监管局副局长李东洲主持召开事故隐患及企业分类标准研讨会。会议通报市安全监管局相关业务系统对于企业和隐患分类情况，建议所有业务系统的企业分类标准执行国家标准《国民经济行业分类》（GB/T 4754—2011）。会议就分类标准的统一提出具体原则和要求。

（陆金周）

【软件正版化检查验收】 1月26日，市版权局软件正版化检查组来市安全监管局，就2014年度软件正版化使用情况进行检查验收。经过检查，市安全监管局正版化软件使用率100%，顺利通过检查验收。

（周仁清）

【科学技术协会成立】 1月29日，市安全监管局在市安科院召开科学技术协会成立大会，市安全监管局副局长贾太保、市科协副主席周立军，以及市安全监管局局属事业单位和社团组织、区县安全监管局代表参加会议。会议审议通过《北京市安全生产监督管理局科学技术协会章程》，表决通过第一届委员会委员名单，推选市安全监管局副局长贾太保担任协会主席、市安全监管局副巡视员谢清顺担任协会副主席、市安科院党总支书记季学伟担任协会秘书长。邀请市安全监管局局长张树森担任协会名誉主席，指导协会开展工作。

（郝靖）

【落实政务信息公开】 2月4日，市安全监管局信息中心组织召开市安全监管局门户网站政务信息公开工作专题会。会议要求：一是进一步了解掌握政务信息编写要求，明晰信息宣传对于中心信息化建设推广工作的重要性；二是规范信息中心政务信息报送流程，明确各科室工作任务；三是确保信息公开及发布的时效性、准确性，做到图文并茂，力争实现快、精、准、高；四是量化政务信息工作，纳入“两书”考核。

（张乳燕）

【全市安全生产条件普查推进会】 2月5日，市安全监管局在大兴区召开全市安全生产条件普查工作推进会，市安全监管局局长张树森、副局长李东洲参加会议并讲话。会上，大兴区、门头沟区安全监管局就本地区安全生产条件普查进展情况作典型经验介绍，从机构组建、人员选配、宣传培训、登记录入等方面介绍具体措施和工作经验。李东洲总结2014年全市普查工作推进情况、经验和存在的问题，并对2015年普查工作进行部署。张树森要求：市安全监管局要做好服务保障，保证安全生产条件普查的各项要求落到实处，实现预定的工作目标。

（梁伟光）

【上海安全监管局来京调研】 2月6日，上海市安全监管局到北京市安全监管局调研交流信息化工作。会上，市安全监管局介绍北京市安全生产信息化工作的组织架构、人员构成、运作模式和信息化“京安工程”的总体框架，围绕7类业务应用，重点介绍市、区县、街乡、企业4级平台以及13个业务系统的建设和应用情况。上海市安全监管局信息化调研组介绍上海市安全生产信息化工作的基本情况。双方表示，建立信息化经验共享的长效机制，共同促进安全生产信息化发展。

（范开花）

【春节期间信息技术保障】 2月11日，市安全监管局信息中心组织召开2015年度春节期间运维技术保障工作部署会。会议通报春节期间信息化运维技术保障方案，各技术单位分别汇报技术保障工作准备情况、烟花爆竹物联网监管系统和烟花爆竹流向监管系统、监管信息平台和政务网站等重要信息系统巡检情况。会议要求各单位高度重视节日期间应急值守工作，增强值守纪律意识，加强值守现场管理。

（欧阳燕南）

【专项整治系统建设协调会】 2月12日，市安全监管局信息中心召开项目协调会，就系统原型进行专题研究。会上，参会单位认为目前系统建设内容和原型设计基本涵盖安全专项整治需要，开发完成后可以有效支撑安全专项整治工作。会议要求：在系统建设时，一是要做到信息类、台账类、报表类3类信息灵活定制，考虑系统适用性，实现对于各项专项整治工作的及时有效支撑；二是要重视实用性功能，如图片上传、报表导出、工作提醒等功能要在系统设计时考虑完善，增强系统易用性；三是要增加对隐患治理的验收功能，统计分析功能要有对专项整治进展情况的展示，并打通行业用户报送渠道。

（陈超）

【赴总局通信信息中心调研】 2月15日，市安全监管局到国家安全监管总局通信信息中心调研信息化工作。双方针对系统对接、信息共享、云平台建设、企业和隐患分类、运维保障等问题进行深入交流。通过学习和调研，明晰国家与省市安全监管信息平台将以系统对接和数据共享为主的工作思路，以及充分利旧、开展云平台应用、加强数据共享和开展试点示范的工作方向。

（李东侠）

【“注安师”考试暨试点视频会议】 3月3日，市安全监管局召开全市注册安全工程师考试暨试点工作部署动员视频会议，全市相关行业部门、各区县安全监管局、乡镇街道和重点企业主管领导和安全管理人员，以及20家注册安全工程师事务所负责人参加会议。会议介绍本市注册安全工程师报名考试工作，房山区安全监管局、首钢总公司、北京中稷和北京易辰注册安全工程师事务所4家单位作大会发言。

（李建中、刘自杰）

【海淀区安全生产条件普查调研】 3月9日，市安全监管局副巡视员高士虎带队到海淀区安全监管局，就安全生产条件普查、标准化建设、信息化建设等工作进行座谈交流。高士虎指出：一是要坚持“应统尽统、完整性和动态性”的原则，确保通过普查还原企业安全生产真实状况，促进行业、属地安全监管责任落实。二是要将安全生产条件普查与安全生产“十个一”工程相结合，以标准化创建为载体，以隐患排查治理为主线，以信息化建设为手段，推进企业安全生产主体责任的落实。三是要创新普查方式方法，既要购买第三方服务，也要充分发挥街镇和专职安全员的作用，结合实际情况加快普查工作进度。

（梁伟光）

【安全生产条件普查培训会】 3月12日，市安全生产信息中心组织召开全市安全生产条件普查视频培训会。会议从普查对象的区分、普查工作流程和入户登记等方面进行讲解，并就一户多证、综合楼宇、连锁公司等普查中常见的问题进行解答。普查系统开发公司介绍系统操作流程，并进行系统演示。

（梁伟光）

【安全工程高级职称评审论证会】 3月20日，市安全监管局会同市人力社保局、质监局召开《北京市工程技术系列（安全工程）高级专业技术资格评审办法》专家论证会，北科院、首都经贸大学、化工协会、首钢总公司、隆达公司、市地铁运营公司、中安质环技术评价中心等单位有关专家参加论证会。与会专家从适用范围、专业设置、评价方式、申报条件、评审机构、评审程序6个方面对评审办法逐条进行论证，从人才培养、企业安全生产实践以及管理流程等多角度广泛交换意见。会议经过讨论，对评审办法提出修改意见，并就重点问题初步达成共识。

（李建中、刘自杰）

【安全生产条件普查调研座谈】 4月3日、24日，市安全监管局局长张树森分赴通州区和密云县，与东城、丰台、石景山、通州、顺义、大兴、昌平、怀柔、密云、平谷、延庆11个区县安全监管局负责人就安全生产条件普查工作进行座谈。会议认为，各单位都要重视普查数据的完整性、准确性和动态性。张树森要求：一是各区县要把安全生产条件普查工作当作提高安全监管水平的重要载体，按要求完成普查任务；二是要科学划分普查单元，做到“应统尽统、全覆盖”；三是要利用信息化手段开展普查，并把资源要素作为促进工作的重要保障。

（康勇、梁伟光）

【安全生产专家组组长会议】 4月15日，市安全监管局副局长贾太保主持召开“百名安全生产专家服务万家企业”活动专家组组长会议。全市16个区县、北京经济技术开发区专家组组长，市安全监管局有关处室和市安科院负责人参加会议。会上，各专家组组长汇报本区县“百名安全生产专家服务万家企业”活动开展情况，交流工作经验。与会人员围绕专家现场服务、专职安全员培训、小微企业安全管理、专家自身能力建设等方面，提出建设性意见和建议。

（范立娜）

【石景山区技术支撑合作协议】 4月16日，市安科院与石景山区安全监管局签署安全生产技术支撑战略合作框架协议。市安全监管局副局长贾太保、石景山区副区长富大鹏出席协议签署仪式。通过签署协议，2015年至2017年，双方将按照“优势互补、互利共赢”的原则，在重点领域、重点行业中探索建立有效的安全管理措施，在安全隐患排查治理、教育培训、标准规范、政策咨询和技术支持方面开展合作，共同推进石景山区安全生产工作科学和可持续发展。

（张鑫）

【第二届安全生产科技成果奖】 4月17日，市安全监管局在全市安全生产标准化工作会议上，对获得第二届安全生产科技成果一等奖的“中心城区盾构长距离连续穿越敏感建构物微扰动控制技术”等4项成果，获得二等奖的“煤矿顶板管理系统研究”等6项成果和获得三等奖的“北京地铁网络化应急指挥通讯系统项目”等14项成果获奖单位进行表彰。会议宣读《北京市安全生产监督管理局关于表彰第二届北京市安全生产科技成果奖获奖项目的决定》，并向获奖单位和代表颁发奖牌和证书。

（李建中、刘自杰）

【赴海淀区与企业负责人对话谈心】 4月17日，市安全监管局信息中心主要领导到海淀区田村路街道与8家企业负责人开展对话谈心活动。座谈会上，信息中心介绍对话谈心活动的目的和内容，并组织企业观看安全生产事故警示教育片。座谈会围绕几起典型事故的原因、后果，并从安全生产“四化三体系双基”总任务推进、企业主体责任落实等方面进行讲解。企业逐一介绍本单位安全生产管理现状，分析工作中的薄弱环节，交流管理经验和体会。会议强调，各企业负责人要学习贯彻《中华人民共和国安全生产法》，将企业隐患排查治理、标准化创建落到实处。

（李东侠）

【培训考核系统项目通过终验】 4月28日，市安全监管局召开“安全生产培训考核综合管理系统项目”终验会，有关专家和项目承建、监理单位负责人参加会议。会上，信息中心介绍安全生产培训考核综合管理系统项目背景，项目承建单位介绍项目的实施情况，项目监理单位介绍项目监理情况。与会专家一致认为，该项目符合项目验收标准，同意通过终验。

（张乳燕）

【升级改造项目建设启动会】 4月28日，市安全监管局召开2015年度安全生产信息化升级改造项目建设启动会。会上，项目承建单位汇报项目概况、建设内容和实施进度，监理单位汇报项目实施过程中监理计划和内容。与会各方就项目建设有关工作进行讨论和交流。会议要求：一是各单位要明晰思路、采取有效措施，确保达到既定目标；二是加强协调配合，每周召开监理例会，强化沟通和协调，及时解决问题；三是要抓好落实，细化实施进度，严把时间节点，按时完成项目主体功能，并完成项目验收。

（张乳燕）

【与市民政局签署合作协议】 4月29日，市安全监管局与市民政局签署安全生产技术支撑全面战略合作协议。市安全监管局局长张树森、市民政局局长李万钧出席协议签订仪式。战略合作协议重要意义：一是开创市属委办局在安全生产领域全面合作、协同发展的先河。二是积累全面加强本市事业单位安全生产管理工作的宝贵经验。三是推动市安全监管局管理理念由“综合监管”向“监管服务并重”转变。四是适应打造首都安全生产领域综合型、公益型“智库”的需要。

（张鑫）

【大兴区技术支撑合作协议】 4月30日，市安科院与大兴区安全监管局签署安全生产技术支撑战略合作协议。市安全监管局副局长贾太保出席合作协议签订仪式。通过签署协议，2015年至2017年，双方将本着“优势互补、互利共赢”的原则，充分发挥各自优势资源，运用大数据手段，探索创新安全监管模式，推动大兴区安全生产工作实现科学化、信息化、动态化。

（郝靖）

【市民政系统安全调研】 5月11日，市安科院组织电气、消防专家组对市民政局直属单位开展安全调研，标志着市民政局安全生产技术支撑战略合作项目正式启动。调研涉及民政局系统4家单位，其建构筑物楼体设计存在缺陷，基础设备设施老化程度较为严重，虽有配套安全制度和相关措施，但是缺乏针对性和可操作性。专家组认为：在设备老旧现状无法及时改善的前提下，应加强安全管理制度建设，强化预防控制手段，建立应急预案并实施演练。并建议应尽快加装喷淋、烟感、温感等消防自动报警联动装置，加强电气安全管理，提高特种作业人员业务能力和实际操作水平。

（郝靖）

【数字证书管理系统培训视频会】 5月14日，市安全监管局信息中心召开数字证书及用户权限管理系统培训视频会，为各区县安全监管局主管领导和信息化管理人员重点讲解数字证书相关业务的市区两级双方职责和具体办理流程，介绍用户权限管理系统的主要功能、操作方法和注意事项，并进行模拟上机操作。通过培训，参训人员基本掌握政务数字证书及用户权限管理系统的基本内容和相关操作。

（周仁清）

【首钢矿业公司调研】 5月19日至20日，市安全监管局副巡视员谢清顺带队赴河北迁安首钢矿业公司调研数字化矿山开采项目和矿业公司培训中心特种作业考点设置情况。矿业公司负责人介绍数字化开采5大系统和采矿台车、铲运机远程控制系统，以及井下人员定位、紧急避险、数字化爆破等6大安全系统，从本质上预防人员伤亡。首钢矿业公司培训中心就申请安全生产资格考试点资质进行汇报。调研组还实地考察井下铲运机、远程遥控采矿台车的运行情况和培训中心教学实验室、实操考场设施的建设情况。

（李建中、刘自杰）

【全国城市信息化与安全生产研讨会】 5月21日，全国副省级城市信息化与安全生产研讨会在宁波举行。会上，市安全监管局作题为“应用物联网技术，建设智慧安监，打造信息化京安工程升级版”的交流发言，重点介绍利用物联网技术，建设安全监管物联网示范工程，提升应急处置水平的思路、经验和做法，并与参会各方就如何加强安全生产信息化建设和应用进行沟通交流。本次会议主题突出、会风简朴、内容务实、安排精细，既交流安全生产信息化的工作经验，研讨下一步发展方向，又展示全国各地市安全生产信息化工作成果。

（张震国）

【丰台区“十三五”规划编制调研】 5月22日，市安科院赴丰台区安全监管局专题调研安全生产“十三五”规划编制工作。丰台区安监管局介绍丰台区安全生产现状，以及“十三五”期间的安全监管工作思路。双方就丰台区安全发展定位、重点行业领域安全监管等情况进行讨论，对安全生产“十三五”规划编制工作达成共识。结合区政府工作计划，提出丰台区安全生产“十三五”规划基本思路、发展目标、指导原则、重点任务和重大举措，有针对性做好“十三五”规划编制工作。

（贾娜莉）

【开发区“双百工程”和“注安师”调研】 6月2日，市安全监管局副局长贾太保带队赴北京经济技术开发区调研“百名安监干部与企业主要负责人对话谈心”和“百名专家服务万家中小企业”活动进展和注册安全工程师试点工作。开发区安全监管局负责人汇报“双百工程”开展情况和“注安师”试点工作，荣华街道和博兴街道结合专家服务基层小微企业交流工作经验和遇到的实际问题。“双百工程”启动以来，区安全监管局和属地街道措施到位，受到辖区企业的欢迎。开发区与32家企业主要负责人进行面对面的对话谈心，专家服务企业52家，专家起到“宣传员”“辅导员”“检查员”“联络员”和“统计员”的多重作用。为发挥“注安师”在企业安全生产管理中的作用，开发区召开“注安师”考试动员会，鼓励企业人员报考。调动现有“注安师”资源参与安全培训，并协调相关部门筹备开展继续教育培训。

（孙建军、李向东、李让）

【安全生产大数据应用研讨会】 7月2日，市安全监管局副局长李东洲主持召开安全生产大数据应用专题讨论会。会上，局信息中心通报系统建设情况，重点说明数据归集情况。市安科院通报本院申报的市科委项目进展情况，以及大数据试点应用。市安工院通报本院大数据应用情况。会议要求：一是由信息中心牵头，联合市安科院、安工院多方力量，启动安全生产大数据应用研究；二是信息中心负责总体协调，市安工院负责开展顶层设计，市安科院围绕现有项目提供支持；三是拓展思路，整合各方资源，在大数据建模方面实现创新；四是推动试点申报，争取国家安全监管总局和市发展改革委、科委等多方项目；五是开展调查研究，了解掌握大数据应用情况，合理规划工作路径。

（张世博）

【物联网示范工程通过终验】 7月9日，市安全监管局会同市应急办组织召开春节期间烟花爆竹综合管理物联网应用示范工程终验会，听取项目建设情况汇报、监理意见、用户使用意见，并观看项目系统演示，检查和审阅项目文档。经过质询和讨论，同意该项目通过竣工验收。

（范开花）

【大兴区条件普查现场抽查】 7月28日至31日，市安科院组织对大兴区物业、餐饮、制造、销售等行业的60家企业安全生产条件普查进行现场抽查。此次抽查采用现场走访、员工交流等方式，对抽查企业安全生产条件普查数据的真实性、完整性进行核准。抽查内容包括应填写项目数量、实际填写项目数量、正确填写项目数量、错误填写项目数量等。通过抽查发现错误，得出填报完整率、准确率和合格率，提出对不准确信息的修正意见。

（杨茹）

【7个区县条件普查现场抽查】 8月3日至27日，市安科院组织对昌平、门头沟、朝阳、平谷、延庆、怀柔、开发区7个区县的企业安全生产条件普查进行现场抽查。抽查采用现场查看和与员工交流等方式，对抽查企业安全生产条件普查数据的真实性、完整性、准确性进行检查。检查内容包括应填写项目数量、实际填写项目数量、正确填写项目数量、错误填写项目数量等。此次抽查涉及制

造、餐饮、食品、物业等行业，完成 360 家企业安全生产条件普查抽查工作。抽查发现问题 552 项，主要体现在企业基础信息填报错误和安全专业信息填写不实。针对所发现的问题，检查人员现场与企业沟通并提出改进意见。

（翟晓雁）

【赴市公安局调研】 8 月 12 日，市安全监管局副局长李东洲带队赴市公安局调研，学习借鉴公安部门在信息化方面的主要做法和成功经验。市公安局从规划、整合、研发 3 个方面介绍全局信息化建设情况，围绕业务系统使用范围、用户数量、数据积累和数据使用对接等方面，简要介绍信息化系统推广应用情况，并对云计算、大数据等新技术应用思路和系统运行维护保障进行说明。双方还就信息系统建设和推广使用中的问题进行沟通交流。

（李东侠）

【房山区安全生产信息化调研】 8 月 14 日，市安全监管局副局长贾太保带队赴房山区开展安全生产信息化建设调研。房山区安全监管局相关负责人汇报信息化建设基本情况及存在的问题。房山区窦店、阎村、西潞、韩村河、城关、拱辰镇等乡镇街道负责人从基层建设的角度汇报信息化建设现状及规划。重点听取韩村河镇关于《基于 GIS 系统的可视化网格管理平台项目》的介绍，并观看现场执法移动手持终端设备。贾太保鼓励各单位结合本地区、本单位实际情况，推进安全生产信息化建设工作并落到实处。

（李建中、刘自杰）

【信息化运维管理体系建设】 9 月 9 日，市安全监管局局长张树森主持召开专题会，研究部署信息化运维管理体系建设工作。会议听取信息中心关于全局信息化运维管理体系建设情况，并就下一步重点工作进行研讨。会议指出：要规范信息化运维工作，加强对合作方的管理，多渠道解决人力不足的问题，提高信息化运维管理水平。

（田雍雍）

【行政审批系统试用培训】 9 月 11 日，市安全监管局召开安全生产行政审批及电子监察系统试用培训视频会。会上，信息中心对行政审批及电子监察系统项目主要建设内容及进展情况进行总结。承建单位对项目建设内容以及操作流程进行讲解及演示。市安全监管局相关处室围绕新系统的限期整改查询、许可期限预警、新旧系统切换、测试数据有效性等问题进行讨论，并提出意见和建议。经试运行，该系统于 11 月 6 日正式上线。

（张乳燕）

【专业技术服务治理动员会】 9 月 21 日，市安全监管局召开“安全生产专业技术服务专项治理活动”动员会，副局长贾太保作动员讲话。市安全监管局有关处室和直属事业单位，各区县安全监管局主管领导，各相关社团组织、专业技术服务机构负责人参加会议。贾太保从提高思想认识、突出治理重点、加强组织领导、落实中介机构主体责任 4 个方面对此项活动提出要求，强调开展自查自改、督导抽查和总结分析工作，按要求报送相关材料，摸清全市安全生产社团组织和专业技术服务机构的底数，规范安全生产专业技术服务机构从业行为和服务收费行为，规范安全监管部门监管行为。

（孙建军、李向东、李让）

【安全工程高级职称申报审核】 9月21日至10月16日，市安全监管局对全市安全工程高级职称网上申报人员的资料进行网上初审和现场审核。为保证后续工作严格按照要求有序推进，评委会再次核对所有申报资料，并邀请市人事评审中心（市人事考试中心）有关专家协助进行资格复审。

（李建中、刘自杰）

【总局隐患排查系统建设调研】 9月22日，国家安全监管总局信息研究院院长贺佑国到顺义区安全监管局调研隐患排查治理系统建设情况，市安全监管局副局长贾太保及相关部门负责人参加调研。顺义区安全监管局负责人通过现场汇报、资料展示等多种形式，汇报顺义区隐患排查系统建设和使用情况，并结合实际工作进行研讨和交流。贺佑国对顺义区隐患排查治理工作给予肯定，并指出要以隐患排查治理体系建设为统领，积极推进安全生产条件普查、安全生产标准化、专职安全员队伍和安全生产执法监察一体化建设，实现各项工作优势叠加、互相促进。

（孙建军、李向东、李让）

【信息化运维可研报告评审会】 10月8日，市安全监管局组织专家召开会议，对2016年度信息化基础设施运维项目可行性研究报告进行评审。会上，信息中心汇报该项目实施背景和信息化需求。通过质询，与会专家认为，该项目可行性研究报告能够满足年度运维工作需求，同意通过评审，并建议细化价格形成因素，补充完善后申报实施。信息中心根据专家意见，修订2016年度信息化基础设施运维项目可行性研究报告。

（欧阳燕南）

【移动执法设备试用培训】 10月9日，市安全监管局信息中心对局执法监察总队、部分区县安全监管局和乡镇街道等试点单位开展移动执法设备应用培训。重点讲解系统建设背景和移动执法设备研发情况，执法设备特性、设备使用方法和注意事项，系统主要功能、实现流程及操作方法，并现场解答问题。通过培训，参培人员基本掌握执法设备特点和系统操作方法，为系统试用打下基础。

（陈超）

【科技强安示范企业调研】 10月20日，国家安全监管总局监察专员施卫祖带领安全生产专家来京，对首钢矿业公司杏山铁矿“机械化换人、自动化减人”科技强安示范企业试点工作进行调研。市安全监管局副局长贾太保和首钢矿业公司负责人参加调研。在调研座谈会上，与会人员围绕试点方案就如何将企业标准上升为地方标准、科技项目的申报、产品推广和产业化开发等问题提出意见。施卫祖指出：要进一步结合企业实际，做好矿山物联网的顶层设计、信息传输、传感器研发等方面研究，总结和提炼出全国非煤矿山企业可学、可推广、可复制的先进经验。

（李建中、刘自杰）

【行政审批系统建设项目通过初验】 11月26日，市安全监管局组织专家召开行政审批及电子监察系统建设项目初验会。会上，信息中心介绍项目建设背景，建设单位汇报项目建设内容和实施情况，监理单位汇报项目监理工作情况及监理验收意见。通过检查和质询，专家组一致认为，建设项目完成合同的建设内容，达到项目建设目标，同意该项目通过初验。

（陈超）

【安全工程高级职称答辩结束】 11月28日，市安全监管局组织开展2015年北京市工程技术系列（安全工程）高级职称评审现场答辩工作。评委会采取网站公告、一对一短信及电话抽样等方式进行全方位通知。答辩分为4个小组进行，从8：00到17：00，所有申报人在规定时间内完成现场答辩。随后参评专家又经过充分讨论和评议，所有组别均给出评审意见，本次答辩工作顺利完成。

（李建中、刘自杰）

【隐患排查治理信息系统调研】 12月3日，市安全监管局信息中心赴通州区梨园镇，针对小微企业隐患排查治理信息系统的建设思路开展调研。企业结合日常安全生产管理工作实际，分别介绍本单位隐患排查、登记、治理、验收、销账等方面工作，并对平台建设提出意见。通过调研，摸清各类企业对系统的建设需求，为系统建设奠定基础。

（陆金周）

【政务网站改版调研】 12月10日，市安全监管局信息中心赴首都之窗运行管理中心调研政务网站改版工作。信息中心介绍市安全监管局政务网站现状、存在问题以及改版思路，双方就政务网站在线服务栏目以及电子政务云的要求进行沟通，并就政务网站的内容管理、搜索系统、视频管理、无障碍网站以及安全防护措施等方面进行交流。双方表示，加强政务网站建设过程中的互相交流，保障政务网站的稳定性和安全性。

（张乳燕）

【安全生产条件普查数据管理】 12月15日至18日，市安全监管局副巡视员高士虎主持召开3次区县座谈会，对各区县普查数据整改工作进行督导。高士虎指出：一是各区县局“一把手”要牵头，配备精兵强将，切实把普查数据问题找准、查实；二是建立普查数据动态更新机制，安排专人管理普查台账，及时更新数据；三是把普查与标准化、执法检查、隐患排查治理等工作结合起来，做好普查数据利用工作。

（梁伟光）

【企业系统项目推广座谈会】 12月30日，市安全监管局召开“智慧式用电安全管理服务系统”项目推广企业座谈会议。北京工业职业技术学院机电工程学院及杭州家和物联网技术有限公司专家和企业负责人参加会议。会上，杭州家和物联网技术有限公司的技术人员介绍“智慧式用电安全管理服务系统”研发背景和该系统对电气引发火灾的主要因素进行数据跟踪、统计分析，通过物联网技术实时发现和分析电气线路和用电设备存在的安全隐患，并即时向企业管理人员发送预警信息的技术原理；介绍可推广使用该系统的企业场所、使用企业相关案例及在浙江、山东等多个省份和地区成立的智慧式电气火灾隐患监控中心和服务站点运行情况。与会人员还对“智慧式用电安全管理服务系统”的技术研发、知识产权、系统的误报率、企业安装及运行维护成本及后期隐患排查服务等方面问题进行座谈。

（孙建军、李向东、李让）

【安全生产信息化制度】 本年，市安全监管局建成行政许可电子监察系统，实现市区两级所有行政许可审批事项全流程上网办理。围绕全市隐患排查治理体系“532”的工作框架，启动全市安全生产隐患自查自报、隐患排查数据采集分析两个平台建设。制发《北京市安全生产监管信息平台对接和资源共享技术指南》等4项管理制度，深化监管信息平台推广应用，推进市区两级监管信息平台对接，规范各信息系统运行维护工作，有效支撑执法检查、行政许可、标准化建设、举报投诉、培训考核、日常办公等各项业务工作。

（贾秋霞、赵芬）

【绿色通道项目推荐申报】 本年，市安全监管局根据安全监管工作实际，按2015年第一批市级科技计划绿色通道项目要求对征集到的科技项目（课题）进行筛选。局长张树森、副局长贾太保、副巡视员谢清顺听取项目申报情况并确定《安全生产监管大数据平台关键技术研究与应用示范》《首钢矿业公司杏山铁矿地下开采数字化矿山项目》《北京市工业尘爆事故防控关键技术研究及应用示范》3个课题为安全生产监管监察中紧急性的科技支撑需求项目，作为本年第一批市级科技计划绿色通道项目向市科委推荐申报。

（李建中、刘自杰）

【安全生产科技成果奖】 本年，国家安全监管总局发布《关于表彰第六届安全生产科技成果奖的决定》，46项成果获得安全生产科技成果奖一等奖，106项成果获得安全生产科技成果奖二等奖，298项成果获得安全生产科技成果奖三等奖。北京市安全监管局推荐的18个项目中“有限空间作业安全生产综合监管体系构建与应用”“京西煤田巷道支护技术体系研究”2个项目获得二等奖，“急倾斜煤层Z型水平分层放顶煤采煤方法研究和应用”“煤矿安全生产风险预控管理系统”“基于大数据应用的安全生产监管技术研究与应用”“城市公共场所人群聚集风险预警及控制技术研究与应用”“KJ516煤矿电力监控管理系统”5个项目获得三等奖。

（李建中、刘自杰）

标准化建设

【百项地方标准项目启动会】 1月21日，市安全监管局召开百项安全生产地方标准项目启动会，副局长李东洲、副巡视员高士虎参加会议。会议通报《北京市百项生产经营单位安全生产等级评定技术规范（地方标准）实施方案》，市劳保所作为“百项地标”技术支撑单位，从标准编写等4方面介绍“百项地标”编制工作技术保障方案，并明确地方标准编制中各项任务及时间节点要求。

（范慧）

【纸制品制造企业评定标准编制调研】 3月18日，市安科院赴京纸集团仓储分公司开展纸制品制造企业评定标准编制调研。京纸集团负责人介绍企业基本情况、纸制品加工工艺流程、生产设备、隐患控制点、行业现状和发展趋势等。该企业总建筑面积约3.9万平方米，包括5座单层仓库和1座纸加工车间，车间内设3条分切生产线，纸张加工能力10万吨/年。企业主要生产订制尺寸平张印刷纸，主要采用大卷分切加工工艺，包括上卷、巡检、包装、码垛等关键操作节点。围绕生产过程中各工艺风险点、防护手段和设施等进行讨论，并实地考察纸加工车间和仓库等生产场所。按照地标编制要求，市安科院梳理本市有关法律法规、企业安全生产标准化和隐患排查有关资料、设备设施清单、安全规程等文件，为推进地方标准编制工作打好基础。

（杨琳）

【饮料制造业评定标准编制调研】 3月19日，市安科院赴北京百事可乐饮料有限公司进行饮料制造业评定标准编制调研。北京百事可乐饮料有限公司负责人就企业基本情况、工艺流程、设备设施、重大风险点、生产线状况、安全操作规程和危险源控制措施等进行介绍。围绕饮料制造业分类标准、设备设施安全技术要求、相关标准规范及风险防控等进行讨论，实地考察企业主要生产现场和配套辅助设施。市安科院总结调研成果，梳理饮料制造业设备设施清单、法律法规和设备要求清单，为饮料制造业地方标准编制做好准备工作。

（王博）

【平谷区纸制品制造企业调研】 3月24日，市安科院赴平谷区维达北方纸业（北京）有限公司和永丰余家纸（北京）有限公司，对纸制品企业生产工艺、设备设施和安全管理进行调研。调研人员深入作业现场，实地考察原纸生产线中纸浆溶解罐体、搅拌机、磨浆机、抄纸机、烘缸，裁切生产线中盘纸分切机、自动折纸机和包装流水线等设备和工段，了解设备设施安全操作规程和检修方面的安全要求。双方共同探讨安全生产现场技术指标设置和量化原则。市安科院梳理纸制品制造业有关法律法规、企业安全标准化和隐患排查有关资料，按照地方标准编制要求，着手编制调研报告，研究标准结构，为推进地方标准编制工作打好基础。

（杨琳）

【开发区纸制品制造企业调研】 3月31日，市安科院赴北京经济技术开发区北京金佰利个人卫生用品有限公司和利乐包装（北京）有限公司，组织有关专家和技术人员调研两家企业安全管理、安全文化、生产工艺、设备设施等情况，讨论研究安全标准的适用范围、框架结构、重点内容。调研人员现场考察企业的车间、库房和生产辅助场所，了解企业生产工艺和现场安全管理措施。两家企业生产工艺比较复杂，属于纸制品深加工和复合加工，除一般的裁切工序外，在生产过程中还涉及印刷、胶黏等工序；原材料除原纸以外，还包括油墨、热熔胶、金属箔等多种材料。

（杨琳）

【全市安全生产标准化工作会】 4月17日，市安全监管局召开全市安全生产标准化工作会议，对2014年安全生产标准化工作进行总结，部署2015年重点工作。各区县政府分管领导和有关部门负责人参加会议，副市长张延昆出席会议并讲话。会上，市安全监管局局长张树森系统总结全市安全生产标准化工作取得的成效，客观地分析制约标准化建设的矛盾和问题。副市长张延昆指出：要提高思想认识，把安全生产标准化作为推动企业自我完善、持续改进安全生产工作的重要抓手；要强化监督管理，提升安全生产标准化评审质量；要加强统筹协调，把各方面的力量整合动员起来，推进安全生产标准化创建工作。

（范慧）

【木材加工、家具制造、建材地方标准培训会】 5月13日，市安全监管局在北京建都设计研究院召开木材加工、家具制造、建材地方标准培训会，落实《北京市百项安全生产等级评定技术规范（地方标准）实施方案（2015—2017年）》。北京建都设计研究院、金隅天坛家具股份有限公司、柯诺（北京）木业有限公司、东陶机器（北京）有限公司、金隅混凝土有限公司、金隅加气混凝土有限责任公司、琉璃河水泥有限公司和市劳保所等单位有关负责人参加会议。会议明确木材加工、家具制造、建材3项地方标准直接承接单位的职责，要求编制单位按照《标准化工作导则　第1部分：标准的结构和编写》（GB/T 1.1－2009）规定，保质保量完成行业地方标准编制工作任务。介绍“百项地标”编制的重要意义、建设思路、目标、主要任务、编制要求、标准内容，就标准编制中与总则、通则关系，以及编写用词、格式进行重点培训和辅导。

（范慧）

【标准化评审单位工作会】 5月19日，市安全监管局召开全市安全生产标准化二级评审单位工作会，全市43家新认定的标准化二级评审机构、13家工业集团公司负责人参加会议。市安全监管局副局长李东洲、副巡视员高士虎参加会议。会上，市安全生产联合会总结通报评审单位认定情况，并结合近几年标准化推进情况就加强评审管理提出工作意见。北京联合智业认证有限公司等3家标准化评审机构代表在会上进行交流发言。会议要求评审单位要以标准化创建为载体，明确建立企业隐患排查治理责任机制为核心的标准化工作思路。一是突出重点，对关键区域、位置、环节要重点监控，认真排查；二是加强管理，依据法规标准，采取有效手段，提升本质安全水平；三是严格要求，坚持“创建目标是有质量的目标”和“数量服从质量、进度服从质量”的原则，不符合标准要求的企业一律不得达标；四是务求实效，对于否决项的隐患要坚决整改；五是规范运作，严格遵守评审咨询分离机制和收费标准；六是优质服务，评审单位要认真履职，提高企业达标创建服务质量，把标准化工作质量作为立足之本。

（范慧）

【机动车维修地方标准研讨会】 5月15日，市安全监管局召开机动车维修企业地方标准编制技术研讨会，落实《北京市百项安全生产等级评定技术规范（地方标准）实施方案（2015—2017年）》。市交通委运输局、市劳保所、市安科院有关负责人参加会议。会上，市交通委运输局通报机修地方标准编制时间、编制内容、立项申报主体等方面情况。会议就行业标准与通则内容融合问题进行讨论，并对现有技术标准如何与地方标准衔接提出工作意见。

（范慧）

【标准化复核与核查研讨会】 5月27日，市安全监管局召开安全生产标准化复核与核查工作研讨会，市安科院、安全生产联合会、安全生产技术服务协会有关负责人参加会议。会议就标准化复核与核查的内容如何切分、工作重点、结果如何应用、如何通过复核与核查工作对评审单位进行管理等问题进行研讨。会议决定：一是明确复核与核查内容切分，市安全生产联合会负责二级工业制造业、非煤矿山、化工医药及无主管行业二级标准化企业在未取得证书之前的复核；市安科院和市安全生产技术服务协会负责全市二级、三级取证后的标准化企业核查工作。二是建立联络沟通工作机制，定期召开标准化复核与核查工作例会，汇总工作开展情况，沟通协调工作中出现的问题，统一各单位的意见。三是明确核查任务和分工，市安全生产技术服务协会负责大兴区、石景山区、西城区、海淀区 4 个区 100 家企业的核查任务，市安科院负责其他区县及开发区 350 家的核查任务。四是优化复核与核查工作流程，各单位要制定工作方案，确定工作流程、工作重点与工作形式，确保标准化核查的公正和质量。

（范慧）

【“百项地标”工作会】 6 月 11 日，市安全监管局召开全市百项安全生产地方标准工作会，国家安全监管总局监管四司司长马锐、市安全监管局局长张树森、市质监局副局长姚娉，以及市有关部门和单位负责人参加会议。会议通报“百项地标”编制工作的背景、思路、目标以及 25 项地方标准的编制进展情况。马锐在讲话中指出：要借鉴国际先进管理理念，将安全生产标准化的定位调整为建立安全生产标准化管理体系，从而实现安全管理的体系化、要素化。

（范慧）

【企业标准化达标核查】 7 月 1 日，市安全监管局组织专家对已完成评审的北京龙腾达混凝土有限公司和北京同仁堂商业投资集团有限公司进行核查。核查组重点对评审扣分原因及问题整改内容进行复核，通过查阅资料、现场检查等方式，对企业生产现场、设备设施的安全管理情况进行核查。核查发现，北京龙腾达混凝土有限公司在安全生产标准化创建工作过程中，标准化体系架构基本建立，部分基础资料达到标准化的要求，但存在着安全管理规章制度针对性不强、修订不及时、设备设施不规范等问题，核查组责令该企业限期整改，并将核查情况反馈有关属地部门。北京同仁堂商业投资集团有限公司重视标准化达标创建工作，达标流程规范，评审管理有序，基本达到标准化要求，但存在着特种作业管理制度细化程度不足、隐患排查未严格落实等问题，核查组对该企业提出改进工作的措施意见。

（范慧）

【顺义区企业达标核查】 7 月 8 日，市安科院组织对顺义区 3 家企业进行标准化达标现场核查，涉及机械、建材等行业。核查组采用查阅资料、现场抽查、座谈等方式，内容涵盖基础资料管理、用电安全、消防安全、场所环境、职业卫生等。通过核查发现，企业在标准化创建工作中制定管理制度，但仍存在突出问题。北一大隈（北京）机床有限公司漆料储存库房建筑为彩钢板，耐火等级不符合《建筑设计防火规范》，三级教育无学时、无内容、试卷无成绩；北京昊京汽车空调有限公司作业场所内警示标识少，通风不好；北京西沃国际家具有限公司库房管理混乱，存在职业危害和火灾隐患。核查组对企业提出整改意见。

（杨茹）

【开发区企业达标核查】 8月5日至7日，市安科院组织对北京经济技术开发区12家三级标准化达标企业进行核查。本次核查的12家企业涉及科研、医药、机械制造、贸易、物业、汽车维护、加油站、娱乐等行业。核查组通过查阅制度、抽查记录、实地检查、员工交流等方式，重点检查标准化不符合项整改情况，安全生产责任制等管理制度、用电安全、消防安全、职业卫生、场所环境等现场情况。通过核查发现，多数企业标准化达标后运行状况较好，但有的企业对达标后的持续改进工作重视不够，没有明确的安全生产目标、三级安全教育记录内容不全、隐患排查治理台账不完善、现场用电管理不到位。核查组对核查中发现的60余项问题，现场要求企业进行整改，保持标准化达标成果。

（王世平）

【啤酒和面粉生产企业达标核查】 8月14日，市安全监管局组织专家，对已完成评审的北京燕京啤酒集团公司南厂和北京鑫悦面粉有限公司进行标准化核查。核查组重点对评审扣分原因及问题整改内容进行复核，通过查阅资料、现场检查等方式，对企业的生产现场、设备设施的安全管理情况进行核查。核查发现，北京燕京啤酒集团公司南厂在安全生产标准化创建工作过程中，标准化体系架构基本建立，基础制度较为完善，但存在着隐患排查治理台账和检查记录缺失、生产作业场所设备设施不规范、局部区域积尘严重等问题，核查组责令该企业限期整改。北京鑫悦面粉有限公司已经停产，主要设备设施停用，企业面临转型，不具备二级标准化企业条件，核查组决定将其二级标准化企业申请材料退回。鉴于北京埃尔维质量认证中心对该企业二级标准化评审把关不严、申报材料不实，决定对北京埃尔维质量认证中心进行约谈并通报批评。

（范慧）

【纸制品地方标准专家征求意见会】 8月19日，市安科院在北京京纸集团召开《生产经营单位安全生产等级评定技术规范　第12部分：纸制品制造企业》（草案）专家征求意见会，市安全监管局、市劳保所有关负责人和专家组成员参加会议。标准编写人员介绍地方标准制订背景、意义和起草情况，包括主线思路、全文结构、主要内容、评分设置、关键创新点、修改意见反馈等。与会人员围绕“场所环境”中仓库和堆场评定要素内容设定，危险化学品储存、使用和处置等方面内容进行探讨和交流，并在“生产设备设施”“公用辅助设施”“个体防护装备”方面提出意见。专家组认为，本标准的总体结构和主要内容基本适用纸制品制造行业的等级评定要求，评分表分值设置基本符合企业实际，部分评定要素需要进一步完善相应内容，使本部分等级评定标准具有可操作性。

（杨琳）

【汽车制造企业地方标准初评会】 10月10日，市安全监管局组织专家召开汽车制造企业地方标准初评会。会上，北汽集团、北京中机安达安全技术咨询有限公司有关负责人汇报汽车制造企业地方标准编制工作情况、标准架构、标准函审与采纳情况等。与会专家就汽车制造企业评定标准的组织架构、汽车制造安全生产管理规范标准要求、标准编制体例等进行讨论。会议要求标准编制要突出特色，体现创新，突出风险较高的重点环节，规范编制体例。

（范慧）

【百项地方标准调度会】 10月23日，市安全监管局召开百项安全生产地方标准工作调度会。市安全监管局局长张树森、副局长李东洲，市质监局副局长姚娉，市交通委、市政市容委等25个部门有关负责人，以及标准编制单位负责人参加会议。会上，市安全监管局通报“百项地标”工作进展情况，市劳保所汇报“百项地标”总则和通则的编制内容，中国机械工业安全卫生协会、市安科院、中国建材检验认证集团股份有限公司、北京启迪智信注册安全工程师事务所分别汇报机械、纸制品、建材、烟草行业标准编制内容。会议要求各单位把握三级评审制度中不同的要求和重点，发挥好京津冀协同作用，扩大标准编写过程的社会参与度，通过编制标准应用指南，解决地方标准和执法标准的合一，解决执法尺度一致性和自由裁量等问题。

（范慧）

【仓储企业地方标准专家评审会】 11月4日，市安全监管局召开仓储企业地方标准专家评审会。会上，北京二商集团通报仓储企业地方标准的编制安排、整体工作进展、编制完成情况和下一步工作。与会专家分别就标准中的危险化学品储存、用电、消防、液氨、粉尘等重点环节的编写、规范格式、标准用词和内容提炼等方面进行研讨，并就标准修改工作提出建议。会议对编制修改工作提出要求：一是共性和特性相结合，保留仓储企业在用电、消防、危险化学品存储和特种设备内容。二是细化和精炼相结合，精简本标准和通则中的交叉重复部分，加大危险化学品存储种类、存储方式和高架仓库管理等编写权重。三是阶段性和连续性相结合，北京二商集团要加快标准制订进度，借鉴和采纳专家的意见建议，保证编制工作的连续性。

（范慧）

【“百项地标”总则和通则评审会】 11月4日，市安全监管局召开百项安全生产地方标准总则和通则专家评审会。会上，市劳保所汇报“百项地标”总则和通则编写小组概况、标准编制工作情况、标准架构与特色、标准函审与采纳情况以及标准编制过程、初稿内容、创新部分等，重点介绍通则中基础管理、特种设备、消防安全、用电安全、危险化学品使用储存等内容。与会专家对危险化学品使用中危险化学品储存间相关规定、建筑设施消防管理、应急管理等方面进行研讨。会议议定：一是在通则中增加危险化学品使用存储构成重大危险源的有关规定，增加液化石油气、液氨管道、阀门、泵相关要求，完善管理制度中相关方及应急管理等内容。二是注重通则和行业标准的衔接，尽快修改完成通则，指导行业标准编制单位在行业标准中将通则内容予以完善。三是保证通则指标设置的合理性、科学性和可操作性，使标准既符合国情，又具有先进引领性。

（范慧）

【食品制造企业地方标准评审会】 11月5日，市安全监管局召开食品制造企业地方标准专家评审会，市劳保所、首农集团、市地方标准编制特聘专家组和相关领域专家参加会议。会上，首农集团汇报食品制造企业地方标准的编制安排、框架结构、具体内容、行业特色和创新点。与会专家分别就标准中的有限空间、危险化学品储存、重点工艺流程和设备、液氨、粉尘等重点环节的编写、规范格式、标准用词和内容提炼等方面进行研讨，并对下一步标准修改工作提出建议。

（范慧）

【科研单位地方标准初评会】 11月5日，市安全监管局召开科研单位地方标准专家初评会，市劳保所、北京环境特性研究所、市地方标准编制特聘专家组和相关领域专家参加会议。会上，市劳保所汇报科研单位地方标准的编制思路、整体进展、创新亮点和下一步工作。与会专家分别就标准编制的对象、界定、重点领域等关键环节及编写规范格式、标准用词和内容提炼等方面进行研讨，并对下一步标准修改工作提出建议。

（范慧）

【纺织服装企业地方标准初评会】 11月6日，市安全监管局召开纺织服装制造加工企业地方标准专家初评会，市劳保所、北京纺织控股公司、市地方标准编制特聘专家组和纺织服装制造行业的专家参加会议。会上，北京纺织控股公司汇报纺织服装制造加工企业地方标准的编制思路、整体进展、创新亮点和下一步工作。与会专家分别就标准编制的重点领域、关键环节以及编写规范格式、标准用语和内容提炼等方面进行研讨，并对下一步标准修改工作提出建议。

（范慧）

【木材家具企业地方标准初评会】 11月20日，市安全监管局召开木材、家具制造企业地方标准专家初评会，市劳保所、北京建都设计研究院有限责任公司、市地方标准编制特聘专家组和木材家具制造行业专家参加会议。会上，木材、家具制造企业地方标准编制单位汇报标准的编制思路、整体进展、创新亮点和下一步工作。与会专家分别就标准编制的重点领域、关键环节及编写规范格式、标准用语和内容提炼等各方面进行研讨，并对下一步标准修改工作提出建议。

（范慧）

【11项地方标准立项】 11月23日，市安全监管局会同市劳保所，以及安全生产地方标准编制单位完成酒类制造企业、煤矿、金属非金属矿山（露天）、金属非金属矿山（地下）、尾矿库、瓶装经营企业、烟花爆竹经营（储存）企业、危险化学品生产企业、小规模单位、医药制造企业、电子通信制造企业11项《安全生产等级评定技术规范》申报书和标准草案修改审查工作，并集中完成2016年度拟立项的11项安全生产地方标准的网上系统填报工作。

（范慧）

【约谈标准化评审机构】 12月3日，市安全监管局召开专题会议，约谈企业标准化达标评审中存在突出问题的北京埃尔维质量认证中心和吉林宝华安全评价有限公司两家评审机构。按照年度工作计划安排，市安科院和市安全生产联合会对标准化达标企业和创建企业进行核查和复核。在核查和复核中发现北京埃尔维质量认证中心和吉林宝华安全评价有限公司两家评审机构，分别在对北京顺鑫鑫悦面粉有限责任公司和北京红螺食品有限公司评审中，未严格按照标准评审，跟踪检查不及时，致使两家存在安全隐患的企业通过评审。市安全监管局通报标准化达标评审中核查和复核情况，决定对北京埃尔维质量认证中心和吉林宝华安全评价有限公司进行通报，要求评审机构及时整改存在的问题，提高企业达标评审质量。

（范慧）

【9项措施提高标准化创建质量】 本年，市安全监管局制定9项工作措施，推进企业安全生产标准化创建工作：一是要求各区县和有关部门在扩大标准化企业覆盖面，完成达标创建目标任务的同时，坚持“创建目标是有质量的目标”和“数量和进度要服从质量”的原则。二是严格控制工业企业二级标准化企业质量，加大对粉尘、液氨、白酒以及其他危险化学品使用单位的复核力度，组织开展二级标准化示范企业创建活动。三是建立标准化咨询与评审分离的工作机制，通过咨询与评审分离，形成咨询单位与评审单位各负其责、互相制约的标准化评审工作模式。四是严格标准化评审工作流程，对于评审报告中列举的隐患问题，评审单位要指导企业制定隐患整改方案，并开展达标回访。五是加强标准化评审单位管理，建立标准化评审机构的认定机制和退出机制，严格准入门槛。六是加强对评审员队伍管理，建立评审员工作档案，编制评审员培训教材，强化评审员的继续教育，严格评审员的业绩考核。七是严格标准化评审组织单位管理，对评审单位监督管理不到位、评审组织工作不力、忽视标准化创建质量、存在违规行为的评审组织单位，追究其管理责任。八是从严开展标准化企业核查，各区县、各行业原则上要按照不少于年度达标数量30%、20%、10%的比例对二级、三级及小微达标企业进行核查。九是强化对标准化企业执法检查，发现达标企业存在重大安全隐患且未采取有效防控措施的，责成标准化评审组织单位撤销其标准化企业称号，并在新闻媒体上予以曝光。

（范慧）

机关人事

【宣教中心机构设置及职责调整】 1月20日，市编办室印发《关于同意撤销北京市外地来京务工人员安全生产培训指导中心牌子的函》（京编办事〔2015〕12号），就《北京市安全生产监督管理局关于报送直属事业单位挂牌培训中心整改方案的函》（京安监函〔2014〕511号）予以函复：一是同意撤销市安全监管局所属北京市安全生产宣传教育中心加挂北京市外地来京务工人员安全生产培训指导中心牌子。二是同意北京市安全生产宣传教育中心增加“承担安全社区建设相关事务性工作”职责。

（李子扬）

【市安科院机构设置及职责调整】 9月11日，市编办印发《关于明确第二批市属事业单位类别的通知》（京编办发〔2015〕30号），明确北京市安全生产宣传教育中心、北京市安全生产科学技术研究院（北京市安全生产考试中心、北京市危险化学品登记注册办公室、北京市重大事故预防预警中心）为市属公益一类事业单位。

（李子扬）

【信息中心机构设置及职责调整】 11月17日，市编办印发《关于同意为北京市安全生产信息中心增加编制的函》（京编办事〔2015〕117号），同意市安全监管局所属北京市安全生产信息中心增加财政补助事业编制3名，所需编制从市级事业编制总量内调剂解决。调整后，北京市安全生产信息中心财政补助事业单位编制从15名增至18名。12月24日，市安全监督管理局办公室印发《关于增设北京市安全生产信息中心内设机构的通知》（京安监办发〔2015〕108号），同意北京市安全生产信息中心增设数据管理科，为信息中心正科级内设机构，其主要职责是：负责全市安全生产条件普查和数据管理；安全生产数据中心管理和维护以及全市安全生产数据整合、共享和统计分析等工作。核定事业编制3名，科级领导职数1名。调整后，北京市安全生产信息中心内设机构由3个增至4个，科级领导职数从3正3副增至4正3副。北京市安全生产信息中心所属办公室、运行管理科、系统建设科事业编制和科级领导职数保持不变。

（李子扬）

【局部分内设机构调整】 2月16日，市编办印发《关于同意为市安全监管局增加行政编制的函》（京编办行〔2015〕25号），同意市安全监管局2013年度增加行政编制3名接收军队转业干部，调整后的机关行政编制从93名增至96名。3月20日，市编办印发《关于同意为市安全监管局增设安全生产监察专员的函》（京编办行〔2015〕66号），同意市安全监管局增设安全监察专员3名（正处级）。

（孙雷、孙文雯）

【局级干部任免】 3月4日，中共北京市委《关于续栋同志任职的通知》（京委〔2015〕88号）决定，续栋任中共北京市安全生产监督管理局党组成员、中共北京市纪委驻北京市安全生产监督管理局纪检组组长。3月25日，中共国家安全生产监督管理总局党组《关于李东洲等4名同志职务任免的通知》（安监总党任〔2015〕8号）决定，李东洲任中共北京煤矿安全监察局党组成员；续栋任中共北京煤矿安全监察局党组成员、纪检组组长；免去蔡淑敏中共北京煤矿安全监察局党组副书记职务；免去高翔中共北京煤矿安全监察局党组成员、纪检组组长职务。3月25日，国家安全监管总局《关于李东洲、蔡淑敏同志职务任免的通知》（安监总任〔2015〕8号）决定，李东洲任北京煤矿安全监察局副局长；免去蔡淑敏北京煤矿安全监察局副局长职务。4月27日，中共北京市委市直机关工作委员会《关于李东洲、蔡淑敏同志职务任免的通知》（京直复〔2015〕23号）决定，李东洲任机关党委书记，免去蔡淑敏机关党委书记职务。

（孙雷、李子扬）

【处级干部任免】 3月2日，第5次局党组会研究决定：安宏伟任职业卫生监督处副调研员（试用期一年），免去安全生产信息中心副主任职务。3月30日，第7次局党组会研究决定：毛宇权任执法监察总队副总队长，免去安全监督管理二处副处长职务；多化龙任行政审批处副调研员，免去职业卫生综合处副调研员职务；靳玉光任信息中心副主任（挂职），免去安全生产宣传教育中心副主任职务（挂职），挂职锻炼时间两年（2015年4月1日至2017年3月31日）；刘丽纯任执法监察总队副总队长（挂职），挂职锻炼时间为一年（2015年4月1日至2016年3月31日）。7月1日，第15次局党组会研究决定：段辉建等20名同志结束试用期，段辉建任办公室（督查室、财务处）主任，孟庆武任安全监督管理一处处长，刘丽任安全监督管理三处处长，孙雷任人事教育处处长，高云飞任安全生产宣传教育中心主任，任忠任办公室（督查室、财务处）副主任，仲俊生任法制处副处长，赵同立任安全生产协调处副处长，孙建军任科技处副处长，王欣任职业卫生综合处副处长，栗晋春任人事教育处副处长，张涛任执法监察总队副总队长，张晋伟任安科院副院长，薛映宾任安科院副院长，刘丽纯任安全生产宣传教育中心副主任，陆金周任安全生产信息中心副主任，吴强任安全生产举报投诉中心副主任（主持工作），魏志钢任安全生产举报投诉中心副主任（借调安全监督管理三处工作），李建中任科技处副调研员。丁大鹏兼任安全生产工程技术研究院副院长。免去李东洲兼任的安全监督管理三处处长职务；免去刘丽应急工作处（值班室）处长职务，任安全监督管理三处处长；免去王欣职业卫生综合处副处长职务，任应急工作处（值班室）副处长。7月18日，第17次局党组会研究决定：结束魏志钢借调安全监督管理三处工作，回安全生产举报投诉中心工作；结束车广杰借调安全监督管理二处工作，回安全生产宣传教育中心工作。8月10日，第19次局党组会研究决定：闵军任安全监督管理三处调研员，免去应急工作处（值班室）调研员职务。8月28日，第20次局党组会研究决定：陈勇任研究室（科技处）调研员，郑爱东任应急工作处（值班室）调研员，张伟任机关党委调研员，任社山任安全监督管理一处副调研员。8月28日，第20次局党组会研究决定：李怀冰任应急工作处（值班室）处长（试用期一年），免去应急工作处（值班室）副处长职务；田志斌任安全生产监察专员（试用期一年）；王晓杰任事故调查处副处长（试用期一年）；孙晶晶任职业卫生综合处副处长（试用期一年）；闵绍辉任执法监察总队副总队长（试用期一年）；徐杰立任安科院副调研员职务；赵争春任矿山安全监督管理处副调研员（试用期一年）。9月28日，第24次局党组会研究决定：刘自杰任研究室（科技处）副调研员，王平任安全生产协调处副调研员。10月16日，第25次局党组会研究决定：免去陈勇研究室（科技处）调研员职务。11月13日，第27次局党组会研究决定：李振龙任办公室（财务处、督查室）主任；免去段辉建办公室（财务处、督查室）主任职务。11月27日，第29次局党组会研究决定：孙雷任局机关党委委员、机关党委专职副书记、机关工会副主席；免去李振龙机关党委专职副书记、机关工会副主席，保留机关党委委员、机关纪委书记职务；增补局机关团委书记王雷为机关党委委员。12月1日，第30次局党组会研究决定：免去贾秋霞安全生产科学技术促进会秘书长、法人代表职务；免去高云飞安全生产文化促进会秘书长、法人代表职务；免去丁大鹏职业病防治联合会秘书长、法人代表职务。12月4日，第33次局党组会研究决定：季学伟试用期满转正，任安科院党总支书记；车广杰试用期满转正，任安全生产宣传教育中心副主任。任职时间自2014年12月起算。借调安全生产举报投诉中心副调研员魏志钢到安全监督管理三处工作。

（孙雷、李子扬）

【科级干部任免】 1月22日，第2次局党组会研究决定：聘任林才顺为市安全监管局危险化学品集中管理体系高级主管，聘期自2015年1月至2017年12月。2月6日，第4次局党组会研究决定：王洪志任办公室（财务处、督查室）主任科员；杜蓓蓓任安全生产宣传教育中心办公室主任科员，借调安全监督管理三处工作；阚悦任安全生产举报投诉中心协调室主任科员，借调人事教育处工作；张青云任安全生产信息中心办公室副主任科员，借调财务处工作；石逸超任安全生产信息中心办公室副主任科员，借调职业卫生监督处工作；李广任安全生产举报投诉中心办公室副主任科员，借调矿山安全监督管理处工作；免去白林安科院宣教部副部长、主任科员职务，办理退休手续；免去赵禹安科院办公室（财务部）副主任、主任科员职务，办理退休手续；免去卞松征安科院证件部主任科员职务，办理退休手续；免去王金普安科院考务部主任科员职务，办理退休手续；免去周景丽安科院证件部主任科员职务，办理退休手续。3月2日，第5次局党组会研究决定：李怀峰任办公室（财务处、督查室）主任科员，罗旋任安全监督管理三处主任科员，闻铮任应急工作处（值班室）主任科员。3月18日，第6次局党组会研究决定：俞峻勇任法制处主任科员；丁计魁任执法监察总队主任科员；夏文广任执法监察总队主任科员；王立朝任执法监察总队主任科员；钱莹任执法监察总队主任科员，借调法制处工作；石炜任执法监察总队副主任科员；邱晓艳任执法监察总队副主任科员；施博任执法监察总队副主任科员，借调财务处工作；安科院王梅借调局财务处工作；安科院田红梅借调局财务处工作。3月30日，第7次局党组会研究决定：李鹏飞任安全监督管理二处副主任科员；徐阳任安全生产举报投诉中心主任助理（挂职），挂职锻炼时间为一年（2015年4月1日至2016年3月31日）；侯占杰任安全生产宣传教育中心主任助理（挂职），挂职锻炼时间为一年（2015年4月1日至2016年3月31日）；王雷到安全生产技术服务协会挂职，挂职锻炼时间为一年（2015年4月1日至2016年3月31日）；白晓鸣到安全生产技术服务协会挂职锻炼，挂职锻炼时间2015年4月4日至2016年6月30日；刘曦到安全生产联合会挂职锻炼，挂职锻炼时间2015年4月1日至2016年6月30日；张治国任执法监察总队二支队副支队长（挂职），挂职时间为一年（2015年4月1日至2016年3月31日）。4月20日，第8次局党组会研究决定：何伟任科技处处长助理（挂职），庞磊安全监督管理一处处长助理（挂职），吴莉娜任安全监督管理一处处长助理（挂职），李阳任安全监督管理三处处长助理（挂职），张世博任安全生产信息中心主任助理（挂职）。5 名同志挂职时间均为半年（2015 年 4 月至 2015 年 10 月）。5 月 4 日，第 9 次局党组会研究决定：高雅莉试用期满转正，任安全生产宣传教育中心办公室副主任，任职时间自 2014 年 4 月起算。闵绍辉任办公室（督查室）主任助理（挂职），李怀峰任办公室（督查室）主任助理（挂职），俞峻勇任法制处处长助理（挂职），唐亮任研究室主任助理（挂职），封光任应急工作处（值班室）处长助理（挂职），邵柏任事故调查处处长助理（挂职），张聪任安全监督管理二处处长助理（挂职），孙晶晶任职业卫生综合处处长助理（挂职），张帮锋任执法监察总队总队长助理（挂职），王罡任安科院院长助理（挂职），李东侠任安全生产信息中心主任助理（挂职）。以上同志挂职时间为 1 年（2015 年 5 月 4 日至 2016 年 5 月 3 日）。郝树亮调入安科院工作，任安科院办公室（财务部）主任科员，借调安全生产协调处工作。同意张子晋、夏文广两名同志辞职，免去张子晋安全生产协调处副主任科员职务，免去夏文广执法监察总队主任科员职务。6 月 1 日，第 11 次局党组会研究决定：聘任肖江任市安全监管局危险化学品集中管理体系信息化建设高级主管，聘期 3 年（2015 年 7 月至 2018 年 6 月）。孙文雯任安科院办公室（财务部）副主任科员，定为二十四级；杨红任安全生产宣传教育中心新闻宣传科副主任科员，定为二十四级；张乳燕任安全生产信息中心系统建设科主任科员，定为二十二级。6 月 8 日，第 12 次局党组会研究决定：同意杨磊辞职。王洪志任安全监督管理二处主任科员；姜二峰借调机关党委工作；金绪平到举报投诉中心锻炼，锻炼时间 2015 年 6 月至 2016 年 6 月；丁计魁到安全生产宣传教育中心锻炼，锻炼时间 2015 年 6 月至 2016 年 6 月。6 月 17 日，第 14 次局党组会研究决定：录用周铁、翟晓雁、杨琳到安科院工作。选调市教育矫治局政治部人事警务处主任科员庄蕊来市安全监管局工作，任人事教育处主任科员。李东昊晋升为主任科员，继续借调研究室工作。7 月 1 日，第 15 次局党组会研究决定：同意丁计魁辞职，免去执法监察总队主任科员职务。7 月 15 日，第 16 次局党组会研究决定：刘倩等 17 名同志试用期满转正，范立娜任安科院协调部主任科员，定为二十二级；刘倩任安科院检测部副主任科员，定为二十四级；张维任安科院研发部副主任科员，定为二十四级；张慧任安科院研发部副主任科员，定为二十四级；王博任安科院技术部副主任科员，定为二十四级；唐冉任安全生产宣传教育中心办公室副主任科员，定为二十四级；郑羽莎任安全生产宣传教育中心社会宣传科副主任科员，定为二十四级；范开花任安全生产信息中心办公室主任科员，定为二十二级；胡静任安全生产举报投诉中心办公室副主任科员，定为二十四级；李琳任安全生产举报投诉中心协调科副主任科员，定为二十四级；田红梅任安科院办公室（财务处）主任科员，定为二十二级，借调财务处工作；马雪薇任安科院宣教部副主任科员，定为二十四级，借调财务处工作；刘艳任安科院考务部主任科员，定为二十二级，借调研究室工作；赵若虚任安科院考务部副主任科员，定为二十四级，借调研究室工作；薛瑞丰任安科院证件部主任科员，定为二十二级，借调安全生产协调处工作；万力任安科院宣教部副主任科员，定为二十三级，借调事故调查处工作；潘正宇任安科院宣教部副主任科员，定为二十四级，借调驻局纪检组监察处工作。录用刘安琪到安全生产信息中心办公室工作。7月24日，第18次局党组会研究决定：李晓妮任执法监察总队科员，熊潇凌任执法监察总队科员。8月10日，第19次局党组会研究决定：推荐王雷为共青团北京市安全生产监督管理局委员会书记人选；王平借调安全生产督查组工作；陈静任安全生产协调处主任科员，借调安全生产督查组工作；钱莹任法制处主任科员；施博任办公室（财务处、督查室）副主任科员；静国佳任事故调查处副主任科员；胡静借调安全生产协调处工作；邢小鹿任安全生产宣传教育中心社会宣传科副科长（挂职）；卢茜任安全生产举报投诉中心受理科副科长（挂职）；李子扬到安全生产联合会挂职锻炼。3名同志挂职时间均为2年。同意林才顺辞职，免去市安全监管局危险化学品集中管理体系高级主管职务。免去周燚事故调查处副主任科员职务。8月28日，第20次局党组会研究决定：侯雨君任办公室（财务处、督查室）主任科员；韩宏飞任研究室（科技处）主任科员；武金贵任安全生产协调处主任科员，借调安全生产督查组工作；徐冰任事故调查处主任科员；杨洪任安全监督管理三处主任科员；李卓辉任矿山安全监督管理处主任科员；陈磊钢任人事教育处主任科员；涂志文任执法监察总队副主任科员；王平任安全生产宣传教育中心主任科员，借调安全监督管理二处工作；李环宇任安全生产宣传教育中心主任科员，借调安全监督管理二处工作；张玉昆任安全生产宣传教育中心副主任科员；周园任安全生产宣传教育中心副主任科员；孙德峰任安全生产信息中心主任科员；赵琳任安全生产信息中心副主任科员；马林燕任安全生产信息中心副主任科员；郭霞任安全生产信息中心科员；钱方任安全生产举报投诉中心主任科员，借调法制处工作；范慧任安全生产举报投诉中心副主任科员，借调安全监督管理一处工作；李春晖任安全生产举报投诉中心副主任科员，借调安全生产督察组工作；雷阳任安全生产举报投诉中心副主任科员，借调安全生产督查组工作。陶申傲试用期满转正，任执法监察总队办公室主任；徐阳试用期满转正，任执法监察总队一支队支队长；张帮锋试用期满转正，任执法监察总队二支队支队长；侯占杰试用期满转正，任执法监察总队安全生产专职安全员指导协调办公室主任；王罡试用期满转正，任安科院宣教部部长；张鑫试用期满转正，任安科院研发部副部长；杨茹试用期满转正，任安科院技术部副部长。7名同志任职时间自2014年8月起算。李鹏飞任安全监督管理二处主任科员，孙立双任人事教育处主任科员，贾娜莉任安科院主任科员，侯焜祎任安科院副主任科员，朱亮任安科院副主任科员，焦文霞任安全生产宣传教育中心副主任科员。王罡任安科院办公室（财务部）主任，免去安科院宣教部部长职务。同意安科院干部杨虎（试用期）辞职；同意陈硕辞职，免去安全生产举报投诉中心副主任科员职务。9 月 28 日，第 24 次局党组会研究决定：刘樾衡任安全生产宣传教育中心主任科员，定为二十二级；赵芬任安全生产宣传教育中心主任科员，定为二十二级。10 月 16 日，第 25 次局党组会研究决定：递补接收军转干部李向东，任研究室（科技处）主任科员。10 月 27 日，第 26 次局党组会研究决定：李莉莉任安科院宣教部部长（试用期一年）；刘友强任安全生产宣传教育中心社会宣传科科长（试用期一年），免去安全生产宣传教育中心社会宣传科副科长、主任科员职务；吴爽任安全生产宣传教育中心新闻宣传科科长（试用期一年），免去安全生产宣传教育中心新闻宣传科副科长、主任科员职务；田雍雍任安全生产信息中心运行管理科科长（试用期一年），免去安全生产信息中心运行管理科副科长、主任科员职务；陈超任安全生产信息中心系统建设科副科长（试用期一年）；李阳春任安全生产举报投诉中心协调科科长（试用期一年）；焦宁任安全生产举报投诉中心办公室副主任（试用期一年）；胡俊松任执法监察总队三支队支队长（试用期一年）；张鑫任安科院证件部部长（试用期一年），免去安科院研发部副部长、主任科员职务；刘伟宏任安科院协调部部长（试用期一年），免去其安科院协调部副部长、主任科员职务；贾娜莉任安科院宣教部副部长（试用期一年）；李菲任安科院办公室（财务部）副主任科员（试用期一年）；蔡燊任安全生产举报投诉中心受理科科长（试用期一年）。12 月 1 日，第 30 次局党组会研究决定：郝靖任安全生产科学技术促进会秘书长、法人代表；高雅莉任安全生产文化促进会秘书长、法人代表；牛东升任职业病防治联合会秘书长、法人代表；刘万象任职业病防治联合会监事长，免去刘麦菲职业病防治联合会监事长职务。12 月 17 日，第 34 次局党组会研究决定：李让任安全生产信息中心主任科员。12 月 24 日，第 36 次局党组会研究决定：录用刘耀峰到安科院工作。12 月 28 日，第 37 次局党组会研究决定：邵柏任办公室（督查室）主任科员；俞峻勇任事故调查处主任科员；何明明任法制处主任科员；陈阳任安全生产协调处主任科员；赵昕任执法监察总队主任科员；王燃然任安全监督管理一处主任科员；赵若虚借调办公室（督查室）工作；张青云借调办公室（督查室）工作；王海斌借调职业卫生综合处工作。

（孙雷、李子扬）

【军转干部安置】 7 月至 10 月，市安全监管局按照市委、市政府关于军队转业干部安置工作要求和计划，对 577 名军队转业干部进行资格审核，其中 487 人符合审核条件。通过笔试、面试、考察、体检，确定接收 12 名团职干部、12 名营职及以下干部。经局党组研究决定：郑爱东任应急工作处（值班室）调研员；张伟任机关党委调研员；任社山任安全监督管理一处副调研员；武金贵任安全生产协调处主任科员，借调安全生产督查组工作；李向东任研究室（科技处）主任科员；侯雨君任办公室（财务处、督查室）主任科员；韩宏飞任研究室（科技处）主任科员；徐冰任事故调查处主任科员；杨洪任安全监督管理三处主任科员；李卓辉任矿山安全监督管理处主任科员；陈磊钢任人事教育处主任科员；涂志文任执法监察总队副主任科员；李春晖任安全生产举报投诉中心副主任科员，借调安全生产督查组工作；雷阳任安全生产举报投诉中心副主任科员，借调安全生产督查组工作；范慧任安全生产举报投诉中心副主任科员，借调安全监督管理一处工作；钱方任安全生产举报投诉中心主任科员，借调法制处工作；王平任安全生产宣传教育中心主任科员，借调安全监督管理二处工作；李环宇任安全生产宣传教育中心主任科员，借调安全监督管理二处工作；张玉昆任安全生产宣传教育中心副主任科员，周圆任安全生产宣传教育中心副主任科员；赵琳任安全生产信息中心副主任科员，孙得峰任安全生产信息中心主任科员，马林燕任安全生产信息中心副主任科员，郭霞任安全生产信息中心科员。

（孙雷、陈浩）

【干部遴选】 本年，市安全监管局通过全市公务员公开遴选录用2名干部。李晓妮、熊潇凌到执法监察总队工作。

（孙雷、李子扬）

【干部轮岗】 本年，市安全监管局处级干部轮岗9名（安洪卫、毛宇权、多化龙、刘丽、王欣、闵军、赵争春、孙雷、李振龙），科级干部轮岗17名（李怀峰、闻铮、罗旋、李鹏飞、王洪志、王平、陈静、钱莹、施博、静国佳、王罡、邵柏、俞峻勇、何明明、陈阳、赵昕、王燃然）。

（孙雷、李子扬）

【竞争上岗】 7月至8月，市安全监管局竞争上岗处级领导干部5人（李怀冰、王晓杰、田志斌、闵绍辉、孙晶晶）。8月至9月竞争上岗科级领导干部13人（李莉莉、刘友强、吴爽、田雍雍、陈超、李阳春、焦宁、胡俊松、张鑫、刘伟宏、贾娜莉、李菲、蔡燊）。

（孙雷、李子扬）

【民主推荐】 本年，市安全监管局民主推荐处级干部3人（徐杰立、刘自杰、王平）。

（孙雷、李子扬）

【干部调动】 本年，市安全监管局机关调入1人（庄蕊），调出2人（段辉建、周燚），安科院调入1人（郝树亮）。

（孙雷、陈浩）

▲ 9月3日，市经济信息化委主任张伯旭（右四）检查指导企业安全生产工作

▲ 9月11日，市经济信息化委到京煤化工公司调研安全生产工作

▲ 11 月 11 日，市环保局举办 2015 年北京市突发环境事件应急演习

▲ 8 月 22 日，市环保局对重点区域内涉氨单位开展环境安全隐患排查

11月11日，市规划委副主任曹跃进（左三）检查安全生产工作

6月24日，市规划委组织开展市政地下管线规划核验工作

11月26日，京津冀水污染突发事件联防联控工作联席会议

▶ 7 月 30 日，市住房城乡建设委副主任王承军（右二）检查“中国尊”项目安全生产工作

◀ 6 月 1 日，建设系统安全生产月活动启动仪式

▶ 6 月 14 日，建筑起重机械司机操作技能竞赛决赛现场

▲ 春节期间，市市政市容委检查垃圾填埋场安全生产工作

▲ 10 月 29 日，市市政市容委组织开展应急救援志愿者培训

10月1日，市交通委主任周正宇（右一）检查动物园公交枢纽及地铁4号线动物园站交通安全运营工作

6月16日，交通路政行业安全生产宣传咨询日活动现场

4月29日，市交通执法总队轨道交通执法大队正式成立

◀ 10月26日，市商务委副主任宋建明（右三）检查安全生产工作

▶ 9月29日，市商务委委员丁剑华（左二）检查安全生产工作

◀ 3月27日，市商务委召开全市商务行业安全生产工作会

▶ 9月24日，八省（区、市）国庆假日旅游区域合作联席会议

◀ 11月9日，北京市旅游行业大型消防演练暨消防宣传月启动仪式

▶ 9月14日，天坛公园古建筑消防和反恐演练

9月28日，市工商局局长陈永（右一）检查指导安全生产工作

9月22日，市工商局东城分局开展安全生产宣传教育进社区活动

10月14日，市工商局门头沟分局开展执法检查

9月8日，北京市电梯安全隐患排查工作会议

8月19日，危险化学品和易燃易爆品罐区专项整治

9月15日，地铁高风险电梯安全检查

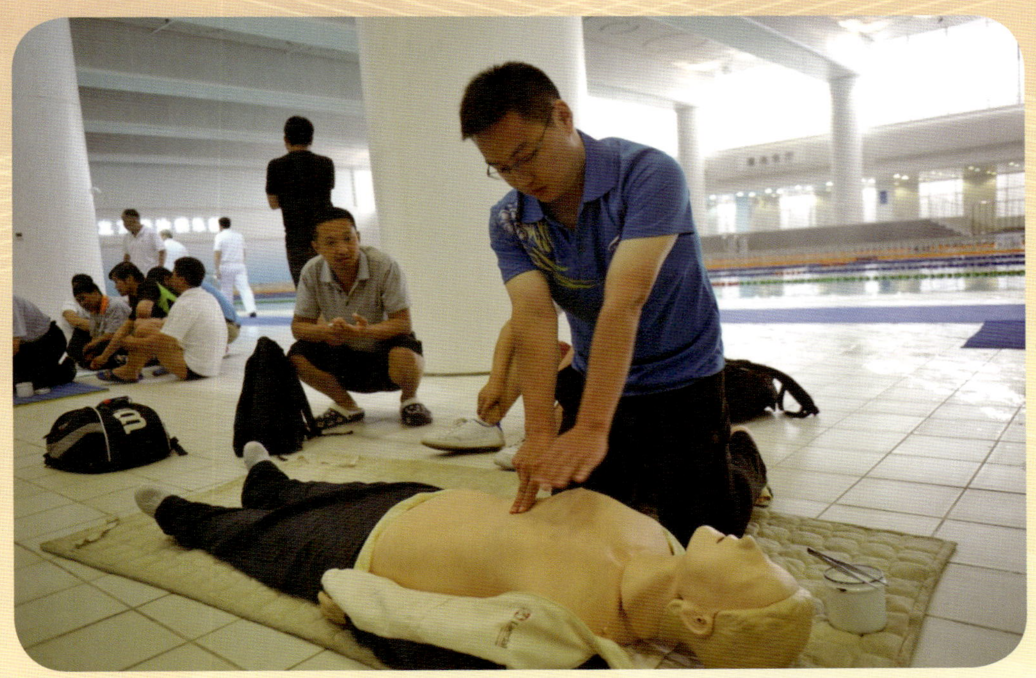

▲ 6月9日，游泳场馆应急演练暨第七届北京市体育大会救生比赛现场

▶ 5月12日，市园林绿化局开展“科学减灾 依法应对”防灾减灾宣传活动

▶ 6月2日，市园林绿化局安全生产月活动启动仪式

◀ 6月17日，市园林绿化局组织安全生产法律法规专题培训

▲ 5 月 27 日，人防工程防汛应急演练现场

▲ 5 月 8 日，北京民防特种救援应急演练

▲ 1 月 17 日，华北五省市农机安全监管联动机制签约仪式

▲ 6 月 17 日，安全生产月暨“三夏”安全生产宣传咨询日活动现场

◀ 11 月 12 日，微耕机事故应急救援演练

3 月 15 日，市城管执法局检查燃气安全生产工作

4 月 15 日，市城管执法局开展违法建设专项执法

7 月 9 日，市城管执法局召开多专项综合执法工作现场会

7 月 29 日，西红门别墅区联合整治违法建筑

▲ 8 月，市气象局检查危险化学品企业防雷安全工作

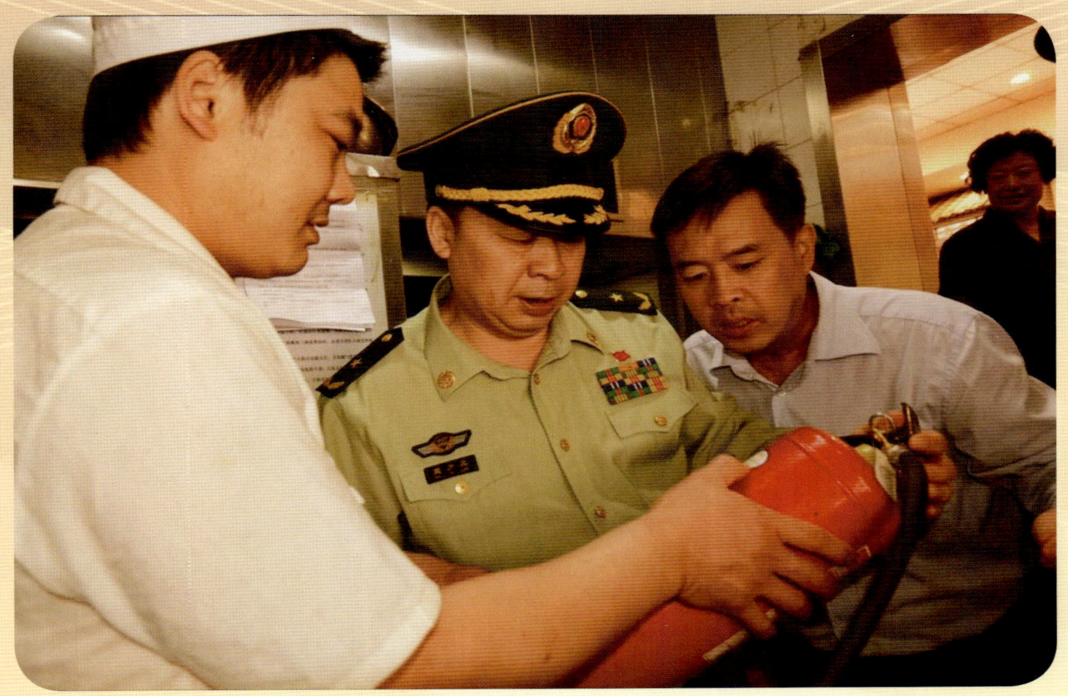

▲ 4 月 28 日，市公安局消防局政委夏夕岚（左二）检查社会单位消防安全工作

▲ 4 月 27 日，检查地铁站点消防安全工作

▶ 4月28日，启动政治中心区火灾隐患集中排查整治专项行动

◀ 7月27日，组织灭火救援综合演练

▶ 11月5日，消防应急救援演练现场群众体验“火场逃生”

12 月 23 日，市公安局交管局夜查酒后驾车

7 月 13 日，市公安局交管局组织整顿两轮摩托和残疾三轮摩托车

1 月 27 日，市公安局交管局进校园开展“做自己的首席安全官”宣传活动

▲ 5 月 1 日，北京铁路局承运救灾物资快速机械化装车现场

▲ 10 月 29 日，中国铁路总公司为“毛泽东号”机车组颁布嘉奖令

重点行业领域安全生产工作

北京市经济和信息化委员会

2015年，市经济信息化委在国家工信部和北京市委、市政府的领导下，认真落实市安委会部署的各项工作任务，落实“党政同责、一岗双责、齐抓共管”责任体系，指导本市工业、软件和信息服务业的安全生产工作，抓好民用爆破器材生产和销售企业安全监管工作，确保安全生产相关职责的落实。

【安全生产应急演练】 6月，市经济信息化委会同北京京煤化工有限公司举行“民爆反恐应急处突专项演练”。此次演练以该公司民用爆炸物品运输车辆被暴徒劫持为背景，检验防暴处突组织响应和指挥机制的协调性、预案及执行程序的实用性、处突能力的联动性和装备的有效性，为应对可能发生的恐怖事件做好全面准备、积累工作经验。演练出动4支抢险队、专业扑火队、应急救护队、机关工作队及驻该公司武警和内保局七中队，按方案要求进行现场治安戒严、伤员现场救护和转送、现场灭火、围堵暴徒等程序演练，用时60分钟。经专家组评估，达到预期目的。

【涉危企业安全生产指导检查】 8月24日至9月2日，市经济信息化委为吸取天津“8·12”火灾爆炸事故教训，组织11个检查组，由委领导带队，会同相关行业领域安全专家，对全市工业和信息服务业269家涉危企业开展安全生产指导检查工作。本次指导检查的269家涉危企业中，涵盖14个区县，涉及汽车、医药、电子、软件、民爆等企业。在指导检查中发现的问题，均在指导检查记录表中如实记录，要求相关企业进行整改。结合新修订的《中华人民共和国安全生产法》，督促企业及时修订各项安全管理制度，更新安全生产责任制内容。加强对民爆企业的监管，完成对民爆及军工行业安全生产督查检查20次。通过检查，促进企业落实安全生产主体责任，开展隐患排查，有效遏制事故发生。

【委领导带队指导企业安全生产】 9月3日，市经济信息化委主任张伯旭带队赴北京经济技术开发区，对法美高新气体（北京）有限公司和北京京东方显示技术有限公司开展安全生产指导工作。对企业生产经营现状、危险化学品的生产与使用、安全生产责任制落实、安全生产管理制度制定、应急救援队伍建设、安全生产工作经验做法等情况进行了解，实地查看危险化学品储存库房。张伯旭要求企业落实安全生产主体责任，时刻不忘安全生产重于泰山；要继续积累安全生产工作的相关经验，保持并发扬好的工作方法，特别是分公司、子公司较多的企业，应当充分发挥群策群力、经验共享的先天优势，同步提升本企业内部各单位的安全生产管理水平。

【京津冀信用体系创建】 11月，2015

（首届）信用中关村高峰论坛暨首届京津冀信用体系合作共建研讨会在中关村国家自主创新示范区展示中心召开。北京市经济信息化委与天津市发展改革委、河北省发展改革委共同签署《京津冀社会信用体系合作共建框架协议》，发表《京津冀社会信用体系合作共建宣言》。该项工作将推进京津冀建立相对一致的信用制度，形成相对一致的信用政策法规制度和标准体系；建立信用信息共享机制，实现3地间信用信息平台的互联互通和信用信息的共享交换，依法向社会提供京津冀市场主体信用信息的查询服务，加快探索跨省市的“互联网＋信用”服务和管理模式；构建信用奖惩联动机制，共同加大公开披露和惩戒力度，形成“一处失信、处处受制”的区域联动机制，助力安全生产健康发展。

【责任体系】 本年，市经济信息化委根据北京市安全生产“党政同责”和“一岗双责”规定，按照市安委会工作要求，加强工业、软件和信息服务业安全生产行业管理工作，健全安全生产责任体系，制定《落实安全生产“党政同责、一岗双责、齐抓共管”规定，加强安全生产行业管理工作的意见》。成立安全生产工作领导小组及安全生产行业管理专家顾问组，加强安全生产工作队伍建设，明确安全生产任务分工，形成高效、畅通的安全生产工作机制。

【企业诚信制度建设】 本年，市经济信息化委推进北京市民爆企业安全生产诚信制度建设，落实通报警示和约谈制度，开展民爆行业监管对策研究工作，探索制度监管的长效机制。一是加大过程监管力度，推动安全生产标准化体系建设、安全生产隐患排查治理体系建设、安全生产诚信体系建设和安全生产预警预控体系建设，健全监管制度，完善监管机制，拓展监管手段。二是从宏观上定位政府管理职能，转变管理理念，创新管理方式和方法，探索政府标准化管理的可行性，有效解决政府管理越位问题，增强企业的主人翁意识，强化企业安全生产主体责任落实，提升企业的安全生产管理水平。

【教育培训】 本年，市经济信息化委围绕全市安全生产“四化三体系双基”总任务，开展系列教育培训活动。开展中小企业安全生产培训工作，贯彻落实《国务院关于进一步促进中小企业发展的若干意见》《国务院关于进一步支持小型微型企业健康发展的意见》文件精神，强化中小企业安全生产意识，将安全生产内容作为重要部分纳入《北京市中小企业培训方案》，加强中小企业安全生产组织领导，强化企业安全生产主体责任落实。组织60余次中小企业培训活动，覆盖中小企业近1800家，近4000名中小企业管理人员现场接受指导和培训。会同北京家具行业协会、北京印刷协会等相关行业协会开展安全生产教育培训及座谈研讨活动。开展北京地区军工与民爆行业安全生产月专题活动，组织行政区域内军工与民爆单位负责安全生产工作的领导及职能部门负责人，就新修订的《中华人民共和国安全生产法》进行培训。

【企业基础管理】 本年，市经济信息化委结合重点工作，会同各区县、开发区和行业协会，重点摸清926家都市产业规模以上企业相关情况，完善企业相关台账，细化城六区所在企业相关情况，制定疏解方案，对都市产业安全生产工作进行布置，分析安全生产形势，查找薄弱环节和突出问题，把安全生产指导工作融入各项管理工作中，确保企业的安全生产和各项重点工作健康发展。为加强数据中心（机房）安全生产管理工作，组织相关专家，结合2015年开展的“数据中心信息机房”类重点用能单位能源计量器具配备符合性审查和能效计量比对活动，对各数据中心（机房）的安全管理工作进行细化，推进数据中心安全生产工作的规范化和标准化进程。

【标准化创建】 本年，市经济信息化委加大安全生产标准化创建工作力度，取得相应进展。推进民爆行业领域安全生产标准化建设工作，北京地区民爆企业全部完成达标任务，军工单位90%完成达标，剩余10%正在有序推进，对已达标的5家军工单位进行年度运行和自评工作检查，督促其持续改进。协助市安全监管局制定《北京市安全生产标准化评审单位管理暂行办法》《北京市安全生产标准化评审组织单位管理暂行办法》和《安全生产标准化实地核查参考标准》等文件，参与《北京市百项安全生产等级评定技术规范（地方标准）实施方案》的制订工作。

市经济信息化委赵彬供稿

北京市环境保护局

2015年，市环保局贯彻落实新环保法，紧紧围绕环境保护中心工作，开展环境安全风险源和污染源的综合监管，规范突发环境事件应急处置职责任务和响应流程，加强应急演练与培训工作，环境应急管理能力和突发环境事件应对能力得到进一步提升。

【铁路专项执法检查】 一季度，市环保局对北京铁路局在京机务段、工电大修段等16个单位开展专项综合执法检查。检查采取听汇报、查资料和现场检查相结合的方式。重点检查北京铁路局及下属单位环境应急预案编制、环境风险管理制度建立、环境风险防控措施落实、危废管理、环保设施运行等情况，共发现4大类22个具体环保问题。市环保局依法对违法单位分别进行限期整改及立案处罚。北京电视台对环保违法问题进行集中曝光。

【昌平区姑娘台隧道甲醇罐车泄漏事件查处】 3月17日，市环保局接昌平区环保局报告，在京新高速进京方向姑娘台隧道北100米处发生一起运煤车与甲醇罐车追尾事故，造成甲醇罐车泄漏。市环保局启动应急预案，应急处置小组立即赶赴事发现场，会同昌平区环保局联合开展调查处置工作。经现场调查，一辆运煤车与一辆装有32吨甲醇罐车在姑娘台隧道北100米处发生追尾事故，造成罐车罐体破损，导致甲醇泄漏，消防官兵采取清水稀释措施，消防稀释后废水经高架桥雨水排放口排放至附近山涧集水坑内，利用自然地形条件对污染进行有效控制，对事故罐车采取倒罐处理，该事故未对周边环境造成影响。

【重金属专项执法检查】 3月30日至7月22日，市环保局对全市涉重金属企业进行检查，出动检查人员180余人次，重点检查企业环境应急预案的编制、污染防控措施运行、风险防控措施落实和风险管理制度等情况，并对检查中发现有环保违法问题的企业分别进行限期整改及立案处罚。

【防灾减灾宣传周】 5月12日，市环保局在海淀区紫竹院公园组织开展以“环境质量与健康同在，环境安全与生命共存”为主题的宣传活动。活动现场开设突发环境事件防范知识、空气重污染应急、大气监测、环境信访、电离辐射科普等宣传工作台，为市民发放宣传资料，解答部分群众关心的环境热点问题。通过主题宣讲、悬挂宣传标语、科普知识展板展示、发放宣传资料、现场解惑答疑等形式，大力普及环保知识、法律法规和突发环境事件防范知识与技能、重污染天气应对基本常识、环境信访举报投诉方法等内容。防灾减灾宣传周活动期间，区县环保局积极响应，组织多场次的环保宣传活动。全市环保系统共出动300余人次，悬挂宣传条幅75条、展出宣传图板106块、发放各类宣传资料5万余份、接待咨询群众3万余人次，引起社会各界对环境应急管理工作的重视，产生良好的社会效应。

【昌平区小汤山阿苏卫填埋场渗滤液泄漏事件查处】 6月1日，市环保局接市应急办通报，昌平区小汤山阿苏卫填埋场渗滤液发生泄漏。市环保局立即启动应急预案，会同昌平区环保局应急处置人员赶赴事发现场，开展调查处理。经查，北京阿苏卫垃圾卫生填埋场隶属于北京环境卫生工程集团有限公司四清分公司，因渗滤液处理能力不足，每日剩余渗滤液需回灌约300吨，长期积累，使得填埋场二层和三层间渗滤液压力增大，造成东坡多处出现裂缝，导致渗滤液泄漏。因发现及时，泄漏的渗滤液未流出边沟，场区工作人员用抽吸泵对泄漏的渗滤液进行收集。事件发生后，市市政市容委、水务局和昌平区市政市容委、水务局等部门共同商讨，制定渗滤液处理方案，并由昌平区环保局指导填埋场具体落实处置方案。此次事故未对周边环境造成污染。

【房山区燕山石化液氨泄漏事件查处】 7月15日，市环保局接举报投诉中心通告，燕山石化炼油三厂周边有较浓刺鼻气味。接报后，市环保局启动应急预案，令房山区环保局赶赴现场调查处置。经查燕化炼油三厂石蜡成型装置冷冻系统2＃氨泵泵缸破裂造成液氨少量泄漏。燕化公司启动应急预案，开展应急救援，通过关闭氨泵阀切断泄漏源，对泄漏挥发的氨气进行喷淋稀释和吸收，含氨污水排入燕化污水处理系统后达标排放。对周边环境进行全程监测，未检出氨气成分。此次事故没有造成人员伤亡和水体污染。

【突发环境事件应急演练】 11月11日，市环保局联合通州区环保局、朝阳区环保局、大兴区环保局、顺义区环保局、北京东方化工厂和北京金隅红树林环保技术有限责任公司在通州区东方化工厂组织开展2015年突发环境事件应急演练。环境保护部应急中心、市政府应急办、市民防指挥部、通州区政府应急办有关领导及各区县环境保护局环境应急指挥员、联络员和部分重点环境安全风险源企业代表现场观摩演练。此次演练的背景为：某大型化工厂仓储区工人进行巡检时，发现一储料罐发生泄漏，在对其进行倒料收储过程中，由于工人操作不当致使罐体起火并发生爆炸，引燃一相邻储料罐，造成二次爆炸，事件导致多种危险化学品泄漏，对周边环境造成严重影响。因该仓储区存有大量易燃易爆危险化学品，发生接续爆炸的危险性极大。事件发生后，工厂立即启动应急预案，开展堵漏、倒料、封控、报警等一系列厂内应急处置行动，并将事故情况报告属地的区政府，请求支援。接报后，区政府立即组织有关职能部门，赶赴现场开展救援与处置工作，最终突发环境事件得到妥善处置。演练突出市区两级环保系统四级应急出动力量的协同配合，展现各级环保部门在处置突发环境事件过程中的科学决策、快速响应、统一指挥、联合处置的行动原则。

【京新高速罐车侧翻泄漏事件查处】 11月21日，市环保局接市应急办通报，京新高速进京方向井庄镇碓臼石村北200米处一辆载有28吨轻苯的大货车发生侧翻并起火。接报后，市环保局立即启动应急预案，调动监测中心应急组，会同延庆县环保局共同处置。经查，事故车辆装有28吨轻苯，在京新高速进京方向碓臼石村北处发生侧翻，部分轻苯发生泄漏，并开始燃烧。消防部门采取泡沫灭火法，及时扑灭火源，但消防废水流入边沟下游农户庄稼地及山体水沟内。市环保局联合延庆县应急办、环保局、水务局、安全监管局、消防中队、交通大队等应急力量开展现场处置。现场主要采取以下措施：一是对事故车泄漏点进行封堵，防止车内残余轻苯继续泄漏；二是在事故下游设置3道拦水坝，并采取活性炭吸附等措施；三是向下游昌平区环保局通报事故情况，令其组织对下游可能造成的污染进行现场排查并对水体进行监测；四是在事故下游设5个采样点，进行采样监测，并加密监测频次，掌握残留物浓度变化状况；五是组织力量对现场进行清理、收集残留物并对其进行无害化处置，由市安全监管局调配吊车及油罐车，将事故车辆吊出后对罐体内剩余轻苯进行倒罐暂存，并进行无害化处理。后续对事故现场进行反复清理、跟踪监测，污染物浓度全部降至标准之内，事故得到妥善处置。

【重大活动环境安全保障】 本年，市环保局根据市应急办的统一部署和要求，扎实做好中国人民抗日战争暨世界反法西斯战争胜利70周年纪念活动和2015年北京国际田联世界田径锦标赛环境安全保障工作。一是组织对重点区域内的涉氨单位开展环境安全隐患排查与整治工作，累计检查涉氨单位14家；组织对8家涉及危险化学品的危险废物经营许可证持有单位和3家有毒化学品进口单位开展执法检查；二是强化应急值守，市环境应急领导小组成员单位和区县环保局24小时应急值班，应急装备物资器材保持良好状态，确保第一时间妥善处置各类突发环境事件；三是妥善处置各类突发环境事件，共处理各类突发环境事件10起，其中生产事故1起、交通事故1起、不明遗弃物4起、其他事件4起。

【环境安全风险调研】 本年，市环保局组织开展环境安全风险管理探究流域、区域环境安全风险管理调研工作。一是开展通惠河流域水环境安全风险调研，分别对北京排水集团第二管网分公司、北京市城市河湖管理处、高碑店污水处理厂进行走访调研，重点了解通惠河流域河道及管网分布情况，并对高碑店污水处理厂和通惠河全程进行实地踏勘与风险调研，提出通惠河流域的风险防控与应急处置对策。二是开展密云经济开发区区域环境安全风险调研，以密云经济开发区三期工程为对象，通过对 48 家企业的现场检查、企业风险防范措施、应急物资、生产工艺、主副产品、排污情况及环境安全风险管理现状的调研，分析密云经济开发区的风险源信息和环境安全管理中存在的主要问题，提出加强风险管理的对策建议，为区域环境风险管理打下坚实基础。

【京津冀水污染突发事件联防联控】 本年，市环保局组织京津冀联合污染检查，对北京市延庆县、怀柔区、密云县，河北省张家口市、承德市，以及天津市与京冀交界地区开展联合执法检查，共现场检查矿业、农业等行业单位 8 家，重点检查企业水污染突发事件风险防控预案、污染控制措施等制定实施情况，以及风险隐患排查整改情况。通过联合检查，畅通区域联防联控渠道，了解冬奥会申办周边地区环境安全风险状况，为深化区域水污染联防联控机制、保障冬奥会环境安全奠定基础。

市环保局赵光供稿

北京市规划委员会

2015 年，市规划委按照落实安全发展战略要求和全市安全生产工作统一部署，结合规划委系统规划管理工作实际，以坚持“安全第一，预防为主，综合治理”为指导，以强化安全“红线”意识为抓手，以“强化依法治安意识，建设安全规划”为目标，在城乡规划编制、规划实施、规划监督、行业监管和标准制定等方面，强化安全生产监管责任的落实，制定安全隐患排查机制，以法制化、标准化、规范化、系统化的创新模式，推进规划系统安全生产工作，充分发挥安全生产在保证城市运行和维护社会安全稳定方面的保障作用。

【落实“一岗双责”】 本年，市规划委在实施《北京市规划委员会安全生产“一岗双责”暂行规定的通知》（市规发〔2014〕1580 号）的基础上，印发《中共北京市规划委员会党组关于落实安全生产“党政同责”规定的通知》（京规发〔2015〕50 号），完善“一岗双责”工作制度，进一步明确规划委系统各成员单位的安全生产职责。通过年初制定《北京市规划委员会 2015 年安全生产目标任务书》和《北京市规划委员会安全生产工作要点及任务分解》，将安全生产责任分解落实到各级党组织和成员单位，从部门管理职责和综合监管职责两个层面着手，全面做好安全生产各项工作，实现全年安全生产“零事故”。

【完善工作机制】 本年，市规划委按照安全生产“一岗双责、党政同责”制度，以及“管行业必须管安全”“管业务必须管安全”的要求，完善规划委系统安全生产工作机制，明确安全生产管理职责和监管职责。一是加强全委系统安全生产“一岗双责”暂行规定的落实，完善安全生产“一岗双责、党政同责”制度。二是加强规划领域安全生产标准的制定和发布。三是建立安全生产宣传教育培训体系和培训制度。四是发挥城乡总体规划在城乡建设中的引领作用，全面做好城乡规划与安全生产规划的衔接，落实城乡规划建设环节的安全监管，加强规划编制和实施管理工作。五是积极配合并参与全市安全生产专项行动。六是强化规划委系统内部安全生产制度完善和责任落实。

【行业安全监管】 本年，市规划委加强对勘察、设计、测绘等行业在勘察、设计、测绘成果环节的安全生产综合监管职责的落实，要求市勘察设计测绘地理信息管理办公室，在本市勘察、设计、测绘等行业执行相关安全法律法规、技术标准的过程中，承担和落实监管责任，抓好所管行业安全生产法律法规和有关安全生产决策部署的贯彻落实，督促行业部门建立安全生产责任制，建立行业内企业安全生产诚信制度，做好行业内安全生产宣传培训，对出现安全事故或存在重大隐患的企业，按照通报警示制度予以警告或约谈。

【打非治违】 本年，市规划委深入开展打非治违专项行动。一是配合相关机构编制部门完善机构设置的原则和实施办法，启动部分区县机构调整工作。二是做好治理违法建设信息平台的升级，逐步实现从平台建设之初的单一化管理向违法建设全过程多角度管理的跨越。三是利用本市网络技术优势建立新生在施违法建设手机举报平台，广泛发动公众发现和监督新生违法建设。四是完成《执法手册》编制上报工作，制定《治理新生在施违法建设执法手册》，规范执法流程，为基层实施拆违执法提供执法依据。五是健全管控机制，联合各大银行、腾讯征信等金融机构和专业公司，建立向冻结房产违法人催还贷款以及将违法建设人个人信息纳入征信体系的合作机制，从多方位构建对违法建设人的全方位监管格局。截至10月底，全市共拆除违法建筑10000处，1818.6万平方米。在全市2015年拆违专项台账上的9286处、1757.5万平方米中，已拆除9286处、1757.5万平方米，完成台账宗数的100%、台账面积的100%。

【应急演练】 本年，市规划委制定《北京市规划委员会安全生产应急预案》，市规划委安委会各成员单位结合本单位实际制定本单位安全生产应急预案，对可能出现的突发事件及环节制定重点防控措施。市规划委安委会组织以“机房突发市电供应中断”“负载均衡设备宕机”“服务器宕机”“数据库服务器宕机”4类假想事故，多次组织用电、防火应急演练，细化应急响应工作流程及职责分工，增强应对突发事故的快速反应、协同配合、应急恢复能力。

【重大活动和重要场所安全保障】 本年，市规划委在抗战胜利70周年阅兵活动和世锦赛期间，按照公安部及市委、市政府的要求，落实重大活动期间的安保维稳工作。加强市规划展览馆、奥运工程建设展示馆、地震与建筑科学教育馆的对外接待和人员密集场所的安全保障工作，先后接待相关省市党政考察团队共116个，总计1513人次。接待芬兰副总理林纳、阿富汗前总统卡尔扎伊、坦桑尼亚前总统姆维尼等及其夫人、华盛顿市长、渥太华市长、基辅市长等近30个国家的元首政要代表团共76个。完成出席阅兵纪念活动的东帝汶总统鲁瓦克和瓦努阿图总理基尔曼等国际领导人来馆参观活动重大任务。

【安全生产月】 本年，市规划委制定《北京市规划委员会2015年“安全生产月”活动方案》，确定“强化依法治安意识，建设安全规划”活动主题，对活动开展进行全面部署，强化安全教育、隐患排查、应急演练、用电安全警示教育四个方面的工作。安全生产月活动期间，市城乡规划标准化办公室组织开展《城市轨道交通工程设计规范》配套图集（建筑防火部分）的宣传和轨道交通通用图集《公共区内装修》的培训，宣传培训课件通过相关网站面向社会宣传。东城规划分局组织人员对安全生产隐患进行定期抽查，加强办公场所消防控制系统、安全通道、灭火设施等的全方位检查。市规划展览中心与中山公园、故宫、劳动人民文化宫、国子监 5 家 A 级景区单位开展联组互查活动，对照《北京市旅游业安全标准规范》，开展以安全度汛、特种设备、水电气热、食品安全、应急管理和安全制度为重点的自查和互查，及时整改查出的问题。

【宣传教育】 本年，市规划委结合规划管理和行业监管特点，制定安全生产宣教计划和培训计划，开展丰富多彩的宣传教育培训工作。一是多渠道开展教育培训，依托委安全生产会议制度，结合规划管理特点和安全生产措施落实情况，采取点面结合、多种渠道开展教育培训。利用委主任办公会集体学习新修订的《中华人民共和国安全生产法》，召开委安委会专题会议部署《北京市规划委员会贯彻落实安全发展战略促进和谐宜居之都建设意见的工作方案》。二是落实行业监管职责，强化从事规划、建筑设计和施工图审查机构从业人员安全生产和执行相关标准的意识。发布勘察设计行业《关于进一步加强建设工程勘察设计安全生产工作的通知》《北京市建筑工程质量终身责任承诺制实施办法》，强化行业单位安全生产质量责任意识。三是针对规划管理领域安全生产工作特点，制定宣传教育培训计划，细化标准宣传方案，围绕城市安全、提升人居环境安全舒适度和基础设施建设等方面，及时组织宣传培训，特别是加强涉及安全的强制性标准的宣传培训工作。举办 12 次全市相关管理部门、百余家设计单位和施工图审查机构的千余人次参加的执行《城市道路空间规划设计规范》《城市轨道交通工程规划核验测量规程》《居住区无障碍设计规程》《住宅全装修设计标准》《公共租赁住房内装修设计模数协调标准》《公共建筑节能设计标准》《城市综合管廊工程技术规范》等标准的大型宣传培训活动。

【标准化建设】 本年，市规划委根据城市社会发展实际，研究制定（修订）城市基础设施规划、设计标准，为城市基础设施安全运行提供技术支撑。组织有关企业开展城市市政基础设施相关标准研究工作，制定《城市道路病害探测技术规范》等一批市政基础设施标准，开展《北京市城乡规划和建设工程勘测设计标准体系》修订和《“十三五”时期北京市城乡规划标准化工作规划》研究工作，细化标准及标准设计的复审机制，探索完善标准化监管模式和机制。

【市政地下管线规划核验】 本年，市规划委实施地下管线规划（核验）试点工作。组织各试点分局对 2014 年试点工作进行总结并就 2015 年工作开展情况进行研究部署。组织召开 2014 年度北京市市政地下管线规划（核验）扩大试点工作成果评审验收会，获得与会专家一致认可并予以通过。在推动试点工作中，强化市政地下管线安全生产意识，建立建设单位、施工单位与测绘单位对接新模式。研究建立管线规划核验和数据归档、动态更新流程。

【规划编制与问题研究】 本年，市规划委在研究编制城乡规划中，结合国内重大安全生产事故发生的特点，开展《制定现代化城市综合防灾减灾体系总体思路》和《北京市危化品现状布局调研及评估》专题研究工作。针对“8·12”天津滨海新区爆炸事故造成的严重损失及社会后果，制定《加强危化品管理、油气输送管道隐患整治工作职责及分工方案》，强化危险化学品规划管理。针对昌平“1·9”燃气爆燃事故暴露的问题，会同相关部门研究提出燃气、电力、热力等新建、改建、扩建项目以及建设项目规划许可的意见。

市规划委吕延秋供稿

北京市住房和城乡建设委员会

2015 年，市住房城乡建设委吸取 2014 年“12·29”事故教训，稳步推进建筑施工安全生产标准化，督促企业规范经营、降低事故风险，全年房屋市政生产安全事故起数和伤亡人数同比均下降 50%以上，安全生产形势明显好转。

【安全生产月】 6 月，市住房城乡建设委制定安全生产月活动方案，成立建设系统安全生产月活动领导小组，要求各区县住房城乡建设委和建筑施工企业每周围绕一个主题，分阶段开展用电安全警示教育、安全隐患排查治理、新修订的《中华人民共和国安全生产法》宣传贯彻和应急演练。组织建设系统安全生产月启动仪式，为丰富安全生产月活动举办“建筑起重机械司机操作技能竞赛”和“建筑施工安全生产知识竞赛”。全市有 35 名选手参加“建筑起重机械司机操作技能竞赛决赛”，有 9 名选手获奖。有 65 名区县住房城乡建设委安全监督人员参加“建筑施工安全生产知识竞赛”。全市建设系统组织安全生产培训 6000 余次，参加培训人员 33 万余人，发放安全生产宣传材料 19 万余份。

【安全生产管理制度】 本年，市住房城乡建设委印发《关于实施建设工程施工现场恢复施工前自查报告制度和假期施工前自查报告制度的通知》，要求全市施工现场在复工前严格开展安全隐患排查，隐患切实排除且经各参建单位法人履行签字手续后方可恢复施工。制定《北京市建设工程安全生产约谈办法》，对发生较大及以上安全生产事故或 30 日内连续发生两起一般安全生产事故的建设、施工、监理单位进行约谈，并对所管辖区域一年内发生 3 起安全生产事故或安全处罚连续 2 个月为零的区县住房城乡建设委进行约谈。印发《北京市房屋建筑和市政基础设施工程施工安全监督实施办法》，对市、区县住房城乡建设委的施工安全监管职责、程序、内容、档案等提出明确要求，对施工安全监督手续办理、监督检查频次以及施工安全监督中止和恢复条件等方面进行规定。印发《北京市建筑起重机械租赁企业备案和信用评价管理办法（试行）》，对建筑起重机械租赁企业开展市场信用评价，规范建筑起重机械租赁市场。发布《北京市建筑施工安全生产标准化考评管理办法（试行）》，启动建筑施工行业安全生产标准化考评工作，对全市建筑施工企业及在施建筑施工工地开展定期考评，促进企业安全生产主体责任落实，提升安全生产标准化水平。

【责任单位约谈制度】 本年，市住房城乡建设委制定《北京市建设工程安全生产约谈办法》，规定对发生较大以上事故或30日内连续发生事故的建设、施工、监理单位进行约谈，对辖区一年内发生3起以上事故的区县住房城乡建设委进行约谈。依法对6家单位进行约谈，督促风险较高的企业和地区的主要负责人重视安全生产风险，强化安全生产责任的落实，遏制事故连续发生的苗头。市住房城乡建设委建立事故企业负责人例会报告和事故企业内部处理督查的工作机制，规定发生生产安全责任事故的企业主要负责人必须在全市安全生产例会上做出深刻检查并报告事故处理情况，由市住房城乡建设委派专人赴事故企业督查内部整改处理情况。全市有10家建筑施工企业的主要负责人在全市安全生产例会上做出深刻检查，报告事故处理情况，并在市住房城乡建设委的监督下召开企业内部处理通报会，严肃处理事故责任人员。

【安全监督执法检查】 本年，市住房城乡建设委、区县住房城乡建设委共检查工地39723项次，对施工安全管理不到位、存在安全隐患的工地责令限期整改6824项，责令停工整改468项，依法处罚1397起、罚款753.18万元。全年暂扣事故单位安全生产许可证18起，停止投标资格73起。

【建筑起重机械安全管理】 本年，市住房城乡建设委抽检建筑起重机械350台（其中塔式起重机213台，施工升降机137台），涉及全市16个区（县）及北京经济技术开发区的106项工程（重点工程32项次、住宅产业化12项次、一般工程62项次）、112家产权单位。检查重点工程（CBD核心区、通州核心区）32项次，实体检测起重机械81台次，整机合格81台次，合格率100%，其中塔式起重机71台次，施工升降机10台次；检查住宅产业化12项次，实体检测起重机械50台次，整机合格45台次，合格率90%，其中塔式起重机20台次，合格18台次，合格率88.89%，施工升降机30台次，合格27台次，合格率88.89%；检查一般工程62项次，实体检测起重机械219台次，整机合格193台次，合格率88.13%，其中塔式起重机122台次，合格106台次，合格率86.89%，施工升降机97台次，合格87台次，合格率89.69%。针对检查发现的问题，执法人员要求责任单位立即整改，31台整机不合格的机械停机整改，要求使用单位委托专业检测单位进行复检，复检合格后方可继续使用。对机械实体存在严重安全隐患的15家产权单位依法实施立案处罚，责令拆除4台存在严重安全隐患的施工升降机。

【安全生产标准化考评】 本年，市住房城乡建设委组织全系统开展安全生产标准化工作。制定《北京市建筑施工安全生产标准化考评管理办法》，推进房屋市政建筑施工领域建筑施工项目安全生产标准化和建筑施工企业安全生产标准化工作，实现施工项目标准化与施工企业标准化有机结合、施工项目标准化与日常安全监管有机结合、施工企业标准化与安全生产许可证动态监管有机结合以及施工标准化示范项目评选与绿色安全工地创建有机结合。通过建立建筑施工安全生产标准化信息系统，将建设、施工、监理单位履行安全管理生产职责，以及属地安全监督机构履行安全监督职责的工作统一到施工项目和施工企业的安全生产标准化工作中，完善施工现场隐患排查治理体系，提高安全管理水平。

市住房城乡建设委于健供稿

北京市市政市容管理委员会

2015年，市市政市容委在市委、市政府和市安委会的领导下，坚持以习近平总书记关于安全生产和视察北京时的重要讲话精神为指导，按照市委、市政府《关于实施安全发展战略促进和谐宜居之都建设的意见》（京发〔2014〕21号）文件要求，牢固树立“红线”意识，坚持“党政同责、一岗双责、齐抓共管”，在推动行业各项业务工作的同时狠抓安全生产，努力提高安全监管水平，保障市政市容系统安全生产形势平稳。

【落实一岗双责】 本年，市市政市容委健全安全生产“党政同责、一岗双责”制度，落实安全生产管理责任，起草《北京市市政市容管理委员会党政同责、一岗双责暂行规定》，明确规定市市政市容委党组在安全生产管理工作中的重要职责。安全生产重要工作事项第一时间向党政“一把手”汇报，第一时间在党组会上传达；党政“一把手”互通、研究安全生产问题，分别带队在重大活动、敏感时期检查重要单位、重要设施安全生产工作情况。“8·12”天津瑞海公司危险品仓库特别重大火灾爆炸事故后，市市政市容委主任孙新军、书记宋连娣等领导分别带队对南湖渠储配站、市液化气公司凤凰亭储备厂、通州区京凉液化气站、张辛庄液化气站等单位和设施进行突击式安全检查。市市政市容委定期以党组会、主任办公会、专题会、季度安全形势分析会、行业工作会议等形式及时安排部署年度和重点时期安全生产工作，研究解决安全生产问题。

【规章制度建设】 本年，市市政市容委积极推进燃气、供热、环卫、城市照明及户外广告行业安全生产等级评定技术规范立项申报及编写工作；修订并发布北京市地方标准《燃气输配工程设计施工验收技术规范》《城镇燃气管道翻转内衬法施工及验收规程》，修订《燃气供应单位安全评价》；开展《燃具连接用软管应用技术规程》《燃气供应企业安全生产标准化评价规范》《餐饮服务单位使用瓶装液化石油气安全条件》等标准的制修订工作；《管道燃气用户安全巡检技术规程》《小型液化天然气瓶组供气系统安装与运行技术规范》列入制修订计划；发布实施《北京市户外广告设置安全管理规定》；完成《北京市瓶装液化石油气供应和使用安全管理办法（草案）》的起草工作，并报市政府法制办履行立法程序。

【隐患排查整改】 本年，市市政市容委分别制定、整理燃气、供热、环卫、户外广告、城市照明等行业（领域）的安全检查工作标准，督促、指导企业开展隐患排查和安全生产大检查工作。联合市交通委路政局，制定《北京市城市地下管线自身结构性隐患排查治理工作管理规定（试行）》（京政容发〔2015〕27号）。对市政市容领域易燃易爆场所和危化品使用、存储情况进行全面摸底调查，将全市液化石油气储罐站、充装站、换瓶站、油气输送管道、LNG撬车加气站等易燃易爆场所逐一登记造册、建立基础台账，将各专业企业危险化学品使用品种、存储情况等信息拉列清单，并与消防部门进行对接。

【占压隐患整治】 本年，市市政市容委按照市安委会《关于深入开展油气输送管道隐患整治攻坚战推进工作实施方案》（京安发〔2015〕1号）的要求，会同市安全监管局推进石油天然气输送管道和城镇燃气管道占压隐患整治攻坚战。一是制定本市《城镇燃气管道占压隐患分级判定参考标准》，按照该标准和国家安全监管总局制定的《油气输送管道安全隐患分级参考标准》分别排查城镇燃气管道占压隐患681项，石油天然气管道占压隐患499项，合计1180项。二是组织各区县市政市容委、各油气管道企业建立隐患台账，按照“一隐患，一方案”的原则，针对1180项隐患分别制定整改方案。三是完成2015年275项重大隐患治理任务（其中城镇燃气共262项，140项通过拆除占压物或改移管线彻底消除，122项通过清空人员、断火断电、消除密闭空间等技术管理措施降低隐患等级；石油天然气13项通过拆除占压物直接消除），另消除其他隐患334项，攻坚战隐患整改率41.27%。四是为确保按期完成隐患治理任务，市市政市容委领导多次带队对区县政府进行督导检查，并多次组织召开协调会研究解决疑难问题。

【安全生产检查】 本年，市市政市容委制定印发《关于立即开展安全生产大检查暨六打六治专项行动的通知》（京政容函〔2015〕336号），在全系统范围内开展安全生产大检查和油气输送管道安全隐患、餐饮场所燃气使用安全、有限空间作业、易燃易爆场所等专项整治行动。燃气方面，启动全行业集中安全大检查和供应保障工作，8月15日至9月15日，每天派出两组人员，对全市液化石油气充装站进行随机抽查，抽查单位30余家。环卫方面，先后对朝阳循环经济产业园区内垃圾焚烧发电厂一期、餐厨垃圾处理厂、残渣填埋场、在建焚烧发电二期工程建设情况及怀柔区垃圾焚烧发电厂、阿苏卫垃圾焚烧发电厂、鲁家山垃圾焚烧发电厂等设施进行安全检查；综合检查方面，开展检查16次，出动人员52人次，检查单位或设施42家次。市市政市容委领导孙新军、宋连娣、李如刚、李楠、蒋志辉等分别带队对南湖渠储配站、市液化气公司凤凰亭储备厂、南郊灌瓶厂、绿源达公司南郊储备厂、通州区京凉液化气站、张辛庄液化气站等单位和设施进行突击式安全检查。

【重大活动保障】 本年，市市政市容委针对各项重大活动、重要节日，制定专项保障方案，开展节前、会前隐患排查和专项检查，特别是对各大会场、活动场所、人员驻地、周边沿线等供气、供热、环卫设施进行拉网式排查和加密巡视检查，重要场所安排应急保障力量驻点备勤，并派专人驻会保障。保障重大活动、重要会议26次。

【应急预案演练】 本年，市市政市容委督促、指导市政市容领域各专业企业建立健全应急预案体系，规范处置程序、应急队伍和应急物资保障措施，各燃气企业和各石油天然气企业对管线占压隐患做到“一隐患一预案”。组织相关行业管理部门、气热电专业企业开展燃气多门站停气事件巨灾情景构建桌面应急演练。组织市热力集团、市燃气集团和相关专业企业开展防汛、有限空间作业、管线事故等综合或专项应急演练。市政市容系统各单位自行开展各类应急演练活动240余场次。

【安全诚信管理】 本年，根据《归集和公布企业信用信息暂行办法》的规定，对检查发现或事故暴露的安全生产问题严重的企业信息进行归集和公布。在此基础上，按照市政府要求和工作部署，联合市城管执法局制定发布《关于贯彻落实“先照后证”制度改革加强事中事后监管的工作方案》（京政容函〔2015〕275号），与工商、城管等部门多方归集、下载和向社会公示企业证照、许可、处罚、提示等信息，加强对燃气经营企业和生活垃圾清扫、收集、运输、处置经营性企业安全生产诚信管理。对液化石油气充装场站罐区安全间距不合格、无气质检测仪器、气瓶管理混乱等问题突出的3家企业进行约谈并要求被约谈单位限期整改，相关区县市政市容委对整改结果进行复查。

【举报投诉】 本年，市市政市容委会同市安全监管局举报投诉中心研究相关问题，完善举报件办理工作。按要求参加举报投诉工作会议和业务培训。依据工作职能，及时处理举报投诉事项，反馈举报人，并努力协调解决涉及多部门管辖的疑难问题。对于不具有管理权限的事项，积极与举报中心沟通协调后，按流程办理。共接收举报投诉事项11件，并全部办复。

【教育培训】 本年，市市政市容委加强安全生产教育培训工作。一是组织开展应急志愿者应急救护专业技能培训，通过16个学时的理论学习、实际操作训练和师生互动交流，让学员们基本了解应急救援常识和技能，培训达到预期目的。二是以赛代培，组织16个区县和市燃气集团、市热力集团、北京环卫集团44支作业队伍，220名一线职工举办全系统第四届有限空间作业大比武活动，营造有限空间作业安全氛围，提高干部职工安全意识和操作技能，保障生产安全和生命安全。选派6支队伍参加北京市第二届有限空间作业大比武活动，并取得优异成绩。其中，北京环卫集团一队获得一等奖，市燃气集团高压管网分公司、市燃气集团第五分公司、市热力集团输配分公司、北京环卫集团二队分获二等奖，延庆县供暖所获得优胜奖。市市政市容委被市安全监管局、市总工会授予“优秀组织奖”。三是督促、指导相关企业开展有限空间培训取证、安全管理岗位培训、新员工岗前安全培训等，全系统有限空间特种作业共复审、新考核取证237人，其中环卫行业38人，供暖行业190人，燃气9人。

【宣传教育活动】 本年，市市政市容委一是认真组织开展安全生产月宣传教育活动。印发《2015年北京市市政市容系统安全生产月活动方案》，组织全系统积极开展警示教育、隐患排查、宣教培训和应急演练活动。市燃气集团组织观看宣传教育片190场次，开展用电安全宣传活动共计233次，对外宣传场次163次，宣传受众3万余人，发放宣传材料30903份；市热力集团举办新安全法解读、安全生产基础知识、消防安全教育、用电用气安全常识等方面的安全文化展览，并在分公司和集团机关循环布展，观看人数2159人，检查消除隐患79项；北京环卫集团开展隐患排查32次，夜查10次，消除安全隐患35项。二是4月至12月，组织宣传小分队先后赴房山体育公园、延庆城关、延庆千家店镇、通州西上园社区、市市政管委培训中心、平谷区夏各庄镇王都庄村、平谷区环卫中心、平谷区生活垃圾运输队、通州区京凉液化气站、丰台区西罗园小学等单位开展10场以“垃圾分类、燃气安全”为主题的宣传活动，由燃气公司专业技术人员讲解燃气灶具的使用、胶管的更换、熄火保护装置的设置和气罐失火扑救方法等知识，并进行现场演示，结合趣味问答和穿插文艺演出的方式提升广大受众的关注度，受到职工群众广泛认可。三是联合市燃气协会及有关区县开展4场燃气安全大型主题宣传活动和技术讲座；在地铁车站、电台、电视台、报纸等媒体持续开展燃气安全宣传；会同通州区市政市容委共同举办“维护消费者权益天天3·15，向用户提供合格燃气产品，拒绝假冒伪劣行为”的倡议宣传活动。

【安全生产标准化建设】 本年，市市政市容委推动燃气供应企业和供热行业二级安全生产标准化达标创建和评审工作开展。经评审机构现场评审和组织专家抽查复审，18家燃气企业达到北京市燃气供应企业二级安全生产标准化企业标准，63家供热企业达到供热行业二级安全生产标准化企业标准。指导区县开展燃气供应企业和供热行业三级达标创建工作，联合市安全监管局印发《关于推进燃气供应企业安全生产标准化工作有关事项的函》（京安监函〔2015〕234号），对200余家达到安全生产标准化三级标准的燃气供应企业认定和授牌工作进行规范。

【行业资质许可】 本年，市市政市容委督促、指导区县市政市容委在燃气经营资质许可及供热企业备案工作中，对安全生产条件进行严格把关，加强许可企业的监管，对2014年燃气企业综合评价不符合要求的企业整改情况进行复查，通过现场确认或与区县书面确认的方式，认定130余家燃气企业已停业、不再经营或不满足合格要求。

市市政市容委张浩供稿

北京市交通委员会

2015年，市交通委围绕安全、便捷、高效、绿色、经济的北京现代化综合交通体系建设，以“创安全、保稳定、促发展”为工作目标和方向，按照“一岗双责，党政同责，齐抓共管”的要求，督促企业主体责任和各有关机构安全监管责任落实，加强交通领域安全生产的法治化、标准化、信息化、社会化建设，加强管理体系建设，稳步推进各项基础工作，落实专项工作和专项行动，为首都经济社会发展营造良好的交通安全环境。

【制度标准体系建设】 本年，市交通委制定《北京市交通委员会“党政同责”暂行规定》，出台行业领域“一岗双责”

暂行规定，健全交通安全生产“一岗双责”“党政同责”制度。路政行业先后出台《北京市交通路政行业应急管理有关规定》《北京市普通公路应急储备管理制度》《北京市城市道路应急保障资源建设指导意见》等系列制度，在全国率先出台《北京市公路工程平安工地标准》《北京市公路工程安全生产费用管理规定》等标准化管理规章制度。运输行业修订《北京市机动车维修行业监管办法》《汽车租赁行业质量信誉管理考核办法》，充实安全监督内容。轨道交通行业初步形成以《北京市轨道交通运营安全条例》为龙头、规范性文件为补充的轨道交通运营法规标准体系，组织制（修）订和颁布《北京市轨道交通运营安全条例》《北京市城市轨道交通运营安全管理规范》《北京市轨道交通运营安全专篇评审办法（试行）》《北京市城市轨道交通安全服务千分制评价管理办法（试行）》等法规、政策，颁布9项轨道交通相关运营标准，发布18项轨道交通相关地方标准。

【重大活动安全保障】 本年，市交通委制定《中国人民抗日战争暨世界反法西斯战争胜利70周年纪念活动本市交通行业安全维稳工作方案》和《中国人民抗日战争暨世界反法西斯战争胜利70周年纪念活动本市交通行业安全稳定形势分析研判机制实施意见》等相关文件制度，认真开展阅兵道路养护保障，完成长安街通道结构定期检测及荷载核算和实装荷载试验，组织市管道路养护单位开展道路排查整治活动，出动巡查人员3033人次，车辆2130台次、巡查里程81630公里，对101座桥梁，47座通道及相关设施进行统一排查，对桥下空间及6类道路病害进行集中治理。切实做好公共交通安全保障，督促公共交通运输企业结合单双号限行措施及活动时交通管制调整运营计划，对“三站一场”重点场站进行重点保障值守，并对重点区域、线路和“四站两场”等场所进行不间断巡查。出动72个检查组、6479人次，检查企业2614户次，开具限期整改通知书76份。全面加强交通运输环境治理，围绕出租汽车、旅游客运、省际客运、危险化学品运输、机动车维修5个行业，组织开展集中整治行动。查处各类运营车辆违章1145起，其中出租汽车违章1046起，省际客运违章52起，旅游客运违章22起，危险化学品运输违章19起，货运车辆违章6起；查扣各类“黑车”1058辆，其中“黑出租”930辆、“黑长途”30辆、“黑旅游”64辆、“黑化危”16辆、“黑货运”18辆。查处违规经营汽修企业3家，非法经营汽修企业6家。

【“道路运输平安年”活动】 本年，市交通委印发《北京市2015年“道路运输平安年”活动实施方案》，加强“两客一危”行业监管。一是联合市安全监管局、公安局交管局开展“道路运输平安年”联合专项督查，严格落实接驳运输、夜间运行等规定；危险货物运输实行电子运单试点；在天津“8·12”爆炸事故后，组织开展危险化学品和易燃易爆物品安全专项整治；开展安全生产大检查，深化“六打六治”专项整治。二是加强道路运输车辆动态监督管理，贯彻落实《道路运输车辆动态监督管理办法》，做好卫星定位系统平台备案工作，完成10批18家卫星定位系统监控平台备案。以车辆入网情况、未上线情况、平台运行情况为主要指标，坚持每季度通报“两客一危”行业GPS监控情况。推动半挂牵引车以及12吨以上的重型载货汽车安装卫星定位装置，完成3.5万辆的加装工作。三是组织开展“道路运输平安年”等专项行动，严厉查处专业运输单位安全生产非法违法行为。围绕省际、旅游客运等重点行业组织开展专项执法行动，强化对道路危险货物运输车辆的日常监管和隐患排查治理。对危险化学品运输等重点行业开展专项执法检查，督促企业全面履行主体责任，进一步强化源头管理。共查处各类行业违章11637起，其中：出租汽车违章10687起、旅游客运违章83起、省际客运违章690起、货运车辆违章58起、危险品运输车辆违章84起、机动车维修行业违章35起。

【隐患排查治理】 本年，市交通委制定《北京市交通行业安全隐患分级规范总则（试行）》，将安全生产隐患排查治理工作纳入折子工程，作为安全生产工作重要内容。结合“道路运输平安年”、安全生产月、安全生产大检查及“六打六治”专项行动，组织各交通运输单位、各企业开展安全生产隐患排查，对问题隐患认真梳理，建立隐患排查台账。路政行业加大联合检查执法力度，提升行业“排患治隐”工作效能，完成221项年度道路交通安全隐患整治工作；推进铁路道口综合管理创新，实现连续5年全市道口安全无事故。运输行业坚持做好隐患排查治理工作，出动检查47324人次，检查企业20200户次，督促企业整改各类隐患1149项。轨道交通行业建立隐患台账，明确整改要求和落实时限，全程跟踪整改落实情况，形成闭环管理。组织联合检查、综合检查16次，出动检查人员186人次，抽调司机室、车站及车辆段等录像28次，排查各类安全隐患252项，发现问题70项。安全督查部门积极落实安全生产隐患排查治理攻坚工作，出动督查人员3963人次，督查企业1534家，下达督查记录单1534份，发现问题隐患1502项，现场指导企业整改问题833项，向相关单位移送问题669项。

【京津冀应急联动】 本年，市交通委落实《北京市、天津市、河北省应急管理工作合作协议》，在市应急办的指导下，牵头编制《京津冀冰雪灾害天气交通保障应急联动预案》，构建合作深入、协调有序、处置高效的交通应急联动格局。《预案》汲取京津冀冰雪灾害天气交通保障联动实际经验和各类相关应急预案内容，结合三地交通应急管理工作实际和需求，建立京津冀冰雪灾害天气交通联动保障工作三级领导工作机制，明确各有关单位联动职责，并重点解决京津冀省级层面应急联动的信息互通、会商决策、指挥调度、资源支援和新闻宣传5大机制，对于指导和规范京津冀三地今后雪天交通保障应急联动工作，最大限度地保障京津冀雪天交通安全和畅通具有重要意义。

【暴雪巨灾应急策略研究】 本年，市交通委按照市应急委工作部署，负责大范围暴雪天气交通中断事件专题研究，完成巨灾情景构建工作任务，提出并组织落实暴雪中断交通情景下的长期应急策略与改进措施。重点推进情景构建理论与手段的运用，逐项落实全面提升本市巨灾应急准备能力的各项措施，部分措施建议已经纳入市应急委“十三五”规划。为检验相关预案的有效性，12 月 25 日，由市交通安全应急指挥部会同市应急办、市委宣传部、公安局交管局、气象局等 18 家成员单位，在市交通安全应急指挥中心开展暴雪天气交通应急保障桌面推演。推演贯彻“贴近实战、检验预案、强化联动、注重实效”的原则，按照《北京市 2015 年市级应急演练工作规划》安排，以强降雪引发城市交通系统受损为背景，着眼检验信息互通、联合会商、协同指挥、资源支援的应急联动机制，把强化京津冀协调联动、预警发布、指挥决策、应急处置、社会动员、舆情应对、警地协同等应急保障能力作为重要内容，对预案进行全面检验。

【行业安全度汛】 本年，市交通委建立以主要领导为总指挥，路政局、运输管理局、交通执法总队、轨道办以及各交通企业主要领导参加的市交通委防汛指挥部。召开全行业防汛安全工作会议，对汛期道路交通保障工作进行部署。落实防汛工作责任制，明确领导责任，签订责任书。做好抢险队伍物资准备，汛期到来前完成 16 个防汛分指挥部组建工作，组建由 7600 余人组成的 62 支防汛抢险救援保障队伍，落实市级防汛应急保障运力，包括普通货运车 100 辆、平板半挂车 10 台、吊车 10 辆、危险品罐车 10 辆、大客车 200 辆，配备战备钢桥 43 座（1332.6 延米）、水泵 345 台、排水单元 37 台、各种机械设备 600 余台。完善道路交通防汛指挥体系，修订《道路交通防汛专项分指挥部工作方案》，明确分指挥部“一室四组”及各成员单位的职责；更新中心城区 19 座下凹式立交桥三方联席机制。开展防汛隐患排查整治工作，完成城市道路、高速公路、一般公路、公交运营、轨道运营防汛隐患治理。加强防汛应急演练，开展各种防汛演练 500 余次，涉及 60 万余人次。妥善应对 50 余次降雨天气，路政行业累计备勤人数 15.7 万人次，备勤车辆 12300 余部、机械设备 7100 余台，巡视人员 1.2 万余人次，巡查车辆 2600 余台次，投入抢险人员 6279 人，投入抢险机械车辆 2300 台；运输行业向“四站两场”调动出租车保障 2300 余车次、大巴车 52 车次，运送旅客 6500 余人次；公共交通企业绕行线路 69 条次；轨道运营企业加开临客近 1217 列，使用防滑垫近 4.7 块、防滑提示牌近 4.6 万个，向乘客提供一次性雨衣 13.5 万件。

【交通行业铲冰除雪应急措施】 本年，市交通委完善本市交通行业铲冰除雪应急预案，签订铲冰除雪工作责任书，明确各单位的工作职责，构建职责清晰的铲冰除雪工作责任体系。针对交通行业面临的主要风险，组织开展应急演练千余次。各道路管养单位采取加强雪前、雪中、雪后巡查力量及就近储备融雪剂和防滑料、铲冰除雪机械设备等多种措施，高效组织道路铲冰除雪工作，确保道路安全畅通。共出动抢险人员近万人次，各类铲冰除雪机械车辆近两千车次，使用融雪剂近万余吨，确保本市高速公路以及一般公路雪后全部安全畅通。公交运营企业加强雪天行车计划的落实，日均安排 1000 余名各级安全管理人员，在危险路段、立交桥区指挥、引导、监控车辆安全行驶。轨道交通加开临时客车 110 余列，各车站铺设防滑垫 1.5 万块，布设防滑提示牌 1.3 块。加强与铁路、民航等部门沟通联络，组织出租企业做好火车站、机场的保点工作，本市机场、火车站未出现因降雪等恶劣天气造成大面积旅客滞留现象。

【空气重污染应急响应机制】 本年，市交通委根据《北京市空气重污染应急预案》，制定并发布《北京市交通行业空气重污染应急分预案》，健全交通行业空气重污染应急机制，及时有效组织实施空气重污染期间的交通保障措施。根据市应急委《北京市空气重污染红色预警发布工作方案（试行）》，印发《北京市交通行业空气重污染红色预警发布工作实施方案》，利用交通行业公路可变情报板、高速公路显示屏等信息发布资源和渠道，做好空气重污染预警信息的社会告知工作。做好多次重污染预警，特别是12月两次红色预警的应急应对工作，启动空气重污染应对保障措施，第一时间印发《关于做好本轮空气重污染红色预警期间交通应急服务保障工作的通知》，保障市民安全顺利出行。

【安全文化建设】 本年，市交通委组织开展安全生产月和“防灾减灾日”等宣传教育活动，营造良好的交通安全生产氛围。印发《2015年北京市交通行业安全生产月活动方案》，要求交通行业各单位积极举办安全生产月宣传咨询日、安全生产月百项示范推选申报活动。开展“防灾减灾日”宣传教育活动，制定《北京市交通委员会关于组织开展防灾减灾日期间宣教活动的实施方案》，成立以市交通委主任周正宇为组长的北京市交通行业“防灾减灾日”活动领导小组，组织交通行业各单位积极开展形式丰富多样的宣传教育活动。路政行业相继开展“安全教育培训”“安全工作专题培训”“安全知识讲座”等活动，组织36家企业、3500余人开展第四届交通路政行业知识竞赛活动。交通执法部门统一制作安全生产月主题宣传横幅，在火车站、省际客运站、热门旅游景区等重点点位悬挂；在北京站、北京西站、赵公口省际客运站、居庸关长城等全市12处重点场站和旅游景区开展安全生产月宣传咨询日活动，发放各类安全宣传品3000余份，接待群众咨询千余人次。轨道交通行业组织召开《北京市轨道交通运营安全条例》全市宣贯大会，广泛进行动员；组织运营企业印发宣传海报5000张，乘客宣传手册3万册，并制作《北京市轨道交通运营安全条例》宣传视频，下发车站《条例》宣传语及标语，进一步增强社会对执行《条例》的共识。

【企业标准化建设】 本年，市交通委组织拟考评企业召开标准化知识培训，帮助企业正确领会安全生产标准化政策文件精神，详细讲解企业安全生产标准化考评指标，解决在开展安全生产标准化建设工作中遇到的难点和热点问题。共有374家企业的主要负责人、分管安全生产的主要领导和负责人参加培训。全面展开企业标准化现场考评实施，组织对普通货物运输、机动车维修和旅游客运企业进行考评，以及对通州区危货企业进行考评，掌握企业安全生产管理现状，充分落实企业安全生产主体责任，为行业监管部门对企业安全生产实施分类指导、分级监管提供主要依据。出台“小微企业”标准化考评办法与指标，针对普货运输、机动车维修、旅游客运、出租车等行业企业特点，组织行业专家，通过反复研究论证，制定《北京市交通运输“小微企业”安全生产标准化考评管理办法及达标考评指标实施细则》，对考评范围、指标等进行明确和细化。制定《北京市2015年度交通运输企业安全生产标准化达标考评计划》，对2015年完成考评的行业及企业数量做出安排，确定374家企业列入2015年达标考评计划，其中机动车维修企业208家，普通货物运输企业165家，旅游客运企业1家。列入考评计划的企业完成现场考评工作。本市涉及的10个行业的1000家规模企业全部完成达标考评，实现交通运输部工作总目标。

市交通委杨广岳供稿

北京市商务委员会

2015年，全市商务部门和各经营单位落实行业安全生产监管责任和企业安全生产主体责任，加强安全监管（管理），完成重要节日、重大活动商务行业安全保障任务。出动执法检查人员1.9万人次，检查经营单位6800家次，发现并督促整改隐患、问题3000余项，实施行政处罚60余起，罚款42.8万元。行业安全生产形势总体平稳，未发生有影响的生产安全事故。

【安全生产大课堂】 6月2日，市商务委举办2015年商务行业安全生产月专题培训。各区县商务部门、市商务执法监察大队主管领导和科室负责人，各商业零售和餐饮连锁集团安全生产负责人共120余人参加培训。授课人员运用大量典型事故案例，从安全疏散设施是经营场所安全的重要保障、安全疏散设施管理基本要求及存在的问题隐患、加强安全疏散设施管理确保行业经营场所安全3个方面进行剖析和讲授。与会人员充分肯定培训效果，普遍认为培训内容贴近企业，贴近安全实际需求，使大家对安全疏散设施在经营场所安全管理和事故预防中的作用和重要性有进一步认识，帮助大家进一步了解和掌握此类问题隐患排查治理的基本方法和要求，对提高安全疏散设施管理水平，增强人员密集场所的管控能力，实现经营场所安全生产具有重大意义。

【安全生产月】 6月，市商务委组织开展安全生产月活动。制订和印发《商务行业2015年安全生产月活动方案》，以“强化依法治安意识，营造安全商务环境”为主题，开展用电安全警示教育、隐患排查治理、新修订的《中华人民共和国安全生产法》集中宣传、应急演练4个不同特点的主题周系列活动。通过系列活动，提高行业安全生产防范能力，促进经营单位安全生产主体责任落实，在全行业营造浓厚的安全生产氛围。

【责任体系】 本年，市商务委党组把行业安全生产工作列入重要议事日程，定期听取安全生产工作汇报，研究解决安全工作重大问题。市商务委签订“一岗三责”责任书，在实行安全生产“一票否决”的基础上，把“管行业必须管安全、管业务必须管安全、管生产经营必须管安全”和“党政同责、一岗双责、齐抓共管”要求指标化，纳入业务处室和直属单位年度工作考核，实现行业安全生产与业务工作同部署、同推动、同考核验收。

【会议制度】 本年，市商务委将全市区县商务部门划分为4个片区，每季度分别深入4个片区召开区县商务部门重点工作推进会，分析季度工作形势，听取区县重点工作进展和工作安排，部署下一步工作重点。每半年召开一次全市商务行业安全生产工作会，总结全市商务行业安全生产工作，部署工作重点，指导各区县商务部门安全生产监管工作。

【协调联动】 本年，市商务委制订和印发《安全生产工作指导意见》《2015年商务行业重点执法检查计划》《中国人民抗日战争暨世界反法西斯战争胜利70周年纪念活动期间商务行业安全生产保障检查工作方案》等部署性文件，对各项安全生产管理工作进行部署。各区县商务委根据全市商务行业安全生产保障任务和属地政府统一要求，制定工作计划，对组织机构、职责任务和专项工作进行明确、分解。每季度召开专题会议、视频会议、现场会，总结行业安全生产工作情况，研判安全生产形势，交流各单位在宣传教育、隐患排查、执法检查、联组建设、标准化达标创建等方面的经验，对重点工作和专项任务进行部署。对各区县商务委安全生产管理工作进行督查，实施区县商务部门安全生产工作半年综合考核评分，及时将考核结果反馈各区县商务委，促进行业安全生产监管责任落实。

【重点时期安全保障】 本年，市商务委做好重要节日和重大活动期间安全保障工作。元旦、春节、“五一”、国庆等节日期间，市商务委领导轮流带队，组织开展节日安全生产、规范促销检查督查。全市商务部门以繁华商业街区、城乡结合部、高层建筑、地下空间和大型综合楼宇内经营单位为重点，积极督促经营单位落实安全生产主体责任，做好安全生产、应急演练和事故防范工作，营造节日期间“安全、稳定、祥和”的商务运行环境。全国“两会” “世锦赛”“9·3”阅兵系列活动期间，市商务委主要领导深入一线开展安全生产检查调研，其他领导同志也亲自到生产经营单位检查督查。全市商务部门发扬连续作战作风，经常停止轮班倒休和周末假日休息，每日对会场和代表驻地周边200米范围内重点经营单位开展检查排查。区县商务部门充分发挥属地监管作用，每日上报辖区内安全生产执法检查情况及安全生产状况，市商务委将检查信息、督查情况通报相关区县商务部门，督促区县落实属地监管责任，消除安全隐患和问题，实现信息互通、工作联动。

【隐患排查治理】 本年，市商务委在安全生产工作指导意见中明确属地监管的“六个规定动作”要求，全面指导区县开展隐患排查治理工作。以“全覆盖、零容忍、严执法、重实效”和“一企业一标准、一岗位一清单”的要求，在全市商务行业组织开展安全生产大检查、深化“六打六治”、打非治违和危险化学品易燃易爆物品“三项行动”以及火灾防控、地下空间整治、燃气安全等隐患排查治理专项行动。针对物美集团安全问题较多的现象，以“钉钉子”的精神，持续对其所属门店开展“四不两直”检查，督促企业彻底整改。市商务委主管领导挂帅，组成隐患排查治理专项督查组，对16个区县商务部门31项行业监督管理任务进行督查，并及时向所属区县通报督查情况；对3个落实行业安全生产监督管理工作不到位的区商务部门，约谈单位主要领导。

【专项治理】 本年，市商务委加强安全生产专项治理工作。一是深刻吸取天津港“8·12”火灾爆炸事故教训，根据全市统一部署，先后在全市商务行业开展安全生产大检查、易燃易爆和危险物品以及电梯安全等专项治理行动，全面排查整治安全隐患。市商务委相关业务处室、各区商务部门通过组织召开专题会议，按照“一风险一预案”的要求，组织指导全行业开展应急演练，对重点区域实施安全特殊管控。二是巩固冬春季火灾防控工作成果，全市商务部门充分发挥行业协会、企业安全生产联组的管理作用，对冬春季火灾防控工作进行广泛宣传动员，提高经营单位的全员消防安全意识；组织经营单位落实火灾防控措施，加强烟花爆竹安全管理，重点对疏散通道、楼梯、屋顶、窗口、防护栏、库房等处开展可燃物清理；对列为全市禁放点的235家大型商场、超市建立台账并进行督导；春节前对参与烟花爆竹销售的商业零售经营单位进行调查摸底和全覆盖安全检查，指导经营单位开展应急演练，确保消防安全。三是做好预防煤气中毒工作，建立全市规模以上使用燃气和炭火经营的餐饮经营单位台账。各区县商务部门加强与安全监管、消防等部门的协同配合，采取联合查、重点检查等形式对规模以上餐饮企业预防煤气中毒工作开展集中检查，督促经营单位特别是利用炭火经营的餐饮企业落实各项安全措施，防止因通风不畅发生煤气中毒事件。

【联合执法】 本年，市商务委利用市安委会的综合协调平台作用，把一些检查督查发现的应该由其他部门处置的问题，及时通过市安委会加以解决。市、区两级安全监管、消防、商务等部门对50多家重点经营单位开展联合执法检查，集中整治大型综合楼宇内疏散通道被挤占、疏散指示标识缺损和无购物出口、应急广播设置不符合要求等反复查、反复出现的安全问题。

【宣传教育】 本年，市商务委制作《用电安全管理》《疏散设施安全管理》等示范教材，举办全市商务行业安全生产百人大讲堂活动。在区县和连锁企业集团开展多个场次《用电安全管理》和《疏散设施安全管理》的巡讲。相关处室针对加油站、储备库、快餐等不同行业经营特点开展安全生产培训。各区县商务部门采取专题培训、搭建网络通信平台、开展现场咨询、组织综合应急演练和联组建设等形式广泛开展安全教育培训活动。在安全生产月活动期间，全行业共设置电子显示屏170块，张贴海报1.2万余张，发放宣传材料4万余张，开展各类安全生产集中培训300余次，培训人数3万余人次，取得良好的社会效果。在全市安全生产宣传教育工作评比中，市商务委获得优秀组织奖和最佳活动实践奖等称号。

【连锁企业培训】 本年，市商务委举办商务行业安全生产监管工作和重点企业安全生产管理工作培训班，培训对象主要是市商务执法监察大队和各区县商务委的主管领导、科室负责人、安全监管工作人员。全市大型商业连锁企业集团安全负责人和城区重点商业零售、餐饮经营企业代表，集中培训各类人员180

余人次。在培训活动中，授课老师以法规为基础，辅以生动鲜活的案例，从监督管理、执法检查、安全投入、教育培训等8个方面讲解如何更好地落实行业安全生产监管责任和企业主体责任，受到参训人员一致好评。

【标准化建设】 本年，市商务委完成10家大型商业零售和餐饮经营单位二级标准化资料审核和现场复核，经过市、区两级商务部门的积极推动，全市2500余家商业零售和餐饮经营单位达到安全生产标准化水平。充分发挥社会力量对安全生产工作的保障作用，推动300余家企业投保安全生产责任保险。

市商务委陈玉全供稿

北京市旅游发展委员会

2015年，全市旅游行业安全与应急工作紧紧围绕市旅游委2015年总体思路，宣传贯彻新修订的《中华人民共和国安全生产法》，按照“三严三实”和“四个全面”战略布局要求，积极转变作风，采取有效措施，扎实推进安全生产大检查、隐患排查治理、安全宣传教育培训、安全管理信息化建设、安全应急演练、旅游突发事件处置和假日旅游等各项工作，提高行业安全监管能力，落实企业安全主体责任，安全生产形势持续稳定。市旅游委被市安委会评为“安全生产工作先进单位”并授予“安全生产工作管理创新奖”，被市安委会办公室和市人力社保局评为“2013—2015年北京市安全生产先进单位”。

【安全生产大检查部署会】 1月6日，市旅游委召开全市旅游行业安全生产大检查工作部署视频会。市旅游委相关处室负责人，各区县旅游委负责人、相关科室负责人和辖区三星级（含）以下星级饭店组长单位、A级景区组长单位负责人参加会议，市旅游委委员赵广朝到会并讲话。会议部署一季度安全生产大检查工作。赵广朝要求：一是各单位要充分认清当前旅游安全管理工作面临的严峻形势，严格落实“党政同责，一岗双责，齐抓共管”重要指示精神，在安全生产大检查工作中，要做到思想上重视、组织上加强、行动上迅速、效果上明显。二是迅速开展安全生产大检查工作，对检查中发现的问题，要及时整改，不能立即整改的，要采取有效措施，该停就停，该关就关，确保安全生产大检查取得实效。三是突出重点，把社会旅馆（包括快捷酒店、连锁店及地下住宿单位）、市级民俗村（户）作为隐患排查的重点区域，对景区举办的各类大型活动和水上、冰上、雪上旅游项目、景区安全设备设施等进行严管严查，突出烟花爆竹燃放安全管理，防止发生燃放事故。

【国家旅游局领导安全检查】 2月10日，国家旅游局局长李金早带队，到门头沟区对春节节前旅游安全和市场秩序进行检查。检查组听取门头沟区旅游委关于春节黄金周旅游安全保障和市场秩序整治情况的汇报，实地检查双峪环岛旅游咨询站、东胡林旅游咨询站、爨柏景区、潭柘寺景区、戒台寺景区安全管理情况，查阅景区活动方案、应急预案、安全保障方案等相关资料。李金早指出：各级旅游部门要认真落实《国务院办公厅关于做好2015年春节元宵节期间旅游安全工作的通知》，强化安全责任意识，加强旅游大型集会和节庆活动的安全管理，加大旅游市场秩序监管力度，健全和完善旅游投诉处理机制，防止扰乱旅游市场秩序的行为发生。北京市副市长程红，市旅游委主任宋宇、副主任安金明，门头沟区区长张贵林、副区长张永等领导参加检查。

【景区应急演练】 2月15日，市旅游委与石景山区政府在石景山游乐园联合举办北京市A级旅游景区“大客流”疏散及“反恐防暴”应急处置演练活动。市旅游委党组成员、纪检组组长李艳萍和石景山区政府副区长司马红亲临现场督查指导。石景山区相关部门和100余名旅游景区和重点住宿场所负责人观摩演练活动。演练分为两个场景，一是景区发现可疑爆炸物后，景区安保人员和应急小分队迅速反应，及时疏散现场游客，使用防爆围栏、防爆毯等简易防爆器材实施先期处置。公安特警到达现场后，运用技术手段和特种设备成功排除可疑爆炸物。二是应急小分队迅速采取劝阻、疏导、分流、限制等措施有效疏散游客，有效避免拥挤、踩踏事故的发生。通过演练，提升A级景区应急反应能力、快速处突能力、相关部门协调能力，完善“大客流”疏散及“反恐防暴”应急处置预案，达到演练预期效果。

【北京国际电影节驻地安全大检查】 4月2日，市旅游委副主任于德斌带队，对第五届北京国际电影节各驻地酒店、接待场所进行检查。共检查顶秀美泉假日酒店、日出东方凯宾斯基酒店、雁栖酒店、雁栖国际会展中心、北京饭店及北京饭店莱佛士6家接待单位。检查分两组进行。第一组重点检查接待服务准备工作及食品安全管理情况，对部分酒店在卫生、设备养护、菜品设计、限位器配置、员工培训等方面存在的问题提出整改意见。第二组检查驻地安全管理情况、各项工作制度及应急预案落实情况，重点检查应急设备、喷淋系统、报警系统、燃气管道、电梯荷载运行等，对部分设施不完善、养护测试不规范、安保人员培训不到位等问题，提出限期整改要求。

【A级旅游景区最大承载量核定工作培训会】 4月14日，市旅游委举办全市A级旅游景区最大承载量核定工作培训会，推进4月1日实施的《景区最大承载量核定导则》国家标准，全面启动A级旅游景区最大承载量核定工作。全市A级景区主管负责人、各区县旅游委具体负责人共280余人参加培训，市旅游委赵广朝委员到会并作动员讲话。

【旅游行业安全生产月暨防汛工作部署会】 5月27日，市旅游委召开全市旅游行业安全生产月暨防汛工作部署视频会。各区县旅游委和四星以上饭店组长单位、等级旅游景区负责人参加会议。市旅游委委员赵广朝参加会议并讲话。会议对全市旅游行业安全生产月活动、防汛宣传、A级景区地质灾害隐患点安全防范、景区最大承载量及安全与应急管理系统等工作进行部署，就做好安全生产月活动及防汛相关工作提出具体时间节点、工作措施和标准要求。赵广朝要求各区县旅游委、各旅游企业按照会议部署，加强组织领导，明确职责分工，周密筹划工作，紧紧抓住有效载体，全面做好安全生产月和防汛工作，为市民和游客创造良好的旅游环境。

【安全生产月宣传咨询日】 6月16日，

国家旅游局、北京市旅游委在故宫博物院共同举办“2015 年旅游安全宣传咨询日”活动。国家旅游局副局长李世宏，市旅游委主任宋宇、委员赵广朝，天安门管委会主任费宝岐，东城区副区长王中华，故宫博物院院长单霁翔、副院长冯乃恩和部分旅游行业企业职工群众参加宣传咨询活动。在活动现场，工作人员向游客和市民发放《旅游安全应急手册》《突发事件预警信息知识手册》等宣传资料，提供旅游出行咨询和旅游保险知识咨询服务。宣传咨询日活动是旅游行业安全生产月重要内容之一，安全生产月期间，市旅游委还针对消防、防汛、地质灾害治理等重点安全工作，在全行业开展各种形式培训、演练、宣传等活动。市旅游委通过网络、微信、宣传屏等多种途径向广大游客广泛开展旅游安全宣传活动，各区县旅游委、重点景区、宾馆饭店同时举行形式多样的现场宣传咨询活动。

【行业安全培训】 8 月 20 日至 21 日，市旅游委与市公安局共同举办区县旅游委、四星和五星级宾馆饭店、等级旅游景区和出境旅行社安全培训班，市旅游委委员赵广朝到场并做培训动员。此次培训按照“严选授课教师、精选授课内容、严把教学方法”和“分业态分层级”培训要求，针对四、五星级宾馆饭店和等级景区，重点对《反恐怖防范规范》和《企业事故隐患排查治理实施导则》等内容进行培训。在《反恐怖防范规范》中，重点讲解旅游饭店和旅游景区反恐怖防范目标等级划分、防范重点部位、常态和非常态防范要求及应急管理等内容。在《企业事故隐患排查治理实施导则》中，重点讲解建立事故隐患排查治理责任制、建立健全事故隐患排查治理规章制度、进行风险识别和事故隐患排查重点部位、确定事故隐患判定标准及开展常态化事故隐患排查、进行事故分类分级和上报、制定事故隐患治理方案措施及实施、进行事故隐患治理的验收效果评价和建立事故隐患排查治理台账及进行统计分析等隐患排查治理“八步法”。重点对《旅行社安全规范》《导游领队引导文明旅游规范》《旅行社行前说明服务规范》等内容进行培训。在培训中，结合业态实际，理论先导，案例说明，深入浅出，方法灵活，学员学习氛围浓厚，培训收效良好。

【中秋、国庆假日旅游工作会议】 9 月 14 日，市假日旅游工作领导小组召开 2015 年“中秋”“国庆”假日旅游工作会议，市假日旅游工作领导小组成员单位、市重点旅游企业参加会议。市旅游委主任宋宇代表市假日旅游工作领导小组部署今年中秋、国庆长假各项假日接待保障工作，市交通委、安全监管局、公园管理中心和延庆县政府就假日期间交通保障、安全生产、服务接待等各项工作向会议进行汇报。会前，与会人员观摩天坛公园古建筑消防和反恐演练。

【大型消防演练暨消防宣传月启动仪式】

11 月 9 日，市旅游委、公安局公安消防总队、朝阳区人民政府、首旅集团在长富宫饭店联合举办北京市旅游行业大型消防演练活动，市旅游委主任宋宇、委员赵广朝、市公安消防总队副总队长孔凡全、朝阳区副区长杨树旗、首旅集团副总裁高飞及市应急办、安全监管局等部门领导出席活动，各区县旅游委和

四、五星级饭店、朝阳区43个街乡安全工作负责人到场观摩。演练活动中，面对客房突发火情，饭店指挥层、实施层及全体员工分工明确，沉着应对，与消防官兵密切配合，有效化解火灾给饭店和住客带来的威胁。整个演练过程科学合理，动作娴熟，有效检验旅游企业消防应急预案的可操作性及灭火救援中的统一指挥、有效协调和各有关部门的紧密配合。全市旅游行业第二十五个“119”消防宣传月启动仪式同时举行。朝阳公安消防支队官兵为观摩人员展示消防搜救犬表演、灭火器材展示及火场逃生，现场还发放消防安全宣传资料，播放火灾案例警示片。此次演练与消防宣传月启动将拉开2015年至2016年北京市旅游行业冬春季火灾防控工作大幕。市旅游委于“119”消防宣传月期间在全行业范围内广泛开展消防演练、火灾隐患排查和消防安全宣传教育活动，为冬春季城市安全运行提供保障。

【旅游安全监管干部培训班】 11月25日至26日，市旅游委举办安全与应急管理干部培训班，各区县旅游委安全工作主管领导、安全科（行管科）负责人参加培训，市应急办、质监、消防等部门经验丰富的专家授课。培训课上专家们深刻剖析特种设备安全与火灾事故案例，讲解各种典型事故发生的原因、预防方法与应急处置方案；阐述我国现行的相关法律、法规与标准的主要内容，并举例说明具体条款的实践作用与意义；具体介绍旅游行业应急体系建设、应急预案与应急处置方案的制定与具体实施方法。此次培训有效提升各区旅游委安全管理人员业务水平，增强法律意识，对全市旅游行业安全与应急工作有着重要的指导意义。

【重点执法检查行动】 本年，市旅游委结合工作实际，先后下发《北京市旅游发展委员会关于印发〈2015年北京市旅游行业安全生产重点执法检查工作方案〉的通知》《北京市旅游发展委员会关于印发〈北京市旅游防汛分指挥部2015年防汛工作方案〉的通知》《关于印发〈北京市旅游行业2015年防汛宣传工作方案〉的通知》《北京市旅游发展委员会关于深入开展安全大检查切实做好近期旅游安全工作的通知》《北京市旅游发展委员会关于印发〈北京市旅游行业安全生产大检查工作方案〉的通知》《北京市旅游行业关于开展电梯安全隐患排查专项行动的通知》《北京市旅游发展委员会关于印发〈北京市旅游行业2015至2016年度冬春季火灾防控专项行动实施方案〉的通知》《北京市旅游发展委员会关于网发〈北京市旅游行业2015至2016年度预防煤气中毒工作方案〉的通知》，开展多项安全生产专项检查。

【标准化建设】 本年，全市旅游行业按照市安委会工作要求，周密部署，实时跟进，推进行业安全标准化建设工作。全市旅游行业达标企业425家，其中三级达标企业390家、二级达标企业35家。通过达标建设，强化企业安全生产基础，消除企业事故隐患，提升企业本质安全。

市旅游委陈学友供稿

北京市工商行政管理局

2015年，市工商局按照市委、市政府安全生产工作有关文件精神，在市安委会指导下，认真落实各项安全生产工作要求，强化制度机制建设，立足工商部门职能开展各类专项整治，并积极配合相关部门开展各领域安全生产专项行动，有效促进安全生产工作的落实，营造良好的市场经营秩序和安全有序的社会环境。

【安全生产工作部署】 2月，市工商局印发《北京市工商行政管理局2015年安全生产工作意见》，明确2015年全市工商系统安全生产工作的工作目标和主要任务，要求各部门强化组织领导和工作部署，加强工作研究，做好督导检查，使安全生产各项工作任务得到有效落实。

【清理住宅内非法违法生产经营活动专项行动】 1月至7月，市工商局根据市安委会通知要求，制发《北京市工商行政管理局清理住宅内非法违法生产经营活动专项行动方案》，充分发挥无证无照经营综合治理工作机制作用，立足工商部门职责严厉打击利用住宅和住宅底商开展无照经营的违法经营行为。整治行动期间，对于存在违法违规行为的有照市场主体责令改正310户，立案查处28户，移转相关部门211户；对于无照经营主体责令改正1732户，立案查处285户，移转相关部门1337户。

【烟花爆竹安全管理】 2月，市工商局按照《北京市2015年元旦春节烟花爆竹安全管理工作意见》要求，开展烟花爆竹安全管理工作。印发《北京市工商行政管理局关于2015年度烟花爆竹安全管理工作意见》，实施许可登记联动，开展产品质量检验，加大监督管理力度，对全市942个烟花爆竹销售网点进行严密监控，出动车辆2182台次、人员5529人次，会同乡镇街道相关部门检查烟花爆竹零售网点7677户次，行政指导123户次，为春节期间首都良好的市场秩序和社会环境奠定基础。

【重点地区专项整治】 4月至12月，市工商局按照首都综合治理办公室关于开展社会治安和公共秩序突出问题重点地区排查工作的通知，开展市级挂账社会治安和公共秩序突出问题专项整治。下发专项整治工作指导文件，对10个市级挂账无证无照经营问题突出的地区的1512户无证无照经营坐商实施挂销账管理，每月开展动态监测。消除市级挂账无证无照经营1363户，市级挂账无证无照经营的销账率90％，超额完成销账率30％的工作目标。

【打击假冒伪劣专项整治行动】 4月至12月，市工商局开展商品交易市场打击假冒伪劣专项整治行动。印发《北京市工商行政管理局关于印发商品交易市场打击假冒伪劣专项整治行动方案的通知》，召开专项整治阶段工作情况电视电话会，对阶段性整治工作中的典型案例、“端窝打点”等成果进行通报，对整治过程中好的经验做法进行总结，推进全市商品交易市场内打击假冒伪劣专项整治的全面开展。截至10月底，全市工商系统共出动执法人员18067人次，7021车次，检查有形市场4884个次，场内经营者80211户次，商品质量检测1219组。共查办案件3072件，罚款787.31万元，其中市场主办单位违规、违法案件55件，罚款127.13万元；商标案件360件，罚款256.98万元；产品质量案件253件，罚款163.83万元；虚假宣传案件24件，罚款29.57万元；其他案件353件，罚款209.8万元。联合相关部门查处取缔无照数516个，捣毁查处窝点及仓库44个。

【房地产经纪机构违法行为专项治理】 5月至10月，市工商局印发《2015年深入开展房地产经纪机构违法经营行为专项治理工作实施方案》，立足工商部门监管职责对全市3579户未备案房地产经纪机构和2167户在登记住所无法取得联系的房地产经纪机构开展重点检查。在针对房地产经纪机构违法经营行为的整治行动中，全市工商系统共出动执法人员5540人次，2526车次，检查相关经纪机构7783户次，对违规经营的经纪机构行政指导636户，责令改正156户，对存在非法经营行为的房地产经纪机构立案查处118起。对发现的无照经营查处取缔20户，清理自设户外违规广告牌269块，清理张贴门窗的房源信息广告1876张，清理宣传推广房地产经纪服务违法违规印刷品广告1021张，清理相关部门认定的互联网发布的违法群租房信息152条。

【城乡结合部重点地区专项整治】 7月至12月，市工商局按照首都综治办《关于深入开展城乡结合部重点地区专项整治工作的方案》要求，印发《关于进一步做好市级挂账城乡结合部重点地区专项整治的工作指导》，对31个市级城乡结合部重点地区开展专项整治，严厉打击职责范围内的无证无照经营行为。积极配合辖区公安、城管、食品药品等部门开展的联合执法行动，通过部门联动有效遏制城乡结合部重点地区的违法经营行为，提升城乡结合部重点地区管理水平。

【安全生产大检查】 9月，市工商局印发《关于近期做好安全生产相关工作的指导》，开展安全生产大检查和“六打六治”等专项整治行动，并按照市安委会工作安排，由李异副局长带队，市工商局、金融局、工商局和市安全监管局组成第十五综合督查组对北京经济技术开发区内的北京可口可乐饮料有限公司和普莱克斯（北京）半导体气体有限公司两家企业落实安全生产主体责任和开展安全隐患排查的相关情况进行现场检查，督促企业认真履行安全生产主体责任，确保做到“五落实五到位”。

【地下空间无照经营综合整治】 9月至12月，市工商局开展地下空间无照经营综合整治。印发《北京市工商行政管理局关于继续开展地下空间无照经营综合整治工作的实施方案》，联合市民防局、住房城乡建设委、公安局、安全监管局召开全市地下空间无照经营综合整治工作部署会，推进地下空间无照经营综合整治。各分局共出动执法人员3246人次，执法车辆1302车次，检查经营主体6491户次，共排查出地下空间有照主体3312户，对于无照经营主体立案查处27户，责令停止经营44户，移转许可部门38户。

【劳动密集型企业消防安全专项治理】 本年，市工商局配合消防、安全监管、建设、民防、市政等部门开展劳动密集型企业消防安全专项治理行动。印发《北京市工商行政管理局关于切实做好当前安全生产和人员密集场所安全管理工作的通知》和相关指导文件，强化联合执法，形成工作合力。市工商局各区分局出动执法人员17985人次，6458车次，检查市场主体34738户次。

【严控燃煤使用反弹】 本年，市工商局按照《北京市2013－2017年清洁空气行动计划》及年度任务分解措施和《北京市农村地区劣质民用燃煤治理工作方案》等文件要求，认真落实北京市严控燃煤使用反弹以及劣质燃煤治理各项工作任务，立足工商部门监管职责严厉打击固定场所内无照经营燃煤的违法经营行为。共取缔固定场所内无照燃煤经营商户198户，立案查处36户。并在属地政府的统一领导下参与质监、环保、城管等职能部门联合执法行动，形成部门监管工作合力。

市工商局赵建供稿

北京市质量技术监督局

2015年，在市委市政府的领导下，北京市特种设备安全工作主动适应新形势、新常态，顺应改革发展要求，在特种设备数量快速增长、监管难度不断加大的情况下，保持总体平稳的安全态势。全市质监系统对特种设备使用单位实施日常监督检查3909家，对特种设备生产单位实施定期监督检查387家，对重点单位和场所实施重点监督检查1540家，责令整改各类问题643项；实施特种设备监督检验43305台（套），定期检验222641台（套），发现并督促企业处理质量安全问题14363项。重点解决“老旧电梯”等方面存在的突出问题，长效机制逐步建立；锅炉节能减排工作取得实效，为社会经济发展做出贡献。

【重大活动和重要会议安全保障】 本年，市质监局总结历年重大活动、重要会议保障工作成功经验，推广并扎实按照“八个到位”做法，精心组织，周密部署，顺利完成中国人民抗日战争暨世界反法西斯战争胜利70周年纪念活动的阅兵活动建设期、训练期、检阅期间各项特种设备服务保障工作。完成重大会议、重要活动中特种设备服务保障工作32次，其中涉及中央单位保障任务31次。完成春节、“五一”“十一”等假日安全检查、应急值守和突发事件情况信息上报工作。开展轨道交通建设和新机场建设中特种设备服务保障工作。

【专项执法行动和主题安全活动】 本年，市质监局根据国家质检总局要求和市安委会工作部署，开展北京市“特种设备安全大检查”专项执法行动，出动执法人员2359人次，检查特种设备生产使用单位960家，检查发现安全隐患192项，督促相关单位迅速采取措施完成整改，消除隐患。开展安全生产月、“防灾减灾日”、大型游乐设施安全专项执法行动活动等主题安全活动，发放特种设备安全宣传折页15万份、宣传海报2000余张。组织开展特种设备应急演练38次，为全市特种设备突发事件应急救援工作的开展起到示范作用，提高社会对特种设备安全工作的认知度。

【电梯隐患整改】 本年，市质监局督促使用单位开展电梯安全隐患大排查，调动行业部门和属地政府力量共同排查电梯安全隐患，发现安全隐患2622项，督促消除2538项，责令停梯整改84台，隐患消除率100%。探索“五方对讲”电梯应急平台建设，开展电梯使用和通话情况摸底调查，《装置转换技术标准》编制，选取部分电梯开展平台建设试点。开展电梯安全责任保险试点研究工作，形成试点方案，统筹推进。

【“三无”电梯解决机制】 本年，市质监局针对产权不清、资金不足、物业失管的“三无”电梯，建立健全解决机制。

将“三无”电梯纳入政府“为民办实事”任务，全市 16 个区县政府已全部建立救济制度，通过财政补贴的方式促进安全隐患的消除。

【高风险电梯安全风险评估和预警】 本年，市质监局组织对老旧住宅、交通、商业、医院、学校等公共场所的 3956 台高风险电梯进行安全风险评估和预警，将评估发现的隐患及时通报行业主管部门及属地政府督促整改，在预防区域性、行业性和系统性安全风险方面取得突破性进展。

【油气输送管道隐患整治】 本年，市质监局结合实际情况，从薄弱环节入手，强化压力管道隐患排查治理。成立专项工作领导小组，会同各有关部门全面部署油气输送压力管道定期检验工作，共同督促主责单位落实检验要求；进一步摸清压力管道底数，督促企业签订安全承诺书，按进度推动各项工作落实；开展燃气压力管道检验技术研究，有效破解城镇燃气压力管道不开挖检验、长周期不间断运行等定期检验难题。完成定期检验长输油气压力管道 598 公里，城镇燃气压力管道 869 公里，整治工作符合国务院安委会、国家质检总局有关进度、标准要求。

【燃煤锅炉节能减排攻坚战】 本年，市质监局成立燃煤锅炉节能减排攻坚战领导小组，统筹协调各项工作任务。开展在用燃煤锅炉能效普查工作，摸清 2017 年底前确需保留的 10 吨/时及以上在用燃煤工业锅炉底数，并制定能效测试方案。开展达标节能锅炉房试点示范项目建设，提高全市锅炉房标准化管理水平。提高运行人员节能操作技能，加大人员培训中锅炉节能相关知识的比重，组织开展节能培训。完成新增高污染燃料锅炉管控工作和燃煤锅炉清洁能源改造工作，确保改造后的锅炉符合安全与节能的要求。完成燃煤锅炉清洁能源改造任务 5900 蒸吨，淘汰燃煤锅炉 810 台，采暖季压减燃煤 147 万吨，减少二氧化硫排放 12500 吨、氮氧化物 4300 吨，有力服务于首都大气治理工作。

【住宅专项维修资金】 本年，市质监局率先打通住宅专项维修资金应急使用通道，对于责任主体分散、维修资金使用困难的商品住宅，进一步协调建设部门细化制度、完善措施，畅通住宅电梯维修使用专项维修资金渠道。将安全鉴定、评估、定期检验与维修资金使用进行政策衔接，促进安全隐患消除。

【电梯物联网】 本年，市质监局开展与电梯制造企业电梯物联网的对接工作，推进通州区、石景山区电梯物联网技术测试以及国家质检总局特种设备物联网试点建设项目和地铁电梯物联网建设工作；以市政府危险化学品集中交易体系建设为契机，推进气瓶充装检验环节信息化工作，会同市安全监管局组织有关专家就气瓶信息化标签的有关要求进行研究论证，组织有关单位制定工业气体充装、检验单位的信息化建设方案，以工业气体为突破口在 2 家试点单位开展气瓶充装检验环节的信息化建设试点工作。

【特种设备服务保障】 本年，市质监局健全制度“红线”，固化工作机制，完成《北京市重大活动、重要会议特种设备服务保障工作指南》编制工作，总结成功经验，固化保障机制；开展权力清单的梳理工作，对现行的 29 部法律、法规、规章进行全面梳理，形成行政职权事项清单。

【特种设备生产单位和特种设备数量】 本年，全市特种设备生产单位（含设计、制造、安装、改造、维修）和充装单位持证总数为1002个。其中，设计许可79个、制造许可137个、安装改造维修许可612个、气瓶和移动式压力容器充装许可174个。办理特种设备行政许可222件。全市特种设备数量总计为330560台，其中锅炉18369台、压力容器61296台、电梯195715台、起重机械33455台、大型游乐设施436台、客运索道132条，场（厂）专用机动车辆21157台（另有气瓶223万只，压力管道4187.49千米）。设备总量同比增加18434台，增幅为5.9%，其中电梯数量增长最多，增加15963台，增幅为8.9%。全市特种设备作业人员持证25.6万张，同比上升5.25%，其中2015年新发换发证书4.5万张。

市质监局周沛供稿

北京市体育局

2015年，市体育局建立“一岗双责、党政同责、齐抓共管”责任体系，明确体育运动项目经营单位（以下简称体育经营单位）安全生产重点工作任务，加强体育经营单位和局系统单位安全管理、安全保障能力建设，以科学发展、安全发展为总要求，落实体育经营单位和局系统单位安全管理主体责任，增强安全管理“红线”意识，强化属地监管责任，有效防范和坚决遏制重特大事故。市体育局被评为“安全生产工作先进单位”，获得“安全生产工作管理创新奖”。

【冬季体育经营单位安全管理专项检查】

1月，市体育局印发《关于做好冬季体育运动项目经营单位安全生产工作的通知》，成立由副局长陈杰担任组长的检查领导小组，开展对滑雪场等冬季体育经营单位的安全管理专项检查。通过检查活动，督促体育经营单位完善各项应急预案和安全措施，明确安全责任及岗位职责，增强安全意识，有效防止各类安全事故的发生。

【安全管理培训班】 5月26日至29日，市体育局在北京冠军苑宾馆举办体育局系统安全管理工作培训班。培训班邀请市维稳办、市委610办公室、公安局治安管理总队、公安局内保局、公安局消防局、保密局等单位的有关领导讲授安全管理、矛盾化解、大型体育活动管理、消防安全、保密管理、应急处置、防范邪教等方面知识，通过培训提高安全管理工作能力。

【安全生产月活动】 6月，市体育局组织16个区县体育局和开发区社发局开展安全生产月活动，营造“科学发展，安全发展”“关爱生命，关注安全”的舆论环境和社会氛围。参加安全生产月活动体育经营单位1468家，参加人员15万人次，张贴宣传海报2万余张，发放各类宣传材料10万余份。在安全生产月活动期间，对体育经营单位开展安全检查368次，下发整改通知书70余份，消除安全隐患80余项。组织体育经营单位开展应急演练1000余次，开展安全培训教育300场次，在市及区属媒体刊发新闻报道40余篇。

【夏季游泳场所联合督查】 6月，市体育局会同市公安局、卫生计生委、安全监管局组成市联合督查组，对各区县游泳场馆安全工作进行联合督查。市联合督查组分别对东城区、西城区、朝阳区、海淀区、通州区、房山区、平谷区等区县游泳减溺安全工作进行督查，听取区县体育部门开展游泳场馆联合检查情况汇报，并对部分游泳场馆进行实地抽查，在检查中发现有的区县游泳场馆警示标识不明显、游泳救生员责任书不规范、救生器材需要添加、急救物品摆放不规范等问题。针对检查中发现的问题，市联合督查组要求游泳场馆严格落实安全主体责任，对存在问题立即整改；要求各区县体育部门及相关部门对游泳场馆整改情况进行跟踪复查，消除安全隐患，确保游泳场馆安全运营。

【滑雪场所安全运营部署】 11月12日至13日，市体育局召开2015—2016年雪季冰雪场所安全运营工作会，加强全市滑冰场、滑雪场安全管理工作，确保冰雪场所安全运营。市体育局副局长陈杰，有关区县体育局主管领导和滑雪场所负责人100余人参加会议。会议传达市委、市政府关于做好安全管理工作相关文件精神，分析全市滑冰场、滑雪场在安全运营上存在的突出问题，对做好新雪季冰雪场所安全运营工作进行动员和部署。陈杰在动员讲话中要求各级体育行政部门和滑冰场、滑雪场负责人要牢固树立“安全第一”的思想，认真完善各项规章制度，严格落实安全生产各项措施。一是认真汲取各类安全事故教训，分析存在安全问题的原因，切实提高对安全管理工作的认识。二是加大安全管理培训工作，切实做好员工的安全教育培训工作，强化安全意识，提高安全技能。三是落实安全管理责任，区县体育局要认真落实属地安全监管责任，各冰雪场所要认真落实安全生产主体责任，做到制度落实、责任落实、岗位落实、应急落实、查处落实。四是开展隐患排查，区县体育局要深入冰滑雪场所查隐患、找漏洞，各冰雪场所要开展隐患排查各项工作，确保安全有序运营。五是强化安全检查，对发现的问题和隐患要跟踪整改，对发现重大安全隐患的必须停业整顿，经验收合格后方可恢复运营。

【体育安全检查技术手段】 12月，为提升安全检查水平，市体育局通过购买服务方式，委托有检查资质的第三方机构对滑雪经营场所开展安全检查。第三方机构依据国家标准GB 19079.6—2013《体育场所开放条件与技术要求　第6部分：滑雪场所》，抽取本市密云、昌平、房山、海淀、朝阳等区县11家滑雪场进行安全检查。本次检查参考《体育总局关于修改经营高危险性体育项目管理工作文件的通知》(〔2014〕37号）中提出的《滑雪设施符合国家标准的说明性材料》，标准包括从业人员资格、场地设施设备条件管理要求、安全保障制度和措施等4个方面的内容，逐条分解为36条。检查结果显示，在市区两级体育部门的监管下，受检滑雪场安全设施和安全保障相对完善，无重大安全隐患。但受检的11个滑雪场所中，也存在不符合国家标准要求的情况，安全监管有待进一步加强。

【重大活动安全保障】 本年，市体育局加强中国人民抗日战争暨世界反法西斯战争胜利70周年纪念活动和2015年北京国际田联世界田径锦标赛等重大活动安全保障工作，专门成立体育经营单位安全工作领导小组，召开工作会议，要求各区县体育局加大检查力度，确保全市体育经营单位安全运营。怀柔区体育局根据工作方案和应急预案，对安全检查工作责任和措施进行细化分工，将工作落实到人，对重点单位和部位进行定点值守，确保万无一失；东城区体育局组成夜查小组，由局领导带队，每天不间断地对辖区内体育经营单位进行安全检查；西城区体育局主要领导亲自带队，对体育经营单位进行重点监控和检查，建立自查报告制度，与相关职能部门建立信息平台，保证信息畅通无阻；朝阳区体育局成立以局长为组长的安全保障领导小组，由局领导带队对辖区内活动场所周边200米范围内的全部40家体育运动项目经营单位进行安全检查，确保检查工作100%覆盖；海淀区体育局重点对体育经营单位应急预案、警示标识、从业人员执业证书、应急双语广播等各项安全措施的落实情况进行严格检查，确保辖区内体育经营单位的安全；丰台体育局重点围绕安全生产隐患排查治理、企业责任落实、突发事件应急处置和防范措施及应急预案等方面对辖区内体育经营单位进行全覆盖安全检查。

【安全风险管理】 本年，市体育局对体育职业学院、体科所、游泳学校、北京棋院、设施中心进行安全风险评估，先后对局系统内部的15个单位开展此项工作。注重加强对体育社会面赛事活动的安全风险管理，应对和化解各类风险，着力开展安全防范管控工作。

【安全管理实时监控系统】 本年，市体育局利用互联网信息系统加强安全监管（管理）工作，在我市3家滑雪场建立安全监管实时监控系统。安全管理实时监控系统的建立，将有效提高体育行业部门安全工作监管效率。

市体育局刘辉供稿

北京市园林绿化局

2015年，市园林绿化局贯彻落实习近平总书记关于安全生产工作指示精神，按照市委、市政府和市安委会工作部署，狠抓安全生产基础管理和“一岗双责”落实，积极开展新修订的《中华人民共和国安全生产法》教育培训和安全生产月活动，强化安全生产主体责任，深入开展安全生产执法检查和隐患排查治理，持续推进安全生产标准化建设，确保安全形势持续稳定。市园林绿化局被评为“安全生产工作先进单位”，并授予“安全生产工作管理创新奖”，市园林绿化局直属南大荒苗圃被评为“北京市安全生产先进单位”。

【制度建设】 本年，市园林绿化局启动《北京市园林绿化局安全生产督查工作规范》编制工作，规定安全职责、工作要求、奖惩办法，明确隐患排查治理工作具体做法，破解园林绿化行业安全生产管理人员“何时查、怎么查、查什么”的难题，为强化全市园林绿化系统安全生产督查工作提供依据。

【“两个重大活动”安全保障】 本年，市园林绿化局加强中国人民抗日战争暨世界反法西斯战争胜利70周年纪念活动和2015年北京国际田联世界田径锦标赛“两个重大活动”安全保障工作。局党组成员分10个检查组，分别带队对16个区县园林绿化部门和14个直属林场苗圃进行安全生产大检查。全系统投入安全保障人员6030人次、巡查人数3000人次、巡查车辆1600台次，停止施工工地

351个，隐患整改率100%。圆满完成“两个重大活动”安全保障任务。

【“三项行动”专项治理】 本年，市园林绿化局制定实施《安全生产大检查“三项行动”工作方案》，重点对园林绿化工程施工现场、公园风景区、林场苗圃生产经营单位、房屋场地出租单位进行检查。出动40人次、20车次，检查单位41家，建立《北京市园林绿化局安全检查重点检查单位台账》《易燃易爆危险化学品台账》。按照《北京市安全生产委员会关于做好当前安全生产“三项行动”检查及新闻宣传工作的通知》要求，开展安全生产检查宣传工作。

【安全检查】 本年，市园林绿化局印发《2015年安全生产执法检查方案》，会同市安全监管局、旅游委、公安局治安总队对全市16个区县主要公园风景区、平原造林工地、园林绿化在建工程工地，开展安全生产重点执法检查行动。重点检查10个区园林绿化部门、12个公园风景名胜区、10个园林绿化在建工地、8个项目部、3个直属场圃，填写执法检查记录单33份，下达限期整改通知书18份，现场整改安全隐患55项，对3个安全隐患单位进行处罚警告，会同市安全监管局约谈北京市野生动物园负责人并责令对经营安全隐患限期整改。

【安全度汛】 本年，市园林绿化局加强汛期安全生产管理工作，确保安全度汛。汛期召开全局系统动员部署工作会议和防汛专题会议3次，重新修订并下发《北京市园林绿化局防汛应急预案》，对10个重点区和13个直属单位防汛安排部署进行检查。汛期6次强降雨极端天气中，共造成倒伏树木21709株、折枝断枝167株、平原造林受灾437亩、果树受灾750亩、倒树砸车4辆。全市园林绿化系统共有29支3589人应急抢险专业队伍值守备勤，出动抢险人员3209人次、抢险车辆1067台次。未发生因倒树折枝堵路、伤人等事故。

【应急演练】 本年，市园林绿化局组织指导全市园林绿化行业企业建立健全应急预案体系，规范处置程序、应急队伍和应急物资保障措施，落实年度应急演练计划。6月26日，市园林绿化局在南大荒苗圃举办防火应急演练，局直属各单位主管领导和安全生产科室负责人观摩演练。全年全系统组织各类应急演练30次。

【教育培训】 本年，举办两次新修订的《中华人民共和国安全生产法》等法律、法规专题培训，邀请安全生产专家学者就《安全生产法与安全生产管理》《基层如何落实“党政同责、一岗双责”》进行专题辅导讲座，全市园林绿化行业系统党政主要领导、分管安全生产工作的领导、安全生产管理人员和基层生产经营单位负责人共300人参加培训。

【宣传活动】 本年，市园林绿化局结合“防灾减灾日”与安全生产月活动，精心安排，深入开展安全生产宣传教育活动。在防灾减灾宣传活动中突出安全生产的特点，在安全生产月宣传活动中兼顾防灾减灾的内容。6月2日，市园林绿化局在八达岭林场举办全系统安全生产月活动启动仪式，通过现场演练、开展咨询、印发科普读物等形式，大力宣传以人为本、安全发展的防灾减灾工作理念。制作宣传展板300块、悬挂横幅190条、张贴主题宣传画3800张、发放宣传品2.5万份。

【标准化创建】 本年，市园林绿化局按照质量优先、稳步推进、全面覆盖的原则开展安全生产标准化达标创建工作。联合市安全监管局印发《关于开展园林绿化行业安全生产标准化建设工作的通知》，印发《北京市园林绿化行业安全生产标准化建设工作实施方案》，编制《北京市园林绿化施工企业安全生产标准化评审标准》《北京市公园风景名胜区经营管理单位安全生产标准化评审标准》《北京市野生动物驯养繁殖利用安全生产标准化评审标准》3个标准及《北京市园林绿化局安全生产标准化文件资料汇编》，委托市园林绿化工程质量监督站为安全生产标准化建设工作的评审组织单位，选定北京启迪智信注册安全工程师事务所、北京阳光企安注册安全工程师事务所、北京云帆沧海安全防范技术公司、北京中经科环质量认证公司和北京市园林绿化行业协会5家单位为评审单位。

市园林绿化局涂圣军供稿

北京市民防局

2015年，市民防局在市委、市政府的领导和国家人防办的指导下，始终把人防工程安全管理工作放在突出位置，狠抓工作落实，确保人防工程安全，实现“零事故”工作目标。全市民防系统强化日常管理，根据不同时期的不同特点抓好以防火、防汛、维稳为重点的日常安全管理工作，认真开展安全生产月和人防工程隐患排查治理等工作，注重制度落实，确保措施到位。着力做好安全隐患大排查、“两会”安保、安全生产重点执法检查、中国人民抗日战争暨世界反法西斯战争胜利70周年纪念活动和2015年北京国际田联世界田径锦标赛期间的安全保障等专项行动。

【综合整治】 本年，市民防局进一步完善市、区、乡镇街道地下空间三级管理体制，会同市公安局、住房城乡建设委、卫生计生委、工商局、安全监管局开展全市人防工程综合整治执法行动，共同对人防工程的安全隐患进行治理，消除安全隐患。进一步完善建设、公安、消防、安全监管、工商、商务、卫生、民防等部门协调联动、联合执法，风险防控、科技创安的综合管理机制。针对地下空间综合整治工作的形势和特点，坚持与维护稳定、与阶段性重点工作、与公益化利用、与联合执法及法律诉讼相结合，平稳推进，在地下空间综合整治工作中，结合实际，多措并举，主动作为，成效显著。

【安全管理】 本年，市民防局坚持开展安全生产大检查、安全生产月、专项执法检查、安全保障督导检查及巡查等专项检查，制定《北京市民防局安全生产“一岗双责”暂行规定》，明确安全生产责任。落实人防工程消防工作要求，完善防汛工作责任制，扎实开展夏季防汛、冬春季火灾防控专项行动，确保人防工程安全。严格落实重点时间、敏感时期安全管理检查，普查人防工程13990余处，消除安全隐患540余项，确定48处重点防汛部位。

【隐患排查】 本年，市民防局开展全市人防工程安全普查，结合安全生产月、防汛、消防安全、重大活动、敏感时期组织全市民防系统集中排查治理安全隐患。参与隐患排查人员2.8万人次，排查工程2.215万处次。市民防局分8个督导组组织专项督导检查4次，牵头组织相关委办局联合督导检查3次。

【应急管理】 本年，市民防局重视机制体制建设，新增设应急管理处，应急管理、应急值守等工作更完善、更加规范。落实以防汛、防火为重点风险管理措施，储备6000万元防汛物资器材，结合区县实际组织开展市、区两级防汛应急演练，加大40支应急抢险队伍训练管理，全市防汛工作早动员、早部署，各项准备落实到位，做到“七有四到位”，即：有预案、有制度、有队伍、有装备、有演练、有巡查、有值守，思想认识到位、宣传教育到位、物资准备到位、应急值守到位，确保防汛、防火工作管理目标责任制的落实。

【宣传培训】 本年，市民防局加强安全培训工作，全年共4次组织全市民防系统工程管理科长、管理干部培训班，强化一线管理人员实际工作能力，提高人防工程管理水平。加强社会宣传教育，宣传人防专业知识、公共安全知识和地下空间综合整治工作，提高广大市民安全意识。

【科技创安】 本年，市民防局在总结通州区科技创安试点建设的经验基础上，编制完成人防工程科技创安建设规划工作，规划经过现状调研与需求分析、编制科技创安信息系统规划初稿、征求意见形成终稿3个阶段，通过专家论证。为下一步编制可研和申报立项打下基础。

市民防局田志华供稿

北京市农业局

2015年，全市累计报告国家等级公路以外一般农机事故10起，受伤2人，直接经济损失36.65万元。与2014年同期相比，事故起数下降33.33%，受伤人数下降33.33%，直接经济损失下降18.20%。未突破市安委会下达的年度安全生产控制指标，农机安全生产形势持续稳定。市农业机械站被市安委会办公室、人力社保局评为“2013－2015年度北京市安全生产先进单位”。

【法规建设】 本年，市农业局以“问题引导立法，立法解决问题”为原则，推进《北京市农业机械安全监督管理办法》的立法修订工作。起草完成《关于全面修订〈北京市农业机械安全监督管理办法〉的立项论证报告》以及《北京市农业机械安全监督管理办法（草案）》。

【执法检查】 本年，全市各级农机监理部门共组织执法检查活动1083次，出动执法人员4891人次，检查各类农机生产场所1568个次，发现安全隐患并下达《农机安全隐患通知书》342份。市区两级共查办农机行政处罚案件30件，制作农机行政处罚案卷30份，罚款2710元。开展农机系统行政处罚案卷评查，共抽取各区案卷17份，其中90分以上的优秀卷有8份，优秀率47.1%，优秀率同比提升10.3个百分点。

【联合行动】 本年，市农业局加强省际联合与部门联合，进一步扩大安全监管行动范围。年初召开华北五省农机安全监管联席会议，签订《京、津、冀、晋、蒙农机安全监管联动合作协议》，在此基础上，建立五省市农机安全监管联合行动联络员队伍，对跨区作业情况相互通报备案。市区两级农机监理机构会同公安交管、工商、质监、安全监管等部门开展联合执法行动230次，排查安全隐患231项，整改消除安全隐患211项。

【事故处理】 本年，全市农机监理系对事故的处理工作“有规范、有组织、有平台”。完善《北京市农业机械事故处理程序规定》《北京市农业机械事故现场勘查程序规范》《北京市农业机械事故现场痕迹物证的勘验技术规范》《北京市农业机械事故勘验照相规范》《北京市农机事故现场测绘技术规范》5个农机事故处理工作规范，提升事故处理有效性和可操作性；成立由农机监理、农机鉴定、安全监管、公安交管等相关部门人员组成的市级事故处理专家组，主要负责对农机事故处理技术指导和业务培训；在全市范围内组织开展农机事故处理模拟演练9次，参加模拟演练人员223人次。

【行政审批】 本年，农机监理行政审批工作紧紧围绕“高效、规范、便民”的原则开展，完成行政审批业务15855件，全市未发生超时限、不按登记规定办理等违法违规现象，未发生因许可不公产生的投诉事件。在昌平、怀柔、密云、延庆、门头沟5个远郊区县开展流动服务大厅试点工作，服务范围涵盖32个乡镇、95个村。全年现场办理各项业务1176件，经调查分析测算，为办理业务群众节约总交通成本31046.4元，人均26.4元；节约总时间3234小时，人均2.75小时；节约总往返里程41277.6公里，人均35.1公里；节约的时间为群众增加收入134887.2元，人均114.7元。根据现场收集调查问卷显示，农机机手满意度达到99.1%。

【教育培训】 本年，全市各级农机监理部门按照《北京市2015年农机安全教育培训指南》，对农机监理师资队伍、农机检验员、农机考试员、农机事故处理员、农机牌证业务人员开展专业技能培训和岗位业务培训，全年市区两级农机监理系统累计培训17763人次。

【宣传活动】 本年，全市各级农机监理部门共开展各类宣传咨询活动73次，接待群众咨询5000余人次，印发各类宣传资料15.7万份。在《京郊日报》《中国农机监理》、人民网等报纸、杂志和网站上发表新闻稿件441篇（次）；刊登工作信息272篇，其中农业信息和工作交流采用12篇、北京市农业执法网采用24篇、中国农机监理网采用198篇、中国农业机械化信息网采用181篇、局外网推送203篇；以“三秋农忙勿忘农机安全”“调结构转方式，农机监理保安全”为主题，分别在《京郊日报》《中国农机监理》等报刊进行整刊宣传，提升宣传教育力度；通过怀柔、房山、大兴3个区的电视台，播放农机安全警示片，并在全市范围内发放安全教育警示片光盘2060张，生动形象地引导农机手正确操作农业机械；制作农机安全生产警示广播，农忙时节在1530个村利用农村大喇叭进行播放，切实做到宣传到人；在麦收重点区域发布以“平安麦收，防火先行”“秸秆禁烧，人人有责”为主题户外广告，加大秸秆禁烧宣传力度。继续开展平安农机示范单位创建活动，全年评选出2家农机服务组织、2家设施农业园区为2015年度市级“平安农机”示范单位。在示范岗位创建活动中，门头沟区和昌平区的两位同志被评为全国农机安全监理“示范岗位标兵”。

【标准化建设】 本年，市农业局开展农机服务组织安全生产标准化建设工作，形成本市农机服务组织安全生产标准化评定标准、创建流程和评审模式。拟订《北京市农机服务组织安全生产标准化评审标准（征求意见稿）》，并对北京兴农天力农机服务专业合作社进行标准化试点建设，对该单位的安全隐患进行整改，建立完善17项安全生产管理制度，通过内部评审达标。

【农机检验】 本年，本市拖拉机检验率97.08%，较农业部下达的考核指标高出2.08个百分点；联合收割机检验率95.32%。结合北京市2013－2017年清洁空气行动计划，加大对拖拉机尾气的监测力度，完成原农用三轮车和农用四轮车淘汰报废的工作任务。

市农业局王科程供稿

北京市城市管理综合行政执法局

2015年，市城管执法局根据市委、市政府和市严厉打击违法用地违法建设专项行动指挥部办公室、市安委会、市防火委关于打击违法建设与燃气监管工作要求，制定违法建设专项执法工作方案和燃气安全专项执法检查方案，组织全市城管系统，从维护城乡规划秩序和城市环境秩序、保障燃气使用安全、保障中国人民抗日战争暨世界反法西斯战争胜利70周年纪念活动的角度出发，切实履行打击违法建设、打击违规使用供应燃气行为的执法职责，对各类违法行为依法予以整改查处。全市城管系统共检查各类燃气供应和使用单位43936家，规范存在安全隐患问题单位2636家；立案处罚411起，同比上升12%；罚款84万余元，同比上升29%。

市区两级城管部门积极与规划、国土、建设以及各区县政府紧密配合，在违法建设拆除、房屋产权冻结、信息通报宣传和案件督查督办方面取得较大工作进展，严厉打击全市新生违法建设行为，推进既有违法建设的拆除整改工作。

【冬季燃气安全专项执法】 2014年12月至2015年2月，市城管执法局以冬季燃气使用高峰为切入点，组织开展燃气安全冬季专项执法检查工作。全市城管部门依据《城镇燃气管理条例》和《北京市燃气管理条例》相关规定进行检查，及时发现、整改燃气供应和使用中存在的安全隐患。出动执法人员16050人次，检查燃气供应和使用单位6646家次，规范存在问题单位782家，立案34起，罚款13.05万元。

【全国“两会”和迎接冬奥评估团考察安全保障】 3月，市城管执法局开展全国“两会”和冬奥迎评燃气安全检查工作，全面排查燃气隐患，保障燃气使用秩序稳定。为确保全国“两会”期间市政公共安全，3月3日至3月12日期间，对“两会”驻地及其周边餐饮燃气公共服务用户开展6次专项执法检查，检查餐饮、燃气公服用户12家。3月，国际奥委会冬奥会考察组在北京市进行申办城市考察工作，为做好“冬奥迎评”燃气安全保障工作，组织全市城管系统开展“冬奥迎评”燃气安全专项执法检查工作，出动执法人员4534人次，执法车辆1385车次，检查燃气供应和使用单位3371家，规范存在问题单位306家，立案21起，罚款7100元。

【夏季违法建设消防检查】 6月至9月，市城管执法局按照市防火委《关于印发“打基础、强整治、严管控”社会面火灾防控暨夏季消防检查工作方案的通知》要求，严格社会面火灾防控监管，开展夏季违法建设消防安全检查。全市城管系统出动消防检查执法人员28389人次，车辆5819车次，发现存在消防隐患违法建设项目73宗，整改73宗，拆除2221平方米，发放查违宣传品2959份。

【查处占道违法建设行为】 6月至10月，市城管执法局按照张延昆副市长在《领导参考》第142期“朝阳左安路南侧私搭乱建成风”的批示要求，依据职责组织全市城管系统落实督查清理工作，严查占道违法建设行为，维护城乡与环境秩序。共查处占道违法建设336处17160.35平方米。

【“三类八项五十查”综合执法】 7月，市城管执法局组织在丰台区万丰路召开全市城管系统餐饮服务单位多专项综合执法工作现场会，对燃气安全、餐厨垃圾、市容环境卫生责任制等专项执法工作进行再动员、再部署。在全城管系统推行餐饮服务单位燃气安全专项综合执法工作，做到“三类八项五十查”（燃气安全监管、餐厨垃圾、市容环境卫生责任制3个方面的执法检查），为做好中国人民抗日战争暨世界反法西斯战争胜利70周年纪念活动和2015年北京国际田联世界田径锦标赛“两个重大活动”安全保障工作奠定基础。

【重大活动安全保障】 7月至9月，市城管执法局在全市范围组织开展燃气安全专项执法活动，对重点地区进行专项督导，做好中国人民抗日战争暨世界反法西斯战争胜利70周年纪念活动和2015年北京国际田联世界田径锦标赛“两个重大活动”安全保障工作。在全面部署的基础上，重点对“四区、四环、十一线、两机场”等涉及“两个重大活动”的重点区域开展联合执法检查和有针对性的督导检查。对城6区前门、大栅栏、月坛等8个重点地区燃气安全执法工作进行现场督导。在督导重点地区基层执法队落实燃气专项工作要求的同时，通过“以案说法”现场交流方式，指导一线城管执法人员提高燃气安全执法技能，受到基层单位的普遍欢迎。

【劳动密集型企业消防安全专项行动】 本年，全市城管系统在劳动密集型企业消防安全第一阶段专项行动中，出动执法人员37600人次，检查各类企业单位8685家次，出动车辆8187台次，发放宣传品29781份，查处存在违法建设的劳动密集型企业656家，拆除637处违法建筑，面积16624.1平方米，消除安全隐患154项。在法定节假日、全国“两会”、冬奥迎评、抗战阅兵等重要安全保障行动中，以“24小时不间断、全体人员集中保障”的方式加强劳动密集型企业消防安全监管，严肃查处劳动密集型企业违法建设的消防安全隐患。

【油气输送管道隐患整治】 本年，市城管执法局根据市安委会《关于对油气输送管道安全隐患和城镇燃气管道占压隐患挂账督办的通知》《北京市油气输送管道、城镇燃气管道重大安全隐患台账》工作部署和相关要求，联合属地政府与职能部门开展油气输送管道隐患整治，消除爆炸爆燃事故隐患。据统计，挂账整治隐患总数275个，涉及东城、西城、大兴、房山、海淀、朝阳、丰台、通州、石景山、昌平10个区。

【地下室违法建设专项执法】 本年，市城管执法局严厉打击查处危害公共安全的地下室违法建设行为。结合1月发生的西城区德内大街93号院坍塌事件，4月份在全市城管执法系统印发《关于进一步加强地下室违法建设专项执法工作的通知》，涉及全市地下室违法建设线索150处。截至11月，东城、西城、朝阳、石景山、房山、顺义、昌平、大兴8个区的上账地下室违法建设宗数为 130 处，占总台账 150 处的 87%。其中不存在地下室违法建设 25 处；移送属地规划部门 10 处；移送属地建设部门 2 处；权属异议 1 处；不属于城管职责 1 处；经整改回填 1 处；存在地下室违法建设且整改 90 处。

【执法检查示范】 本年，市城管执法局先后前往海淀区、房山区、大兴区和西客站城管执法队开展餐饮企业燃气联合执法检查，以工代训，帮助基层城管执法单位解决一线执法中存在的实际困难。组织 8 次联合执法检查，检查餐饮、燃气公服用户 22 家。对检查发现的疑难问题与技术问题进行现场解答，并针对新型可燃气体检测仪的使用进行实操示范，提高基层执法人员燃气执法业务水平。

【违法建设专案办理】 本年，市城管执法局受理来自国家住房和城乡建设部和市住房城乡建设委、市国土局等部门及群众来信来访渠道反映违法建设的举报案件 43 件，依据“市局督导、属地办理”的原则，市城管执法局将案件线索和材料第一时间移交区县城管部门，督办率 100%。43 件专案均由相关区县城管部门落实查核。

市城管执法局范志红供稿

北京市气象局

2015 年，市气象局通过开展安全生产月活动和深入安全生产大检查工作，进一步牢固树立科学发展和安全发展的理念，加大安全生产管理力度，完善安全管理制度，构建安全生产长效机制，安全生产形势总体保持平稳的良好态势。作为市安委会成员单位，加强防雷和施放气球安全检查，做好气象预报预警服务，为保证生产经营活动顺利开展提供科学参考依据。

【重点工程防雷安全】 本年，市气象局加强北京新机场防雷安全保障工作，将防雷许可纳入北京新机场建设审批流程，协调新机场跨省域防雷安全监管工作机制。做好地铁防雷安全保障工作，调整地铁防雷许可程序。

【重大活动防雷安全和施放气球执法检查】 本年，市气象局开展中国人民抗日战争暨世界反法西斯战争胜利 70 周年阅兵活动期间的防雷安全保障工作。加强防雷安全专项执法，全力保障纪念抗战胜利 70 周年阅兵大型活动安全。印发《北京市气象局关于进一步加强和规范气象行政执法工作的通知》（京气发〔2015〕90 号），对防雷安全和施放气球监管工作进行部署。市和区县气象局在 8 月 22 日至 9 月 4 日期间，停止施放气球活动的行政审批，并督促放球公司封存仓库。制定重大活动期间危险化学品行业防雷安全专项执法检查方案、施放气球执法检查方案，建立完善的安全隐患台账，督促企业严格履行安全生产主体责任，并组织气象行政执法力量强化施放气球和危险化学品行业防雷安全监管。联合安全监管、公安、城管和属地政府开展综合治理，提升执法效果。中国人民抗日战争暨世界反法西斯战争胜利 70 周年阅兵活动期间，全市共开展各项执法检查 205 次，消除安全隐患 15 项，下达整改通知书 3 份，完成一般气象行政执法处罚 1 件。全市未出现施放气球和防雷安全问题。

【油气输送管道隐患治理】 本年，市气象局在全市范围内开展油气输送管道隐患整治工作，市和区县气象局执法队伍全面参与所在区县安委会专项执法检查工作，排查治理油气输送管道安全隐患。

【危险化学品和易燃易爆物品安全专项整治】 本年，市气象局按照《国务院安全生产委员会关于深入开展危险化学品和易燃易爆物品安全专项整治的紧急通知》要求和副市长林克庆的批示，深刻吸取天津滨海新区爆炸事故教训，在全市范围内严查相关领域防雷安全隐患，确保北京市全年无重大防雷安全事故发生。

【安全生产月活动】 本年，市气象局将安全生产月系列活动与人工影响天气作业汛前检查、提升汛期服务能力等气象行业特色工作相结合，将安全检查、警示教育、隐患排查、知识宣贯、演练培训等多环节紧密联系，营造“人人懂安全”“时时讲安全”的安全生产工作氛围，为提升安全生产技能和防范安全事故奠定基础。一是高度重视，召开专题部署会对开展安全生产月活动提出具体要求，制定安全生产月活动方案，保证各基层单位安全生产工作有抓手、有措施、有成效。二是将安全生产工作与提升汛期服务能力有机组合，重点梳理人工影响天气作业火箭、炮弹和发射装备的安全管理，防雷装置检测、防雷工程安全管理、气象资料安全监管等情况，强化内部安全管理，及时发现和排除安全隐患。三是加强重点行业管理，组织专业人员对南郊观象台涉氢业务进行安全检查，重点检查氢气房安全消防设施和应急保障制度，确保用氢安全，加强氢气气源质量管控，要求售氢单位提供售氢资质、气体纯度报告、气瓶检测报告等书面材料。四是建立安全台账倒查机制，将发现的问题纳入安全台账，并将此台账作为后续检查的基础，实施倒查。五是开展形式多样、内容丰富的安全培训和演练，通过培训、演练，增强职工的防范意识和突发事件应对能力。

【气象预报预警服务】 本年，市气象局发布大风、高温、暴雨等各类高影响天气预警信息379条。其中：发布市级气象类预警信号157次，解除市级气象类预警信号121次，代发区级橙色以上预警34次；发布市级非气象类预警38次(森林火险10次，空气重污染19次，地质灾害9次)，解除市级非气象类预警12次；发布市级重要及温馨提示信息17次，为政府科学决策防御各类灾害以及百姓生产生活安全提供有力支持。

市气象局杨姝供稿

北京市公安局消防局

2015年，市公安局消防局将中国人民抗日战争暨世界反法西斯战争胜利70周年纪念活动和2015年北京国际田联世界田径锦标赛消防安保作为政治任务和中心工作，全面牵动社会面整体火灾防控能力的提升，确保全市消防安全形势持续平稳，为首都经济社会发展和人民安居乐业创造良好的消防安全环境。

【领导重视】 本年，市委书记郭金龙、市长王安顺和李士祥、张延昆、王小洪等市领导多次带队深入一线检查消防安全。副市长、公安局局长王小洪先后5次组织召开全市消防工作联席会议和专题会议，与各部门、各区县签订责任状，逐级分解消防工作责任，推动工作落实。市政府办公厅印发《关于进一步做好消防工作的通知》，各区县政府、市属相关部门定期召开会议，研究解决消防安全问题。500余名党政领导、3400余名行业部门和公安机关领导带队督导检查2000余次，督促落实火灾防控措施。

【部门监管】 本年，市公安局消防局在联合7部门出台行业消防安全标准化管理规定的基础上，确立“分类打造、抓点带面、整体推进、长抓不懈”的思路，推动10余个行业分别选定有代表性的单位进行试点，总结出分类实施、标准流程、保障制度、投入机制、长效措施等示范建设经验，组织召开现场会进行推广经验，带动1万余家消防安全重点单位实行标准管理，提升行业管理水平。

【单位主责】 本年，市公安局消防局强化单位“安全自查、隐患自除、火情自救、责任自负”的责任意识，采用法律讲解、案例教学、模拟演示、动手操作等方法，分批对消防安全重点单位的消防安全责任人、消防安全管理人、消防专（兼）职人员、保安人员、中控室人员开展培训，同步指导单位对员工开展以“一懂三会”（懂本场所的火灾危险性，会报火警、会扑救初期火灾、会组织人员疏散）为主要内容的消防知识教育培训，提升单位消防安全管理能力。推动消防安全重点单位集中区域建立互检联防机制，建立“工作例会、交流探讨、安全互查、设施互检、邻里互助”机制，组织成立区域联防组，召开交流会议，开展互查互检和应急演练。

【全民参与】 本年，市公安局消防局将消防网格与社会服务网、社会管理网、治安防控网有机融合，整合资源、丰富手段、健全机制，推动网格管理走向制度化、规范化、长效化轨道。中国人民抗日战争暨世界反法西斯战争胜利70周年纪念活动和2015年北京国际田联世界田径锦标赛消防安保期间，联合综治部门启动社会面等级防控机制，整合群防群治力量实行逐点、逐段、逐片防控。

【消防保卫】 本年，市公安局消防局成立中国人民抗日战争暨世界反法西斯战争胜利70周年纪念活动和2015年北京国际田联世界田径锦标赛消防安保指挥部，统筹推进安保工作落实。重大活动举办前期，组织对首都政治中心区、阅兵沿线单位、阅兵活动核心区、控制区和警戒区开展“拉网”式排查，对比赛、训练场馆和临时搭建项目反复开展检查，逐一签订《消防安全责任书》。世锦赛开、闭幕式和纪念活动阅兵预演彩排、正式活动期间，开通消防安保联勤指挥部，分阶段、分梯次部署现场执勤警力10116人次、消防车1464部次；组织110个消防中队，前置部署368部消防车、2037名官兵，在310个网格内驻守严防；发动全市147支多种形式消防队伍和7311个微型消防站巡逻防控，启动环京“护城河”区域警务合作机制，实现重大活动可视范围内“不冒烟、不起火”的防控目标。

【火患整治】 本年，市公安局消防局会同相关职能部门、公安警种，开展夏季消防检查、冬春火灾防控，分批对托儿所、幼儿园、寄宿制学校、商场市场、餐饮场所、宾馆饭店、旅游场所、易燃易爆企业、施工现场、医院、养老院、福利院、文物古建筑、劳动密集型企业、违规彩钢板建筑等集中进行整治，特别是深刻吸取河南鲁山“5·25”特大火灾和天津“8·12”特大火灾爆炸事故教训，联合安全监管、质监、市政市容、商务、民政部门对易燃易爆危险化学品生产经营单位、社会福利机构反复排查。全年，消防机构排查社会单位16.5万家次，督促整改隐患16.3万项，依法“三停”、临时查封781家，罚款4296.5万元，行政拘留1847人。

【创新管理】 本年，市公安局消防局制发《关于推进社区、消防安全重点单位微型消防站建设实施意见》，坚持“建、管、用”并重，制定微型站工作制度、流程，规范微型站日常管理，提高人员业务能力，指导全市54.3%的社区、74.6%的设有消防控制室的重点单位建成微型消防站，发展队员36871人，配备车辆736辆、器材115950件。会同相关部门贯彻落实公安部等部委《关于积极推动发挥独立式感烟火灾探测报警器火灾防控作用的指导意见》，指导属地将简易消防设施安装纳入政府为民办实事工程，落实专项资金，为弱势群体家庭、小单位、小场所安装独立式感烟火灾报警装置。推动2000余家消防安全重点单位连接物联网远程监控系统，实时监控单位设施、重点部位巡查，提高快速响应能力。

【深化改革】 本年，市公安局消防局针对社会各界对消防行政审批、监督执法工作提出的建议，积极回应，主动采取措施，从拓宽行政审批申报主体范围、300平方米以下“小装修”实行网上申报办理、施工备案实行网上自主备案、简化申报材料4个方面，简化小微企业行政审批程序，解决申报难、往返多等问题。对通过消防审批的建筑，内部开办小微企业在不改变消防安全布局、不改动消防设施、不降低消防安全标准的前提下，放开消防行政审批权。

【教育培训】 本年，市公安局消防局发动各类群防群治力量20余万人，定期巡视、入户走访，推进全市所有中小学校和大专院校将消防知识技能纳入教学、军训；联合人民公安报社创刊发行《消防周刊·北京专刊》，定期向全市党政机关、社会单位免费发送；巩固拓展“北京消防”和各支队微博、微信和“掌上119”手机客户端宣传阵地，每日发布各类消防信息，累计粉丝突破700万。在北京电视台、北京人民广播电台等媒体制作播出专题节目446期，在《北京晨报》《北京青年报》开设“火灾隐患曝光专栏”，每月进行安全提示。分批次对安全监管系统5000名执法检查人员和全市85万治保积极分子进行消防安全强化培训，开展社会单位“五类人员”培训2600余场，举办消防夜校、讲座、演练1.5万场次。

市公安局消防局樊玉磊供稿

北京市公安局公安交通管理局

2015年，全市交管系统紧紧围绕“四个第一”理念和“事故少、秩序好、道路畅通、群众满意”奋斗目标，以“法治、创新、智慧”为主线，以“两个重大活动”为中心，确保各项重大交通保卫任务万无一失，城市交通安全平稳、正常运行。“治堵、治乱、治祸”取得新的成效，特别是在人车路总量和交通警卫、事故报警持续增长的情况下，实现交管工作的“一升两降”（执法总量上升，交通事故死亡人数、“122”拥堵报警数下降）。全年发生交通死亡事故860起、死亡921人，同比减少2人，比控制指标减少20人；交通事故万车死亡率1.64%，同比减少0.01%，全市交通安全环境明显改善。

【重大活动安全保障】 本年，市公安局交管局交通警卫工作始终坚持"万无一失"的工作标准和"一失万无"的忧患意识，严格落实"一勤一方案、一勤一部署"。投入警力 54.1 万人次，圆满完成十八届五中全会、中东欧领导人会晤、冬奥会迎评考察、中国人民抗日战争暨世界反法西斯战争胜利 70 周年纪念活动和北京 2015 年世界田径锦标赛等重大交通保卫任务。一是在信息掌握、交通组织、方案研定、实战指挥等方面创新方法手段，通过同平台共享勤务信息、同平台论证方案措施、同平台统一实战指挥，确保 1.9 万公里、1696 次勤务"零差错、零失误"，展现出首都交管的专业水平。二是采用一切方法手段，不断发现问题、解决问题、校准方向，并创新采取桌面推演、视频推演等方式，全盘分析勤务运行、警卫措施、设施保障、应急处突等环节，对 355 件细节问题、32 处勤务交叉点，逐小时、逐点位反复推演落实，取得最佳实战效果。三是借鉴奥运、APEC 安保经验，制定全市交通总量控制、阅兵区域社会车辆清移等 16 项交通安保措施，为交通顺畅、空气达标创造条件。同时，按照"尽可能减少对市民生产生活影响"的要求，科学调整勤务路线，大幅压缩管控时间范围，统筹做好宣传服务，确保社会交通平稳运行、和谐运转，最大限度地赢得群众的理解和支持，实现政治效果、警卫效果和社会效果的有机统一。

【交通组织管理】 本年，市公安局交管局按照市委、市政府和市局总体部署，全面推进交通组织精细管理，强力启动缓堵治堵专项工作，通过多措并举、综合施策，全市"122"拥堵报警同比下降 17.7%。截至 12 月底，城区四环以内高峰时段平均流量 4772 辆，同比上升 4.6%，平均流速每小时 34 公里，同比上升 1.5%，道路通行效率进一步提升。一是积极推动社会协同、多警共治，制定行动计划，完善制度规范，以项目推进方式明确 25 项具体任务，并与相关警种、属地分局建立协作配合、集成作战机制，推动全警共同参与缓堵工作。紧紧依靠各级党委政府，整合调动各方资源力量，从源头解决交通问题，完善常态化会商机制，加大资金投入，完善交通设施，全力构建"政府主导、社会共治"格局。二是精细优化交通组织，启动交通组织、信号配时、标识标线、静态交通、道路微循环"五大工程"，科学调控交通流量，完成路口信号配时调整 7360 处次，对平安大街等 303 处路口路段进行综合优化，对西城后桃园等 24 个区域、36 条道路开展微循环建设，先后开展二环路调整改造、区域微循环改造和交通组织、信号配时"一排双查"等专项工程，对部分道路实施禁、限、疏措施，长安街、二环路拥堵报警分别下降 47.6%、40.1%。三是全面加强社会宣传力度，依托"一区一警"机制，发挥"小手拉大手""我为首都交通献良策"市民建议征集等活动的品牌效应，创新宣传手段，拓展宣教范围，覆盖人群 110 余万人次，营造良好声势氛围。四是积极发挥科技手段优势，共享接入交通、气象、急救、高速公路路产等部门数据信息，推出"互联网＋交管"综合服务平台、个性化动态导航、节假日全媒体路况直播等服务举措，发布各类信息 183.2 万条次，通过媒体发稿5.5万篇，实现对交通流的有效诱导，为疏堵治堵提供有力支撑。

【源头管理和隐患治理】 本年，市公安局交管局按照公安部“道路客运安全年”和“公路安全生命防护工程”部署，会同市路政等部门开展全市道路大排查5次，摸排治理丰台京周路、门头沟南雁路等道路安全隐患和事故黑点414处，开展专业运输单位百日创“双无”“营转非”大客车执法监察，以及逾期未检验、未报废5类重点车清理整治等专项行动，向隐患单位发放限改、禁驶通知书4万余份，对29家驾校停办手续、限期整改，处理违规教练员975人。

【交通安全专项行动】 本年，市公安局交管局结合公安部“打非治违”和北京市公安局“平安行动”部署，先后开展“惊雷”“利剑”“护航”、高速公路交通秩序百日会战等专项行动，多警联动、波次推进、强力攻坚，严厉打击酒驾、闯红灯、黑摩的、“三超一疲劳”等易造成事故、引发拥堵的重点交通违法行为，全年查处各类违法行为1457万起、扣车6.8万辆，执法总量同比上升7.7%，酒驾、闯红灯、涉牌等重点违法处罚量上升13%，执法针对性、实效性进一步增强。

【打击严重交通违法犯罪行为】 本年，市公安局交管局依托涉车案件侦查专业队，通过“公秘结合”“动态甄别”“人力情报”等手段，大力提升对涉车涉牌违法的专业化、对称性打击能力。侦办“6·10”12辆高档套牌走私车案、“8·14”伪造京OA号牌和阅兵通行证案、“9·26”摩托车“二环十三郎”飙车案等重点涉车案件583起，扣车478辆。通过机制、手段创新，非法改装车、飙车、假牌、套牌等显性严重交通违法大幅减少，并对潜在违法形成有力震慑。公安部交管局专门编发简报，向全国推广北京经验做法。

【事故快速处理】 本年，市公安局交管局联合北京保监局推出事故快速处理手机APP，15万人次注册下载，拍照取证事故6993件，平均用时2分50秒，不仅大幅缩短了事故占路时间，缓解了民警工作压力，而且为群众定损理赔提供了便利。整合成立6支专业摩托巡逻队，抽调85名专职民警、配备新式护具和精良装备，发挥灵活机动优势，重点负责长安街、二三环路巡控，有效提高严重拥堵情况下的应急处突、清障排堵效能。

【交通停车秩序管理】 本年，市公安局交管局围绕政治中心区、主要大街及“两个重大活动”涉及区域，分类设定严管标准，综合采取“实名制”“挂销账”、拖车执法、阵地值守等超常规措施，加强交通停车秩序管理。本着疏堵结合的原则，区分不同区域特点，进一步优化调整停车供给，做好停车资源“加减法”，从源头缓解停车难、停车乱问题。全年处罚违法停车317万起、拖车5936辆，增设挖潜停车泊位691个，削减核心区路侧车位216个，130条停车管理示范街及中关村海龙、崇外新世界等违停突出路段交通环境明显改观。

市公安局交管局于友群供稿

北京铁路局

2015年，北京铁路局在北京市政府的指导帮助下，在中国铁路总公司的领导下，认真落实企业安全生产主体责任，坚持“安全第一、预防为主、综合治理”

方针，以安全管理规范化、现场作业标准化、检查整治常态化为抓手，推进安全风险管理，强化安全基础建设，开展安全专项整治，围绕春暑运、小长假、黄金周等关键时期和防洪防汛、专运军运、运输组织改革以及反恐防暴、安检查危、护路联防、治安综治等重点工作，细化安全控制措施，狠抓各项工作落实，严厉打击危及铁路运输安全的违法行为，确保铁路运输安全基本稳定。全年未发生铁路交通较大及以上事故，一般事故同比下降71.4%，实现安全生产年。

【安全生产月】 6月1日，北京铁路局举行安全生产月活动启动仪式。6月16日，国家铁路局、中国铁路总公司、北京铁路局有关领导和北京地区各站段干部职工代表参加在北京南站举行的“加强安全法治、保障安全生产”主题安全生产宣传咨询日活动，职工代表、“毛泽东号”司机长向全局干部职工发出《安全生产倡议书》，北京客运段段长代表站段长宣读《安全生产责任承诺书》，中国铁路总公司有关领导宣布获2014年全国“安康杯”竞赛优胜单位北京客运段和北京市2014年“安全文化建设先进示范单位”北京站的表彰决定并颁发奖牌。安全生产月活动期间，全局各系统以安全宣传教育和文化理念引领为抓手，发动干部职工排查整治安全风险隐患。其中，排查治理用电安全隐患317项、电梯事故隐患49项、起重机械事故隐患62项、道路交通事故隐患964项、锅炉压力容器事故隐患43项，查处“三违”31650项，完善安全操作规程、作业标准指导书213项29条，应急预案6项。

【应急演练】 7月6日，北京铁路局在丰沙线汛期防洪Ⅰ级地点组织重大安全事件Ⅰ级应急预案演练，模拟突发山体坍塌，落石、泥石流冲垮路基、接触网杆、信号机，货车脱轨、行车中断等场景下应急组织，演练出动600余人并取得预期效果。针对新线开通运营，先后组织京津城际延伸线、唐山客车线、津霸客专、霸徐铁路相关单位开展动车组火灾、内燃机车救援、固定设备抢险等多场应急演练，综合检验各部门、站段间应急组织联动与各单位管理、作业人员掌握新设备性能、熟悉新作业环境能力。

【安全管理制度】 本年，北京铁路局根据《中华人民共和国安全生产法》《中华人民共和国铁路法》和《铁路安全管理条例》等法律法规，以及中国铁路总公司有关安全管理规定，在总结实践经验的基础上，建立或重新修订印发《北京铁路局安全管理规定》《关于规范“七项”安全工作制度的指导意见》《北京铁路局标准化管理办法》等制度办法。通过加强安全制度建设，夯实全局安全思想基础、管理基础，规范安全管理工作。

【安全管理七项制度】 本年，北京铁路局印发《关于规范“七项”安全工作制度的指导意见》，在路路局、专业技术部门、运输站段3个层面全面推行“每日安全信息跟踪分析”“每周安全分析”“安全问题深度分析”“典型事故定期通报”“典型事故交班分析”“安全对话会”“安全预警”七项制度。在“安全风险过程控制管理系统”中开发“七项制度”管理子系统，通过流程化工作方式，实现安全风险及时预警、安全信息跟踪分析、典型事故传达通报、安全问题督办整改、重点工作追踪落实、安全管理过程记录、安全责任结果考核等功能，确保重点工作落实到位。

【技术规章制度】 本年，北京铁路局对颁布的文电条目逐一进行排查和梳理，对失效、废止技术规章文电予以剔除，公布《北京铁路局技术规章目录》，颁布有效技术规章共431个，废止文电共294个，从源头上规范技术管理工作。开展技术规章管理专项督导检查，成立车务、机务、工务、电务等9个检查组，对局属各运输站段、建筑段以及调度所共79个单位的技术规章管理工作进行督导检查，检查发现127项问题，指导各单位限期整改到位。

【安全风险分析预警】 本年，北京铁路局按照中国铁路总公司和铁路局加强安全风险防控工作的具体要求，结合日常全路、局内发生的各类事故及气候、人员、规章、设备、现场作业环境变化，对安全风险进行分析研判，发出行车、施工、人身、防洪、防火防爆及主要行车设备安全风险预警提示，指导全局各系统、站段有效规避安全风险，避免生产安全事故的发生。全年共发布《安全风险日分析预警报告》365期，《安全基础管理周分析报告》53期，通报安全风险问题2190个，发布安全风险预警提示1095条，为领导决策和各系统、站段防控安全风险提供依据。

【安全风险管理现场会】 本年，北京铁路局分别参加中国铁路总公司北京特派办在大同、包头举办的上、下半年安全风险管理现场会。与会代表围绕完善职责标准、安全管理“七项制度”落实与机制平台建设、强化干部履职履责等议题汇报安全风险管理建设推进情况，实物展示北京局各系统在“安全管理规范化、现场作业标准化、检查整治常态化”方面的典型做法，局供电、车辆处和唐山机务段、衡水供电段分别联系本系统、单位实际作经验发言。

【安全大检查】 8月至12月，北京铁路局按照国务院、中国铁路总公司部署，围绕吸取“8·12”天津港区瑞海国际物流有限公司危险品仓库特别重大火灾爆炸事故教训，从突出干部安全意识和管理问题入手，组织对高铁客车、施工建设、消防、危险化学品、易燃易爆品、运输环境、食品安全、劳动安全、应急处置等涉及运输、建设、非运输企业和后勤保障等单位有关专业进行督导检查。各单位、部门挂牌督办突出安全问题，逐项研究制定整改措施，明确督办领导、承办部门、整治措施和完成期限。截至年末，确定挂牌督办项目857项基本按期完成整治。

【运输环境综合治理】 本年，北京铁路局加强外部安全环境整治、综合治理、护路联防、反恐防暴等工作，制定《外部安全管理办法》和《外部安全“示范线”“示范站区”建设标准要点》，编写外部安全管理教材，安排环治专项经费，为开展外部安全环境整治和路外安全宣传工作提供保障。在地方政府护路部门支持配合下，出动4000余人次，拆除违建临建房屋108间、2573.5平方米，收回铁路用地202.5亩，解决北京市高立庄地区京九线、京沪高铁桥下违法占地等长期得不到解决的危及运输安全的问题，彻底消除影响运输安全的重大隐患。

【科技创新】 本年，北京铁路局开展“创新驱动发展”专项活动，发挥全局干部职工利用科技手段解决运输安全生产问题的积极性和创造性，在高铁、客车、运输、施工、环治等方面进行科技攻关，形成一批效果突出的科技成果。在防洪和山体危石等重点处所推广安装“线路障碍自动监测报警系统”；在2014年京广高铁高碑店东站试点应用“高铁光纤护栏系统”基础上，年内在京广高铁涿州东站和南大寺站进行扩大试验；还有一大批诸如“新型客车上水设备”“山区铁路泥石流远程监测报警系统”等科研项目取得阶段性成果，提升科技保安全能力。

【设备安全投入】 本年，北京铁路局安排专项资金对线路、机车、车辆、信号设备等主要行车设备进行大修，为专业人员配备安全检测仪器和装备，对机务油库安防监控设施、电力危树区段、动车段轮对踏面动态检测、道口平改立、山体柔性防护网等进行更新改造。

【新线安全评估】 本年，北京铁路局受中国铁路总公司委托，根据《新建铁路项目安全评估暂行办法》规定，成立安全评估组，对津保铁路、京津城际延长线、京哈津蓟联络线、津蓟线提速改造项目进行安全评估。安全评估组采取现场检查、听取汇报、查阅资料等方式，以安全管理、规章制度、设备质量、技术标准、行车组织、路外安全、治安消防、安全环境、人员准备、职工培训、应急预案等为重点，对相关部门和单位运营准备工作情况及沿线设备设施、安全环境等情况进行评估检查。对评估检查发现的问题，安全评估组分别与相关单位交换意见，责成开通运营前必须整改到位或采取可靠的安全措施，确保开通运营安全。

【道路交通安全管理】 本年，北京铁路局组织局内各系统、单位开展专项督导检查，修订完善道路交通安全管理办法，细化交通事故处置应急预案，健全道路交通安全、设备管理档案，严格驾驶员培训考试持双证上岗制度，强化派车管理，完善车间、班组道路交通安全三级管理，逐级签订交通安全责任书，落实安全防范责任。开展全局道路交通安全专项治理，落实季度分析通报制度，督办突出问题整改落实。组织道路交通专职管理人员培训班，培训120人，编发《道路交通安全法律法规文件汇编》2000本、《道路交通安全宣传画册》1万册。

【消防监督检查】 本年，北京铁路局为吸取“8・12”天津港火灾爆炸事故教训，围绕资质证照、制度建设、设备检测、基础管理、消防设施等环节组织局属各单位开展危险化学品和易燃易爆品隐患排查整治，全覆盖检查所属油库、加油站、货运重点单位，修订完善危险货物装卸、运输安全生产作业规程和危险货物运输存储应急预案，规范督促问题整改。发布《关于开展对局管内公众聚集场所消防专项检查的通知》，开展防火隐患大检查，督导相关站段和机车、客车、动车等作业重点场所健全消防组织、完善管理制度和应急处置预案。专项调研检查高铁车站消防管理情况，整改消除安全隐患问题157项。针对各类单位火灾应急预案和人员疏散预案中存在的问题举办防火专职培训班，各单位集中培训后完成预案修订与应急演练工作。

北京铁路局田永力供稿

华北能源监管局

2015年，华北能源监管局按照国家能源局的总体部署，围绕北京市委、市政府的各项工作要求，坚持“安全第一、预防为主、综合治理”的原则，践行安全发展理念，严格依法履职、创新监管方式、转变工作思路，督促企业落实主体责任，实施“六打六治”等专项行动，开展安全生产大检查、大整治活动，完成各项重大政治保电任务，促进北京市电力行业安全生产形势总体稳定发展。

【政治保电】 本年，华北能源监管局遵循“早谋划、早部署、早准备、早落实和多协调、多帮助”的监管原则，保障首都北京的供电安全。加强对重要厂站和输电通道的安全监管，联合北京市政府有关部门开展检查。通过共同努力，圆满完成全国“两会”、中国人民抗日战争暨世界反法西斯战争胜利70周年纪念活动和2015年北京国际田联世界田径锦标赛、党的十八届五中全会等重大活动保电安全监管工作。

【企业主体责任制度】 本年，华北能源监管局督促企业严格落实主体责任，区域内各电力企业从集团公司到基层厂站，落实安全生产“一票否决”制和“党政同责、一岗双责、失职追责”制度，加强安全生产的领导、督查和考核问责，定期召开形势分析会和安全生产工作例会，定期开展安全生产综合督查。按照分级管理和“谁主管、谁负责”的原则，层层签订责任书，层层落实安全责任，形成“一级抓一级、层层抓落实”的工作局面。

【年度监督检查计划】 本年，华北能源监管局依据电力企业在系统安全稳定中所发挥的作用，综合考量企业生产工艺复杂程度和危险源多样性的因素，将区域内电力企业（含电力工程建设项目）分为3类进行监管，结合电力安全监管人员履职能力、监管条件、履职情况等因素，根据分类情况合理规定检查的抽查占比和频次，采取差别化监管措施。编制符合实际的年度华北区域电力安全生产监督检查工作计划，明确检查指导思想和工作目标，确定全年重点检查工作和备查电力企业。严格执行检查计划，规范检查程序和行为，做到检查全过程闭环化和留痕化。共组织开展主体责任落实情况、电网风险管控及信息安全、迎峰度夏及防汛抗旱、电力工程质量及落实施工方案、抗战胜利70周年纪念活动保电、安全生产大检查等8大类安全生产监督检查，督查调研各类电力企业65家，下发问题整改通知书33份，并督促企业落实整改，完成监管闭环管理。

【安全隐患排查治理】 本年，华北能源监管局组织区域内各电力企业认真组织实施安全生产“六打六治”、安全大检查、工程质量监检等专项行动。各企业结合工作实际，开展隐患大排查、大整治活动，加强对重点行业、重点区域、重点岗位安全生产管理，共排查各类隐患38030项，整改完成37463项，隐患整改率98.44%，有力提升区域安全生产水平。

【华能北京热电公司事故调查】 本年，华北能源监管局受国家能源局委托，会同北京市安全监管局、发展改革委、公安局消防局、华能华北分公司成立事故调查组，对华能北京热电有限公司“3·13”事故进行调查。通过现场勘查，调查取证、实验测试和专家分析论证，并结合金属行业专业技术鉴定结果，事故调查组认定华能北京热电有限责任公司“3·13”2号机组爆炸燃烧事故是一起因设备质量缺陷导致的设备事故。

华北能源监管局傅迪生供稿

◀ 2月14日，东城区区长张家明（左二）检查烟花爆竹零售网点

▶ 7月17日，东城区副区长许汇（右三）与辖区企业负责人开展对话谈心活动

◀ 6月16日，东城区安全生产宣传咨询日活动现场

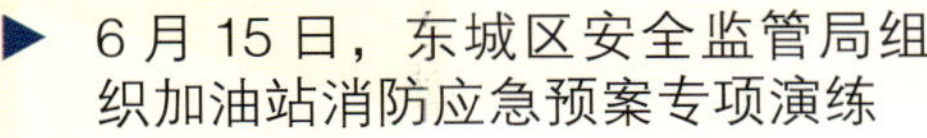

▶ 6月15日，东城区安全监管局组织加油站消防应急预案专项演练

▶ 9月3日，西城区区长王少峰（右四）检查纪念抗战胜利70周年阅兵活动安全保障工作

◀ 6月16日，西城区安全生产宣传咨询日活动现场

▶ 6月25日，西城区安全监管局组织开展综合楼宇应急演练

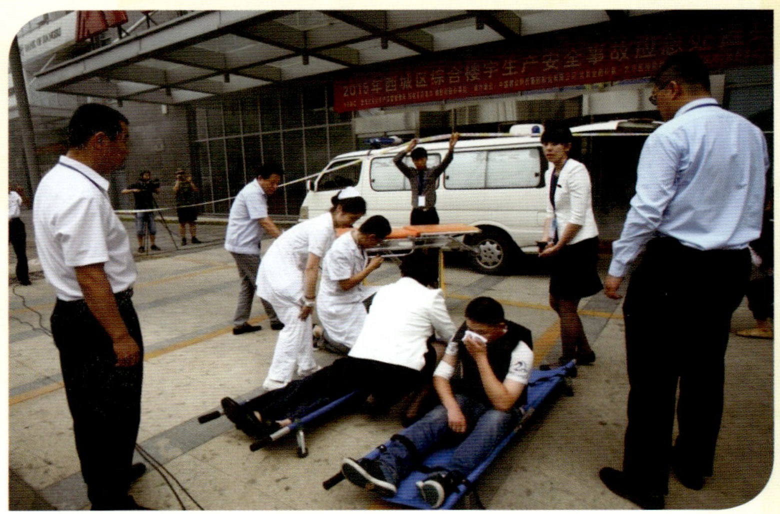

▲ 8 月 19 日，朝阳区区委书记吴桂英（右二）检查安全生产工作

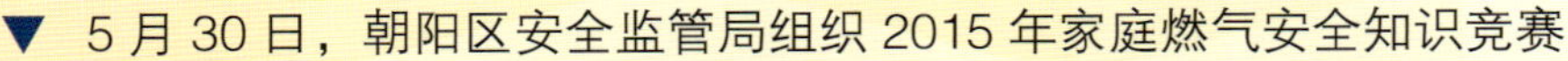

▼ 5 月 30 日，朝阳区安全监管局组织 2015 年家庭燃气安全知识竞赛

2月14日，海淀区区长孙文锴（右一）检查烟花爆竹零售网点

4月30日，海淀区副区长王际祥（右三）检查企业安全生产工作

10月30日，海淀区安全监管局开展“职工技协杯”职业技能竞赛

6月16日，海淀区安全生产宣传咨询日活动现场

◀ 2月15日，丰台区区长冀岩（左一）检查烟花爆竹零售网点

▶ 6月16日，丰台区安全生产宣传咨询日活动现场

◀ 6月2日，丰台区安全监管局组织有限空间作业技术比武

▶ 7月13日，石景山区区长夏林茂（右二）检查建筑施工安全生产工作

◀ 8月17日，石景山区安全监管局检查加油站安全生产工作

▶ 9月11日，石景山区安全生产专职安全员业务培训

▲ 5 月 7 日，石景山区安全监管局组织有限空间作业应急演练

▼ 6 月 16 日，石景山区安全生产宣传咨询日活动现场

◀ 1月29日，门头沟区全面清理住宅内非法违法生产经营活动专项行动动员会

▶ 6月16日，门头沟区安全生产宣传咨询日活动现场

◀ 6月18日，门头沟区安全监管局组织液化石油气事故应急演练

▶ 5月22日，门头沟区安全生产执法人员检查房屋拆除施工安全

▶ 9 月 29 日，房山区区委书记刘伟（左三）检查安全生产工作

◀ 4 月 24 日，房山区安全监管局开展危险化学品运输专项执法检查

▶ 8 月 19 日，房山区安全监管局开展“飓风行动”，严查企业现场安全管理

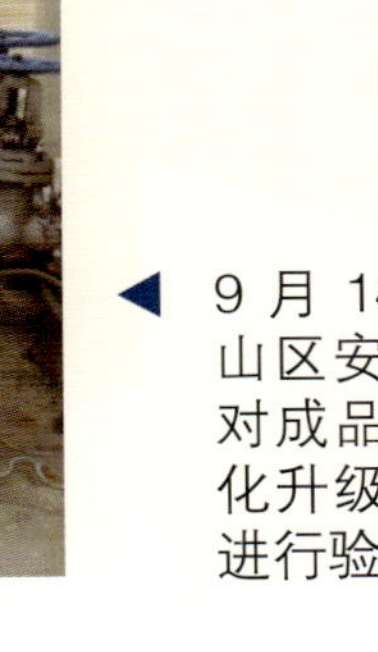

◀ 9 月 14 日，房山区安全监管局对成品油库自动化升级改造单位进行验收

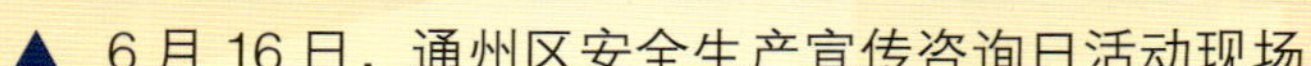
▲ 6 月 16 日，通州区安全生产宣传咨询日活动现场

▶ 5 月 26 日，通州区安全监管局组织有限空间作业大比武

◀ 11 月 3 日，通州区安全监管局组织专职安全员技能比武

▲ 6 月 18 日，顺义区安全生产专职安全员宣誓仪式

◀ 4 月 29 日，顺义区安全监管局向职工发放职业病防治宣传手册

▶ 6 月 24 日，顺义区安全监管局组织工业企业有限空间作业大比武

▶ 8月16日，大兴区副区长贺锐（左三）检查危险化学品企业安全生产工作

◀ 4月1日，大兴区安全监管局局长张福长与企业负责人开展对话谈心活动

▶ 12月4日，大兴区安全监管局开展安全生产法制宣传活动

2月15日，昌平区区长张燕友（右三）检查烟花爆竹零售网点

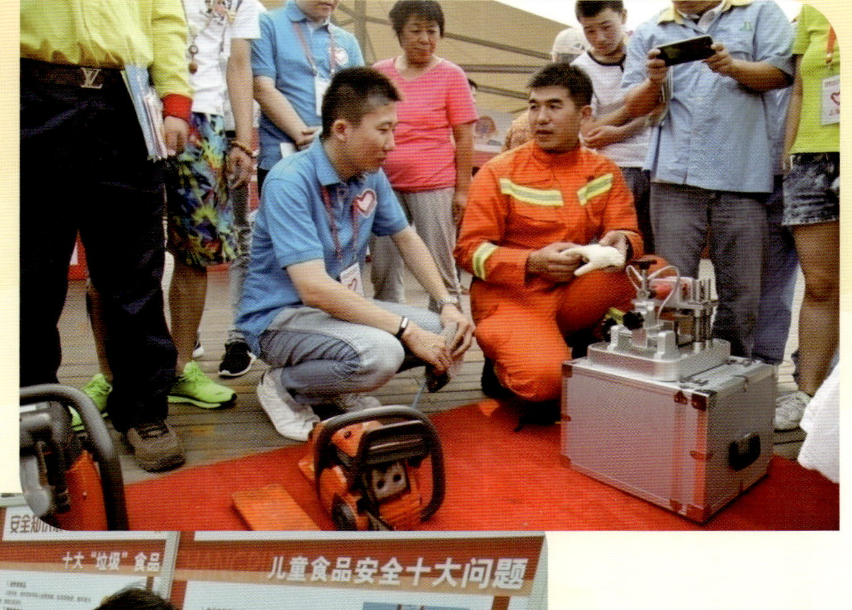

6月16日，昌平区安全生产宣传咨询日活动现场

▲ 9 月 27 日，平谷区区委书记王成国（中）检查企业重大危险源安全管理工作

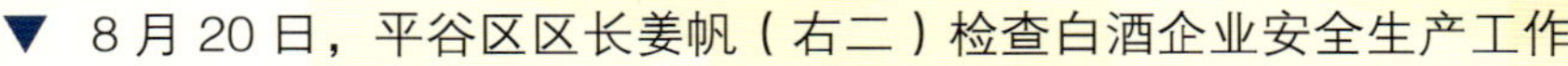
▼ 8 月 20 日，平谷区区长姜帆（右二）检查白酒企业安全生产工作

▲ 8月19日，平谷区副区长屈志奇（右四）检查液化石油气经营单位安全生产工作

▼ 平谷区副区长周泽光（左二）检查油库安全生产工作

▲ 6 月 16 日，怀柔区副区长任武军（右二）参加安全生产宣传咨询日活动

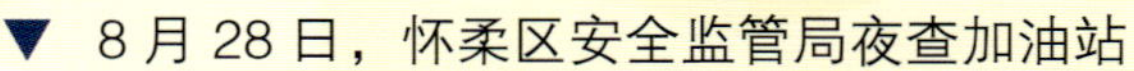
▼ 8 月 28 日，怀柔区安全监管局夜查加油站

▲ 6 月 16 日，怀柔区安全生产宣传咨询日活动现场

6 月 16 日，密云县安全生产宣传咨询日活动现场

5 月 16 日，密云县安全生产专题培训班

7 月 28 日，密云县"我是安监人"文艺汇演

8 月 14 日，延庆县县委书记李志军（左三）检查安全生产工作

8 月 28 日，延庆县安全监管局组织开展安全生产大检查

6 月 17 日，延庆县安全监管局组织重大危险源安全生产应急演练

▲ 7 月 22 日，北京经济技术开发区安全监管局组织安全生产行政执法系统操作培训

▼ 10 月 15 日，北京经济技术开发区安全监管局组织危险化学品应急救援演练

区县安全监管

东　城　区

概　　述

2015年，东城区安全生产工作以重大政治活动的安全保障为重点，以遏制较大事故、压减一般事故为前提，推进安全生产法治化、标准化、信息化、社会化建设进程，紧抓安全监管和安全员队伍建设，完成各项工作任务。安全生产各项指标均控制在目标进度内，特别是生产安全死亡事故降至2010年新东城区成立以来最低，全区安全生产形势持续稳定。

一、创新安全监管工作。制定下发《东城区安全生产“党政同责、一岗双责”暂行规定》《东城区关于实施安全发展战略促进和谐宜居之区建设的意见》等指导性文件，健全完善东城区“1+7”安全生产监管责任体系，根据区领导及相关部门人事变化，及时调整区安委会人员及组成部门；修改完善《东城区2015年安全生产综合考核实施方案》，按照行业及专业监管部门、属地街道监管部门两类分别进行考核；开展“如何发挥综合监管职能，提升全区安全生产监管能力”调研，编写安全监管工作指导手册；坚持区政府常务会安全生产形势季报告、安全生产委员会专题会制度，召开安委会全体会议4次、安委会专题工作会议21次，编发《安全生产简报》39期；制定《安全生产执法情况通告、督导和督办制度暂行办法》，先后向7个行业部门发出12份督导函，消除无照营业、违章使用彩钢板、燃气安全等各类安全隐患20余项，拓宽综合监管的途径和方式；编制完成《东城区安全生产“十三五”规划》及《东城区城市运行安全十三五规划》。

二、确保重大政治活动安全。紧密围绕中国人民抗日战争暨世界反法西斯战争胜利70周年纪念活动安全保障任务，合理部署43家成员单位应急力量，保证应急人员12110名、物资137981件全部及时到位；组织全区安全生产大检查行动，累计出动11624个检查组，检查单位40337家，整改隐患11774项，停产整顿407家，关闭取缔75家，罚款83.4万元。积极发挥安委会办公室协调作用，排查治理重大安全生产隐患，组织群租房及地下空间专项整治“利剑行动”、簋街液化石油气安全隐患综合执法行动和燃气使用安全、自动扶梯隐患等专项整治行动，打击非法违法经营行为。圆满完成春节、全国“两会”、亚信非政府论坛等重点时期和重要活动安全生产保障任务。

三、加强安全生产基层基础工作。推进安全生产标准化工作，完成三级达标企业430家，小微企业岗位达标完成2690家，均超额完成年度任务。开展安全生产条件普查工作，摸清安全生产台账底册，上报生产经营单位66980家（入户采集40766家、核销26214家），完成普查数据占底册台账（48979家）的137%。依法做好行政与法制工作，完成384项行政处罚职权梳理，开展执法案卷评查，提高案卷制作水平，认真做好行政复议和行政诉讼工作。完成危险化学品经营许可证许可及变更审批19家，注销2家。查处生产安全事故4起，对3家事故责任单位、1名责任人进行行政处罚，罚款46.4万元。启动安全社区创建，印发《北京市东城区关于进一步推进开展安全社区建设工作的实施意见》，成立东城区安全社区建设促进委员会，交道口街道、崇外街道、安定门街道、前门街道、东花市街道、王府井建管办6个街道（地区）递交市级安全社区创建申请表，年度创建任务超额完成。推动安全生产信息化建设，开展“智慧安监”信息化建设项目，对安全生产执法、安委会日常工作以及街道专职安全管理等工作提供信息化支撑，应急指挥中心建成投入使用。探索在安全生产领域引入保险机制，推行“安全生产责任保险”试点，以多种形式积极引导、服务企业投保“安责险”，共有13家加油站、20家烟花爆竹零售网点、7家影剧院投保。开展第二批街道专职安全员招聘工作，75人签订用工协议。做好职业卫生职能调整划转，加强职业卫生基础工作。

四、开展安全生产宣传教育工作。全面推动“双百工程”（“百名安全监管干部与万家企业主要负责人对话谈心”和“百名安全生产专家服务万家企业”活动）开展，累计开展对话谈心26次，参与活动企业500家，发放宣传品1700余份。东城区专家小组完成服务企业300家，发现企业在安全生产制度、教育培训记录、设备维护保养、电气线路、消防等方面隐患问题920余项，予以及时整改和监督复查。积极组织职业病防治法宣传周、安全生产宣传咨询日活动、“中国梦安全梦”主题摄影及书法比赛、“关注安全答题派礼”微博有奖竞答等宣传教育活动。组织燃气家庭安全知识竞赛、“安全是永恒的旋律”主题情景剧、“宣贯新安法—我来说安全”微小说和安全连环漫画评比等市级活动的区级选拔赛。

五、加强安全监管队伍建设。通过采取“白加黑”“5加2”的模式，从4月到10月，开展安全生产执法全员大练兵，锻炼执法检查能力，增强业务素质。东城区安全监管局在全市首届“职工技协杯”安全生产执法监察业务技能大赛中取得优秀成绩。制定《街道安全生产专职安全员管理办法》等重要制度和文件，开展廉洁自律教育等形式，加强对街道专职安全员队伍的日常管理。

东城区被市安委会评为“2015年度安全生产工作先进区县”，东城区安全监管局被市安委会办公室、市人力社保局评为“2013—2015年度北京市安全生产先进单位”。

综合监管

【控制指标】 本年，东城区全年发生安全生产事故死亡14人，占年度安全生产控制指标的73.68%。其中：道路交通事故死亡12人，同比持平；生产安全事故死亡1人，同比减少1人；火灾事故死亡1人，同比减少1人。未发生铁路交通死亡事故，各项指标均控制在目标范围内。

（刘旭）

【安委会第一次全体会议】 1月5日，东城区安委会召开第一次全体会议。区长张家明，副区长朴学东、陈之常、秦海翔、王中华、颜华、许汇、王晨阳、暴剑及区安委会70个成员单位主要领导参加会议。会上，区长张家明与成员单位代表签订《安全生产责任书》；区安全监管局通报2014年安全生产工作情况，部署2015年安全生产重点工作。张家明讲话要求：一是总结成绩，正视问题，切实深化对安全生产工作重要性的认识；二是努力开创2015年安全生产工作新局面，深化安全生产责任落实、深化隐患治理、深化标准化建设、深化基层基础建设；三是确保节日期间安全生产形势平稳有序，集中抓好烟花爆竹领域安全监管，重点开展安全生产大检查，加强人员密集场所等行业领域安全监管，加强节日期间应急值守。

（刘旭）

【安全生产条件普查动员部署会】 1月23日，东城区安全监管局召开安全生产条件普查动员部署会，副区长秦海翔和区城管委等42家成员单位主管领导和科室负责人参加会议。会议指出：开展安全生产条件普查是夯实安全生产监管工作基础的重要举措，要求各单位充分发挥基层安全生产管理人员和检查人员的作用，大力开展安全生产条件普查工作。

（王湘辉）

【全国“两会”安全保障】 3月4日，东城区安委会办公室召开全国“两会”安全保障工作部署会，对全国“两会”安全保障及元宵节烟花爆竹燃放管控工作进行再动员、再部署。会议由副区长许汇主持，区委副书记金晖出席，区相关单位负责人参加。会议要求以“两会”代表委员驻地及周边为重点，开展生产安全、消防安全、建筑施工、燃气使用、危险化学品及烟花爆竹燃放安全监管工作，对重要点位进行“地毯式”的安全检查，严防各类安全事故发生。金晖强调：一是提高认识，加强领导，克服麻痹松懈和侥幸心理，将安全保障工作作为全区工作的重中之重来抓，要明确主管领导，抽调精干力量，做到任务到岗，责任到人；二是周密部署，严格执法，各单位要制定周密的检查计划，认真组织开展安全执法检查，确保工作措施落到实处；三是加强应急值守，确保信息畅通，严格执行领导干部到岗带班制度，落实值守力量，切实提高应急响应和处置能力。

（刘旭）

【“安责险”试点座谈会】 4月3日，东城区安委会办公室召开“安责险”试点工作座谈会，副区长许汇和区安全监管局、财政局、城管委、文化委、地税局、东城工商分局、质监局以及中国人保东城支公司负责人参加会议。会议通报《东城区建立“安责险”制度试点工作方案（征求意见稿）》主要内容。人保东城支公司就“安责险”基本情况进行说明，重点讲解“安责险”保险条款和保险费率。与会单位就工作方案和“安责险”保障制度进行讨论。会议要求：一是从责任意识方面提高经营者对安全生产工作的重视，认识“安责险”的重要作用；二是做好危险化学品经营单位、烟花爆竹经营单位、影剧院、液化石油气供应站等重点单位的试点工作，把握时间要求，推进工作进度；三是在推行过程中要加强宣传，各部门互相配合，引导鼓励企业积极参保投保，逐步建立起责任保险与安全生产工作相结合的良性互动机制。

（刘旭）

【一季度安全生产会议】 4月14日，东城区安委会办公室召开安全生产工作会。副区长许汇和区城管委等44家成员单位的主管领导参加会议。会议传达市长王安顺重要批示精神，通报一季度安全生产形势和疏解非首都功能安全生产综合执法行动工作情况。会议要求：一是各属地街道、各部门、各单位要以高度的责任感和紧迫感，扎实做好各项安全生产工作，保持安全生产形势平稳；二是区安全监管局要做好疏解非首都功能安全生产执法行动的牵头工作，相关部门及属地街道要根据各自职责分工，主动作为，积极参与、开展执法行动；三是按照《北京市2015安全生产重点工作任务》和《东城区2015年安全生产重点执法检查计划》部署，加大力度推进“安责险”制度试点、企业安全生产达标创建和安全生产条件普查工作。

（刘旭）

【燃气管道安全隐患整改】 4月14日，东城区安委会办公室召开占压城镇燃气管道安全隐患整改工作会。副区长许汇和19家区属相关单位及市燃气集团主管负责人参加会议。会上，区安全监管局传达全市油气输送管道安全隐患整改工作会议精神，区城管委介绍全区占压城镇燃气管道安全隐患情况（涉及14个街道、48个点位共435处建筑物）。各参会单位对相关工作进行讨论发言。会议要求：一是建立联络机制，各属地街道要明确责任部门和联络员，随时保持与区城管委和市燃气集团的联系；二是逐一核实台账，各属地街道要认真排查，将相关情况和问题按时上报；三是区城管委要及时汇总相关情况，按照城镇燃气管道安全隐患整治工作要求抓好落实；四是坚决杜绝新增隐患，有关部门要按照“零增长”的要求打击违法建设，防止新增和整治后复建，确保整改工作取得实效。

（刘旭）

【安委会第二次全体会议】 4月21日，东城区安委会召开第二次全体会议。区长张家明和副区长朴学东、王中华、许汇、暴剑、刘朝晖及安委会62家成员单位的主要领导参加会议。会上，副区长许汇就区安委会组成人员调整情况进行说明。区安全监管局通报一季度安全生产工作情况，部署二季度安全生产重点工作。区长张家明指出：一是认识要到位，各部门要高度重视，提高认识，切实抓紧抓好二季度的安全生产工作，遏制各类安全生产事故的发生；二是责任要落实，加强建设施工领域、人员密集场所和劳动密集型企业消防安全专项整治，组织开展好打非治违专项行动，大力推进“安责险”制度试点、企业安全生产达标创建、安全生产条件普查、和占压城镇燃气管道安全隐患整改工作，组织开展好疏解非首都功能的各项整治行动，尤其是安全生产执法行动；三是要求要严格，各属地街道、各部门、各单位要精心组织，扎实推进，将各项工作落到实处，确保东城区安全生产形势稳定。

（刘旭）

【安全调研专题会】 4月23日，东城区安委会办公室召开批发（零售）市场安全调研、簋街餐饮企业燃气安全调研专题会。区安委会副主任许汇和区城管委等13家成员单位的主管领导参加会议。会议通报东城区批发（零售）市场安全调研、簋街餐饮企业燃气安全调研工作情况，相关部门就安全隐患整改措施进行研讨。会议就整改落实工作提出要求：一是提高认识，统一思想，落实监管责任；二是加强综合执法工作，形成工作合力，有的放矢，推进整改工作落实；三是建立会商通报机制，研究解决整改工作中存在的主要问题，条块结合，科学管理，确保安全稳定。

（刘旭）

【油气输送管道隐患专项督查】 6月25日，市城管执法局副局长马惠民带领市安委会第五督查组，到东城区对油气输送管道隐患整治情况进行专项督查。区城管委、安全监管局、城管执法局、公安消防支队相关领导参加督查。督查组听取区相关职能部门关于油气输送管道隐患整治组织机构建设运行、协调配合、整改方案及资金保障落实情况和占压燃气管线安全隐患治理工作进展情况的汇报。督查组还实地走访东华门街道报房胡同101号和南河沿大街19号。马惠民指出：一是要提高重视，认识到油气输送管道隐患的危害性；二是要将管道占压工作落到实处，积极整改；三是要持续性地排查，巩固成果、杜绝新增隐患。

（刘旭）

【安委会第三次全体会议】 7月27日，东城区安委会召开第三次全体会议。区长张家明和副区长朴学东、陈之常、张立新、王中华、颜华、许汇、王晨阳、暴剑、刘朝晖及安委会62家成员单位的主要领导参加会议。会上，区安全监管局通报2015年上半年安全生产工作情况，部署三季度安全生产重点工作。副区长许汇对下半年重大活动安全生产保障工作提出相关要求。区长张家明要求：一是提高认识，增强工作主动性，各相关部门要结合汛期特点认真抓好安全生产工作，在事故防范上多下功夫；二是围绕重点，切实抓出成效，落实年度安全生产重点执法检查计划，全力做好中国人民抗日战争暨世界反法西斯战争胜利70周年纪念活动安全保障工作；三是明确责任，层层抓好落实，安全监管职能部门要勇于担当、严格执法，筑牢安全生产防线，确保全区安全生产形势持续平稳。

（刘旭）

【安全生产条件普查调度会】 9月16日，东城区安全监管局召开安全生产条件普查工作调度会，副区长许汇和区安全监管局、东四街道、天坛街道等单位主管领导参加会议。参会单位分别汇报本单位安全生产条件普查工作进展情况、存在的问题和下一步工作措施。许汇指出：一是要统一思想认识，加大普查推进力度；二是要强化质量意识，确保数据的准确性和真实性；三是要开展查漏补缺，确保普查数据的全面完整；四是严格控制时间节点，确保按时完成普查工作。

（王湘辉）

【“中秋、国庆”安全生产部署】 9月24日，东城区安委会办公室召开安全生产部署会，区安委会副主任许汇和区城管委等44家成员单位主管领导参加会议。会议传达国务院安委会关于切实加强2015年中秋节、国庆节期间安全生产工作的通知和市安委会第四次全体会议精神，部署东城区节日期间安全生产工作。副区长许汇传达区长张家明关于安全生产工作指示精神，要求各单位认真做好中秋节、国庆节期间各项安全生产保障工作，落实国务院、市安委会会议精神。

（刘旭）

【安委会第四次全体会议】 10月10日，东城区安全生产委员会召开第四次全体会议。区安委会副主任许汇及安委会62家成员单位的主管领导参加会议。会议通报2015年三季度安全生产工作情况，部署第四季度安全生产重点工作。副区长许汇强调3点意见：一是各部门、各单位要认真查找工作中存在的问题和不足，坚决克服松劲麻痹思想，始终保持“高压”态势，再接再厉，完善措施，全力做好年底前安全生产各项工作；二是以安全生产大检查及“六打六治”专项行动为抓手，抓好企业安全生产标准化达标创建和安全生产条件普查的收尾和总结工作，推动重点行业“安责险”制度试点工作，完成街道安全生产专职安全员招聘工作；三是提前谋划2016年安全生产工作，坚守安全生产“红线”意识，落实安全生产“党政同责、一岗双责”，做好各项安全生产重点任务的攻坚、收尾工作。

（刘旭）

【建筑安全生产约谈会】 12月30日，东城区副区长许汇主持召开安全生产约谈会，就“12·29”国瑞城项目施工现场火灾情况对国瑞地产及施工单位进行约谈，区安全监管局、住房城乡建设委、商务委、公安消防支队、崇外街道主管领导参加约谈会。此次约谈，是东城区制定《安全生产约谈办法》以来，第一次正式启动约谈程序。会议由北京国瑞地产有限公司及北京建工四建有限公司分别就本单位安全生产工作及被约谈事项进行汇报，由行业及专业监管部门就火灾情况及整改措施提出建议。副区长许汇对被约谈单位和监管部门提出工作要求。许汇强调：国瑞城接连发生3次火灾事故，虽未造成人员伤亡和较大财产损失，但是事故暴露出企业主体责任不落实、安全管理不到位、日常巡查不及时等严重安全隐患问题。要求企业吸取事故教训，落实主体责任，拿出切实可行的整改措施，特别是要对重点部位制定专人专岗检查措施，对消防设施进行严格检查，组织员工进行安全教育培训及防火安全演练，加强日常巡查，及时消除安全隐患。相关监管部门要对重点企业加大监督检查的频次频率和处罚力度，做好对企业隐患整改的指导。

（刘旭）

【安全生产综合考核】 本年，东城区安委会办公室印发《东城区2015年安全生产综合考核实施方案》，对属地街道和政府工作部门进行考核，并调整优化考核内容，设置与其工作实际相应的考核标准。其中属地街道（17个街道及3个地区管理机构）标准一致，政府工作部门分为共性考核标准和个性考核标准。考核采取部门自评，区安委会、防火安全委员会、交通安全委员会、网格化服务管理中心分别进行专项考核，综合考核领导小组办公室进行综合评议，综合考核领导小组审定的方式进行，客观公正地考核评价区政府有关部门落实安全生产监管职责及2015年全区安全生产重点工作情况。考评结果分优秀、良好、合格、不合格4个档次，考核成绩在90分（含）以上为优秀，考核成绩在80分（含）至89分为良好，考核成绩在70分（含）至79分为合格，考核成绩在70分以下为不合格。各被考核单位均评定为优秀以上档次。

（孙溪之）

【安全生产定期分析总结】 本年，东城区安委会办公室按照季度、半年、全年3个层面对全区安全生产形势进行分析和总结，通过事故指标控制情况、形势分析预测、存在问题及下一步工作重点等方面提出全区安全生产形势报告，并向区政府常务会汇报，针对存在的问题和薄弱环节，强化措施，有重点地开展安全生产工作。

（孙溪之）

【“安责险”推广试点】 本年，东城区安全监管局组织危险化学品经营、烟花爆竹经营、影剧院等企业进行“安责险”推广试点。通过在试点行业领域宣传动员，以多种形式积极引导，全区13家加油站和20家烟花爆竹销售网点全覆盖参保，影剧院参保7家。

（孙溪之）

【重大活动安全保障】 本年，东城区安委会办公室组织开展中国人民抗日战争暨世界反法西斯战争胜利70周年纪念活动安全生产保障工作。协调消防、质监、建设、城管、商务、文化、旅游、国资等部门及属地街道制定保障方案，对天安门核心区周边200米范围内及东长安街、二环路、平安大街沿线和工体北路生产经营单位开展全覆盖安全检查。组织各属地街道（地区）向辖区居民、驻区单位发放《致辖区居民一封信》《致辖区单位一封信》，动员和敦促职工群众提高安全意识，落实安全责任。区安全监管局承担公共安全指挥日常工作，明确各成员单位职责，完善公共安全应急保障体系，对指挥部43家成员单位的应急物资、人员进行详细摸底和统计。纪念活动中，南北区安全生产、消防安全、食品安全、建筑施工安全、特种设备安全等各类应急队伍、应急物资分别到达指定位置集结待命。全区共到位应急人员12110名、应急物资137981件。各行业主管部门按照职责分工完成加油站、液化石油气供应站、建筑工地、餐饮企业、中小旅店、体育场馆、娱乐场所等万余家企业的安全管控，为活动提供良好的安全生产环境。全区未发生生产安全事故。

（孙溪之）

危险化学品安全监管

【危险化学品行政许可】 本年，东城区安全监管局完成危险化学品经营许可证许可及变更审批30家，对已无经营需求的企业进行说服劝退注销3家，总量稳定在65家，达到总量控制目标。其中同时经营第二、三类易制毒化学品的单位4家，经营第三类易制毒化学品的单位5家。

（张曦）

【危险化学品专项整治】 本年，东城区安全监管局在全区范围内开展危险化学品重点企业安全生产专项整治，对辖区内加油站以及重点管控危险化学品经营单位进行大检查。贯彻《汽车加油加气站设计与施工规范》，开展技术改造工作，特别是将评价机构参与评审引入贯标改造，以提高技术改造过程中企业资质、施工方案、技术措施等关键环节的安全把控。

（张曦）

【重点时期管控】 本年，东城区安全监管局针对重点时期制定巡查保障计划，对加油站进行全覆盖安全检查，督促加油站做好散装油销售管理工作。督促剧毒、易制毒、易制爆经营单位加强购销流向管理，落实市《反恐防范标准》的各项要求，杜绝发生危险化学品安全事故的发生。在中国人民抗日战争暨世界反法西斯战争胜利70周年纪念活动期间，暂停受理新增剧毒化学品和易制爆危险化学品生产、经营许可申请，要求所辖10家剧毒化学品和易制爆危险化学品经营单位暂停经营活动，对化学品实行封库储存；要求所辖13座加油站停止散装油销售和改造工作；督促所辖加油站于9月3日0点到12点停止营业，并安排好应急值守工作，确保停业期间安全。

（张曦）

【应急救援物资管理】 本年，东城区安全监管局督促辖区各加油站配备沙子、防爆球、手提干粉灭火器、消防桶、铁锹等25类应急救援物资，提升加油站应对各类突发事件的应急响应、现场处置和自救能力。

（张曦）

【危险化学品违法违规查处】 本年，东城区安全监管局检查危险化学品经营单位174家次，下达限期整改指令书21份，消除隐患和问题112项，出动执法人员350人次，行政处罚1起，罚款800元。

（张曦）

【标准化建设】 本年，东城区安全监管局完成辖区加油站安全生产标准化复评工作。标准化复评工作历时半年多时间，先后经过企业自评、对照标准整改、中介机构评审、职能部门审核、公告发牌5个工作步骤，13家加油站安全生产标准化复评工作全部完成。

（张曦）

烟花爆竹安全监管

【烟花爆竹零售网点设置】 本年，东城区对烟花爆竹零售网点继续实施总量控制，在2014年基础上适度缩减。东城安全监管局制定并下发《东城区2015年春节烟花爆竹经营许可工作实施方案》，分街道对全区烟花爆竹销售单位数量进行规划，召开专门会议向有关街道和部门就网点总量控制、行政许可、安全监管各项措施要求等进行部署。

（张曦）

【物联网视频监控系统建设】 本年，东城安全监管局监督建设单位做好销售网点视频监控设备安装和调试工作，协调区信息办做好烟花爆竹零售网点数据、视频汇总上传工作，按时完成市、区两级烟花爆竹图像平台对接工作。制定春节期间视频监控运行应急预案，保证烟花爆竹销售高峰期间系统运行正常。

（张曦）

【从业人员安全资格培训考核】 本年，东城安全监管局组织烟花爆竹从业人员系统学习烟花爆竹安全管理法律法规、事故预防及应急救援、典型事故案例等，特别是将公安部门的“三禁止、三报告、一登记”，以及空气重污染橙色、红色预警的停售措施纳入培训内容，以此提高烟花爆竹零售单位负责人和从业人员的安全生产意识和安全管理水平。培训后，东城安全监管局向150余名考核合格人员发放上岗胸卡。

（张曦）

【经营许可证核发】 本年，东城安全监管局对各属地街道上报初审合格单位，开展烟花爆竹经营许可行政审批，办理风险抵押金收缴，安全生产责任保险投保审核确认，组织签订安全生产承诺书等工作。行政许可严格按照申请、受理、公示、审核、复核、审定、告知7个程序进行。并在行政许可工作结束后，将结果报区烟花办、工商局备案，在区安全监管局对外网站上进行公示，于2015年1月31日前将辖区零售单位许可情况上报市安全监管局。2015年东城区共审批烟花爆竹零售网点20家。

（张曦）

【监督检查】 本年，东城安全监管局对辖区内烟花爆竹零售网点进行全覆盖安全生产执法检查，重点对违规超量储存烟花爆竹、销售人员不持证上岗和销售点夜间无人值守等情况开展检查。1月22日至3月15日，开展烟花爆竹销售网点专项安全检查，共检查销售网点272家次。充分发挥视频监控系统作用，对辖区烟花爆竹销售网点的安全情况进行每日巡查。特别是在夜间，通过电话查岗和视频监控配合的方式，分3次对烟花爆竹销售点夜间人员值守情况进行核查。制作《东城区安全监管局检查工作手册》分发到每个网点，作为检查凭证，记录网点在整个春节期间安全管理情况，作为来年烟花爆竹零售网点审批的重要参考和依据。针对销售、燃放高峰时期，制定《2015年春节期间安全生产大检查工作方案》，节日期间每日由局领导24小时带班值守，全局全体同志轮流安排参加检查，每日保证两个执法小组分区域对烟花爆竹销售点进行全面检查，及时消除安全隐患。特别是在烟花爆竹销售期间的主要时间节点和重点时段（除夕、正月初五），由局领导亲自带队，对全区烟花爆竹销售网点进行夜查。通过检查，元旦、春节期间，东城区未发生因燃放烟花爆竹引起的火灾和安全生产事故，安全生产形势稳定。

（张曦）

【烟花爆竹回收入库】 本年，东城区烟花爆竹销售金额177.14万元，销售箱数2919.5箱，总计金额同比下降17.66%，总计箱数同比下降16.89%。初六凌晨3点，20家烟花爆竹网点剩余烟花爆竹全部回收完毕，回收656箱。20家网点视频监控探头于初六中午前全部拆除完毕。2月28日完成全部店面及大棚拆除清理工作。2015年春节期间未发生因烟花爆竹经营引发的安全生产事故。

（张曦）

隐患排查治理

【餐饮企业燃料使用安全管理】 1月22日，东城区安委会办公室印发《关于加强醇基液体燃料及轻烃混合燃气使用安全管理工作的通知》（东安办发〔2015〕4号），要求不推广使用醇基液体燃料，新建餐饮企业一律不得使用，同时要求各属地街道加强对辖区内使用醇基液体燃料的餐饮单位的排查摸底，负有安全监管职能的部门加大对发现使用醇基液体燃料餐饮单位的监管力度，安全监管部门加大对危险化学品经营单位的安全监管力度，交通运输部门加强对危险化学品运输车辆的管理。东城区各部门、属地街道结合实际，组织专项整治，开展安全生产大检查。

（刘旭）

【群租房及地下空间整治】 6月至8月，东城区安委会办公室、区综治办会同区房管、民防、消防等部门和各属地街道办事处，在全区范围内开展群租房及地下空间整治“利剑行动”，共整治地下空间228处，清退10963人；整治群租房469户，清退4223人。其中，国务院安委会确定的重大火灾隐患—安化北里18号院地下群租房于12月完成清退、隔断拆除和封闭工作，安全隐患彻底消除。

（孙溪之、王慧）

【“六打六治”专项行动】 7月，按照“全覆盖、零容忍、严执法、重实效”的总要求，东城区各属地街道、各有关部门对全区生产经营单位进行安全执法检查，深化“六打六治”专项行动，共出动11624个检查组，检查单位40337家，整改隐患11774项，停产整顿407家，关闭取缔75家，处以罚金83.4万元。全区成立10个督查组，由区领导带队，开展安全生产检查督查工作，对全区各安全生产大检查工作进行监督指导。

（孙溪之）

【平安夜安全检查】 12月，东城区安委会办公室制定《关于开展“平安夜”安全生产执法检查》的紧急通知，成立8个行业检查组、5个属地检查组于24日14时至24时对全区重点行业和重点地区进行不间断安全执法检查。各检查组对检查出的每一处隐患和问题，现场依法提出处理意见，并及时跟踪落实整改，对重大隐患采取果断措施并及时报区安委会办公室。全区共出动检查人员461人次，检查单位224家次，发现隐患63项，整改隐患47项。

（刘旭）

【打非治违】 本年，东城区安委会继续组织安全生产“打非治违”专项行动，全区安全监管（管理）部门出动安全执法检查人员83292人次，监督检查生产经营单位83517家次，查处隐患32582项，打击非法违法行为3797起，责令停产停业465家，行政拘留24人，罚款529.63万元。

（孙溪之）

【油气输送管道隐患整治】 本年，东城区安委会办公室按照国务院和北京市工作部署，经区编办审核，报区政府第75次常务会议审议通过，成立东城区油气输送管道安全隐患整治工作领导小组，为区政府议事协调机构，研究和解决专项整治中的重大问题。领导小组由主管副区长任组长，区安全监管局、城管委、城管执法局主要负责人任副组长，成员单位包括全区相关部门和属地街道共 34 家单位。领导小组办公室设在区安委会办公室，具体承担领导小组的日常工作。在领导小组下设两个专项整治指挥部，其中危险化学品输送管道安全隐患整改指挥部设在区安全监管局，承担全区危险化学品输送管道安全隐患整改工作方案的制定及组织实施；占压城镇燃气管道安全隐患整改指挥部设在区城管委，承担全区占压城镇燃气管道安全隐患整改工作方案的制定及组织实施。全区存在市级挂账安全隐患 48 个点位，全部为城镇燃气占压隐患。2015 年完成 10 个点位的整改工作（含全部重大隐患 7 个点位），拆除建筑物 133 平方米、改移管线 3 处，完成总任务的 20.8%。

（孙溪之）

【液化石油气安全专项整治】 本年，东城区安委会办公室组织各职能部门联合开展簋街液化石油气使用安全专项整治“蓝盾行动”。副区长许汇召开调度会，组织多部门共同协商，研究解决方案。由区安全监管局、质监局、城管委、公安消防支队、公安交通支队和市运输局东城处、公安分局、属地街道以及燃气公司组成联合检查组，并聘请专业检验机构和专家参与检查。区安全监管局发挥综合监管职能，开展联合行动，局主要领导参与调研、制定检查方案，并抽调精干力量参加联合检查组，开展执法检查。联合检查组自 8 月 27 日 0 时开始至 8 月 28 日 3 时开展联合执法行动，此次行动出动执法人员和专家共计 63 人，分为车辆引导组、集中检查组、气瓶押运组、秩序维护组以及应急机动组，各组分工明确、统筹调度、严格执法。共检查运送车辆 9 辆，查验液化石油气钢瓶 318 个，发现不合格液化石油气瓶 144 个，查获非法运送液化天然气车辆 1 辆，查获液化天然气瓶 15 个。所有液化天然气瓶和不合格液化石油气瓶均依法扣押并移交专业机构进行集中处理。非法运送液化天然气车辆由公安交通部门进行调查。

（刘旭、王慧）

【住宅内非法违法生产经营治理】 本年，东城区安委会成立全区清理专项行动领导小组，组织安委会 42 家成员单位主管领导和科室负责人召开动员部署会，要求全面开展清理住宅内非法违法生产经营活动专项行动，吸取昌平百善“12·20”爆炸事故教训，发动群众举报非法违法行为，及时消除安全隐患。区安委会办公室印制《关于严禁住宅内从事非法违法生产经营活动的通告》8500 张及《致全市居民的一封信》1.7 万张，下发至各属地街道，要求在社区广泛张贴，进行广泛宣传动员，并认真开展自查自纠，积极举报非法违法行为。各属地街道、管委会层层部署，成立专项行动领导小组，组织公安、工商、安全监管、消防、房管、城管等执法部门联合执法，做到“随时发现、随时清理”，特别对利用民宅从事非法违法生产、经营、储存液化石油气、汽油、油漆稀料、烟花爆竹等易燃易爆危险物品以及住宅出租、人防和普通地下室作为仓库改变为经营性用房、储存易燃易爆等危险物品的行为等情况加强专项检查，依法清理取缔住宅内从事非法违法生产经营的活动。区安委会办公室建立信息、台账报送制度，在《东城区安全生产简报》设立专栏刊发各单位专项行动工作进展情况。全区受理住宅内非法违法生产经营举报20家，排查核实2040家，清理取缔4家。

（刘旭）

应急救援

【工业企业应急演练】 6月5日，东城区安全监管局组织艾默生（北京）仪表有限公司开展工业企业生产安全事故应急预案演练。参加演练人员约200人。演练模拟机加工车间设备起火，企业安保人员发现火情后，立即启动应急预案，首先拨打报警电话，并按职责分工对火灾进行初期扑救，组织车间人员疏散逃生，最终成功控制火情，无人员伤亡。通过演练，增强企业员工安全意识，检验并完善预案，提高企业应急管理水平。

（关宏建）

【人员密集场所应急演练】 6月24日，东城区安全监管局联合区商务委在时尚新世界百货举办应急疏散演练及观摩活动。此次应急演练主要针对楼层店铺发生不明爆炸物、起火、报警、启动应急预案、通信联络、切断电源、初期扑救、伤员救治、店内人员疏散等环节进行演练，演练达到预期效果。各属地街道办事处及10余家商业企业负责人现场观摩。演练结束后，安科研培技术公司专家从专业角度对企业演练进行点评；区安全监管局、商务委、公安消防支队分别根据各自职责针对演练中存在的不足进行具体指导，要求通过演练提高企业处置突发事件的能力，落实责任、排查隐患，对员工加强教育，提高安全生产责任意识和管理水平。

（关宏建）

【应急示范企业试点】 本年，东城区安全监管局开展应急示范企业试点工作。确定全区13家加油站为首批开展达标创建工作的单位，督促企业落实安全生产应急管理主体责任。在市安全监管局组织的试点单位达标验收工作中，东城区达标率为100%。

（关宏建）

【应急预案备案】 本年，东城区安全监管局按照《生产安全事故应急预案管理办法》，办理生产经营单位生产安全事故应急预案备案23件。备案单位以危险化学品经营单位为主，为做好危险化学品经营许可工作奠定基础。

（关宏建）

执法监察

【庙会及觐香活动安全检查】 1月26日至2月24日，东城区安全监管局针对地坛、龙潭庙会以及雍和宫觐香活动的临时搭建物，从开始搭建到最后搭建物拆除，每天出动1个执法组进行现场安全检查，确保春节庙会和雍和宫觐香活动安全有序开展。

（王慧）

【全国“两会”安全保障】 2月1日至3月16日，东城区安全监管局组织2015年全国“两会”安全生产保障执法检查行动，对涉会场所周边开展安全专项检查、消防安全大检查、餐饮场所燃气使用安全专项检查、建筑工地专项安全检查4项重点执法保障行动。出动人员825人次，检查涉会场所及驻地周边

200米及500米生产经营单位325家次，消除各类安全隐患224项，下达责令限期整改指令书72份，立案处罚7起，罚款3.6万元。经复查，隐患全部整改完毕。

（王慧）

【建筑工地专项检查】 3月20日至4月10日，东城区安全监管局组织对辖区内在施工地的安全生产相关制度建立、施工人员开展三级教育培训档案、用电安全、特种作业人员持证上岗情况进行检查，抽查施工工地24个，发现隐患问题22项，下达责令限期整改指令书10份，处罚2起，罚款1万元。经复查，隐患全部整改完毕。

（王慧）

【人员密集场所专项检查】 4月1日至26日，东城区安全监管局组织执法人员、各属地街道（地区）安全员，对商业零售单位、公园景区和小餐饮企业等人员密集场所开展执法检查，抽查生产经营单位65家，发现隐患问题58项，下达责令限期整改指令书31份，立案处罚7起，罚款4.3万元。经复查，隐患全部整改完毕。

（王慧）

【执法大练兵】 4月至10月，东城区安全监管局执法人员采取“白加黑”“5加2”的模式，由局领导带队对属地街道（地区）开展安全隐患大排查、大检查行动，锻炼执法检查能力，增强业务素质。组织开展“大练兵”行动30余次，出动检查人员432人次，检查生产经营单位323家，发现隐患335项，下达责令限期整改指令书122份，对3家单位下达强制措施决定书。经复查，隐患全部整改完毕。

（王慧）

【亚信非政府论坛安全保障】 5月6日至27日，东城区安全监管局开展亚信非政府论坛首次年会安全生产执法保障工作。制定《2015年亚信非政府论坛首次年会东城区运行保障工作方案》，部署会议运行保障工作。5月6日至10日，组织执法人员对北京国际饭店周边200米生产经营单位进行执法严管，建立和完善基础台账（核定18家生产经营单位）。对检查中发现的16项安全隐患，下达责令限期整改指令书12份。5月24日至26日，每天派出1个执法组，对北京国际饭店周边200米生产经营单位和2处建筑工地进行巡视和检查，共检查45家次，发现隐患16项，下达限期整改指令书10份，下达强制措施决定书2份，立案处罚2起，罚款1.7万元。经复查，隐患全部整改完毕。

（王慧）

【体育健身场所专项检查】 5月11日至22日，东城区安全监管局对18个规模较大的体育运动项目场所的安全管理、用电安全、特种作业管理等情况进行执法检查。共发现各类隐患和问题22项，下达责令限期整改指令书10份，发出督办函1份，立案处罚1起，罚款2000元。经复查，隐患全部整改完毕。

（王慧）

【电气安全专项行动】 6月4日至30日，东城区安全监管局开展电气安全“双打”专项行动。检查生产经营单位27家（含10家规模以上人员密集场所、4家建筑工地、13家加油站），抽查特种作业人员69人，发现隐患问题19项，下达限期整改指令书9份，处罚1起，罚款1万元。经复查，隐患全部整改完毕。

（王慧）

【抗日战争胜利纪念活动安全保障】 6月10日至9月4日，东城区安全监管局开展中国人民抗日战争暨世界反法西斯战争胜利70周年纪念活动安全保障工作。一是结合区域特点和行业特征，立足重大活动安全保障工作实际，制定《东城区安全监管局2015年重大活动安全生产保障工作方案》，对长安街、东北二环沿线、平安大街沿线和工体北路生产经营单位开展摸底检查工作，完成713家生产经营单位的摸底检查、安全宣传工作，完成713家生产经营单位的3轮覆盖检查和复查工作。发现问题和隐患826项，下达责令限期整改指令书256份，现场处理措施决定书15份，对24家存在严重问题和隐患的单位进行行政处罚，罚款16.9万元。各属地街道、地区专职安全员完成检查2190家次，发现问题和隐患2306项，下达责令整改指令书502份。经复查，隐患全部整改完毕。保障活动举办期间全区安全生产形势稳定。二是突出重点，牵头开展簋街液化石油气使用安全专项整治“蓝盾”行动、地下空间专项整治“利剑”行动等多项综合执法行动，发挥综合监管作用，真正达到“查处一批、扣押一批、处罚一批”的目的。三是及时处理举报投诉，纪念活动期间，成功处置不同渠道的群众举报12项，各部门和属地街道（地区）反馈问题6项，所有问题均得到妥善处理。四是重点蹲守，重大活动安全生产保障工作进入临战阶段后，执法人员停休，加强重点时段、重点部位安全检查。8月23日预演和9月3日活动当天，按照“以指挥部为战、以组为战、以人为战”的工作要求，24小时坚守岗位，派驻专人盯守，加大对活动场地、沿线周边单位、驻地周边和加油站等重点企业的巡查力度。做好液化石油气供应站、建筑工地、餐饮企业、旅店、娱乐场所等行业停业管控的综合监管工作。纪念活动期间，全区安全生产形势稳定，未发生安全生产事故。

（王慧）

【校舍及节能改造安全检查】 8月15日至10月15日，东城区安全监管局对辖区内15处校舍改造施工工地和18处在建节能改造工程开展安全生产督查行动，出动执法人员39人次，查处隐患47项，下达责令限期改正指令书19份，立案处罚7起，罚款6万元。并召开情况通报会，将检查情况通报有关行业主管部门，要求其履行行业监管责任，督促生产经营单位开展隐患排查，消除安全隐患，确保施工安全。经复查，隐患全部整改完毕。

（王慧）

【简易楼腾退项目安全保障】 12月9日至31日，东城区安全监管局组织区住房城乡建设委、公安消防支队、市政管委、燕华公司成立安全保障指挥部，开展天坛周边简易楼腾退项目安全生产执法保障工作。由局领导带队，每天出动4组执法检查人员对腾退地区周边生产经营状况进行摸排，收集汇总资料，建立安全隐患排查台账，专题研究难点问题。针对突出隐患开展执法检查行动14次，出动执法检查人员112人次，检查生产经营单位58家，消除隐患问题25项，拆除违法建筑76间1260平方米。通过集中整治，有效遏制违法生产经营行为。

（王慧）

【年度执法监察】 本年，东城区安全监管局检查生产经营单位2999家次，消除各类隐患1363项，下达各类执法文书3149份，处理举报投诉50件，对7家存在重大安全隐患的单位下达强制措施决定书，要求立即停产停业整顿；发出督导函12份，立案处罚75起，罚款52.85万元。同比处罚起数增加92.3%，罚款金额增加55.4%。

（王慧、孟庆喜）

【街道专职安全员】 本年，东城区安全监管局制定2015年街道专职安全员招聘工作方案。7月份发布招聘公告，先后完成组织报名、资格审查、笔试、面试等工作，按步骤、按时间节点组织开展招聘工作。共425人报名并通过资格审核领取准考证，350人参加笔试，222人参加面试。通过组织体检、政审、岗前培训及执法资格考试，与75人签订协议。

（历鑫）

职业卫生监督检查

【职业卫生工作部署会】 4月22日，东城区安全监管局召开2015年度职业卫生工作部署会，对全年职业卫生工作进行部署。特别是针对职业卫生基础建设、《用人单位职业病防治责任告知书》送达签收、警示标识“双达标”等重点工作，聘请北京市劳动保护研究所专家进行培训解读。

（李学峰）

【职业卫生建设抽查】 10月，市安全监管局组织职业卫生技术服务机构有关专家，对东城区落实基础建设活动情况进行抽查，对专家组反馈情况进行督办。区安全监管局积极行动，对用人单位讲解《基础建设活动指导手册》，对共性问题开展督查整改。

（李学峰）

【职业卫生教育培训】 11月20日，东城区安全监管局开展加油站负责人培训工作，通过讲解申报系统、职业病危害因素现场检测、劳动者职业健康检查、职业病危害因素公示与告知、劳动防护用品配备与管理等内容，开展职业健康宣传教育，加大职业卫生法律法规宣传力度，提升加油站对职业健康关注度，帮助用人单位提高职业病防治水平。

（李学峰）

【有限空间作业制度】 本年，东城区安全监管局对辖区内有条件的有限空间单位开展承发包作业监管，鼓励单位探索有限空间作业承发包环节建立法律服务机制。东城区环卫中心在实施化粪池清掏和改造项目中，聘请律师对承发包协议进行审查。

（李学峰）

【有限空间执法检查】 本年，东城区安全监管局按照重点执法检查计划要求，制定有限空间专项夜查行动方案，明确有限空间夜查时间，落实带班领导和执法人员，加强执法后勤保障，在重点时段开展不间断执法检查。4月至9月，累计开展有限空间夜查28次，行政处罚3起，罚款6万元。对辖区内有限空间作业单位实行行政处罚案件追踪制度，对被处罚单位实施行政处罚后的整改跟进，帮助并参与该单位全员教育培训工作，杜绝以罚代管现象发生。

（李学峰）

【专项调研】 本年，东城区安全监管局与北京市劳动保护科学研究所合作，开展辖区有限空间、职业卫生情况专项调研工作。完成调研前期准备、调查问卷发放、现场调研等阶段工作，做好调研报告审核论证及调研成果转化工作。

（李学峰）

宣传培训

【安全生产条件普查培训】 2月6日，东城区安全监管局召开安全生产条件普查培训会，各属地街道（地区管理机构）主管科室负责人、普查工作人员参加培训。培训采取集中授课的形式，邀请市有关专家讲解安全生产条件普查表填报要求及普查操作系统，通过课件讲解、上网操作、疑问解答等方式，向参训人员讲解和演示安全生产条件普查表填报标准、要求，以及普查系统具体操作内容、步骤。

（王湘辉）

【安全文化宣讲团】 5月19日，东城区安全监管局召开安全文化宣讲团成立大会。成立大会现场悬挂安全文化宣讲团锦旗，参会人员全体佩戴安全文化袖标。局主要领导、各科室队负责人，以及各科室队青年干部组成的12人安全文化宣讲团参加会议。

（曹宝姝）

【安全生产月部署】 5月28日，东城区安全监管局召开安全生产月工作部署会，落实区安委会办公室《2015年东城区“安全生产月”活动方案》。6月8日，召开安全生产宣传咨询日主会场活动部署协调会，协调区有关部门和单位做好安全生产月宣传咨询日活动各项工作。

（曹宝姝）

【企业安全生产责任体系】 5月，东城区安全监管局制发《企业安全生产责任体系五落实五到位规定》挂图3万张，督促企业将《规定》挂图张贴在企业醒目位置。要求企业加强《规定》落实和管理工作，完善安全生产责任制度，加强安全生产机构建设，及时报告安全生产情况。

（曹宝姝）

【宣传咨询日】 6月16日，东城区安全监管局与龙潭街道办事处、区园林绿化中心在龙潭湖公园西北门广场举办东城区安全生产月宣传咨询日主会场活动，东城区和市安全监管局领导出席活动，区公安分局、公安消防支队等13家单位参加活动。活动设置宣传咨询区、互动体验区、产品展示区，通过3个功能区的形式，使职工群众能够观摩学习、互动交流安全生产知识，深入学习各种安全知识、安全常识。各属地街道（地区）和单位设置分会场，开展包括展台宣传、宣传片播放、发放宣传品等多种形式宣教活动，使安全生产宣传咨询日活动在辖区范围内全面覆盖，取得良好宣传效果。

（曹宝姝）

【安全社区创建】 8月6日，东城区举行安全社区建设启动仪式。东城区安全社区建设促进委员会成员单位，包括属地街道（地区）、各委办局60余家单位主管领导、科室负责人参加启动仪式，标志着东城区安全社区建设工作全面启动。

2015年，东城区有6个街道（地区）递交市级安全社区创建申请。

（曹宝姝）

【“北京安监精神”宣传】 9月23日，东城区安全监管局向全区17个街道、3个地区下发由市安全监管局设计制作的“北京安监精神”系列主题海报及文字宣传材料，组织各街道（地区）深入宣传，并抽查辖区各单位工作落实情况，确保“北京安监精神”宣传工作取得实效。

（曹宝姝）

【安全生产月系列活动】 本年，东城区安全生产月活动以贯彻《中华人民共和国安全生产法》为主线，以形式多样、丰富多彩的宣传教育活动为载体，首次利用新媒体开展线上互动，组织策划“关注安全答题派礼”微博有奖竞答活动，开展“中国梦，安全梦”主题书法摄影比赛活动，在北京市安全生产百项示范活动评选中获得“实践活动奖”。开展家庭燃气知识竞赛、安全生产情景剧大赛、安全生产诗歌征集活动、“宣贯新安法我来说安全”“微小说漫画比赛”等系列安全生产月活动，东城区安全监管局“微小说漫画比赛”被评为“优秀组织奖”。全区各部门及企业召开安全生产月动员部署会议265次，参与活动单位数5379家，发放宣传材料18万余份，宣传咨询日参加人数1.5万余人，全区参与及受教育人数30万余人。

（曹宝姝）

【安全生产培训】 本年，东城区安全监管局制定《2015年东城区安全监管局局长办公会学法计划》和东城区“安全生产大讲堂”活动方案，坚持局长办公会学法制度，安排4次局长办公会会前学法活动。在各机关、企事业单位开展新修订的《中华人民共和国安全生产法》宣讲活动，举办安全生产大讲堂17期，培训2400余人。针对不同行业生产经营单位安全生产重点工作，组织各类安全生产教育培训。督促、指导属地街道和行业监管部门开展安全生产培训。年内共开展街道（地区）检查员培训、生产经营企业主要负责人培训、烟花爆竹从业人员培训、有限空间作业人员培训、建筑行业工人入场教育培训、红十字会应急救援培训等各类培训活动131次，培训1.1万人。

（曹宝姝）

【安全生产大讲堂】 本年，东城区安全监管局制定“安全生产大讲堂”活动方案，组织开展新修订的《中华人民共和国安全生产法》宣讲活动，各行业部门和属地街道根据各自特点和需求，提出培训工作需求，由区安全监管局组织协调相应老师进行授课。共举办安全生产大讲堂17期，培训2400余人。

（蒋初后）

【特种作业培训考核】 本年，东城区安全监管局加强特种作业培训考核管理工作，完善新考核系统网络环境，89名特种作业实操考评员经过培训并考试合格，具备实操考评资格。年内组织特种作业培训班274期，理论考试考核31400人次，合格25289人次，合格率80.5%；实操考核28158人次，合格26888人次，合格率95.5%。

（王湘辉）

【安全社区创建方案】 本年，东城区安全监管局制定安全社区建设工作实施意见和配套年度创建方案，配合区政协完成国际安全社区创建工作的调研，完成九三学社“安全社区”提案的答复。区政府正式印发《北京市东城区关于进一步推进开展安全社区建设工作的实施意见》，成立以区长担任主任的东城区安全社区建设促进委员会，明确安全社区建设工作“三步走”计划，在东华门、东直门街道为国际安全社区网络成员的基础上，启动其他 15 个街道和 3 个地区安全社区建设。

（曹宝姝）

法制建设

【法制基础建设】 本年，东城区安全监管局制定《东城区安全监管局 2015 年依法行政计划》《东城区安全监管局法制监督要点》，完善《东城区安全监管局执法案卷审查制度》，完成行政处罚主体和行政处罚职权梳理工作，共梳理行政处罚职权 384 项。

（蒋初后）

【执法案卷评查】 本年，东城区安全监管局针对历年执法案卷评审情况，结合市政府法制办、市安全监管局和区法制办对行政执法案卷制作的规范要求，进行统一梳理，统一全局案卷制作格式，明确标准。对 2015 年结案的 42 件执法案卷进行普查，采取互评和逐一讲评的方式，点出问题，提高标准。其中 2 个案卷参加市安全监管局评查，4 个案卷参加区法制办评查，评查结果均为优秀。

（蒋初后）

【执法资格管理与考核】 本年，东城区安全监管局对全局安全生产执法人员和全区属地街道安全生产检查员进行资格管理与考核工作。对执法证与检查员证进行统计备案，对不合格的及时进行变更、注销。对局内 23 人执法证件进行复审换证，组织执法资格考试与培训；对属地街道 42 名安全生产检查员执法证件进行更换，组织 11 名新入职街道安全生产检查员进行执法资格考试，参考人员全部通过考核并取证。

（蒋初后）

【行政复议和诉讼】 本年，东城区安全监管局提高行政复议和行政诉讼工作质量，加强与法院沟通，建立与法院定期联系制度，常年聘请法律专家担任法律顾问，对行政复议和行政诉讼进行指导。开展行政复议和行政诉讼经办人员业务培训，提高行政复议和行政应诉水平。

（蒋初后）

科技与信息化

【安全生产条件普查网上系统培训】 3 月 15 日，东城区安全监管局召开安全生产条件普查网上操作人员业务培训会，各属地街道、地区管理机构安全生产条件普查工作人员 50 余人参加培训。培训采取集中授课的形式，邀请市相关专家对普查操作系统使用进行培训，通过课件讲解、现场操作、疑问解答等方式，向培训人员讲解和演示安全生产条件普查网上填报的标准、步骤和要求。

（王湘辉）

【信息化建设】 本年，东城区安全监管局推进安全生产信息化建设工作。针对安全生产执法、安委会的日常工作，以及属地街道的安全生产管理，开发了相关的信息化系统，经试用和测试，完成项目验收，并根据工作需要逐步推广使用。配备并完善安全生产应急指挥中心相关设备，屏幕、视频和音响等主要设备安装联调完毕，经验收投入日常使用。保障执法检查工作开展。

（孟庆喜）

【执法检查装备】 本年，东城区安全监管局按照《北京市安全生产监督管理局关于印发乡镇、街道（园区）安全生产检查装备配备标准的通知》（京安监发〔2014〕44号）要求，为各属地街道安全生产检查队配备检查装备。全区20个街道（地区）安全生产检查队达到每3人一台台式电脑、一套现场快速执法设备，每2人一台执法记录仪，照相机、摄像机、电笔、强光手电筒、电动车、自行车、安全帽、防护服、防护鞋和手套全部配备齐全，确保安全生产检查工作顺利开展。

（曾庆蔚）

【安全生产条件普查数据】 本年，东城区安全监管局建立企业安全生产条件普查数据库，做到“底数清、情况明、数字准”，截至2015年10月底，东城区共有实际生产经营单位40565家，其中一般法人单位3480家、小规模法人单位11584家、大型个体工商户197家、小型个体工商户8151家、在建工程27家、综合楼宇17126家，核销单位26208家。

（王湘辉）

标准化建设

【标准化评审会】 3月26日，东城区安全监管局召开安全生产标准化评审单位工作会议，北京神龙安科技术发展中心等5家安全生产标准化评审单位负责人、项目管理人员参加会议。会议部署2015年度三级安全生产标准化达标评审、企业抽查、宣传教育等工作，对2014年度达标评审工作存在的问题进行讲评。会议要求评审单位要严把评审质量，以隐患排查治理为核心，严格评审程序、步骤，主动配合行业管理部门和达标企业，统筹安排评审力量，有序推进评审工作。

（王湘辉）

【三级标准化达标企业核查】 8月3日至10日，市安全监管局联合东城区安全监管局、商务委、文化委、旅游委、体育局、房屋管理局对东城区安全生产标准化三级达标企业进行抽查复核。抽查按照“四不两直”要求，采取随机抽取的形式确定抽查企业。共抽查企业36家，其中工业企业1家、商业（餐饮）企业14家、文化娱乐场所6家、体育运动场所4家、旅游企业2家、物业服务企业2家、其他行业企业7家。此次核查，组织2个标准化核查组，出动人员130人次，填写实地核查记录36份。现场核查发现企业存在安全标准化不符合项150余项。针对存在问题，由行业主管部门监督企业整改。

（王湘辉）

【连锁企业标准化培训】 9月28日至30日，东城区安全监管局召开连锁企业达标创建培训会，对好利来、味多美、稻香村东城分店负责人进行培训。在培训中介绍达标创建的重要性和市区相关政策，从强化认识、组织领导、规范运行等方面对企业安全生产标准化达标创建工作提出要求。

（王湘辉）

【房管行业标准化工作调研】 12月3日，东城区副区长许汇对区房屋管理局安全生产标准化工作进行调研，区安全监管局主要领导、标准化评审单位负责人参加调研。副区长许汇听取区房屋管理局推进安全生产标准化达标创建进展情况，与相关领导分析工作中存在的问题。许汇对标准化创建工作提出3点要求：一是采取有力措施，克服工作困难，全行业推动达标创建，按照市区部署完成达标创建工作任务；二是加强沟通，区安全监管局要与行业主管部门密切配合，将标准化相关政策宣传到位、创建工作指导到位、存在问题协调到位，形成全区达标创建的工作合力；三是严格评审质量，评审单位要严格评审程序、评审标准，确保企业通过达标创建提升安全管理水平。

（王湘辉）

【企业标准化达标创建】 本年，东城区安委会办公室组织全区商贸、文化、旅游、体育、房管等重点行业（领域）开展企业安全生产标准化达标创建工作。全区三级标准化达标企业430家，占年度计划的107.5%；小微岗位达标企业2690家，占年度计划的134.5%。均超额完成市安全监管局下达的创建任务。

（王湘辉）

西　城　区

概　　述

2015年，西城区安全生产工作坚持“安全第一，预防为主，综合治理”的方针，在“七小”整治、有序疏解非首都功能、推动京津冀协同发展上主动出击，在深化安全领域改革、推进安全监管工作创新、保障经济社会稳定发展上持续发力，安全生产各项工作推进有序，全区安全生产形势持续稳定。

一、加强安全生产“三体系”建设。健全安全生产责任体系，制定《关于实施安全发展战略促进和谐宜居之区建设的意见》《安全生产“党政同责、一岗双责”实施办法》，下发《关于进一步完善和加强区政府工作部门安全监管（管理）职责的通知》，把安全发展作为全区重大发展战略统筹推进，细化重点任务分工方案，明确党委系统有关部门及群团组织安全生产工作职责。构建安全生产隐患排查治理体系，制定《西城区推进安全生产隐患排查治理体系建设实施意见》，成立隐患排查治理体系建设领导小组，建立起“职责明确、机制健全、标准清晰、政企互动、社会参与、保障有力、运转高效”的安全生产隐患排查治理体系，实现企业安全管理能力和政府安全监管水平双提升。探索安全预防控制体系，严格查处生产安全事故，强化应急预案演练，推广安全生产责任保险制度和应急管理示范企业试点工作。

二、创新安全生产“四化”建设。深化法治化建设，重新梳理安全监管职权301项，制定《安全生产执法检查适用〈安全生产法〉行政处罚自由裁量实施细则（试行）》《高处悬吊作业企业安全管理规范》。推进标准化建设，通过动员部署、下发方案、沟通协调、及时通报等工作方式，在区文化委、教委、房管局等8个部门和15个街道开展安全生产标准化达标工作，完成三级企业达标331家（占全年计划165.5%），小微企业达标4341家（占全年计划361.75%）。加快信息化建设，全区37个行业、领域、综合监管部门及属地监管部门参与西城区城市运行安全生产监管平台数据录入，实现信息化管理，为建立西城区各行业领域及属地安全生产工作数据库奠定基础。提升社会化水平，做好安全社区创建工作，查处各类举报投诉，注重发挥街道执法分队作用，实现与街道的互联互动。

三、提升安全生产“双基”建设。开展企业安全生产条件普查，初步建立西城区企业安全生产条件数据库。推动安全生产监管队伍建设，分两批招录街道专职安全员279人，在各街道及西直门管委会建立街道专职安全员检查队。强化安全生产宣教培训，扎实做好安全生产月系列活动，开展安全生产大培训，强化特种作业人员培训考核管理。

四、创新安全生产执法工作新格局。按照“查、告、罚、关、停、改、帮”七字方针要求，每周统计全区大检查执法情况。圆满完成中国人民抗日战争暨世界反法西斯战争胜利70周年纪念活动和2015年北京国际田联世界田径锦标赛等重大活动安全保障任务。将日常检查、联合检查和专项整治形成合力，结合季节特点及安全生产重点执法检查计划安排，有针对性地开展环境秩序专项整治、冬春季火灾防控专项行动、燃气、住宅内非法违法生产经营建设等专项执法行动。开展“百名安全监管干部与万家企业主要负责人对话谈心，百名安全生产专家为万家企业服务”工作。

综合监管

【控制指标】 本年，市安委会下达西城区安全生产控制指标21人。全年，西城区发生安全生产事故死亡18人，占年度安全生产控制指标的85.71%，未突破年度安全生产控制指标。安全生产事故同比减少5人。其中：道路交通事故死亡13人，同比减少1人；生产安全事故死亡3人，同比减少2人；火灾事故死亡1人，同比减少3人；铁路交通事故死亡1人，同比增加1人。

（潘海燕）

【安全生产大会】 4月3日，西城区安委会召开安全生产工作大会，总结2014年安全生产工作，部署2015年工作任务，区领导与部门代表签订安全生产责任书。区长王少峰要求各部门、各街道结合“安全工作年”和首都和谐宜居之都建设任务，促进安全生产工作。一是健全安全生产责任体系，全力维护首都中心城区安全稳定大局，围绕“党政同责、一岗双责”，落实安全监管（管理）职责，加大安全生产考核力度；二是构建安全生产长效机制，结合实际工作，落实年度各项工作措施，按照全市统一部署开展企业安全生产条件普查和“安责险”试点工作，定期排查安全隐患，突出抓好治本攻坚；三是营造安全文化建设氛围，面向基层、面向广大居民和从业人员做好安全生产动员，开展安全生产警示教育、公益宣传、安全培训，推动社会监督，促进安全生产各项工作有序开展。

（潘海燕）

【街道安全生产联席会】 4月22日，西城区安委会办公室组织15个街道办事处和西直门管委会负责安全生产工作的科（处）室负责人，在什刹海街道办事处召开安全生产联席会。会议听取什刹海街道安全生产工作情况汇报，通报一季度全区安全生产情况，部署安全生产执法人员培训和专项整治行动。对下一步工作提出要求：一是建立健全安全生产“党政同责、一岗双责”责任体系；二是推动安全生产法制工作；三是组织开展应急演练；四是推进“安责险”试点工作；五是做好专职安全员管理和安全生产条件普查工作。

（王琳）

【二季度安全生产部署】 4月29日，西城区安委会部署二季度全区安全生产工作。要求全区各地区、各部门、各单位做好春夏季安全生产防控工作，吸取火灾事故教训，针对旅游景区、建筑施工、餐饮燃气、危险化学品、加油站等重点行业领域，集中开展安全生产专项整治，推动安全生产体制机制建设，落实安全生产“党政同责、一岗双责”，做好安全生产条件普查、标准化和隐患排查治理体系建设。做好安全生产月的各项工作，加强对安全监管人员、从业人员的培训教育，强化“以法治安”意识，落实岗位安全责任，提高全民安全意识和安全素质。

（王琳）

【“一周一报”执法检查】 5月12日，西城区安委会办公室按照区政府常务会提出的“查、告、罚、关、停、改、帮”七字方针要求，组织45家安委会成员单位开展安全生产执法检查“一周一报”工作，要求每周报送执法检查情况及关闭非法违法、无照生产经营单位工作台账，并在《西城值班快报》上进行刊登通报。截至12月底，全区出动检查人员21.0938万名，监督检查企事业单位和场所16.179万家，发现隐患4.8481万项，整改隐患4.4749万项，责令改正、限期整改、停止违法行为1.4306万起，责令停产、停业、停止建设925个，罚款302.991万元，发放宣传材料89.6326万份，关闭非法违法企业1708家。

（王瑞）

【协调安装烟感报警器】 5月，西城区安委会办公室按照区政府会议要求，采取措施，统筹协调各街道为辖区内独居、空巢、无自理能力老人家庭安装烟感报警器。截至7月底，全区各街道为27763户特殊老龄群体家庭安装烟感器，超额完成计划任务。此项工作得到市政府领导同志的肯定，并在全市予以推广。

（王瑞）

【安全发展战略框架协议】 11月5日，西城区安全监管局与首都经济贸易大学安全与环境工程学院签署安全发展战略合作框架协议。双方在遵循“优势互补、资源共享、突出重点、注重实效、互利共赢”的原则下，为建立长期、稳定、全面的合作关系达成协议。首都经贸大学在数据统计分析、案例分析、科研调查和资金配套、专业培训、“十三五”规划编制和落实方面提供支持。西城区安全监管局为首都经贸大学在人才培养平台、管理实践经验、横向课题研究方面提供帮助。首都经贸大学组织学生到西城区参观学习职业卫生管理工作，协商确定职业卫生方向硕士论文的开题和研究事宜。

（王之波）

【“双百工程”】 本年，西城区安全监管局开展“百名安监干部与企业主要负责人对话谈心”和“百名专家服务万家中小企业”活动。制定“双百工程”工作实施方案，召开专题研究部署动员大会，确立“建立两个机制，实现两个目标”的任务；编写《致企业主要负责人的一封信》，收到良好效果；确立各级联络员，展开岗前培训，制定“双百工程”工作流程。据统计，截至9月底，专家服务企业300家，发现并处理6类安全隐患1489项；现场培训安全员786人次，发放宣传资料1200份；区安全监管局领导与90家企业主要负责人进行对话谈心，市安全监管局有关领导与30家企业主要负责人进行对话谈心。

（王琳）

【“安责险”试点】 本年，西城区安全监管局落实《北京市安全生产委员会关于建立安全生产责任保险制度试点工作的指导意见》（京安发〔2014〕18号）要求，率先在安全生产领域引入保险机制，在重点行业领域开展安全生产责任保险制度试点工作，推动企业落实安全生产主体责任。西城区投保“安责险”企业806家，保费100余万元。其中：餐饮730家、互联网27家、烟花爆竹25家、影剧院10家、加油站7家、装饰外墙5家、有限空间2家。

（周喆）

【安全生产举报投诉】 本年，西城区安全监管局共接报安全生产举报投诉110件，办结110件。举报投诉反映问题集中在有限空间、人员密集场所、高处悬吊、特种作业、建筑施工和电力方面。其中：有限空间24件，占总数的21.8%；人员密集场所20件，占总数的18.1%；高处悬吊18件，占总数的16.3%；特种作业14件，占总数的12.7%；建筑施工6件，占总数的5.4%；电力4件，占总数的3.6%；其他21件，占总数的19%。

（何爱民）

危险化学品安全监管

【危险化学品经营许可】 本年，西城区安全监管局危险化学品经营许可受理53家，现场核查53家、发放经营许可证53家（其中：延期换证申请23家、首次申请5家、变更申请25家），同比增长57%。易制毒化学品生产经营企业备案10家。

（张效芳）

【危险化学品专项检查】 本年，西城区安全监管局联合区公安分局对辖区内危险化学品经营单位进行抽查，联合区市政市容委、质监局、公安消防支队、城管执法局对辖区内液化石油气供应站进行安全管理专项执法检查。加强企业隐患自查自报工作，严禁非法存储危险化学品。要求生产、经营、使用及储存易制爆危险化学品单位如实记录其生产、经营、使用及储存涉爆、易制毒危险化学品的数量、流向，并采取必要的安全防范措施。严格涉爆、易制毒危险化学品销售、购买监督管理及运输监督管理，重点对未经审批，擅自从事危险化学品生产、经营、储存行为开展专项整治。对危险化学品生产、经营许可证到期未换证或已责令停产关闭，擅自从事危险化学品生产经营行为进行全面清查处理。检查生产经营单位266家次，下达责令改正指令书64份，行政处罚1起。排查隐患71项，隐患整改率100%。

（张效芳）

烟花爆竹安全监管

【烟花爆竹许可】 1月6日，西城区安全监管局实施2015年春节烟花爆竹零售网点布设工作。一是各街道办事处完成烟花爆竹零售网点报名和初选工作；二是区安全监管局对初选零售网点进行现场勘查；三是区烟花办牵头组织区安全监管局、公安分局治安支队、工商分局、公安消防支队、交通支队、城管大队、市政管委等有关部门对周边安全条件发生变化的零售网点进行联合现场勘查。经过严格筛查，将符合设置条件的25家单位定为2015年西城区烟花爆竹零售网点。

（张效芳）

【零售网点检查】 春节期间，西城区安全监管局采取日常检查、夜间抽查、重点时段检查的方式对全区25家烟花爆竹零售网点进行全覆盖式执法专项检查。烟花爆竹销售期间，开展日常检查473家次，夜查81家次，下达《责令整改指令书》43份，发现并监督整改安全隐患43项。

（张效芳）

【烟花爆竹回收】 2月24日，西城区安全监管局根据全区烟花爆竹零售及库存情况，安排烟花爆竹批发单位派出烟花爆竹专用运输车对零售网点剩余烟花爆竹进行回收。次日凌晨3时，烟花爆竹零售网点剩余烟花爆竹全部回收完毕；次日上午，烟花爆竹销售大棚全部拆除完毕。2015年，全区销售烟花爆竹4536箱（2014年同期销售4658箱），同比减少2.6%；销售总金额298.5万元（2014年同期销售总金额312.3万元），同比减少4.4%。

（张效芳）

隐患排查治理

【民办幼儿教育机构隐患排查】 6月2日，西城区安全监管局联合区教委、卫生局、工商分局、食品药品监管分局、公安消防支队开展为期4天的民办幼儿教育机构安全隐患排查工作。检查民办幼儿教育机构36家，发现主要问题有：一是未建立健全安全规章制度；二是未对从业人员进行安全教育培训；三是部分安全出口缺少安全指示标识；四是部分幼儿教育机构临时用电不符合安全规范；五是部分厨房燃气使用不符合安全规范。针对现场发现的问题，有关部门予以协调解决，加强幼儿教育机构安全管理工作。

（何爱民）

【**隐患排查治理体系建设**】 9月，西城区政府正式通过并实施《西城区推进安全生产隐患排查治理体系建设实施意见》（西政发〔2015〕5号）。一是细化各有关部门工作职责；二是将《实施意见》主要任务部分详细分解、细化；三是成立西城区隐患排查治理体系建设领导小组，落实“一把手”工程；四是严格执行《西城区安全生产“党政同责、一岗双责”实施办法》，加大监督与考核力度。

（宋志娟）

【**隐患自查自报**】 本年，西城区安全监管局加强企业安全生产隐患自查自报工作。印发《西城区安全生产隐患排查手册》，由街道和相关委办局发送全区相关企业；做好“西城区城市运行安全生产风险管理平台”日常维护、运行管理工作，方便企业登录上报；开展企业隐患自查自报工作的安全检查；每季度通报“自查自报系统”上报情况，督促街道和相关委办局做好隐患自查自报工作。截至12月底，全区隐患上报企业5439家，上报率50%，同比增加131.25%。上报隐患318项。

（宋志娟）

应急救援

【**综合楼宇应急演练**】 6月25日，西城区安全监管局联合区应急办、德胜街道在德胜凯旋大厦举办综合楼宇生产安全事故应急处置综合演练。区人大代表、政府相关部门、各街道办事处和部分生产经营单位负责人200余人观摩演练，北京电视台、《北京晚报》《西城报》、千龙网等多家媒体对演练活动进行采访报道。应急演练按照预案有序进行，各参演部门紧密配合、协调运行，疏散紧张有序，救援及时到位。通过演练，提高生产经营单位应急处置能力和政府有关部门协调配合的能力，增强从业人员风险防范意识，达到预期效果。

（周喆）

执法监察

【**大型游乐设施专项检查**】 5月26日，西城区安全监管局联合区质监局、园林市政管理中心等部门对使用设施的生产经营单位开展安全专项检查。重点检查使用单位大型游乐设备定期安全检查、运营前试运行、日常维护保养、档案记录，以及开展应急救援演练和作业人员培训教育工作情况，督促各单位完善管理规章制度，有效减少安全生产隐患，提高大型设施使用单位对生产经营安全的重视，健全完善管理措施，形成对大型游乐设施安全监管的长效机制。

（何爱民）

【**“四不两直”暗查暗访**】 6月10日，西城区安全监管局联合区住房建设委、商务委、公安消防支队、天桥街道办事处，采取“四不两直”暗查暗访形式，对天桥演艺区建筑施工企业和人员密集场所进行检查。检查组重点检查从业人员教育培训、施工安全管理、配电室等安全生产情况，对检查发现的问题和隐患，要求生产经营单位立即整改。

（何姝瑾）

【**亚投行协定签署活动安全保障**】 6月27日至30日，西城区安全监管局采取3项措施保障《亚洲基础设施投资银行协定》签署仪式会场周边安全保障工作。一是区安全监管局主管领导负责，成立由区安全监管局执法一队、执法二队和街道执法分队组成的检查工作组，开展专项检查工作。二是细化、更新台账，通过实地排查生产经营单位，做到会场周边生产经营单位“底账明、情况清”。三是对会场周边各重点生产经营单位开展执法检查，消除隐患，确保会场周边安全稳定。

（刘笑）

【“双打”专项行动】 6月，西城区安全监管局在全区开展打击特种作业、特种设备作业人员“持假证上岗、无证上岗”专项执法行动。一是结合全区实际，制定《西城区“双打”专项执法行动方案》，明确排查范围、检查重点、时限要求，分为部署准备、集中执法和总结提高3个阶段有序推进工作开展；二是突出重点，结合纪念活动，针对辖区重点区域、重点沿线建筑施工、人员密集场所、商业综合楼宇物业管理单位等重点行业领域，以突击抽查和“回头看”检查方式，集中力量严厉打击使用假证和无证上岗等违法违规行为；三是统筹联动，区安全监管局执法队和街道执法分队开展联合执法检查，充分发挥综合监管与属地监管的联动作用，确保专项行动落到实处；四是在执法过程中，执法人员通过认真分析生产经营单位电气及特种作业安全状况，结合安全生产月宣教活动，综合运用各种宣传手段，努力营造浓厚的电气及特种作业安全生产氛围，形成专项整治的强大合力。专项行动共出动执法检查人员39人次，检查生产经营单位77家次，下达责令限期整改指令书24份，检查特种作业及特种设备作业人员60人次，整改消除各类安全隐患50余项。

（王琳）

【市安委会督查组综合督查】 9月7日，市安委会第九督查组对西城区安全生产工作进行综合督查，西城区副区长姜立光和区政府办、安全监管局、商务委、卫生计生委等部门负责人参加督查。督查组听取西城区关于安全生产大检查、安全生产责任体系建设、危险化学品专项整治大检查和隐患排查治理等情况汇报，并实地检查相关单位安全生产工作。督查组对西城区安全生产工作给予肯定，并要求狠抓事故多发领域的专项整治工作，完善安全生产责任体系，发挥安委会统筹协调作用，强化属地责任，确保安全生产大检查工作取得实效。

（张峥）

【协助中组部安全检查】 9月29日，西城区安全监管局按照区委、区政府工作要求，协助中共中央组织部开展安全检查工作。区安全监管局执法队和公安消防支队会同中组部有关单位组成联合检查组，对辖区内中组部所属6家单位进行安全检查，涉及宾馆、幼儿园、办公区等。经过现场检查，6家单位安全设施完好，安全制度及培训记录到位。中组部有关领导对区安全监管局、公安消防支队提供的支持给予肯定，希望增进交流，提高自查质量，确保安全生产形势稳定。

（刘笑）

【重大活动安全保障】 9月，西城区安委会成立以副区长姜立光为总指挥，区安全监管局为牵头单位的消防和安全生产保障指挥部，开展中国人民抗日战争暨世界反法西斯战争胜利70周年纪念活动安全生产大检查。成立7个联合检查组对西长安街地区645家“六小单位”开展检查和宣传，与17家加油站和13家规模以上工业企业签订安全生产承诺书，开展全覆盖安全检查。预演和阅兵当天，出动4个检查组开展辖区巡查，安排专人在一线路口和17家加油站昼夜盯守，确保纪念活动安全保障任务圆满完成。

（何爱民）

【秋季建筑工地专项检查】 本年，西城区安全监管局根据季节特点开展秋季建筑工地专项执法检查工作，重点对广外、广内地区施工现场进行检查。检查中发现各施工现场人员管理情况良好，安全防护措施齐全，但仍存在现场堆放杂物、临时电线搭接混乱等问题。执法人员针对隐患问题责令立即整改，并进行追踪复查。执法人员要求各施工单位加强现场管理，加大日常巡检力度，做好安全生产应急救援演练工作。

（康宁）

职业卫生监督检查

【有限空间作业大比武】 6月3日，西城区安全监管局组织选拔赛，最终确定由北方物业开发有限公司、电话公司六分公司一项目部、排水集团第一管网分公司3支代表队代表西城参加北京市第二届有限空间作业大比武活动。通过开展赛前学习，针对前期在选拔过程中各队暴露的薄弱环节，围绕考试大纲，结合实际，组织参赛人员全面准备。在参加北京市第二届有限空间作业大比武竞赛中，排水集团第一管网分公司西城代表队通过复赛进入决赛，并在决赛中取得三等奖。

（王之波）

【餐饮行业职业病防治管理】 6月29日，西城区安全监管局依据上年度辖区餐饮行业职业病危害因素的监督抽检结果，启动餐饮行业职业卫生监管专项行动。此次专项行动以保护餐饮行业接触高温作业劳动者的健康为核心出发点，针对餐饮单位所有职业病危害因素进行管理。通过专项行动，使纳入管理的餐饮主要负责人和职业卫生管理人员单位增强安全意识，掌握职业卫生管理知识，为推进餐饮行业职业卫生管理工作积累经验。

（王之波）

【有限空间监管调研】 6月，西城区安全监管局启动有限空间作业监管机制调研工作，加强有限空间作业安全监管工作，摸清西城区有限空间及作业现状，提升安全监管效能。调研主要内容：一是调查全区各街道安全管理机构对有限空间作业安全监管工作的现状；二是西城区利用网格化管理手段对有限空间作业安全监管现状；三是现有监管工作中存在的问题和难点。基于现有网格化管理平台，对有限空间作业安全监管工作流程进行优化整合，理顺三级安全监管体系工作职责，优化有限空间作业网格化监管流程，建立网格化监管绩效考评机制。

（王之波）

【职业危害防治评估检查】 12月10日，北京市职业危害防治评估专家组对西城区职业病危害防治工作状况进行量化评估。评估采取资料审查和现场抽查相结合方式，对24家用人单位职业卫生管理情况进行检查评估。评估结果显示，西城区达到优秀标准。评估组对西城区将街道的职业卫生管理工作纳入区安委会考核，逐步将餐饮行业纳入西城区职业卫生监管，强化用人单位主要负责人和管理人员培训，在全市首次尝试采用网络远程教育的方式开展职业卫生知识培训等工作，给予肯定。评估组指出，西城区职业病防治工作还存在用人单位职业病防治主体责任落实不到位、职业病防治监督检查内容不全面、执法效果有待提高的问题。

（王之波）

宣传培训

【安全生产宣传教育部署】 3月18日，西城区安全监管局印发《西城区2015年安全生产宣传教育工作方案》和《2015年安全生产宣传教育考核目标》，通过加强宣传教育培训，促进各级各部门落实监管责任，促进企业落实安全生产主体责任，提高社会民众安全防范意识，营造“关爱生命、关注安全”舆论氛围，为全区安全生产工作提供有力支撑。将安全生产宣传教育工作列入2015年度区安委会考核目标。

（何姝瑾）

【家庭燃气安全知识竞赛】 4月18日，西城区安全监管局联合区妇联在全区范围内开展以“关注燃气安全、建设平安家庭”为主题的家庭燃气安全知识竞赛选拔赛。比赛题目围绕燃气灶具使用、燃气热水器使用、应急自救互救知识、常见安全标识，结合《中华人民共和国安全生产法》《城镇燃气管理条例》《北京市燃气管理条例》等法律法规进行竞赛。西城区15个街道挑选参赛队伍，经过层层选拔，选拔出14个家庭参加西城区家庭燃气安全知识竞赛。区妇联、安全监管局主管领导作为竞赛评委，对竞赛进行监督和评判。经过比赛，最终陶然亭街道代表队脱颖而出，取得西城区比赛第一名，代表西城区参加北京市家庭燃气安全知识竞赛复赛。

（何姝瑾）

【宣传咨询日】 6月16日，西城区安全监管局在月坛地区白云碧溪公园开展“强化依法治安意识、建设安全和谐西城”为主题的安全生产月宣传咨询日活动。区安全监管局、商务委、卫生计生委等25家单位设置展台、展板，向广大职工群众开展安全生产月主题宣传和安全知识咨询，取得良好的社会反响。宣传咨询日当天有500余人次参加活动，接待咨询6000余人，摆放展板150块，发放宣传材料17万余份，出动车辆46车次。

（何姝瑾）

【区委党校安全生产培训】 6月19日，西城区安全监管局在区委党校中青班举办新修订的《中华人民共和国安全生产法》宣贯专题辅导课，将安全生产培训纳入党校课程。培训人员为区相关单位副处级以上领导干部，共有56人参加。培训主要从新修订的《中华人民共和国安全生产法》“以人为本、安全发展”的基本理念入手，对落实生产经营单位主体责任、政府安全监管定位、加强基层执法力量和强化安全生产责任追究等重点内容进行辅导学习。此次培训是落实安全生产“党政同责”规定，实行安全生产调研制度的重要举措。

（何姝瑾）

【安全生产“大培训”】 本年，西城区坚持“摸底数全覆盖、建机制强基础、严过程重质量、求突破促安全”安全生产培训思路，为培训对象量体裁衣，邀请北京市启迪注册安全工程师事务所专业讲师，从安全生产法律、安全管理和技术标准3方面满足培训需求，针对不同行业的事故易发特点分别制定授课内容，完成餐饮、商业零售、物业和标准化创建企业负责人及安全生产管理人员的培训工作。开办27个培训班培训3170人，其中主要负责人1029人、安全管理人员2141人、继续教育1444人、初次培训1726人。涉及企业2000余家，培训满意度99%。

（何姝瑾）

【特种作业考核】 本年，西城区安全监管局开展特种作业人员安全技术培训及考试。在各考点入口处悬挂横幅，院内、楼内设置引导标示牌，安排专人疏导人员；指派专人在考点负责技术问题，解决考试中出现的网络连接故障和系统问题；领导亲自带队，对考点进行考试巡查，各考点考场秩序良好，监考人员严格履职。全年进行10期特种作业培训，理论考试17878人次，实操考试10326人次。

（何姝瑾）

【网络平台培训】 本年，西城区安全监管局利用网络平台开展安全生产培训工作。安全生产网络平台培训对象包括安全生产执法监察人员和各街道专职安全员，区安全监管局对参加在线培训人员进行安全培训工作检查、督导并掌握培训情况，通报培训工作情况。有65人参加网上培训，考试合格率100%。

（何姝瑾）

【安全社区创建】 本年，西城区安全监管局按照“自愿、推进”的原则推进安全社区创建工作。制发《关于做好2015年安全社区创建申报工作的通知》，帮助、督促属地街道开展安全社区申报工作。做好国际安全社区、全国安全社区的复审工作。全区15个街道办事处，有6个街道办事处为国际安全社区；3个街道办事处为全国安全社区；2个街道正在实施北京市安全社区的申报创建工作。

（何姝瑾）

法制建设

【依法行政调研】 2月3日，西城区参加党校培训的相关委办局领导一行17人到西城区安全监管局就依法行政工作开展专题调研。调研组听取区安全监管局依法行政工作情况汇报，对事故调查处理、街道专职安全员和安全生产执法环境进行座谈交流，实地了解人员密集场所检查和烟花爆竹网点标准化、规范化管理情况。

（何姝瑾）

【行政处罚案卷评查】 本年，西城区安全监管局将行政执法案卷评查工作作为规范管理、提高行政执法水平的重要手段。加大行政处罚案卷评查力度，坚持自查与集中评查、评查分析与整改提高相结合，由以往每年组织一次案卷评查改为每季度组织一次，及时修正行政执法过程中的程序和实体问题，实现对具体行政执法行为的监督。全年对32个案卷进行评查，区法制办抽取的2个案卷评查均为满分。

（何姝瑾）

【执法检查回访】 本年，西城区安全监管局严格落实执法回访和执法工作“六个严禁”，采取现场回访、发放回访告知函等方式对被检查单位进行回访告知，实现对行政执法监督全覆盖，强化执法检查监督。共发放执法检查告知单794份，现场回访30户。执法回访工作开展情况在《北京西城报》第578期进行专题报道，并在《西城信息》第10期（特刊）上登载。

（刘晓珊）

科技与信息化

【安全监管平台使用操作培训】 6月4日，西城区安委会办公室召开安全生产监管平台使用操作培训会，37个相关成员单位参会并进行操作培训。西城区城市运行安全生产监管平台安全生产工作数据模块的启动使用，结束纸质填报、人工汇总统计分析的历史。安全生产监管平台工作数据模块包括数据填报、累计汇总、统计分析等功能，涵盖执法检查、隐患治理、事故统计、行政处罚和宣传培训等内容，可以体现不同阶段安全生产各项工作进展情况和工作量，并建立辖区行业领域及街道属地安全生产数据库，为深入开展安全监管工作奠定基础。

（潘海燕）

【系统项目建设】 本年，西城区安全监管局推进安全生产综合考核和安全生产风险分析等信息化系统建设工作。经过区信息办专家组评审，并组织开展调研、确定信息化开发人员，定期对系统项目进行调度，确保系统项目建设顺利完成。安全生产综合考核和安全生产风险分析等系统运行良好。

（何爱民）

标准化建设

【企业标准化达标创建】 本年，西城区安全监管局通过动员部署，调度协调和组织培训，组织各委办局及街道办事处开展安全生产标准化达标创建活动。全区三级标准化达标企业131家，超额完成全年计划的66%；小微企业岗位达标3141家，超额完成全年计划的262%。安全生产标准化达标企业均进行公告，颁发证书。

（宋志娟）

【高处悬吊作业地方标准】 本年，西城区安全监管局联合市劳动保护科学研究所成立地方标准编写组，聘请专家参与，投入专项资金10万余元，组织开展综合调研，收集社会各方意见，制定《高处悬吊作业企业安全管理规范》地方标准。该标准是北京市第一部规范高处悬吊作业的地方标准，对保障作业人员生命安全、强化安全监管、规范市场行为、提升行业整体水平，具有重要作用。

（周喆）

朝 阳 区

概 述

2015年，朝阳区安全生产工作以贯彻落实习近平总书记关于安全生产重要讲话精神为指导，以高水平完成全国安全发展示范城市创建为抓手，通过宣传贯彻新修订的《中华人民共和国安全生产法》，强化安全监管和责任落实，深化安全生产专项整治，夯实安全生产基层基础，着力构建长效机制等措施，完成中国人民抗日战争暨世界反法西斯战争胜利70周年纪念活动和2015年北京国际田联世界田径锦标赛“两个重大活动”安全生产和城市运行服务保障以及全年安全生产各项重点工作。

一、强化底线意识和安全保障能力。一是认真贯彻实施新修订的《中华人民共和国安全生产法》，培训各类人员17.3万人次。二是区委、区政府安排13次区委常委会、区政府常务会和区长办公会以及区政府专题会，研究部署安全生产重点工作。各行业管理部门每月研究安全生产工作，推进各行业领域安全生产工作。各街乡每月召开安全生产专题会议，研究并提出加强安全生产工作的具体措施。三是加强朝阳区886名专职安全员队伍建设和日常管理。认真组织开展安全生产月、安全文化示范企业和安全社区创建等活动，提高全民安全意识。开展应急预案编写、评审和备案，累计备案1500多家企业；开展应急演练1890次，参加演练39600人次。

二、强化安全监管职能和责任制落实。出台《朝阳区安全生产“党政同责”实施办法》，制定安全生产“四不两直”、通报、警示、约谈、向组织部门报告等工作制度和办法，实现安全生产责任“三级五覆盖”。逐级签订安全生产目标责任书，层层落实责任制。按照“四不放过”的原则，对9起事故责任单位和责任人从严追究责任。

三、强化专项整治行动，消除安全隐患。由行业部门牵头负责开展各行业领域和重大活动专项执法行动，开展道路交通、消防、建筑施工、油气输送管道等行业领域安全生产大检查、危险化学品和易燃易爆物品大检查、“六打六治”打非治违等重点行业领域安全生产专项整治行动。各街乡、各部门检查生产经营单位26.1万家次，整改隐患15万项，立案2660起，罚款3205.95万元。其中，安全监管系统行政执法检查生产经营单位63332家次，发现隐患48398项，下达执法文书47445份，立案751起，罚款1524.288万元。

四、强化基层基础工作和机制建设。一是建立隐患排查治理体系，出台《朝阳区安全生产事故隐患排查治理体系建设工作实施方案》，强化企业在安全生产隐患排查治理中的主体责任，建立完善事故隐患排查发现、整改治理、监控防范、惩处问责等工作机制，实现隐患排查治理过程的闭环管理。二是推进安全生产社会化试点工作，建立一支由 49 名安全生产专家组成的专家库。开展“百名安全生产专家服务万家企业和百名安全监管干部与万家企业主要负责人对话谈心”活动。共有 15 名专家深入到 43 个街乡，检查企业 300 家，排查整改安全隐患 772 项；共有 98 名安全监管干部与 579 家企业负责人开展安全生产谈心谈话活动。依托安全生产管理协会，成立 23 个工作站，为 1250 家会员单位提供服务。推广八里庄街道引入第三方参与餐饮企业燃气安全管理与服务和双井街道“六小门店”安全自律协会的管理经验。三是开展安全生产条件普查，共完成普查单位 259820 家（其中实有生产经营单位 132051 家，核销生产经营单位 127769 家）。四是围绕《国务院安委会办公室关于开展安全发展示范城市创建工作的指导意见》（安委办〔2013〕4 号）重点内容，从政策、体制、机制、投入、执法等诸多方面采取一系列举措，推动安全发展示范城市创建工作。五是开展安全生产标准化达标创建工作，采取三级企业达标以行业主管部门推动为主、小微企业岗位达标以街乡推动为主的工作模式，完成三级企业评审 1674 家，小微企业评审 2026 家。六是启动“安责险”试点工作，在危险化学品、烟花爆竹等高危行业开展安全生产责任保险试点，共有 108 家生产经营单位投保，保费 25.2 万元。

五、强化重大任务和重要活动安全保障。在中国人民抗日战争暨世界反法西斯战争胜利 70 周年纪念活动和 2015 年北京国际田联世界田径锦标赛“两个重大活动”安全保障工作中，按照“四个不发生”和“三个确保”的要求，狠抓工作落实。建立“两个重大活动”保障台账 2458 家，为开展全面执法检查奠定坚实基础。检查各类生产经营单位 4.3 万家次，发现并整改各类隐患 2.9 万项，下达各类执法文书 7680 份，罚款 109.185 万元。妥善处置地铁北土城站西北角电力竖井内积水等若干起突发事件。严格管控措施，关停各类单位和场所 5778 家，限产 211 家。开展安全巡查和检查，对重点区域和点位，安排专人实名制进行全天候死看死守，圆满完成城市运行和安全生产服务保障工作任务。

综合监管

【控制指标】 本年，朝阳区发生安全生产事故死亡 164 人，占市安委会下达年度安全生产控制指标的 93.71%。其中：道路交通事故死亡 144 人，同比减少 11 人；生产安全事故死亡 11 人，同比减少 9 人；火灾事故死亡 8 人，同比增加 2 人；铁路交通事故死亡 1 人，同比减少 1 人。未发生较大以上生产安全事故，安全生产形势总体平稳。

（潘蔚然）

【区领导带队安全检查】 1 月 5 日至 9 日，朝阳区区委、区政府领导带领区相关委办局负责人，组成 9 个检查组，采取“四不两直”方式对辖区内的人员密集场所、建筑工地、出租大院、旅游项目、宾馆、餐饮和易发生煤气中毒场所进行安全检查。检查生产经营单位 24 家，查处安全生产隐患 109 项。区领导要求各相关部门、属地街乡按照区委十一届九次会议提出的“绝不存在麻木不仁、心存侥幸现象，绝不出现监管失控、群死群伤事故，绝不姑息推诿扯皮、失职渎职行为”的要求，切实加强安全生产工作。

（潘蔚然）

【市安委会综合督查】 1月21日，市安全监管局副巡视员钱山带领市安委会第三督查组对朝阳区开展安全生产综合督查，重点督查节日期间安全生产工作部署落实情况、“党政同责、一岗双责、齐抓共管”安全生产责任体系建设情况、隐患排查治理工作情况以及生产经营单位安全生产主体责任落实情况。督查组对朝阳区安全生产工作取得的成绩给予肯定，对下一步工作提出要求：一是进一步落实企业主体责任和各职能部门监管职责；二是加大隐患排查治理力度，举一反三，督促企业落实整改工作；三是及时对前段工作进行“回头看”，巩固现有成果；四是抓住机遇，迎难而上，实现安全生产工作新突破。

（潘蔚然）

【副市长带队检查烟花爆竹安全】 2月15日，北京市副市长张延昆带领市安全监管局负责人，采取“四不两直”方式，对朝阳区3家烟花爆竹零售网点进行暗访检查。经检查，零售网点主要负责人均在岗在位，各项应急器材配备齐全，安全生产状况良好。

（夏旭昀）

【区委书记春节前安全检查】 2月15日，朝阳区区委书记程连元带队，对朝阳公园、蓝色港湾进行节前安全检查。区安全监管局、总工会、文化委、旅游委、质监局、公安消防支队、公安分局、城管执法局、工商分局、社会办、商务委、食品药品监管局、麦子店街道办事处等相关部门领导参加检查。检查组听取朝阳公园和蓝色港湾负责人关于节日期间开展各项活动的工作汇报，对朝阳公园主舞台搭建、蓝色港湾中控室和配电室进行安全检查，检查节日值班、应急值守等各项工作落实情况。程连元指出：企业要加强游乐项目应急疏散演练工作，提高应急处置能力，落实企业主体责任，加强重点部位巡查，做到预防到位、责任到人，确保不发生各类安全事故。

（潘蔚然）

【区领导春节前安全检查】 2月16日，朝阳区区委常委高岩、副区长杨树旗带领区安全监管局、总工会、质监局、公安分局、城管执法局、工商分局、民防局、房管局、社会办、商务委、综治办、文化委、公安消防支队等部门负责人，对望京、东湖地区的融科橄榄城人防工程、华谊兄弟影城（华彩店）、家乐福超市（华彩店）及北京市逗逗烟花爆竹有限公司朝阳区第九十一零售店进行节前安全检查。各单位安全措施落实到位，节日期间经营秩序良好。

（夏旭昀）

【安全生产条件普查调度会】 4月1日，北京市第一次安全生产条件普查工作动员调度会在朝阳区安全监管局召开，市安全监管局局长张树森、副局长李东洲、副巡视员高士虎和相关处室负责人，部分区县安全监督局局长、分管副局长和主管科室负责人参加会议。朝阳区、西城区、海淀区、门头沟区、房山区、北京经济技术开发区分别介绍本区县普查工作推进、相关要求落实、经验措施和存在问题等方面情况。

（马海澎）

【非煤矿山安全生产会议】 7月1日，朝阳区安全监管局召开非煤矿山安全生产工作会议，总结上半年非煤矿山行业安全生产工作，安排部署下半年工作。辖区5家非煤矿山企业主要负责人参加会议。会议传达市安全监管局《关于开展安全生产行政审批督查工作的通知》的文件精神，要求企业认真开展安全生产标准化创建工作，做好许可前置材料的建档管理，加强汛期安全检查，确保安全生产。

（陈京）

【“两个重大活动”安全保障】 7月至9月，朝阳区安全监管局加强中国人民抗日战争暨世界反法西斯战争胜利70周年纪念活动和2015年北京国际田联世界田径锦标赛安全保障工作。重点围绕安全生产、食品药品、气象服务、特种设备、环境保护、水资源承载、防汛、电力、燃气9个方面开展安全保障工作。建立企业台账2458家，对重点监管单位开展全覆盖安全检查，检查各类单位4.3万家次，发现并整改各类隐患2.9万项，下达各类执法文书7680份，罚款109.185万元，关停各类生产经营单位和场所5778家，限产211家。开展桌面及实战应急处突演练，提高应急响应和应急救援能力。区领导带队，组成12个检查组开展督导检查，促进安全保障工作有效落实。

（潘蔚然）

【总局职业卫生督查】 8月20日，国家安全监管局副局长李兆前带领督查组到朝阳区督查《国家职业病防治规划（2009—2015年）》落实情况。督查组听取朝阳区职业卫生有关工作汇报，重点查阅朝阳区“十二五”期间安全生产规划、职业病危害申报证书、执法检查案卷、印发文件及培训指导手册等材料，并实地检查2家单位。督查组对朝阳区职业卫生监督检查工作给予肯定。

（蒋昌启）

【国务院安委会督查】 8月27日，公安部消防局副局长张福生带领国务院安委会第二督查组，对朝阳区安全生产大检查工作开展情况进行督查。督查组听取朝阳区政府安全生产工作情况汇报，集中查阅相关文件、档案资料和台账，分2个检查组对朝阳区大型商场、仓储物流、养老院、危险化学品等7家生产经营单位进行安全检查。国务院安委会督查组在肯定朝阳区安全生产工作取得成绩的同时，对全市安全生产工作提出要求：一是强化安全生产责任“五落实、五到位”，落实安全生产各项法律法规的宣传贯彻工作；二是强化企业主体责任，把检查发现的问题隐患找准找全，制定整改措施；三是严格按照要求对隐患进行整改。

（潘蔚然）

【区领导国庆节前带队安全检查】 9月29日，朝阳区区委书记吴桂英，区委常委、纪委书记宋铁健等区领导带领区安全监管局、质监局、商务委等有关部门负责人，分4路对老番街市场、宵云桥加油站、城外诚家具城等单位进行国庆节前安全检查，对发现的隐患要求相关部门会同属地和企业单位立即整改，就做好节日期间安全生产和市场供应工作提出要求。

（潘蔚然）

【全国科普日安全保障】 9月，朝阳区区委书记吴桂英和副区长张维刚、杨树旗分别调度全国科普日活动前期的各项安全生产工作。召集各相关职能部门和单位多次召开专题会议部署、协调、督导各个环节工作。区安全监管局加强对活动现场施工安全监管，每日对作业现场进行不间断检查，对发现的隐患立即督促整改。活动举办期间，每天安排2名安全生产监察员和2名安全生产检查员分两班在现场进行值守，确保活动安全顺利开展。

（刘宁）

【市安全监管局工作调研】 10月14日，市安全监管局局长张树森、副巡视员高士虎到朝阳区安全监管局调研安全生产条件普查及信息化相关工作，部分区县安全监管局主要领导参加调研。朝阳区安全监管局就安全生产条件普查及信息化工作推进情况进行专题汇报，并就相关工作与市安全监管局领导和区县安全监管局领导座谈交流。

（马海澎）

【市安委会检查督查】 11月11日，市规划委副主任曹跃进带领市安委会督查组，对朝阳区安全生产大检查工作开展情况进行督查。朝阳区安全监督局、规划分局、市政市容委、旅游委、商务委、工商分局、质监局、公安消防支队、南磨房乡领导及各相关职能部门负责人参加督查。督查组听取朝阳区安全监管局关于朝阳区安全生产工作情况的汇报，对北京欢乐谷、东四环燕莎奥特莱斯、南磨房乡油气管线占压清理整治现场及化工路中石化加油站进行检查。检查发现个别单位中控室应急预案不完善，缺少预案制定时间；有的单位配电室巡查记录不全等隐患问题。各职能部门依据职责提出具体的整改意见。曹跃进指出：一是强化安全生产责任意识，贯彻落实安全生产各项法律法规；二是强化企业的主体责任，把安全措施做到位；三是要按照各部门提出的要求对隐患进行整改。

（潘蔚然）

【区委常委会安全生产专题会】 11月20日，朝阳区区委召开常委会专题研究安全生产工作。会议听取区安委会办公室关于朝阳区安全生产开展情况及下一步重点工作安排的汇报。经区委常委会议讨论决定，下一阶段重点强化5个方面工作：一是强化安全生产责任体系建设，实现安全生产责任全覆盖；二是强化安全生产大检查，深入开展安全生产“三项行动”（安全生产大检查、危险化学品大检查、“六打六治”打非治违专项行动）；三是强化重点任务攻坚，推进安全生产“两个创建”（安全生产标准化达标和安全发展示范城市创建）和“两个试点”（安全生产责任保险制度和安全生产社会化试点）工作；四是强化部门和街乡事故隐患排查治理机制建设，推进事故隐患排查治理闭环管理；五是超前谋划，做好岁末年初安全生产工作。

（潘蔚然）

【国务院安委会综合督查】 12月18日，国务院安委会督查组在公安部消防局副局长张福生带领下，对朝阳区安全生产大检查“回头看”进行综合督查。朝阳区副区长杨树旗及各相关职能部门负责人参加督查。督查组听取朝阳区安全生产工作情况的汇报，并对北京外运物流中心、华联新光百货（北京）有限公司进行检查。

（潘蔚然）

【元旦期间安全生产部署】 12月28日，朝阳区副区长杨树旗主持召开安全生产视频会，部署元旦期间安全工作。区安委会成员单位和43个街乡负责人参加会议。会议通报国务院安委会第2督查组来朝阳区督查安全生产工作及发现隐患的整改情况，并部署安全生产工作。公安分局部署预防煤气中毒事故工作；区流管办部署出租房屋流动人口预防煤气中毒事故工作；公安消防支队部署冬季火灾防控工作。

（潘蔚然）

【安全生产条件普查】 本年，朝阳区完成普查生产经营单位29.082万家。其中，实有生产经营单位14.006万家，核销生产经营单位15.076万家。在14.006万家实有生产经营单位中：有照单位110211家，无照单位29849家。在110211家有照单位中：一般法人单位13246家，小规模法人单位56320家，大型个体工商户421家，小型个体工商户40077家，在建工程项目部147家。

（马海澎）

危险化学品安全监管

【易制毒化学品专项整治】 4月，朝阳区安全监管局开展市场和商城内非法销售储存易制毒化学品专项整治，联合区禁毒办对存在非法销售易制毒化学品的7家单位实施行政处罚，罚款12.8万元。

（夏旭昀）

【安全生产责任保险试点】 6月，朝阳区安全监管局启动安全生产责任保险试点工作。组织危险化学品等重点行业企业召开安全生产责任保险推广宣讲会、部署会7次，培训人员483人次。危险化学品生产经营单位投保“安责险”94家，累计保费23.93万元。

（夏旭昀）

【危险化学品执法检查】 8月18日至21日，为汲取天津港“8·12”爆炸事故教训，朝阳区安全监管局联合区公安、消防、工商、质监部门对朝阳区9家涉及危险化学品建材市场、6家涉及危险化学品罐区企业、30家剧毒易制爆化学品经营企业、加油站等重点企业进行执法检查，整改消除各类安全隐患。其间，区安全监管局连续接到关于危险化学品、加油站的群众举报投诉36件，全部按要求核实并回复。

（夏旭昀）

【危险化学品隐患排查】 9月8日至15日，朝阳区安全监管局根据市安全监管局《关于对外部安全距离不足的危险化学品企业进行摸底排查的通知》（京安监办函〔2015〕44号），制定方案及标准，组织检查人员和技术专家成立5个检查组，对辖区内154家存在危险化学品生产装置、储存罐区的企业开展全覆盖检查。检查发现21家危险化学品企业存在外部安全距离不足的问题。区安全监管局按要求将检查情况上报市有关部门，并协调规划、消防、国土资源等部门对取得相关许可情况进行核实，为下一步隐患治理提供依据。

（夏旭昀）

【加油站改造工程安全监管】 10月至12

月，朝阳区安全监管局加强全区加油站改造施工过程安全监管工作。组织召开安全监管专题会和专家评审会，对加油站改造施工方案进行评审。要求各施工单位识别改造过程的风险并制定落实专项技术方案和应急预案，加强安全检查和培训，及时纠正违规作业行为，确保施工安全。

（夏旭昀）

烟花爆竹安全监管

【烟花爆竹零售网点设置】 本年，朝阳区安全监管局审批许可烟花爆竹零售网点104个。其中二环路至三环路14个，三环路至四环路21个，四环路至五环路37个，五环路以外32个。熊猫烟花有限公司、逗逗烟花爆竹有限公司分别在安贞、望京设置2个网购提货点，仅限于网购提货使用，不对外销售。

（夏旭昀）

【从业人员安全培训】 本年，朝阳区安全监管局组织烟花爆竹零售网点申请单位主要负责人106人、从业人员601人参加培训，并采取现场答卷的方式进行考核，考核合格的发给上岗证，确保负责人、从业人员全部持证上岗。

（夏旭昀）

【安全提示宣传材料】 本年，朝阳区安全监管局印制《烟花爆竹购买及燃放安全提示》10万份，将购买燃放烟花爆竹注意事项全部列明，由各烟花爆竹零售网点在销售过程中向市民发放。

（夏旭昀）

【烟花爆竹执法检查】 本年，朝阳区安全监管局自烟花爆竹零售网点开始审批到2月26日所有临建销售棚拆除完毕，累计出动执法检查人员1729人次，对朝阳区104家烟花爆竹零售网点、2家网购提货点检查1660家次，下达各类行政执法文书501份，发现和整改安全隐患527项，圆满完成春节烟花爆竹安全生产监管任务。

（夏旭昀）

隐患排查治理

【油气输送管道隐患整治部署会】 2月13日，朝阳区安委会办公室组织区安全监管局、市政市容委、住房城乡建设委、农委、社会办、公安分局、城管执法局、公安消防支队、气象局召开油气输送管道隐患整治工作部署会。会议对油气输送管道隐患整治工作进行部署，就《朝阳区关于开展油气输送管道隐患整治工作实施方案》进行说明，确定各部门职责分工和主要任务。本次油气输送管道隐患整治时间为2015年至2017年，分为动员部署、隐患摸排、隐患重点整治、隐患全面整治、验收销账总结5个阶段。

（潘蔚然）

【液氨非制冷企业专项整治】 6月至9月，朝阳区安全监管局开展液氨非制冷企业专项整治工作。全区2家使用液氨非制冷企业，华靳制药有限公司全部拆除液氨设备，华润双鹤药业股份有限公司投入隐患整改资金35万元，整改隐患12项并通过专家验收。全区9家液氨使用企业，已有2家拆除液氨设备，剩余7家全部完成隐患治理工作。

（夏旭昀）

【消防安全隐患整改】 11月至12月，朝阳区安全监管局通过区领导现场办公会、执法检查等方式对北京祥龙通宝农副产品市场有限公司进行检查，存在的消防安全隐患问题已整改完毕，拆除11577.78平方米的175间房屋，清理外来人口1000余人。

（王世会）

【危险化学品输送管道隐患整治】 本年，朝阳区安全监管局制定危险化学品输送管道隐患整治专项工作方案，召开工作部署会，开展安全检查，督促各相关单位、管道权属企业落实整改责任。朝阳区区域内共有危险化学品输送管道3条约10公里，分别为从房山区燕山石化至通州区东方化工厂经过朝阳区的1条乙烯输送管道，从北京普莱克斯实用气体有限公司至东方化工厂的1条氧气输送管道、1条氮气输送管道、3条危险化学品输送管道涉及安全隐患37项，全部为管线占压隐患。经督促整改，管道权属单位组织专家对管线安全进行评估，出具专家签字的评估报告，3条危险化学品输送管道全部停止使用。

（夏旭昀）

应急救援

【应急管理示范企业创建】 5月7日，市安全监管局、朝阳区安全监管局联合召开应急管理示范企业创建动员大会，各区县安全监管局、朝阳区各街乡、行业部门及试点企业200多人参加会议。区安全监督局负责人对朝阳区应急管理示范企业创建工作进行动员部署，南磨房乡、北京普莱克斯有限公司代表作大会发言，市安全监管局有关负责人就全市应急管理示范企业创建工作进行动员，提出具体要求。

（李永来）

【防灾减灾日应急演练】 5月12日，朝阳区安全监管局在北京普莱克斯实用气体有限公司举办“5·12防灾减灾日”宣传周安全生产应急演练，分别就液体槽车行驶途中发生火情、液氧槽车行驶途中发生泄漏、有毒气体气瓶泄漏等事故进行应急演练。市安全监管局、朝阳区南磨房办事处、北京陆军预备役防化团、普莱克斯公司和43个街乡120多人参加演练和现场观摩。

（李永来）

【危险化学品应急演练】 6月26日，朝阳区突发事件应急委员会办公室和朝阳区安全监管局联合在中石油晓景加油站举办2015年危险化学品事故应急救援演练。主要进行有限空间窒息和卸油爆燃事故2个科目的应急救援演练，80余人参加演练。朝阳区政府各相关行业主管部门、街乡与区属涉及危险化学品生产经营企业的250余人实地观摩演练。

（李永来）

执法监察

【“两会”驻地周边夜查】 2月27日，朝阳区安全监管局局领导分别带队对全国“两会”驻地周边开展夜查。此次夜查出动执法人员16人、执法车辆6台，检查各类生产经营单位13家。其中加油站、加气站4家，人员密集场所9家。针对检查中发现部分单位存在的消防疏散通道不畅通、库房货物码放不符合规范要求、中控室值班人员数量不够等问题，执法人员责令立即整改，并进行复查，切实消除隐患，确保“两会”期间安全稳定。

（潘蔚然）

【“两会”安全督查】 3月2日，朝阳区安全监管局、商务委、城管执法监察局、公安消防支队、工商分局、规划分局组成的安全生产督查组，对大屯、奥运村、来广营、孙河、望京、东湖6个街乡“两会”期间安全生产情况进行督查。

（潘蔚然）

【电气使用安全暨“双打”部署会】 6月26日，朝阳区安全监管局召开电气使用安全暨特种作业、特种设备作业人员“双打”专项执法行动工作部署会。区住房城乡建设委、质监局、公安消防支队、朝阳供电公司等7个部门和单位负责人参加会议。会上要求全区有关部门和单位，以安全生产月活动为契机，以易发、多发电气使用安全隐患和特种作业、特种设备作业人员违法违规行为为重点，在全区范围内开展电气使用安全暨特种作业、特种设备作业人员“双打”专项执法检查行动。

（刘宁）

【重点行业执法检查】 8月20日，朝阳区安全监管局成立6个执法检查小组，由局领导带队，实行分片负责制，对重点生产经营单位进行抽查，重点检查危险化学品经营单位“两个重大活动”安全保障措施落实情况及剧毒和易制爆化学品停止经营、消防应急措施、应急值守等安全生产情况。各街乡分别出动执法检查小组，对辖区内加油站、油库开展全覆盖安全检查。

（夏旭昀）

【“三项行动”专项检查】 8月，朝阳区安全监管局开展安全生产“三项行动”。一是安全生产大检查。检查企业133728家，整治一般隐患93797项，整治重大隐患204项，打击非法违法行为6439起，整治违规违章行为12679起，停产整顿875起，关闭取缔206家，罚款1140.82万元。二是“六打六治”打非治违专项行动。督促指导油输管道隐患整治，推进朝阳区109处燃气占压重大安全隐患的整改工作；对线下隐患进行梳理，发现安全隐患156处，拆除和消除隐患面积达5217平方米；开展培训教育或演练97次。三是危险化学品和易燃易爆物品安全专项整治。危险化学品生产经营企业全覆盖检查424家，累计出动检查人员1116人次，检查危险化学品企业636家次，现场督促整改隐患206项。

（潘蔚然）

【常营乡违法建设联合执法】 11月26日至12月10日，朝阳区农委、安全监管局联合对北京电视台东侧地块常营乡违法建设开展联合执法行动。清理公寓742间，清理厂房内小企业35个，清理库房18个，拆除违法建设143628万平方米，清理外来人口3900余人。

（刘宁）

职业卫生监督检查

【有限空间安全监管部署会】 4月10日，朝阳区安委会办公室召开有限空间安全监管工作部署会，区市政市容委等15个部门参加会议。会议通报2014年度北京市地下有限空间作业安全事故情况，对2015年有限空间工作进行部署。2015年有限空间安全监管重点工作：一是建立综合监管协调机制，落实行业部门、属地政府监管责任和企业管理责任；二是完善有限空间作业单位和发包单位监管台账，及时掌握有限空间安全情况；三是加强有限空间安全规范标准的宣传培训，提高企业和从业人员的法律意识；四是开展有限空间联合检查、夜查和路面巡查，打击非法违法作业，消除安全隐患。

（蒋昌启）

【有限空间大比武】 6月1日至3日，朝阳区安全监管局组织电力、环卫、污水处理、污水管线维护4支代表队伍的36名有限空间作业人员，聘请市劳保所专家结合实际操作考试大纲和现场实操两个部分，进行现场培训，并组织进行理论考核和实操演练比武。

（杨方琼）

【有限空间拉网式夜查】 8月11日，朝阳区安全监管局联合各街乡，由主管领导带队，分成48个检查组，出动203名执法人员，采取“四不两直”检查方式，对涉及城市运行的水、电、气、热、通信等地下管网有限空间作业现场，进行夜间拉网式执法检查，检查作业场所34个。针对部分作业单位防护设备设施配备不规范、作业现场无监护人员等问题，执法人员责令立即整改，并对作业单位负责人进行约谈。

（蒋昌启）

【职业卫生基础建设复查验收】 朝阳区安全监督局对全区486家企业单位职业卫生基础建设达标情况、从业人员职业健康监护档案建立情况进行复查验收。复查验收包括听取街乡汇报、查阅档案资料、现场检查3种方式。从复查情况看，超过80%的单位实现职业卫生基础建设达标，按要求为从业人员建立健康监护档案，实现“一人一档”管理。

（蒋昌启）

【有限空间安全检查】 本年，朝阳区安全监管局在全区范围内开展有限空间作业安全巡查。组织有限空间安全巡查41次，出动检查人员150人次，检查地下线缆敷设、热力管线维护、污水管线清淤等单位62家次，对作业现场未按照规定设置安全警示标识、下井作业人员未使用安全带、现场监护人员未持证上岗等13家施工单位违规作业行为，依法实施行政处罚，罚款12万元。对9家承包单位负责人进行约谈。

（蒋昌启）

【职业病危害现状评价】 本年，朝阳区安全监管局开展职业病危害现状评价专项活动。通过摸底调查，对辖区家具制造、制药、玻璃石材加工等17家存在职业危害的单位，进行职业病危害现状评价专项活动。通过开展此项活动，用人单位职业危害防治意识进一步提高，职业卫生管理制度进一步健全，职业危害防护设备设施进一步完善，工作场所作业环境明显改善。

（蒋昌启）

【职业卫生监管台账】 本年，朝阳区安全监管局建立完善全区职业卫生监管台账，及时掌握企业职业卫生管理情况。一是结合安全生产条件普查，摸底排查职业危害企业数量；二是强化职业病危害项目申报单位动态管理，有486家单位完成申报（其中变更申报169家，新申报22家，注销141家）；三是建立新发职业病、疑似职业病统计台账，全区职业病 28 例，其中 22 例为历史遗留问题导致，1 例单位作业场所未在本地，5 例为在岗新发。

（蒋昌启）

宣传培训

【安全生产月活动】 本年，朝阳区安全监管局开展安全生产月活动。举办以“安全是永恒的旋律”主题情景剧、家庭燃气安全知识竞赛、“安全生产朝阳行—新《安全生产法》执法亮剑”、安全生产应急救援演练等一系列宣传教育活动，取得明显效果。全区召开动员部署会议 1680 次，开展各类宣传教育活动 4 万余场，参加活动单位 2 万余家，受教育人数超过 120 万人；制定完善应急救援方案 1500 余件，应急预案 700 余件，开展各类演练 1500 余次，有 10 万人次参加演练；开展安全生产专项整治及联合检查 36 次，出动执法检查人员 5000 余人次，检查生产经营单位 21864 家次，整改隐患 16496 项，罚款 775.62 万元。

（潘蔚然）

【行政诉讼法培训】 6 月 15 日，朝阳区安全监管局举办培训班，组织对新修订的《中华人民共和国行政诉讼法》进行培训。针对新修订的《中华人民共和国行政诉讼法》，聘请专家对全系统执法人员进行培训。各街乡安全监管队以及区安全监管系统全体执法人员计 200 余人参加培训。

（姚遥）

【宣传咨询日】 6 月 16 日，朝阳区安全生产月宣传咨询日活动在朝阳公园南门广场举行。区政府和有关部门领导出席此次活动，区市政市容委、公安消防支队、麦子店街道等 20 余个部门和单位参加活动。咨询日活动现场设置宣传展板区、现场咨询区、装备展示区和互动体验区 4 个区域。朝阳区各街乡、有关单位在各主要场所设立安全生产咨询点，发放安全宣传资料 8.7 万余份，张贴（悬挂）宣传标语 504 条，展出宣传版面 520 余幅，参与咨询群众 11 万余人。

（潘蔚然）

【专职安全员培训】 7 月 8 日至 9 日，朝阳区安全监管局在蟹岛会议中心举办乡镇、街道（园区）安全生产专职安全员安全生产监督检查业务培训班。推进专职安全员队伍规范化建设，打造优良作风、树立良好形象、切实提高专职安全员业务水平和现场检查能力。

（刘宁）

【“职工技协杯”技能竞赛】 11 月 4 日至 5 日，朝阳区安全监管局参加北京市“职工技协杯”职业技能竞赛安全生产执法监察业务竞赛活动决赛，总体实操成绩取得全市第一名、工业组实操成绩取得单项第一名、职业卫生组实操成绩取得单项第三名、危险化学品组实操成绩取得单项第四名。

（刘宁）

【特种作业培训考核】 本年，朝阳区安全监管局加强特种作业培训考核工作，提高特种作业培训机构管理和培训水平。全区有特种作业培训机构 9 家，培训工种包括电工作业、焊工作业、建筑脚手架拆装、高处悬挂建筑物表面清洗、制冷与空调作业、地下有限空间作业等。全年培训、考核特种作业人员 9385

人次。

（王欣）

【安全生产培训】 本年，朝阳区安全监管局实施《2015 年朝阳区安全生产培训工作方案》，通过完善体制机制保障，扩大安全生产培训覆盖面，丰富培训内容，提高培训针对性，逐步实现安全培训从注重形式到注重效果、从要我培训到我要培训的转变。重点对安全监管系统执法检查人员、企业负责人进行安全生产、职业卫生、危险化学品法律法规培训，共培训安全生产执法检查人员、企业负责人和管理人员 2.78 万人次。

（王欣）

标准化建设

【标准化评审单位工作会议】 7 月 8 日，朝阳区安全监管局召开安全生产标准化评审单位工作会议。安全生产标准化评审单位主要负责人参加会议。会议部署 2015 年朝阳区安全生产标准化工作，就推进标准化建设提出 4 点要求：一是朝阳区标准化工作由行业主管部门牵头组织实施，各评审单位要加强与行业主管部门间的沟通联系；二是利用标准化评审契机，加强与企业沟通交流和宣传教育；三是加强评审机构内部管理，严格评审人员职业操守，落实评审管理制度；四是认真履行职责，严把评审质量关。

（陈京）

【工贸企业标准化部署会】 7 月 30 日，朝阳区安全监管局召开工贸企业安全生产标准化工作部署会，区安全监管局、农委、社会办和各街乡分管领导及标准化评审单位负责人参加会议。会议部署全区标准化创建工作，年底前完成 3200 家企业三级达标、4000 家小微企业岗位达标的工作任务。

（陈京）

【标准化工作推进会】 10 月 27 日，朝阳区安全监管局召开全区安全生产标准化工作推进会，区安全监管局、教委、食品药品监管局、园林绿化局、房管局、体育局、工商分局、公安分局等部门安全生产标准化工作负责人，以及评审组织单位和评审单位负责人参加会议。会议通报各行业标准化工作推进情况。会议要求：一是各单位要提高认识，采取有效措施，确保完成标准化达标工作。二是各评审单位要认真开展评审工作，严把评审质量关，确保标准化达标质量。三是加强安全监管，做好指导检查，落实企业主体安全责任。

（陈京）

【企业标准化达标创建】 本年，朝阳区安全监管局联合区有关行业部门推动企业安全生产标准达标创建工作。针对不同行业特点，组织安全生产技术专家编写制定宾馆餐饮服务、医药、物业公司、学校幼儿园、市场经营企业、健身场所、文化娱乐场所、园林绿化行业等行业《企业安全生产标准化管理手册》，组织企业学习培训，并将手册下发至 3200 余家企业。据统计，全区 7526 家企业完成标准化达标创建工作，其中：三级达标企业 3205 家，小微岗位达标企业 4321 家。

（陈京）

海 淀 区

概 述

2015年，海淀区安全生产工作围绕“四化三体系双基”总任务，构建安全生产责任体系、隐患排查治理体系和安全预防控制体系，加强安全生产监管监察工作，提升安全生产总体保障能力，确保全区安全生产形势总体平稳，为全区经济社会的科学发展、安全发展和城市运行提供保障。

一、强化安全生产综合监管。先后7次在区政府常务会专题汇报安全生产工作，召开安委会全会、季度例会、协调会20次，总结阶段性工作进展情况、分析预测安全生产形势、部署各时期重点任务。以分组督查、集中督查、交叉互查等形式，在区领导的带领下，区有关部门、各街镇、各单位开展多轮安全生产综合督查活动，出动检查组662次，组织跨地区联合执法98次，采取“四不两直”方式暗查暗访69次。编制印发《海淀区安全生产情况通报办法》《海淀区企业安全生产违法行为警示办法》《海淀区安全生产约谈办法》《安全生产“一岗双责”规定》《安全生产“党政同责”实施办法》，修改完善41个区政府相关工作部门和街镇安全监管职责156项。

二、加强安全生产“双基”建设。制定《海淀区街镇安全生产专职安全员管理暂行办法》等7项管理制度，成立专职安全员协调指导办公室，加强街镇专职安全员队伍统筹、协调、指导、督促工作。对第一批260名专职安全员进行专业化培训，完成第二批专职安全员298人的招录、面试工作，正式上岗。推进全区生产经营单位安全生产标准化建设，开展标准化培训22期，培训1011人次，完成三级标准化企业达标650家、微型企业岗位达标2500家。开展安全生产条件普查工作，发放全区各街镇和有关部门普查表及各种宣传材料20余万份，组织安普培训21场，培训普查员及市场、楼宇重点单位负责人近4000人，入户普查11.5万家。

三、加强重点行业安全监管工作。开展烟花爆竹销售、危险化学品罐区、涉氨非制冷、危险化学品道路运输行业企业的专项整治，对全区88家危险化学品生产经营单位进行三级达标复评，发放烟花爆竹许可证119家、危险化学品经营许可证61家，完成网上易制毒化学品上年度销售情况填报工作，推进全区92家危险化学品生产经营单位投保“安责险”。对全区工业企业进行摸排核实，更新台账数据库，实施分类分级安全监管。开展夏季防汛、冬季用电、粉尘作业和使用场所防范粉尘爆炸等工业企业大检查，及时消除安全隐患。开展用人单位职业卫生基础建设达标、职业病防治责任“一企一书”告知、职业病危害告知与警示标识设置双达标工作，全区

355家“已申报企业”3项工作完成率100%。

四、加大安全生产专项执法力度。开展建筑施工现场、人员密集场所消防、地下空间、特种设备和特种作业、轨道交通运营、物业管理、重大危险源、劳动密集型企业、油气输送管道（城镇燃气）等行业领域安全生产专项执法检查行动，出动执法检查人员75226人次，监督检查生产经营单位77084家，整改问题隐患34726项，罚款572.47万元，关停非法违法单位436家。开展安全隐患专项治理工作，对建筑施工、电器安全、人员密集类场所、特种设备等重点行业领域开展不定期监督抽查。按照“四不放过”原则，依法查处安全生产事故。

五、开展安全生产宣传教育工作。组织全区各街镇、重点行业监管单位安全监管局干部、主管领导和专职安全员，以及部分重点企业负责人和安全管理人员，召开新修订的《中华人民共和国安全生产法》培训大会。开展安全生产月活动，组织用电警示教育、隐患集中排查治理、法律法规宣教、应急演练等专题系列活动。开展“百名安监干部与企业主要负责人对话谈心”和“百名专家服务万家中小企业”活动，组织行业专家重点对辖区内“五小企业”“六小场所”等安全生产基础薄弱企业开展帮扶活动。

综合监管

【控制指标】 本年，海淀区发生安全生产事故死亡91人，占市安委会下达年度安全生产控制指标的93.81%。其中：道路交通事故死亡78人，同比增加1人；生产安全事故死亡8人，同比减少12人；火灾事故死亡4人，同比减少4人；铁路交通事故死亡1人，同比增加1人。

（邵连双）

【区领导带队检查重点行业】 2月13日，海淀区区委书记隋振江、区长孙文锴带领区“四套班子”对辖区加油站、烟花爆竹经营单位进行春节前安全检查，重点对安全管理制度及措施落实情况、节日期间安全管理、应急值守、隐患排查台账等进行检查，对检查中发现的问题要求立即整改。区领导要求各单位做好隐患排查及各项安全管理工作，单位负责人要提高对安全工作的认识，坚持节日期间工作力度不减、工作标准不降、以最佳的精神状态做好安全管理工作，确保节日期间安全稳定。区安全监管局、公安局、商务委、公安消防支队等部门负责人参加检查。

（邵连双）

【全国“两会”安全保障】 2月16日，海淀区安全监管局制定《海淀区“两会”期间驻地及会场周边安全生产保障工作方案》，成立由局长任组长，各分管局领导为副组长的全国“两会”安全生产保障工作领导小组，明确综合监管、属地监管、行业监管的职责分工。对驻地、会场周边500米范围内危险化学品、烟花爆竹、工业企业等重点行业领域进行安全生产执法巡查，组织相关行业管理部门、街镇对驻地、会场周边500米范围内的生产经营单位进行安全生产联合大检查，加强对重点生产经营单位管控，及时发现隐患，确保整改到位。

（傅君）

【专职安全员队伍管理】 3月，海淀区安全监管局抽调专人成立专职安全员协调指导办公室，负责统筹、协调全区29个街镇专职安全员队伍建设管理工作。结合海淀区特点，办公室以“提高认识、加强培养、搞好协调”十二字方针，确立2015年专职安全员队伍建设要点，全面部署落实相关工作。

（刘学国）

【油气输送管道隐患整治协调会】 4月2日，海淀区安委会办公室召开油气输送管道及城镇燃气管道安全隐患整治协调会，调度全区油气输送管道隐患整治工作。区城管执法局、国土分局、规划分局、市政市容委、法制办、园林绿化局有关负责人参加会议。会议传达市安全监管局关于隐患整治和具体职责工作要求，对全区油气输送管道隐患整治工作进行部署。会议要求各部门认真履职，把隐患整治工作纳入重要工作日程，加强沟通协调，形成整治合力，依法依规完成各项隐患整治任务。

（傅君）

【区委、区政府安全生产专题会】 4月2日，海淀区区委、区政府召开《海淀区安全生产“党政同责”实施办法》（草案）专题审议会。副区长王际祥主持会议，区委组织部、宣传部、纪检委（监察局）、区委办、政府办、编办、法制办、国资委、社会办、农委等部门主管领导参加会议。会上，区安全监管局汇报《海淀区安全生产“党政同责”实施办法》（草案）的起草背景、起草过程及主要内容，并结合与会单位提出的意见建议，修改完善《海淀区安全生产“党政同责”实施办法》（草案）。

（傅君）

【企业安全生产条件普查工作会】 5月11日，海淀区政府召开专题会，审议通过海淀区企业安全生产条件普查工作实施方案，区财政拨款480万元用于企业安全生产普查工作。区政府办向全区各街镇和委办局印发《海淀区生产经营单位安全生产条件普查工作实施方案》，组织各街镇安全生产普查人员及综合楼宇、商市场负责人开展培训，全区生产经营单位安全生产条件普查工作全面展开。

（袁辉）

【专职安全员招聘】 7月，海淀区安全监管局对海淀区2015年专职安全员招聘工作进行部署，以多种形式开展招聘宣传，营造良好的报名氛围。区安全监管局主要负责人对街道办事处专职安全员招聘报名工作进行检查指导，要求招聘工作体现公平、公正、公开的招聘原则，严密组织、严格程序、紧密协作，确保全区2015年专职安全员招聘工作稳步推进。

（刘学国）

【区政府常务会安全生产部署】 8月17日，海淀区政府召开第152次常务会，代区长于军，常务副区长穆鹏，副区长徐永全、龚宗元、王际祥，以及区安委会成员单位主要领导参加会议。会议传达党中央、国务院领导同志关于天津“8·12”危险品仓库特别重大火灾爆炸事故的批示精神，听取区安全监管局安全生产工作汇报，对全区安全生产工作提出具体要求。一是各部门、各单位、各街镇要认真学习领会全国安全生产电视电话会议精神和党中央、国务院领导同志的批示精神，确保安全生产形势平稳；二是按照“全覆盖、零容忍、严执法、重实效”的总体要求，推进安全生产大检查、“六打六治”专项行动以及危险化学品和易燃易爆物品安全专项整治，消除各类安全隐患；三是落实安全生产“党政同责、一岗双责、失职追责”要求，加强领导、依法履职、落实责任，防范各类事故的发生。

（傅君）

【政协主席带队检查安全生产】 8月24日，海淀区政协主席彭兴业带领区安全监管局、商务委、公安消防支队负责人到石泉加油站、万柳华联购物中心检查重大活动期间安全生产工作。彭兴业在石泉加油站详细了解重大活动期间安全生产组织实施情况，实地察看应急值守安排、应急物资准备、应急情况处置预案和安全设施设备运行情况，要求加油站负责人和全体员工树立“安全第一”的观念和“首都意识”，严格履行安全生产主体责任，严格落实各项规章制度，严密搞好安全防范，确保重大活动期间绝对安全。在万柳华联购物中心听取中心主要负责人关于重大活动期间安全生产安排部署和组织实施情况汇报，查阅中心安全生产各项规章制度和重大活动期间应急值守安排、应急处置预案，实地查看“中控室”值班值守和监控设备运行情况，告诫中心负责人、部门主管和各类员工务必举一反三，吸取天津“8·12”特别重大火灾爆炸事故的惨痛教训，杜绝人员密集场所发生重大问题，确保安全万无一失。

（陈刚）

【区长带队检查企业安全】 9月5日，海淀区代区长于军带领区安全监管局、公安消防支队等部门主要领导检查北京液化气西郊灌瓶厂、永定河沿线废品回收站等单位安全生产工作，听取企业负责人安全生产管理工作汇报，重点对用电安全、燃气安全、消防设施、安全通道、警示标识等进行检查。针对检查中发现的问题，责成有关行业部门严格监管执法，督促企业落实主体责任，及时消除安全隐患。于军指出：安全生产工作非常重要，一定要深刻吸取天津“8·12”特别重大火灾爆炸事故教训，警钟长鸣，强化“红线”意识，加强安全生产监管，落实企业主体责任，共同努力，保全区安全稳定，保企业安全发展。副区长王际祥参加检查。

（郑臣）

【冬季安全生产宣传月活动】 11月2日，海淀区安委会召开全区公共安全电视电话会暨区安委会第四季度全会，海淀区安委会办公室印发《关于深入开展“冬季安全宣传月”活动的通知》，要求全区各单位在11月开展“冬季安全生产宣传月”活动。各部门、各街镇利用电视、广播、报纸、网络等舆论工具和多种宣传方式，及时公布对严重非法违法行为、典型案例和重特大事故、典型事故的查处结果，在全区掀起安全生产宣传工作高潮。

（傅君）

【安全生产大检查“回头看”督查】 12月18日，国务院安委会督查组来海淀区督查安全生产大检查“回头看”工作。海淀区代区长于军、副区长王际祥及区安全监管、消防、商务、市政市容、交通运输等行业部门相关负责人参加督查。国务院安委会督查组采取“四不两直”的方式，先后前往双安商场、北京燃气集团高压管网运行五所、金源时代购物中心实地检查企业安全生产规章制度、应急管理、消防设施、员工持证上岗及教育培训等工作落实情况，并随机抽查海淀区安全生产大检查期间关闭取缔的绮美市场、世纪坛早市。通过抽查档案资料、实地检查，督查组对海淀区安全生产工作给予肯定，并指出各级各部门要加强对本行业、本辖区重点行业领域监督管理，做好岁末年初安全生产工作。代区长于军表示，海淀区将积极落实“党政同责、一岗双责”要求，做到“三个必须”，落实各项安全监管措施，查找工作中存在的薄弱环节，加大隐患排查治理力度，确保全区安全生产形势持续稳定。

（傅君）

【消防安全和安全生产部署会】 12月24日，海淀区政府召开全区消防安全和安全生产工作部署会，副区长王际祥参加会议并讲话，区政府相关委办局主管领导在主会场参会，各街镇主管领导、安办主任和专职安全员在街镇视频分会场参会。公安消防支队通报火灾情况，并就下阶段消防安全工作进行部署；区安全监管局对安全生产监督管理和应急值守工作提出具体要求。王际祥指出：全区各部门、各街镇要在全区开展拉网式安全大检查，分行业领域、分属地辖区召开消防和安全生产工作会议，以人员密集场所和重点场所为核心，全面部署消防和安全生产工作，指导、监督行业领域和属地生产经营单位开展自查自纠，切实加强消防和安全生产执法检查，发现问题依法处罚，保持全区消防和安全生产高压态势。

（傅君）

【区长带队检查人员密集场所安全】 12月24日，海淀区代区长于军带领区安全监管局、公安分局等部门到北京市基督教海淀堂、新中关购物中心等人员密集场所进行安全生产检查，区领导彭玉敬、陈双、王际祥、刘恪参加检查。检查组到北京市基督教海淀堂、新中关购物中心听取关于安全保障措施及应急预案汇报，查看监控系统运行情况，询问安全措施，对节日期间人员密集场所安全工作提出具体要求。

（傅君）

【生产安全事故调查处理】 本年，海淀区安全监管局依照事故调查相关法律、法规的规定，对海淀区生产安全事故调查处理工作进行全面梳理、总结、提炼，结合全区一般生产安全事故调查处理实际，编制《海淀区一般生产安全事故调查处理工作规程》及实施细则，突出5项特点：一是规范调查职责，强化沟通协调，确保调查合力；二是规范调查取证，强化法律文书，确保证据效力；三是规范调查授权，强化调查结论，确保程序合法；四是规范审议流程，强化听取意见，确保客观公正；五是规范报告表述，强化证据支撑，确保严谨准确。在区政府、市安全监管局的大力支持下，与相关成员单位和检察院通力配合，取得明显实效。

（陈溥）

【信息化系统优化】 本年，海淀区安全监管局投入25万元对信息化系统进行优化完善。更新栏目设置、丰富网站内容、提升服务功能，加大政务信息公开力度，提升网站信息查询和服务审批事项办理的便捷程度。

（李婧）

危险化学品安全监管

【危险化学品安全管理视频会】 2月27日，海淀区安全监管局召开2015年危险化学品安全管理工作视频会议，全区危险化学品气体经营企业和危险化学品生产企业负责人参加会议。会议通报国家安全监管总局关于2014年全国危险化学品安全监管工作情况，以及市安全监管局对2015年安全管理重点工作部署。区安全监管局主管领导对海淀区落实重点工作提出要求，部署“两会”期间安全保障工作。要求各单位加强从业人员安全教育培训和“两会”期间应急值守工作，组织开展应急演练，落实隐患排查制度，发现隐患及时整改，做好“两会”期间安全保障工作。

（邵连双）

【危险化学品安全管理工作会议】 4月16日，海淀区安全监管局召开2015年危险化学品安全管理工作会议，全区加油站、危险化学品气体经营企业、危险化学品生产企业、涉氨企业负责人参加会议。会议部署2015年危险化学品安全管理重点工作，对危险化学品储罐专项治理、加油站改造、“安责险”、应急救援物资配备等工作进行解读，讲解事故应急预案备案办理流程，要求各企业单位加强安全管理，落实企业主体责任，推进安全生产标准化工作，固化长效机制，确保安全生产。

（邵连双）

【市安全监管局行政许可检查】 4月17日，市安全监管局到海淀区安全监管局检查安全生产行政许可工作。检查组听取海淀区行政许可工作情况汇报，并抽查辖区内2家危险化学品经营企业，重点检查企业对供货方的资质备案、危险化学品经营流向、超范围经营、异地存储情况等内容，要求企业遵守相关法律法规，严守经营范围，依法经营，确保安全。

（邵连双）

【危险化学品运输专项治理】 4月，根据全市危险化学品运输行业专项执法监察电视电话会议要求，海淀区成立由区安全监管局、运输局海淀处和公安交通支队主要领导组成的专项治理领导小组，明确各部门在整治工作中的具体内容，开展执法检查。出动执法检查人员56人次，车辆17台次，对全区范围内9家危险化学品运输企业进行检查。发现安全隐患13项，下达责令整改指令书7份，隐患整改率100％。

（李婧）

【安全生产责任保险宣导会】 4月29日，海淀区安全监管局与人保财险海淀支公司联合召开安全生产责任保险宣导会，面向企业宣传安全生产责任保险知识，向83家油气站开展安全生产责任保险推广工作。

（闫明）

【企业“安责险”签约仪式】 6月9日，海淀区安全监管局在丰辰加油站举行安全生产责任保险签约仪式，丰辰加油站成为海淀区首家“安责险”签约单位。安全生产责任保险制度是由政府推动，保险公司运营的一项保障社会公众生命权益的制度。

（闫明）

【气体经营单位冬季安全部署】 11月，海淀区安全监管局对气体经营单位冬季安全管理所涉及的防火、防煤气中毒、防冻（扫雪铲冰）、防恐等工作进行动员部署。重点强调人员培训教育、防火预案演练、火灾隐患排查治理等工作。要求各单位结合工作实际，严格落实责任，加强安全管理，确保安全生产。

（陈刚）

烟花爆竹安全监管

【烟花爆竹销售安全部署】 2月4日，海淀区安全监管局召开全区街镇安办主任会议，对2015年烟花爆竹销售安全管理工作进行部署。会议明确烟花爆竹销售安全管理工作步骤和任务，对重点时段安全监管工作提出具体要求。一是充分认识安全生产形势和烟花爆竹安全管理的重要性，增强做好烟花爆竹安全管理工作的责任感、紧迫感。二是明确任务，掌握辖区网点数量，网点安全条件和从业人员的基本情况，发挥专职安全员在烟花爆竹销售管理工作中的作用。三是依法监管，多措并举，做到日常检查不间断、重点阶段全覆盖、销售燃放高峰时段有人盯守，严厉打击烟花爆竹销售过程中的各种违法行为。四是加强沟通协调，对上级要求上报的数据及材料要做到及时准确，对烟花爆竹销售安全管理工作要做到措施有力，检查从严，工作扎实，实现安全无事故的目标。

（陈刚）

【烟花爆竹经营许可与销售】 本年，海淀区发放烟花爆竹经营许可证119家，同比减少29家，下降19.6%。在销售期间，全区烟花爆竹零售网点销售烟花爆竹23383箱，同比减少13968箱，下降37.3%。

（陈刚）

【烟花爆竹安全监管】 本年，海淀区安全监管局成立烟花爆竹销售安全管理工作领导小组，制定工作方案，建立工作机制，召开协调会，按时完成烟花爆竹受理、审批、发证工作。组织4个烟花爆竹检查组，对全区26个街镇进行不间断检查，重点时段局领导带队检查。全区安全监管系统出动执法检查人员322人次，出动检查车辆158车次，发现各类问题隐患106项，下达执法文书43份。烟花爆竹零售网点存在的安全隐患和问题，全部按照执法人员的要求及时整改，整改率100%。烟花爆竹安全监管实现“不爆炸、不燃烧、保安全、零事故”的目标。

（陈刚）

隐患排查治理

【凯德MALL改造项目联合检查】 8月11日，海淀区安全监管局接到关于“凯德MALL翠微路店、凯德晶品万寿路店在改造项目中违规使用危险化学品”的举报投诉。8月18日，区安全监管局会同区商务委、公安消防支队、人力社保局、运管处、住房城乡建设委和属地街道针对此举报开展联合检查。检查组根据各自的职责进行检查，针对两家单位施工项目无开工证、安全生产教育培训档案不健全的问题，对施工单位下达责令限期整改指令书和询问通知书。并告诫物业负责人：一是要抓好本单位安全生产工作，开展安全隐患自查自改活动；二是加强应急值守和安全巡查，有效处置突发事件；三是加强安全培训和教育，增强职工安全生产和自我安全防护意识。

（邵连双）

【工业企业安全隐患排查】 8月，海淀区安全监管局制发《海淀区工业企业安全生产大检查工作方案》，明确全区工业企业安全生产大检查主要内容，突出对涉氨、涉危、涉爆粉尘等工业企业进行检查，全力防范事故发生。共检查工业企业12家，出动执法人员27人，发现安全隐患16项，整改率100%。

（邵连双）

【燃气罐安全专项整治】 10月，海淀区安委会印发《关于进一步加强危险品安全监管 集中开展生产经营单位燃气罐安全专项整治的通知》，在全区开展生产经营场所燃气罐安全专项整治。检查生产经营单位2065家，发现涉及燃气安全隐患问题1316项，立即整改680项，下达执法文书613份，罚款4.1万元。要求6家燃气罐进货渠道不明、燃气罐质量不符合要求的生产经营单位停产停业整顿，关闭取缔5家无证无照使用非法燃气罐、存在严重安全隐患的单位。全区建立使用燃气罐生产经营单位台账2284家。全区各有关执法部门、行业领域监管部门和各街镇制定生产经营单位燃气罐安全专项整治实施方案或检查计划，并按照区安委会要求将燃气罐安全监管纳入日常执法检查。

（邵连双）

【隐患举报投诉核查】 本年，海淀区安全监管局及时查处市安全监管局举报投诉中心、区非紧急救助中心转办和群众电话举报的安全隐患，做到接到一起调查一起，查实一起处理一起，件件反馈调查结果，全年查处群众举报生产安全隐患86件，其中：市安全生产举报投诉中心转办29件，区非紧急救助中心转办41件，直接接收群众举报投诉16件。按监管行业分：人员密集场所9件，建筑业5件，烟花爆竹3件，危险化学品47件，职业卫生2件，其他20件。截至12月底，办结86件，立案调查2起，办理结果均答复署名举报人，办结率100%。

（李婧）

应急救援

【安全生产联合应急演练】 6月26日，海淀区安全监管局联合公安消防支队、西三旗街道、北京五星青岛啤酒有限公司开展安全生产应急演练。此次演练分为液氨泄漏专项演练和日常消防演练两部分。首先进行液氨泄漏专项演练，参演人员听到氨泄漏报警仪警报之后，按照应急预案，进行先期处置、配合相关职能部门进行联合处置，将伤员救出并将氨浓度控制到安全限值以下。随后进行消防演练，消防官兵对消防器材使用进行示范后，参演人员进行实地操作。此次联合应急演练取得圆满成功。

（邵连双）

【职业中毒事故应急演练】 9月15日，海淀区生产安全事故应急指挥部组织

"海淀区2015年处置突发急性职业中毒事件应急演练"。此次演练模拟海淀区某企业在生产过程中，发生有毒气体泄漏，气体挥发，导致作业现场多名人员出现中毒反应。区安全监管局接到紧急报告后按照相关程序迅速启动黄色生产安全事故应急预案，展开救援调查行动。演练分为4个部分，贯穿事故接报、信息报告及初期应急响应、预案启动、现场处置、现场恢复等环节，分别模仿职业中毒事故预案所应对的4个阶段。演练主体环节结束后，专家对本次演练进行点评，肯定本次演练为今后的预案修订及完善打下良好基础，使应急指挥部成员单位了解事故救援流程，熟悉在事故应急处理过程中各相关单位及部门的职责，提高全区应急管理队伍生产安全事故应急准备、组织协调和应急响应能力，健全完善应急工作机制，为及时发现和纠正应急工作中存在的纰漏、保障企业及广大人民群众生命财产安全积累实战经验。

（邵连双）

【应急信息报送】 本年，海淀区安全监管局在节假日和重点时期，严格执行24小时局领导在岗带班制度、值班人员双岗在岗值班制度和工作人员24小时通信畅通备勤制度，及时掌握全区安全生产工作动态；元旦春节"两节"、全国"两会"等特殊时期，每日增加一组检查人员，充实应急值守力量；严格落实事故信息快速报告制度和综合信息每日报告制度，确保通信联络畅通，及时传达市、区应急工作部署和要求，保证重点时期全区安全生产形势的稳定。

（李婧）

执法监察

【商市场库房消防安全检查】 1月4日至7日，海淀区安全监管局、商务委、公安分局、公安消防支队、工商分局、属地街镇等部门，采取"四不两直"方式，分阶段对全区大型商场市场库房进行拉网式消防安全专项检查。检查组分别对超市发清河店仓库、当代商城仓库、凯德茂商场仓库等进行检查。针对商场仓库消防安全，重点对商场仓库存放易燃易爆品，物品超重、超高，仓库内灯具要求，用火、用电、用气以及危险物品管理，灭火器配备，仓库检测报警仪、防火防爆装置、联锁装置等安全防护设施的情况，安全出口、疏散通道、应急照明、安全疏散指示标识进行检查，对检查发现的问题当场下达责令整改通知书，隐患整改率100％。

（李婧）

【春节期间安全检查】 2月18日至24日，海淀区安全监管局联合区商务委、旅游委、文化委、公安消防支队以及属地街道等单位对北太平庄街道、羊坊店街道、万寿路街道人员密集场所开展安全生产大检查。区安全监管局成立4个烟花爆竹检查组，出动检查人员90人次，对119家烟花爆竹销售网点进行3次全覆盖检查。全区安全监管监察系统出动执法检查人员322人次，出动检查车辆158车次，检查生产经营单位499家，其中重点时间段对93处烟花爆竹零售点进行夜查。春节期间检查中共发现各类隐患问题106项，下达执法文书43份，无群众举报投诉。通过安全检查，有效防范各类事故，实现烟花爆竹安全监管“不燃烧、不爆炸、保安全、零事故”的工作目标。

（郑臣）

【“两会”期间安全检查】 2月24日至3月15日，海淀区安全监管局、商务委、旅游委、市政市容委、质监局、公安消防支队以及属地街道等单位组成7个联合检查组，采取“四不两直”方式分别对“两会”会场、代表驻地周边500米范围生产经营单位开展安全生产大检查。联合检查组实地查看经营单位消防安全、特种设备安全、燃气安全、电气设备安全等安全生产工作情况，查阅安全生产管理制度、突发事件应急预案及安全生产措施落实情况。要求企业负责人加强安全管理，制定完善应急救援预案，排查治理安全隐患，确保重点时期安全稳定。此次检查共出动执法检查人员100余人次、执法车辆60余车次，检查生产经营单位176家次，下达执法文书43份，查处安全隐患3项。

（郑臣）

【建筑工地安全检查】 4月23日，海淀区安全监管局、住房城乡建设委、质监局、公安消防支队组成联合检查组，对北京黄石科技研发中心施工项目开展安全生产大检查。联合检查组采取现场检查和查阅资料两种检查方式，重点检查施工现场临边防护、危险源监控、安全消防设施、特种设备安全、特种作业人员持证上岗、劳动防护用品佩戴等情况，查阅施工单位资质证书及安全生产许可证、安全生产责任制和应急救援预案、安全管理人员和特种作业人员培训及持证上岗情况等内容。联合检查组要求项目负责人落实企业主体责任，制定完善汛期应急预案，确保全区建筑业安全生产形势持续稳定。

（郑臣）

【文化娱乐场所安全检查】 4月29日，海淀区安全监管局、文化委、公安消防支队组成联合检查组，采取“四不两直”方式对部分文化娱乐场所开展安全检查。联合检查组实地检查北京含金量娱乐有限公司、北京今日良缘休闲娱乐俱乐部，重点抽查安全责任制落实情况、消防安全情况、突发事件应急预案落实情况、安全保障措施落实情况、经营作业场所设备设施安全状况、员工安全教育培训情况、应急演练及紧急状况处置情况等。联合检查组针对个别经营场所存在的安全生产培训教育记录缺失等问题，责令单位负责人限期整改。经核查，隐患问题全部整改完毕。

（郑臣）

【工业企业安全生产大检查】 8月，海淀区安全监管局制定实施《海淀区工业企业安全生产大检查工作方案》，明确全区工业企业安全生产大检查主要内容，重点对涉氨、涉危、涉爆粉尘等工业企业进行检查，防范生产安全事故发生。出动执法人员27人次，检查工业企业12家次，发现隐患16项，整改率100%。为中国人民抗日战争暨世界反法西斯战争胜利70周年纪念活动和2015年北京国际田联世界田径锦标赛创造良好的安全生产环境。

（马铭）

【生产安全事故调查处理试点】 本年，海淀区被市安全监管局列为生产安全事故调查处理试点区县。区安全监管局根据事故调查相关法律、法规和文件的要求，对海淀区生产安全事故调查处理工作进行梳理、总结、提炼，并结合海淀区一般生产安全事故调查处理工作实际，编制《海淀区一般生产安全事故调查处理工作规程》及实施细则，突出5项特点：一是规范调查职责，强化沟通协调，确保调查合力；二是规范调查取证，强化法律文书，确保证据效力；三是规范调查授权，强化调查结论，确保程序合法；四是规范审议流程，强化听取意见，确保客观公正；五是规范报告表述，强化证据支撑，确保严谨准确。此项工作在区政府、区法制办和市安全监管局的支持下，与相关成员单位和海淀检察院通力配合，通过一年的试点，取得明显实效。市安全监管局对海淀区试点工作给予肯定，并在全市范围内推广海淀区试点经验。

（邵连双）

职业卫生监督检查

【职业卫生部署】 4月14日，海淀区安全监管局在实创培训中心召开2015年全区职业卫生工作会议，全区28个涉及职业卫生工作的街镇安办主任参加会议。印发《海淀区安全生产监督管理局关于做好2015年全区职业卫生工作的通知》，部署企业职业卫生基础建设活动、职业病防治责任“一企一书”告知、用人单位职业病危害告知与警示标识设置双达标工作，并对2014年度海淀区职业病危害防治评估报告情况进行反馈，提出改进措施和建议。

（赵双琳）

【职业卫生防治责任告知书签署】 4月14日，海淀区安全监管局在实创培训中心与用人单位代表北京立方仁混凝土有限公司总经理签订海淀区职业卫生防治责任告知书。职业卫生防治责任告知书的目的是在开展“职业卫生基础建设活动”基础上，明确企业职业病防治的主体责任，强化用人单位职业病危害防治工作。

（赵双琳）

【职业病防治主题宣传活动】 4月29日，海淀区安全监管局举行主题为“防治职业病，爱护劳动者”的宣传活动。在活动现场，工作人员为职工群众进行职业病防治法律法规、个人防护用品使用、劳动合同用工及工伤保险、工会会员权益等方面知识的现场咨询，并发放相关宣传材料。

（赵双琳）

【职业病危害现状评价部署会】 7月21日，海淀区安全监管局召开职业病噪声危害现状专项评价工作部署会，明确专项活动评价范围、工作目标和工作步骤，对活动提出要求。要求用人单位积极提供相关资料、场地等，配合技术服务机构做好评价检测工作。各企业根据评估报告提出的整改意见和建议，加强技术改造，加快技术创新，提升工艺设备，淘汰不符合国家产业政策、存在严重职业危害的工艺、设备和材料，推进产业结构调整和优化升级，提高职业危害防治水平。

（赵双琳）

宣传培训

【安全生产法宣贯会】 2月11日，海淀区安全监管局在中国农业大学西校区报告厅召开新修订的《中华人民共和国安全生产法》宣贯大会，区安委会各成员单位主管领导、安全监管局全体执法人员、各街镇专职安全员以及海淀区部分重点企业负责人和安全管理人员参加会议。会上，国家安全监管局总局专家重点针对新修订的《中华人民共和国安全生产法》10大亮点、综合监管与行业属地职责划分、企业主体责任落实及全国重大事故案例等内容进行分析解读。会议要求各街镇及行业主管部门要把新修订的《中华人民共和国安全生产法》的宣传贯彻作为当前的一项重要任务，切实加强领导，明确责任，抓好落实。

（任海源）

【安全生产专家服务企业】 3月，海淀区安全监管局制发《关于落实“百名安全生产专家服务万家企业”活动方案》，在全区29个街道推进活动开展。由市安全监管局指定的3名安全生产专家，对东升镇、田村路街道、万寿路街道专职安全员进行业务知识培训指导，并深入到街道辖区内的“五小企业”“六小场所”，对小微企业进行安全生产知识普及，发放《安全用气常识》《安全用电常识》，对安全生产情况进行现场检查和指导，提出整改建议。安全生产专家服务小微企业25家，其中小饭店16家、小市场4家、小加工企业2家、小服装企业2家、小发廊1家，发现隐患135项，现场整改隐患3项，提出整改建议133条。各街镇针对专家检查中发现的安全隐患，开展督促检查，安全隐患全部整改完毕。

（马铭）

【“六五”普法总结】 6月3日，海淀区政府法制办对区安全监管局“六五”普法工作完成情况进行检查验收。区安全监管局主要负责人就“六五”普法期间各项工作完成情况进行总结：一是加强队伍建设，制定“六五”普法方案，形成长效机制。“六五”期间局领导干部带头学法，全局全员培训4个轮次共200余人次。二是创新宣教载体。“六五”期间，全区开展应急演练2000余次，张贴、发放各类宣传材料125万份，在新闻媒体、网络发布安全生产知识500余条，普及人数约130万人次。联合培训机构率先建立3个安全生产培训基地，培训企业负责人、安全管理人员共3500人。三是建立行政执法工作制度、政务公开制度，实行重大决策法律论证制度和行政执法公示制度。区法制办对区安全监管局5年来在普法宣教工作中创新培训机制、拓宽普法层面、丰富宣传手段等给予肯定。

（任海源）

【企业负责人培训】 6月4日，海淀区安全监管局在北京职工培训基地举办企业负责人安全生产培训班，正式启动2015年安全生产培训工作。此次培训依托北京铁路局职工培训基地和北京京育华成培训基地，安全生产培训班开设企业负责人和安全生产管理人员两类课程，对企业负责人和安全生产管理人员进行系统的安全生产教育培训。

（邵连双）

【宣传咨询日】 6月16日，海淀区安委会以“强化依法治安意识，建设安全发展城市”为主题开展安全生产月宣传咨询日活动。全区设立1个主会场，4个主题会场，24个分会场。区安全监管局、司法局、文化委、旅游委、商务委、住房城乡建设委、公安消防支队、公安交通支队、人力社保局、质监局、房管局、城管局、民防局、市政市容委、体育局、发展改革委、万寿路街道、保险公司、燃气公司等部门，在西翠路苏宁电器门前设立咨询日主会场，宣传贯彻新修订的《中华人民共和国安全生产法》及安全生产相关法律法规，结合本区安全生产形势，开展现场宣传咨询活动。活动展出主题展板50余张，发放宣传材料和各种宣传品2万余份，现场向过往群众解答安全生产问题。同时，羊坊店街道在凯德MALL商场西广场、八里庄街道在华光商厦门、曙光街道在世纪金源购物中心南广场、花园路街道在翠微百货牡丹园店西侧广场，分别设立以“人员密集场所安全生产监管”“事故应急救援”“小微企业安全生产管理”“企业标准化安全生产监管”为宣传内容的主题会场，开展多种形式的现场宣传活动。其他各街镇根据辖区特点，自行设立咨询分会场，以播放教育影片、发放宣传材料等多种形式向过往群众进行安全教育宣传工作。代区长于军参加上地街道分会场的咨询活动，并亲自向群众发放宣传品。宣传咨询日，全区发放各类宣传材料24万份，30余万人参加现场咨询活动。

（任海源）

【安全生产月期间执法检查】 6月，海淀区安委会在安全生产月活动期间组织开展安全生产执法检查行动。全区各有关部门、各街镇出动执法人员10745人次，检查生产经营单位5000余家次，整改安全隐患4145项。开展系列应急演练950次，参加安全生产宣传教育培训37万余人次，张贴、发放各类宣传材料（宣传品）37万余份，在市、区新闻媒体、网络发布安全生产月新闻、安全生产常识500余条。全区1.4万余家单位、44万名职工群众参加安全生产月活动，安全生产宣教活动取得良好效果。

（任海源）

【企业负责人对话谈心活动】 6月，海淀区安全监管局局领导分别带队深入企业，与企业主要负责人开展“一对一”对话谈心活动。与企业负责人对话谈心80次。安全生产专家深入企业普及安全生产知识，发放《安全用气常识》《安全用电常识》135套。发现安全隐患560项，提出整改建议543条，隐患整改率100%，培训街镇专职安全员112人次。

（郑臣）

【安全生产宣传教育调研】 7月21日，国家安全监管局总局宣传教育中心主任何国家带队到海淀区调研安全生产宣传教育工作，区委常委、统战部部长彭玉敬和区安全监管局主要领导参加调研。何国家一行对海淀公共安全馆进行实地考察，听取区安全监管局工作情况汇报。何国家对海淀区安全生产宣传教育工作给予肯定，特别对安全生产月活动中的多项创新工作提出表扬。何国家要求加强基层安全生产宣传教育工作的横向交流沟通，取长补短，发挥地方特色，充分发挥安全生产月的作用，力求取得实效，做到以月促年。

（任海源）

【执法监察业务专项培训】 10月30日，海淀区安全监管局参加“职工技协杯”竞赛决赛人员在实创西山培训中心进行封闭式培训。此次培训以安全生产隐患排查、执法信息化系统应用、执法文书编制、执法礼仪等为主要内容，培训形式丰富，并结合工作实际举行座谈，对工作中的难点、疑点问题展开探讨。培训按照“精心组织、赛出风格、发挥水平”的要求，达到预期效果，对安全生产执法人员精神风貌和业务能力提高起到促进作用。

（赵双琳）

【专职安全员岗前培训】 11月16日，海淀区安全监管局组织12个街镇拟录用的147名安全生产专职安全员在海淀区安全生产教育培训基地进行岗前培训。专职安全员岗前培训分两批开展，每期培训5天40学时，主要内容涉及安全生产法律法规、基层安全生产监督、专项执法检查要点等。培训后由区安全监管局组织298名拟录用人员进行取证考试，考试合格签约后，于2016年1月正式上岗。

（刘学国）

【冬季安全生产宣传月】 11月，海淀区安委会印发《关于深入开展“冬季安全宣传月”活动的通知》，要求各部门、各街镇利用电视、广播、报纸、网络等舆论工具和多种宣传方式，及时公布对严重非法违法行为、典型事故的查处结果。举办安全生产宣传活动283场，发放宣传材料107626份，各类媒体报道信息84条，曝光严重违法企业、典型案例、典型事故8个，活动参与企业7934家、受教育人数76123人次，消除各类安全生产隐患2503项。

（任海源）

【重点企业安全生产培训】 2015年，海淀区安全监管局通过街镇推荐、企业报名，组织辖区重点企业负责人和安全管理人员开展安全生产教育培训，宣传贯彻新修订的《中华人民共和国安全生产法》及安全生产管理知识、事故案例、警示教育等内容，并将培训内容及考试成绩记录在《安全生产培训记录手册》之中，作为企业安全生产培训档案的重要内容。依托区安全生产教育培训基地，举办培训班10期，培训海淀区内重点企业负责人及安全生产管理人员1300余人。

（任海源）

标准化建设

【标准化建设协调会】 4月2日，海淀区安委会办公室在蓝海中心召开安全生产标准化建设工作协调会，区相关委办局有关负责人参加会议。会上，各委办局总结各自行业领域内企业安全生产标准化三级达标情况，介绍经验，提出工作中遇到的问题，并客观评价标准化评审单位的工作情况。区安全监管局总结全区2014年企业安全生产标准化三级达标工作并部署2015年工作。

（郑臣）

【标准化达标创建大会】 4月29日，海淀区安全监管局召开全区2015年安全生产标准化达标创建工作大会。各街镇主管领导及相关行业部门负责人参加会议。副区长王际祥参加会议并讲话。会议总结2014年全区安全生产标准化工作情况，部署2015年安全生产标准化相关工作。副区长王际祥分别与各街镇和行业代表签订《2015年海淀区安全生产标准化达标创建目标责任书》。王际祥就安全生产标准化达标创建工作提出4点要求：一是提高思想认识，把标准化作为推动企业自我完善、持续改进安全生产工作的重要举措；二是加强统筹协调，发挥行业、属地主导作用，确保达标创建工作深入开展；三是建立标准化核查制度，加大核查工作力度；四是完善考核细则，加大绩效考核力度，确保完成全区1000家三级达标企业和2500家岗位达标的目标任务。

（马铭）

【标准化达标企业抽查】 7月13日至19日，海淀区安全监管局聘请6名安全生产标准化专职评审员分3组分别对上半年三级标准化达标企业进行抽查。此次抽查涉及19个街镇、8个行业部门、45家企业。区安全监管局主管领导带队检查并提出要求：一是与有关街镇安全生产办公室搞好配合与协调，确保抽查工作顺利；二是严格掌握核查标准，确保核查质量；三是向企业反馈问题，讲究工作方式方法；四是做好抽查情况综合分析，向评审机构通报抽查情况。

（马铭）

【企业标准化复评观摩会】 7月30日，海淀区安全监管局在北京众生北清路加油站召开全区危险化学品企业安全生产标准化复评工作观摩会。中石化、中石油、三元、壳牌、众生、首汽等石油公司及社会加油站相关负责人参加会议。会上，北京众生北清加油站负责人介绍如何以标准化建设为抓手，提升本单位安全管理水平的做法。评审专家依据标准化复评原则、程序、内容、评分标准等进行现场评审。会议要求各单位重视安全生产标准化复评工作，统筹安排、有序推进，广泛发动、人人参与，严格标准、确保质量，提升安全管理水平。

（马铭）

【标准化建设推进会】 9月15日，海淀区安全监管局召开安全生产标准化建设工作推进会。区教委、住房城乡建设委等14个部门有关负责人参加会议。会议通报全区各行业标准化工作推进情况及在推进工作中发现的主要问题，要求各部门、各单位在下一阶段工作中，通过标准化建设消除企业存在的各类安全隐患或问题，及时解决工作中遇到的难点问题，确保年底前顺利完成标准化创建任务。

（马铭）

【标准化岗位达标推进会】 11月5日，海淀区召开安全生产标准化建设微型岗位达标工作推进会，各街镇安全生产办公室负责人参加会议。会议通报全区各街镇微型岗位达标工作推进情况及在推进工作中的主要问题，部署下一阶段工作任务。会议要求：一是各单位要按照年初制定的工作目标，采取有效工作措施，推进标准化工作；二是统筹兼顾，突出重点，合理组织力量，优先完成重点任务；三是及时解决工作中遇到的难点问题，加快标准化建设进程；四是严格把握时间节点，确保完成微型岗位达标任务。

（马铭）

【企业标准化达标创建】 本年，海淀区安全监管局重点推进全区工业、危险化学品经营、商业等行业领域企业标准化建设工作。分批次完成对行业、属地、区级评审人员的多层次培训，各属地、行业管理部门组织对本地区、本行业安全生产标准化创建企业负责人和安全管理人员进行培训，突出重点、分步实施、稳步推进，全年完成三级标准化达标企业196家、小微企业岗位达标3166家。

（郑臣）

丰　台　区

概　　述

2015年，丰台区安全生产工作围绕安全生产“四化三体系双基”总任务，加大执法检查力度，深入开展专项整治，开拓创新，恪尽职守，狠抓落实，圆满完成年初确定的各项任务，全区安全生产形势持续稳定好转。丰台区被市安委会评为“2015年度安全生产工作先进区县”。

一、强化依法治安思维，安全责任体系建设凸显。制定实施年度安全生产工作意见、执法检查、教育培训、标准化创建等工作方案。出台《丰台区隐患排查治理体系建设实施意见》《丰台区“党政同责、一岗双责”规定》《丰台区关于进一步完善和加强区政府工作部门安全监管（管理）职责的通知》《丰台区实施安全发展战略促进和谐宜居之区建设的意见》和《丰台区实施安全发展战略促进和谐宜居之区建设的分工方案》，健全完善安全生产责任体系。

二、狠抓重大活动期间安全保障工作，确保全区安全平稳有序。制定中国人民抗日战争暨世界反法西斯战争胜利70周年纪念活动和2015年北京国际田联世界田径锦标赛安全生产保障方案，主要领导一线指挥，以“一城、两线、一场”为重点，点面结合做好安全生产保障工作，确保重大活动安全顺利。

三、扎实开展专项行动，隐患排查整治成效明显。有针对性地对重点地区、重点行业领域开展安全大检查和综合执法检查，深入开展重大危险源、危险化学品、输油气管道、交通运输、建筑施工等11个专项整治，处罚一批违法违规企业，消除一批安全隐患，改善一批重点行业企业的安全生产状况。全区检查生产经营单位和场所3.2万家，查处安全隐患1.9万项，下达限期责令整改文书8261份，罚款384万元。

四、提高安全素质，宣传教育氛围浓厚。组织《中华人民共和国安全生产法》培训班，以及工业企业负责人、街乡镇安全主管领导及监管人员参加的安全生产培训活动，共举办培训班12期，培训1790人。开展安全生产月咨询日、“十佳安全宣传员”评选，诗歌、微小说和漫画征集，情景剧大赛、家庭燃气知识竞赛等系列宣传活动。开展“百名安全监管局干部与万家企业主要负责人对话谈心”与“百名安全生产专家服务万家企业”活动。启动5个街道市级安全社区创建和3个街道全国安全社区创建工作。

五、开展标准化建设，提高企业安全生产水平。全区市政、园林、教育、卫生、建设、房管、运输等16个行业领域推进安全生产标准化工作，三级标准化企业达标500家，小微企业达标2200家。做好生产经营单位普查，组建普查员队伍，发挥专家作用，举办业务培训，逐一入户普查，圆满完成市安全监管局下达的普查工作任务。

六、抓好安全监管队伍建设，基层专职安全员作用显现。对2015年聘录的297名专职安全员进行业务培训。制定《专职安全员管理暂行办法》等管理制度，加强业务技能学习、职业操守规范、作风纪律养成，配备安全检查装备、办公设施、交通工具等物质保障。专职安全员上岗以来，在对企业安全检查、企业安全生产条件普查等方面做了大量工作，有效解决基层安全生产检查力量薄弱这个多年困扰的难题。

综合监管

【控制指标】 本年，丰台区发生安全生产事故死亡69人，占市安委会下达年度安全生产控制指标的87.34%。其中：道路交通事故死亡63人，同比减少1人；生产安全事故死亡2人，同比减少5人；火灾事故死亡3人，同比减少1人；铁路交通事故死亡1人，同比减少2人。未发生较大以上安全生产事故。

（李颖）

【区政府领导带队督查建筑安全】 1月6日，区政府各分管领导分别带队对全区建筑施工单位开展安全检查，督促全区所有在施工程落实停工自查要求，对冬施项目列出清单，组织力量进行拉网排查，重点检查高支撑、深基坑、高大脚手架等危险性较大工程。

（李颖）

【区政府常务会安全生产专题】 1月12日，丰台区区长冀岩主持召开区政府常务会，专题研究《丰台区安全生产事故隐患排查治理体系建设实施意见》。会议原则同意《实施意见》修改完善后以区政府名义印发。冀岩强调指出：一是提高认识，严防事故；二是细化责任，重视落实；三是加强宣传，达成共识。

（李颖）

【副区长带队检查全国“两会”安全】 2月26日，丰台区副区长高峰带领区安全监管局、公安消防支队等部门组成的联合检查组，检查太平桥街道和卢沟桥街道全国“两会”代表驻地安全生产保障工作。检查组听取有关单位全国“两会”保障工作汇报，重点检查“三合一”隐患整治、消防安保措施、24小时应急值班等情况。高峰强调指出：要加大日常巡查力度，特别要加强应急值守和职工安全教育工作，进一步落实安全生产主体责任，确保全国“两会”期间安全稳定。

（牛玉杰）

【安全生产工作会】 3月24日，丰台区政府召开2014年安全生产工作会，区安委会和防火委成员单位及各街乡镇主管领导参加会议。会议对2014年全区安全生产、消防安全、交通安全工作进行通报，对2015年重点工作进行部署，区政府与各街乡镇和安委会成员签订2015年《消防安全责任状》和《安全生产目标管理责任书》。副区长高峰参加会议并讲话。

（李颖）

【区政府研究部署二季度安全生产工作】 4月23日，丰台区召开第57次区政府常务会议。区政府领导及区安委会48家成员单位主要领导参加会议。会议通报全区2015年一季度安全生产工作情况，部署二季度安全生产重点工作。区长冀岩要求：各部门、各单位进一步明确职责，健全责任体系。区委办、政府办和区编办正式出台并组织实施区“党政同责”“一岗双责”和“管行业必须管安全、管生产必须管安全、管业务必须管安全”的责任体系，通过职责的明确，落实安全生产监管（管理）任务，避免因职责不清而出现失管、漏管，一定要做到全覆盖、无缝隙。抓好各项重点和任务的落实，各单位要各司其职，认真进行谋划、组织，抓好落实，特别是重点做好生产经营单位普查和事故防范工作。重视宣传教育，各单位要继续组织开展好安全生产月等系列宣传教育活动，通过群众喜闻乐见的形式和多方面的载体，面向基层、面向广大市民和从业人员，大力宣传安全生产的法律法规、典型事故案例、各类安全知识常识，组织开展应急演练等。

（李颖）

【安全生产紧急会】 7月1日，丰台区政府召开全区安全生产紧急大会，通报6月30日北京市木材厂有限责任公司院内仓库发生的一起严重火灾事故情况，就认真汲取此次火灾事故的惨痛教训，立即采取有效措施，坚决避免类似事故再次发生进行安排部署。各委办局、街乡镇主要领导参加会议。副区长高峰通报大红门街道辖区内北京金隅集团下属的北京市木材厂有限责任公司院内仓库起火的具体情况。区长冀岩要求：一是彻查事故原因，抓好善后工作。针对这次事故，公安、消防、安全监管等部门要立即组织力量，彻底调查事故原因。对于事故中的人为责任，一经查实，必须严肃追究。要全力抓好事故善后工作，区委、区政府要协调属地及各相关部门立即展开善后处理的相关事宜。二是深刻汲取教训，立即开展安全生产大检查。区领导和全区各部门、各街乡镇党政主要领导，要立即行动，包区包片，入村入社区，入户入企业，深入开展各行业、各领域的安全生产大检查。三是全力以赴确保宛平城地区纪念活动安全有序。一定要按照市委书记郭金龙6月29日到宛平检查70周年纪念活动筹备工作时的要求，牢固树立“安全第一”的观念，时刻绷紧安全这根弦，坚持下先手棋、打主动仗，以中央提出的“四个坚决防止”和“三个确保”为目标，全方位加强工作部署。

（李颖）

【危险化学品安全督查】 8月17日至19日，丰台区区委、区政府领导分7个组分赴全区加油站、油库、涉氨重大危险源等场所进行安全生产集中督查。为落实习近平总书记、李克强总理等中央领导关于天津港“8·12”瑞海公司危险品仓库特别重大火灾爆炸事故的重要批示精神和全国、北京市安全生产电视电话会议部署要求，丰台区在开展百日安全生产大检查的基础上，全面展开新一轮危险化学品领域的安全大检查。

（李颖）

【安全生产专题培训】 9月10日至11日，丰台区区委组织部联合区安全监管局、区委党校举办全区处级领导干部安全生产专题培训班。副区长高峰进行开班动员并授课。市安全监管局有关领导以如何落实好“党政同责”和“三个必须”有关要求为导向，着重从安全生产事故调查处理、标准化创建和执法检查等方面进行解析。全区各街乡镇和安委会成员单位党政主要领导、分管领导和部门负责人以及一线安全生产检查员共890人参加培训。高峰围绕安全生产“党政同责、一岗双责”这一主题，从为什么、是什么、怎么做3个方面，引用事故案例，针对如何贯彻习近平总书记重要讲话精神和市委市政府、区委区政府的工作要求，理论联系实际，进行深入细致的讲解。高峰要求各单位、部门按照区委、区政府下发的安全生产“党政同责、一岗双责”规定，制定本街乡镇、本部门安全生产“党政同责、一岗双责”制度，明确领导班子成员以及内设机构安全生产工作具体职责，层层分解落实安全生产责任，确保安全生产形势持续稳定。

（李颖）

【区领导国庆节前带队安全检查】 9月24日至30日，丰台区区委副书记、区长冀岩，区委常委顾晓园、李军、霍连明、孙军民、刘宇、钟百利、朱继明，副区长吴继东、狄涛、高峰、张婕等领导带队，分8个组对全区21个街乡镇、科技园区、丽泽商务区和园博园等进行国庆节前集中安全检查。并分赴长途客运站、危险化学品生产经营单位、建筑工地、人员密集场所（商市场、宾馆饭店、文化娱乐、地下空间、特种设备）等重点单位，检查国庆节前各属地、各相关行业安全生产工作部署落实情况，企业安全生产责任制落实情况，生产经营或作业场所安全隐患排查治理情况，全力做好国庆期间安全生产保障，确保万无一失。

（李颖）

【区政府常务会安全生产部署】 11月5日，丰台区政府召开第66次区政府常务会议。会议听取区安全监管局关于丰台区三季度安全生产工作情况和四季度重点工作的汇报。为确保完成全年安全生产任务，进一步做好安全生产工作，区长冀岩强调指出：一是各职能部门、各街乡镇要落实责任，严格落实《安全生产“党政同责、一岗双责”规定》《实施安全发展战略促进和谐宜居之区建设意见》等规范性文件。二是全力以赴完成任务，进一步检查梳理区域内的安全隐患，及时整改到位，务必完成市级挂账项目重大隐患的整改。三是安全监管、消防、建筑等部门要加大力度，狠抓建筑工地、旅游景点、地下空间等重点领域安全生产工作，抓好行业企业的主体责任，严防事故发生，特别是严防重特大事故发生，减少一般事故发生，坚决杜绝群死群伤事件，确保安全生产任务全面完成。

（李颖）

【安全生产条件普查】 本年，丰台区全面开展安全生产条件普查工作。为确保普查进度，区主要领导亲自挂帅，区安委会印发工作方案，区安全监管局倒排工期，按照普查工作时间节点和任务清单，推动全区14个委办局和21个街乡镇落实工作方案。全区印制《普查公告》《致企业的一封信》等宣传材料10万余份，印制普查表10万余套，通过在街头巷尾张贴横幅、利用电子显示屏滚动播出宣传口号的方式，对社会单位开展宣传。全区组建2300余人的普查员队伍，培训考核合格后，统一配发胸卡。通过招标选中2家中介机构，派驻专家到街乡镇包片指导。从5月中旬开始，全区启动入户登记工作，逐一入户普查。全区共普查生产经营单位138340家，其中：实际录入57367家（一般法人单位4344家、小规模法人单位10587家、综合楼宇内法人单位5733家、在建工程154家；商市场及综合楼宇内个体工商29731家、其他个体工商6818家），核销“三经普”台账73283家，未取得工商营业执照7690家。圆满完成安全生产条件普查工作任务。

（李颖）

危险化学品安全监管

【全国“两会”期间安全检查】 全国“两会”期间，丰台区安全监管局加强危险化学品安全监管工作。检查“两会”驻地、沿线周边重点危险化学品经营单位15家次，检查记录10份，下达责令整改指令书2份。通过信息平台，向全区危险化学品经营单位发出通知，要求各单位加强领导带班，做好应急值守工作。要求14家易制毒经营单位在全国“两会”期间停止经营，要求84家加油站停止加装散装汽油。

（陈勇）

【危险化学品执法检查】 本年，丰台区安全监管局检查危险化学品经营单位165家次、烟花爆竹零售网点50余家次，发现并督促企业整改隐患136项（其中烟花爆竹零售网点4项），下达责令整改指令书62份、强制措施决定书5份。行政处罚立案2件，罚款13.38466万元。查处举报件36起（其中“96005”举报24起，“12350”举报8起，其他举报4起）。

（陈勇）

【行政许可】 本年，丰台区安全监管局办理生产经营单位危险化学品经营许可证申请62家次，其中延期35家、首次申请8家、变更18家，注销9家，不予受理1家。易制毒备案6家，注销易制毒备案2家。危险化学品生产经营单位事故应急预案备案95家。加油站装修改造备案10家次。

（李建鹏）

烟花爆竹安全监管

【烟花爆竹零售网点设置】 本年，丰台区安全监管局印发《丰台区2016年春节烟花爆竹销售（储存）安全管理工作方案》，对烟花爆竹零售网点设置采取街乡镇初审、安全监管部门现场审核的程序，从严审查零售网点安全条件，将2014年的113个零售网点压减到99个。按照《烟花爆竹零售网点设置安全规范》的要求，逐一现场把关。

（陈勇）

【烟花爆竹安全培训】 2月5日，丰台区安全监管局组织全区烟花爆竹安全教育培训班，采取安全知识宣讲与现场实操相结合，实施闭卷笔试的办法，分3批组织580余名烟花爆竹销售网点负责人和从业人员进行安全技能培训，培训内容为烟花爆竹安全知识，零售网点安全管理、规章制度落实和防火应急演练等。培训人员全部通过培训资格考试。

（陈勇）

【销售大棚实时监控】 本年，丰台区安全监管局建立烟花爆竹监控系统平台，给每个烟花爆竹零售网点安装6个摄像头，对网点及周围环境进行实时监控，并通过音视频和群发系统及时进行安全提示，有效提升烟花爆竹安全管理水平。

（陈勇）

【零售网点安全检查】 春节期间，丰台区安全监管局组成8个专项执法检查小组，采取领导带队检查、突击检查、夜查、联合检查等方式，对全区烟花爆竹零售网点进行拉网式检查。各街乡镇、社区对烟花爆竹零售网点选派督导员进行监管。烟花爆竹销售期间，全区出动检查人员1980人次，执法检查1345家次，查处各类安全隐患198项。烟花爆竹经营销售期间未发生安全生产事故。

（陈勇）

隐患排查治理

【城乡结合部建设工程隐患排查】 1月，丰台区住房城乡建设委对城乡结合部地区建设施工现场开展检查，重点检查安全生产责任、消防安全、领导带班制度落实以及易燃物清理等内容。对排查出的隐患，开具监督执法记录，限期整改落实。

（李颖）

【“卢沟晓月”文化节隐患排查】 9月，丰台区安全监管局制定保障“卢沟晓月”文化节安全生产执法检查计划，明确工作重点和各级安全管理职责。聘请安全专家，与执法人员一起对“卢沟晓月”活动现场的舞台搭建设施情况开展安全检查，排查隐患，对现场检查出的问题下达责令整改指令书，立即整改消除。

（肖勇）

【城乡结合部专项整治】 本年，丰台区安全监管局制定城乡结合部专项整治工作方案，全面部署落实，强化监管，确保城乡结合部安全生产水平整体提升，落实全市疏解非首都核心功能部署要求，加大对非首都核心功能企业的执法力度。检查非首都核心功能产业26家，行政处罚15家，罚款32万元。

（牛玉杰）

【重点行业领域安全整治】 本年，丰台区安全监管局组织开展春节期间夜查暗访、烟花爆竹零售网点安全检查、“六打六治”专项行动、危险化学品运输企业安全整治、批零市场安全整治、客运汽车站安全整治、莲石路沿线安全整治、建筑施工安全整治、餐饮企业安全检查、商场超市安全检查、宾馆饭店安全检查、文化娱乐场所安全检查、公园景区以及体育场所安全检查等专项执法检查行动。检查生产经营单位和场所3.2万家，下达执法文书8261份，罚款384万元，整改安全隐患1.9万项。

（牛玉杰）

应急救援

【油库消防应急演练】 6月16日，丰台区安全监管局在丰西油库组织开展应急预案演练，演练模拟7号油罐发生火情，火焰波及周边油罐，火势有蔓延趋势。企业事故处置小组迅速进入库区进行消防布控和应急救援，对相邻的5、8号罐体进行喷淋降温。企业迅速报警、组织员工紧急疏散、迅速撤离现场、快速到达安全地带、对伤员进行救治等应急处置程序。有关人员指导企业员工掌握灭火器材的使用、初期火灾扑救等消防知识。

（王金泉）

【安全生产应急保障】 本年，丰台区安全监管局在中国人民抗日战争暨世界反法西斯战争胜利70周年纪念活动和2015年北京国际田联世界田径锦标赛、全国“两会”和党的十八届五中全会期间，针对全区安全生产保障工作，制定应急保障工作方案，通过落实安全生产责任制和严格管控重点企业等措施，加强应急管理，开展救援演练，排查整改安全生产隐患，杜绝生产安全事故的发生。

（王金泉）

【突发事件应急保障】 本年，丰台区安全监管局针对安全生产突发事件处置，依法做好现场应急准备工作。一是严格执行应急值守制度，坚持24小时应急值守，坚持领导带班和干部值班制度，严格信息报送制度。二是随时准备赶赴事故现场，领导干部和事故应急救援人员坚持24小时通信畅通，保证应急车辆和装备完好，保证24小时值班备勤。三是依法开展生产安全事故查处工作，在区政府的领导下，与相关部门积极配合、相互协调，及时完成生产安全事故的调查处理工作。

（王金泉）

执法监察

【全国“两会”安全保障】 3月，丰台区安全监管局联合相关部门，对全国“两会”驻地、会场周边200米范围内的150家生产经营单位进行摸排建档，联系属地街乡镇，加强社会面防控，开展不间断的执法检查和督导抽查，及时排查治理安全隐患。实行安全生产“日报告”制度，及时上报有关信息和执法数据。圆满完成安全保障任务。

（牛玉杰）

【抗战胜利纪念活动安全保障】 9月，丰台区安全监管局在中国人民抗日战争暨世界反法西斯战争胜利70周年纪念活动的主题展览活动中，成立领导小组，制定保障工作方案和事故应急救援预案，在展览活动中先后出动执法检查人员298人次，出动车辆132车次，检查生产经营单位1024家次，整改消除安全隐患260项。9月2日至3日，阅兵活动结束前，区安全监管局对全区加油站、加气站等危险化学品经营单位进行拉网式夜查，要求所有加油站、加气站等危险化学品经营单位加强巡查检查，加强应急值守，确保重大活动安全顺利进行。

（牛玉杰）

【大型活动安全保障】 本年，丰台区安全监管局加强大型活动安全生产保障工作。成立大型活动安全生产检查组，对大型活动建设施工主体及其配套设施进行安全检查，重点检查安全生产规章制度、应急预案等安全措施情况，以及高处作业、特种作业、机械设备操作运行、用火用电情况，对大型活动周边及重点单位、重点部位逐一进行检查，发现安全隐患责令被检单位立即或限期消除，并督促落实整改，严防生产安全事故发生。圆满完成“迎新春万人徒步”“批零市场”“卢沟晓月晚会”“国际铁人三项赛”“园博园游园”“全国职业技能大赛物联网技术应用与维护”“国际迷你马拉松”“2015 彩色跑”“北京市第十届全民健身体育节开幕式暨 2015 四季跑活动”“机器人大赛”“车模大赛”“世界种子大会”等大型活动安全保障任务。

（牛玉杰）

【执法检查】 本年，丰台区安全监管局完成生产经营单位安全执法检查 1102 家，全年检查计划完成率 110%。下达限期责令整改指令书 503 份，实施强制措施 4 次，执法文书计划完成率 101%。查处隐患 1241 项，立案处罚 86 起，罚款 120.4 万元。查处安全生产举报投诉 26 件，举报投诉台账查处率 100%。

（牛玉杰）

【专职安全员队伍建设】 本年，丰台区安全监管局会同有关部门招录 2015 年丰台区第一批专职安全员 297 人，分配到 22 个街乡镇（园区），组成 22 支安全生产检查队，在各街乡镇（园区）安全部门的管理下开展日常安全生产检查工作。据统计，全区各街乡镇（园区）专职安全员检查生产经营单位 45539 家次，发现隐患 85041 项，填写《安全生产现场检查记录》35688 份，下达《安全生产责令改正通知书》14279 份。协助区安全监管局开展“双百工程”、安全生产条件普查和小微企业标准化创建工作，配合有关部门开展联合执法行动，为丰台区安全生产工作注入新的力量。

（任满生）

职业卫生监督检查

【职业病防治法宣传周】 4 月 25 日至 5 月 1 日，丰台区安委会办公室组织各街乡镇开展《中华人民共和国职业病防治法》宣传周活动。宣传周活动期间，有关部门举办培训班 114 班次，出动宣传人员 1292 人次，发放宣传资料 11020 份。利用宣传栏、黑板报、横幅、电子屏等形式宣传职业病防治知识，使广大职工群众加深对职业病防治工作的认识，增强自我防护和依法维权意识。

（郭卫平）

【职业卫生基础建设咨询会】 5 月 28 日至 29 日，丰台区安全监管局在外研社国际会议中心召开丰台区职业卫生基础建设与执法专项行动咨询会。全区 236 家存在职业危害的用人单位主要负责人及职业健康管理人员、街乡镇安全生产管理人员共 400 人参加咨询会。咨询会上，区安全监管局有关负责人对职业卫生基础建设与执法专项行动的具体内容、执法检查具体要求、存在职业危害须采取的具体措施等进行通报和说明，收到良好效果。

（郭卫平）

【职业卫生基础建设】 本年，丰台区安全监管局聘请北京市化工职业病防治院和北京中瑞环泰科技有限公司作为职业卫生基础建设达标验收单位和技术支撑单位，制定实施工作方案，对辖区内职业病危害项目申报的 236 家用人单位职业卫生管理情况进行摸底调查，了解掌握用人单位职业卫生基础建设工作情况，并对用人单位进行职业卫生基础建设专项指导。年内完成全部236家用人单位的咨询评审工作，达标和经整改后达标的用人单位共229家，达标率97%。

（冯慧珍）

【职业卫生执法检查】 本年，丰台区安全监管局检查存在职业危害生产经营单位58家，下达责令整改指令书25份，排查治理安全隐患61项，实施行政处罚3起，罚款11万元。

（郭卫平）

宣传培训

【安全生产月活动】 6月，丰台区安委会办公室组织开展安全生产月活动。区安委会办公室制发工作方案，对全区安全生产月活动进行部署，各行业主管部门、各属地街乡镇和科技园区结合实际制定活动方案、召开动员部署会。全区通过悬挂横幅、张贴海报，发放安全提示板、安全知识手册和电子显示屏滚动播出等形式，重点在“五小”“六小”企业密集区、“出租大院”等区域进行宣传。启动“十佳安全生产卫士”推选、职业病防治知识竞赛、“安全是永恒的旋律情景剧”大赛、安全生产影视片集中展映等安全生产月系列主题活动。

（李颖）

【宣传咨询日】 6月16日，丰台区安委会在西四环红星美凯龙家居建材广场举行以“强化依法治安意识，建设安全发展城市”为主题的第十四个安全生产月咨询日宣传活动。区安委会36个成员单位，根据各自承担的安全监管职责，分别在咨询台组织宣传教育活动，利用展板、发放宣传品等方式向现场或过往人员进行相关法律法规规章、安全生产知识、应急处置常识的宣传；活动现场还设立“12350”举报投诉受理咨询台；公安消防支队安排消防特种车辆到场并现场进行消防器械展示、演示，北京燃气集团南郊分公司进行燃气知识宣传及互动。区长冀岩、副区长高峰出席宣传咨询日活动。中央和市属驻区重点单位代表，各行业部门职工代表，卢沟桥乡和卢沟桥街道各社区、村安全生产宣传教育志愿者1200余人参加宣传咨询日现场宣传活动。

（李颖）

【专职安全员培训】 6月至7月，丰台区安全监管局集中开展专职安全员集训；9月至12月，开展专职安全员专业知识网络培训并进行考核；10月，在全区10个街道中各选调一名专职安全员到区安全监管局集中轮岗训练；12月1日至3日，组织100名各街乡镇（园区）专职安全员骨干进行管理及专业培训。培训中，采取以查代训、网络远程培训、集中轮训、专项培训等形式提升专职安全员专业素质和履行职责能力。

（任满生）

【执法业务培训】 12月，丰台区安全监管局举办安全生产执法业务培训班，邀请专家从建筑工地、人员密集场所安全检查要点、危险化学品单位检查重点和执法业务等方面对各街乡镇、科技园区和全局执法检查人员进行再培训、再教育，取得良好的培训效果，提升全区安全生产执法水平。

（牛玉杰）

【"双百工程"】 本年，丰台区安全监管局在全区开展安全生产"百名安全监管干部与万家企业主要负责人对话谈心"与"百名安全生产专家服务万家企业"活动，各级领导与企业负责人对话谈心58次，专家服务企业480家，受到广大职工群众好评。

（李颖）

【各类宣传活动】 本年，丰台区安全监管局组织开展北京市"十佳安全宣传员"评选，安全生产诗歌、微小说和漫画征集，以及安全生产情景剧大赛、家庭燃气知识竞赛等系列宣传活动。在"十佳安全宣传员"评选活动中，丰台区推荐的选手在全市百名参赛人员中进入前20名，被评为优秀安全宣传员；在诗歌征集活动和家庭燃气知识竞赛活动中，丰台区安全监管局获得优秀组织奖。

（李颖）

法制建设

【依法行政培训】 本年，丰台区安全监管局制定《2015年依法行政教育培训计划》，举办4期执法人员依法行政培训班，参加培训180余人次。培训目的是提高安全生产执法人员业务水平，增强依法行政能力。培训邀请首都经贸大学专家、教授，针对依法行政、执法检查程序和应注意的事项进行授课。

（刘凤英）

【行政执法计划】 本年，丰台区安全监管局制定《行政执法计划》，经区政府批准后，报市安全监管局备案。编印《安全管理法规文件选编》1000册，下发到全区各街乡镇和企业单位。

（刘凤英）

【行政处罚案件备案】 本年，丰台区安全监管局制定《行政处罚程序规定（试行）》，规范行政执法案件管理工作。积极参加市安全监管局行政处罚案卷评查工作，对参评案卷存在问题进行梳理，明确整改措施，提高执法监督和案件管理水平。

（刘凤英）

标准化建设

【工业企业标准化工作会】 4月1日，丰台区安委会办公室召开2015年工业企业安全生产标准化工作会，区有关部门、各街乡镇和丰台科技园区负责人，以及部分驻区中央、市属、区重点企业主要负责人250余人参加会议。会议对2014年全区工业企业安全生产标准化工作进行总结，对优秀单位和合格单位进行表彰，并对2015年全区工业企业安全生产标准化工作进行部署。会议要求安全生产标准化工作要与新修订的《中华人民共和国安全生产法》宣传贯彻紧密结合，对全区工业企业进行调查摸底，采取有效措施，开展企业安全生产标准化达标创建工作。

（刘凤英）

【企业标准化培训】 6月4日至5日，丰台安全监管局召开2015年丰台区工业企业安全生产标准化培训会，全区参加标准化达标创建的企业和有关街乡镇、科技园区安全管理部门负责人和管理人员参加培训。会议聘请长期从事安全生产标准化工作的专家，对安全生产标准化基本标准进行讲解。会议要求各单位加强组织领导，做好安全培训，有计划、有步骤地推进安全生产标准化工作。

（刘凤英）

【危险化学品企业达标复评】 6月，丰台区安全监管局召开安全生产标准化工作动员部署会，对危险化学品从业单位三级标准化达标复评工作进行安排，明确工作任务和要求。在此期间，区安全监管局审核通过90家危险化学品从业单位。其中加油站81家、工业气体8家、实物单位1家。

（田会）

【企业标准化达标创建】 本年，丰台区安全监管局组织全区有关部门在16个行业领域开展安全生产标准化创建。制定全区安全生产标准化创建工作方案和各行业领域专项方案，500家企业通过达标验收。制定小微企业标准化创建工作方案，评审小微企业2265家。按要求组织对企业标准化创建达标工作进行核查，通过建立核查企业台账和落实核查日程安排等，圆满完成核查任务。

（李颖）

石景山区

概　　述

2015年，石景山区安全生产工作遵循“生命至上、安全第一”和“依法治安”理念，推进“四化三体系双基”建设进程，年度各项工作任务圆满完成，全区安全生产形势保持总体平稳发展的态势。

一、推进安全生产“一把手”体系建设。区委、区政府根据安全生产形势，明确由区长夏林茂直接分管安全生产工作，副区长田利跃担任安委会副主任，协助区长开展工作。区委、区政府印发《关于进一步明确领导干部安全生产监督管理职责的通知》，区安委会各成员单位贯彻区委、区政府决策，及时调整分工，由主要领导直接分管安全生产工作，落实安全生产党政“一把手”工程。

二、完善安全生产责任制。围绕“全面深度转型，高端绿色发展”战略和构建高端社会治理体系，制定《关于石景山区实施安全发展战略促进和谐宜居之都建设的意见》《石景山区安全生产“一岗双责”暂行规定》《关于进一步完善和加强区政府工作部门安全监管（管理）职责的通知》《关于推进安全生产隐患排查治理体系建设的意见》《石景山区安全生产约谈办法》《石景山区安全生产情况通报办法》《石景山区安全生产“党政同责”规定》《石景山区安全生产违法行为警示办法》，区属各级党委、政府部门安全生产责任体系进一步健全，实现安全生产责任全覆盖。

三、强化重大活动安全保障。开展中国人民抗日战争暨世界反法西斯战争胜利70周年纪念活动和2015年北京国际田联世界田径锦标赛等重大活动安全生产保障工作，结合“六打六治”打非治违专项行动，组织全区开展安全生产大检查。组织检查组11774个，检查人员32522人次，检查生产经营单位（场所）2.946万家次，下达执法文书2361份，责令停产、停业、停止建设145家，关闭非法企业91家，罚款22.375万元。排查发现隐患9975项，督导整改9862项，整改率98.86%。区安办组成4个督查组，对15个重点部门和9个街道开展安全生产大检查情况进行督导检查，促进工作落实。

四、夯实安全生产基层基础工作。推进安全生产标准化工作，完成一级标准化达标企业1家、二级标准化达标企业62家、三级标准化达标企业315家，完成小微企业岗位达标2935家，超额完成年度任务。开展安全生产条件普查工作，摸清安全生产台账底册，组织普查培训20场次，培训人员2000余人次。全区普查生产经营单位11765家，其中一般法人单位803家、小规模法人单位2838家、大型个体工商户84家、小型个体工商户2838家、商市场内生产经营单位5186家、在建工程16家。推动安全生产信息化建设，把安全生产信息化工作纳入石景山区整体建设中，完成集协同办公系统、企业基本信息管理系统、自查自报系统、标准化系统、危险化学品及重大危险源视频监控系统、职业卫生系统、统计分析系统和安全生产资源知识库为一体的安全监管信息化建设。推行“安责险”试点建设，51家企业完成投保。充实基层监管检查力量，面向社会为全区9个街道公开选配138名街道安全生产社区工作者，各街道成立安全生产检查队，基层安全生产工作实现有机构、有力量的目标。按照全区创新城市综合治理模式工作要求，选调9名业务精、能力强的执法检查骨干，下沉到9个街道，参加街道社会治理工作，实现安全生产监管触角延伸至基层，安全生产监管阵地前移至街道。

五、开展安全生产宣传教育。全面推动“百名安全监管干部与万家企业主要负责人对话谈心”和“百名安全生产专家服务万家企业”活动的开展。累计开展对话谈心活动120次。区安全生产专家小组完成服务企业600家，发现企业在安全生产制度、教育培训记录、设备维护保养、电气线路、消防等方面隐患问题760余项，并及时督促整改。组织安全生产月宣传咨询日、职业病防治法宣传周活动，组织燃气家庭安全知识竞赛、“安全是永恒的旋律”主题情景剧。在老山公园、古城公园、八角雕塑公园和玉泉公园建设安全生产宣传阵地，宣传安全知识。每季度组织安全生产公开培训课，着力提升安全监管人员业务素质。

综合监管

【控制指标】 本年，市安委会下达石景山区安全生产控制指标20人。全年，石景山区发生安全生产事故死亡19人，占年度安全生产控制指标的95%。其中：道路交通事故死亡11人，同比减少1人；生产安全事故死亡3人，同比增加1人；火灾事故死亡5人，同比增加3人。未发生铁路交通死亡事故。

（颜惠军）

【公共安全和安全生产部署会】 1月4日，石景山区区委、人大、政府、政协召开联席会议，区委书记牛青山、区长夏林茂、区人大常委会主任赵玉民、区政协主席岳德顺参加会议。会议研究部署公共安全和安全生产工作。一是开展为期3个月的公共安全和安全生产综合执法“亮剑行动”。二是区领导各负其责，抓好安全隐患排查工作，对责任落实不到位的单位和领导严格进行执纪问责。三是对各行业领域安全隐患拉出清单、建立台账，逐项制定整治方案。四是加强媒体宣传和舆论引导工作，在全社会营造良好舆论氛围。

（颜惠军）

【安委会第一次会议】 1月5日，石景山区安委会召开第一次会议，部署公共安全综合执法“亮剑行动”。副区长富大鹏通报市领导关于公共安全和安全生产工作的批示精神，区委副书记吴克瑞出席会议并讲话。区公安分局、住房城乡建设委、旅游委、商务委主管领导根据各自工作开展实际，就安全监管和人员密集场所管控等方面进行发言。区安全监管局就全区安全生产大检查方案进行说明和部署。

（颜惠军）

【第一次区长办公会】 1月7日，石景山区区长夏林茂主持召开2015年第一次区长办公会，专题研究安全生产工作。会议传达全国安全生产工作电视电话会议精神，听取2014年安全生产工作情况的汇报，对2015年安全生产工作进行部署。重点做好7项安全生产工作：一是扎实开展安全生产“亮剑行动”；二是加强安全生产责任体系建设；三是加强安全生产法制化建设；四是加强安全生产信息化建设；五是加强安全生产标准化建设；六是加强安全生产社会化建设；七是加强安全生产队伍建设。

（颜惠军）

【危险化学品反恐部署会】 2月6日，石景山区安全监管局召开危险化学品企业反恐工作部署会，对2014年度危险化学品企业反恐工作进行总结，部署2015年反恐工作。会议表彰反恐工作先进个人，中石油、中石化等企业代表进行典型发言。区反恐办领导要求：一是充分认清反恐怖工作的严峻形势；二是强化危险化学品企业安全管理主体责任；三是切实提高安全生产管理水平；四是加强应急管理，提高应急处置能力。

（栾松）

【安全生产大会】 4月17日，石景山区安委会召开2015年安全生产大会。区安委会成员单位主要领导、主管领导和科室负责人以及100余家企业负责人参加会议。会议总结2014年安全生产及消防工作，表彰安全生产先进单位和先进个人，部署2015年工作重点。区长夏林茂参加会议并讲话。夏林茂要求：一是提高对安全生产及消防工作的思想认识，要坚持一切从零抓起，真正把安全生产和消防工作抓实、抓出成效。二是落实政府部门监管责任，各部门、各街道要把安全生产工作当作“一把手”工程，按照习近平总书记“管行业必须管安全、管业务必须管安全、管生产经营必须管安全”的要求，落实好各自的法定职责。三是加强对安全生产及消防工作的督查考核，区政府督查室、监察局要加强督查检查。区安委会办公室要严格落实安全生产综合考核制度，开展量化、差异化、动态化安全生产综合考核，对发生较大事故或造成恶劣影响事故的责任单位，实行安全生产“一票否决”。

（颜惠军）

【标准化建设部署会】 4月28日，石景山区安委会办公室召开2015年企业安全生产标准化建设工作部署会。会议总结2014年企业安全生产标准化建设情况，印发《2015年石景山区推进企业安全生产标准化建设工作方案》，部署2015年标准化达标工作。会上，为2014年安全生产标准化三级达标企业授予达标牌，部分参与达标的行业主管部门和企业代表介绍安全生产标准化建设的经验体会。会议要求：要统一思想，坚持“政府推动、行业指导、企业主体、社会参与”的原则，扎实推进标准化建设，提高企业安全管理水平；要明确任务，落实责任，深入开展培训教育，不断强化标准化创建工作措施，努力实现2015年标准化建设工作目标。22个行业主管部门、9个街道办事处主管领导，标准化达标企业、咨询评审机构和参加2015年度标准化建设单位负责人参加会议。

（李强）

【“安责险”试点部署会】 4月28日，石景山区安全监管局召开2015年“安责险”试点工作部署会。副区长富大鹏参加会议并对“安责险”试点工作提出要求：一是坚持“政府推动、行业指导、企业主体、社会参与”的原则，扎实推进“安责险”建设，提高企业安全管理水平。二是深入开展培训教育，不断强化“安责险”试点工作措施，努力实现2015年工作目标。三要总结经验，确保取得实效。

（李强）

【安全生产形势分析会】 5月13日，石景山区安委会办公室组织20个重点行业部门、9个街道办事处和首钢总公司，召开安全生产形势分析会，部署开展为期一个月的安全生产大检查。会议强调：一是各单位党政正职领导要落实安全生产第一责任人责任，强化对安全生产形势分析，做好事故防范。二是加大安全生产执法检查力度，制定检查方案，重点对建筑施工、人员密集场所、道路交通、有限空间、危险化学品、特种设备等行业领域开展安全检查。三是全面落实重点隐患整治，按照公共安全综合执法“亮剑行动”排查确定的重点隐患，相关责任单位要采取有效措施，确保按时限整改到位。四是加强宣传教育和应急演练，扩大安全生产教育培训工作范围，进一步完善应急预案，强化重点场所的应急演练。

（颜惠军）

【安委会第二次会议】 5月28日，石景山区安委会召开第二次会议，学习贯彻中央领导同志关于“5·25”河南鲁山老年公寓特大火灾的重要批示，传达市领导关于安全生产工作的讲话精神，并对全区安全生产工作进行部署。区安委会各成员单位主要领导参加会议。区长夏林茂参加会议并讲话。夏林茂要求：一要牢固树立“安全生产重于泰山，生命安全至高无上”的理念。二要在全区范围内开展安全生产大检查，检查重点为养老院、幼儿园、出租大杂院、中小学校和其他各类人员密集场所。三要严格落实责任，各单位党政主要领导要亲自抓安全，亲自管安全。安全监管部门要把工作重心放在“立足于平时、立足于防范、立足于严管重罚、立足于责任落实”上，确保全区安全生产形势稳中向好，杜绝重特大事故发生。

（颜惠军）

【安全生产工作会】 6月3日，石景山区区长夏林茂、副区长富大鹏召开安全生产工作会，听取区民政、教育、消防等单位安全管理工作情况汇报，分析全区安全生产形势，研究部署安全生产工作。全区27个相关委办局及9个街道办事处（鲁谷社区）主要领导参加会议。会上，夏林茂强调指出：一要站在讲政治、促发展、保稳定的高度，提高安全生产工作的思想认识。二要敢于担当，落实政府部门安全监管责任。三要落实要求，推动安全生产大检查工作。

（颜惠军）

【安全生产大检查部署】 8月13日，石景山区区委书记牛青山紧急召开区委专题会议，传达习近平总书记和李克强总理关于安全生产工作重要指示，通报天津“8·12”事故情况，对中国人民抗日战争暨世界反法西斯战争胜利70周年纪念活动和2015年北京国际田联世界田径锦标赛等重大活动、社会面反恐、安全生产大检查工作进行部署，要求各单位立足于平时、立足于防范、立足于严管重罚、立足于责任落实，把安全生产大检查工作常态化，确保辖区不出现问题。副区长文献主持召开政府工作会，贯彻落实区委专题会精神，全面启动安全生产大检查工作。石景山区政府发出紧急通知，要求全区各单位立即开展安全生产大检查。重点突出5个方面安全检查：一是检查各单位建立健全“党政同责、一岗双责、齐抓共管”安全生产责任体系，实现“五落实五到位”，以及重点工作推进落实情况；二是检查各类企业安全生产制度、管理责任落实和隐患排查、治理情况；三是检查企业安全生产投入、培训、标准化建设，及重大危险源监控、防范等情况；四是检查企业灾害防范、救援物资储备等情况；五是检查企业违法生产、经营情况。

（颜惠军）

【第23次区长办公会】 10月29日，石景山区2015年第23次区长办公会专题研究安全生产工作。会议讨论通过《关于落实安全发展战略促进平安石景山建设的意见》和《关于推进安全生产隐患排查治理体系建设的意见》，听取三季度安全生产工作情况汇报，对四季度安全生产工作进行重点部署。会议强调：一是要抓好安全生产“1＋7”系列文件贯彻落实，利用年度考核时机，对各相关部门责任落实情况进行全面考核，确保“党政同责、一岗双责、齐抓共管”要求落到实处。二是要坚持预防为主，推进安全生产标准化、信息化建设，完善保障体系，夯实安全生产工作基础。三是要协同作战，严格执法检查，严厉打击违法建设、非法经营等行为。

（颜惠军）

【第127次区委常委会】 11月11日，石景山区区委书记牛青山主持召开第127次区委常委会，听取《关于落实安全发展战略促进平安石景山建设的意见的汇报》。会议传达学习国务委员王勇关于安全生产的讲话精神、国家安全监管总局局长杨焕宁来北京调研时讲话要求，传达市安委会第5次会议精神和副市长王宁的工作要求，研究部署岁末年初安全生产工作。会议讨论通过《关于落实安全发展战略促进平安石景山建设的意见》。牛青山要求：安全生产要坚持“立足于平时、立足于防范、立足于严管重罚、立足于落实责任”。要清醒认识安全生产面临形势任务，分析本区安全生产薄弱环节，紧盯重点行业、重点领域、重点区域、重点部位和重点时段，重视危险化学品、人员密集场所、道路交通、建筑施工、城镇燃气和消防安全的隐患排查和治理，切实增强工作的针对性、有效性，按照“深下去、严起来”的要求，以严而又严、实而又实、细之又细的标准，抓好安全生产工作，确保全区安全稳定。

（颜惠军）

【“安责险”试点推进会】 12月21日，石景山区政府组织区“安责险”试点工作领导小组成员单位和区有关部门负责人召开“安责险”试点工作推进会。会议总结全年“安责险”试点工作推进情况，对企业投保积极性不高、企业事故责任险与“安责险”重复和中小企业投保等问题进行分析研究。会议要求各单位按照“政府推动、市场化运营”方式，建立和完善公共安全保险体系，确定推行范围，组织开展试点工作。要加大工作力度，创新工作模式，加强协调配合，深入开展调研，积极推进企业投保“安责险”的工作进程。截至12月底，石景山区投保“安责险”企业51家。其中危险化学品企业18家、烟花爆竹企业33家。

（栾松）

【安全生产条件普查】 石景山区安全监管局自2014年8月至2015年10月，在全区开展第一次企业安全生产条件普查工作。石景山区有各类生产经营单位11802家。其中：一般法人单位808家、小规模法人单位2850家、小型个体工商户2857家、综合楼宇5187家。

（栾松）

【街道安全社工队伍建设】 本年，石景山区安全监管局加强全区街道安全生产社区工作者的管理工作，在每个街道成立安全社工检查队，实行“集中管理，统一使用，分片负责”，基层安全监管工作实现有机构、有力量的目标。区安全监管局选调9名业务精、能力强的执法检查骨干，下沉到9个街道办事处，参加街道社会治理工作。制定《安全生产社区工作者管理暂行办法》《安全社工检查流程》《安全生产检查队工作管理制度》《安全社工考勤与休假管理规定》《安全社工执法服装着装规定》等22项制度，明确年度检查任务和工作目标，建立奖励、激励机制。投资150余万元，制作检查服装，配备检查器材。安全生产基层基础建设得到全面加强和提升。

（王树伟）

【安全生产信息化建设】 本年，石景山区安全监管局完成构建信息化所依托的网络和硬件环境的建设、政务门户网站建设以及安全监管信息平台建设。其中，政务门户网站包括政务公开、在线办事、局长信箱等栏目；信息平台包括协同办公系统、企业基本信息管理系统、自查自报系统、标准化系统、危险化学品及重大危险源视频监控系统、职业卫生系统、统计分析系统和安全生产资源知识库子系统。信息平台一期项目连同门户网站于 9 月 1 日进入试运行阶段，并基本完成与市安全监管局平台的对接工作。

（栾松）

危险化学品安全监管

【危险化学品企业防汛部署】 6 月 17 日，石景山区安全监管局召开全区危险化学品企业防汛工作部署会，部署 2015 年危险化学品企业防汛工作，全区街道（社区）和危险化学品企业负责人参加会议。会议要求各单位全面动员部署防汛安全工作，充实防汛物资，开展应急演练，加强监督检查，确保信息畅通。

（栾松）

【集中安全培训】 10 月 28 日至 30 日，石景山区安全监管局组织全区危险化学品企业 70 名安全管理人员，在首钢技师学院进行为期 3 天的集中安全培训。培训包括危险化学品法律法规、技术标准、基础知识和安全管理等方面内容，培训采取专家辅导、解疑答难、座谈讨论和理论考试等方式进行，有效提升全区危险化学品企业安全管理人员能力素质。

（栾松）

【危险化学品反恐防暴】 本年，石景山区安全监管局成立危险化学品从业单位反恐怖袭击督导工作领导小组。制发《石景山区安全监管局危险化学品从业单位反恐怖袭击督查工作方案》，明确工作目标，落实标准、方法步骤和具体要求。对辖区内危险化学品从业单位进行全面检查及不定期的抽查，对隐患反复出现、问题严重的企业做到“曝光一批”“处罚一批”“关停一批”“追究一批”。对 3 家存在安全隐患单位进行行政处罚。区安全监管局协调危险化学品企业投入资金 200 余万元落实物防、技防设施。组织培训安保反恐人员 300 余人，全区所有 17 家加油站安装机动车阻挡装置，16 家加油站加装阻隔防爆装置，安装 51 台高清摄像头，提升应急处置和反恐防暴能力。

（栾松）

【危险化学品监督检查】 本年，石景山区安全监管局根据时间性、季节性特点，在重要节假日、暑期、汛期、重大活动期间及时召开重点危险化学品单位安全工作会，采取联合、专项等多种形式开展安全生产检查工作。区安全监管局会同相关部门开展“危险化学品储罐专项检查”“危险化学品运输专项检查”“易制毒危险化学品专项整治”“危险化学品应急管理专项检查”“危险化学品无证无照专项检查”“危险化学品环保专项检查”“非经营性加油站专项检查”等 18 次危险化学品专项整治和安全检查，确保全区危险化学品企业生产安全。

（栾松）

烟花爆竹安全监管

【烟花爆竹安全部署会】 1 月 23 日，石景山区安全监管局在首钢职业技术学院召开 2015 年春节烟花爆竹零售网点安全工作部署会。区烟花办、工商分局、城管执法局、公安消防支队、公安交通支队主管领导，街道办事处（鲁谷社区）主管领导、安全科科长，以及 3 家烟花公司石景山片区负责人、31 家烟花爆竹零售网点负责人参加会议。会议部署 2015 年春节烟花爆竹许可、销售（储存）

工作，要求各单位加强领导，严格管理，积极宣传，严格执法。区烟花办、城管执法局、公安消防支队分别做出部署，明确具体工作要求。

（栾松）

【从业人员岗前安全培训】 1月26日至28日，石景山区安全监管局在首钢技师学院集中3天时间对烟花爆竹从业人员进行上岗前安全培训。全区烟花爆竹零售网点负责人及销售人员共150余人参加培训。培训主要从烟花爆竹基本知识、烟花爆竹生产安全管理有关法律法规、烟花爆竹安全管理制度、烟花爆竹事故应急预案和应急救援、典型事故案例剖析5个方面进行学习培训。同时，邀请建设银行、保险公司人员讲解安全生产风险抵押金和责任保险办理事宜。培训结束后组织烟花爆竹销售人员资格考试，所有参考人员全部通过考试。

（栾松）

【零售网点经营许可】 本年，石景山区安全监管局对各街道烟花爆竹零售网点初审合格单位，开展烟花爆竹经营许可行政审批，办理风险抵押金收缴、安全生产责任保险投保审核确认，组织签订安全生产承诺书等工作。行政许可严格按照申请、受理、公示、审核、复核、审定、告知7个程序严格进行。将审批结果报区烟花办、工商局备案，同时将辖区零售单位许可情况上报市安全监管局。2015年石景山区审批烟花爆竹零售网点33家。

（栾松）

【烟花爆竹安全检查】 本年，石景山区安全监管局加强烟花爆竹安全监管工作，制定工作方案，对烟花爆竹零售网点实行全程严管严控和全方位的安全检查。全区安全监管系统出动执法检查人员2536人次，车辆200余台次，检查销售单位和零售网点800余家次，发现整改隐患问题40余项，下达行政执法文书20余份。圆满完成烟花爆竹安全监管工作。

（栾松）

【零售网点音视频监控系统建设】 本年，石景山区安全监管局对建设单位烟花爆竹零售网点音视频监控设备安装和调试工作进行督查，协调区经济信息化委做好烟花爆竹零售网点数据、视频汇总上传工作，按时完成市、区两级烟花爆竹图像平台对接工作。制定春节期间音视频监控运行应急预案，保障烟花爆竹销售高峰期间系统运行正常。

（栾松）

隐患排查治理

【油气输送管道隐患排查整治】 1月至9月，石景山区安全监管局按照市安委会《关于深入开展油气输送管道隐患整治攻坚战推进工作实施方案的通知》要求，会同区城管委、城管执法局等部门开展全区油气输送管道和城镇燃气管道隐患排查整治工作。按照“一项隐患一个整改方案一项应急预案”的要求，石景山区78项市级城镇燃气管道挂账隐患整改75项，隐患整改率96.15%。

（王树伟）

【“六打六治”专项行动】 本年，石景山区安全监管局开展安全生产大检查和“六打六治”专项行动。协调行业主管部门和街道办事处开展隐患排查治理工作。区安委会办公室组成4个督查组，利用两个月的时间，对15个重点部门和9个街道开展安全生产大检查情况进行督导检查。组织检查组11774个，出动执法检查人员32522人次，检查生产经营单位（场所）29460家次，下达执法文书2361份，责令停产、停业、停止建设145家，关闭非法企业91家，罚款22.375万元。排查发现隐患9975项，督导整改隐患9862项，整改率98.86%。

（王树伟）

【住宅内非法违法生产经营整治】 本年，石景山区安委会办公室成立全区清理专项行动领导小组，组织19个重点成员单位主管领导和部门负责人召开动员部署会，全面开展清理住宅内非法违法生产经营活动专项行动。区安委会办公室印制《关于严禁住宅内从事非法违法生产经营活动的通告》6000张和《致全市居民的一封信》15000张，下发至各街道，并要求进行广泛宣传动员，开展自查自纠，积极举报非法违法行为。各属地街道、管委会层层部署，成立专项行动领导小组，组织公安、工商、安全监管、消防、房管、城管等执法部门联合执法，做到"随时发现、随时清理"，重点清理住宅内从事非法违法生产经营的活动，特别是重点打击利用民宅从事非法违法生产经营、储存液化石油气、汽油、油漆稀料、烟花爆竹等危险物品以及变住宅为仓库非法违法储存易燃易爆物品的活动。

（王树伟）

应急救援

【危险化学品企业应急演练】 6月4日，石景山区安全监管局在中石化苹铁东加油站组织综合应急演练活动。演练主要模拟加油站车辆着火、卸油车辆卸油时胶管脱落、员工遭遇抢劫3种突发情况，旨在检验加油站快速反应、组织指挥、情况处置、群众疏散、应急救援等能力，为全区危险化学品企业应急演练提供指导。年内，石景山区在29家危险化学品企业组织各类不同规模的应急演练200余次。

（栾松）

【应急预案及演练】 本年，石景山区安全监管局根据安全生产工作实际，对生产安全事故应急救援预案和危险化学品应急救援预案进行修订完善，指导相关行业主管部门结合实际修订专项应急预案。组织开展以消防灭火、火灾逃生、通信联络、防踩踏、防洪、紧急救护等为内容的各种应急演练600余次，参加演练1.5万人。

（王树伟）

【应急指挥机构建设】 本年，石景山区安全监管局加强安全生产应急指挥机构建设，做到机构、职责、编制、人员、经费五落实。组织行业、街道、企业充分利用安全生产月和"安全生产公开课""安康杯知识竞赛""燃气安全知识竞赛"等群众性活动，开展应急常识宣传教育活动。

（王树伟）

执法检查

【有限空间执法检查】 4月28日，石景山区安全监管局制发《关于做好2015年有限空间安全生产工作的通知》，明确各行业部门及属地安全监管责任，对有限空间作业单位提出具体要求。全区 143 家物业公司均是委托作业，清掏单位 3 家。区安全监管局根据工作实际，采取日查和夜查相结合的方式，对有限空间作业单位进行执法检查。全区各街道办事处加强辖区物业公司及流动作业单位的安全监督检查工作。

（李美娟）

【夏季安全检查】 7 月 16 日至 30 日，石景山区安全监管局对全区重点企业夏季安全管理情况进行检查。此次检查重点是安全责任制落实、各类证件齐全、防汛应急物资保障到位、防雷避雷设施检测、开展针对性应急演练情况和带班值守制度落实情况等。针对检查发现的问题，执法人员责令企业立即整改，对于整改不力的依法进行行政处罚，促进全区危险化学品企业做好夏季安全管理工作。

（栾松）

【公共安全综合执法行动】 本年，石景山区安委会办公室在全区重点行业领域开展为期 3 个月的公共安全综合执法行动。各相关行业部门和街道成立由党政“一把手”为组长的领导小组，加强组织领导，全面排查隐患，建立台账，制定整治措施，全面推进综合执法行动的开展。排查安全隐患 12701 项，分解下达各类隐患 500 余项，对 238 项重点安全隐患明确牵头单位和责任部门，推进隐患整治工作。整治违法行为 418 起，关闭违法企业 44 家，拘留 19 人，罚款 73.87 万元。通过公共安全综合执法行动的扎实开展，石景山区公共安全隐患得到集中整治，成效显著。

（王树伟）

【生产安全事故调查处理】 本年，石景山区安全监管局先后约谈生产责任事故当事人 24 人次，调查笔录 42 份，走访相关单位 16 家次，召开事故处理协调会 9 次。调查处理生产安全事故 3 起，处罚单位 3 家，罚款 66 万元，2 名涉嫌刑事犯罪人员移交公安机关调查处理。

（李杰）

【安全生产举报投诉】 本年，石景山区安全监管局受理“12350”安全生产举报投诉 10 件。其中：批发零售业 3 件、服务业 2 件、电气燃气水供应业 2 件、采矿业 2 件、制造业 1 件。依法对安全生产举报投诉情况进行调查处理，并按时向市安全监管局反馈。

（李杰）

职业卫生监督检查

【职业危害申报统计】 1 月，石景山区安全监管局在全区对存在职业危害的生产经营单位开展职业危害项目申报及统计工作。组织街道安全员和企业相关工作人员进行职业卫生系统培训。全区申报单位 110 家、作业场所 258 个、接触职业危害人数 4555 人，专职管理人员 90 人，兼职管理人员 267 人。按职业危害因素种类划分：粉尘 169 个，化学物质 174 个，物理因素 123 个，放射性物质 30 个，其他 14 个。

（李美娟）

【职业卫生基础建设】 本年，石景山区安全监管局在全区职业危害单位职业卫生基础建设达标 70%的基础上，将剩余的 30 家单位的达标工作分解到各街道办事处，由街道督促企业完成达标，并对2013年、2014年已经达标的单位进行复查。年内，石景山区100家职业危害单位职业卫生基础建设全部达标。

（李美娟）

【职业卫生“一企一书”】 本年，石景山区安全监管局向存在职业病危害的生产经营单位发送《职业病防治责任告知书》，要求各单位法人或主管领导签字，并加盖单位公章后报区安全监管局备案。全区有110家存在职业病危害的生产经营单位完成签字备案工作。

（李美娟）

【职业危害告知与警示标识】 本年，石景山区安全监管局按照市安全监管局关于开展用人单位职业病危害告知与警示标识设置双达标工作的通知要求，于4月初在全区范围内进行工作部署，要求企业在6月30日前，根据本单位实际情况进行整改，同时要求街道对企业落实情况进行督查指导。截至年底，石景山区有95家企业完成职业病危害告知与警示标识设置双达标工作。

（李美娟）

【职业危害因素现状评价】 本年，石景山区安全监管局会同各街道办事处对存在职业危害单位进行调查摸底工作。全区110家职业危害申报单位中，按照《建设项目职业病危害风险分类管理目录》，北京东方金利家具公司1家单位属于严重存在职业危害单位。该企业为制造木质家具的企业，已开展职业危害因素现状评价。

（李美娟）

【职业卫生“三同时”审批】 本年，石景山区安全监管局开展建设项目职业卫生“三同时”审核工作。全年申报项目7项，完成5项控评验收、2项预评审核。其中大型企业2家、中型企业1家、汽修企业4家。

（李美娟）

宣传培训

【安全生产月咨询日】 6月16日，石景山区安委会组织安全生产月咨询日宣传活动。在八角街道办事处西侧文化广场设立安全生产月咨询日宣传主会场，在各街道设立咨询日宣传“一条街”，同时开展宣传教育活动。区安全监管局、旅游委、商务委、文化委、民防局、公安消防支队、公安交通支队等28个行业部门和首钢总公司、中铁建设、北重、巴威等9家驻区大企业参加活动。活动内容包括行业部门对相关政策法规宣传咨询，街道秧歌表演，公安消防支队消防器械演示等。企业职工、市民1500余人参加主会场活动，近万人参加各街道办事处咨询日宣传“一条街”活动，悬挂横幅近200幅，发放安全生产宣传材料4万余份。

（王树伟）

【安全生产月活动】 本年，石景山区安全监管局召开安全生产月工作部署会，落实区安委会办公室《石景山区2015年“安全生产月”活动方案》，以“强化红线意识、落实主体责任”主题，开展安全生产月活动。活动分为政策咨询、知识竞赛、隐患排查、专项执法、应急演练5个阶段，根据活动方案总体安排，开展安全生产“大课堂”、家庭安全知识大赛、安全社区创建、“青年安全示范岗”创建、安全生产情景剧大赛、安全生产事故警示教育、安全生产应急演练、安全生产社会化宣传等系列活动。区安委会组织区处两级中心组360余人参加安全生产“大宣讲”活动。62家成员单位召开近百次各种动员部署会议，参与活动的单位近千家，参加活动人员近9万余人。张贴各种宣传画2万余张，悬挂横幅、标语等3000余幅，发放各种宣传材料100万份，设置专栏、板报等宣传园地1000余个。安全生产执法检查560余家次，查出并整改各类安全隐患问题近2000项；开展安全生产应急演练68次；举办各类安全生产培训58次，培训近3万人。

（王树伟）

【安全监管队伍培训】 本年，石景山区安全监管局利用安全生产教育培训基地，有计划、有重点地开展安全监管队伍培训教育工作。采取在职学习、脱产培训、知识讲座、拓展训练等形式，对安全监管人员进行培训。加大人才培养投入的力度，鼓励广大安全监管人员参加助理注册安全工程师和注册安全工程师考试。推进学习型队伍建设，鼓励安全监管人员通过多种途径和形式参加学习，使学习成为安全监管人员发展的内在需求。组织各类培训5次，90余人次参加各种集训学习，有效提升安全监管人员的管理知识和专业水平。

（颜惠军）

【社会化宣传】 本年，石景山区安全监管局在老山公园、古城公园、八角雕塑公园和玉泉公园建设安全生产宣传阵地，制作4期宣传橱窗200余块，实现宣传教育社会化、群众化。通过石景山电视台、石景山信息网、《石景山报》和街道社区宣传栏、临街LED显屏和宣传横幅等载体，宣传安全知识，营造浓厚的安全生产氛围。每季度组织一次全区大型安全生产公开培训课，全年培训860余人次；组织138名街道安全社工进行系统业务培训；依托首钢技师学院，举办特种作业培训班9期，培训6千余人，取证率85%以上。

（王树伟）

标准化建设

【标准化中介机构工作会】 4月20日，石景山区安委会办公室召开安全生产标准化中介机构工作会。会议传达学习《北京市安全生产监督管理局关于印发北京市企业安全生产标准化评审组织单位管理办法等有关文件的通知》，指出咨询评审工作中存在的问题。会议要求：一是正确认识和准确把握安全生产标准化工作的意义、目的和作用，通过安全生产标准化工作，切实让企业安全隐患得到整改，为首都安全发展做贡献。二是咨询、评审单位要高标准严要求，强化业务培训，提升咨询、评审人员的素质和能力，监督企业对扣分项的整改，为企业提升安全保障能力发挥作用。三是加强与企业联系，为企业做好服务，及时将评审情况与行业主管部门沟通，共同做好安全生产标准化工作。四是按照全区整体标准化工作计划合理安排工作进度，坚持数量进度服从质量的原则，做好咨询、评审工作。五是各单位要设专人负责安全生产标准化工作，及时对阶段性工作进行总结归纳，提高工作水平。

（李强）

【标准化建设调研】 5月8日，市安全监管局组织安全生产专家到石景山区安全监管局就安全生产标准化创建工作进行调研，并对二级标准化达标单位北京北重汽轮电机有限公司进行现场核查。双方就目前工业企业监管、安全生产标准化推进过程中有关工作进行座谈交流，并明确下一步重点工作。一是建立标准化咨询与评审分离工作机制，提高评审工作质量和效率；二是严格规范评审标准，完成与全市三级、小微企业评审标准的对接；三是加大标准化核查力度，规范核查程序；四是坚持数量进度服从质量的原则，监督企业对扣分项的整改，提高工作质量和工作水平。

（李强）

【小微企业标准化评审员培训】 6月19日，石景山区安全监管局举办小微企业安全生产标准化评审员培训班，全区100余名小微企业岗位达标评审员参加培训。培训班聘请评审机构专家，介绍北京市企业安全生产标准化相关政策，讲解《北京市安全生产标准化基本标准（小微企业类）》《石景山区微型企业（含个体工商户）安全生产标准化岗位达标评定标准》和北京市关于推进安全生产标准化建设的各项要求、评审方法、评审程序。要求评审员熟练掌握评审知识和要点，严格评审流程，积极走访服务企业，排查治理安全隐患，切实提高小微企业安全生产基础水平。

（李强）

【标准化建设内审员培训】 7月30日至31日，石景山区安全监管局举办工业企业三级安全生产标准化建设内审员培训班，全区2015年准备进行标准化达标企业和复评企业40余人参加培训。培训主要围绕相关政策法规、2015年新实施的标准化评审标准、隐患排查制度建立规则以及企业安全生产标准化复评要点展开。培训要求：一是高度重视标准化建设工作，坚持以人为本，落实企业主体责任，把标准化工作作为企业建设的基础性工作抓紧抓好。二是按照市安全监管局要求进行评审，使用新的评审标准，坚持咨询与评审相分离。三是保证工作进度和质量，在保证评审质量的前提下按时完成标准化达标工作任务。四是复评单位要重视标准化运行情况和隐患排查治理责任机制的建立，建立企业隐患台账，确保达标后企业安全生产水平的持续提高。

（李强）

【企业标准化达标创建】 本年，石景山区安全监管局会同25个行业主管部门、9个街道办事处，组织推进全区企业安全生产标准化建设工作。完成一级达标企业1家、二级达标企业62家、三级达标企业315家，完成小微企业岗位达标2935家。

（李强）

门头沟区

概　　述

2015年，门头沟区安全生产工作坚持科学发展、安全发展理念，落实“安全生产年”专项任务部署，开展“四化三体系双基”建设、安全生产大检查、“六打六治”专项行动以及重点行业领域专项整治，推动企业主体责任落实，压减各类安全生产事故，全区安全生产形势继续保持平稳。

以安全生产责任制为抓手，强化安全生产体系建设。制定《门头沟区安全生产党政同责、一岗双责暂行规定》，印发《门头沟区政府工作部门、属地镇街（园区）安全生产监管（管理）职责分工的通知》（门政办发〔2015〕21号），对各政府工作部门及属地镇街、园区分别承担的安全生产监管（管理）职责进行明确和划分。经9月15日区政府第71次区政府常务会议、10月23日区委常委会审议通过，印发《中共北京市门头沟区委北京市门头沟区人民政府关于落实和推进北京市安全发展战略促进和谐宜居之都建设的意见》（门发〔2015〕21号）。

以隐患排查治理为着力点，制定实施《门头沟区安全生产隐患排查治理体系建设工作实施方案》，围绕危险化学品、建筑施工、餐饮燃气、非煤矿山、特种设备、人员密集场所等重点行业领域，开展安全隐患排查治理。排查各类生产经营单位3652家次，发现并消除安全隐患2262项。区公路分局落实整改资金，整改完成35项市级挂账道路交通安全隐患。公安消防支队督促相关单位落实整改资金，整改完成5项区级挂账消防安全隐患。隐患自查自报系统企业使用率90%以上。

本年，区安全监管部门检查各类生产经营单位2033家次，发现安全隐患3403项，整改3260项，隐患整改率95.8%，下达责令限期整改指令书831份，行政处罚56起，罚款155.17万元。与2014年相比，检查生产经营单位家次、隐患整改数、下达指令书数和监督检查处罚金额均有不同程度的上升，安全生产事故下降。

在肯定成绩的同时，必须清醒地看到，安全生产事故仍时有发生，非法违法生产经营建设行为依然存在，安全管理和监督机制仍有待完善，安全生产形势仍然严峻。随着门头沟区经济社会的快速发展，轨道交通、拆迁改造工程、人员密集场所、城市基础设施运行、地下空间经营场所和高层建筑防火等城市运行领域安全生产监管任务日益繁重，安全生产监管工作面临新的挑战。一是落实企业安全生产主体责任的任务依然艰巨，面对新形势，一些企业对自身承担的安全生产和隐患排查治理主体责任认识不清，安全生产保障能力存在不足；

二是随着生产安全事故由传统行业（领域）向城市建设和运行领域转移，城市建设和运行管理中的安全生产问题日益突出；三是部分行业部门和属地镇街需要进一步提高安全生产监管水平和隐患排查治理能力。

综合监管

【控制指标】 本年，市安委会下达门头沟区安全生产控制指标 20 人。全年，门头沟区发生安全生产事故死亡 16 人，占年度安全生产控制指标的 80%。其中：道路交通事故死亡 13 人，同比减少 1 人；生产安全事故死亡 2 人，同比持平；铁路交通事故死亡 1 人，同比减少 1 人。安全生产形势基本稳定。

（林劲北）

【安全生产专题会议】 1 月 29 日，门头沟区副区长陈卫东、张满仓召开全区安全生产专题工作会。会上，区安全监管局、市政市容委就全面清理住宅内非法违法生产经营活动，安全生产责任保险试点和油气输送管道隐患整治攻坚战等专项整治工作进行部署。会议要求各部门、各镇街要贯彻落实习近平总书记关于“党政同责、一岗双责”“管行业必须管安全、管业务必须管安全、管生产经营必须管安全”的指示精神，开展安全生产大检查和专项整治行动，加大隐患排查治理力度，有效防范和坚决遏制各类安全生产事故的发生。

（林劲北）

【“春节”“两会”安全生产部署】 2 月 15 日，门头沟区政府组织全区各委、办、局及驻区国企、市属企业主要领导召开会议，对 2015 年安全生产工作进行部署，对春节、全国“两会”期间安全生产工作提出要求。区委书记韩子荣、区长张贵林出席会议并讲话，要求全区各部门、各单位贯彻落实党的十八届四中全会对安全生产工作提出的更高要求，把握安全生产特点和规律，做好 2015 年安全生产工作任务的分解落实和组织实施工作，强化安全生产责任体系的属地监管、行业监管和企业主体责任，抓好安全生产大检查和专项治理工作。要把安全生产的工作重点放在事前防范上，通过对重点工作任务经验做法的总结，形成长效防范机制。

（林劲北）

【区领导春节期间安全检查】 2 月 16 日至 17 日，门头沟区区委、区人大、区政府、区政协领导带队，对商场、超市、餐饮企业、学校、自来水厂、液化气站、污水处理厂等单位进行安全生产检查。区领导要求各部门、各单位严格落实“党政同责、一岗双责”要求，狠抓源头管理措施及应急处置工作；加大监督检查力度，及时发现和消除各类安全隐患，严防煤气中毒、食物中毒、烟花爆竹伤人等安全事故的发生，特别要抓好“除夕”“初一”“初五”“十五”重点时段烟花爆竹燃放秩序；落实应急物资及应急救援组织管理，强化应急值守工作，保障节日安全。

（王磊）

【安全生产大会】 3 月 20 日，门头沟区安委会召开 2015 年安全生产工作会。会上，对 2015 年安全生产重点工作进行部署，对 2014 年度安全生产先进单位及个人进行表彰。会议要求全区各部门严格落实门头沟区“党政同责、一岗双责”的要求，加强对新修订的《中华人民共和国安全生产法》宣传贯彻工作，加强基层安全监管机构建设，开展住宅内非法违法生产经营建设行为等专项治理行动。

（林劲北）

【安委会工作会】 4月24日，门头沟区安委会召开2015年第二季度安全生产工作会。会上，对全区一季度安全生产重点工作完成情况进行通报，对二季度和“五一”期间安全生产工作进行专题部署。区住房城乡建设委和公安消防支队分别对建设施工领域安全生产工作、劳动密集型企业和人员密集场所消防安全隐患专项治理进行总结和部署。副区长张满仓参加会议并讲话。

（林劲北）

【“平安企业”创建部署会】 5月29日，门头沟区安全监管局召开“平安企业”创建工作部署会。区综治办、公安分局（内保、消防）、人力社保局、工商分局、食品药品监管局、国资委、文化委、交通局、石龙管委、司法局、总工会相关工作负责人及有关生产经营单位安全生产管理人员120余人参加会议。会上，讲解“平安细胞工程”创建工作的意义、目的以及相关工作要求。“平安企业”创建工作各责任单位就各自职责分工、“平安企业”建设工作的主要内容和日常检查重点向生产经营单位进行部署。区安全监管局结合国家安全监管总局《企业安全生产责任体系五落实、五到位规定》和市安全监管局安全生产“十个一”工程，部署“平安企业”创建的具体工作。

（刘斌）

【安委会上半年工作会】 7月8日，门头沟区安委会召开2015年第三季度安全生产工作会。会上，区安委会办公室通报上半年全区安全生产工作情况，对第三季度安全生产工作进行部署。副区长张满仓要求：各部门、各镇街要增强依法履职的主动性、积极性和创造性，时刻绷紧安全生产这根弦，以高度的紧迫感和责任感把安全生产工作抓实抓好。

（林劲北）

【醇基液体燃料专项整治部署】 7月21日，门头沟区安委会召开专题会议，对餐饮场所醇基液体燃料使用安全专项整治工作进行部署。会上，区安全监管局通报全区有关醇基液体燃料安全使用情况。副区长张满仓参加会议并讲话，要求各部门、属地镇街群策群力，充分发挥区行政执法体系的作用，全面开展醇基液体燃料安全专项整治专项行动。

（林劲北）

【“六打六治”专项行动】 8月14日，门头沟区安委会办公室组织全区各部门、各镇街召开专题会议。会上，传达学习党中央国务院领导关于安全生产工作的重要指示精神，并对安全生产大检查暨“六打六治”专项行动进行部署。副区长张满仓出席会议并讲话，要求各单位贯彻落实习近平总书记关于“党政同责、一岗双责”“管行业必须管安全、管业务必须管安全、管生产经营必须管安全”的系列重要指示精神，深刻吸取“8·12”天津危险化学品仓库爆炸事故教训，按照“全覆盖、零容忍、严执法、重实效”的总体要求，深入排查治理安全隐患。

（林劲北）

【重大活动检查督查】 8月27日，市委政法委副书记闫满成带领督查组对门头沟区危险化学品经营单位及易燃易爆物品从业单位进行督查。重点检查中国人民抗日战争暨世界反法西斯战争胜利70周年纪念活动和2015年北京国际田联世界田径锦标赛期间安保工作落实情况。门头沟区委副书记付兆庚等参加督查。市督查组对门头沟区危险化学品经营单位及易燃易爆物品从业单位安全保障工作给予肯定，要求各单位加强现场安全管理，强化应急值守和安全巡查，确保重大活动期间安全稳定。

（王磊）

【区政府领导国庆节前带队安全检查】 9月28日至29日，门头沟区副区长陈卫东、张满仓分别带队对门头沟新城MC08－014/015地块、门头沟新城MC10－060－4＃公租房、区液化气站、新城泰安路改造工程、国信锅炉房改造工程、北京西昊宇加油站、北京金潮汽车修理厂、PLUS365、曹各庄安置房等重点单位和建设项目进行安全检查。重点检查各单位安全生产责任制落实情况、重点部位应急值守情况、消防器材配备及安全出口畅通情况、施工现场物料摆放、相关人员持证上岗等情况。经检查，各单位对安全工作比较重视，建立完善各项安全管理制度，消防设备、设施均年检有效，现场管理比较到位。

（王　磊）

【安全生产工作会】 10月13日，门头沟区安委会办公室组织全区各部门召开安全生产工作会议。会议通报安全生产事故情况，要求各相关单位开展安全生产大检查工作，对重点行业领域、重点地区、重点企业、重要部位实施跟踪监管、重点监管，全力压减事故。副区长张满仓参加会议，要求各单位吸取各类安全生产事故、事件的教训，开展安全生产大检查和隐患排查治理工作，保障全区安全生产形势持续稳定。

（林劲北）

【安委会专题会】 11月12日，门头沟区安委会召开安全生产专题会，对安全生产大检查工作进行动员部署，开展为期50天的安全生产隐患排查治理攻坚行动，要求全区各单位落实市安委会工作要求，切实加强安全生产工作，遏制各类安全生产事故的发生，确保完成目标管理责任书情况。副区长张满仓指出：要落实“党政同责、一岗双责、齐抓共管”，加大隐患排查整改工作力度。领导干部要带头深入一线，督促本行业领域和辖区内各项安全生产工作落到实处。

（林劲北）

【落实市安委会电视电话会议精神】 12月28日，市安委会召开安全生产工作电视电话会，通报国务院安委会督查组来京督查安全生产大检查“回头看”及重点行业领域安全监管工作情况，部署“元旦”“春节”期间全市安全生产工作。电视电话会后，门头沟区副区长张满仓立即主持召开会议落实市安委会电视电话会议精神。一是增加安全生产责任意识，抓紧落实安全生产各项工作职责；二是加大隐患排查治理力度，及时发现并消除各类安全隐患；三是发现问题及时汇报及时处置，将隐患消灭在萌芽状态；四是落实行业、属地监管责任，圆满完成2015年安全生产各项工作任务。

（林劲北）

危险化学品安全监管

【危险化学品专项检查】 7月16日至17日，门头沟区安全监管局由局领导带队，对全区危险化学品经营单位进行全覆盖安全生产专项检查。此次检查重点是各单位安全防汛、应急物资储备、现场安全管理、应急值守、隐患排查治理等情况。共检查单位15家，发现安全隐患8项，下达责令限期整改指令书4份，经复查隐患全部整改完毕。

（王磊）

【约谈企业负责人】 8月21日，门头沟区安全监管局召开会议，分两次约谈全区27家危险化学品经营单位主要负责人。会前，播放《安全是天》教育警示片。会上，向各单位传达习近平总书记、李克强总理关于加强安全生产工作的指示精神，要求各单位吸取“8·12”天津港瑞海公司危险品特别重大火灾爆炸事故教训，按照有关法律、法规规定，落实各项安全管理措施，按照“党政同责、一岗双责”要求，落实安全生产主体责任，认真排查治理安全隐患，确保安全稳定。

（林劲北）

【危险化学品罐区专项整治】 8月，门头沟区安全监管局开展危险化学品罐区专项整治工作。督促辖区有关企业对危险化学品罐区开展自查，并上报自查整改情况的台账。联合区质监局、公安消防支队和有关专家组成联合检查组，对企业自查整改情况进行现场复核，要求企业落实主体责任，全面排查安全隐患，确保安全生产形势稳定。

（王磊）

烟花爆竹安全监管

【零售网点经营许可】 本年，门头沟区安全监管局制定实施《烟花爆竹零售网点申办单位现场安全条件审核工作方案》，对烟花爆竹零售网点申办单位现场安全条件审核工作进行部署。规范烟花爆竹零售网点申办单位现场安全条件，对烟花爆竹零售网点申办单位进行现场安全条件初审。设置并许可烟花爆竹零售网点27家，同比减少4家，下降12.9%。

（王磊）

【烟花爆竹仓库安全检查】 1月13日，门头沟区安全监管局采取“四不两直”方式，对辖区烟花爆竹仓库进行安全专项检查，传达市安全监管局关于加强危险化学品和烟花爆竹安全管理紧急通知精神。要求各单位落实安全生产主体责任，加强应急值守工作，加大巡查频次，确保安全生产。

（王磊）

【零售网点执法检查】 2月2日至27日，门头沟区安全监管局开展对烟花爆竹零售网点专项检查。以超量、提前违规储存销售为检查重点，对全区27家烟花爆竹销售网点进行执法检查，检查各项安全生产责任制、管理制度落实情况，以及货物码放、视频监控、消防设施配备和安全警示标识设置等情况，督促各零售网点及时消除各类安全隐患。正月初七后，监督各零售网点烟花爆竹回收工作，确保春节期间安全稳定。

（白璐）

【烟花爆竹安全管理视频会】 3月2日，

门头沟区副区长张满仓主持召开2015年除夕夜烟花爆竹安全管理工作视频会。会议要求：各镇街、各部门要加强值守，落实领导带班和24小时值班制度；加强“除夕”夜烟花爆竹燃放管理，对全区47个集中燃放点进行看守，坚决杜绝安全事故；遇有突发事件要及时报告，及时处置，并做好信息报送工作。

（王磊）

【经营销售现场安全监管】 本年，门头沟区安全监管局加强烟花爆竹经营销售现场安全监管工作。区安全监管局会同区公安分局、工商分局等相关部门对烟花爆竹储存仓库、烟花爆竹零售网点进行执法检查。检查烟花爆竹经营销售单位69家次，下达责令限期整改指令书24份，发现并消除安全隐患34项。

（王磊）

矿山安全监管监察

【非煤矿山安全培训】 6月10日，门头沟区安全监管局到北京潭龙鑫磊矿业有限公司开展安全培训，与矿山职工进行交流。培训过程中，区安全监管局负责人向职工通报安全生产形势，分析矿山企业安全检查中发现的问题及近年来的事故案例，逐条讲解《非煤矿山企业安全生产十条规定》等法规。对矿山防汛工作进行部署，检查企业应急物资配备和值守安排情况。

（刘爱雪）

【汛期安全监管】 本年，门头沟区安全监管局采取多项措施，加强非煤矿山企业防汛安全监管工作。印发防汛安全工作通知，要求各企业排查隐患、完善应急预案和应急值守，做好汛期各项准备工作。区安全监管局领导带队到矿山企业进行实地检查。及时发布预警信息，利用网站、微信、短信、电话等多种手段，及时将预警信息发给矿山企业主要负责人，并现场抽查企业落实指令情况和应急值守情况。通过专家指导、考察学习等多种方式，督促矿山企业落实整改意见，加快标准化达标升级工作进度，提升矿山本质安全水平。

（刘爱雪）

隐患排查治理

【危险化学品运输专项整治】 4月至5月，门头沟区安全监管局开展危险化学品运输行业专项整治工作。制定《门头沟区危险化学品运输行业专项执法监察实施方案》，联合区交通局、公安交通支队对全区3家实体危险化学品运输单位进行专项检查。针对主要负责人未取得危险物品经营单位负责人资质证书、站内施工未与施工承包单位签订安全管理协议等问题，依法对门头沟液化气站、天龙燃气有限公司两家危险化学品运输单位进行行政处罚。督促各单位落实安全管理制度，增强人员安全意识，确保危险化学品运输安全。

（白璐）

【餐饮场所醇基液体燃料整治】 7月至8月，门头沟区安全监管局开展餐饮场所醇基液体燃料专项整治工作。制定《门头沟区餐饮场所醇基液体燃料使用安全专项整治工作方案》，成立专项整治工作领导小组，明确相关单位职责分工及专项整治工作的时间安排，建立《门头沟区使用醇基液体燃料餐饮单位台账》。检查发现违规使用醇基液体燃料的餐饮经营单位30家，相关餐饮单位全部停止使用醇基液体燃料，并拆除相关设备设施，整改消除安全隐患。

（白璐）

【建筑施工联合检查】 本年，门头沟区安全监管局与区住房城乡建设委对全区在施建筑工地进行联合检查。检查发现，安全隐患主要集中在施工人员未佩戴安全防护用品、临电线缆防护不到位、施工现场内杂物未及时清理等方面。检查施工工地58家次，查出各类安全隐患138项，下达责令限期整改指令书31份。经复查，安全隐患全部整改完毕。

（陈观刚）

应急救援

【有限空间技能大比武预演】 5月28日，门头沟区安全监管局组织北京华源热力管网有限公司门头沟分公司、门头沟区环卫中心、北京华油联合燃气开发公司门头沟分公司3支参加北京市第二届有限空间作业大比武的复赛队伍，进行有限空间作业大比武预演活动。演练组织安排严密，协调配合密切，展示各参赛队伍应急救援能力和水平，并为规范有限空间作业和完善应急救援预案提供经验。

（白璐）

【消防安全应急演练】 6月18日，门头沟区安全监管局会同市政市容委、交通局、公安消防支队等部门在燕华液化气站举办消防安全应急演练。演练分别检验运输、通信、警戒、救援、抢修等环节的抢险救援工作，及时处置突发事件，演练达到预期效果。区安全监管局要求全区各液化气站完善应急预案，以多种形式开展突发事件应急演练，使广大员工增强安全意识，正确熟练处置各类突发事件，确保液化气站运行安全。

（白璐）

【液化石油气泄漏事故应急演练】 6月23日，门头沟区安全监管局举办液化气泄漏应急演练。演练分3个步骤：一是车辆运输过程中液化石油气瓶碰撞发生泄漏，立即进行应急处置；二是员工使用防护器材进行灭火演练；三是对液化气站内气瓶泄漏燃烧进行应急演练。演练中各抢险小组分工明确，相互配合，演练整体衔接有序，及时处置各类应急突发事件，演练达到预期效果。

（刘春光）

执法监察

【元旦期间专项检查】 1月1日至3日，门头沟区安全监管局由局领导带队，分为8个检查组，对危险化学品、人员密集场所、建筑施工工地等重点领域开展专项执法检查。出动执法人员32人次，检查车辆8车次，检查危险化学品经营单位9家，商场、超市7家，建筑工地6家，下达责令整改指令书10份，整改消除各类安全隐患24项。

（王磊）

【综合执法检查】 1月8日，门头沟区安全生产执法体系建设办公室组织区商委、质监局、公安消防支队、大峪办事处对北京今春时代商场有限公司开展综合执法行动。检查组重点检查该单位安全生产责任制落实、高压配电室和消防中控室等重点部位人员配备、应急预案制定，以及消防安全、用电安全、电梯安全等情况。检查组查出安全隐患15项，下达整改指令书3份。经复查，隐患全部整改完毕。

（刘艳峰）

【全国“两会”安全保障】 1月29日，门头沟区安全监管局组织区旅游委、质监局、公安消防支队对“两会”代表驻地龙泉宾馆开展专项检查。检查组重点检查安全生产责任制落实、高压配电室、消防中控室、液化气间、锅炉房等重点部位人员值守，以及消防安全、用电安全、锅炉安全等情况。查出安全隐患8项，下达整改指令书2份。经复查，隐患全部整改完毕。

（刘艳峰）

【建筑行业开复工联合检查】 3月9日至31日，门头沟区安全监管局、住房城乡建设委等单位，对全区建筑工地开复工情况进行联合检查。重点对施工安全防护设施、起重设备、电气线路、机械设备等重点部位，以及工人生活区生活用电、临时用电进行检查，并对职工岗前安全生产知识和防护技能培训制度落实情况进行检查。下达责令整改指令书13份，整改消除安全隐患40项。

（陈观刚）

【清明节期间专项检查】 4月4日至6日，门头沟区安全监管局由局领导带队，分为3个检查组，对危险化学品经营单位、人员密集场所、烟花爆竹经营单位等重点领域开展专项执法检查，加强清明节期间安全生产工作。出动检查人员24人次、检查车辆6车次，检查危险化学品经营单位6家、商场（超市）7家、烟花爆竹经营单位2家，下达责令限期整改指令书4份，整改消除安全隐患9项。

（王磊）

【“五一”期间专项检查】 5月1日至3日，门头沟区安全监管局由局领导带队，分为3个检查组，对危险化学品经营单位、人员密集场所、施工工地等重点领域开展专项执法检查。出动执法人员24人次、检查车辆6车次，检查危险化学品单位5家、商场（超市）7家、建筑工地8家。发现个别单位存在灭火器摆放不合理、工人施工未戴安全帽等11项安全隐患，经复查隐患全部整改完毕。

（王磊）

【房屋拆除现场安全监管】 5月22日，门头沟区安全监管局组织专项检查组，对大峪街道、东辛房街道、龙泉镇的房屋拆除现场进行拉网式检查。通过督导巡查，拆除现场作业安全有序，外围均拉起警戒线，施工人员佩戴安全帽。针对电缆线断电不彻底、拆除现场交叉作业等隐患和问题，检查人员责令拆除公司立即进行处理。此次检查出动执法检查人员20人次，检查拆除现场24家次，下达责令整改指令书10份，整改消除各类安全生产隐患23项。

（陈观刚）

【深基坑工程专项检查】 6月8日至7月30日，门头沟区安全监管局采用联合检查和重点巡查相结合的方式，对全区施工工地处于深基坑施工工程开展专项检查。重点检查基坑支护实施方案情况、现场应急抢险设备物资准备情况、基坑周边安全防护情况、各项安全措施落实情况等。检查施工工地23家次，发现安全隐患32项，下达责令整改指令书11份。经复查，安全隐患全部整改完毕。

（陈观刚）

【汛期安全检查】 6月11日，门头沟区安全监管局对北京鲁家滩石灰石矿、北京金福龙加油站及麦当劳得来速餐厅安全防汛情况进行检查。查阅各单位安全度汛工作方案、隐患排查台账、防汛应急预案制定落实情况，对各单位配电室、中控室等重点部位、重点区域进行抽查，并随机向职工询问应急值守工作情况。

（刘斌）

【端午节期间专项检查】 6月20日至22日，门头沟区安全监管局由局领导带队，分为3个检查组，对危险化学品经营单位、人员密集场所、施工工地等重点领域开展专项执法检查。出动执法人员24人次、检查车辆6车次，检查危险化学品单位5家、商场（超市）7家、建筑工地10家，下达责令整改指令书5份，整改消除安全隐患16项。

（王磊）

【执法夜查行动】 8月28日，门头沟区安全监管局在全区开展安全生产执法夜查行动。由局领导带队分别对门城地区加油站、人员密集场所生产经营单位的安全管理和应急值守情况进行夜查。全区9个镇、4个街道及石龙工业区分别由主管领导带队，对重点生产经营单位开展夜查。出动17个检查组118名执法检查人员，39名专职安全员参与夜查。检查各类生产经营单位114家，下达责令限期整改指令书38份，整改安全隐患51项。门头沟区广电中心及乡镇街道宣传部门全程参与执法检查，通过媒体曝光企业存在的安全隐患，督促企业落实安全生产主体责任。

（刘斌）

【燃气经营单位专项检查】 8月，门头沟区安全监管局联合区燃气办、公安消防支队、城管执法局对辖区内3家液化气站及9家液化气销售站点进行安全检查。重点检查各站点安全制度落实、员工培训、气瓶储存、应急值守等管理情况，下达责令限期整改指令书5份，整改消除各类安全隐患12项。

（白璐）

【国庆节期间专项执法检查】 10月1日至7日，门头沟区安全监管局由局领导带队，对危险化学品经营单位、人员密集场所、施工工地等重点领域开展专项执法检查。检查各类生产经营单位60余家次，发现安全隐患10余项，下达责令限期整改指令书10份。经复查，隐患全部整改完毕。

（王磊）

【人员密集场所安全检查】 12月24日，门头沟区安全监管局会同区文化委对北京欢乐迪娱乐有限公司、北京金福龙缘娱乐中心、北京幸福蓝海影城管理有限公司等7家歌厅、影院进行安全检查，下达责令限期整改指令书5份，整改安全隐患14项。检查组要求各单位落实安全生产责任制，加强员工宣传教育，提高应急处置能力，强化“平安夜”“圣诞节”期间安全管理，确保安全稳定。

（刘斌）

【建筑工地执法检查】 本年，门头沟区安全监管局检查建筑施工工地502个次，下达责令整改指令书219份，整改消除安全隐患793项。对查出违反安全生产法规和不符合行业安全标准的河北政华建业建筑劳务有限公司、北京建工博海建设有限公司、中建一局集团第二建筑有限公司等13个生产经营单位及负责人依法给予行政处罚，立案13起，罚款17.6万元。

（陈观刚）

职业卫生监督检查

【职业卫生协调会】 3月10日，门头沟区安全监管局召开职业卫生协调会，区卫生计生委、人力社保局、总工会等部门主管领导参加会议。会议总结2014年职业卫生监管情况，重点就门头沟区2015年职业卫生监管工作进行部署。一是开展企业职业病危害申报工作；二是加强职业卫生安全监管和基础建设，落实企业职业卫生安全主体责任；三是做好职业病防治的宣传教育工作。

（赵轩）

【约谈有限空间企业负责人】 3月25日，门头沟区安全监管局就加强有限空间作业现场安全管理工作，约谈中国移动通信集团北京有限公司、中国联合网络通信有限公司北京市门头沟区分公司相关负责人。约谈会上，播放有限空间作业典型事故案例宣教片，通报执法检查中有限空间作业现场存在的问题。区安全监管局要求各单位落实有限空间作业各项安全管理制度，杜绝违法违规行为，有效遏制安全生产事故的发生。

（白璐）

【职业病防治宣传活动】 5月6日，门头沟区安全监管局会同区卫生计生委、人力社保局、总工会、疾病预防控制中心和京煤集团在木城涧煤矿、大台煤矿开展以“健康的劳动者、健康的企业、健康的社会”为主题的大型职业病防治宣传活动。活动中发放《职业病防治法百问》《职业病防治问答》《预防食物中毒宣传册》《中华人民共和国职业病防治法》宣传材料3800多份，摆放宣传展板20块，解答职工咨询。木城涧煤矿、大台煤矿1200余名矿工参加活动，营造浓厚的职业安全健康宣传氛围。

（赵轩）

【职业卫生安全培训】 5月21日，门头沟区安全监管局组织辖区内企业主要负责人和职业卫生管理人员150余人进行职业卫生安全知识培训。培训邀请国家安全监管总局职业安全卫生研究中心专家授课并发放《用人单位职业病危害防治八条规定》宣传牌、《门头沟区职业卫生安全管理人员检查手册》等学习宣传材料。通过培训普及安全发展理念和职业病预防知识，提升企业职业卫生管理水平。

（赵轩）

【职业病危害防治评估】 12月15日，市劳动保护科学研究所专家组对门头沟区职业病危害防治工作进行评估。专家组听取门头沟职业病防治工作汇报，现场抽查20家企业职业病防治资料，对北京万辉双鹤药业有限责任公司、北京精雕科技集团有限公司等4家企业作业现场进行检查。门头沟区在2015年度全市职业病危害防治评估工作中取得优秀成绩。

（赵轩）

【职业病危害防治】 本年，门头沟区安全监管局组织区卫生计生委、人力社保局、总工会等有关部门召开职业安全专题会，制发有关文件，报送安全监管信息，开展职业卫生基础建设和“职业危害告知与警示标识设置”双达标活动，完成全区工矿商贸企业职业卫生情况网上填报和职业危害申报企业《职业病防治责任告知书》签订工作，实施高温天气防暑降温专项治理。监督检查涉及职业病危害企业165家，下达责令整改指令书86份，整改消除安全隐患327项。组织企业参加职业卫生培训班，180名企业负责人和安全管理人员通过考试取得资质证书。以区有线电视台《直击安全现场》栏目为主，联合新闻媒体，开展职业卫生宣传报道。受理职业卫生举报投诉93件，接待上访群众和现场调查取证147人次，督促协调有关部门和企业依法为劳动者解决实际困难，依法纠正用人单位违法违规行为，并及时把调查处理结果回复举报投诉人，案件回复率100%。全区未发生职业中毒和职业病群体上访事件。

（赵轩）

【职业病危害评价专项活动】 本年，门头沟区安全监管局开展职业病危害现状评价专项活动，制定门头沟区开展职业病危害现状评价专项活动工作方案，召开专题工作会议，对全区开展职业病危害现状评价专项活动进行部署。区安全监管局依据标准确定职业病危害严重的用人单位，并要求有关部门召开专题会议部署职业病危害现状评价工作，确保评价资金投入，并通过开展评价工作查找企业职业病防治工作薄弱环节和安全隐患，运用职业病危害现状评价成果，建立职业病防治工作长效机制，提高企业职业卫生管理水平。全区按期完成职业病危害严重企业的现状评价工作。

（赵轩）

【高温天气防暑降温】 本年，门头沟区安委会印发《门头沟区关于切实做好高温天气防暑降温工作的通知》，要求各有关部门发挥行业主管和属地职能，落实国家安全监管总局《防暑降温措施管理办法》。7月至9月，区安委会组织各有关部门重点对大型建筑工地、露天作业场所、高温作业车间进行安全生产大检查，检查建筑工地、高温作业企业78家次，发放防暑降温宣传材料600份，下达责令整改指令书34份，整改消除安全隐患139项。严防高温中暑引起的各类安全生产事故发生。

（赵轩）

宣传培训

【安全社区现场评定】 1月27日至28日，市安全监管局安全社区考核组对门头沟区大峪办事处安全社区创建工作进行评定验收。考核组听取大峪办事处安全社区创建工作情况汇报，并对大峪办事处辖区内的企业、市场、工地、学校、“六小”场所等20余家单位进行现场抽查，提出整改建议。

（谷征）

【建筑施工安全生产培训】 4月10日，门头沟区安全监管局联合区住房城乡建设委召开门头沟区建筑施工领域安全生产培训工作会，全区在施工程建设单位、施工单位、监理单位负责人及安全管理人员170余人参加培训。会上，区住房城乡建设委通报建筑在建工程项目建设情况，对制度建设、特种作业、用电安全、消防安全等安全管理工作进行部署。区安全监管局对有关法律法规条款进行讲解，向各单位发放新修订的《中华人民共和国安全生产法》读本。

（陈观刚）

【“双百工程”对话谈心活动】 4月13日至16日，市安全监管局分别到潭柘寺镇、大台及城子街道办事处与辖区企业负责人进行“双百工程”对话谈心活动。区安全监管局主要负责人王平镇对企业实地调研并组织对话谈心活动。组织对话谈心活动3次，涉及12个行业的17家企业。通过对话谈心活动，使企业明确安全生产工作的方向，加强安全生产培训教育，查找不足并及时改正，全面提高安全生产管理水平。

（刘爱雪）

【有限空间安全培训】 4月28日，门头沟区安全监管局组织区发展改革委、市政市容委、住房城乡建设委、经济信息化委、农委、公路分局、水务局及有限空间单位召开有限空间安全生产工作培训会议。会上，播放有限空间作业事故案例宣教片，通报3起违反安全操作规程进行有限空间作业案件，发放《地下有限空间作业安全条件汇编手册》，部署2015年有限空间安全生产工作。

（白璐）

【隐患排查治理体系建设培训班】 5月27日至29日，门头沟区安全监管局组织规模企业负责人及安全管理人员参加为期3天的隐患排查治理体系建设工作专题培训班。培训班分为企业负责人培训班和安全管理人员培训班两部分，设计有针对性的安全教育课程，组织专家进行现场指导并进行考试。

（刘爱雪）

【注册安全工程师考前培训班】 6月11日至12日，门头沟区安全监管局举办2015年注册（助理）安全工程师考前培训班。聘请北京工业职业技术学院教授为全体专职安全员、安全监管局派驻镇街的执法人员以及部分企业安全管理人员，就安全生产法律法规和安全生产实务等重点内容进行培训。

（谷征）

【宣传咨询日】 6月16日，门头沟区安委会办公室组织区应急办、住房城乡建设委、市政市容委等18个职能部门以及永定镇、大峪办事处和区供电公司、人保财险门头沟区分公司在永定河公园设立安全宣传主咨询站，围绕“强化依法治安意识，建设安全发展城市”的安全生产月活动主题，开展生产安全、公共安全、公共卫生安全等方面的安全宣传活动。副区长张满仓参加活动。各职能部门领导到场发放宣传材料，并解答过往群众有关安全方面的问题。全区5个镇街组织群众参加宣传活动，设立安全宣传咨询站22个，设置安全宣传展板365块，发放宣传材料11万余份，悬挂横幅354幅，张贴标语、宣传画730余张，设宣传栏、板报2000余块，受教育人数达10万余人。

（谷征）

【安全发展文化论坛】 7月3日，门头沟区安全监管局、安全生产协会共同举办“门头沟区第一届安全发展文化论坛”。论坛以“科技为安全管理拓宽视野，安全为企业发展插上翅膀”为主题，邀请专家学者对隐患排查治理体系建设进行讲解，结合事例介绍隐患排查治理体系建设具体步骤和实施方法；企业代表汇报本单位隐患排查治理体系建设构想，结合实际介绍隐患排查治理体系建设的新思路、新做法。区安全监管局介绍隐患排查治理体系建设中的工作方法和先进经验。

（刘爱雪）

【安全生产宣讲】 11月20日，市安全监管局安全生产政策宣讲团到门头沟区开展安全生产宣讲活动，区有关部门和镇街、企业150余人参加活动。宣讲团成员分别就扎实开展危险化学品标准化复评，提升企业本质安全水平、依法防治职业病，切实关爱劳动者、发挥“五个作用”，落实“三个必须”进行主题宣讲，采取案例分析、宣传短片等多种形式，讲解安全生产政策法规。

（谷征）

【专职安全员培训班】 12月2日至4日，门头沟区安全监管局举办安全生产专职安全员培训班。全区39名安全生产专职安全员、8名区安全监管局派驻镇街安全员以及区安全监管局执法人员参加培训。培训结合全市安全生产执法监察业务竞赛考试项目，安排工业企业、危险化学品及企业职业安全检查实务等实用性强的课程，聘请北京工业职业技术学院刘子龙教授授课。培训结束后，区安全监管局通报各镇街专职安全员检查和文书录入情况，并组织参训人员以各镇街为单位就如何开展2016年安全检查工作分组进行讨论。

（谷征）

【安全管理培训】 本年，门头沟区安全监管局组织全区80余家企业负责人和安全管理人员，开展为期3天的安全生产集中培训，并对培训人员进行考试发证。组织安全管理资料专题培训、电器安全知识专题讲座等各类培训6次，培训400余人次。

（杨岳）

【微信公众平台】 本年，门头沟安全监管局开通微信公众平台“北京门头沟安全生产监管”，关注人数902人。其中包括安全监管局工作人员、新招录的镇街（园区）专职安全员、各类生产经营单位、建筑工地工作人员等。利用微信平台发布宣传类信息98条、安全生产紧急预警类信息10条、工作通知类信息21条，第一时间宣传告知。

（刘春光）

法制建设

【行政诉讼法学习】 3月27日，门头沟区安全监管局组织全局工作人员学习新修订的《中华人民共和国行政诉讼法》。邀请区法制办有关负责人对新修订的《中华人民共和国行政诉讼法》进行讲解。通过学习，提高全局工作人员依法行政思想认识和依法行政执法水平。

（刘爱雪）

【行政审批督查】 8月27日，市安全监管局对门头沟区安全监管局行政审批工作进行督查。市安全监管局督查组听取有关行政许可工作汇报，抽查危险化学品、烟花爆竹、职业卫生行政许可案卷及应急预案备案材料，实地检查3家工业企业及1家加油站。督查组肯定门头沟区安全监管局行政许可工作，要求继续发扬为企业服务精神，严格审批程序，依法行使职权，做好安全生产行政审批工作。

（王磊）

标准化建设

【安全生产标准化部署会】 4月24日，门头沟区安委会办公室召开“2015年门头沟区安全生产标准化工作部署会”，副区长张满仓对标准化工作进行部署。各镇街、部门主要领导、相关负责人员70余人参加大会。张满仓传达全市工作会精神，并强调指出：安全生产标准化工作是全市安全生产工作的重点，是落实企业安全生产主体责任的有效手段。在全市产业结构调整过程中，安全生产是重要参考指标，不参与标准化创建的企业，安全生产就不及格。通过标准化工作，监管部门可以在检查中做到有的放矢。

（杨岳）

【标准化达标部署会】 5月7日，门头沟区安委会办公室组织全区行业部门、属地政府及计划达标企业召开标准化达标专题部署会。会议传达市安全监管局相关文件精神，细化工作任务，重点强调企业达标数量和质量的关系，要求各企业杜绝“为达标而达标”短期行为，通过标准化工作提高自身安全管理水平。

（杨岳）

【标准化企业检查指导】 6月25日，门头沟区安全监管局邀请市地大安环注册安全工程师事务所安全生产专家，对北京南丁格尔科技发展有限公司、山水居度假村、嬉水湾度假村3家拟创建三级安全生产标准化的企业进行检查指导。检查中发现企业存在安全标识不完善、电路敷设不规范、气瓶间堆放杂物等安全隐患。检查人员告知企业负责人存在的隐患，并提出整改意见。对企业安全生产规章制度、员工培训、应急演练、职业卫生等工作进行指导。

（杨岳）

【小微企业标准化会议】 11月17日，门头沟区安全监管局召开2015年安全生产重点工作会，全区13个镇街及石龙经济开发区安全生产主管领导参加会议。会议对2015年小微企业安全生产标准化达标创建工作进行总结，部署2016年小微达标企业创建工作，确定各镇街具体工作任务，并对安全生产条件核查工作进行总结。

（杨岳）

【企业标准化核查】 本年，门头沟区安全监管局会同行业部门、属地政府及标准化专家共同组成评审组，按照不少于年度达标数量20%的比例对标准化三级达标企业进行核查，按照不少于年度达标数量10%的比例对标准化小微达标企业进行核查。并对企业达标质量及评审质量进行核查，对于存在安全隐患或不能保持达标等级的企业予以撤销标准化企业称号，并追究评审单位相关责任。

（杨岳）

【企业标准化达标创建】 本年，门头沟区安全监管局组织非煤矿山、工业、危化、商贸、餐饮、文化娱乐、交通、电信、烟草、民办教育、医疗机构等16个行业开展安全生产标准化工作。全区实现新增标准化三级达标企业120家，小微达标企业859家，完成既定工作目标，提升企业安全管理水平，保障全区安全稳定。

（杨岳）

房　山　区

概　　述

2015年，房山区安全生产工作紧紧围绕“四化三体系双基”总任务，以建立健全“党政同责、一岗双责、齐抓共管”的安全生产责任体系为重点，推进安全生产责任体系建设。区政府印发《关于进一步完善和加强区政府各单位安全监管（管理）职责的通知》，界定安全生产监管职责，明确安全生产监管任务，确保“党政同责、一岗双责”在全区各行业主管部门得到落实。区领导与各乡镇街道、安委会成员单位分别签订《安全生产目标管理责任书》，完善安全生产考核办法，促进属地、行业及企业主体责任的落实。区委、区政府常务会先后9次听取安全生产汇报，召开安委会专题会议12次，有针对性地部署工作。区领导亲自带队开展安全生产检查督查，有效促进安全生产各项措施和任务的落实。

通过安全生产标准化创建、安全生产条件普查和隐患排查治理体系、信息化建设工作，提升企业本质安全水平，构建现代化监管平台，创新安全监管手段和治理方式，助推经济转型和社会进步。针对安全生产工作中的薄弱环节，深化液氨非制冷企业、餐饮单位醇基燃料使用单位、粉尘企业、工贸企业、白酒企业等重点行业领域专项整治，消除事故隐患，安全生产监管、事故防控水平进一步提高，圆满完成中国人民抗日战争暨世界反法西斯战争胜利70周年纪念活动和北京2015年世界田径锦标赛安全生产保障任务，全区安全生产形势平稳有序。

综合监管

【控制指标】 本年，市安委会下达房山区安全生产控制指标108人。全年，房山区发生安全生产事故死亡105人，占年度安全生产控制指标的97.22%。其中：道路交通事故死亡98人，同比持平；生产安全事故死亡3人，同比持平；火灾事故死亡2人，同比持平；铁路交通事故死亡2人，同比增加1人。

（任国鹏）

【区委书记元旦期间带队检查】 1月3日，房山区区委书记刘伟带领区安全监管、消防、公安等部门负责人对元旦节日期间安全生产情况进行检查，副区长刘胜国参加检查。检查组先后检查长阳冰雪嘉年华、房山新城良乡组团理工大学1号地、中大瑞祥百货市场的应急疏散通道、消防设施、安全警示标语、中控室等安全生产情况。刘伟现场查看企业安全场所应急防控、安保人员配备和安保措施等情况，并督促相关单位和人员要严格遵守安全生产法律法规，加强应急值守，全面排查安全隐患，落实安全生产责任制，确保节日期间群众生产生活环境安全有序。

（安东）

【安全发展示范区创建座谈会】 1月9日，房山区区安全监管局召开会议，就首都安全发展科学示范区创建工作方案与有关专家进行座谈。与会人员一致认为，对于创建首都安全发展科学示范区概念要明确，要找准房山区特色，抓住规律，采取现代化技术并体现科学性，从安全生产角度对全区经济社会发展起到积极促进作用。此次座谈会，标志着房山区创建首都安全发展科学示范区工作进入实质性建设阶段。

（安东）

【安全生产电视电话会议】 2月6日，房山区安全监管局召开2015年安全生产工作电视电话会，各乡镇街道、安委会成员单位主要领导参加会议，副区长刘胜国参加主会场会议并讲话。会议通报2015年房山区安全生产工作情况，总结各行业领域2014年安全生产工作，并对2015年工作提出要求。

（安东）

【区长春节前带队安全检查】 2月16日，房山区区长曾赞荣带领区安全监管、公安等部门负责人到城关街道检查春节安全生产工作。副区长刘胜国参加检查。检查组对烟花爆竹零售网点、中煤北京煤矿机械有限责任公司、华冠欢乐城进行实地检查，听取春节期间安全生产工作汇报，重点检查消防设施、中控室、应急通道、警示标识等安全生产情况。曾赞荣指出：全区各相关部门和企业要高度重视安全生产工作，坚持首都标准，全力以赴抓好安全生产工作，杜绝各类事故隐患，确保人民群众过一个安全、稳定、祥和的新春佳节。

（安东）

【安全监管工作会】 2月26日，房山区安全监管局召开2015年安全生产工作会，部署隐患排查治理体系建设、标准化创建等安全生产重点工作。会议指出，2015年安全监管部门要以更加积极的态度，持续发力，主动作为，按照“四化三体系双基”总任务，明确任务分工，做好统筹规划，完成“围绕一个抓手、做好五篇重点文章、实施七项重点工程”的主要工作，为推动房山转型发展、实现“新城新业新生活”的房山梦，做出新的更大贡献。

（安东）

【安全生产条件普查部署会】 3月6日，房山区副区长刘胜国主持召开安全生产条件普查动员部署会，区有关部门和各乡镇街道主管领导参加会议。会议明确普查工作目标、方法和要求，交流石楼镇试点经验。刘胜国指出：企业安全生产条件普查是2015年安全生产重点工作之一，涉及企业多、行业广、时间紧、任务重，要当成“一把手”工程给予高度重视，加强宣传，迅速成立机构队伍，狠抓普查人员培训，按照“全面、完整、准确、动态”的要求，推进安全生产条件普查工作。

（贾建飞）

【区领导安全生产调研】 4月3日，房山区副区长刘胜国到区安全监管局调研，听取安全生产工作汇报，研究2015年重点工作。刘胜国对区安全监管局2014年工作给予肯定，并对2015年工作提出要求：一是结合房山区实际，明确目标，充分调动班子积极性、主动性、创造性，持续保持领导班子的战斗力和凝聚力；二是带好安全监管队伍，使其有朝气、有创造力、有“北京安监精神”；三是注重创新，始终保持工作动力，做到有活力、能创新、有新意；四是打造品牌，秉承“团结、务实、拼搏、争先”的工作作风。

（安东）

【区委书记企业检查指导】 6月16日，房山区区委书记刘伟带领区安全监管、公安、消防等部门负责人，到中国兰花大会主展馆、中粮万科半岛广场、长阳普乐园爱心养老院等单位，听取企业安全生产工作汇报，检查指导企业安全生产、消防安全、应急管理等工作。刘伟指出：各单位要以全国安全生产月活动为契机，提高思想认识，加大安全生产宣传力度，增强安全意识，完善应急预案，加强隐患整治，特别要加强大型商市场和养老机构等重点单位的安全生产保障工作，针对薄弱环节，落实防范措施，确保人民群众生命财产安全。

（安东）

【国务院督查组隐患整治督查】 6月29日，国家发展改革委运行局副局长魏贵军带领国务院督查组，到房山区督查油气输送管道隐患整治工作。市安全监管局副局长唐明明、房山区副区长刘胜国参加督查。督查组检查中国石油管道公司输油气分公司秦京线管道占压点和中石油北京天然气管道公司陕京三线管道占压点，实地查看隐患整治情况。国务院督查组对房山区油气输送管道隐患整治工作给予肯定，并要求积极调动各方力量，扎实推进隐患整治工作。

（安东）

【安全生产重点工作推进会】 7月29日，房山区副区长刘胜国主持召开全区安全生产重点工作推进会。会议通报区政府各部门安全监管（管理）职责修订情况，部署安全生产保障百日行动与施工现场安全生产防汛和重要时期防火工作。刘胜国要求：一是按照本区新修订的安全监管（管理）职责，紧密结合本行业、本辖区工作实际，切实将安全监管责任落实到位；二是充分认识开展百日行动重要性，为首都重要节日、重大活动期间提供安全保障；三是突出重点，全面深入排查和消除安全隐患，坚决遏制安全生产事故发生；四是加强领导，狠抓落实，确保工作取得实效。

（安东）

【市安全监管局职业卫生调研】 8月5日，市安全监管局副局长阎军带队对房山区职业卫生技术服务机构管理及职业卫生现状评价工作开展情况进行调研检查。调研组到北京云帆沧海安全防范技术有限公司和北京盛日经典展柜有限责任公司，听取职业卫生技术服务机构基本情况汇报，并实地检查职业卫生工作。阎军要求区有关部门和单位借助安全生产条件普查成果，完善辖区职业卫生台账，采取抽查等多种形式，狠抓企业职业危害申报和预防工作，强化企业主体责任，确保从业人员安全健康。

（安东）

【区委书记检查重大活动安全】 8月20日，房山区委书记刘伟带领区安全监管、公安、消防、环保等部门负责人，对全区重点单位和企业落实中国人民抗日战争暨世界反法西斯战争胜利70周年纪念活动和北京2015年世界田径锦标赛期间安全工作进行检查。检查组先后到京昆高速韩村河检查站、八一桥检查站、中油北京销售有限公司石楼油库、阎村镇环保监测站进行实地检查。在检查中，刘伟向企业负责人详细询问安全保障工作落实及库区周边情况，要求各单位严格落实安全保障工作方案，强化监督检查，脚踏实地、严格管理，严防各类事故，全力保障社会稳定。

（安东）

【国务院安委会督查组安全督查】 8月25日，公安部消防局副局长张福生、国家安全监管总局监管二司副司长赵瑞华带领国务院安委会督查组到房山区督查安全生产工作，房山区区长曾赞荣及区有关部门负责人参加督查。督查组听取房山区政府安全生产工作的汇报，先后到中油北京销售有限公司、北京燕宾顺时达运输有限公司、北京熊猫烟花爆竹有限公司现场检查安全生产、消防安全、应急管理、操作人员持证上岗及教育培训等工作落实情况。国务院督查组要求房山区政府及相关部门进一步做好重点行业领域专项整治工作，加强细节及重点部位安全管理，做到隐患整改全程跟踪，为中国人民抗日战争暨世界反法西斯战争胜利70周年纪念活动和北京2015年世界田径锦标赛“两个重大活动”保驾护航。

（安东）

【重点企业突击检查】 8月29日，房山区安全监管局采取“四不两直”的方式对辖区部分重点企业安全生产管理工作和管控措施落实情况进行突击检查。此次检查出动检查组17个、执法人员52人，检查生产经营单位49家，下达执法文书18份，整改各类隐患69项。对检查发现存在问题较为严重的企业，依法给予高限处罚。

（安东）

【区领导国庆节前带队安全检查】 9月29日，房山区区委、人大、政府、政协主要领导分别带领区有关部门负责人，深入辖区加油站、人员密集场所、建筑工地、工业企业等重点行业企业检查国庆节期间安全生产情况。区领导要求各单位加强职工教育，落实领导带班制度，完善保障措施，加大检查力度，确保节日期间安全稳定。

（安东）

【国庆期间安全监管部署会】 9月30日，房山区安全监管局召开国庆期间安全监管工作部署会。会议对国庆节日期间安全生产执法检查与应急值守工作进行重点部署。会议要求：一是认真履职，严格遵守廉政要求和工作要求；二是严查危险化学品、人员密集场所等重点领域安全隐患，及时整改消除隐患，防范各类生产安全事故；三是落实领导带班和24小时值班制度，加强应急值守，保证通信畅通。

（安东）

【国务院安委会“回头看”督查】 12月17日，公安部消防局副局长张福生带领国务院安委会督查组对房山区安全生产大检查工作进行“回头看”督查。房山区区长曾赞荣、副区长刘胜国，市安全监管局副巡视员高士虎参加督查。督查组听取房山区政府安全生产工作汇报，赴北京熊猫烟花爆竹有限公司、北京燕宾顺时达运输有限公司、中油北京销售有限公司、华冠生活广场，现场检查安全生产、消防安全、应急管理、持证上岗及教育培训等工作落实情况，并对前期督查反馈的主要问题进行检查。国务院安委会督查组对房山区安全生产工作给予肯定，并提出工作要求。

（安东）

【抗战胜利纪念活动安全保障】 本年，房山区安全监管局加强中国人民抗日战争暨反法西斯战争胜利70周年纪念活动期间安全生产保障工作。一是成立指挥部，主要领导任总指挥，分管领导各司其职，局执法大队负责具体组织协调，确保高标准完成保障任务。二是制定方案，明确保障目标、时间进度、任务安排和工作要求，方案重点突出隐患3级治理，即：能整改的立即整改；一时不能整改的要落实措施、人员，限期整改；危险等级高的要严看死守，及时上报并妥善处理。三是开展8项检查，根据行业特点，开展危险化学品、建筑施工、非煤矿山、职业卫生及有限空间、电气安全、燃气安全、人密场所及特种岗位、工业企业专项检查，明确检查重点，按照“隐患不除不生产”的要求，坚决遏制事故隐患，确保重大活动顺利举行。

（安东）

【安全生产条件普查】 本年，房山区成立以副区长刘胜国为组长的房山区生产经营单位安全生产条件普查工作领导小组，研究确定企业安全生产条件普查长效机制和工作措施，推动工作落实。组织熟悉企业情况且有工作经验的“三经普”人员、大学生村官、乡镇街道干部、专职安全员等800余人成立普查队伍，制作宣传条幅710条、宣传手册4.1万套、宣传海报4.1万张，印发生产经营单位一封信4.1万封，通过房山电视台、《房山报》等媒体向全区普查对象和职工群众宣传安全生产条件普查工作。经普查，全区入户摸底企业数59702家，完成普查信息登记企业18939家。摸清全区生产经营单位的实际生产经营状况，形成1.8万余条生产经营单位安全生产条件台账数据，为制定安全生产中长期规划和科学决策提供重要依据。

（贾建飞）

危险化学品安全监管

【危险化学品安全生产会】 1月29日，房山区安全监管局召开2015年危险化学品安全生产工作会，全区危险化学品生产企业、油库和涉及储存的单位主要负责人参加会议。会议通报2014年危险化学品行业执法检查和行政审批情况，部署2015年重点工作。

（李杰）

【餐饮企业醇基液体燃料检查】 2月4日至4月10日，房山区安全监管局组织开展餐饮企业安全检查工作。动员全区25个乡镇街道专职安全员，对辖区内餐饮企业醇基燃料使用情况进行排查并建立档案，对于经营场所存在安全隐患和未提供危险化学品“一书一签”的，责令停止使用醇基液体燃料，并追溯燃料来源。区安全监管、工商、消防、卫生等部门组成检查组，对餐饮企业醇基燃料使用情况进行检查督查，严肃查处非法提供、使用醇基液体燃料的行为，确保安全检查取得实效。

（李杰）

【隐患整治总结部署会】 4月16日，房山区副区长刘胜国主持召开全区油气输送管道隐患整治总结部署会。会议总结全区油气输送管道隐患整治工作，分析存在问题，并对下一阶段整治工作进行部署。刘胜国要求：区有关单位和权属企业要提高认识，落实责任，加快进度，整改消除事故隐患。对于重大整改项目要按照“一事一案”的要求推进，坚决杜绝相互推诿扯皮、不作为等问题，确保整改任务按时顺利完成。

（李杰）

【危险化学品专项执法总结会】 6月8日，房山区副区长刘胜国主持召开全区危险化学品运输企业专项执法检查总结会。会上，区交通局、安全监管局、公安交通支队、燕山办事处分别汇报本部门、本地区危险化学品运输企业专项执法检查工作情况。刘胜国要求各部门、各单位要把专项执法检查工作作为全区危险化学品安全工作的重要抓手，对检查出的问题要切实整改落实。要积极调整工作思路，建立本区危险化学品安全监管长效机制，做到不间断、不定期安全检查。

（李杰）

【危险化学品执法检查】 8月16日，房山区安全监管局在全区范围开展危险化学品（烟花爆竹）行业安全生产执法检查“飓风”行动。此次行动按照“全覆盖、零容忍、严执法、重实效”的要求，对危险化学品生产经营单位进行执法检查。执法检查分成6个组，采取逐项考核的方式，严格高效开展工作。全区乡镇街道专职安全员参加执法检查行动，集中力量彻查危险化学品行业安全隐患。对于检查发现的问题和隐患，执法人员督促企业落实整改责任，迅速整改。对隐患问题严重的，执法人员按照“四个一律”的要求，做到从严查处、打击到位。

（李杰）

【危险化学品企业安全培训】 9月25日，房山区安全监管局邀请河北国泰安全评价有限公司总工程师王中兴，结合全区危险化学品企业预防泄漏安全管理工作，对企业注册安全工程师和安全管理人员进行专项技术培训。通过培训，使企业管理人员掌握危险化学品泄漏源分级、管控措施及日常管理等专业知识，有效防范危险化学品泄漏事故。

（李杰）

【生产经营储存调查摸排】 9月28日，房山区副区长刘胜国主持召开会议，部署危险化学品生产经营储存单位调查摸排工作。刘胜国要求各乡镇街道、有关部门广泛宣传，强化措施，坚决做到调查摸排工作底数清、情况明，不留死角、不留盲区，为开展打击危险化学品非法违法行为专项行动奠定基础。

（李杰）

【危险化学品贸易单位专项检查】 本年，房山区安全监管局开展危险化学品经营贸易单位专项检查，结合企业经营特点，对辖区内400余家危险化学品贸易单位进行检查。检查组对企业资质、行政许可、应急预案、教育培训等情况进行检查，并通过核查经营场所、查阅记录台账等方式，重点打击超范围经营和非法储存行为。

（李杰）

烟花爆竹安全监管

【烟花爆竹销售人员培训】 1月4日至5日，房山区安全监管局组织烟花爆竹的销售人员进行岗前培训和考核。全区烟花爆竹零售网点销售人员共278人参加培训考核。经过专业知识培训考核后，向考试合格的销售人员发放北京市烟花爆竹经营单位从业人员上岗证。

（郑德雨）

【烟花爆竹行政许可】 1月5日至9日，房山区安全监管局对全区烟花爆竹零售网点进行核查。长期零售网点15家、临时零售网点101家，共116家。并与工商部门就营业执照的增项、变更进行沟通协调。

（马振）

【零售网点许可检查】 1月7日，房山区安全监管局对25家烟花爆竹经营许可证过期的零售网点下达现场处理措施决定书，责令立即停止销售经营活动，并对有关单位负责人进行约谈。

（李杰）

【烟花爆竹安全管理会议】 2月2日，房山区安全监管局召开2015年春节烟花爆竹安全管理工作会。会议要求：各烟花爆竹批发单位要落实主体责任，加强库区安全管理，提升应急处置能力，保障存储及配送环节安全；各零售网点要做好售前安全准备，销售期间保证24小时专人值班，严禁销售违规烟花爆竹；各乡镇街道要落实属地责任，加强重点区域安全管理，定期巡查，确保辖区安全；各职能部门要明确分工、加强管理，及时发现并消除隐患。会后，区安全监管局还对全区烟花爆竹零售网点负责人进行安全、消防专项培训。

（马振）

【零售网点安全检查】 2月16日，房山区安全监管局执法人员对京周路一线烟花爆竹零售网点进行安全检查。重点检查烟花爆竹零售网点销售人员持证上岗、视频监控及烟花爆竹存储情况，以及节日值守情况、应急处置准备等情况。

（李杰）

【烟花爆竹回收】 2月24日，房山区安全监管局开展烟花爆竹销售大棚拆除及烟花爆竹回收专项检查。自销售截止日期起3个工作日，完成全区烟花爆竹全部回收工作，并对烟花爆竹批发单位进行检查，确保春节期间安全稳定。

（马振）

隐患排查治理

【试点单位参观学习】 3月25日，房山区安全监管局组织专家和企业代表赴北京市轨道交通公司，就隐患排查治理体系及信息化建设工作进行参观学习。北京市轨道交通公司作为全市隐患排查治理体系建设试点单位，在信息化系统建设上有着先进的理念和思路。通过参观学习，调动各单位积极性，吸收借鉴先进经验，鼓励企业敢于创新不断总结，加快推进隐患排查治理体系信息化建设工作的落实。

（刘爽）

【隐患排查治理体系建设调研】 7月1日，市安全监管局副巡视员高士虎到房山区调研，实地查看北京瑞维通工程机械有限公司隐患排查治理体系建设工作。

高士虎对房山区隐患排查治理体系建设工作给予肯定，指出体系建设的关键点是落实隐患排查治理的6个核心要素，即：一企一制度、一企一档案、一企一标准化、一企一清单、一企一预案、一企一终端，最终通过信息化手段有效呈现。

（郝维）

【隐患排查治理体系建设促进会】 10月14日，房山区安全监管局召开全区隐患排查治理体系建设促进会。会议通报隐患排查治理体系建设工作进展情况，部署安排下一步重点工作。会议要求各有关单位以创建首都安全发展示范区为契机，通过信息化的手段，加快推进整体项目进度。

（刘爽）

【安全生产分类分级研讨会】 12月2日，房山区安全监管局召开研讨会，研究讨论房山区生产经营单位安全生产分类分级监督管理办法。国家安全监管总局、中国地质大学（北京）、北京科技大学、中国安全生产科学院及试点企业有关专家和工程技术人员参加会议。会上，专家针对分类监管、分级评定、动态评定指标设计及评定标准提出建设性的意见。通过论证，明确安全生产分类分级的总体设计思路，为推进隐患排查治理体系建设工作奠定基础。

（刘爽）

【安全生产举报投诉】 本年，房山区安全监管局建立举报投诉受理查处机制，加强安全生产举报投诉工作。全年受理举报投诉54件，其中市安全监管局“12350”举报投诉中心分办28件，房山区安全监管局受理26件（其中直接来电23件，市局转办函1件，群众来信1件，群众来访1件）。按照规定的办理程序，均办结，办结率100%。

（陈秀清）

应急救援

【应急示范企业试点现场会】 6月9日，房山区安全监管局召开应急管理示范企业试点现场会。会上，区安全监管局组织专家现场对应急管理示范企业试点工作方案进行解读，要求有关单位按照方案制定符合企业实际情况的应急管理档案，针对不同岗位细化应急管理职责，并分阶段上报进展情况，推进安全生产应急管理示范企业试点工作。

（李杰）

【危险化学品应急演练】 6月22日至28日，房山区安全监管局在全区危险化学品行业开展泄漏处置、防洪防汛、防恐防暴等多科目应急演练活动。为确保演练活动取得实效，区安全监管局结合实际，将《生产安全事故应急演练评估规范》（国家标准）中的评估内容，用于考评企业应急演练活动。组织应急管理专家成立考评小组，采取“四不两直”的方式，随机抽取重点企业，现场提出演练科目，对演练进行评估和考评。

（李杰）

执法监察

【住宅内非法违法生产经营治理】 2月4日，房山区安全监管局启动住宅内非法违法生产经营集中清理行动。此次行动按照“属地主责、部门尽责、全面清理”

的原则，采取“五个一”的形式（即：出台一个工作方案、召开一次动员大会、组织一次大型宣传、建立一份工作台账、查处一批问题隐患），重点打击利用民宅从事非法违法生产、经营、储存液化石油气、油气、油漆稀料、烟花爆竹等危险物品以及变住宅为仓库非法违法储存易燃易爆物品的活动。共组织执法检查3607次，出动执法人员13894人次，查获储存汽油2754公升、柴油1400公升、液化石油气260公斤，清理取缔非法违法生产经营单位8家，刑事拘留1人，行政拘留4人。

（刘爽）

【地下空间联合检查】 2月9日至10日，房山区安全监管局联合区住房城乡建设委等部门组成联合检查组，对辖区内地下空间进行安全检查，重点检查企业安全生产责任制、消防、地下空间使用情况。检查发现部分企业存在安全生产管理制度不完善、应急救援预案未按照实际情况进行更新等问题。针对存在问题，检查组责令企业立即整改，确保地下空间运行安全。

（杨雪峰）

【全国两会安全大检查】 全国“两会”期间，房山区安委会组织开展安全生产大检查。检查采取“四不两直”的方式，重点对全区危险化学品生产经营储存企业、人员密集场所、建筑施工单位等重点行业领域进行安全检查，督促企业落实主体责任，消除各类事故隐患。共出动执法检查人员108人次，检查油库、加油站、商市场、建筑施工等重点单位107家，查处隐患116项。对各类违法违规行为，予以高限处罚，并责令其立即整改。

（傅星铭）

【旅游景区联合检查】 4月22日，房山区安全监管局联合区旅游、交通等部门，对十渡景区开展安全生产联合检查。通过检查加强景区安全生产工作，保障“五一”期间安全生产形势稳定。检查组重点检查景区应急准备工作，实地检查景点娱乐设施、消防器材、配电设施等安全情况。检查组要求各景点提高安全意识，落实安全生产责任，全面排查隐患，开展应急演练，提高全员应急处置能力，确保节日期间安全形势平稳有序。

（傅星铭）

【安全保障百日行动】 7月1日至10月10日，房山区安全监管局组织开展为期3个月的安全生产保障百日行动。百日行动以“四个100%”为抓手（即：动员覆盖面100%，检查覆盖率100%，隐患整改率100%，不符合安全生产条件的企业停产整顿率100%），以此达到“四个确保”的工作目标（即：确保各单位安全生产责任落实到人，确保各项防范措施落实到人，确保各类重大活动生产安全，确保不发生生产安全事故）。出动执法人员37727人次，检查企业单位25969家，发现隐患8343项，整改隐患6781项，下达执法文书9048份，停业停产54家，关闭取缔100家，行政处罚343起，罚款1294.841万元。

（刘爽）

【重大活动安全监管组织保障】 8月，房山区安全监管局加强中国人民抗日战争暨世界反法西斯战争胜利70周年纪念活动和北京2015年世界田径锦标赛安全生产保障工作。一是严格实行领导带班，值班人员24小时在岗在位，保证信息畅通、指挥有力。二是局领导指挥，抽调执法骨干组成20个检查组，以危险化学品、建筑施工、人员密集场所、有限空间等领域为重点，全面排查整治安全隐患，其中5组开展夜间突击检查，督促企业落实管控措施，一旦发现问题，按照“四个一律”严肃处理。三是加大宣传力度，通过多渠道、多形式、多载体加大先进典型事迹推广，充分发挥示范带动作用，营造安全生产、消除隐患的良好社会氛围。

（安东）

职业卫生监督检查

【职业卫生监管】 本年，房山区安全监管局加强职业卫生监督检查工作。一是建立职业卫生联络机制，巩固基层阵地，固化乡镇联络员，确保职业卫生各项工作落地。二是实施信息报送制度，依托联络员机制，定期更新用人单位职业卫生管理信息台账，为职业卫生监管工作提供可靠依据。三是落实用人单位防治主体责任，印发《用人单位职业病防治责任告知书》，明确企业责任，督促落实到位。四是加强告知与警示工作，在全区开展用人单位职业病危害告知与警示标识设置工作，实现100％双达标。

（杨雪峰）

【职业卫生基础建设】 本年，房山区安全监管局加快推进企业职业卫生基础建设工作，夯实企业职业卫生责任体系、制度、机构、预防、管理、防护、培训、监护、应急等基础工作。527家涉及职业危害企业基础建设工作正式进入验收阶段。区安全监管局借助专业技术机构力量，成立6个评审组，对企业基础建设情况进行验收，并指导企业整改未达标项目，确保年度职业卫生基础建设工作目标任务顺利完成。

（杨雪峰）

【职业病预防和宣传“两手抓”】 本年，房山安全监管局坚持职业病预防和宣传并重，加强职业病防治工作。一手抓预防，建立职业卫生联络机制，巩固基层防治阵地，更新完善职业卫生信息台账，推进企业职业病危害因素告知和警示“双达标”工作；一手抓宣传，以《中华人民共和国职业病防治法》宣传周活动为重点，普及职业病防治知识，将宣传工作融入日常检查，深入企业一线宣讲，累计发放宣传读本逾万册。通过职业病预防和宣传“两手抓”，提高企业自律和防治意识，增强劳动者自我保护能力和职业卫生素质，推动职业病防治工作迈上新台阶。

（杨雪峰）

【有限空间作业大比武】 本年，房山区安全监管局、总工会联合举办房山区有限空间作业大比武活动。通过初赛和决赛，中国石油化工股份有限公司北京燕山分公司、房山供暖所、房山区环卫集团3支队伍取得参加“北京第二届有限空间大比武”比赛资格。取得全市第二、三名的好成绩，区安全监管局获得优秀组织奖。

（杨雪峰）

宣传培训

【安全生产条件普查人员培训】 3月17

日，房山区安全监管局组织全区 25 个乡镇街道 239 名普查机构工作人员，参加全区生产经营单位安全生产条件普查员培训。培训邀请市劳动保护科学研究所专家和普查系统开发工程师，重点对普查背景、填报内容、标准依据以及系统平台操作等方面内容进行讲解。借助对普查数据的总结分析和综合利用，全面掌握本区安全生产现状，提高安全生产管理水平。

（贾建飞）

【职业卫生专题培训】 4 月 1 日至 16 日，房山区安全监管局邀请职业卫生专家举办专题培训班，培训内容涉及职业卫生责任体系、制度、机构、预防、管理、防护、教育、监护、应急等多个方面。组织培训班 15 期，全区 22 个乡镇街道的职业卫生联络员和 645 家企业的主要负责人共 1231 人参加培训。

（杨雪峰）

【安全生产月部署】 6 月 12 日，房山区副区长刘胜国主持召开 2015 年安全生产月活动启动仪式暨第三季度安全生产委员会工作电视电话会。会议通报上半年全区安全生产情况，并对 2015 年安全生产月活动进行动员部署。刘胜国要求各单位抓住北京市“安全生产年”契机，做好房山区创建“首都安全发展科学示范区”建设，认真开展 2015 年安全生产月活动，统一部署、明确分工，把活动做深、做实、做细。

（安东）

【危险化学品标准化自评员培训】 6 月 16 日至 17 日，房山区安全监管局对全区危险化学品从业单位安全生产标准化自评员进行专题培训，全区危险化学品生产、储存、经营单位共 198 家 220 余人参加培训。本次培训针对《危险化学品从业单位安全生产标准化评审标准》等相关文件进行培训，重点对企业如何落实安全生产责任制、岗位操作规程、安全教育培训、现场管理等内容进行讲解。通过培训，帮助企业准确掌握危险化学品企业安全生产标准化各项要求，查找企业隐患问题，积极整改落实，推动企业标准化管理体系有效运行，为企业能够顺利完成标准化复评工作打下基础。

（杨文龙）

【安全生产管理平台使用培训】 12 月 22 日至 23 日，房山区安全监管局举办安全生产管理平台使用培训班，拱辰街道、阎村镇、城关街道 83 家企业负责人和专职安全员共 130 人参加培训。培训中，软件专家按照流程步骤分别对部门、岗位、职务、角色及隐患排查等模块的应用进行解读，就现场提出的系统登录、使用等相关问题进行解答。培训取得良好效果。

（刘爽）

法制建设

【法治宣传大讲堂】 6 月 5 日，房山区安全监管局举办以“推进依法行政，建设法治安监”为主题的法治宣传系列大讲堂之《推进依法行政　提升执法能力》，邀请区法院行政审判庭何秀芬庭长主讲，主要从新修订的《中华人民共和国行政诉讼法》对行政机关的影响、如何正确行使自由裁量权等方面进行讲解。

（杨茹）

【年中案卷评查】 6 月 18 日至 7 月 1 日，房山区安全监管局开展年中案卷评查工作。评查随机抽取10件处罚案卷，按照《北京市行政处罚案卷评查标准》和《北京市行政处罚案卷评查细则》有关规定，对被处罚主体、法律适用、执法程序、证据及文书规范等方面进行评查。抽取的10件案卷合格率为100%。其中，优秀卷8件，包括满分卷1件，发现各类问题42项，提出具体建议13条。

（杨茹）

【法制员队伍】 本年，房山区安全监管局创新安全生产行政执法工作手段，组建法制员队伍。法制员队伍由熟悉安全生产法律法规的业务骨干组成，具有较强的专业素质和综合能力，负责各行业领域安全监管法制工作，重点对依法立案的处罚案卷进行初审，保证案件证据充分、确凿。区安全监管局定期组织法制员培训教育，加强业务指导，充分发挥法制员引领带头作用，提升全区安全监管干部依法行政水平

（杨茹）

【行政处罚权力清单梳理】 本年，房山区安全监管局完成行政处罚权力清单的梳理工作。其中，包括安全生产法律、法规和规章50部，针对违法行为421项，并制定行政执法工作流程图，通过安全监管局政务网站，及时向社会公开。

（杨茹）

标准化建设

【标准化创建座谈会】 4月15日，房山区安全监管局与区供电公司召开安全生产标准化创建座谈会，通报行业企业标准化创建工作开展情况以及使用的相关评审标准。双方就供电企业安全生产标准化创建实施工作达成共识，为下一阶段供电企业三级标准化创建工作顺利开展提供保障。

（杨文龙）

【标准化培训会】 6月24日，房山区安全监管局、住房城乡建设委联合召开安全生产标准化培训会，对全区28家物业管理公司法定代表人、安全负责人和安全员进行标准化知识培训。会议邀请安全生产标准化专家对参会人员进行标准化专业指导，对安全生产标准化基础知识、创建流程、现场常见问题和北京市物业管理公司三级评审标准进行解读，就标准化基础知识对参会人员进行考核。

（杨文龙）

【企业标准化达标创建】 本年，房山区安全监管局坚持“管行业必须管安全”的原则，以主管部门为主导，在交通运输、建筑施工、热力、电力、旅游等12个行业开展创建工作。优选技术支撑单位，实行咨询评审分离，严控通过率，确保创建工作质量，促进创建企业安全管理和主管部门监管能力双提升。按照市安委会办公室关于安全生产标准化创建任务的要求，完成三级标准化企业达标518家、小微企业岗位达标1902家，分别占下达任务的104%和127%。

（杨文龙）

通　州　区

概　　述

2015年，通州区安全生产工作紧紧围绕建设北京城市副中心的发展战略，坚持科学发展、安全发展理念，坚持“安全第一、预防为主、综合治理”方针，按照抓基础、重实效、敢创新的原则，开展一系列卓有成效的工作，实现“十二五”安全生产规划任务的顺利收官，全区安全生产继续保持平稳有序发展态势。

一、健全安全生产监管体制机制。2015年，通州区作为全市安全生产监管体制机制综合改革试点示范区，坚持问题导向，先行先试，围绕改革确定的4大方面22项具体任务稳步推进，分项落实，取得显著成果。全面形成以《关于开展安全生产监管体制机制综合改革工作实施意见》（京通发〔2014〕21号）为统领、7个文件（党政同责、一岗双责、部门职责、约谈办法、通报办法、警示办法、隐患排查）为支撑的“1+7”系统完善安全生产责任体系制度框架，各单位细化“党政同责”“一岗双责”等制度的具体实施意见或办法，明确领导班子成员以及各职能部门安全生产职责，逐级签订安全生产责任书，将安全生产责任层层分解落实到基层，形成区、乡镇街道、村（社区）、企业四级一贯到底的安全生产责任体系。实现安全生产执法监察大队增编扩容，安全生产执法监察大队设立3个直属执法分队、8个区域执法分队，使每个执法分队执法监察范围覆盖1～2个乡镇街道，推动专业执法力量沉入基层，提升基层专职安全员业务素质和专业技能，健全完善安全生产监管监察体系。完善隐患核查制度、挂账督办制度、考核制度、执法监督制度等隐患排查治理运行管理制度，将安全生产隐患排查治理工作有机融入全区“一张网”的网格化工作体系中，探索“一企业一标准、一岗位一清单”编制试点工作，强化安全生产隐患排查治理体系。主动接受人大、政协对安全生产工作的监督，参加人大组织的“法治政府建设”课题研究；以“青年安全示范岗创建”“安康杯竞赛”等为平台，发挥工青妇等群团组织优势，形成推动安全生产发展的合力；组建通州区安全生产协会，将全区各个行业领域生产经营单位纳入其中，成为政府的好助手，企业的好帮手；推广安全生产责任保险，采取危险化学品行业典型带动、各行业领域全面推进的方式，开展“安责险”试点工作，推进安全生产社会共治体系。

二、深化安全生产专项整治。坚持“安办统筹、部门引领、属地负责和联合联动”的工作原则，研究制定《2015年通州区安全生产重点执法检查计划》，整合协调30余个政府工作部门和乡镇街道执法检查资源和力量，在重点行业领域统一开展综合执法行动、专项执法行动和执法监察行动。深刻吸取事故教训，以建筑施工、消防、人员密集场所、道路交通、危险化学品等10大行业领域为重点，实施安全生产隐患整治百日行动，启动安全生产大检查和区领导带队督导检查，严格落实停产整顿、关闭取缔、高限处罚和严厉追责的“四个一律”措施，打击、整治安全生产领域非法违法、违规违章行为，有效防范重点行业领域安全生产事故发生。在做好重点行业领域安全监管工作的同时，采取“前期介入、全程盯守”的方式，完成全国“两会”和春节、“十一”等重点时期的安全保障工作。通过加强重点区域、重点企业安全监管、督导检查、应急值守等措施，完成中国人民抗日战争暨世界反法西斯战争胜利70周年纪念活动和北京2015年世界田径锦标赛安全保障工作。

通州区被市安委会评为“2015年度安全生产工作先进区县”，荣获“安全生产工作基础管理创新奖”。通州区以全国第十四个安全生产月活动为载体开展的“金牌宣讲员活动”和“安全生产十进万家活动”分别被市安全委会办公室评为“最佳实践活动奖”。

综合监管

【控制指标】 本年，市安委会下达通州区安全生产控制指标107人。全年，通州区发生安全生产事故死亡102人，占年度安全生产控制指标的95.33%。其中：道路交通事故死亡95人，同比增加9人；生产安全事故死亡3人，同比减少5人；火灾事故死亡2人，同比持平；铁路交通事故死亡2人，同比持平。

（杨镜坡）

【安全生产大会】 1月21日，通州区政府在通州会议中心召开2015年安全生产工作大会。会议传达1月6日全国安全生产电视电话会议精神，总结2014年安全生产工作，部署2015年安全生产工作任务。区政府向11个乡镇、4个街道办事处和区政府各有关工作部门下达2015年安全生产工作任务书，并对2014年安全生产先进单位、“金安企业”、先进个人以及优秀专职安全员进行表彰。

（杨镜坡）

【百日行动部署会】 4月3日，通州区政府在通州会议中心召开安全生产隐患整治百日行动部署会。会议传达贯彻市领导批示和区主要领导指示精神，发动全区上下开展安全生产隐患整治百日行动，消除各类事故隐患。区住房城乡建设委、安全监管局、公安消防支队分别就安全生产工作进行安排部署。副区长肖志刚参加会议并提出工作要求。

（杨镜坡）

【安全生产视频会】 7月10日，通州区政府在通州会议中心召开安全生产工作视频会。会议传达贯彻党中央、国务院以及市、区领导关于安全生产工作指示精神，总结上半年全区安全生产工作，分析安全生产形势，部署下半年安全生产工作任务。副区长刘贵明出席会议并对全区安全生产工作提出要求。

（杨镜坡）

【区长办公会】 7月27日，通州区政府召开第107次区长办公会，听取2015年上半年安全生产情况汇报，研究下半年工作思路和措施。会上，区安全监管局对上半年工作的成效和亮点进行汇报，分析面临的安全生产形势，并提出对策和措施。区长岳鹏对全区上半年安全生产工作给予肯定，对开展安全生产工作做出重要指示。

（杨镜坡）

【安全生产协会成立】 8月19日，通州区安全生产协会召开一届一次会员（代表）大会，选举产生安全生产协会理事会、监事会成员以及理事长、副理事长、常务理事、监事长。安全生产协会将全区各个行业领域重点生产经营单位纳入其中，发挥社团组织在政府与企业之间的纽带桥梁作用，通过专家服务企业的方式改善企业安全生产条件，从而成为政府的好助手、企业的好帮手。

（辛晋峰）

【安全生产汇报会】 9月17日，通州区副区长刘贵明在漷县镇政府主持召开安全生产重点工作汇报会，区安全监管局和11个乡镇政府负责人参加会议。会议听取乡镇街道安全生产大检查、油气管线占压隐患清理、安全生产机制体制改革、专职安全员队伍建设、安全生产网格化管理及年终考核实施细则落实等情况汇报，区安全监管局对危险化学品罐区改造、危险化学品非法违法行为打击整治、醇基液体燃料排查清理等工作进行部署。刘贵明对全区安全生产重点工作推进情况给予肯定，并对下一步工作提出具体要求。

（杨镜坡）

【安全监管省际互查】 9月17日，河南省安全监管局检查组来到通州区漷县镇，代表国家安全监管总局对北京市通州区安全监管行政执法工作情况进行省际互查。检查组实地查看漷县镇专职安全员办公场所、装备配备、制度建设等情况，并召开工作汇报会。河南省安全监管局副局长马涛、河南省安阳市安全监管局局长陈鲜明、北京市安全监管局副巡视员高士虎、通州区副区长刘贵明和区安全监管局负责人参加汇报会。

（张建伟）

【安全生产季度工作会】 10月21日，通州区政府在通州会议中心召开通州区安全生产工作会议。会议传达贯彻全国安全生产工作视频会议及市安委会第4次会议精神，总结三季度安全生产工作，分析安全生产形势，安排部署安全生产大检查推进落实工作和四季度安全生产工作。副区长刘贵明参加会议并讲话。

（杨镜坡）

【“安责险”试点】 本年，通州区安全监管局制发关于开展安全责任保险制度试点工作的通知，建立“安责险”联席会议制度、安全生产与“安责险”信息共享平台和文件资料抄送制度以及监督考核制度。通过专人负责、企业宣传、实施危险化学品行业典型带动、各行业领域全面推进等方式，抓好试点工作。有209家企业投保，保费金额100.38万元，投保累计理赔限额14.98亿元，实现“安责险”试点工作的良好开端。

（辛晋峰）

危险化学品安全监管

【全国“两会”安全保障】 2月至3月，通州区安全监管局对全区危险化学品企业消除安全隐患情况和落实危险化学品各类人防、技防和物防措施情况进行执法检查，确保各企业在全国“两会”期间的安全稳定。“两会”期间检查危险化学品企业98家，查处安全隐患127项，下达执法文书57份，行政处罚1家。

（辛晋峰）

【液氨使用专项治理】 3月至6月，通州区安全监管局依照《液氨使用与储存安全技术规范》对全区8家液氨非制冷企业开展液氨使用和储存装置技术升级改造专项治理，通过企业整改和专家验收，有6家企业通过技术升级改造验收，剩余2家企业不再使用液氨装置。

（辛晋峰）

【淘汰落后产能企业】 3月至10月，通州区安全监管局按照市、区两级政府关于淘汰落后产能和清洁空气行动计划相关文件要求，配合区经济信息化委、环保局等部门，开展相关危险化学品经营企业整治工作。全年配合相关部门和各乡镇政府完成19家企业停产退市。

（辛晋峰）

【加油站专项治理】 3月至12月，通州区安全监管局督促全区24家加油站按照《汽车加油加气站设计与施工规范》完成对加油设备、设施改造升级工作。投入专项整改资金2470万元，经过专家验收，完成改造17家。通过整改提高加油站设备、设施风险监控与事故处置能力和加油站内部安全管理水平。

（辛晋峰）

【危险化学品专项治理】 4月至5月，通州区安全监管局对全区无储存经营企业和易制毒、易制爆化学品企业进行专项治理。重点对企业经营场所、经营台账、安全生产教育培训情况等内容进行检查，检查企业92家，查处隐患62项，下达执法文书43份，处罚2家，罚款3万元。

（辛晋峰）

【东方化工厂周边专项治理】 5月至6月，通州区安全监管局联合公安消防支队和永顺、张家湾镇安全科执法人员，对东方化工厂周边范围内170家化工企业集中进行专项治理和执法检查。出动执法人员368人次，检查企业260家次，查处各类隐患421项，下达执法文书251份，处罚6家，罚款7.5万元。

（辛晋峰）

【重大活动安全保障】 7月至9月，通州区安全监管局开展中国人民抗日战争暨世界反法西斯战争胜利70周年纪念活动和北京2015年世界田径锦标赛安全保障工作。通过开展不间断集中执法、乡镇街道全覆盖排查管控、聘请危险化学品专业机构参与执法检查、集中约谈重点企业负责人、危险化学品企业签订安全保证书、打击非法违法生产经营行为、发挥媒体曝光监督作用、区安委会成员单位各司其职等方面的监管手段和措施，确保全区安全稳定。活动期间出动执法人员97人次、检查车辆67车次，检查危险化学品企业237家次，发现和处理各类安全隐患252项，下达执法文书211份，行政处罚企业11家，罚款41.5万元。责令停止生产经营活动的危险化学品企业4家。

（辛晋峰）

【消防安全检查】 8月至9月，通州区安全监管局会同各乡镇街道对全区危险化学品企业消除消防安全隐患、落实防火措施情况开展安全大检查。检查危险化学品企业86家，发现消防隐患112项，下达责令整改通知书61份。对存在安全隐患的危险化学品企业，联合区消防部门督促其落实整改。

（辛晋峰）

【重大危险源安全监管】 9月至10月，通州区安全监管局会同区安委会有关成员单位对全区涉及危险化学品重大危险源企业和易燃易爆物品企业开展安全大检查。出动执法人员59人次、执法车辆25车次，检查企业101家次，发现和处理安全隐患167项，下达行政执法文书128份，行政处罚企业11家，罚款41.5万元。关闭危险化学品企业4家。

（辛晋峰）

【危险化学品执法检查】 本年，通州区安全监管局检查危险化学品企业728家次，查处各类安全隐患809项，下达执法文书547份，行政处罚38家，罚款93.1万元，依法打击各类非法、违法生产经营行为企业4家，依法责令停产停业企业4家；检查烟花爆竹零售网点164家次，出动执法人员143人次，发现和处理网点安全隐患44项，下达执法文书41份。

（辛晋峰）

【输油气管道隐患专项治理】 本年，通州区安全监管局制定《通州区深入开展油气输送管道隐患整治攻坚战推进工作实施方案》，成立由主管副区长任组长的油气输送管道安全隐患整改工作领导小组，统筹指挥并推进专项整治工作。区市政、安全监管、城管、国土、规划、公安、消防等部门和有关乡镇街道，对全区油气输送管道占压和侵占安全距离隐患情况进行调查摸底和清理整治，采取召开联席会议、启动隐患整改约谈机制、挂牌督办、执法检查等措施推进整治工作。全区油气输送管道155项挂账隐患（其中重大隐患12项，较大隐患43项，一般隐患100项）全部整改完毕。

（辛晋峰）

【危险化学品行政许可】 本年，通州区安全监管局对全区危险化学品经营企业换发许可证81家，未发放新增危险化学品经营许可证照，退出危险化学品市场并注销危险化学品经营许可企业7家。

（辛晋峰）

烟花爆竹安全监管

【烟花爆竹安全部署】 本年，通州区安全监管局制发《2015年烟花爆竹销售（储存）工作方案》对属地监管、网点布设搭建、部门联审许可、网点人员保障、产品配送管理和销售储存监管、剩余产品回收、燃放秩序维护、打击非法行为等工作进行部署。成立烟花爆竹安全监管工作领导小组和6个烟花爆竹执法督导组，协助和指导各乡镇街道做好本辖区网点的安全监管工作和重点企业烟花爆竹燃放秩序维护工作。

（辛晋峰）

【行政许可及布点】 本年，通州区安全监管局对全区烟花爆竹零售网点进行登记报名，逐一审核并统一开展培训考核，严把准入关。区安全监管局联合区公安、交通、消防、市政等部门完成对全区64个零售网点的联合审查布设、行政许可和增项手续办理等工作，其中城区范围（玉桥、北苑、中仓、梨园、永顺）30

个，其余分布于其他9个乡镇。对城区内30家零售网点加装视频、音频监控装置，并抽调专人实时监控。

（辛晋峰）

【零售网点从业人员宣传培训】 本年，通州区安全监管局组织区公安、工商部门统一对全区烟花爆竹零售网点从业人员进行烟花爆竹相关法规、规定和烟花爆竹安全销售、燃放知识培训，并向零售网点发放安全管理手册，印发5期《2015年烟花爆竹安全监管工作专刊》，宣传报道烟花爆竹安全工作。

（辛晋峰）

【零售网点安全检查】 1月至2月，通州区安全监管局成立6个烟花爆竹执法小组，按照《烟花爆竹零售网点安全考核标准》，对全区64个烟花爆竹零售网点进行执法检查和考核评分。特别是在“除夕”“初五”等重点销售、燃放时段，对烟花爆竹零售网点和储存库进行不间断检查和夜间突击排查。出动执法人员3724人次，出动执法车辆115车次，检查烟花爆竹零售网点1680家次，下达执法文书421份，行政警告7家，消除安全隐患517项。

（辛晋峰）

【烟花爆竹回收清理】 2月，通州区安全监管局督促各烟花爆竹零售网点将未销售剩余产品打包封存，由烟花爆竹批发单位统一储存（批发单位回收剩余产品620箱），将烟花爆竹许可证照和零售网点标识牌上交区安全监管局。要求各烟花爆竹零售网点于2月28日前完成室外零售棚、视频监控设备拆除和回收工作，清理现场恢复原有环境秩序。

（辛晋峰）

隐患排查治理

【隐患排查治理部署】 本年，通州区安委会办公室制发《关于认真吸取“12·29”事故教训切实做好元旦春节期间安全生产工作的紧急通知》《关于进一步加强当前安全生产工作的紧急通知》《关于排查上报安全隐患的紧急通知》等系列文件，发动全区各单位吸取事故教训，巩固“六打六治”专项行动取得的成效，结合特殊时段道路交通、建筑施工、燃气、危险化学品、烟花爆竹、消防、有限空间作业和人员密集场所等行业领域安全生产特点，开展全方位安全隐患大排查，排查治理安全隐患。

（杨镜坡）

【隐患整治百日行动】 4月到7月，通州区安全监管局动员全区各单位，以建筑施工、消防、人员密集场所、道路交通、输油气管线、危险化学品、有限空间、地下空间、用电、特种设备等行业领域为重点，开展安全生产隐患整治百日行动。全区出动执法人员23586人次，监督检查企业单位8162家，发现并整改隐患16753项，行政处罚150起，整改7996项，停产停业18家，关闭取缔10家，罚款185.7万元。

（杨镜坡）

【安全生产专项整治】 本年，通州区区委、区政府印发安全生产大检查工作通知和区领导带队开展督导检查通知，调动全区各部门和单位以危险化学品、人员密集场所、建筑施工、道路交通、油气管线、电梯等特种设备等行业领域为重点，坚持严查重罚，开展全覆盖安全生产大检查。全区检查监督企业单位36591家，发现并整改各类问题隐患34449项，停产整顿47家，关闭取缔37家，罚款385.5万元。

（杨镜坡）

【油气输送管道专项整治】 本年，通州区安全监管局对全区油气输送管道占压和侵占安全距离隐患情况进行调查摸底和清理整治，采取召开联席会议、启动隐患整改约谈机制、挂牌督办、严格执法检查等措施推进整治工作。全区油气输送管道155项隐患台账（其中重大隐患12项，较大隐患43项，一般隐患100项）全部整改完毕，实现3年任务1年完成的目标。

（张伟）

应急救援

【京津冀应急救援演练】 5月14日，京津冀三地安全监管部门和有关部门在通州区东方化工厂联合举行输油管道泄漏和爆燃事故应急演练。演练现场，应急车通过卫星将现场图像和声音实时传递给京津冀三地应急部门，并由三地共同组织指挥层面的三地协同会商、部门之间协同联动和三地救援队伍层面的专业协作配合，为京津冀三地之间联动响应和处置提供可借鉴、可推广的典型经验。

（杨镜坡）

【应急管理试点】 本年，按照市安全监管局统一部署，通州区安全监管局制定《通州区安全生产应急管理示范企业试点工作方案》，确定26家企业作为安全生产应急管理示范企业。并于6月19日组织26家企业和乡镇街道安全管理人员举办专题培训班，就示范企业试点工作进行培训部署。通过应急管理示范企业创建活动，督促企业主要负责人落实本单位安全生产应急管理第一责任人的工作责任，落实法律法规规定和标准要求，建立企业安全生产应急管理责任体系。

（杨镜坡）

执法监察

【全国“两会”安全保障】 本年，通州区安全监管局开展全国“两会”期间安全生产大检查工作。检查生产经营单位155家次，查处安全隐患389项，下达责令限期整改指令书86份，对存在严重安全隐患和违法违规行为的5家企业责令暂时停工整顿并给予经济处罚，罚款8.5万元。

（张伟）

【重大活动期间执法检查】 8月至9月，通州区安全监管局开展中国人民抗日战争暨世界反法西斯战争胜利70周年纪念活动和北京2015年世界田径锦标赛安全生产执法检查工作。出动执法、检查人员407人次，出动执法车辆92车次，检查各类生产经营单位421家次，查处各类安全隐患1017项，下达执法文书407份，责令停工整改48家。

（张伟）

【白酒制造企业专项检查】 5月至12月，通州区安全监管局联合区经济信息化委、食品药品监管局、公安消防支队等部门，依据《建筑设计防火规范》《酒厂设计防火规范》《白酒企业安全管理规范》等标准规范，按照动员部署、隐患治理和验收总结3个阶段，对11家企业逐一开展排查治理，督促企业淘汰落后工艺技术和设备设施，建立隐患排查治理体系，对不具备安全生产基本条件的企业逐步进行取缔关闭。

（张伟）

【特种作业“双打”行动】 6月，通州区安全监管局、质监局、住房城乡建设委、公安消防支队等部门，联合开展特种作业及特种设备作业人员“双打”行动。检查生产经营单位931家，其中工业企业697家，建筑施工单位65家，人员密集场所169家。发现生产安全隐患1513项，下达执法文书897份；检查特种作业及特种设备作业人员971人，发现无证人员及持假证人员6人，行政处罚6起，罚款3万元。

（张伟）

【粉尘防爆专项整治】 7月至12月，通州区安全监管局对29家涉及粉尘爆炸危险的企业进行多轮次、全覆盖执法检查，检查包括区安全监管局检查、暗查和抽查，乡镇街道安全监管部门专项检查以及村级安全生产巡查员安全检查等形式，查处各类安全隐患102项，对5家存在安全生产违法违规行为的企业处以罚款6.5万元。

（张伟）

【安全生产执法检查】 本年，通州区安全监管局依法监督检查生产经营单位2620家，3851次；依法查处事故隐患6180项，实际完成事故隐患整改5943项；下达各类行政执法文书8585份，其中下达责令限期整改指令书1664份；依法进行行政处罚150次，其中经济处罚143次，罚款431万元，责令停产停业整顿生产经营单位7个，行政许可单位检查覆盖率100%，执法检查复查率100%。

（白华）

【联合执法行动】 本年，通州区安全监管局组织开展安全生产联合执法行动。1月，上海“12·31”踩踏事故发生后，联合相关部门对30家重点行业企业进行执法检查，下达执法文书26份，整改安全隐患112项，对2家存在安全生产违法违规行为的企业处以罚款2.5万元。8月至10月，联合相关部门和潞城镇政府对拆迁区146家生产经营单位进行多轮次、全覆盖检查，检查企业403家次，下达执法文书176份，现场处理措施决定书43份，整改安全隐患628项。

（张伟）

【大型活动保障】 本年，通州区安全监管局对通州区举办的“运河广场大型庙会”“七夕文化节文艺演出”“草莓音乐节”等多起大型活动进行现场安全检查和保障工作。通过采取“前期介入、全程盯守”的方式，对现场舞台、展台搭建进行检查，对现场临时用电、挂件设置、安全设施等安全情况开展安全检查，安排执法人员进行全程驻守，加大对活动现场重点设施、重点部位的检查巡视力度，确保不发生安全事故。

（张伟）

职业卫生监督检查

【职业卫生监督检查】 本年，通州区安全监管局以石材加工、家具和化工等行业用人单位为重点，开展职业卫生监督检查。全区职业卫生执法检查重点单位3146家次，其中区安全监管局检查384

家次，乡镇街道检查2762家次。全年对21家企业的违法行为进行立案处罚，罚款42.9万元。

（花一男）

【职业卫生安全培训】 本年，通州区安全监管局召开2015年职业卫生监管重点工作部署暨职业卫生培训会，加强对用人单位监督管理工作。协调行业主管部门，发挥行业内部优势，全年组织用人单位负责人、职业卫生管理人员参与培训会17场，参训人员约2000人，发放基础建设活动手册800余份。

（花一男）

【有限空间专项整治】 本年，通州区安全监管局会同区住房城乡建设委、公安消防支队、质监局、水务局等部门，对物业小区地下管网、化粪池等有限空间作业开展安全生产专项整治。要求各物业管理公司保证作业合规、有限空间作业现场监护人员到位、警示标识及中文提示清楚明白。对通州区新华大街、运河大街、玉带河大街等主干道地下管网有限空间作业进行监督检查，要求作业方落实作业现场通风、照明、警戒、应急等措施，设置有效围挡，作业人员正确佩戴合格防护用品。

（花一男）

【职业危害申报】 本年，通州区职业病危害项目申报用人单位531家，存在职业危害场所1528处，接触职业病危害因素劳动者38368人。

（花一男）

宣传培训

【双百工程】 3月至10月，通州区安全监管局开展“百名安全监管干部与万家企业负责人对话谈心”和“百名安全生产专家服务万家企业”活动。5名市级安全生产专家对140家“五小企业”和“六小场所”进行安全生产管理服务28次，帮助企业查找和治理各类隐患598项，发放宣传资料420本，培训乡镇街道专职安全员303人。区安全监管局主管领导先后带领安全监管人员下基层对重点乡镇街道危险化学品企业负责人对话谈心，了解企业对政府安全监管工作的意见和要求。

（辛晋峰）

【安全生产大型公开课】 4月17日，通州区安全监管局在永顺镇启动2015年安全生产大型公开课，对永顺镇200余名企业主要负责人和安全管理人员进行培训。重点讲解企业主要负责人、安全管理人员应该履行的职责，以及从业人员安全生产权利、义务等内容，使参会人员深刻领会法律精神、准确掌握法律内容，提高安全生产依法监管（管理）能力和水平。对11个乡镇、4个街道4000多名企业主要负责人和安全生产管理人员进行培训，完成12期安全生产大型公开课的工作任务。

（宋煜）

【安全生产宣讲员评选】 4月至9月，通州区安全监管局在全区370名专职安全员、1170名安全生产巡查员中，开展第二届金牌宣讲员评选活动。由各行业领域安全监管专业人员组成评审组，从教学态度、教学内容、教学方法手段以及教学能力4个方面，对参加评选的21名基层安全生产宣讲员的宣讲成果进行最终评选，检验安全生产宣讲员宣讲水平。

最终评选出金牌宣讲员2名，银牌宣讲员4名，铜牌宣讲员6名，优秀宣讲员8名。

（宋煜）

【宣传咨询日】 6月16日，通州区安委会开展全区安全生产月宣传咨询日活动。向参加活动居民群众发放安全生产月宣传张贴画、《中华人民共和国安全生产法》以及印有安全标语的围裙、手提袋、宣传海报等宣传资料，掀起安全生产月活动高潮。其他乡镇街道在中心大街、工业园区主街道或人群较为集中的农贸市场等重要地段设立宣传咨询日分会场和“12350”咨询台。安全宣传咨询日活动悬挂横幅6952条，摆放展板2570块，发放各类宣传资料24万份，受教育人数40万人。

（宋煜）

【安全生产“十进万家”活动】 6月至9月，通州区安全监管局通过制发通知、召开工作部署会等形式，在全区范围内开展安全生产“十进万家”活动（即：安全法规进万家、安全知识进万家、安全家书进万家、安全用品进万家、安全标识进万家、安全服务进万家、安全漫画进万家、安全歌谣进万家、安全问卷进万家、安全警示进万家）。发动群众给在生产一线工作的亲人写安全家书10万余封；组织安全生产专家和安全服务志愿者深入基层开展安全服务3825家次；在重点场所悬挂安全警句标识2万余幅；安装固定安全宣传展板500余块；发放安全手册、安全用品、安全漫画等安全主题宣传用品65万份；开展“新安法、新亮点”百题知识竞赛活动，共4.3万人参与；开展燃气知识竞赛、企业职工知识竞赛等活动，回收试卷3万余份。此次活动受教育人数80万人，营造“关爱生命、关注安全”的舆论氛围。

（宋煜）

【安全生产主题演讲大赛】 9月，通州区安全监管局在全区安全监管系统开展“北京安监精神”征文演讲比赛活动。活动通过学习宣贯、征文、评审及演讲3个阶段面向全区安全监管人员征集优秀作品。邀请市、区领导和安全监管人员组成评审组，对15名进入决赛的演讲选手进行评选。最终评选出一等奖1名，二等奖2名，三等奖3名，优秀奖9名。

（宋煜）

【专职安全员岗前培训】 11月16日至20日，通州区安全监管局对新招聘的168名专职安全员进行封闭式岗前培训，加强基层安全监管队伍建设。培训邀请具有较高理论水平和实践经验的学者，结合新修订的《中华人民共和国安全生产法》内容和基层专职安全员工作职责和任务，有针对性地进行授课。

（宋煜）

【安全文化建设】 本年，通州区安全监管局在全区各乡镇街道巡回开展安全生产大型公开课活动12期，培训企业主要负责人和安全管理人员4000余人。向国家和市、区级媒体报送新闻，确保重要工作部署、专项整治行动、重大活动和创新工作的及时报道。市级以上媒体刊登安全信息459条，通州区委、区政府刊登信息98条，通州电视台播出新闻35条，电视安全专题播出29期，《通州时讯》刊登报纸新闻20条，制作安全专题43期，安全广播52期。编辑安全专刊《安全监管动态》45期。安全监管局政务网站刊登基层信息 219 条。

（张伟）

法制建设

【统筹执法检查】 3 月，通州区安委会制发《关于印发〈2015 年通州区安全生产重点执法检查计划〉的通知》（通安委发〔2015〕4 号），坚持“管行业必须管安全、管业务必须管安全、管生产经营必须管安全”和“党政同责、一岗双责”的工作原则，在综合执法、专项执法、执法监察 3 个方面重点开展安全生产执法检查工作，为各项执法工作的开展打下坚实基础。

（白华）

【专职安全员封闭式培训】 3 月 23 日至 4 月 1 日，通州区安全监管局组织全体专职安全员参加由市安全监管局组织的第一批为期 10 天的全封闭培训。培训内容除体能训练外，主要包括安全生产法律法规和标准、基层安全生产监管、安全生产现场检查、典型事故案例评析、廉政警示教育和文明执法、专职安全员管理办法等，为专职安全员队伍建设奠定坚实的基础，形成较好的工作作风。

（许悦）

【行政执法计划】 3 月，通州区安全监管局制发《关于印发〈2015 年度安全生产监管行政执法工作计划〉的通知》，对全年行政执法工作日、其他执法工作日、非执法工作日和监督检查生产经营单位家次等有关数据进行测算，将 5 家危险化学品生产企业、150 家危险化学品经营企业、60 家工业企业、40 家涉及职业卫生企业列为重点检查单位，确定 30 家重点行业和领域执法检查单位，38 家重点时段执法检查单位，并选取 30 家单位重点检查生产经营单位应急预案备案情况。

（白华）

【监管体制机制改革】 6 月，通州区安全监管局制订《通州区安全生产监管体制机制综合改革重点工作及任务分工方案》，报区法制办进行合法性审查。区委办公室、区政府办公室联合印发《通州区安全生产监管体制机制综合改革重点工作及任务分工方案》。7 月，通州区安全监管局制发《关于〈通州区安全生产监管体制机制综合改革的重点工作及任务分工方案〉的通知》，成立由局长任组长，局领导班子成员为副组长，各科室负责人为成员的领导小组。领导小组办公室设在局办公室和法制科。明确各重点工作任务的牵头领导、责任科室和完成时限。通过落实职责，明确牵头领导、牵头科室、协办科室和完成时限，形成工作合力，推进各项任务按时间节点平稳推进。

（白华）

【第二批专职员招聘】 6 月，通州区安全监管局联合人力社保局等部门，在全区范围内开展第二批安全生产专职安全员公开招聘工作。通过发布公告、报名初审、笔试、面试、体检、政审、确定人员、岗前培训、上岗取证考试和签订劳动合同等环节，顺利完成 165 名新专职安全员的招聘上岗工作。全区乡镇街道（园区）安全生产专职安全员数量达 531 名，已成为安全监管队伍中重要的新生力量。

（许悦）

【法制宣传教育】 本年，通州区安全监管局制定《2015 年法制宣传教育工作计划》，明确全年工作重点，开展多种形式的法制宣传教育活动。5 月，开展“百名专家服务万家企业”活动，宣传《中华人民共和国安全生产法》等法律法规，普及安全生产知识，帮助企业查找安全隐患，制定整改措施，提高企业安全管理专业人员素质。11 月，组织全区专职安全员中的 15 名兼职安全生产法制宣讲员参加由市安全监管局举办的宣讲培训班，市安全监管局法制处专家解析新修订的《中华人民共和国安全生产法》的修订内容和运用法律处理实际案例的方式方法，由华图培训学校的老师讲述关于演讲的知识和方法技巧。12 月，会同区有关部门到于家务乡以“弘扬宪法精神，建设法治中国”为主题开展法制宣传教育活动。组织相关科室人员积极参加“12·4”国家宪法日暨全国法制宣传日主题宣传活动，营造尊崇宪法、信仰法治的良好舆论氛围。

（白华）

标准化建设

【安全生产标准化建设方案】 4 月，通州区安委会办公室制定全区标准化建设工作实施方案，内容包括指导思想、工作目标、组织机构、评审标准、督查考核、培训和宣传、信息报送、实施步骤以及工作要求等内容。同时，制定标准化培训方案和抽查考核制度。

（张伟）

【标准化部署大会】 5 月，通州区安委会办公室召开由行业部门和乡镇街道主管领导参加的安全生产标准化工作部署大会。会议对年度标准化工作进行部署，明确企业标准化达标任务。会议要求各单位加强对本地区、本行业企业的引导、指导和帮助，加强对评审单位的督促协调，加强对标准化工作的宣传以及对本地区、本行业企业的监督检查。

（张伟）

【标准化企业核查】 5 月，通州区安全监管局组织对工业、商贸、文化、旅游、体育、卫生、建筑、交通、教育、市政、农业、电力、水务等行业领域的企业数量、规模和安全生产标准化达标情况等进行统计，对未达标企业建立台账。成立由乡镇街道安全管理人员、相关行业专家组成的标准化抽查考核工作组，对标准化达标企业开展核查。核查规模以上企业 280 家，小微企业 460 家。

（张伟）

【标准化培训】 5 月至 6 月，通州区安全监管局完成 3 个层面的安全生产标准化培训工作。第一层面，完成对属地政府标准化工作负责人的培训；第二层面，完成了对属地政府标准化具体工作人员的培训；第三层面，指派专人，配合行业部门和乡镇街道，完成对申报企业的标准化培训工作。全区培训受众达 2850 人次。

（张伟）

顺 义 区

概　　述

2015年，顺义区围绕安全生产“四化三体系双基”总任务，全面推进安全生产工作，保持全区安全生产形势总体平稳。

一、健全安全生产责任体系。经区委常委会、区政府常委会审议，制定实施《顺义区安全生产党政同责实施办法》及《顺义区党委系统有关部门及群团组织安全生产工作职责规定》，明确党委、政府各部门的安全生产责任，与区政府《顺义区安全生产“一岗双责”实施办法》《顺义区安全生产约谈管理办法》《顺义区行政单位对生产经营单位安全生产监管（管理）职责规定》等，构成顺义区“1+X”安全生产责任体系。

二、宣传新修订的《中华人民共和国安全生产法》。借助区“两台一刊”和“顺义安监”公众微信平台等新媒体，在全社会开展新修订的《中华人民共和国安全生产法》宣传工作，促进生产经营单位自觉遵法、学法、守法、用法。从4月至6月，采取巡回专题讲座的方式，对全区32个生产经营单位主要负责人开展专题培训，培训3052家生产经营单位，取得良好效果。

三、深化企业隐患排查治理体系建设。在全区深化隐患排查治理体系建设工程，积极推进实施“一企业一标准，一岗位一清单”隐患排查试点工作，落实企业主体责任，提升事故预警预防水平。

四、推进全行业安全生产标准化达标。以隐患排查治理为核心，以新修订的安全标准为依据，采取网上公示、公开遴选的方式，引入社会咨询、评审机构，突出企业风险点和危险源辨识，做到每家三级以上创建企业有明确的企业隐患排查责任清单、有操作性较强的岗位操作规程、有清晰的企业主体责任“十个一”落实痕迹、有健全的企业隐患排查治理闭环机制。

五、完善综合监管系统平台。区安全监管局投入162万元对行政执法、标准化评审、隐患排查治理、安全生产条件普查系统进行升级改造。北京顺鑫控股集团作为全市隐患排查治理体系试点企业，以落实企业主体责任“十个一”工程为主要内容，搭建企业集团隐患排查治理系统。

六、开展社会化建设。采用“政府推动、市场化运营”的方式，重点在全区安全生产风险系数大的大型企业和高危企业等10类、400余家企业中开展“安责险”承保服务，年内完成工作任务的85%。积极发挥与北京市劳动保护研究所等专业机构的战略合作关系，通过政府购买服务，为安全生产标准化、安全生产形势预测分析、职业卫生检测等工作提供专业的技术支撑。特种作业培训考核工作引入社会化管理机制，坚持考培分离，建设标准化、信息化、现代化“三化”考点，提升特种作业培训、考核水平。

七、增强安全发展意识。开通安全教育在线平台，采取线上教育与线下体验式培训相结合的方式，对全区万余家企业安全生产负责人和管理人员实施安全生产培训。与区电视台联合开辟“安全伴你行”专栏，开办“顺义安监”微信公众平台。依托中北华宇建筑工程公司，建立区第一家集声、光、电、多媒体、场景模拟及亲身体验为一体的综合性安全教育培训基地，面向全社会开放。

八、强化基层监管队伍建设。按照全市统一部署，对新增300名基层专职安全员专门培训，全部正式上岗，其中全区助理安全工程师考核通过率57.3%。开展专职安全员业务大轮训，分批组织专职安全员到区安全监管局执法科室挂职锻炼，提高隐患排查辨别能力和执法检查水平。

综合监管

【控制指标】 本年，顺义区发生安全生产事故死亡117人，占市安委会下达年度安全生产控制指标的100%。其中：道路交通事故死亡109人，同比持平；生产安全事故死亡1人，同比减少4人；火灾事故死亡5人，同比增加2人；铁路交通事故死亡2人，同比减少1人。

（王维）

【专职安全员管理】 1月5日，顺义区安全监管局召开专职安全员上岗工作会。区安全监管局、人力社保局和各镇、街道、园区主管领导及拟入职专职安全员共300余人参加会议。会议就专职安全员管理制度和合同签订等相关事宜进行讲解。区安全监管局要求加强队伍管理，发挥专职安全员作用。

（王维）

【全国安全生产电视电话会议】 1月9日，顺义区安委会组织安委会成员单位及区工业、危险化学品、建筑、人员密集场所40家重点企业主要负责人参加全国安全生产电视电话会议。会后，顺义区安委会就全国发生事故情况进行通报，对下一阶段工作进行部署。副区长盛德利要求：要认清形势，做好安全生产工作，强化责任担当，对全区安全生产工作进行再动员、再部署，加强应急准备，提高应急处置能力。要求各单位结合实际开展安全生产大检查，制定工作方案，明确责任部门和责任人，有效遏制各类安全生产事故的发生。

（王维）

【副区长带队检查人员密集场所】 1月16日，顺义区副区长盛德利、李向英带领区安全监管局、工商局、公安消防支队等部门负责人对人员密集场所开展节前联合检查。检查组分别对顺义区博联小天地商品城、春峰大卖场人员密集场所的安全生产隐患进行逐一排查，重点检查企业安全疏散标识、安全出口应急照明等情况，并提出工作要求。

（王维）

【市安委会督查】 1月21日，市安全监管局副巡视员钱山带领市安委会督导组对顺义区进行安全生产督查工作，顺义区商务委等9家行业部门及属地主管领导参加督查。市安委会督查组采取“四不两直”方式，分两组对顺义区工业企业、建筑工地进行抽查检查，随后听取顺义区安全生产工作汇报，并查阅相关资料。钱山指出：希望顺义区巩固成果，强化责任意识，从严管理，再接再厉，以科学严谨的态度，创新工作方式，固化机制，夯实基础。

（王维）

【常务副区长春节前安全检查】 2月16日，顺义区常务副区长林向阳带领区相关部门负责人检查施工工地、城区供暖、客运交通及烟花爆竹零售等安全生产工作。林向阳要求：节日期间各施工工地要做好值班工作，值班人员要坚守岗位，落实各项安全措施，认真开展安全检查。客运交通部门要做好各项服务和安全保障工作，加强管理，落实措施，把安全贯穿于经营活动的全过程。

（王维）

【副区长带队检查重点企业】 2月28日，顺义区副区长禹学垠带队检查北京顺鑫农业股份有限公司创新食品分公司、中石油昆仑燃气有限公司液化气分公司、延锋伟世通（北京）汽车饰件系统有限公司安全生产工作，分别听取各单位负责人情况汇报。禹学垠要求安全监管部门落实安全监管责任，巩固自查自报成果，深入基层，加强检查，开展安全隐患排查治理，及时发现问题，认真解决问题，遏制各类事故的发生。

（王维）

【安全生产条件普查动员】 3月19日，顺义区安全监管局召开2015年安全生产条件普查动员会。全区53个行业部门、镇、街道、经济功能区主管领导和有关部门负责人140人参加会议。会议部署安全生产条件普查工作方案，签订顺义区安全生产条件普查目标责任书。会议要求各单位充分认识普查工作的重要性，加强领导，采取有效措施，确保普查工作顺利完成。3月25日，顺义区安全监管局组织各镇、街道、经济功能区及相关行业部门共计449人参加培训，讲解普查标准、系统填报等内容，对普查中容易发生问题的环节进行交流探讨。

（王维）

【党政同责实施办法】 3月25日，顺义区区委常委会和区政府常务会审议通过并印发《顺义区安全生产党政同责实施办法》。通过配套文件《顺义区党委系统有关部门及群团组织安全生产工作职责规定》和《顺义区行政单位对生产经营单位安全生产监管（管理）职责规定》，落实各级党委、政府安全生产责任。

（王维）

【“安责险”推进会】 3月25日，顺义区安全监管局组织各行业部门召开安全生产责任保险工作推进会。会议讨论通过《2015年安责险工作实施方案》，各行业部门就具体实施工作汇报工作进度。会议要求各行业部门结合实际制定实施方案，确定工作步骤，加大宣传培训力度，严格把控工作质量，按照要求完成工作计划。

（王维）

【注册安全工程师试点座谈会】 3月26日，顺义区安全监管局召开注册安全工程师试点工作座谈会，与相关单位负责人就《顺义区安全生产监督管理局关于开展企业注册安全工程师培养和使用试点工作方案》展开讨论，提出意见和建议，并进行归纳总结。此次会议召开为开展注册安全工程师试点工作打下基础。

（王维）

【安全生产扩大会议】 4月10日，顺义区政府召开安委会扩大会议。全区各委办局主要领导，各镇、街道、经济功能区主要领导和有关单位负责人，以及危险化学品、建筑、工业、人员密度场所等重点企业负责人参加会议。会议通报2014年安全生产工作，重点部署2015年安全生产工作任务。区长卢映川、副区长禹学垠出席会议并讲话。

（王维）

【安全生产条件普查推进会】 4月28日，顺义区安委会办公室召开顺义区生产经营单位安全生产条件普查工作推进会。会议就生产经营单位安全生产条件普查工作进展出现的问题进行通报，交流总结经验，部署下一阶段工作。会议要求各单位落实"一岗双责""党政同责"，明确工作任务和工作职责，细化工作步骤，确保安全生产条件普查工作顺利完成。

（王维）

【区政协委员检查安全生产】 5月15日，顺义区政协副主席田建国带领30余名政协委员检查顺义区安全生产工作，区安全监管局主要领导参加检查。区政协委员实地检查重点企业的安全生产标准化及企业安全文化建设情况、企业安全生产标准化及隐患排查治理建设情况，并听取企业安全生产工作基本情况的汇报。

（王维）

【安全生产专项整治】 5月18日至9月5日，顺义区安全监管局结合"平安行动"和夏季消防安全大检查工作，集中开展以消除隐患为主要内容的"大排查、大摸底、大整治"专项整治工作。在此期间，区安全监管局执法人员分8个专项小组，检查各类企业303家。其中：劳动密集型企业48家、大中型商市场4家、公共娱乐场所4家、宾馆饭店3家、网吧10家、石油化工企业13家、加油加气站133家、其他易燃易爆类企业88家。

（王维）

【避雷安全检查】 7月10日，顺义区安全监管局联合区气象局、住房城乡建设委执法人员对全区20余家建筑工地进行避雷安全检查。此次检查出动执法检查人员72人次，发现安全隐患40余项，下达安全生产执法文书15份、现场检查记录20份，行政处罚告知1家，隐患全部整改完毕。

（王维）

【区委专题研究部署安全生产】 8月17日，顺义区区委召开区委常委扩大会议，专题研究部署安全生产工作，区委书记王刚、区委副书记周颖博、副区长禹学垠参加会议并讲话。区人大主任胡尚云、区政协主席杨宝华出席会议。会议通报"8·12"天津滨海新区危险化学品仓库爆炸事故调查处理情况，传达习近平总书记、李克强总理指示精神，以及市委书记郭金龙、市长王安顺批示精神，结合国务院和北京市安全生产电视电话会议要求，研究部署安全生产工作。

（王维）

【副区长带队检查重点企业】 8月18日，顺义区副区长于庆丰、禹学垠分别带队检查重点企业安全生产工作。副区长于庆丰带领区安全监管局、公安消防支队等部门及有关镇、街道负责人检查首钢氧气厂、金刚化工有限公司、北京现代汽车有限公司一厂和部分建筑工地安全生产工作，重点对各单位安全生产情况、危险点、事故预防措施及应急处置措施情况进行检查，并提出工作要求。副区长于庆丰带领区安全监管局、公安消防支队、国资委、发展改革委、水务局和相关镇、街道负责人检查自来水公司第一水厂、燕京啤酒集团公司、顺义供电公司安全生产工作，检查了解各单位生产情况、危险点、事故预防措施及应急处置措施，要求企业加强安全管理，针对易燃易爆气体储存区与周边建筑物的安全距离做出安全评价，排除安全隐患。

（王维）

【区长带队抽查重点企业】 8月24日，顺义区区长卢映川、副区长禹学垠带领区安全监管局、质监局等有关部门负责人，采取“四不两直”方式，随机抽查牛栏山酒厂、曲美家具、顺义油库等重点企业安全生产工作。卢映川指出，安全面前不能心存侥幸，要牢固树立安全无小事、责任重于泰山的思想，牢牢守住安全这条“底线”“红线”，切实把安全生产工作落到实处。

（王维）

【副区长带队暗查危险化学品企业】 8月24日，顺义区副区长盛德利带领区安全监管局、应急办、公安消防支队等相关部门负责人，采取“四不两直”方式暗查企业安全生产工作。检查组先后检查宏达液化石油气有限责任公司、顺丰速运有限公司、中石油昆仑燃气公司液化气分公司，查看消防设施配备情况和中控室值守情况，了解企业管理制度、应急预案等相关情况。盛德利指出：危险化学品经营企业与一般企业相比，更要高度重视安全生产工作，要加强自查自纠，建立台账。对危险化学品和易燃易爆物品的运输、储存等重要环节要查漏补缺，加强日常管理，做好应急预案，确保万无一失。物流企业要注重消防安全，加大值班巡查力度，消除安全隐患，把各项安全生产措施落到实处。

（王维）

【副区长带队检查重点单位安全生产】 8月25日，顺义区副区长朱家亮带领区应急办、安全监管局、公安消防支队等部门负责人对罗森伯格亚太电子有限公司、北京恩布拉科雪花压缩机有限公司、空港医院3家单位进行安全检查。朱家亮要求各单位不能在安全生产工作中存有死角，要善于查找漏洞，弥补缺失。生产操作务必按照规章制度进行，树立以人为本、安全发展的理念。

（王维）

【区委书记带队安全检查】 8月26日，顺义区区委书记王刚和卢映川、周颖博、林向阳、肖承继、禹学垠、盛德利等区领导，以及区安全监管局、公安消防支队、质监局等部门负责人，采取“四不两直”的方式，检查北京首钢冷轧薄板有限公司、中国国际货运航空有限公司、北京空港航空地面服务有限公司3家企业安全生产工作，重点查看危险化学品储存、使用，事故预防措施及应急处置措施情况。要求企业加强安全管理和安全防护，做好安全评价，排除安全隐患。

（王维）

【国庆节前副区长带队安全检查】 9月28日，顺义区副区长禹学垠带领区应急办、住房城乡建设委、安全监管局等部门主要负责人进行国庆节前安全生产检查。分别对中建国际城二期项目的建设施工现场、北京顺安奇特气体有限公司特种气体储存及作业场所、北京燕京啤酒集团有限公司液氨车间进行实地检查。禹学垠指出：针对检查中发现的问题，各部门要按照提出的整改意见督促企业整改，及时消除隐患。各镇、街道要加强属地监管，完善安全基础设施建设。各企业要做好节日期间应急值守工作，完善应急救援预案，预防各类事故的发生。

（王维）

【区委书记和区长带队安全检查】 9月30日，顺义区区委书记王刚、区长卢映川带领相关部门负责人前往华联超市、西辛水站和宏城花园调气站检查节日保障工作。区领导查看超市商品供应情况及电梯设施安全情况，就节日期间供水供气保障情况进行检查。王刚指出：要以高度的责任心做好节日期间城市保障工作。各有关单位要加强安全管理，保障商品和水电气供应充足，确保城市运行平稳。要强化安全生产责任，加强应急值守工作，严格落实安全防范措施，加大对重点领域、重点场所的检查力度，做好节日期间安全生产工作。

（王维）

危险化学品安全监管

【危险化学品安全生产工作会】 2月15日，顺义区安全监管局召开危险化学品安全生产工作会，全区社会加油站、油气库、烟花爆竹批发企业、气体经营单位主要负责人及中石油、中石化加油站区域经理，共85人参加会议。会议传达《2015春节烟花爆竹燃放期间危险化学品生产经营使用单位安全管理工作的公告》文件精神，对节日期间安全保障工作及2015年重点工作进行部署。要求企业合理安排时间，积极开展标准化复评、加油站改造、危险化学品储罐区专项整治等工作，结合实际情况制定工作方案。

（王维）

【专项整治培训部署会】 5月25日，顺义区安全监管局召开工业企业危险化学品使用单位专项整治工作培训部署会，22个镇、街道和133家企业主要负责人和安全管理人员参加会议。会议对专项整治工作进行部署，要求各单位加强对专项整治工作组织领导，制定计划，明确内容，抓好工作落实，提升使用、储存单位风险防范能力，规范危险化学品管理，防止火灾、爆炸和中毒事故的发生。

（王维）

【危险化学品专项整治】 7月6日至8月14日，顺义区安全监管局在全区范围内组织开展危险化学品行业隐患排查治理专项整治工作。此次整治出动执法人员200人，检查危险化学品生产经营、储存企业114家，下达现场检查记录114份、责令改正指令书42份，查处安全隐患88项。

（王维）

【危险化学品紧急会议】 8月14日，顺义区政府召开安全生产紧急会议，落实全市危险化学品安全监管工作视频会议精神，全区33家行业监管部门和32个镇、街道等属地部门负责人参加会议。会议通报天津滨海新区爆炸事故情况，传达全市危险化学品安全监管工作视频会议精神，部署危险化学品和工业涉危企业安全监管重点工作，要求全区各部门立即开展对石油化工、罐区和重大危险源企业的监督检查，重点加强维修和特种作业以及高温、汛期的安全管理。做好重大活动安全保障工作。区质监局、交通局、公安消防支队分别就本行业安全监管工作进行部署。副区长禹学垠参加会议并讲话。

（王维）

【区委副书记带队安全检查】 8月21日，顺义区区委副书记林向阳带队检查危险化学品使用单位，区安全监管局负责人参加检查。检查组先后到SMC公司、SEVENSTAR公司，听取企业负责人工作汇报，并深入现场进行检查。针对检查发现的安全隐患，检查组要求企业立即组织整改。林向阳强调指出：企业要认真落实安全生产主体责任，坚持做好安全检查和隐患排查治理，加强安全培训和应急演练，开展安全生产现状评价，杜绝各类生产安全事故的发生。

（王维）

【工业企业安全检查】 8月31日，市安全监管局会同顺义区有关部门对天竺综合保税区危险化学品使用储存企业进行专项检查，共检查6家企业，发现隐患30项，下达责令限期整改指令书4份。隐患全部整改完毕。

（王维）

【车用加气站联合检查】 9月1日，顺义区安全监管局、市政市容委等相关部门成立联合检查组，对全区在用车用加气站开展执法检查。共检查北京空港宏远能源发展有限公司等3家企业的5座加气站，分别听取各单位负责人工作情况汇报，检查企业安全生产规章制度、教育培训、安全管理等情况。检查发现隐患8项，下达现场检查记录5份。隐患全部整改完毕。

（王维）

烟花爆竹安全监管

【烟花爆竹安全动员部署】 1月23日，顺义区安全监管局召开2015年烟花爆竹安全管理主要负责人工作会。烟花爆竹批发单位、零售网点、监控设备安装单位、“安责险”保险公司负责人和管理人员共55人参加会议。会议部署2015年烟花爆竹安全生产工作，明确大棚搭建、视频监控、行政许可等重点事项，并签订安全生产承诺书。

（王维）

【副区长带队检查零售网点】 2月16日，顺义区常务副区长林向阳带领区有关部门负责人检查烟花爆竹零售工作。检查组检查位于顺义区前进花园烟花爆竹零售网点，重点检查零售网点安全管理、储运、配货及销售情况。林向阳指出：春节临近，烟花爆竹进入购销旺季，各相关部门要高度重视，加强管理，落实措施，把安全贯穿于经营活动的全过程，以安全促经营。

（王维）

【零售网点安全监管】 春节期间，顺义区安全监管局采取有效措施，加强烟花爆竹零售网点安全监管工作。一是对225名烟花爆竹销售相关人员进行培训考核并统一发放上岗证；二是对47个烟花爆竹销售网点进行审查，统一发放零售网点安全许可证；三是实施安全生产责任保险制度，每个网点缴纳风险抵押金 5 万元。

（王维）

【烟花爆竹销售及回收】 本年，顺义区共设置烟花爆竹零售网点 47 个（涉及 18 个镇、街道，各零售点配送 7346 箱），累计销售烟花爆竹 6620 箱。同比配送量下降 22.45％，销售量下降 16.66％。截止到 2 月 24 日，全区剩余烟花爆竹全部收回。

（王维）

矿山安全监管监察

【非煤矿山应急演练】 6 月 14 日，顺义区安全监管局在北京市玉林石灰厂组织针对矿山山体雨后边坡坍塌进行救援的应急演练。区应急办、大孙各庄镇政府、杨镇政府和 4 家非煤矿山企业相关人员现场观摩。通过演练，达到对预案进行检验、对人员进行锻炼、对应急器材进行检查的目的。

（王维）

【矿山防汛应急演练】 6 月 25 日，顺义区安全监管局在北京哲君科技开发有限公司举办矿山汛期坍塌事故应急救援演练。本次演练主要在于提高矿山企业应对矿山突发事故的能力，做到一旦发生矿山汛期坍塌事故，有序实施救援，最大限度地减少人员伤亡和财产损失，使矿山企业进一步完善应急预案，检验应急参与人员对矿山应急预案、执行程序的实际操作技能，提高矿山企业应急救援网络体系的组织、指挥、应急处置和协作配合能力。

（王维）

隐患排查治理

【隐患排查治理体系建设研讨会】 3 月 13 日，顺义区安全监管局召开安全生产标准化和隐患排查治理研讨会议。会议就隐患排查治理试点实施措施、企业主体责任落实、标准化三级及微型企业评定标准修订及标准化工作开展进行研讨，明确以隐患排查治理为主线，以安全生产标准化为载体，以信息化为手段的顺义区隐患排查治理机制建设工作思路。会后制定《顺义区深化隐患排查治理体系建设工作方案》《顺义区安全生产标准化工作实施方案 2015－2017 年》两个文件，并修改完成三级及微型企业 46＋1 类评审标准。

（王维）

【油气管道隐患整治协调会】 4 月 20 日，顺义区安委会办公室召开油气输送管道及城镇燃气管道安全隐患整治协调会。区市政市容委、规划分局等部门和仁和、空港等 8 个镇、街道以及中石化、区燃气公司等相关负责人参加会议。会上区市政市容委通报全区 13 处油气管道隐患点及 10 处燃气隐患点情况，各管道权属单位对隐患点逐一说明，并确定整改时限。区安委会办公室要求权属单位尽快落实“一点一案”，各行业部门及属地政府配合隐患整改。

（王维）

【仓储物流隐患排查】 8 月 24 日至 28 日，顺义区安全监管局联合有关镇、街道安全生产检查人员，对首都机场周边仓储物流企业进行隐患排查，重点检查企业是否违规储存危险物品、电气线路敷设和消防器材配备是否规范，督促隐患责任单位履行职责，消除安全隐患。共检查各类仓储物流企业 98 家。

（王维）

【总局调研隐患排查治理系统】 9 月 22 日，国家安全监管总局信息研究学院院长贺佑国等一行 6 人，由市安全监管局副局长贾太保陪同来到顺义区安全监管局调研安全生产隐患排查治理系统。会上，区安全监管局介绍顺义区安全生产隐患排查治理系统创建背景、创建理念、动态监管特点和安全生产普查工作开展情况，对系统中自查自报等模块进行操作演示，并就考核标准和企业自查自报隐患标准等有关工作进行讨论。

（王维）

【隐患专项治理视频会】 12 月 16 日，顺义区安全监管局召开白酒制造企业安全隐患专项治理视频会。区食品药品监管局、公安消防支队、经济信息化委以及涉及白酒生产企业相关人员参加会议。会议通报白酒企业安全隐患专项治理的背景、目的、整改规范和标准、白酒企业专项治理的主要内容，提出隐患专项治理工作要求。

（王维）

应急救援

【文化娱乐场所应急演练】 6 月 24 日，顺义区安全监管局会同区文化委、公安消防支队、治安支队等部门在北京华联 CGV 影院举办应急疏散演练活动。演练模拟在放映过程中，影院接到火情报警，立即启动应急预案，播放疏散广播，引导观众从安全疏散通道迅速撤离放映厅。演练有效检验企业消防应急处置和综合协调能力。

（王维）

执法监察

【清明节安全保障】 4 月 5 日，顺义区安全监管局派出安全生产执法人员对潮白陵园周边 200 米范围内生产经营单位进行执法检查。检查共出动安全生产监察人员 16 人次，发现安全生产隐患 30 余项，下达安全生产执法文书 6 份、现场检查记录 17 份，行政处罚告知 1 家次。隐患全部整改完毕。通过检查，增强企业负责人安全保障意识，提高应对突发事件能力，为清明节安全稳定提供保障。

（王维）

【燕京啤酒节安全保障】 6 月 6 日至 14 日，顺义区安全监管理局抽调 12 名执法人员全程为第 24 届国际燕京啤酒文化节提供安全保障。对存在的问题下达执法文书，要求施工单位立即整改。

（王维）

【北京国际图书博览会安全保障】 8 月 28 日，顺义区安全监管局抽调执法人员对北京国际图书博览会进行安全保障工作。联合展馆方及属地安全监管部门召开协调会，加强布展、施展、撤展期间安全管理，明确安全管理责任，强化安全措施落实，加大安全检查力度，消除安全隐患。执法人员在布展期间集中开展对施工现场的安全生产执法检查，发现事故隐患 15 项，下达安全生产执法文书 5 份。隐患全部整改完毕。

（王维）

【高危企业夜查】 8月28日，顺义区安全监管局开展高危企业夜查行动检查，检查13家企业，下达执法文书13份。执法人员询问各单位生产施工情况、存在的危险点、事故预防措施及应急处置措施。要求企业加强安全管理，做好24小时领导带班值守与巡岗检查工作，及时发现和消除事故隐患。

（王维）

【“六打六治”专项行动】 8月17日至9月10日，顺义区安全监管局在全区范围开展安全生产大检查及“六打六治”专项行动，出动检查人员1708人，检查企业7394家，发现隐患6076项，整改隐患4511项，下达执法文书2196份，打击非法违法行为20起，整治违规违章行为78起，停产整顿22家，罚款45.8万元。

（王维）

【抗战胜利纪念活动安全保障】 8月20日至9月7日，顺义区安全监管局开展中国人民抗日战争暨世界反法西斯战争胜利70周年纪念活动安全保障工作。出动执法人员879人次，监督检查各类单位1046家次，查处各类安全隐患685项，下达责令限期整改指令书190份、现场处理措施决定书91份、其他类执法检查文书103份。

（王维）

【国庆期间安全检查】 10月1日至7日，顺义区安全监管局安排97人次值班，出动执法人员36人次、检查车13车次，检查重点企业31家，整改隐患32项，下达执法文书28份。

（王维）

【亚欧会议主题活动安全保障】 10月27日至29日，顺义区安全监管局专门抽调安全生产执法人员为首届亚欧会议框架下残疾人合作主题活动提供现场安全保障。执法人员对舞台搭设、场地布置、临时线路敷设、安全防护、消防及周边配套设施等进行安全检查，对发现的隐患要求相关责任单位立即整改，确保活动安全顺利进行。

（王维）

【“平安夜”安全检查】 12月24日，顺义区安全监管局联合区商务委、公安消防支队和有关镇、街道，开展“平安夜”安全夜查行动。此次行动对区内大型商场、大型超市、影院及部分餐馆进行突击夜查，提高公众安全保障意识，保障“平安夜”安全稳定。

（王维）

【新年前夕联合检查】 12月29日，顺义区安全监管局会同区政府督查室、监察局等相关部门对顺义金刚化工有限公司、中节投（北京）物理管理有限公司开展联合检查。检查组对企业现场进行安全生产隐患排查，要求企业加强应急值守工作，保证安全生产。

（王维）

职业卫生监督检查

【职业卫生监管部署会】 3月18日，顺义区安全监管局召开2015年职业卫生监管工作部署会，全区32个镇、街道属地的安全科科长参加会议。会议通报职业病防治工作开展情况，部署2015年职业卫生监管重点工作，要求各属地安全科指定专人负责职业卫生监管工作，在6月底前对已申报企业进行全覆盖检查，确保各项重点工作取得实效。

（王维）

【职业病防治法宣传】 4月29日，顺义区安全监管局联合马坡镇政府分别在北京威尔登家具有限公司和北京奥星皮鞋厂区开展以“依法防治职业病，切实关爱劳动者”为主题的职业病防治宣传活动，就2015年《中华人民共和国职业病防治法》宣传活动主题和意义进行介绍，对家具、制鞋行业存在的职业病危害及预防职业病等知识进行分析和讲解。活动现场还为企业员工发放《防治职业病　共圆健康梦》《教你如何预防尘肺病》《职业病防治知识100问》和宣传挂图等宣传材料300余份。

（王维）

【职业卫生培训】 6月29日至30日，顺义区安全监管局在安全生产培训基地召开企业主要负责人和职业健康管理员职业卫生培训会。培训会邀请市安全监管局和职业卫生服务机构的专家授课，全区存在职业危害企业的202名主要负责人和211名职业健康管理员参加培训。培训后，区安全监管局组织现场考核，考核合格者，颁发《北京市用人单位主要负责人职业卫生培训合格证》或《北京市职业健康管理员培训合格证》。

（王维）

【工业企业有限空间大比武】 7月2日，顺义区安全监管局在安全生产科普教育培训基地，举行顺义区2015年工业企业有限空间作业大比武活动。市安全监管局副巡视员高士虎、顺义区政府副区长禹学垠和区安全监管局、公安消防支队主要领导出席活动并观摩比赛。参赛队伍在规定时间内完成作业准备、检测与通风、个体防护、有限空间作业、应急救援等实操考试内容，裁判组依据评判标准对其参赛结果进行打分。最终，北京恩布拉科雪花压缩机有限公司获得比赛一等奖，北京顺鑫农业股份有限公司牛栏山酒厂、北京首钢冷轧薄板有限公司获得比赛二等奖。

（王维）

宣传培训

【安全社区创建培训会】 1月20日，顺义区安全监管局召开2015年第二批安全社区培训会，仁和镇、光明街道等12个镇、街道安全科负责人及创建办工作人员参加培训。培训邀请北京城市系统工程研究中心研究室主任马英楠老师对安全社区创建进行指导，讲解安全社区创建标准和工作组职责、项目策划、风险评估、伤害监测、信息交流等方面工作内容。

（王维）

【安全社区交流平台】 2月10日，顺义区安全监管局联合区18家安全社区创建单位建立顺义区安全社区QQ交流群和公共邮箱，交流安全社区工作经验，分享安全社区评定验收成功案例。

（王维）

【安全社区评定验收】 3月12日，北京市安全社区评审组到顺义区检查验收北京市级安全社区创建工作。评审组听取创建单位安全社区工作情况的汇报，针对汇报中涉及的内容和工作报告中反映的问题，与创建单位进行座谈交流，并实地走访新英才学校、三山小区、汇源集团、伟世通汽车空调厂、敬老院、九小场所等单位，对创建单位安全社区创建情况进行检查。

（王维）

【安全生产法律知识培训】 3月24日，顺义区安全监管局在中北华宇建筑工程公司组织新修订的《中华人民共和国安全生产法》培训班，对企业项目经理、安全员等200余人进行以“安全责任、重于泰山”为主题的授课，讲解法律责任、重大安全生产事故案例、企业“一岗双责”制度。要求参会人员强化安全生产责任意识，明确责任范围，加强对从业人员安全生产教育培训。

（王维）

【顺义安监微信公众平台】 4月1日，顺义区安全监管局官方微信“顺义安监”微信公众平台正式上线运行，这是区安全监管局实现信息共享、服务安全管理人员和生产经营单位的重要平台。顺义安全生产最新动态将第一时间通过微信形式与社会公众互动。

（王维）

【安全生产宣传教育联席会】 4月16日，顺义区安全监管局召开安全生产宣传教育联席会第一次会议，区宣传部、公安消防支队、广电中心等12家单位主管领导和部门负责人参加会议。会议确定，正式建立顺义区安全生产宣传教育联席机制，每季度召开联席会议，对全区生产宣传教育工作进行通报和部署，每年初还将制定全区整体安全生产宣传教育方案。会议通报2015年全区安全生产宣传教育工作方案，对安全生产宣传教育工作提出要求。

（王维）

【非公企业运动会】 5月9日，顺义区安全监管局、工商业联合会、公安消防支队联合举办“安全是效益”第四届非公企业健身运动会。市安全监管局副局长李东洲、市工商联副主席郑勇男出席活动。运动会上，来自顺义区的50家非公企业1200多名运动员参加比赛。运动会为非公企业搭建一个展示企业文化舞台，促进企业间相互了解。此次运动会拉开顺义区2015年安全生产月活动的序幕。

（王维）

【家庭燃气安全知识竞赛】 5月17日，顺义区安全监管局组织25个属地单位开展家庭燃气安全知识竞赛活动。活动分为3轮选拔赛和1轮决赛，每户参赛家庭由3名队员组成，两名家长和1名儿童，儿童年龄在6—12岁。比赛设一等奖1名，二等奖2名，三等奖1名。竞赛分为个人必答题、抢答题、团体必答题、风险题4个环节。竞赛答题内容涉及燃气行业相关法律法规、燃气灶具使用、燃气热水器使用、应急自救互救知识、常见安全标识等。通过激烈比拼，最终北小营镇代表队获得第一名。

（王维）

【注册安全工程师考前培训】 5月，顺义区安全监管局组织全区410名注册助理安全工程师待考人员、400多名注册安全工程师待考人员进行考前培训。培训聘请中国劳动关系学院安全工程系王起全教授，围绕安全生产法律法规、安全生产管理实务等学习内容，对待考人员进行考前辅导，梳理和讲解考试要点。

（王维）

【优秀培训课件大赛】 6月10日，顺义区安全监管局举办第三届安全生产优秀培训课件大赛。大赛共分为企业组、安全生产服务机构组、专职安全员组。经过角逐，最终分别评选出一等奖1名，二等奖2名，三等奖3名。顺义区北石槽镇、高丽营镇等9个属地单位获得优秀组织奖。

（王维）

【宣传咨询日】 6月18日，顺义区安全监管局开展安全生产月宣传咨询日活动，主会场位于顺义区马坡镇庙卷村文体中心，分会场在顺鑫农业股份有限公司创新食品分公司和中北华宇安全培训体验基地举行。市安全监管局副巡视员高士虎、顺义区人大副主任吴建国、顺义区副区长禹学垠等领导和有关部门、属地主管领导及基层单位代表参加活动。活动围绕“加强安全法治，保障安全发展”活动主题，区内主要行业部门现场向群众进行宣传和咨询，并组织群众参观事故警示宣传展板，现场发放各类宣传材料2500余份。

（王维）

【安全生产书画展】 6月18日至30日，顺义区安全监管局举办第十届“顺鑫杯”安全生产书画摄影展览。书画展以“全员夯实风险防控，持续提升标准化管理”为主题，将书画艺术与安全生产相结合，以安全形象大使“顺顺”为引领，由顺顺教你认形势、顺顺教你学新法、顺顺教你辨风险、顺顺教你查隐患、顺顺教你明教训和员工创作的100余幅安全生产书画摄影作品6个方面组成。38个镇、街道及经济功能区安全管理人员参观展览。

（王维）

【安全生产宣传座谈】 7月24日，顺义区区委常委、宣传部部长霍光峰和副区长禹学垠在区安全监管局召开安全生产宣传工作座谈会。会议通报安全生产形势及主要宣传工作，区委宣传部、区广电中心等有关部门对安全生产宣传工作提出建设性意见。禹学垠指出：安全生产宣传工作需要群策群力，共同寻找新的突破口，安全生产宣传方式要充分利用大数据和新媒体来达到最好的宣传效果。霍光峰要求：宣传部门要同有关部门一起制作安全生产宣传工作方案，有效扎实地推动安全生产宣传工作。

（王维）

【国家级安全社区创建座谈】 8月5日，顺义区安全监管局召开国家级安全社区创建单位座谈会，4家参选创建属地部门参加会议。参选创建单位主要负责人对本辖区内2015年度现阶段创建安全社区情况进行汇报。

（王维）

【安全文化产业座谈】 8月28日，顺义区安全监管局召开促进安全文化产业发展座谈会。市安全监管局副巡视员高士虎、顺义区副区长禹学垠和区经济信息化委、投资促进局等相关单位负责人参加会议。会上，区安全监管局汇报安全文化产业发展有关调研及研讨工作情况，北京紧急救援培训学校、北京鼎盛昊冉技术服务中心及北京明德伟业咨询机构等单位就安全文化发展的思路及框架建议做了发言。高士虎指出：安全文化产业要面向社会公众，采取政府购买的方式，专业人办专业事，做好顶层设计，分步实施。

（王维）

【安全生产产业化调研】 9月17日，顺义区安全监管局召开安全生产产业化研究汇报会，副区长禹学垠和区应急办相关领导听取汇报。禹学垠指出：安全生产产业化工作要整体把握、精确定位，研究要以安全生产、公共安全、安全文化为重点。要进行必要性论证，装备产业化要向着研发项目和微制造的领域去定位。

（王维）

【工业企业粉尘防爆培训】 10月14日，顺义区安全监管局召开工业企业粉尘防爆培训会，23个镇、街道和96家企业主要负责人和安全管理人员参加会议。培训聘请中钢集团武汉安全环保研究院徐国平院长对粉尘防爆工作进行讲解。会议要求属地及企业要做好培训工作的落实，强化粉尘防爆工作组织领导，提高粉尘防爆风险防范能力，规范粉尘作业管理，防止火灾、爆炸等群死群伤事故发生。

（王维）

【安全社区项目策划培训】 10月23日，顺义区安全监管局举办安全社区建设项目策划培训会，邀请全国安全社区工作委员会副主任赵林祥对区安全监管局主管领导和16家创建单位主管领导、创建骨干就安全社区建设项目策划进行培训。赵林祥介绍安全社区建设项目策划与实施，系统讲解如何进行安全社区宣传教育、体系建设、风险辨识和项目策划，如何持续改进工作等。

（王维）

【安全生产动态系统培训会】 12月29日至30日，顺义区安全监管局举办顺义区安全生产动态系统（二期）操作培训会，区19个行业部门和32个镇、街道安全科100余人参加培训。培训会对顺义区安全生产动态系统升级改造后的重点模块流程和操作进行讲解，并听取行业部门和属地的意见，完善安全生产动态系统。

（王维）

法制建设

【安全生产法宣传培训】 4月10日至7月3日，顺义区安全监管局在全区范围内开展新修订的《中华人民共和国安全生产法》宣传培训活动。举办培训33次，对3052家生产经营单位负责人和管理人员进行培训。培训以新修订的《中华人民共和国安全生产法》涉及的20余种违法行为作为重点讲解内容，旨在加大企业隐患排查与整改力度，落实企业主体责任，增强企业自觉守法意识。

（王维）

【规范执法案卷】 10月9日，顺义区安全监管局召开案卷评查分析会议，规范行政处罚案卷内容及格式。对参加会议的局内执法科室人员发放案卷制作细则，着重说明案卷封面、卷内目录中的标准格式，以及检查文书、立案审批表、询问笔录内容描述中常见的错误及正确表述。

（王维）

科技与信息化

【安全生产资格考点验收】 6月2日，顺义区安全监管局组织专家对北京鼎晟昊冉技术服务中心安全生产资格考点进行验收。市安全生产科学研究院副院长薛映宾及相关领导参加验收工作。北京鼎晟昊冉技术服务中心对考点建设情况进行汇报，验收专家组对实际操作场地及配套服务办公场所进行现场审查，并审阅相关材料。经审查讨论，验收专家组同意该中心通过验收。

（王维）

【市安全监管局领导调研】 6月30日，市安全监管局局长张树森到顺义区调研安全生产“三化”（即：标准化、信息化、现代化）考试点建设情况，顺义区区长卢映川、副区长禹学垠及相关委办局领导参加调研。张树森一行实地查看并体验“三化”考试点的新形态和新标准。

（王维）

【注册安全工程师试点通报】 9月11日，顺义区安全监管局召开注册安全工程师试点工作交流会，通报2015年以来试点工作进展情况。北京尤萨公司和纳佰泰注册安全工程师事务所针对安全生产委托服务介绍经验和做法。顺义区共288人参加注册助理安全工程师考试，165人通过考试，通过率57.3%，其中专职安全员111人通过考试。

（王维）

标准化建设

【标准化评审标准修订】 2月10日，顺义区安全监管局召开安全生产标准化评审标准修订研讨会。市安全监管局和市劳动保护研究所有关负责人参加会议。会议通报顺义区二、三级标准化评定标准实施工作情况，并根据新修订的《中华人民共和国安全生产法》的规定确定标准修订工作思路及具体修订工作计划。

（王维）

【二级标准化推进会】 5月28日，顺义区安全监管局召开工业企业二级标准化达标推进会，有关镇、街道和13家二级标准化未达标企业主要负责人参加会议。会议强调标准化达标工作的重要性，并听取企业负责人标准化工作进展情况的汇报。区安全监管局针对企业标准化工作推进过程中遇到的困难，要求有关镇、街道配合企业及时解决问题，加快标准化推进工作。

（王维）

【标准化达标核查】 7月29日至30日，市安全生产科学技术研究院组织核查组对顺义区北京舒驰美德建筑制品有限公司等6家三级标准化达标企业进行核查。区安全监管局、李桥镇安全科有关负责人参加核查。核查组对照《安全生产标准化实地核查标准》逐项检查评审报告扣分项的整改落实情况、不涉及项的属实情况、安全生产标准化的运行情况。

（王维）

【行业标准化工作会】 10月20日，顺义区安全监管局召开行业安全生产标准化工作会，全区15个行业主管领导和部门负责人参加会议。会议提出将落实企业主体责任“十个一”工作要求，固化到标准化信息化模块中，通过实施企业危险源辨识和隐患清单制度，提高隐患整改的准确性和时效性，促进企业安全生产条件持续提升。

（王维）

大　兴　区

概　　述

2015年，大兴区安全生产工作围绕落实全市“四化三体系双基”总任务和全区中心工作，坚持以问题为导向，以落实责任为主线，以隐患排查治理为中心，以执法检查为保障，以安全文化建设为引领，夯实基层基础，推进各项安全监管工作落实。

一、落实安全生产责任制。区政府深入落实“党政同责、一岗双责、失职追责”要求，推动全区安全发展，实施《关于实施安全发展战略促进宜居宜业和谐新区建设的意见》，以及安全生产隐患排查治理体系建设意见、安全生产党政同责、一岗双责暂行规定、区政府部门安全监管（管理）职责和安全生产约谈、警示、通报制度为支撑的“1＋7”安全生产责任体系制度框架。全区23个行业部门、22家属地单位制定落实机制，并认真履职，形成安全监管工作合力。

二、加强隐患排查治理体系建设。建设完成大兴区动态安全监管和预警预报系统，并以此为载体，依托网格化手段，在全区推行网格化动态安全监管模式。组织全区基层安全监管人员利用“安监通”移动执法终端，开展日常巡查，巡查率99％以上，基本实现问题发现在基层、解决在基层。在全区内代表性行业中选定10家企业作为区内试点单位开展创建，通过专家指导，帮助企业健全隐患排查治理责任制，形成可复制的“一企一标准”“一岗一清单”工作经验。针对事故高发领域和城乡结合部等重点地区，深入开展联合执法和专项整治，持续打非治违，累计开展建筑施工、人员密集场所、旅游景区等联合执法行动和安全生产大检查、“六打六治”专项行动、危险化学品安全生产专项整治、住宅内非法违法生产经营活动专项治理、粉尘涉爆企业专项整治、油气输送管道安全隐患整治、餐饮场所使用醇基燃料专项整治等专项治理行动41项。检查各类生产经营单位94630家次，消除隐患94638项，打击非法违法违规行为679起，停产停业整顿企业5938家，关闭取缔51家，实施行政处罚360起，罚款823.545万元，完成94处油气管道隐患整改，清理住宅内非法违法生产经营企业314家，停用醇基液体燃料企业78家，查处非法、违法生产经营存储危险化学品单位23家，查抄危险化学品320余吨。

三、夯实安全生产基层基础工作。加强安全文化建设，借助全区21家培训机构，对镇街安全检查员、企业主要负责人和安全管理人员、其他从业人员以及村居安全员4类人群进行全员大培训，全年培训392期，共79014人次。发挥安全生产月、“每月一主题”“志愿者宣传”3大安全宣传平台作用，深入开展宣传活动，提升全民安全意识。以“双百工程”为载体，与企业进行深度交流，全年开展对话谈心43次，与296家企业进行面对面沟通，为150家企业进行服务。打造安全文化示范队伍，继庞各庄镇获评国家级安全社区，兴丰街道、新媒体产业基地获评市级安全社区后，瀛海镇、天宫院街道和清源街道相继参与到市安全社区创建，全区已有4家企业被评为市级安全文化示范企业。

大兴区安全生产工作成效明显，成绩突出，被市安委会评为“2015年度安全生产工作先进区县”，并获得“安全生产工作基础管理创新奖”，区安全监管局、市政市容委、黄村镇、长子营镇等9家单位获得市级安全生产先进单位称号，18名同志被评为“北京市安全生产先进个人”。大兴区安全生产工作虽然取得成绩，但也存在薄弱环节。一是安全生产管理制度机制落实不够，个别部门对安全生产责任认识不清，安全监管工作还没有做到全覆盖，监督检查依然存在盲区。二是在推动企业主体责任落实的方式上有待创新，对税收、财政、投融资等经济、市场手段研究和使用不多，企业安全生产诚信体系建设相对滞后。三是企业本质安全水平仍然较低，部分企业还停留在“要我安全”的阶段，安全意识淡薄，侥幸心理严重。在安全管理上还存在低标准、少投入，教育培训走形式，隐患排查治理不及时、不彻底等问题。这些问题都需要在今后的工作中加以改进。

综合监管

【控制指标】 本年，市安委会下达大兴区安全生产控制指标58人。全年，大兴区发生安全生产事故死亡56人，占年度安全生产控制指标的96.55%。其中：道路交通事故死亡50人，同比增加1人；生产安全事故死亡2人，同比减少1人；火灾事故死亡3人，同比减少1人；铁路交通事故死亡1人，同比持平。全区未发生一次死亡3人以上的较大事故。

（郑学雅）

【安全稳定会议】 1月7日，大兴区委、区政府召开安全稳定工作会。会议传达中央和市委、市政府相关文件和主要领导批示精神，部署大兴区、开发区安全生产和安全管理工作，区长谈绪祥提出工作要求。区委书记李长友强调：一是进一步提高思想认识，始终高度警惕、毫不懈怠；二是进一步强化责任意识，做到守土有责、守土尽责；三是进一步完善制度机制，坚决堵塞漏洞、防患未然；四是进一步强化务实作风，做到敢于担当、狠抓落实。新区领导及各镇街、相关部门负责同志参加会议。

（李新杰）

【公共安全形势分析会】 1月20日，大兴区政府召开2015年第一季度公共安全形势分析会暨安委会工作例会。会议印发森林防火、烟花爆竹安全管理等12项工作形势分析和防控措施。区安全监管局、公安消防支队通报全区安全生产、消防安全工作形势。副区长沈洁指出：一是认真梳理事故情况，总结经验教训，重点抓好大型活动和人员密集场所安全管理工作；二是结合春节前隐患排查，加强对施工企业、物流交通、冬季传染病和动物疫情等重点工作的监测监管，切实落实部门责任；三是推进安全生产法制化、网格化、信息化、标准化建设，夯实生产安全工作基础，强化人员队伍建设，全力保障春节和全国“两会”等重要时期新区城市运行安全。区应急委各成员单位和各镇街主管领导参加会议。

（张捷飞）

【安全生产综合督查】 1月28日，国家质检总局副局长陈钢带队，就春节及全国“两会”期间安全防范、贯彻新修订的《中华人民共和国安全生产法》、“六打六治”打非治违专项行动和安全生产暗访暗查等情况进行综合督查，实地查看开发区有关企业，听取庞各庄镇工作汇报。陈钢指出：一要加强劳动密集型企业消防安全专项治理，突出工作重点，切实做好整治工作。二要结合区域实际和重点工作，扎实开展安全生产工作。三要注重总结推广工作经验，保持良好工作态势。市质监局和大兴区政府有关负责人参加督查。

（张捷飞）

【市领导安全生产调研】 2月3日，副市长张延昆到大兴区调研安全生产工作，实地查看规划京台高速起点、京开高速改扩建工程终点和北京昆仑润滑油厂、北京烟花爆竹公司仓库，并听取工作进展情况的汇报。张延昆指出：一要积极与上对接，加快规划、审批工作，加快推动工程进度；各部门要加强配合、协调，提高工作效率；扎实做好村庄征地、拆违工作，为修路打好基础。二要加强生产经营单位消防安全管理，加强员工教育培训，遏制火灾事故的发生。三要加大烟花爆竹检查力度，严厉打击非法违法销售、储存烟花爆竹行为，切实保障人民群众生命财产安全。市安全监管局局长张树森，区政府领导李长友、谈绪祥、金卫东参加调研。

（刘晓梅）

【区委书记春节前安全检查】 2月12日，大兴区委书记李长友带队检查春节安全生产工作。检查组实地检查黄村镇佟场村熊猫烟花爆竹零售网点、北京玉君物流有限责任公司、壳牌统一（北京）石油化工有限公司安全生产工作情况，听取区安全监管局主要负责人关于春节期间全区烟花爆竹零售安全监管工作的汇报，并做出工作指示。

（郑阳）

【区长春节前安全检查】 2月16日，大兴区区长谈绪祥带队赴西红门镇检查春节安全生产工作。检查组实地检查北京仁和鼎盛西红门液化气有限公司、鸿坤广场和北京宜家荟聚购物中心，听取企业负责人关于春节期间安全管理和应急值守工作的汇报，并要求有关单位加强应急值守，确保节日安全。

（郑阳）

【安全生产视频会】 3月4日，大兴区政府召开2015年安全生产工作视频会。会议传达副市长张延昆讲话精神，通报全区2014年生产安全、消防安全、交通安全等工作情况，部署2015年重点工作任务和“两会”期间安全稳定工作。副区长沈洁要求：一是面对安全生产责任更大、要求更高、任务更重的形势，要进一步增强安全生产工作的责任感和使命感，加大工作力度，确保不发生重大安全生产事故；二是坚持科学创新，加强统筹兼顾，以安全生产新成效推动地区经济社会发展；三是紧紧围绕安全生产隐患排查治理体系这一主线，深入开展隐患排查、标准化创建等工作；四是做好全国“两会”期间全区建筑施工、道路运输、人员密集场所等重点行业领域安全执法检查，加强应急值守，确保信息畅通。

（张捷飞）

【总局职业卫生评估】 4月1日至3日，国家安全监管总局职业健康司副司长张宏波带领职业病危害防治评估组，对大兴区职业病危害防治情况进行评估。评估组随机抽取50家存在职业病危害因素的用人单位进行档案评估，抽取5家用人单位进行现场评估。评估组充分肯定大兴区职业病危害防治工作，对下一步工作提出建议：一是扩大职业卫生宣传覆盖面，加强法律法规、防治常识等宣传教育，提高全民职业病防治意识；二是加强职业卫生监管队伍建设，整合安全监管力量，提升监管效能。

（杨凯）

【安全生产暨消防安全工作会】 4月9日，大兴区政府召开2015年第二季度安全生产暨消防安全工作会。区领导邵恒、贺锐参加会议。会议通报一季度全区安全生产和防火安全形势，部署二季度安全生产和消防安全重点工作。会议要求：一是各单位要充分认识安全生产工作的重要性，增强做好安全生产和应急管理工作的责任感使命感。二是认真履行职责，明确工作重点，在火灾隐患整治、防汛、建筑工地安全管理、安全事故防范和安全生产检查、安全生产责任体系落实等方面，抓好工作落实，确保不发生较大以上突发事件。三是狠抓应急值守，强化突发事件应对能力，开展宣传培训和应急演练，确保全区各项工作任务圆满完成。

（张捷飞）

【党政同责暂行规定】 4月14日，大兴区政府常务会、区委常委会审议通过《大兴区安全生产党政同责暂行规定》，并正式印发执行。《规定》共四章、二十条，明确全区各级党委（党工委、党组）、政府安全生产工作职责及各级党委主要负责人工作职责，强调各级政府领导要落实“一岗双责”。要求各单位建立健全涵盖党政领导班子成员安全生产责任体系和安全生产工作制度，并对安全生产工作定期报告、监督考核和责任追究、安全生产评先评优、组织部门考核考察干部等方面予以详细说明。

（郑学雅）

【安全生产专项督查】 5月25日至29日，大兴区政府成立由区政府办、区安全监管局牵头的2个督查组，对全区22个属地、17个行业部门的“党政同责、一岗双责”落实情况开展专项督查，通过听取安全主管领导落实情况，查看相关资料，电话访谈相关领导干部和业务科室负责人等多种途径，发现问题43项，逐一进行督办，全部整改完毕。

（张捷飞）

【“夏季攻坚”专项整治】 6月17日，大兴区政府召开安全生产专题工作会，部署“夏季攻坚”专项整治工作。此次行动将危险化学品、建筑施工、道路和水上交通（游船）、消防及劳动密集型企业、校车、养老院、医院、文化娱乐场所、体育场所、宾馆商业10大行业领域作为整治重点。副区长贺锐要求：一要以安全生产月活动为契机，采取有效措施，做到安全意识提升、安全责任落实、安全观念保证、安全教育设施服务、安全机制建设和安全行动“六个到位”；二要加强监管，特别是对未登记建账企业的监管，发现安全隐患及时排查化解；三要狠抓落实，对排查发现的安全隐患，定措施、定责任、定时限，一抓到底，确保执法到位，督促企业落实安全生产主体责任，对各类安全隐患“零容忍”；四要明确责任，各部门党政主要领导要亲自抓，对安全生产责任落实不到位的，要严肃追究责任。区安委会、防火委成员单位主要负责人参加会议。

（张捷飞）

【区委书记安全生产调研】 7月21日，大兴区区委书记李长友到黄村镇调研安全生产工作，听取区安全监管局关于安全生产执法和黄村镇物流园区安全专项整治工作汇报。李长友对安全专项整治工作过程中采取的各项措施给予肯定。

（郑阳）

【“两个重大活动”动员誓师大会】 8月10日，大兴区委、区政府召开中国人民抗日战争暨世界反法西斯战争胜利70周年纪念活动和世界田径锦标赛安全保障动员誓师大会。区委副书记王有国传达全市“两个重大活动”动员誓师大会精神，对新区“两个重大活动”安全保障工作进行部署。区公安分局、采育镇代表发言。区委书记李长友指出：全区广大党员干部要充分认识“两个重大活动”的重大意义，狠抓反恐防暴，坚决防止发生暴力恐怖事件、严重影响政治稳定及重大人员伤亡的重大事件和事故、规模性群体性社会安全事件。狠抓安全管理，做好安全生产、消防安全、食品药品安全、交通安全、公共安全、城市运行安全等各项工作，开展专项巡查整治，及时消除各类安全隐患。狠抓矛盾排查化解，积极开展涉恐、涉访、涉众等领域大排查，做到底数清、情况明，把矛盾化解在基层、解决在当地、消除在萌芽。狠抓应急处置，要健全完善应急工作机制，加强信息报送、维稳会商、预案完善、应急演练等工作，遇到突发事件，必须反应及时、上报及时、处置及时，最大限度消除影响。

（郑学雅）

【三季度安全生产工作例会】 8月11日，大兴区政府召开第三季度安全生产工作例会，传达贯彻市安委会第三次全体会会议精神，对安全生产大检查和“六打六治”专项行动、彩钢板专项整治、“两个重大活动”火灾防控以及交通安全工作进行部署，副区长贺锐指出：一要认真落实上级和本次会议精神，切实抓好安全生产大检查、“六打六治”和彩钢板建筑专项整治等工作；二要认真梳理工作中存在的困难和问题，明确工作措施，不折不扣抓好工作落实；三要用足用好现有的各项机制，及时查漏补缺，通过机制的建立，保障安全生产工作常态化；四要将“抓落实、建机制、强督查”作为抓好安全工作的“法宝”；五要结合“京津冀协同发展”和“十三五”规划编制，统筹研究谋划安全生产工作。

（张捷飞）

【副区长带队安全督查】 8月16日，大兴区副区长贺锐带领区安全监管局、公安消防支队、商务委、公安分局及属地安全管理部门负责人，对危险化学品企业安全大检查及“两个重大活动”工作落实情况开展专项督查。督查组现场检查2家危险化学品企业和1家物流企业，并听取区安全监管局对各属地汲取天津“8·12”特别重大火灾爆炸事故、开展危险化学品企业安全大检查督查情况汇报，听取公安消防支队关于彩钢板建筑专项整治及加强危险化学品企业火灾防控工作汇报，了解工作中存在的问题。贺锐指出：一要充分发挥电视、广播、报纸、网络等媒体作用，强化安全工作宣传，形成良好的舆论氛围；二要进一步完善举报投诉奖励机制，鼓励和动员全社会关注、参与安全生产工作，加强社会监督，及时发现、查处安全生产事故隐患和违法行为；三要深入执法，高限处罚，严厉打击非法违法生产经营建设行为，强化执法检查“回头看”，督促工作落实到位；四要围绕强化安全生产主体责任落实，进一步推进长效机制建设。

（郑学雅）

【总局职业卫生督查】 8月20日，国家安全监管总局职业卫生督查组对大兴区职业病危害防治工作开展督查。督查组听取大兴区安全监管局工作汇报，对壳牌统一润滑油和北京威卡威汽车零部件股份有限公司进行实地检查，对大兴区旧宫卫生院的职业健康检查资质及医疗条件进行检查。督查组对大兴区职业病防治监管工作给予充分肯定。

（陈冰）

【市安委会“三项行动”督查】 8月27日，市城管执法局副局长马惠民带领市安委会第12督查组对大兴区安全生产大检查、“六打六治”专项行动、危险化学品易燃易爆物品专项整治“三项行动”开展情况进行综合督查。督查组实地检查九州通医药有限公司、北人印刷设备有限公司和威卡威汽车零部件股份有限公司安全生产情况，并召开座谈会，听取大兴区责任体系“五级五覆盖”、安全生产专业化、不间断专项行动、网格化管理和检查督查、宣传教育、追究责任等7个方面工作汇报。

（郑学雅）

【区委书记带队综合检查】 9月29日，大兴区区委书记李长友带领区安全监管局、公安消防支队负责人对黄村镇物流大院拆除腾退工作开展安全综合检查，并听取黄村镇神龙丰物流园、亿发物流园、兴盛丹龙物流园、巨鸿嘉业物流园拆除腾退工作进展情况，要求公安、消防、交通、工商、安全监管、城管等职能部门加强对属地打非治违工作的支持力度，坚决打击“三合一、多合一”、彩钢板以及非法违法储存危险化学品等违法行为，确保人民群众生命财产安全。

（郑阳）

【安全监管重点督导】 10月13日至14日，大兴区安全监管局主要领导带队，分4片对全区22个属地单位安全生产重点工作落实情况进行督导。各属地单位围绕安全生产标准化、安全生产条件普查、委托执法、全员大培训、应急预案备案、职业卫生监管、“安责险”制度试点建设、醇基燃料和油气管线整治等工作落实情况及工作中存在的问题进行汇报。督导组分别通报各项重点工作任务指标完成情况，并结合工作实际提出具体要求。

（苗雅菡）

【安全生产协会成立】 10月23日，大兴区安全生产协会召开成立大会，协会由北京天恒建设工程有限公司等3家单位发起，旨在通过开展安全生产宣传教育培训和业务咨询，搭建企事业单位、社会组织、安全生产工作者和政府部门之间沟通平台。副区长贺锐参加成立大会并指出：一要健全完善协会工作机制，加强队伍建设，要依据协会章程确定的业务范围，提前谋划，突出工作重点；二要围绕全区安全生产工作大局，充分发挥协会优势，为加强安全生产监管工作提供对策和建议；三要把政府关于安全生产工作的各项要求及时传达给会员及企业，为会员单位办实事、解难题。

（燕非）

【总局领导安全调研】 11月3日，国家安全监管总局局长杨焕宁到大兴区调研安全生产情况，实地查看西红门镇安全生产执法站建设、专职安全员队伍管理情况及城乡结合部拆除腾退现场情况。杨焕宁对大兴区安全生产工作给予充分肯定，并提出6个方面要求：一是充分发挥信息化大数据作用，将物联网技术应用于重点行业领域，结合各行业特点，推进安全生产标准化工作；二是时刻保持忧患意识，在解决旧问题的同时要关注新生事物带来的新问题，防范不安全因素，要吸取以往事故教训，抓好冬季安全生产工作；三是做好“十三五”规划，找到新的出发点和落脚点，扎扎实实做好工作，抓好源头控制，力争到2020年形成比较成熟的安全生产综合体系，确保安全生产工作再上新台阶；四是抓好基层安全监管队伍建设，不断提升安全监管人员内在素质，打造一支会干事、干实事的专业化队伍；五是进一步理清监管工作思路，规范工作程序，不断探索科学、合理的安全检查模式，充分发挥安全监管职能作用；六是加强安全监管队伍作风建设，改善工作方法，不断提升安全监管水平，切实做好廉政风险防范和监督工作，杜绝失职、腐败现象的发生。北京市政府副市长王宁、副秘书长马林，市安全监管局局长张树森，大兴区领导李长友、谈绪祥、贺锐参加调研。

（李新杰）

【市安委会专项督查】 11月10日，市安委会第12督查组到大兴区开展安全生产专项督查。督查组实地检查北臧村镇北京宏星澳新储运有限公司和高米店街道的北京绿地京城商业管理有限公司两家企业，听取区政府、区商务委和北臧村镇落实安全生产“三项行动”工作汇报，对大兴区“三项工作”落实情况给予充分肯定。

（郑学雅）

【安全生产专题会】 12月28日，大兴区政府召开安全生产工作专题会，传达全市安全工作会议精神，部署全区岁末年初7项重点工作：一是区公安分局、安全监管局牵头，开展危险化学品和烟花爆竹安全监管工作；二是区公安交通支队、交通局牵头，加大对道路交通运输特别是危险化学品运输车辆及客运驾驶的安全监管；三是区公安消防支队牵头，加大对违规住人、前店后库、六小场所、地下空间等重要点位消防检查；四是区市政市容委牵头，加大对油气输送管道专项整治力度；五是水电气热部门加大对城市管网管道日常巡查，确保城市安全有序运行；六是区安全监管局牵头，加强安全生产全覆盖检查；七是各单位加大安全生产宣传力度，提升全民安全意识。

（李新杰）

危险化学品安全监管

【危险化学品安全管理部署会】 4月10日，大兴区安全监管局召开年度危险化学品安全生产管理工作部署会，总结2014年危险化学品行业安全生产工作，并对2015年重点工作进行部署。

（刘晓梅）

【危险化学品罐区改造】 4月，大兴区安全监管局对12家危险化学品企业储存罐区进行改造。召开设计、施工等单位召开专题部署会议，要求各单位在施工期间，组织化工专家对企业罐区改造工作进行现场指导，确保施工安全，保证改造质量。11家企业完成改造任务。

（胡伟）

【行政许可及备案】 本年，大兴区安全监管局办理危险化学品经营许可证新增、变更及延期申请77项，办理非药品类易制毒化学品第二类、第三类生产、经营备案12项，全部按规定时限办结。

（刘晓梅）

【建设项目审查】 本年，大兴区安全监管局组织危险化学建设项目审查8次，其中安全条件审查2次、设施设计审查2次、验收审查4次，涉及5家加油站改造项目。

（张振杰）

【安全生产执法检查】 本年，大兴区安全监管局检查危险化学品生产经营单位504家次，发现并消除隐患228项，对9家单位进行行政处罚，罚款56.65万元。

（刘晓梅）

【应急管理】 本年，大兴区安全监管局在全区危险化学品企业中推行“两图一台账”管理模式，“两图”为危险化学品储存位置平面图、应急救援提示图。“一台账”即危险化学品台账。通过“两图一台账”的建立，实时掌握全区危化企业危险化学品的品种、数量、存储位置和进出库记录等信息，强化动态监管，有针对性地开展应急救援工作。

（刘晓梅）

【风险警示】 本年，大兴区安全监管局指导全区危险化学企业开展风险信息告知工作。通过在加油区、卸油区、易燃腐蚀分装、储存区等具有较大安全风险的作业场所设立风险告知牌，组织员工佩戴安全风险告知卡，警示一线员工安全生产风险。

（刘晓梅）

【安全生产联席会】 本年，大兴区安全监管局组织区公安分局、工商分局、交通局、质监局、环保局等部门建立危险化学品安全生产联席会议制度，定期召开联席会议研究危险化学品安全监管工作。年内召开会议2次。

（刘晓梅）

【涉氨企业专项整治】 本年，大兴区安全监管局对区内5家涉氨非制冷企业开展安全生产专项整治，通过企业自查自改、专家会诊帮助整改、执法检查督促整改，全部按标准完成治理任务。

（张振杰）

【打非治违模式】 本年，大兴区安全监管局建立村级安全员摸底调查、镇安全科执法检查、区级部门联合执法取缔的三位一体危险化学品打非治违工作模式，严厉打击违法生产、经营、储存危险化学品行为。共查处非法违法生产储存经营危险化学品的单位23家，查扣危险化学品30余种、300余吨，罚款221.17万元。

（张振杰）

【重大危险源备案】 本年，大兴区安全监管局组织专家对10家危险化学品重大危险源备案单位进行安全条件复核。经复核，8家单位重新备案登记，2家单位因隐患较多、整改难度较大转型退出。

（胡伟）

【加油站贯标改造】 本年，大兴区安全监管局督促区内加油站，按照市安全监管局《关于贯彻落实〈汽车加油加气站设计与施工规范〉（GB50156－2012）有关工作要求的通知》《关于进一步加强加油站贯标改造有关工作的通知》和《关于本市加油站技术改造有关工作的通知》有关要求推进贯标改造工作，加强加油站改造监管，严把改造前期资料审查关，加强改造过程中安全监督，严格改造后竣工验收。全区49家加油站完成改造任务。

（胡伟）

烟花爆竹安全监管

【烟花爆竹零售网点设置与许可】 本年，大兴区安全监管局依据《烟花爆竹零售网点设置管理安全要求》，设置并许可烟花爆竹零售网点72个，包括零售大棚71个、固定网点1个，其中五环路以内零售网点22个。

（张杰）

【安全管理部署】 1月13日，大兴区安全监管局召开烟花爆竹销售（储存）安全管理工作部署会，传达市、区两级烟花爆竹安全管理工作要求，通报零售网点布设情况，部署零售大棚搭建和视频设备安装监管等具体工作。

（张杰）

【经营负责人会议】 1月30日，大兴区安全监管局召开烟花爆竹零售单位负责人安全管理工作会。区安全监管局、公安分局、工商分局、交通局、公安消防支队分别就烟花爆竹销售、储存安全、反恐防暴、应急处置、证照注册等工作进行部署。销售网点负责人代表就网点销售期间安全管理工作做出承诺。

（张杰）

【从业人员安全培训】 2月7日，大兴区安全监管局组织烟花爆竹零售单位从业人员安全培训。培训从法律法规及采购、销售、储存、反恐、应急值守等方面进行讲解。培训后，对参加培训人员进行执业资格考核，并向考核合格人员发放从业人员上岗证。对于考试不合格的人员，区安全监管局组织再培训，确保每名烟花爆竹零售网点从业人员执业技能达到要求。

（张杰）

【经营网点夜查】 2月12日，大兴区安监局组织全局执法人员分4组对全区烟花爆竹零售网点进行安全夜查。重点对零售网点许可证、工作人员持证上岗、网点存放烟花爆竹品种及数量、网点内配备消防器材和夜间工作人员看护等情况进行检查，要求零售网点按照许可范围进行销售，加强销售网点看护，确保销售安全。此次行动检查零售网点36

个，未发现私自销售烟花爆竹现象。

（徐菲）

【经营网点安全检查】 春节期间，大兴区安全监管局重点对烟花爆竹经营单位进行检查，对采购销售合法产品、网点周边看护、从业人员持证上岗、夜间应急值守及监控设备持续供电等内容进行检查。检查烟花爆竹经营单位141家次，发现并消除事故隐患18项。

（张杰）

隐患排查治理

【住宅内非法违法生产经营治理】 1月29日，大兴区安委会办公室制发《关于开展住宅内生产经营活动摸排工作紧急通知》，对全区住宅内非法违法生产经营活动进行排查整改。建立隐患治理台账314项。区安委会办公室组织各属地单位和相关行业部门对清理住宅内非法违法生产经营活动进行部署，启动治理行动。7月底，挂账隐患全部销账。

（苗雅蕊）

【油气输送管道隐患整改协调机构】 3月17日，大兴区编制委员会批准成立大兴区油气输送管道安全隐患整改工作领导小组，作为区政府议事协调机构，统一组织、协调、指导本区油气输送管道安全隐患整改工作。3月27日，大兴区油气输送管道安全隐患整改工作领导小组组织成员单位召开动员部署会，启动油气输送管道安全隐患整治工作。

（马冬）

【白酒制造企业隐患排查】 5月，大兴区安委会办公室制发《关于对全区白酒企业安全生产基本状况调查通知》，对全区白酒制造企业开展摸底、检查。有关部门共排查白酒酿造企业6家，建立详细台账，组织专家力量，对北京市红粮液酒厂、北京七星酒业有限责任公司、北京皇家京都酒业有限公司、北京龙泉四喜酿造有限公司、北京隆兴号方庄酒厂有限公司5家白酒企业进行检查，并就检查发现的隐患问题，约谈企业负责人，发现隐患全部整改完毕。

（袁宝龙）

【油气输送管道隐患整改督查】 6月26日，市安全监管局副局长唐明明带领市油气输送管道安全隐患整改领导小组第一督查组，对大兴区石油天然气长输管道和城镇燃气管道隐患整治工作落实情况进行专项督查。副区长贺锐和区安全监管局负责人参加督查。督查组实地核查长输管道重大隐患清理现场，查看城镇燃气占压重大隐患的情况，并听取大兴区有关工作情况的汇报。

（马冬）

【粉尘企业安全隐患整治】 6月29日，大兴区政府在全区开展粉尘企业安全隐患专项整治，对全区197家金属加工、木材、家具制造和饲料加工企业开展集中隐患排查治理，发现隐患203项，下达责令整改文书9份，责令停产停业9家。

（张捷飞）

【隐患整改专题会】 8月5日，大兴区政府召开油气输送管道安全隐患整改工作专题会，副区长贺锐主持会议并讲话。会议要求各有关单位加强领导，落实安全生产“党政同责、一岗双责”要求，按照时间点段，全面完成隐患消减，扎实做好油气输送管道隐患整改工作。并要强化舆论引导，通过全方位、全覆盖的宣传，及时曝光突出问题，提高广大群众的认同感和参与度，加快隐患整改步伐。区安全监管局、市政市容委、农委等24个部门和15个属地主管领导，以及管线权属单位负责人参加会议。

（马冬）

【副区长带队检查燃气管道隐患】 8月31日，大兴区副区长贺锐带队，对全区城镇燃气管道重大隐患整改情况进行检查。检查组分别听取区市政市容委、安全监管局有关工作情况汇报，实地检查林校路街道、观音寺街道、新媒体产业基地和西红门镇重大隐患整治情况。贺锐要求隐患责任单位按照各阶段规定的时间节点完成规定的工作任务，有关镇街要借“两个重大活动”之势，深入推进油气管道整治、打非治违等工作，要紧紧围绕疏解非首都核心功能，调整产业结构，合理规划布局。

（马冬）

【醇基液体燃料专项整治】 9月16日，大兴区安委会办公室制发《关于迅速开展餐饮单位使用醇基液体燃料安全专项整治行动的通知》，在全区范围内集中开展餐饮场所醇基液体燃料使用安全专项整治行动。经过排查，建立台账78项，通过执法检查，隐患全部销账。

（袁宝龙）

【安全生产条件普查】 10月，大兴区安全监管局开展安全生产条件普查数据核实工作，对特种设备、职业卫生、标准化达标、粉尘、涉危单位、重大危险源等重点数据进行核实，核实、修正企业安全生产条件数据3760项，提高安全生产条件普查数据准确性。

（吴思航）

【隐患排查治理体系建设】 本年，大兴区安全监管局在粉尘、制冷、印刷、白酒、汽车制造、化工等代表性行业企业中选定10家企业作为区内试点单位开展隐患排查治理体系创建。通过专家逐一指导，帮助企业建立健全隐患排查治理责任制，形成工作经验，制定《大兴区安全生产隐患排查治理体系试点实施方案》。

（苗雅菡）

应急救援

【应急救援专家队伍】 4月30日，大兴区安全监管局召开大兴区第三届安全生产专家聘任会，聘任12名专家，其专业特长涉及危险化学品、电力、机械和建筑4个行业领域。

（周堃）

【应急救援演练】 6月26日，大兴区安全监管局联合区应急办会同廊坊市政府，举行2015年危险化学品企业应急技能大比武暨大兴、廊坊两地危险化学品事故应急联动演练。演练包括两项内容：一是组织大兴区部分危险化学品企业应急工作人员，先后展开“三人三带”消防栓连接射击、灭火设施的操作使用、防护服穿戴与伤员转移，以及危险化学品泄漏点的封堵修复等比武科目；二是模拟大兴区内一毗邻廊坊市的危险化学品企业发生油品泄漏燃烧事故，区应急、安全监管、消防、公安、卫生、环保、气象、环卫等部门，展开消防抢险、伤员救治、秩序管控、群众安置、环境与气象监测等工作，并按照大兴、廊坊两地应急合作协议，向廊坊市进行情况通报，协调危险化学品事故专业处置力量对油品泄漏点实施封堵作业。通过两地各部门、各单位的共同努力和有效配合，事故得到有效处置，事发地及其周边地区恢复正常秩序。大兴区政府、市应急办、市安全监管局、市公安局消防局和廊坊市政府、天津市武清区应急办有关领导和相关单位负责人参加本次活动。

（周堃）

【应急演练指导】 6月，大兴区安全监管局部署安全生产月应急演练周各项工作，督促各有关行业部门、属地单位和企业以危险化学品、人员密集场所、道路交通、油气输送管道等领域为重点，开展应急演练活动。指导生产经营单位开展应急演练1956次。

（贾东）

【应急管理示范企业】 7月16日，大兴区安全监管局根据国家安全监管总局和市安全监管局《关于安全生产应急管理示范企业创建试点工作方案》文件要求，制定《大兴区安全生产应急管理示范企业创建试点工作方案》，确定人员密集场所、危险化学品和粉尘类143家试点企业，组织企业召开动员部署会。

（贾东）

【应急管理培训】 9月17日，大兴区安全监管局组织全区属地单位32名联络员召开生产安全事故应急预案备案工作培训会，通报各镇街应急预案备案工作开展情况，并就预案备案工作程序、内容和条件进行讲解。

（宋志光）

【应急值守】 本年，大兴区安全监管局加强“春节”“两会”“世锦赛”“大阅兵”和极端天气等重要时期安全生产应急值守工作。落实应急值守机制，对安全生产应急值守、信息报告、专家和应急救援队伍管理、应急物资管理以及责任落实和追究等方面提出具体要求，实施每日“零报告”。增加值守力量，在值守人员24小时在岗值班的基础上，实行局领导“双带班”和执法和应急科室每天1∶3人员备勤制度。

（宋志光）

【应急管理机制】 本年，大兴区安全监管局修订《2015年防汛工作方案》，梳理细化组织结构、工作职责和工作程序，完善安全生产应急工作机制，规范预测预警和应急响应工作程序，最大程度降低事故风险；制发《大兴区生产安全事故举报信息处理工作制度》，规范生产安全事故举报信息受理程序，提升执法工作效率；制定《大兴区危险化学品事故应急救援物资储备和管理工作制度》，规范全区危险化学品应急救援物资储备库监督管理工作，确保应急救援物资储备库的可靠运行。

（宋志光）

【应急预案备案管理】 本年，大兴区安全监管局完成1166家工业企业、33家满3年重新修订预案的危化企业应急预案备案工作，配合市安全监管局对3家危险化学品生产企业进行预案备案。

【应急物资管理】 本年，大兴区安全监管局定期对库内应急物资进行盘点，保障应急物资齐备、有效。对应急救援物资进行更新，更新2套防化服，维护保养24个灭火器。

（宋志光）

执法监察

【春节期间安全检查】 2月17日至2月24日，大兴区安全监管局领导带队，分7组对烟花爆竹零售网点、加油站、人员密集场所等重点单位和城乡结合部等重点地区进行安全检查。全区各职能部门和属地政府分别开展检查。共出动检查人员4924人次，检查生产经营单位3277家，发现并消除各类安全隐患402项，确保春节期间人民群众安全。

（郑阳）

【特种作业专项执法】 6月，大兴区安全监管局开展全区电气使用安全暨特种作业、特种设备作业人员“双打”专项执法行动。成立由区住房城乡建设委、质监局、安全监管局、经济信息化委和供电公司5个行业部门牵头的6个联合执法检查组，以打击制假、用假、无证操作、过期未复审为主要内容，开展专项行动。此次行动中，行业部门和属地单位条块结合，互相配合，检查生产经营单位93家，发现各类电气使用安全隐患199项，查处12名无证上岗特种作业人员，立案查处4起，罚款6.9万元。隐患问题全部整改完毕。

（郑阳）

【安全生产突击夜查】 8月28日，大兴区安全监管局开展安全生产突击夜查，联合属地对全区所有危险化学品生产经营单位和重点人员密集场所进行检查，发现个别加油站及人员密集场所主要负责人未在岗值守、值班人员对应急救援预案不熟、安全通道堵塞等问题，责令进行整改。此次行动共检查生产经营单位1163家，发现问题隐患468项，下达执法文书52份，责令停产停业6家，对4家立案处罚。

（郑阳）

【“两个重大活动”安全保障】 8月，大兴区各镇街和行业部门开展安全生产大检查，做好中国人民抗日战争暨世界反法西斯战争胜利70周年纪念活动和2015年北京国际田联世界田径锦标赛安全保障。检查生产经营单位38897家次，发现隐患16330项，整改14814项，整改率90.7%。检查中，执法部门按照“四个一律”要求，用足“停工、停用、停产、停业”等执法手段，停产停业9378家，罚款128.575万元，清退4000人，拘留21人。

（郑学雅）

【行政机关及建筑物消防检查】 9月9日，大兴区安委会在全区开展为期一个月的行政机关及建筑物消防安全专项检查，重点检查消防安全责任制、消防中控室、消防设施器材及应急救援4项内容，解决行政机关及建筑物消防安全管理不到位问题。

（李新杰）

【安全生产执法检查】 本年，大兴区安全监管局制定并下发《2015年度安全生产监管行政执法工作计划》（京兴安监管〔2015〕23号），全年计划检查企业1018家。年内，区安全监管局共检查2366家，排查隐患3125项，整改3075项，立案处罚77起，罚款318.08万元。督促指导专职安全员开展检查42557家次，完成“平均每人每年200家次”检查任务。

（郑阳）

【安全生产联合执法】 本年，大兴区安委会办公室结合安全监管工作实际制定《大兴区2015年安全生产联合执法月历》和《大兴区安全生产联合执法检查方案暨2015年大兴区安全生产重点执法检查计划》（京兴安办〔2015〕13号），计划开展37项联合执法检查行动。年内，检查生产经营单位85828家次，消除安全隐患87181项，停产停业整顿69家，对332家生产经营单位进行行政处罚，罚款765.245万元。

（郑阳）

【安全生产辅助执法】 本年，大兴区安全监管局投入242万元，采取政府购买服务的方式，购买专业性安全生产执法检查辅助服务413次，有效解决安全生产执法专业性不足的问题，提升执法效率。

（郑阳）

【危险化学品安全抽查】 本年，大兴区安全监管局联合区交通局、质监局对城乡结合部重点地区危险化学品生产经营单位和危险化学品运输车辆安全进行抽查，出动执法人员412人次，下达责令改正指令书78份，现场处理措施决定书2份，发现并消除安全隐患120项。

（郑阳）

【执法力量下沉基层】 本年，大兴区安全监管局开展执法力量下沉基层、服务基层行动。全局执法人员分派至22个属地，辅助基层安全监管工作。深入属地现场办公322次，开展执法检查现场指导114次，参与各项专项整治、联合检查118次，解决重点难点安全隐患问题65项，达到服务基层、支持基层、指导基层的工作目标。

（郑阳）

【委托执法】 本年，大兴区安全监管局围绕标准化达标创建、职业卫生基础建设年、安全生产条件普查等系列重点工作，协助属地查处各类安全生产违法行为，打击各类非法违法生产经营活动。完成委托执法案件56件，罚款132万元。

（郑阳）

【专职安全员管理】 本年，大兴区安全监管局成立区专职安全员指导办公室，专职负责安全员管理工作。组织全区475名安全生产专职安全员参加第三期、第四期全市安全生产专职安全员集中轮训，144名专职安全员被市安全监管局评选为集训优秀学员。制定《大兴区安全生产专职安全员行业实践试点工作方案》，选派40名专职安全员到住房城乡建设委、商务委、安全监管局等9个部门学习锻炼，提升专职安全员履职能力，培养基层业务骨干。

（郑阳）

【专职安全员管理试点】 本年，大兴区安全监管局将西红门镇、采育镇推荐为全市专职安全员队伍管理试点单位，按照市级试点建设标准，完善专职安全员队伍管理制度，积极探索构建专职安全员队伍管理的“四个体系”，为全区专职安全员队伍建设提供借鉴、树立标杆。

（郑阳）

【大型活动安全保障】 本年，大兴区安全监管局抽调执法检查力量，对大兴区西瓜季、法制宣传日、三八妇女节、冰雪嘉年华、北京国际旅游节等12项重大活动进行全程安全生产监管工作，确保重大活动“零事故”。

（郑阳）

【安全生产举报投诉】 本年，大兴区安全监管局修订《安全生产接报处理制度》，配套建立“四不两直”暗查暗访工作制度。共接“12350”“12345”举报投诉64件，其中接群众举报非法生产经营储存危险化学品案件21件，全部依法办结。

（郑阳）

【煤气中毒督查】 本年，大兴区安全监管局按照区政府要求，承担北臧村、林校街道、生物医药基地3家属地预防煤气中毒督查工作。督查期间，坚持每周入户检查不少于40家，入户督查500余户，发放各类宣传品和警示标语1800余份，圆满完成督查任务。

（郑阳）

【高污染设施治理】 本年，大兴区安全监管局按照区政府《关于印发大兴区2013－2017年清洁空气行动计划实施方案的通知》要求，开展1蒸吨以下高污染燃料设施专项治理工作。全区1蒸吨以下设施台账在册1439台，消减1139台，消减比例79％。

（杨凯）

职业卫生监督检查

【职业卫生部署会】 1月20日，大兴区安全监管局召开2015年职业卫生工作部署会，明确全年工作重点。一是开展企业负责人与职业卫生管理员职业卫生培训；二是实施职业病危害项目申报；三是推进职业卫生“基础建设年活动”；四是加强建设项目职业卫生“三同时”审查备案。

（刘佳）

【职业卫生宣传周】 4月，大兴区安全监管局在全区组织开展职业病防治法宣传周活动。各属地单位结合实际，开展职业病防治知识培训班和现场咨询等宣传活动，深入企业开展宣传208次，开展现场咨询3648次，发放宣传材料2.84万余份，接受咨询人数7200余人。

（杨凯）

【职业卫生管理人员培训】 4月，大兴区安全监管局以职业卫生基础知识、职业卫生法律法规、用人单位职业病防治责任与义务、职业病危害因素识别与控制等为主要内容，分7批组织区内存在职业病危害的企业主要负责人和管理人员1600余人进行培训。

（陈冰）

【有限空间大比武】 5月26日至27日，大兴区第一届有限空间作业大比武在市政管委培训中心顺利举行。活动采取实名制方式，分为笔试和实操两个部分。共有来自市政市容委、经济信息化委、住房城乡建设委、水务局、发改委5个行业25支代表队、125名一线作业人员参加活动。

（吴思航）

【有限空间综合监管】 5月，大兴区安委会办公室制定下发《关于做好2015年有限空间安全生产工作的意见》，结合事故案例和《有限空间安全作业五条规定》、有限空间作业“三个标准”对128名有限空间一线作业人员进行专项培训。6月至8月，大兴区安委会办公室开展全区有限空间安全生产“巡查季”行动，在全区范围内对有限空间作业现场开展巡查，出动巡查人员329人次，巡查作业单位27家，下达各类执法文书34份，发现隐患20项，全部整改完毕。

（吴思航）

【职业卫生协会成立】 6月2日，大兴区职业卫生协会在立业培训学校召开成立大会暨第一届会员代表大会，会议审议并通过《北京市大兴区职业卫生协会章程》《会费标准及收取办法》等制度机制，选举产生协会第一届理事会及监事会成员。

（陈冰）

【职业卫生行政许可】 本年，大兴区安全监管局受理用人单位职业卫生行政许可申请4件，预评审核（备案）3件，控评备案申请1件，全部办理完毕。

（陈冰）

【职业卫生执法检查】 本年，大兴区安全监管局印发《2015年大兴区职业卫生执法工作计划》，部署职业卫生执法工作。全年检查企业120家，开具现场检查记录109份，限期整改16份，复查意见书14份，查处隐患350项，立案调查企业7家，罚款41.5万元。

（李刚）

【职业卫生基础建设】 本年，大兴区安全监管局组织企业开展职业卫生基础建设达标创建。通过培训、逐一走访等形式，对职业卫生基础建设达标创建活动进行部署。组织专家对创建企业基础建设进行初审和复审，全区355家企业达到标准，其余49家企业搬迁停产。

（陈冰）

【职业卫生统计】 本年，大兴区安全监管局在全区开展工矿商贸企业职业卫生统计填报工作。对全区22家属地单位负责人进行工矿商贸企业职业卫生统计数据填报培训。在有关单位配合下，完成737家企业职业卫生统计工作。

（杨凯）

【职业病危害申报】 本年，大兴区安全监管局加强职业病危害项目申报工作，受理、办结企业职业病危害项目申报681家，申报率98.7%，企业职业病危害检测率97%，体检率90.5%。

（王静怡）

宣传培训

【安全生产月活动】 6月，大兴区安全监管局开展安全生产月活动，活动突出四“新”特点。一是主动适应京津冀协同发展新常态，开展跨区域危险化学品企业应急综合演练活动。二是打造区、行业部门、镇街、生产经营单位四级联动新模式，围绕“用电安全”“隐患排查治理”“法律法规宣贯”“应急演练”4个周主题，开展“9＋*N*”宣传教育活动。在开展宣传咨询日、大型公开课等9项全区“规定动作”的基础上，各单位结合实际，开展安全知识进校园、事故案例剖析会等*N*项“自选动作”。三是构建宣传教育活动新载体，广泛开展“法律法规知识竞赛”“有限空间作业大比武”“安全生产宣教志愿者知识竞赛”“安全隐患我来拍摄影比赛”“青年安全示范岗”创建、“职工安全技能竞赛”等系列竞赛评比活动，促进安全监管人员和企业职工素质提升。四是推广宣传教育新形式，以《爱我新区大讲堂之实事实办》节目为载体，录播安全生产专题访谈，面向社会大众，介绍安全生产重点工作，回应企业和公众关切问题，引导社会公众，特别是企业职工通过参观展览、事故模拟、安全操作模拟等浸入式教育方式，提高安全意识。在安全生产月活动期间，区领导参加活动15次，镇街、行业部门领导参加活动146次。

（黄述强）

【安全生产主题宣传活动】 本年，由大兴区安委会办公室协调，区商务、公安、流管、农业、文化、安全监管、建设、民防、教育、消防等单位分别牵头，每月组织开展一次安全生产主题宣传活动。区商务委以“学习贯彻《中华人民共和国安全生产法》，构筑商务行业安全生产新常态”为主题，在商务系统开展集中宣传、培训和应急演练活动。区农委以“落实好企业主体责任，提升农口系统安全生产总体水平”为主题，开展责任书签订、安全检查、农口系统联合宣传等活动。

（黄述强）

【媒体宣传】 本年，大兴区安全监管局利用新闻媒体，多形式开展安全生产宣传工作。市级以上媒体宣传33次，区属媒体宣传34次，电视滚动播出宣传标语、口号133次，张贴海报13635张，发放各类宣传材料53.526万份，设置专栏、板报、园地2364处，制发《安全生产月报》13期共22.5万份。在《大兴报》每月刊登一期镇街、行业安全检查员和企业安全员先进人物事迹专题访谈，形成典型人物轰动效应。

（黄述强）

【“双百工程”】 本年，大兴区开展企业安全生产对话谈心43次，参加谈心、旁听企业共296家。其中市安全监管局7名领导干部对话谈心13次，谈心企业93家，旁听企业7家。区安全监管局10名领导干部共对话谈心30次，谈心企业176家，旁听企业20家。安全生产专家服务“五小企业”“六小场所”150家。

（黄述强）

【安全生产志愿者】 本年，大兴区安全监管局发挥千人安全生产宣传教育志愿者“宣传员、监督员、信息员”作用，在重大节日、重要活动时期，面向基层、面向企业、面向社会开展安全宣传。全区有1893人次志愿者参与，发放宣传用品16万份，摆放展板631块，悬挂条幅697条。

（杨军）

【安全社区】 本年，大兴区安全监管局按照“安全、健康、和谐”的安全社区建设理念，督促指导清源街道、天宫院街道、瀛海镇3家单位创建北京市安全社区，督促指导兴丰街道创建全国安全社区。

（杨军）

【安全文化示范企业】 本年，大兴区安全监管局指导北京昆仑润滑油厂创建北京市安全文化示范企业，并顺利通过验收获得“北京市安全文化示范企业”称号。

（杨军）

法制建设

【安全生产委托执法会议】 5月15日，大兴区安全监管局召开安全生产委托执法工作会。会议解读《大兴区安全生产行政执法委托实施办法》，与各镇街分别签订《北京市大兴区安全生产行政执法委托书》。9月22日，大兴区安全监管局组织各属地安全科长召开委托执法专题会，通报各属地委托执法上报案件情况和存在问题，并对下一步工作提出具体要求。

（谷学宁）

【委托执法资格培训】 6月10日，大兴区安全监管局举办委托执法资格培训班。以新修订的《中华人民共和国安全生产法》、安全监察知识、执法文书规范填写为主要内容，对各镇街安全科在岗在编人员、局内各科室执法人员90人进行委托执法培训。

（杨涛）

【安全生产法知识竞赛】 6月17日至25日，大兴区安全监管局开展大兴区安全监管系统“新修订的《中华人民共和国安全生产法》知识竞赛”活动，竞赛分预赛和决赛两个阶段，共29支队伍参加。通过竞赛活动，在基层安全监管人员和广大职工群众中掀起学习新修订的《中华人民共和国安全生产法》的热潮，为强化依法治安理念和安全生产履职水平打下坚实基础。

（谷学宁）

【法制员培训班】 10月22日，大兴区安全监管局举办全区安监系统法制员培训班，围绕国家安全监管总局新修订的37部规章、执法文书规范填写、执法程序规范等内容，对22个属地安全科科长、法制员，局机关业务科室科长、法制员80余人进行培训。

（刘贺）

【法制日宣传】 12月4日，大兴区安全监管局组织法制宣传志愿者以“弘扬宪法精神，推动创新、协调、绿色、开放、共享发展”为主题，开展法制宣传。发放《安全生产月报》、宣传折页等宣传资料500余份，并为居民讲解新修订的《中华人民共和国安全生产法》。

（刘贺）

【执法案卷评查研讨会】 12月31日，大兴区安全监管局召开行政执法案卷评查研讨会，通报市、区两级案件评查中发现的问题并对工作中的疑难点问题进行研讨，明确执法办案中应掌握的标准尺度，并对执法案件、委托执法案件管理工作进行规范。

（刘贺）

【安全生产法宣贯】 本年，大兴区安全监管局采取多项措施宣传贯彻新修订的《中华人民共和国安全生产法》。一是依托媒体《大兴报》及局机关月刊等媒体和刊物，全篇刊登新修订的《中华人民共和国安全生产法》内容，宣传落实到基层及全区各阶层；二是组织基层及局机关知识竞赛，通过知识竞赛，了解并掌握法律知识和修正的必要性；三是向全区基层安全员及局机关工作人员下发《中华人民共和国安全生产法》单行本，在局机关周五学习会上播放《中华人民共和国安全生产法解读》光盘，组织安全监管系统所有人员认真学习法律内容。

（谷学宁）

【行政处罚权力清单】 本年，大兴区安全监管局梳理行政处罚权力清单467项，全部明确依据、行使主体、运行流程图，并向社会公布。

（刘贺）

科技与信息化

【动态安全监管系统】 4月8日，大兴区安全监管局组织专家对大兴区动态安全监管和预警预报系统建设项目进行初验。经过质询和讨论，专家组一致同意项目通过初验，并建议在系统试运行过程中，加强用户意见的收集，加强测试，完善相关技术文档，及时解决运行中出现的问题，做好系统的完善和优化。11月19日，系统建设完成，区安全监管局组织专家对系统建设项目进行竣工验收，经专家组讨论，认定该系统达到预期目标，竣工验收合格。

（孙兴）

【动态安全监管系统应用督查】 4月16日，大兴区安全监管局主要领导带队，到安定镇督导动态安全监管和预警预报系统应用情况。听取安定镇政府工作汇报，并提出要求。一要紧紧围绕全区安全生产重点工作，抓实网格化动态安全监管工作，将安全科人员下沉到基本网格，按周、月、季频次开展日常巡查。二要在建机制、抓队伍上下功夫，在抓好专职安全员业务培训的同时做好队伍管理工作；三要强化企业主体责任落实，督促企业做好隐患自查自报、从业人员培训、企业安全检查等工作，真正成为企业安全监督员。

（孙兴）

【安全监管信息平台建设】 本年，大兴区安全监管局加强大兴区安全生产监管信息平台建设。4月，对职业卫生监管模块进行升级改造，增设专项工作及通知功能。5月，启动标准化达标创建模块和廉政模块建设。11月，职业卫生监管模块、标准化达标创建模块和廉政模块建设建设项目通过专家验收。

（孙兴）

标准化建设

【标准化创建部署】 3月，大兴区安委会制发《2015年加强标准化达标创建质量的工作意见》，明确提出三级标准化达标创建工作实行咨询与评审分离机制。

（吴思航）

【标准化达标企业抽查】 3月至5月，大兴区安全监管局采取“四不两直”的方式对已通过评审的企业开展抽查。抽查重点行业领域企业200家，抽查率30.7%，发现问题331项，8家企业予以重审；抽查小微企业300家，抽查率20%，发现问题789项，23家小微企业不符合达标要求。

（吴思航）

【标准化培训】 4月14日至19日，大兴区安全监管局组织相关行业部门、各属地单位及拟创建企业有关人员开展标准化达标创建实名制培训。培训以创建标准、流程、系统操作等为主要内容，培训6期1315人。

（吴思航）

【企业标准化达标创建】 本年，大兴区共有2919家企业完成标准化达标创建工作，其中612家完成三级标准化达标创建，2307家小微企业实现岗位达标。

（吴思航）

昌 平 区

概 述

2015年，昌平区安全生产工作在区委、区政府的正确领导下，践行“三严三实”要求，认真贯彻落实党的十八大、十八届三中、四中、五中全会精神，以习近平总书记关于安全生产重要讲话精神为指导，以深入落实“四化三体系双基”总任务为中心，牢牢抓住“依法治安”这条主线，围绕区委、区政府中心工作，强化监管监察，加大宣传力度，加强队伍建设，扎实做好安全生产各项工作，形成齐抓共管、协调共治的安全生产工作新格局，实现安全生产形势的持续稳定好转。

一、深化重点行业领域专项整治行动。采用日常执法、重点执法、跟踪执法、专项执法、联合执法等形式，开展重点行业领域专项执法行动，全年检查各类生产经营单位6083家次，查出各类安全隐患8104项，整改8032项，下达执法文书4369份，立案处罚违法生产经营单位80家，罚款115.23万元。

二、依法依规实施安全生产行政许可。按照《中华人民共和国行政许可法》《危险化学品经营许可证管理办法》等规定，通过申请、受理、审核、复核、审定程序，审批发放危险化学品经营许可证60个、注销5个，延期第二、三类非药品类易制毒化学品备案证明1个。全区危险化学品经营单位124家（其中，储存经营企业93家，包括油库2家，加油站77家，工业气体企业13家，酸碱经营企业1家；无储存经营企业31家），烟花爆竹经营单位92家（其中，长期销售点8家，临时销售点84家），非煤矿山企业2家。

三、强化安全生产宣传教育。以新修订的《中华人民共和国安全生产法》宣贯工作为主线，采取多种形式，开展安全社区创建、知识答题、专题讲座、技能比武、大型公开课、文艺演出、书画摄影展，“双百工程”服务等宣传教育活动。共有1.6万余家单位、23万余人参与宣传活动，发放各类宣传材料25万余份，43名安全生产监管干部及专家与410家企业进行谈话服务。

四、建立安全生产培训考核基地。按照市安全监管局实操考点“三化”建设要求，重新规范和新建考试场所。与昌平区职业学校合作，投入500多万元，建成“昌平区安全生产培训考核基地”，并于8月正式投入使用。考核基地集“标准化、信息化、现代化”为一体，满足昌平区电工、焊工等特种作业理论和实操考试需求，实现对考场无死角的全程视频监控。考核各类特种作业人员5015人、高危从业人员510人。

五、完成安全生产条件普查工作。2014年5月至2015年6月，昌平区政府投资124万余元，按照“试点镇街、总结完善、全面开展”的原则，在城北街道、百善镇完成安全生产条件普查工作基础上，在全区建立安全监管部门、属地政府两级答疑指导的工作模式，开展安全生产条件普查工作。普查期间，各镇街积极配合，播放悬挂宣传标语、发放宣传材料，营造良好氛围。为有效提高普查数据的完整性、准确性，昌平区采用各镇街抽查、聘请专家全覆盖核查的方式先后两轮对普查数据进行核查，根据核查结果，要求各镇街对核查出的问题及时进行补充完善。摸排各类生产经营单位 101861 家，形成 34215 条有效数据，28357 家持有营业执照的企业数据全部录入到市级安全普查系统。

六、推进安全生产标准化建设。制定安全生产标准化建设方案，加大创建达标培训力度，建立联动机制，推动安全生产标准化建设。培训各类企业 4020 家、7000 余人次，完成三级达标企业 103 家、小微达标企业 3237 家，82 家危险化学品企业全部通过标准化复评。

七、开展安全生产信息化建设。制定《昌平区隐患排查治理体系建设实施方案（2015－2017)》，计划投入 620 余万元，用 3 年时间建成昌平区安全生产隐患排查治理体系信息平台，以夯实体系建设基础工作，实现安全生产痕迹化管理，推进全区安全生产综合监管信息化进程。本年，投入 90.5 万元，完成招标、平台一期协同办公、统计分析等 6 个子系统的开发建设。

八、夯实安全预防控制体系。加大对 4 个危险化学品应急救援物资储备库的管理和执法力度，及时更新破损、过期的应急物资。制定昌平区安全生产事故应急预案管理实施细则及备案程序，在 96 家危险化学品、非煤矿山、重大危险源企业开展安全生产应急管理示范企业试点工作。督促组织企业开展应急演练 173 场。

九、健全安全生产责任体系。按照“管行业必须管安全、管业务必须管安全、管生产经营必须管安全”的要求，重新梳理部门安全监管（管理）职责，签订《安全生产目标责任书》，制定印发昌平区《关于实施安全发展战略促进国际一流科教新区建设的意见》《安全生产“党政同责、一岗双责”实施办法》等责任体系文件。68 个区安委会成员单位及 21 个属地政府制定“党政同责、一岗双责”工作制度，301 个村 220 个社区成立安全生产委员会。

十、加强安全监管队伍建设。区政府投资 3908 余万元，用于镇街专职安全员队伍建设。全区 320 名专职安全员检查生产经营单位 62712 家次，查处隐患 72432 项。强化安全生产工作的一线力量，有效遏制各类生产安全事故的发生。12 月，面向社会公开招聘行业管理部门安全生产专职安全员工作，充实基层安全生产监管力量。

昌平区安全生产工作虽然取得明显成效，但仍存在一些问题和不足。主要表现在：一是执法检查工作安排过于繁重，导致部分专项整治效果不突出。二是执法手段及执法内容单一，监管职责落实不到位。在行政处罚案件中，处罚内容过于单一，多数限于教育培训、警示标识、劳动防护、特种作业几个方面。

综合监管

【控制指标】 本年，昌平区发生安全生产事故死亡114人，占市安委会下达年度安全生产控制指标的99.13%。其中：道路交通事故死亡105人，同比增加2人；火灾事故死亡6人，同比减少1人；铁路交通事故死亡3人，同比增加1人。未发生生产安全死亡事故。

（樊朝花）

【安全生产部署会】 1月13日，昌平区召开第95次区委常委会、第40次区政府常务会，专题研究部署2015年昌平区安全生产工作。会议通报全国发生的几起重特大安全生产事故情况，分析昌平区面临的安全生产形势，对2015年安全生产工作进行部署。会议要求：一是严格落实安全生产“党政同责、一岗双责”要求，建立横向到边、纵向到底的安全生产责任体系，从严、从实、从细抓好安全生产工作；二是认真总结分析问题，结合人口调控、“拆违打非”、治霾疏堵等工作，做好安全隐患排查和人员密集场所安全管理；三是加大安全生产各项基础性工作投入力度，加强隐患排查治理体系建设，建立安全监管长效机制；四是抓好岁末年初安全监管工作，组织开展拉网式、全覆盖安全检查，特别是加大对烟花爆竹、危险化学品、粉尘企业、有限空间、食品药品、建筑工地、道路交通等重点行业领域安全检查力度，防范遏制各类安全生产事故发生。

（樊朝花）

【市安委会督查】 1月19日，市安委会第10督查组对昌平区落实节日期间安全生产工作部署、“党政同责、一岗双责”安全生产责任体系建设、隐患排查治理和生产经营单位安全生产主体责任落实等情况开展综合督查。督查组听取昌平区安全生产工作汇报，分两组对城北街道办事处和昌平区燃气公司进行现场检查。查阅安全生产相关档案资料和工作记录，实地检查生产一线隐患排查治理并现场询问安全生产工作落实等情况。督查组肯定昌平区取得的成绩，同时要求细化安全生产通报制度与约谈制度，落实重大隐患挂牌督办制度，落实市领导提出的“2015年安全工作要有明显的、根本性的好转”和“2015年作为安全工作年”的要求。副区长苏贵光和区相关职能部门负责人参加督查。

（樊朝花）

【第96次区委常委会】 1月21日，昌平区召开第96次区委常委会，专题研究讨论并通过《昌平区安全生产党政同责一岗双责实施办法》。会议指出：要牢固树立安全发展理念，牢牢绷紧安全生产这根弦，做到警钟长鸣、常抓不懈，切实把安全生产工作抓紧抓实，坚决遏制重特大安全事故发生；要严格落实安全生产责任制，按照“谁主管、谁负责”“管行业必须管安全、管业务必须管安全、管生产经营必须管安全”的原则，履行安全生产职责；要严格落实安全生产责任追究制，坚持实行安全生产目标管理考核，加强督促检查，严格考核奖惩，对发生重大生产安全事故实行“一票否决”，并依法依纪追究相关人员责任，做到有责必究、有过必罚。

（樊朝花）

【联合安全检查】 2月15日，昌平区政府组织区安全监管、公安、消防、商务、质监、卫生、城管等部门，对城区4家超市、加油站、烟花爆竹销售网点进行安全检查。重点检查商品安全供应、经营场所安全通道、应急器材配备、烟花爆竹销售安全经营及应急值守情况。检查组要求单位负责人加强日常管理，落实主体责任，强化安全教育，提高从业人员安全责任意识，确保节日期间安全稳定。

（樊朝花）

【安委会第一次会议】 3月4日，昌平区安委会在中石化会议中心召开2015年度安全生产大会。会议总结2014年全区安全生产工作，部署2015年重点工作任务，通报2014年安全生产考核、安全生产表彰情况。区长张燕友参加会议并指出：各单位要认清形势，坚决守住安全生产这条底线，做好重大节日、重大事项的保障工作；强化措施，继续开展有针对性大检查、大排查，并建立动态台账，全力整改，确保全区安全稳定。

（樊朝花）

【安委会第二次会议】 3月19日，昌平区安委会召开第一季度安全生产工作会。会议分别从职业卫生创建达标、危险化学品管理、标准化创建、安全员管理、年度重点执法检查计划等15个方面进行部署。要求安委会各成员单位、各镇街加强学习，通过安全生产条件普查、标准化创建等工作的深入开展，摸清全区生产经营单位基础情况，打牢安全生产基础工作。充分发挥好各行业部门、专业部门执法作用，分类分级建立安全隐患台账，调动专职安全员工作积极性，真正做到检查全覆盖。

（樊朝花）

【安委会第三次会议】 5月26日，昌平区安委会召开安全生产工作例会。会议部署安全生产月、安全生产标准化、安全生产保险推广等工作。副区长苏贵光指出：全区安全生产工作要常抓不懈，警钟长鸣。各单位要提醒广大群众预防夏季高温、雷雨等异常天气，及时做好应急管理工作；做好用电安全管理工作，尤其是人员密集场所用电安全管理工作；重视安全生产保险推广工作，通过宣传推广，提高企业对安全生产保险的认识；开展标准化创建，提高全区安全生产标准化覆盖面。

（樊朝花）

【区领导带队检查用电安全】 6月3日，昌平区副区长苏贵光带领区安全监管、消防、公安、商务、旅游、质监、工商、食品药品、供电等部门负责人，会同属地政府对回龙观镇开展用电安全联合检查。重点检查危险化学品企业、人员密集场所等用电安全管理工作落实情况。经检查，部分单位存在配电箱前堆放货物等违规现象，检查组责令立即整改。苏贵光指出：各部门、各单位要提高安全意识，高度重视用电安全工作，保证安全教育到位，建立健全用电管理制度，规范用电行为。要树立底线思维，对检查发现的问题，及时做好整改落实，加强对特种作业人员的管理，杜绝无证、持假证现象。

（樊朝花）

【安全管理创新实践课题】 6月17日，昌平区安全生产协会与中国矿业大学（北京）资源与安全工程学院在安全工程创新实践基地召开昌平安全管理创新实践课题调研协调会。中国矿业大学（北京）资源与安全工程学院教授吴兵系统介绍调研活动具体方案及实施办法。昌平区安全生产协会会长赵桂生介绍2014年创新实践活动情况。区安全监管局局长兰剑波参加会议并指出：要结合“知法”“尽责”落实安全生产主体责任，中小企业要加强企业内部管理，把事故隐患降到最低程度，把安全生产管理方案推广到同行业企业中。

（樊朝花）

【落实全市年中工作总结会议精神】 7月21日，昌平区安全监管局召开会议，传达学习全市安全生产年中工作总结会议精神，对安全监管重点工作进行部署。一是根据全市会议精神及工作要求，对照全年工作计划，总结上半年工作，查找存在的问题及不足，分析问题原因、制定出解决问题的具体措施；二是开展安全生产大检查，做好重大活动安全生产保障工作，开展安全生产大检查及有限空间等专项整治，加强安全生产综合监管，加大对非法违法行为、安全生产事故及隐患举报、事故相关单位及责任人的查处力度，推动安全生产责任的落实；三是围绕全区中心工作，配合区政府相关部门做好人口规模调控、大型活动安保等安全生产保障工作；四是做好汛期安全监管工作，针对夏季高温多雨，非煤矿山易发生坍塌、滑坡，有限空间作业易发生窒息、中毒，危险化学品易发生泄漏、爆炸等事故，加大执法检查力度，及时发送安全生产预警提示信息。有针对性地开展生产经营单位应急演练活动和安全教育培训，提高应急处置能力、协调配合能力，以及员工逃生自救能力。

（樊朝花）

【重大活动安全保障】 7月24日，昌平区安委会办公室召开中国人民抗日战争暨世界反法西斯战争胜利70周年纪念活动安全生产保障工作会。24家行业管理部门及属地政府主管领导及科室负责人参加会议。会议明确纪念活动各阶段安全生产保障工作任务，与各参会单位签订安全生产责任书。要求各单位提高大局意识、政治意识、保密意识、担当意识、沟通意识，发挥基层一线站所及属地安全监管力量作用，通过彻查、函告、督查督导、重点盯守的方式，开展安全生产检查，确保纪念活动期间生产绝对安全。

（樊朝花）

【“六打六治”专项行动】 8月5日，昌平区副区长苏贵光主持召开安全生产工作会，专题部署“六打六治”专项行动。会议传达市安委会第三次全体会议精神，要求各部门、各镇街坚持安全生产工作问题导向，查找工作中存在的问题和不足，警钟长鸣，常抓不懈，严格执法检查，强化督导问责，深入开展安全生产大检查和新一轮“六打六治”专项行动。

（樊朝花）

【区领导带队安全检查】 8月17日，昌平区区委书记侯君舒，区长张燕友，人大常委会主任朱光彤，政协主席陈秋生分4组带领区公安、安全监管、质监、消防，卫生、供电、政法等部门负责人，对全区各镇街重点单位进行安全生产检查。检查组在属地政府的配合下，采取“四不两直”的方式，检查作业现场，查阅安全管理档案，询问现场工作人员，对26个重点生产经营单位的安全管理制度、应急值守、领导值班带班、教育培训、应急预案及演练、操作规程、用电安全、消防器材、设备设施等情况进行检查。

（樊朝花）

【市安委会督导】 8月28日，市环保局副局长冯惠生带领由市环保局、安全监管局、气象局组成的市安委会第十三督查组对昌平区安全生产大检查工作开展情况进行督查。督查组听取全区安全生产大检查和重点工作开展情况汇报，查阅各项文件、执法文书和企业台账，并分别对3家“两客一危”企业和南口镇及镇内重点企业进行实地检查。督查组肯定昌平区安全生产大检查工作成效，并指出存在的问题。要求昌平区进一步细化工作，落实安全生产责任，消除安全隐患，全力做好安全生产保障工作。

（樊朝花）

【安委会第四次会议】 9月24日，昌平区安委会召开全区安全生产工作会议，副区长苏贵光、贺军参加会议。会议通报市安委会第十三督查组督查情况反馈，汇报“两客一危”专项整治、安全生产大检查、安全生产标准化创建等工作开展情况。副区长贺军要求：一是开展消防安全隐患排查整治工作，落实单位主体责任；二是加大安全隐患处罚力度，“从严执法、从严整治”，用足、用好各类执法手段；三是利用互联网信息技术，做好舆论引导、隐患曝光等工作。副区长苏贵光强调：各部门要根据市区两级部署，执行安全生产“党政同责、一岗双责”工作制度，完善安全生产责任体系，加大检查力度，开展隐患排查治理，特别是要做好中秋、国庆期间各项保障工作。

（樊朝花）

【区领导国庆节前安全检查】 9月29日，昌平区区委书记侯君舒、区长张燕友等领导分4组带领区安全监管、建设、公安、消防、质监等部门，在属地政府的配合下，开展国庆节前安全生产综合检查。重点检查沃尔玛超市、北京昌平京航加油站、北京南口斯凯孚铁路轴承有限公司的现场安全管理、危险化学品储存使用、职业危害防治、消防安全、应急预案、应急值守、领导带班等工作落实情况。区委、区政府领导要求各职能部门加强节前和节日期间的执法检查工作，消除隐患，防止各类安全事故发生。要求各生产经营单位加强自查，发现隐患及时消除，加强应急值守和应急准备，落实主体责任，保障国庆节期间安全稳定。

（樊朝花）

【区安委会安全生产督查】 10月，昌平区安委会办公室组织开展安全生产重点执法检查计划推进情况专项督查。主要从年度重点执法检查计划动员部署情况、工作任务推进情况、落实安全生产监管（管理）责任情况、创新安全监管工作方式方法4个方面进行检查，由查阅资料、听取汇报、实地抽查、督查反馈、落实整改5个环节组成。共督查镇街、部门43家，实地抽查生产经营单位421家，查处安全隐患672项，下达执法文书559份。督查工作反映，全区各镇街、各单位均能按照全区年度重点执法检查计划工作安排及本地区、本行业、本单位安全生产工作实际，加强组织领导、细化工作台账、强化安全监管，并能紧密结合城乡结合部重点地区综合整治、流动人口规模调控等重点工作严格落实安全生产监管（管理）责任。检查发现，有的地区和单位督促生产经营单位安全生产主体责任落实力度有待进一步加强，实地抽查企业均不同程度存在安全生产隐患。针对检查中发现的问题，区安委会办公室均以通报方式向被督查进行反馈，并跟进督促落实。

（樊朝花）

【安委会第五次会议】 11月23日，昌平区安委会召开安全生产工作会，传达市安委会会议和副市长王宁讲话精神，通报全区安全生产大检查工作开展情况，部署第四季度安全生产重点工作。会议要求各单位充分认清全区安全生产形势，增强责任感和紧迫感，加强安全监管，做好重点行业领域安全生产大检查、油气输送管道专项整治、危险物品寄递物流清理整顿和矛盾纠纷排查化解工作，做好年底各项工作的收尾和总结，推进“党政同责、一岗双责、齐抓共管”安全责任体系建设。

（樊朝花）

危险化学品安全监管

【危险化学品专项整治】 3月，昌平区安全监管局在全区范围内开展危险化学品罐区专项整治。通过召开专题会议，明确整治工作的重点、难点和时限，动员企业开展隐患自查整改工作，重点针对罐区监控设施、生产运行管理、特殊作业管理等7方面。区安全监管局开展全覆盖隐患排查和执法检查，建立全区危险化学品罐区隐患台账，督促企业按要求完成整改。经排查，全区有7家危险化学品经营单位在此次整治范围内，其中丙烷经营单位2家、酸碱经营单位1家、工业气体单位4家。

（樊朝花）

【化工企业摸底调查】 5月4日，昌平区安委会启动化工企业调查摸底，调查《国民经济行业分类》（GB/T 4754—2011）中纳入化工行业具体分类的90余家企业。调查内容主要包括企业基本信息、剧毒品及其他危险化学品使用情况、涉及重点监管的危险化工工艺及危险化学品情况等。

（樊朝花）

【反恐防暴安全监管】 7月9日，昌平区安全监管局召开危险化学品单位主要负责人专题工作会，结合企业特点及行业标准，加强对成品油企业油品销售环节，易制毒、易制爆、剧毒物品经营和使用单位购销和使用流向核查登记，烟花爆竹库及长期销售点库房等重点环节和地区的安全监管。会议印发《反恐防暴工作方案》，组织企业签订反恐防暴责任书，指导危险化学品企业开展反恐防暴工作。

（樊朝花）

【危险化学品安全检查】 8月13日，昌平区副区长苏贵光带领区安全监管局、交通局、质量监督局、工商局、市政市容委等部门，对重点地区危险化学品企业进行安全生产检查。在随后召开的工作会上，苏贵光要求：一是立即召开全区危险化学品工作会议，通报天津爆炸事故情况，对生产经营及安全管理提出具体要求；二是全面开展隐患排查，组织企业对安全生产责任体系“五落实五到位”情况、设备设施和生产运行管理、储存场所监控设施、特殊作业安全管理、反恐防暴措施和应急管理、夏季“四防”（防雷、防火防爆、防汛、防高温）措施及人员培训等内容开展自查整改；三是加大执法力度，将危险化学品和重大危险源等生产经营单位作为重点执法对象进行检查；四是从即日起至12月底，在全区范围内开展安全生产大检查。大检查实行日报、周报和月督查。

（樊朝花）

【“两个重大活动”安全监管】 8月，昌平区安全监管局加强对中国人民抗日战争暨世界反法西斯战争胜利70周年纪念活动期间危险化学品安全监管工作。通过召开专题会议，对纪念活动期间安保工作进行部署，发送预警信息，并对全区危险化学品企业进行全覆盖执法检查。检查危险化学品企业300余家次，查处隐患117项，全部督促整改完毕。组织危险化学品许可证过期的16家企业负责人召开会议，传达市安全监管局工作要求，下达现场处理措施决定书，责令立即停止生产经营活动，要求各企业制定停产停业期间安全保障方案，加强值守。对全区6家经营易制爆危险化学品企业和8家烟花爆竹长期销售点企业下达纪念活动期间停止经营通知。

（樊朝花）

【打击非法违法储存危险品行为】 本年，昌平区安全监管局、公安分局、公安消防支队、交通局、市政市容委等部门会同各镇街采取措施，严厉打击危险物品非法违法储存行为。一是制定工作方案，成立以主管副区长为组长的工作领导小组，明确工作目标，建立协调、通报、联合执法工作模式，规范危险物品经营储存市场秩序。二是通过属地部门报告情况、公安查处扣押、相关部门现场工作、交通局通知运输单位运输收缴物品、相关单位对收缴物品进行无害化处理等环节，规范打击取缔非法违法储存经营危险物品工作程序。三是加大检查力度，对全区所有危险化学品企业进行全覆盖检查，依法从严、从重、从快查处，形成查处取缔非法违法储存经营危险物品行为的高压态势。共发现危险物品非法违法储存行为19起，涉及各类危险物品总量近30吨，经公安、市政、消防、安全监管等各部门及属地政府通力合作，隐患基本排除完毕；四是营造舆论氛围，充分利用广播、电视、报纸、互联网等媒体，宣传报道打击取缔工作及非法违法储存经营危险物品的危害性，提高经营者及广大群众的守法经营意识。

（樊朝花）

【危险化学品监管业务培训】 本年，昌平区安全监管局重点对《危险化学品目录（2015版）》进行培训。通过参加国家安全监管总局视频讲座、自我学习和集体讨论等方式，组织执法人员进行专题学习，了解和掌握主要内容、制定背景、制定过程、制定原则，为做好行政许可工作打下基础。

（樊朝花）

烟花爆竹安全监管

【烟花爆竹安全部署】 1月22日，昌平区召开2015年烟花爆竹销售网点主要负责人安全生产工作会。会议总结2014年烟花销售总体情况，指出销售过程中存在的主要问题，提出2015年烟花爆竹监管工作的基本要求。区工商局、公安分局分别对营业执照增项、信用公示填报及落实销售登记制度等事项提出具体要求。会议强调：各烟花爆竹销售网点要继续保持销售工作的良好态势，合法经营；各职能部门要切实发挥监管职责，确保安全。

（樊朝花）

【从业人员岗前培训】 1月31日，昌平区安全监管局对92家烟花爆竹销售网点284名从业人员进行培训。强化烟花爆竹销售单位主体责任意识，落实安全管理责任，按照许可范围、时间、地点开展经营活动，用电设备及物品码放符合安全标准，实行24小时专人值守，保证视频监控系统正常运行，做好2015年烟花爆竹安全管理工作。

（樊朝花）

【烟花爆竹执法夜查】 2月12日，昌平区安全监管局对烟花爆竹零售网点集中的回龙观、北七家、小汤山、沙河、城南、城北等镇街烟花爆竹零售网点开展重点执法夜查行动。检查烟花爆竹零售网点48家，查处安全隐患23项，下达《现场检查记录》48份。执法人员对7家存在未严格落实夜间值守制度的网点负责人进行诫勉谈话，重申销售过程中安全管理要求。对夜查情况进行汇总，通过短信方式向全区所有烟花爆竹零售网点进行通报。

（樊朝花）

【烟花爆竹清理回收】 2月24日至26日，昌平区安全监管局组织完成烟花爆竹回收及视频监控设备拆除工作。据统计，春节期间，昌平区92个烟花爆竹销售网点配送烟花爆竹20287箱，同比减少5170箱，减少率20.3%。实际销售18825箱，同比减少2179箱，减少率10.4%；实际销售率为当年配送量的92.8%，同比上升10.3个百分点。

（樊朝花）

【烟花爆竹网点行政许可】 本年，昌平区安全监管局发放烟花爆竹经营许可证92个，其中长期零售网点8个，临时零售网点84个。发放北京市烟花爆竹经营单位从业人员上岗证284个。

（樊朝花）

矿山安全监管监察

【非煤矿山安全生产普查】 5月，昌平区安全监管局按照《国家安全监管总局关于全面开展非煤矿山“三项监管”工作的通知》要求，开展非煤矿山安全生产基本情况普查，审核辖区非煤矿山企业信息，要求参与普查的非煤矿山企业以此为契机，全面梳理安全管理工作，切实消除安全隐患。

（樊朝花）

【汛期安全监管】 6月，昌平区安全监管局根据《昌平区2015年防汛工作方案》文件要求，按照以人为本、依法防汛、政府主导、属地管理、专业处置与社会动员相结合的原则，与全区非煤矿山企业签订汛期安全责任书，要求非煤矿山企业严格落实安全生产主体责任，加强日常巡查检查，确保安全生产。

（樊朝花）

【国庆节前安全检查】 9月30日，昌平区安全监管局对辖区内2家非煤矿山企业进行安全检查，重点检查企业安全教育培训记录、安全检查记录等资料，并实地检查开采现场。执法人员要求各非煤矿山企业立即整改检查中发现的安全隐患，加强国庆节期间应急值守工作，严格执行领导带班制度，加大日常巡查力度，及时消除安全隐患，确保安全。

（樊朝花）

【废弃矿洞封堵】 本年，昌平区安全监管局加强废弃矿洞安全监管工作。昌平区已封堵的废弃矿洞均为金、钼等稀有金属矿，为防止人为破坏和盗取国家资源，昌平区安排24名专职人员对已封堵的485个废弃矿洞进行看护。区安全监管局定期检查延寿、南口两镇矿洞封堵情况，查看废弃矿洞的看护及封堵情况。并签订矿洞封堵看护协议，落实属地监管职责，杜绝因非法开采发生安全事故。

（樊朝花）

隐患排查治理

【区政府专题会】 1月20日，昌平区政府召开专题会，讨论并通过《昌平区关于推进安全生产隐患排查治理体系建设的意见》《昌平区关于进一步完善和加强区政府工作部门安全监管（管理）职责的通知》，建立完善25个部门共52项安全监管（管理）职责，解决实际工作中存在的监管空白或职责交叉问题。区长张燕友要求：各部门、各镇街要协调联动，严格落实5个运行机制（排查发现机制、整改治理机制、监控防范机制、验收审查机制、惩处问责机制），完善信息化工作平台，落实治理资金投入，提高社会化参与程度，在未来3年至5年建立起符合昌平区安全生产工作实际的隐患排查治理体系，强化安全监管。

（樊朝花）

【油气管道专项整治会议】 8月19日，昌平区区长张燕友主持召开会议，专题研究“油气输送管道专项整治”及“危险化学品专项监管”工作。会议要求各部门、各单位树立“安全生产责任重于泰山，人民生命财产至高无上”的理念，落实“党政同责、一岗双责”安全生产责任，按时完成油气管道重大隐患整治任务，严厉打击非法违法生产、经营、储存易燃易爆危险化学品行为。

（樊朝花）

【全国“两会”期间隐患排查】 两会期间，昌平区安全监管局制定工作方案，成立安全保障工作领导小组，以非煤矿山、危险化学品、烟花爆竹、重大危险源、职业危害、有限空间生产经营单位和重点拆迁地区、流动人员聚居地为监管重点，检查各单位安全生产责任制落实、重点设备设施安全运行、应急预案编制演练及应急物资储备、特种作业人员管理、从业人员安全生产教育培训、危险化学品安全管理、安全用电、作业场所及从业人员安全防护、会议期间领导备勤及重点岗位值守等情况。共检查生产经营单位1143家次，查处安全隐患1259项，下达《责令限期整改指令书》54份、《现场检查记录》895份。

（樊朝花）

【实验室安全隐患专项整治】 12月29日，昌平区副区长主持召开实验室安全隐患专项整治部署会。会议要求各单位认真吸取12月18日清华大学实验室爆炸事故教训，提高认识，建立隐患台账。各实验室权属单位要积极开展隐患自查、重大事故应急预案制定、应急演练等相关工作，提升昌平区各类实验室安全管理水平。会后，区领导带领区公安、消防、安全监管、教育、卫生等部门负责人，对北京航空航天大学、北京邮电大学、海特光电有限责任公司、北京海科华昌新材料技术有限公司的4家实验室进行安全检查。

（樊朝花）

【餐饮企业液化石油气专项整治】 12月，昌平区安委会以镇街为单位，对使用液化石油气的餐饮类企业（含：无营业执照）用气用火安全开展专项整治。整治行动分为动员部署、摸排建档督促整改、深化巩固3个阶段。通过完善工作台账、摸清单位底数、建立重点监管单位名单、建立违法单位信息库和隐患挂账督办等步骤，严格落实停产整顿、关闭取缔、上限处罚和严厉追责等执法措施，整治、消除一批用火用电安全隐患。

（樊朝花）

应急救援

【应急物资库检查】 1月28日，市安全监管局对昌平区危险化学品应急物资进行检查。检查组现场查看并核对应急物资储备库物资，要求进一步健全应急物资日常管理、维护制度和出入库管理制度，实行专人管理，24小时值班，确保应急物资储存安全、可靠、有效，随时应对危险化学品事故应急救援抢险工作。

（樊朝花）

【区政府专题会议】 6月5日，昌平区政府召开专题会议，审议通过《昌平区生产安全事故应急预案管理实施细则》《昌平区生产安全事故应急预案备案程序》和《昌平区生产安全事故调查处理工作程序》。区长张燕友指出：各相关单位要高度重视应急管理及事故调查处理工作，按职责分工狠抓落实，并做好应急预案的宣传、培训、演练等各项工作，加大督查检查力度，确保取得实效。

（樊朝花）

【“一对一”应急演练】 6月12日，昌平区安全监管局开展与重大危险源企业“一对一”生产安全事故应急演练活动。演练在中石化沙河油库演练区和环六环输油管道小汤山阀室两个现场同时举行。昌平区区长张燕友、副区长苏贵光，以及各委办局、各镇街主要领导、分管领导及区重点企业主要负责人观摩演练。市安全监管局副局长李东洲出席此次演练活动。应急演练模拟沙河油库汽油泄漏和小汤山阀室汽油泄漏起火事故的应急救援处置，演练获得圆满成功。张燕友指出：通过演练，检验各职能部门快速反应、协调配合、控制事态的应急能力，各参演单位、观摩单位要通过专家点评，从演练中思考总结，查找不足，完善应急反应机制，为提升全区突发事件应急处置能力打下基础。

（樊朝花）

【应急管理示范企业试点】 6月18日，昌平区安全监管局召开应急管理示范企业工作部署会，全区危险化学品、非煤矿山企业负责人参加会议。会议通报《昌平区安全生产应急管理示范企业试点工作方案》《企业安全生产应急管理工作标准（试行）》以及应急预案备案注意事项。会议要求各企业认识应急管理工作的重要意义，落实有关法律法规和标准，在规定时限内完成试点创建工作。建立企业安全生产应急管理责任体系，增强突发生产安全事故应急处置能力，提升企业安全生产应急管理水平。

（樊朝花）

执法监察

【批零市场专项整治】 1月29日至2月18日，昌平区安委会办公室组织安全监管、公安、工商等部门，成立专项整治工作领导小组，制发《昌平区批零市场安全专项整治行动工作方案》，对全区批发市场、建材市场、农贸市场进行全覆盖执法检查。专项行动分摸排部署、集中整治和深化巩固3个阶段。通过落实停产整顿、关闭取缔、上限处罚和严厉追责的执法措施，以及利用责令停止施工、停止使用、停产停业、临时查封、强制执行、罚款、拘留等执法手段，形成对违法违规行为的高压态势，收到明显成效。

（樊朝花）

【全国“两会”安全保障】 2月至3月，昌平区安全监管局通过联合检查、专项检查等行动对全国“两会”会议驻地及周边安全生产隐患进行排查。消除安全生产隐患112项，并对会议场所临建搭设与驻地配电室、会场、后厨、住宿区等进行安全检查。“两会”期间，执法人员每天分两组，一组做好会议驻地场地、临建设施等巡查，并驻会实施应急保障，一组进行周边外围保障，开展宏福工业园区、人员密集场所及危险化学品单位安全检查。会后，对大会现场临时建筑拆除等工作进行跟踪监管，加强作业人员和设备设施安全防护管理。

（樊朝花）

【联合执法检查】 3月11日，昌平区安全监管局联合区公安、消防、食品药品、工商、城管等部门，在属地政府的配合下，对回龙观北四村流动人口聚集区进行突击执法检查。100余名执法人员分3组，通过封锁现场、控制人员、带离询问、查扣违法物品等措施，捣毁非法制售桶装饮用矿泉水、贩卖汽柴油、非法储存液化气窝点3处，查处制售假冒伪劣桶装水、非法储存液化气嫌疑人各2人，查处吸毒人员和黄色预警信息上访人员各1人，收缴自制假冒注册商标桶装饮用矿泉水300余桶、假冒注册商标3万余份、汽柴油6桶、餐饮行业用液化气25罐。

（樊朝花）

【“农业嘉年华”安全保障】 3月11日，昌平区副区长苏贵光带领区安全监管局、经济信息化委、质监局等部门负责人，对第三届北京农业嘉年华场馆临建设施搭建安全、临时用电安全管理及应急通信保障等工作开展情况进行安全检查。苏贵光要求：各单位要严格按照各自工作职责做好安全保障，及时对隐患整改情况进行跟踪检查。要严格落实应急值守，安排专人专岗进行日常巡查，并针对活动期间可能出现的突发状况制定应急保障工作方案。要加强沟通交流，定期召开情况通报分析研讨会，及时妥善处置工作中遇到的问题，确保安全稳定。

（樊朝花）

【清明节安全保障】 清明节期间，昌平区安全监管局领导带队对北京“农业嘉年华”各活动场馆和周边生产经营单位进行检查。检查生产经营单位15家，查处安全隐患10项，下达执法文书15份。执法人员责令各相关单位对存在的隐患立即整改，不能立即整改的限期整改，完善各项安全管理制度、加强现场安全管理和职工安全教育培训，及时对可燃物进行清理，发现隐患及时消除。

（樊朝花）

【“双打”专项执法行动】 6月，昌平区安委会组织相关部门开展电气安全暨特种作业、特种设备作业“双打”专项执法行动，出动检查人员1800余人次，检查生产经营单位2400余家次，核查特种作业、特种设备作业人员3800余人次，消防拘留59人次。其中区安全监管局出动执法人员396人次，检查生产经营单位139家次，核查特种作业人员523人次。

（樊朝花）

【安全生产大检查】 8月至12月，昌平区安全监管局在全区范围内开展安全生产大检查活动。吸取8月12日天津发生重特大危险化学品爆炸事故教训，加大危险化学品企业安全生产检查力度。以日汇总、周报告、月督查通报的方式，强化大检查活动的实效性。开展安全生产大检查52次，检查生产经营单位30061家，查处安全隐患37496项，下达检查文书24754份，下达责令改正通知书8856份，下达执法文书2650份，立案查处58起，罚款73.334万元。

（樊朝花）

【建设项目专项检查】 7月14日至16日，昌平区安全监管局、住房城乡建设委成立检查组，对北七家镇6家建设施工项目进行安全检查。重点检查各单位安全生产教育培训、劳动防护用品发放、较大危险场所设备设施管理、作业面防护、特种作业人员持证上岗及项目经理在岗履职等情况。检查发现特种作业人员管理不到位等安全隐患11项，检查组对3家单位进行立案处理，及时消除安全隐患。

（樊朝花）

【人员密集场所执法检查】 9月2日，昌平区副区长苏贵光带领区安全监管、消防、文化、旅游等职能部门，对北京东方绿洲酒店有限公司等人员密集场所进行安全检查。重点检查消防设施、疏散通道、电气设施、安全培训等情况。检查发现，个别单位消防器材及员工的应急救援能力存在不同程度的问题，对此相关职能部门责令责任单位立即整改。苏贵光要求：各单位要强化安全生产主体责任意识，全力抓好安全生产工作，将各项安全措施严格落实到位，确保不发生安全生产事故。

（樊朝花）

【抗战胜利纪念活动执法检查】 9月2日至4日，昌平区安全监管局加强中国人民抗日战争暨世界反法西斯战争胜利70周年纪念活动期间执法检查工作。出动执法人员102人次，车辆34台次，实地巡查生产经营单位273家次（其中：危险化学品企业157家次，重大危险源企业6家次，粉尘企业25家次，其他行业生产经营单位85家次）。充分发挥专职安全生产检查员作用，对全区加油加气站、烟花爆竹长期零售点、油库等重点单位进行24小时盯守。纪念活动期间，全区安全生产形势稳定。

（樊朝花）

【打击非法违法生产经营行为】 本年，昌平区安全监管局加强对城乡结合部、流动人口聚集区、“七黑五小”场所等无证照经营、特种作业人员无资质上岗和住宅内生产经营等非法违法行为的执法检查。出动执法人员480人次，检查无证照各类生产经营单位304家，消除挂账安全隐患2493项，清理住宅内非法生产经营单位263家，查扣非法违法气瓶气罐近千个。

（樊朝花）

职业卫生监督检查

【全国“两会”职业卫生安全监管】 全国“两会”期间，昌平区安全监管局通过短信平台向各镇街、行业部门和各相关单位发送信息，提示有限空间和职业卫生作业安全。开展有限空间施工作业登记，摸清底数，从源头上规范施工队伍作业行为，对施工工程实施动态监管。加大对会场及八达岭高速周边有限空间施工现场巡查力度，严厉打击有限空间违章作业行为；对会场周边各镇街职业危害重点企业进行抽查，检查企业贯彻执行《中华人民共和国职业病防治法》情况和职业卫生基础建设达标情况。

（樊朝花）

【市安全监管局职业卫生调研】 4月29日，市安全监管局副局长阎军带队对昌平区职业卫生工作进行调研。调研组分别听取昌平区安全监管局关于全区职业卫生及有限空间安全监管情况和北京航科发动机控制系统科技有限公司关于职业卫生管理情况的工作汇报，对作业场所进行实地检查，与企业就职业卫生管理工作进行现场交流。

（樊朝花）

【有限空间大比武选拔赛】 5月12日，昌平区安全监管局、总工会联合举办北京市第二届有限空间作业大比武昌平区选拔赛。北京永安热力有限公司等5支代表队25名技能骨干参加竞赛。各支队伍通过“井下取物”，展示有限空间作业各项从业技能。经过比赛，北京市京电博源供用电工程安装有限公司代表队获得第一名，北京永安热力有限公司和昌平区水务局分列二、三名，这3支代表队将代表昌平区参加北京市第二届有限空间作业大比武。市区有关部门和单位负责人，以及80余名一线从业人员现场观摩比赛。

（樊朝花）

【有限空间夜查】 9月18日、21日，昌平区安全监管局开展有限空间作业暗查行动。执法人员发现2起有限空间下井违规作业，责令施工单位立即停止作业，并约谈单位负责人，进行有限空间作业安全培训，发放《地下有限空间作业安全技术规范》《有限空间安全作业常识》等宣传材料，增强施工队伍有限空间作业安全意识。

（樊朝花）

【有限空间安全监管】 本年，昌平区安全监管局加强辖区内有限空间施工作业安全巡查工作，将施工违章行为记入档案，对违章作业单位及上级主管部门负责人进行警示约谈，对违章超过2次的在行业内通报批评。将有关事故信息通过短信平台发送至各行业管理部门、施工队伍，要求各单位吸取事故教训，杜绝违章作业、盲目施救。

（樊朝花）

【职业病危害现状评价】 本年，昌平区安全监管局对全区存在职业危害和新发职业病的企业进行摸底调查，建立动态工作台账。召开职业病危害现状评价专项部署会，要求企业自主选择具有资质的技术服务机构，开展职业病危害现状评价工作，形成职业病危害现状评价报告。针对现状评价报告提出的整改意见和建议，加强技术改造，改进工艺设备，提升职业危害防治水平。全年审核364家职业病危害企业，64家企业完成现状评价。

（樊朝花）

【职业病防治宣传】 本年，昌平区安全监管局针对国家安全监管总局颁布的《用人单位职业病危害防治八条规定》向企业进行宣传，重点解读《规定》针对问题、主要依据和法律责任。编制宣传折页1万余册，通过在行政服务中心办事大厅宣传栏自行领取、宣传咨询日免费发放和送知识进企业等方式进行宣传。

（樊朝花）

宣传培训

【百名专家服务万家企业活动】 3月18

日，昌平区安全监管局召开“百名安全生产专家服务万家企业”活动部署会。会议明确安全生产专家服务对象、服务方式、服务内容、工作任务和工作职责。会议要求各镇街提前做好被服务企业的统筹安排，发挥专职安全员作用，与专家及时进行工作对接，协助开展服务活动，帮助企业查找安全隐患，制定整改措施，落实安全生产主体责任。并向企业发放《安全用电常识》《安全用气常识》及新修订的《中华人民共和国安全生产法》读本。

（樊朝花）

【专职安全检查员培训】 3月31日，昌平区安全监管局组织专家对全区9个镇街、园区的28名在编初任安全生产专职检查员进行岗前培训。课程结合全国和本市安全生产形势、安全生产监管情况，对新修订的《中华人民共和国安全生产法》《中华人民共和国职业病防治法》《北京市安全生产条例》《国务院关于进一步加强企业安全生产工作的通知》《北京市乡镇、街道安全生产检查员暂行管理办法》等内容进行讲解。

（樊朝花）

【重点企业上门指导】 4月1日，昌平区安全监管局局领导带队，对流村镇重点企业安全生产工作进行上门指导。听取企业负责人对本单位工艺流程的简要介绍，重点查看企业安全生产重点部位、危险环节等情况，指出从业人员、机构设置、生产经营等环节安全管理中存在的问题，要求企业落实安全生产主体责任，强化从业人员安全生产教育和危险化学品储存库等重点部位、危险环节的安全管理，认真学习新修订的《中华人民共和国安全生产法》。加强行业生产经营单位的学习、交流，互相提高，抓紧抓实抓好本企业安全生产工作。

（樊朝花）

【企业对话谈心活动】 4月16日，昌平区安全监管局与延寿镇域内北京双飞塑料制品厂、天漠塑料制品厂、钢压延有限公司、宇亚麦饭石矿泉水厂、桃花岛农家乐5家企业主要负责人进行对话谈心，听取5家企业主要负责人对本单位基本情况的介绍，了解分析企业在安全生产方面存在的问题，提出整改意见，并向企业负责人赠送新修订的《中华人民共和国安全生产法》《安全知识手册》等宣传资料。6月25日，昌平区安全监管局与北京富雷实业有限公司等8家企业主要负责人进行对话谈心，播放《以生命的名义》安全生产专题片，解读新修订的《中华人民共和国安全生产法》，交流企业落实主体责任及安全生产工作经验和做法，向企业赠送新修订的《中华人民共和国安全生产法》《安全知识手册》等宣传资料。

（樊朝花）

【职业病防治法宣传周】 4月30日，昌平区安全监管局、总工会、卫生计生委、人力社保局在金隅万科广场开展以“依法防治职业病，切实关爱劳动者”为主题的职业病防治宣传周活动。向群众现场讲解《中华人民共和国职业病防治法》等法律法规和配套规章标准、用人单位职业病防治法定责任和作业场所职业卫生监管、劳动者依法享有职业卫生保护权利、防治常见职业病科普知识等重点内容。发放《职业病防治知识100问》《用人单位职业病危害防治八条规定》等宣传资料2000余份。

（樊朝花）

【安全生产法专题讲座】 5月15日，昌平区安委会办公室在区广电大厦一层报告厅举办新修订的《中华人民共和国安全生产法》专题讲座。区安委会各成员单位、各镇街、北企公司等450人参加讲座。讲座邀请市安全监管局专家从新修订的《中华人民共和国安全生产法》提出的一系列安全生产工作新理念，强化生产经营单位主体责任，强化政府监管和社会监督措施，加重对责任单位和责任人的责任追究，完善安全生产管理制度等方面进行重点解析。

（樊朝花）

【安全生产信息员专题培训】 5月22日，昌平区安全监管局组织安全生产信息专题培训。邀请有关专家，以日常报送安全生产工作信息为例，通过修改、对比、点评，阐明如何写好安全生产工作信息及专题调研信息。全区各行业主管部门、各镇街安全生产信息员和区安全监管局全体人员150余人参加培训。

（樊朝花）

【行政诉讼法学习】 6月1日，昌平区安全监管局召开科级以上干部会议，学习传达昌平区领导干部行政应诉培训会议精神和《立案登记制改革对全区行政执法工作的影响》。并在安全之友QQ群上传新修订的《行政诉讼法》具体内容，要求执法人员进行自学。7月24日，邀请昌平区人民法院行政审判庭庭长安晓华，从新修订的《行政诉讼法》修改背景、行政诉讼状况及修改的具体条文，结合安全监管系统行政诉讼案件情况等案例进行分析和讲解。

（樊朝花）

【宣传咨询日】 6月16日，市安全监管局、昌平区政府举办2015年北京市安全生产宣传咨询日活动。副市长张延昆、市安全监管局局长张树森、区委书记侯君舒、区长张燕友参观昌平安全生产月宣传咨询日活动主会场—永安公园活动现场，查看用电、建筑、“安责险”、燃气、道路交通、消防等安全生产知识宣传展板、相关中小学生作文及安全生产法制、职业卫生、“12350”举报投诉等咨询台，听取安全生产法制咨询台工作人员关于北京市宣传贯彻新修订的《中华人民共和国安全生产法》的情况介绍，并与昌平区委、区政府、昌平区重点行业管理部门及属地政府主要领导进行座谈。市安全监管局局长张树森通报全市安全生产情况，昌平区区长张燕友汇报昌平区安全生产工作及专职安全员队伍建设情况，丰台区卢沟桥乡、北京建工集团、新国线运输集团有限公司分别汇报开展安全生产工作的情况。副市长张延昆结合习近平总书记关于安全生产方面的重要讲话精神及北京市的发展战略，重点强调：一是深刻吸取事故教训，采取更加有效措施，将安全发展理念、安全“红线”意识深深根植于每个人心中；二是结合北京安全发展战略实施纲要，推进安全生产社会化、危险化学品集中管理体系、隐患排查治理、安全生产标准化、“安责险”等方面的建设；三是紧紧抓住“党政同责、一岗双责、齐抓共管”这个核心，坚持“管行业必须管安全、管业务必须管安全、管生产必须管安全”，实现“四级五覆盖”和企业“五落实五到位”，建立全方位、立体式的安全责任体系；四是紧紧围绕危险化学品、矿山等重点领域，加强汛期安全生产工作，围绕人员密集场所及易燃易爆场所等火灾事故易发的重点部位，做好隐患排查治理；五是强化约谈曝光制度，探索建立安全生产奖励机制，严查建筑施工行业承包合同，严惩非法发包转包行为，加大责任事故的追究力度，推动企业落实主体责任。

（樊朝花）

【专职安全员业务培训】 12月10日至11日，昌平区安全监管局组织各镇街专职安全员开展业务培训。培训重点围绕危险化学品、有限空间、职业卫生安全监管与检查，并组织全体专职安全员进行业务理论测试，测试结果优良率达到92%。通过集中业务培训，有效提升专职安全员整体安全监管水平。

（樊朝花）

【安全社区创建】 12月22日至23日，昌平区安全监管局邀请全国安全社区工作委员会技术指导分会副主任赵林祥、北京市安全文化促进会张晓曼对流村镇、延寿镇的安全社区创建工作进行现场指导，对居家养老、公共场所、生产、生活、学校、幼儿园、医疗、社会治安、交通、消防等促进项目的意外伤害和风险辨识进行分析。通过专家现场指导点评，提升安全社区创建的理念，明确工作重点和目标。

（樊朝花）

【培训教育及考核】 本年，昌平区安全监管局制定2015年安全生产培训计划，对各属地、重点行业培训任务进行分解。充分发挥行业、属地的组织和管理作用，监督、指导行业、属地加大对生产经营单位主要负责人和安全生产管理人员的安全生产培训力度。开展安全生产培训218期，培训企业主要负责人和安全生产管理人员11769人，初任安全生产检查员28名。

（樊朝花）

【“北京安监精神”宣传学习活动】 本年，昌平区安全监管局分别组织执法人员、专职安全员，通过自学、讲座、讨论等形式开展“北京安监精神”宣传学习活动，规范执法检查行为。向21个镇街和科技园区、沙河高教园、未来科技城发放“北京安监精神”系列主题宣传海报和宣传提纲50余套。在全体专职安全员中征集以“北京安监精神”为主题的征文稿件51篇，面向全区开展“弘扬正能量、唱响主旋律——北京安监精神赞”摄影作品征集活动。开展非煤矿山、危险化学品、职业危害及涉粉尘企业等执法检查，对重大安全隐患实行挂账盯改制度。通过组织观看《任性的区长》等警示教育片、发送廉政预警信息、蹲点走访企业等形式开展廉政监察，坚持清正廉洁的道德操守。

（樊朝花）

标准化建设

【小微企业标准化评审员培训】 6月8日，昌平区安全监管局聘请专家对全区各镇街小微企业安全生产标准化评审员开展培训。专家对小微企业达标标准进行讲解和答疑。要求评审员认真学习，学以致用，做好小微企业标准化达标创建工作，解决企业安全生产工作中的实际问题。

（樊朝花）

【中型以上工贸企业标准化培训】 6月9日，昌平区安全监管局召开全区中型以上工贸行业企业安全生产标准化创建工作培训会，全区近140家工贸行业企业安全生产管理人员参加培训。会议讲解安全生产标准化创建工作流程和评审工作实施细则，引导企业将标准化作为推动企业自我完善、持续改进安全生产工作的重要抓手。有关专家对工贸行业企业安全生产标准化达标具体内容和评审要求、评审要点进行解读。

（樊朝花）

【危险化学品企业标准化复评】 6月18日，昌平区安全监管局组织全区93家危险化学品生产经营单位主要负责人召开会议，专题部署危险化学品安全生产标准化复评工作。会议印发复评工作方案，明确危险化学品标准化二级达标和三级达标企业名单和企业涉及“两重点、一重大”的具体内容。通过企业自评、整改、申请、复评工作流程，严格时限，确保年底前完成复评达标各项工作。逾期未达标，要停产停业整顿，待通过评审并经属地安全监管部门验收后，方可继续生产或经营。凡是达到二级标准化的企业，在行政许可延期过程中可不再进行现场审查，材料审查通过后直接换发安全生产许可证。

（樊朝花）

【企业标准化达标创建】 本年，昌平区安全监管局根据《昌平区2015年安全生产标准化创建工作方案》，组织各镇街开展小微企业安全生产标准化培训和评审工作，并将工作开展情况纳入全区安全生产综合考核之中。召开安全生产标准化培训会37次，培训企业4020家次，累计培训企业人员7000余人次。通过评审，三级标准化达标企业101家，小微企业标准化达标企业3237家，完成市安委会下达的100家三级企业、1100家小微企业的安全生产标准化达标任务。

（樊朝花）

平　谷　区

概　　述

2015年，平谷区安全生产工作在区委、区政府正确领导下，在全区各地区、各部门、各单位的共同努力下，围绕“四化三体系双基”总任务，稳步推进安全生产各项工作。加大安全生产执法检查力度，采取日常检查和专项整治相结合的方式，重点围绕交通运输、建筑施工、烟花爆竹、危险化学品、燃气管道、大型游乐设施、燃气使用等开展26项重点执法检查活动，检查各类生产经营单位5361家次，查处安全隐患7426项，为重大节日、全国“两会”、中国人民抗日战争暨世界反法西斯战争胜利70周年纪念活动和2015年北京国际田联世界田径锦标赛等重大活动提供安全生产保障。加强安全生产队伍建设，按照市政府相关文件要求，招录安全生产专职安全员100名，分配到全区各个乡镇街道开展安全生产检查工作，取得显著效果。加强安全生产宣传教育工作，以新修订的《中华人民共和国安全生产法》宣传贯彻工作为抓手，将安全生产月活动贯穿全年，不断提高企业负责人和职工群众的守法意识。开展“百名安监干部和万家企业主要负责人谈心”和“百名安全生产专家服务万家企业”活动，面对面帮助企业解决安全生产管理难点。在302个村、居委会设立咨询宣传站点，举办乡镇街道安全生产专项培训25期、培训1358人，利用智能广播、村活动站、文化演出团体平台开展安全生产宣传。全区安全生产形势保持平稳有序的良好态势。

综合监管

【控制指标】 本年，平谷区发生安全生产事故死亡27人，占市安委会下达年度安全生产控制指标的90%。其中：道路交通事故死亡25人，同比持平；生产安全事故死亡1人，同比持平；火灾事故死亡1人，同比持平。未发生铁路交通死亡事故。安全生产形势总体平稳。

（杜春光）

【副区长春节前安全检查】 2月11日至13日，平谷区副区长李宝峰、屈志奇、徐素芝带领区安全监管局、市政市容委、商务委、旅游委、文化委、交通局、质监局、公安消防支队等部门和相关属地政府负责人，采取“四不两直”方式对交通、餐饮、燃气企业和批零市场、旅游景区、文化娱乐等人员密集场所进行安全生产检查。重点检查安全管理和应急值守制度、检查记录、疏散通道、安全指示标识、消防安全设施和中控室、配电室等重点部位。区领导认真询问各单位安全生产情况，现场检查安全状况，并提出工作要求。

（马鹏程）

【区长带队检查春节安全】 2月15日，平谷区区长姜帆、副区长周泽光带领区安全监管局、商务委、工商分局、公安分局等部门及相关属地政府负责人，采取“四不两直”方式，对平谷区东寺渠农副产品批发市场、青杨屯烟花爆竹储存仓库、奥特莱斯购物广场等人员密集场所和危险化学品储存单位安全生产工作进行检查。重点检查各单位安全生产管理、事故应急救援预案、春节期间领导带班值守等情况。姜帆指出：各职能部门要切实履行安全生产监管职责，加大安全监管力度，做好春节期间烟花爆竹安全管理工作。各企业单位要落实各项安全生产管理制度，针对薄弱环节，全面开展隐患自查自改工作。要加强安全管理和应急值守，强化节假日领导带班制度，提高应急处置能力，有效遏制安全生产事故的发生，确保人民群众度过一个平安、祥和的春节。

（马鹏程）

【住宅内非法违法生产经营整治】 3月3日，平谷区副区长周泽光主持召开会议，对清理住宅内非法违法生产经营活动专项行动进行部署。一是要求各乡镇街道、各有关部门履行属地管理和行业监管责任，对居民住宅内的非法违法生产经营活动进行集中整治，消除事故隐患；二是制定实施方案，按照时间节点保质保量完成工作任务，切实保障人民群众生命财产安全；三是保持对非法违法行为的高压态势，发现一处，清理取缔一处，加大惩治力度，严防死灰复燃；四是加强部门之间的联络沟通和协调配合，建立信息共享和联合查处机制，形成齐抓共管的工作合力；五是利用各种新闻媒体，及时报道此次行动的进展情况，大力营造安全生产氛围。

（马鹏程）

【打非治违联合执法行动】 5月29日，平谷区安全监管局联合区工商分局、公安消防支队、城市管理局和滨河街道办事处对辖区住宅内从事非法违法生产经营活动开展联合执法行动。检查组重点检查利用民宅从事非法违法生产、经营、储存液化石油气、汽油、油漆等危险物品的行为。针对检查过程中发现的疏散通道不畅通、带有“易燃易爆”标识的危险物品未进行专库储存、临时用电线路未穿管保护等问题，有关部门当场下达限期整改指令书，责令立即清理。此次行动出动执法人员727人次，排查、核实住宅内非法违法生产经营活动294家，取缔住宅内非法违法生产经营活动1家。

（王建雄）

【区长带队安全检查】 8月20日，平谷区区长姜帆带领区安全监管局、质监局、公安消防支队等部门对危险化学品企业和加油站进行安全生产检查。在检查过程中，姜帆要求有关部门和企业严格落实隐患整改工作。对隐患严重且不能按期整改的企业，要予以处罚并责令停业整改。要引导企业合法依规经营，不断改善安全生产条件，为全区安全生产形势持续稳定好转打下基础。

（杜春光）

【副区长带队安全检查】 8月20日，平谷区副区长姚忠阳、屈志奇、徐素芝分别带队对商市场、饭店、液化气充装站、汽车加气站、网吧、电子游戏厅等人员密集场所进行安全检查，重点检查配电室、中控室、消防设备设施、易燃易爆场所、应急疏散措施、重点部位安全距离等安全管理情况，对发现的隐患问题责令企业整改，落实整改措施、责任、资金、时限和应急预案。

（杜春光）

【市安委会督查】 11月24日，市安委会督查组采取听取汇报、查阅资料和实地检查的方式，对平谷区安全生产工作进行督查。本年，平谷区共组织开展危险化学品、消防、交通运输、建筑施工和“打非治违”等18项专项整治行动，出动执法人员5136人次，检查各类生产经营单位6815家次，查出各类安全隐患9765项，完成整改9571项，整改率98%。整治非法违法生产经营行为2872起。市安委会督查组对平谷区安全生产大检查和“六打六治”打非治违专项行动取得的成效给予肯定。

（王建雄）

危险化学品安全监管

【危险化学品安全生产部署】 1月29日，平谷区安委会办公室召开危险化学品企业2015年第一季度安全生产工作会，对危险化学品安全生产工作进行部署。一是各加油站按要求开展贯标改造工作，设计、施工、监理、评价单位资质要符合要求，涉及建设项目的要落实行政许可；二是开展危险化学品和易燃易爆场所安全生产大检查，对重大危险源企业进行排查；三是完善危险化学品企业安全台账，定期进行资料审查；四是加强安全培训考核，组织危险化学品安全管理人员进行闭卷考试；五是强化应急管理，组织重大危险源企业开展应急演练；六是严格开展烟花爆竹行政许可和销售安全监管，做好危险化学品企业可燃物清理工作。

（杜春光）

【危险化学品运输专项检查】 4月28日，平谷区安全监管局联合区交通局、公安交通支队，开展危险化学品运输行业专项执法检查。检查组重点对危险化学品运输单位的建档建制、安全防范责任制度、安全管理制度，储装周边安全性，作业人员安全培训等情况进行检查。针对检查发现的隐患问题，检查组依法下达整改通知书，责令企业限期整改。经复查，隐患问题全部整改完毕。

（杨柳）

【危险化学品使用单位调查摸底】 4月至5月，平谷区安全监管局对全区化工企业及危险化学品使用单位开展摸底工作。组织各乡镇街道、管委会和各相关单位，采取逐户上门走访的方式对所辖区域、行业的危险化学品使用单位和化工企业进行排查。经排查，全区有化工企业23家、危险化学品使用单位69家。危险化学品使用单位主要集中在兴谷、马坊、南独乐河等乡镇。通过调查摸底工作，建立完善化工企业管理台账，加强相关企业安全监管。

（杨柳）

【企业易燃易爆场所安全检查】 8月13日至14日，平谷区安全监管局联合区质监、市政、消防等部门采取联合执法和突击检查方式对全区重大危险源单位、危险化学品经营储存企业、化肥生产企业、白酒酿造企业和燃气供应单位、液氨使用单位进行全面排查。出动执法人员140余人次，检查重点企业64家。

（杜春光）

【加油站突击夜查】 8月31日，平谷区安全监管局对10座加油站和1处重大危险源企业进行夜间突击检查。重点检查企业应急值守、加油员安全操作、散装油销售、防恐防爆措施、劳动防护用品佩戴、自助加油看护和特种作业人员持证上岗等情况。查处各类安全隐患和问题11项，约谈3家企业负责人，对2家企业立案处理。

（杜春光）

烟花爆竹安全监管

【烟花爆竹执法检查】 2月12日至13日，平谷区安全监管局会同公安、工商等部门对全区7家烟花爆竹零售网点进行联合执法检查。重点检查各零售网点销售资质、进货量、存货量、消防器材配置、安全警示标识张贴、安全管理制度等情况。各零售网点检查达标后，给予经营许可证。区安全监管局对各零售网点进行不间断巡查，利用物联网技术实时监控，确保烟花爆竹销售期间安全。

（杜春光）

【烟花爆竹网点分布及销售】 本年，平谷区烟花爆竹零售网点集中分布在老小渔阳饭店南北两侧，山东庄镇和马坊镇各有一家零售网点，零售网点数量同比下降30%。烟花爆竹销售时间较往年缩短5天。

（杜春光）

【烟花爆竹物联网建设】 本年，平谷区安全监管局推进烟花爆竹零售网点物联网建设工作。对取得行政许可的烟花爆竹零售网点实施物联网管理，通过定位确定坐标，将地理坐标录入市安全监管局信息系统，便于民众查询。委托区信息中心和首都信息科技发展有限公司通过4G网络，完成全区烟花爆竹零售网点视频监控平台的运行调试和与市级平台的对接工作，将销售现场音视频信号传输给市安全监管局进行实时监控。委派专人对物联网系统进行管理，销售期间发现问题立即联络相关部门进行调试和维修，并落实销售现场看护工作。

（杜春光）

隐患排查治理

【“三合一”场所隐患治理】 2月5日，平谷区安全监管局和平谷镇政府对东寺渠农副产品批发市场“三合一”场所隐患整改落实情况进行核查。该批发市场有商户70户，部分商户一层为经营场所，二层为商户住宿生活区，为典型的“三合一”场所，存在事故隐患。在隐患整改中，共投资100万元，在一层加装防火逃生门，一、二层之间用防火墙隔离开，使经营区和生活区分开，并保障逃生窗口畅通。经核查，该项隐患整改完毕。

（马鹏程）

【涉氨非制冷企业专项整治】 3月至8月，平谷区安委会办公室开展涉氨非制冷企业安全生产专项整治工作。组织有关部门对企业主要负责人、安全管理人员、特种作业人员和涉氨从业人员进行安全培训；对企业构成重大危险源的液氨储存、装卸和使用装置进行监控，建立档案，强化隐患排查治理工作。

（杜春光）

【隐患自查自报部署会】 4月1日，平谷区安全监管局组织全区乡镇街道和行业主管部门召开2015年平谷区安全生产隐患自查自报工作部署会。会议部署2015年平谷区安全生产隐患自查自报工作，结合“平谷区安全生产监管信息平台”功能模块讲解隐患自查自报系统（企业版）使用方法，并发放《安全生产隐患自查自报系统使用说明》。安全生产隐患自查自报系统填报工作纳入全区安全生产综合考核项目。

（李佳鹏）

【人员密集场所隐患排查】 4月29日，平谷区安全监管局联合区商务委、公安消防支队等部门对全区多家商场超市等人员密集场所集中开展隐患排查。重点对场所的安全疏散通道及安全出口畅通，消防设施、消防器材维护保养，用火、用电、用气等安全管理制度落实，员工消防器材使用等情况进行检查。经查，各场所安全管理总体状况良好。针对发现的安全隐患和问题，执法人员责令相关单位整改，并下达限期整改指令书。经复查，隐患问题全部整改完毕。

（马鹏程）

【醇基液体燃料专项整治】 8月26日，平谷区安委会办公室在全区范围内开展餐饮场所醇基液体燃料安全使用专项整治工作。各乡镇街道、管委会通过上门走访、逐户调查的形式对辖区餐饮企业使用天然气、液化气和醇基燃料等情况进行摸排，完善基础台账。对使用醇基燃料的企业要求提供供货方相关资质和危险化学品“一书一签”，对不能提供相关资料的或供货方无经营资质的一律禁止使用。对使用醇基燃料餐饮企业存在严重隐患问题的予以处罚，责令限期整改；逾期未整改的，责令停业整顿。

（郭向东）

【粉尘防爆专项整治】 8月26日，平谷区安全监管局开展粉尘防爆专项整治工作。加强粮食加工、饲料加工、木材家具加工等存在粉尘危害企业隐患排查工作，重点落实积灰积尘清理、通风排风设施改造、防爆防静电设备设施改造等重点工作。针对个别企业存在未制定粉尘防爆安全检查表、未按要求进行粉尘防爆检查等问题，执法人员依法下达整改指令书，责令其限期整改，并监督核查整改情况。

（张洪志）

【隐患自查自报系统填报】 本年，平谷区安全监管局采取3项措施加强隐患自查自报系统填报工作。一是对各乡镇街道安全生产管理人员和专职安全员进行隐患自查自报系统培训，培训内容包括《北京市生产安全事故隐患排查治理规定》《隐患自查自报系统操作使用说明》和隐患填报要求等内容。二是明确专人管理，负责隐患自查自报系统上报工作，并将《生产经营单位隐患自查自报系统使用说明》印发至辖区企业。三是加强执法督查，定期督查乡镇街道、行业部门和辖区企业系统填报情况，作为年度安全生产考核重要内容。

（郭明智）

应急救援

【应急预案编制培训】 6月25日，平谷区安全监管局组织区有关部门和各乡镇街道、管委会安全生产管理人员，举办安全生产应急管理专题培训班。培训班聘请中国安全生产科学研究院专家解读《生产经营单位生产安全事故应急预案编制导则》（GB/T 29639—2013），对应急预案编制的作用、分类、程序、风险因素和能力评估等内容进行讲解。培训内容贴近工作实际，具有很强的实用性和借鉴性。

（高红伟）

【重大危险源企业预案演练】 6月30日，平谷区安全监管局会同区有关部门，在北京千喜鹤食品有限公司开展政府与重大危险源单位生产安全事故“一对一”应急预案实战演练。演练模拟北京千喜鹤食品有限公司制冷车间发生液氨泄漏，大量氨气涌出并在储罐间内汇聚，致一名工人受伤，公司迅速启动事故应急预案，拨打救援电话，组织对伤员施救，关闭各液氨储罐供气阀门，排查泄漏点。由于氨气泄漏后容易发生爆炸事故，公司负责人将情况上报区安全监管局和属地政府。区安全监管局接报后，立即启动重大危险源“一对一”生产安全事故应急预案，并报告区应急办，迅速开展救援。此次演练出动应急救援人员93人、救援车辆37辆，紧急疏散400人。演练取得良好效果。

（杜春光）

【应急管理示范企业试点】 本年，平谷区安全监管局采取4项措施在全区开展安全生产应急管理示范企业试点工作。一是示范企业全部开展与本单位风险评估、应急资源调查登记和应急能力评估结果相适应的应急预案制订和优化工作，并按规定完成备案，实现重点岗位、重点人员应急处置卡全覆盖。二是设立本单位安全生产应急管理机构，配备专职或兼职应急管理人员，建立健全安全生产应急管理制度。三是开展全员应急预案、应急知识、自救互救和避险逃生技能培训教育，并定期组织考核。四是开展针对检验应急预案、磨合机制、锻炼队伍、考核应急技能的本单位应急预案演练，应急演练组织方式、演练内容和程序符合标准要求。年内，确定30家应急管理示范企业试点，包括危险化学品经营单位24家、人员密集场所单位3家，粉尘企业3家。

（杨柳）

执法监察

【元旦期间专项执法检查】 1月1日至4日，平谷区安全监管局联合区商务委、旅游委等部门，对全区大型商场超市、农贸市场、旅游景区等人员密集场所开展专项执法检查。重点对各场所疏散通道、库房、消防中控室、安全设备运行情况进行检查，现场检查应急管理工作，询问企业员工应急救援和逃生避险等安全知识。出动执法人员33人次、车辆65台次，检查生产经营单位106家次，查处安全隐患95项。对不能立即整改的安全隐患，执法人员责令相关单位限期整改。经复查，隐患全部整改完毕。

（马鹏程）

【建筑工地专项检查】 2月2日，平谷区安全监管局、住房城乡建设委对辖区内建筑施工工地开展安全生产专项检查。此次检查主要针对各施工单位安全生产责任制、安全管理制度建立落实情况，施工人员安全生产教育培训情况，施工现场安全管理和安全防护、临时用电、消防设施配备及可燃物清理等情况。此次出动执法人员18人，检查建筑工地3家。执法人员要求各施工单位加强安全管理，落实防范措施，保证春节期间施工现场安全。

（马鹏程）

【全国“两会”安全保障】 2月23日至3月16日，平谷区安全监管局加强全国“两会”期间安全生产保障工作，会同相关部门对全区人员密集场所等重点领域开展隐患排查。一是强化部门联动，全方位排查安全管理、用电、消防等方面隐患；二是扩大隐患排查范围，加强电梯伤人、通道畅通、电路起火、人员挤踏、紧急救护和应急值守隐患排查治理工作；三是强化整改措施，明确整改方案、整改时限、整改责任人，及时消除安全隐患；四是坚持隐患未整改严惩原则，对疏于隐患整改和走过场的企业加大处罚力度。

（马鹏程）

【桃花音乐节开幕式安全保障】 4月3日，平谷区安全监管局对第十七届国际桃花音乐节开幕式临建设施进行安全检查。重点检查施工单位各项应急预案是否齐全、安全防护措施是否到位、临时用电是否安全等内容，对检查中发现的部分临建设施安全警示标识不齐全等问题，检查组当即责令施工单位进行整改，并监督落实。检查组要求相关单位明确安全责任，遵守安全操作规程，加强隐患排查治理工作。

（马鹏程）

【美食小吃文化节安全保障】 4月4日，平谷区安全监管局联合区旅游委、公安消防支队等部门对美食小吃文化节活动现场开展专项执法检查。执法人员重点检查各摊位液化石油气使用、临时用电安全及消防设备配置情况。对检查中发现的安全隐患，执法人员责令立即整改。

（马鹏程）

【赏石文化节安全保障】 4月15日至5月5日，北京平谷第五届赏石文化节在平谷奇石城举办，平谷区安全监管局采取3项措施确保活动期间安全稳定。一是对赏石文化节开幕式现场临建设施进行安全检查，确保临建设施安全牢固。二是对各商铺临时用电设施和观赏石防倾倒措施进行安全检查，抽查商铺22家，下达责令整改指令书16份，整改消除事故隐患31项。三是要求相关单位落实安全管理制度，完善应急预案，细化岗位职责，加强教育培训，做好本届赏石文化节活动安全生产保障工作。

（马鹏程）

【人员密集场所安全检查】 4月28日，平谷区安全监管局联合区商务委、公安消防支队、滨河街道办事处对辖区商场超市等多家人员密集场所开展安全生产检查。检查组重点检查各单位消防设施和灭火器材是否配齐配全并完整好用，疏散通道、安全出口是否畅通，是否落实用火、用电、用气消防安全措施，电梯是否定期检测；节假日是否落实值班制度，是否制定“五一”期间安全生产突发事件应急预案等内容。针对此次检查发现各类安全隐患，执法人员责令相关单位在节前全部整改到位。

（马鹏程）

【乐谷国际流行音乐季安全保障】 5月1日至3日，2015中国乐谷·北京国际流行音乐季活动在平谷区乐谷草地音乐公园举行。平谷区安全监管局加强对此项活动的安全检查工作。重点对活动现场周边1000米以内以及沿线500米以内生产经营单位进行安全检查，检查特种设备、临时用电、危险化学品使用和有限空间安全，确保活动期间不发生生产安全事故。二是对演出舞台等临建设施进行检查，检查施工方资质和现场施工人员劳动防护用品使用等情况，做好舞台区、观众区、餐饮区现场安全保障工作。

（马鹏程）

【丫髻山庙会安全保障】 5月17日至6月4日，中国丫髻山道教文化节暨北京平谷第二十六届丫髻山传统文化庙会活动在丫髻山景区举行。平谷区安全监管局全面做好丫髻山庙会举办期间安全生产保障工作。一是对活动现场临建设施、特种设备、临时用电和消防安全等方面进行安全检查，发现隐患立即督促整改。二是对太极广场至丫髻山顶等人员密集区域的警示标识（安全提示）、游客拥挤时疏散情况、防踩踏和防坠落措施等进行安全检查。三是对活动周边及沿线企业危险化学品安全管理、民俗接待户燃气安全使用和有限空间安全、职业卫生情况进行检查。执法人员对庙会活动现场开展不间断安全巡查，确保活动安全有序。

（马鹏程）

【人员密集场所用电安全检查】 6月4日，平谷区安全监管局联合区商务委、旅游委、公安消防支队等部门，对金紫银饭店、银河建材城、速8快捷酒店等5家企业电气安全使用情况进行检查。重点检查高压配电室、低压配电室、制冷设备间、各楼层配电柜等设备设施安全运行情况，对配电室门禁制度、安全巡查记录、交接班记录和特种作业人员持证上岗、管理档案落实情况进行抽查。对于检查中发现的安全巡查记录、管理档案不齐全等问题，执法人员责令相关单位立即整改。

（马鹏程）

【龙舟大赛安全保障】 6月13日至6月14日，2015年金海湖国际龙舟邀请赛在平谷区金海湖水上运动场举行。平谷区安全监管局根据比赛活动日程安排及时制定龙舟大赛安全保障方案，成立安全保障领导小组。活动前夕，区安全监管局联合相关部门对活动周边沿线生产经营单位进行安全检查，并在舞台搭建、龙舟大赛国内总决赛、国际总决赛期间进行全过程安全监管，确保此项活动安全、有序进行。

（马鹏程）

【航空博览会安全保障】 6月15日，平谷区安全监管局联合公安消防支队、马坊工业园区管委会对博览会活动会展中心开展执法检查。检查组重点对活动展台和帐篷等临建设施安全状况、临时用电安全、安全通道畅通情况、消防设施配备等情况进行检查。针对搭建现场存在的问题，检查组对相关单位下达责令改正指令书，责令其立即整改。

（马鹏程）

【端午节安全检查】 6月19日，平谷区安全监管局、商务委、公安消防支队、工商分局、卫生监督所等部门对辖区商场超市等人员密集场所集中开展安全检查。检查组重点检查各场所安全疏散通道及安全出口是否畅通、消防设施和消防器材是否进行维护保养、动火等安全管理制度是否落实、员工消防器材使用等情况进行检查。从检查总体情况看，各场所安全管理状况总体良好。针对发现的隐患问题，执法人员责令相关单位当场整改，要求各单位加强安全管理，落实检查制度，确保节日期间人员密集场所安全运营。

（马鹏程）

【印刷企业安全生产大检查】 6月，平谷区安全监管局联合公安消防支队、兴谷街道办事处对兴谷开发区印刷企业开展安全生产大检查。检查组重点检查印刷企业是否建立安全生产责任制及各项安全生产管理制度，消防设备设施、安全出口、疏散通道、应急照明是否符合安全要求，电线线路是否存在老化、裸露现象，厂区是否有消防水源等。执法人员在检查中发现部分印刷企业存在安全管理制度不健全、灭火器摆放位置不明显、消防通道被占用和纸张、油墨乱堆乱放等情况。针对企业存在的问题，执法人员依法下达整改通知书，责令限期整改。经复查，隐患问题全部整改完毕。

（马鹏程）

【金海湖铁人三项赛安全保障】 7月9日至10日，平谷区安全监管局联合区体育局、公安消防支队等部门先后2次对金海湖铁人三项赛比赛场地临建设施进行执法检查，重点检查临建设施设计、临时用电敷设、特种作业人员持证上岗、驻地场所消防通道、安全指示标识、消防设备设施等安全情况。比赛期间，安排专人对重点临建设施进行巡查，确保比赛活动安全、有序进行。

（马鹏程）

【电气安全暨特种作业“双打”行动】 8月12日，平谷区安全监管局联合区住房城乡建设委对建筑工地集中开展电气安全暨特种作业“双打”专项执法检查行动。检查组听取建筑工地主要负责人关于特种作业人员管理情况汇报，查阅特种作业管理制度、安全操作规程、人员档案、安全生产教育培训等记录，检查施工现场临时用电安全情况、特种作业人员持证上岗等情况。检查建筑工地6家，检查特种作业人员36人，下达限期整改指令书3份，整改安全隐患22项。从检查情况看，各单位基本建立特种作业管理制度、操作规程、人员档案，特种作业人员持证上岗情况良好。但也存在特种作业人员档案不健全、教育培训记录不完善、劳动防护用品配备不到位等问题。针对存在的问题，执法人员下达限期整改指令书，责令相关单位立即整改，并要求各单位采取有效措施，加强安全生产管理工作。

（马鹏程）

【工业企业安全检查】 8月13日，平谷区安全监管局联合兴谷街道办事处对辖区工业企业进行安全生产执法检查。检查组对各企业安全生产机构设置、安全管理人员配备、安全设施设备配备和维护、安全管理制度及安全操作规程建立和落实情况等进行检查，现场排查生产车间临时用电、机械伤害及职业卫生等各类安全隐患。出动执法人员16人次，检查工业企业8家，下达责令限期整改指令书6份，查处隐患问题36项。

（马鹏程）

【地下空间安全检查】 8月27日，平谷区安全监管局联合区民防、建设、工商、卫生、公安消防等部门及相关属地政府对用于社会公益用途的地下空间（人防工程）开展安全检查。重点检查各场所的值班制度、应急预案、消防设施器材、疏散通道及疏散标识、应急通道及应急照明、用电线路及用电安全等情况。共检查各类地下空间（人防工程）4家，针对检查中发现的部分场所存在配电室内堆放杂物、安全疏散通道疏散标识不清等隐患问题，检查组责令相关单位立即整改，并督促相关负责人履行安全生产主体责任，强化安全管理措施，加大安全巡查力度，消除各类安全隐患。

（马鹏程）

【理想音乐节安全保障】 10月1日至3日，2015优酷土豆理想音乐节在平谷渔阳滑雪场举行。平谷区安全监管局联合公安消防支队、东高村镇政府开展音乐节演出前临建设施安全检查工作。音乐节前，执法人员先后对承办方和施工方的资质证照进行查看，查阅消防电检报告、舞台安全评估报告和舞台织物阻燃报告，现场检查舞台框架结构、框架安全保护接地、抗风拉线及舞台配重等安全状况，对检查发现的隐患问题责令有关方整改落实，对现场负责人及施工人员进行安全生产教育。

（袁玉）

【王辛庄镇企业联合执法检查】 10月19日，平谷区安全监管局、公安消防支队会同王辛庄镇政府对王辛庄镇域内的企业开展联合执法检查。此次检查重点是企业安全生产管理制度落实情况、职业卫生开展情况。通过现场检查，发现部分企业存在机械设备无操作规程、员工未佩戴防尘口罩、现场照明线路未穿管和未使用防爆灯等安全隐患。针对隐患问题，执法人员责令企业立即整改，要求企业开展隐患自查自纠工作，发现隐患及时消除，做好安全生产工作。

（张术伶）

【快乐冰雪季安全保障】 12月25日，平谷区安全监管局联合区旅游委、体育局等部门和东高村镇政府，对北京渔阳国际滑雪场（北京市民快乐冰雪季举办现场）进行安全检查。检查组听取渔阳国际滑雪场负责人相关工作汇报，观看滑雪场救护队应急救援演练，现场检查滑雪场的客运索道、特种作业人员持证上岗、岗位责任制落实情况和事故应急预案制定情况。检查组要求滑雪场完善安全规章制度，落实安全责任制，严格执行操作规程，确保本届快乐冰雪季活动圆满举行。

（马鹏程）

【元旦前人员密集场所安全检查】 12月30日，平谷区安全监管局联合区商务委、公安消防支队对大型商场超市、宾馆饭店、体育运动场所等5家人员密集场所集中开展安全执法检查。检查组查阅各单位年度安全生产工作台账，包括日常检查及员工培训记录等。对各人员密集场所安全出入口、疏散通道、楼梯口及公共活动场所等部位疏散指示标识和应急广播、应急照明的使用情况，以及消防中控室值班、中控员持证上岗、设备运行情况等进行重点检查，并现场询问员工应急救援和逃生避险等安全知识。从检查情况看，大部分企业安全生产管理制度较为完善、消防灭火器材等基本完好。对此次检查发现的隐患问题，执法人员责令相关单位在节前全部整改到位。检查组要求各单位重视节日期间安全生产工作，落实安全管理工作，加强安全隐患排查，增强安全防范意识。

（马鹏程）

职业卫生监督检查

【职业卫生联合检查】 2月3日，平谷区安全监管局联合公安分局、公安消防支队和兴谷街道办事处对北京大林万达汽车部件有限公司、北京千喜鹤食品有限公司等5家生产经营单位进行联合检查。经检查，企业存在的问题主要是火灾自动报警器不能正常使用、个别灭火器失效、应急照明设备未使用、职业危害场所排风设施损坏、无职业危害告知栏、无职业危害警示标识、职工未佩戴劳动防护用品等。针对存在的问题，执法人员下达限期整改指令书。经复查，隐患问题全部整改完毕。

（王莉莉）

【职业病防治培训】 3月18日，平谷区安全监管局针对兴谷街道、金海湖镇一些企业电气焊、喷漆作业较多和涉及苯、焊尘等职业危害因素的实际情况，分别对这两个乡镇街道的50余家企业安全生产负责人、安全管理人员进行职业危害培训。培训主要采取邀请职业健康防护专家知识讲座、播放宣传片等形式，对《中华人民共和国职业病防治法》和如何预防苯中毒、尘肺及安全防护用品正确使用等方面做系统培训。会议要求企业负责人加强对员工的培训，达到有效预防职业病的目的。

（王莉莉）

【职业卫生宣传周】 4月27日，平谷区安全监管局会同区疾控中心、兴谷街道办事处等单位，组织辖区28家重点企业主要负责人和职业健康管理员开展职业卫生宣传周活动。区安全监管局通报近年来北京市和平谷区职业卫生管理现状，部署2015年职业卫生重点工作，要求各单位排查整改职业危害隐患，落实职业卫生主体责任，做好职业危害防治工作。区疾控中心对用人单位主要负责人和职业健康管理员进行《中华人民共和国职业病防治法》专题培训，并发放宣传材料。

（王莉莉）

【制造业职业卫生执法检查】 5月13日，平谷区安全监管局对北京一志车科技有限公司、北京同创汽车部件有限公司、北京金海鑫压力容器制造有限公司等汽车部件和机械制造企业职业卫生管理情况开展执法检查，重点检查各单位职业卫生管理制度建立情况、员工职业健康体检及职业病危害因素现场检测情况、作业现场职业病危害因素工程防护和人员防护落实情况等，对发现的隐患问题责令企业立即整改，并监督整改落实。区安全监管局要求各单位落实重点岗位职业安全防护措施，严格执行职业卫生管理责任制，落实职业病危害因素检测和员工职业健康体检，加强职业卫生现场管理和员工培训教育，营造职业安全氛围。

（王莉莉）

【职业病危害现状评价动员会】 5月29日，平谷区安全监管局召开职业病危害现状评价专项活动动员会，全区存在职业病危害用人单位主要负责人参加会议。会议对落实市安全监管局《关于开展职业病危害现状评价专项活动的通知》进行部署，要求企业按照通知要求和时间节点，开展职业病危害现状评价。通过开展评价工作使作业场所环境明显改善，职业危害防治意识显著提高，职业卫生管理制度进一步健全，职业危害防护设备设施进一步完善，劳动者健康权益得到切实保障。

（王莉莉）

【有限空间安全培训】 本年，平谷区安全监管局组织企业参加“有限空间作业大比武”活动，并组织企业施工队伍参加有限空间安全作业培训。培训内容主要有：了解有限空间作业知识、增强有限空间作业安全意识、提高有限空间作业安全技能、防范有限空间作业安全事故的措施，督促企业开展有限空间作业人员的安全和教育培训，加强应急管理，严格执行有限空间作业安全管理制度。

（张洪志）

宣传培训

【安全生产法培训】 3月3日，平谷区安全监管局组织《中华人民共和国安全生产法》培训班，对华通电气集团领导及安全管理人员进行培训。在培训中，通报北京市生产安全事故案例，分析全国和北京市安全生产形势，介绍安全生产管理理念、方式、方法，对新修订的《中华人民共和国安全生产法》进行解读。

（王振民）

【用电安全警示教育周】 6月1日至5日，平谷区安全监管局按照全市安全生产月活动的统一安排，开展全区用电安全警示教育周活动。联合区商务委、旅游委、文化委、体育局、公安消防支队等部门在全区多家大型商场超市、宾馆饭店、文化娱乐、体育健身及综合商业场所开展用电安全宣传教育和执法检查。重点检查安全管理制度及操作规程、电工等特种作业人员持证上岗、安全生产教育培训和现场电气设备设施安全管理情况。执法人员在检查过程中向企业从业人员宣传用电安全知识，用事故案例教育特种作业人员，加强企业用电安全管理，确保安全生产。

（马鹏程）

【“京安工程”执法系统培训会】 6月16日，平谷区安全监管局召开“京安工程”安全生产执法系统暨安全生产检查文书使用培训会，区重点行业监管部门及属地政府有关负责人和专职安全员120余人参加培训。会上，市安全监管局有关负责人讲解“京安工程”安全检查执法系统的具体填写方法和注意事项，对安全生产日常检查中使用的检查文书填写方式和内容进行培训，并现场对培训人员提出的问题予以解答。

（王建雄）

【年度安全生产大培训】 本年，平谷区安全监管局组织开展全区2015年安全生产大培训工作。按照分级管理、分类培训的原则，对全区乡镇街道、行业部门安全生产监管干部和专职安全员，以及工业企业、建筑企业、有限空间施工企业、人员密集场所、农家院负责人和安全管理人员开展安全生产大培训活动。安全大培训由专家授课，综合运用脱产集中培训、专题讲座、视频讲座、参观见学、自主学习等方式进行教学，重点讲解新修订的《中华人民共和国安全生产法》和隐患排查治理方法、企业安全管理和应急救援知识等内容，通报安全生产事故案例，并就企业安全生产管理人员如何做好安全生产工作进行重点解读。全年培训各类人员1000人次。

（张红梅）

标准化建设

【危险化学品企业标准化评审】 5月至12月，平谷区安全监管局开展危险化学品企业安全生产标准化复评工作。一是明确完成目标任务，凡涉及“两重点一重大”的危险化学品生产企业、储存危险化学品经营企业（除加油站以外），全部完成标准化二级达标创建任务。二是细化评审内容，包括企业自评报告的起草、上报、内部公示情况，以及自评过程中发现隐患的整改情况，安全管理制度、岗位安全责任制、操作规程的修订情况，档案和台账建立情况，有关资料记录和存档情况。三是明确复评组织形式，复评工作采取“自评—评审—审核—公告”的流程，不再设立咨询环节，企业要选择符合资质要求的评审机构进行评审工作。四是严格行政许可，凡是在规定期限内复评未达标的危险化学品生产、经营单位，由安全监管部门依法暂扣其安全生产许可证或危险化学品经营许可证；许可证到期的，不予换发；对经整改，翌年2月1日前仍未达标的，提请属地政府依法予以关闭。

（杨柳）

【小微企业岗位达标评审】 7月，平谷区安全监管局完成2015年度小微企业岗位达标评审，完成总体任务的116.9%。完成小微企业台账编号、资料上报和全覆盖复查，对各乡镇街道录入的小微企业信息进行核实，做到台账与网上数据的一致性、真实性和有效性。

（张术伶）

【标准化达标企业现场复评检查】 8月19日，平谷区安全监管局会同市安全生产联合会对本区二级标准化达标企业北京老才臣食品有限公司和北京千喜鹤食品有限公司进行标准化现场复评检查。复评组对企业基础资料管理和现场管理情况进行检查。针对检查中存在的问题，执法人员下达限期整改指令书，责令企业整改各项隐患问题，保证标准化体系正常运行。经复查，隐患问题全部整改完毕。

（张术伶）

【标准化评审工作会】 9月1日，平谷区安全监管局召开安全生产标准化评审单位工作会，7家评审单位主要负责人参加会议。会议通报标准化二级参评企业复核结果，列举复评中存在的突出问题，强调评审机构在评审中的职能作用，探讨评审中的疑难问题，部署安全生产标准化工作任务。会议要求：一是落实市安全监管局新修订的《安全生产标准评审标准》，指导企业开展安全生产标准化达标工作。二是注重细节，对企业制度、管理上存在的问题要及时纠正。三是要有针对性地指导企业落实隐患整改职责，尽快落实已签约企业的评审达标工作。四是做好技术支持与咨询工作，严把评审质量关，提高标准化服务质量。

（张术伶）

【标准化达标企业督查】 本年，平谷区安全监管局会同区旅游委、商务委等行业主管部门和平谷镇、王辛庄镇、峪口镇、兴谷街道、滨河街道等属地政府，对辖区安全生产标准化达标企业各项规章制度落实、安全生产档案建设、员工教育培训、隐患排查治理等进行督查。督查中发现，大部分企业能够有效运行安全生产标准化制度，落实企业安全生产职责，保障安全资金和人员投入，开展安全教育培训和隐患排查治理，加强应急管理工作。但也存在着一些企业安全档案更新不及时、应急预案及应急演练总结不到位、现场管理有所放松等问题。对发现的隐患问题，责令企业整改，并监督落实。此次督查工作在全面整改治理企业隐患问题的同时，还对各属地政府专职安全员进行现场安全检查培训，共培训安全员230人次，有效提高专职安全员安全生产检查能力。

（李君）

【标准化达标创建】 本年，平谷区安全监管局制定《平谷区2015年三级标准化达标及小微企业安全生产标准化岗位达标工作实施方案》，推进全区安全生产标准化达标创建工作。一方面，根据小微企业安全生产标准化岗位达标与普查、宣传、培训及隐患排查治理工作特点，发挥乡镇街道安全生产办公室和专职安全员的作用，加强小微企业岗位达标创建工作。另一方面，按照安全生产标准化评审标准和有关规定要求，将日常检查与专项督查相结合，深入企业尤其是安全标准化进度落后的企业，通过执法检查促使企业落实主体责任，加强安全生产标准化体系建设。年内，全区三级标准化达标企业72家、小微岗位达标企业1641家。

（张术伶）

怀柔区

概　　述

2015年，怀柔区安全生产工作紧紧围绕“推进四化建设、健全三个体系”工作思路，健全完善安全生产责任体系，夯实基层基础工作，开展安全专项整治，及时消除安全隐患，各类事故得到有效遏制，圆满完成中国人民抗日战争暨世界反法西斯战争胜利70周年纪念活动和

2015年北京国际田联世界田径锦标赛等重大活动安全生产保障工作，全区安全生产形势总体稳定。

一、加强组织领导。每季度区政府常务会专题研究安全生产工作，每半年区委常委会专题听取安全生产工作汇报。区委、区政府主要领导先后在55件安全生产重要文件上做出重要批示。各级领导干部带队安全检查685次，检查各类生产经营单位1538家，整改消除隐患1356项。

二、落实安全责任。相继出台《怀柔区安全生产“一岗双责”规定》《怀柔区安全生产“党政同责”规定》《关于进一步完善和加强区政府工作部门安全监管（管理）职责的通知》《安全生产约谈办法》《关于推进安全生产事故隐患排查治理体系建设实施意见》《关于实施安全发展战略的意见》。安全生产“党政同责、一岗双责、齐抓共管”格局已经形成。

三、夯实基层基础。在全区10个行业领域的63家企业开展安全生产责任保险试点工作。完成安全生产条件普查，填报录入系统企业11581家。二级、三级安全生产标准化达标企业分别为19家和86家，占市安委会下达目标任务的105%；小微企业标准化达标企业420家，占市安委会下达目标任务的105%。

深化安全专项整治。按照“全覆盖、零容忍、严执法、重实效”的总要求，采取明察暗访、交差检查、突击夜查、“回头看”检查等形式抓好石油天然气输送管线、住宅内非法违法生产经营等领域安全生产专项执法，开展“六打六治”专项行动。坚决打击一批非法违法行为，安全发展环境得到进一步提升。

四、做好社会化服务。建立农村安全生产综合管理服务站；依法取消5项非行政审批事项；在具有资质的培训学校增设有限空间作业人员、制冷设备运行操作人员考试类别，解决学员跨区考证等费时费力问题；为企业开展安全生产“一对一”会诊。

五、开展宣传教育。以安全生产月和新修订的《中华人民共和国安全生产法》宣传贯彻为契机，组织开展有奖知识问答、安全大讲堂、安全大比武等系列活动60余次，1.5万人参与。开展企业主要负责人、安全管理人员和岗位员工培训55期，培训7900余人次；完成特种作业考核10批，共1390人。

在取得成绩的同时，必须清醒地认识到安全生产工作仍然存在着薄弱环节和突出问题。一是部分企业安全生产主体责任落实不到位，生产作业条件比较差，安全生产培训教育不到位，对安全生产管理工作存在着麻痹松懈思想。二是“党政同责”“一岗双责”未形成常态，没有实现“五级五覆盖”，安全监管“触角”还没有延伸到基层单位。三是少数行业部门在抓安全生产工作上存在着畏难情绪。

综合监管

【控制指标】 本年，怀柔区发生安全生产事故死亡33人，占市安委会下达年度安全生产控制指标的94.29%。其中：道路交通事故死亡28人，同比减少1人；生产安全事故死亡3人，同比减少2人；铁路交通事故死亡2人，同比增加2人。未发生火灾死亡事故。

（李颖鑫）

【安全生产条件普查】 1月20日，怀柔区召开生产经营单位安全生产条件普查工作部署会，正式在全区范围内启动安全生产条件普查工作。此次普查旨在摸清全区各类生产经营单位数量和分布情况，掌握生产经营单位基本情况和安全生产条件，为实施有效安全监管提供准确、科学的依据。全区组建近200人的普查员队伍，经过6次培训，从3月开始入户普查，截至12月底，普查生产经营单位13378家，为搭建全覆盖的安全生产监管网络提供基础保障。

（夏科）

【安全生产大会】 2月13日，怀柔区安委会召开2015年安全生产工作大会。会议总结2014年安全生产工作，安排部署2015年安全生产工作任务。副区长张勇参加会议并讲话，就做好2015年度安全生产工作提出要求：一是针对工作中存在的问题，各属地、各部门要引起高度重视，查漏补缺，在下一步的工作中切实加以解决；二是重点做好5方面工作，即：企业主体责任要全面落实，隐患排查治理要持之以恒，重点领域整治要狠抓不放，执法监管监察要加大力度，安全生产宣教要常抓不懈；三是加强组织领导，密切协调配合，转变工作作风，狠抓责任落实，继续推动全区安全生产形势稳定好转。

（夏科）

【“安责险”推广工作联席会】 4月2日，怀柔区安全监管局召开怀柔区安全生产责任保险联席工作会议。会议传达怀柔区关于建立“安责险”制度指导意见及工作方案，部署区域内涉及危险化学品、烟花爆竹、非煤矿山、高处悬吊作业等10大试点行业企业“安责险”推广工作。人保财险公司负责人系统介绍安全生产责任保险社会功能、投保政策、理赔原则等事项，解答参会人员提出的政策及程序性问题。区安全监管局要求各单位结合工作实际，确定推行范围，制定工作方案，逐步推广安全生产责任保险，为企业安全生产工作提供保障。

（王晴）

【安全生产应急管理试点】 5月19日，怀柔区安全生产应急管理示范企业创建试点工作领导小组召开区安全生产应急管理示范企业试点工作会，印发《怀柔区安全生产应急管理示范企业试点工作方案》，全面部署安全生产应急管理示范企业创建试点工作。7月至8月，区安全监管局对安全生产应急管理试点企业开展检查，抽查12家企业，均建立企业日常安全生产应急管理工作制度，排查整改隐患20余项，整改率100%。

（王佳贺）

【安全生产月部署】 6月1日，怀柔区安全监管局召开专题会议，对全区安全生产月活动进行动员部署。安全生产月活动围绕“强化依法治安意识，建设安全发展怀柔”的主题，在各属地、各部门、各企业开展宣传咨询、大型公开课、知识竞赛、文艺汇演，以及具有怀柔区安全生产工作特点的“个十百千万”系列活动。会议要求各单位按照“党政同责、一岗双责”要求，部署本属地、本行业安全生产月系列活动，采取有效措施，切实开展安全生产的宣传教育工作，营造良好安全文化氛围。

（夏科）

【重大危险源安全管理办法】 6月2日，怀柔区安全监管局组织辖区内重大危险源单位负责人召开会议，研讨《危险化学品重大危险源安全管理办法》（征求意见稿）。会议通报《危险化学品重大危险源安全管理办法》（征求意见稿）制订情况，结合《中华人民共和国安全生产法》《危险化学品重大危险源监督管理暂行规定》《危险化学品重大危险源辨识》等相关法律法规和标准，围绕《危险化学品重大危险源安全管理办法》（征求意见稿）立法依据、适用范围、重大危险源的辨识、评估、登记建档、备案与核销、监督管理等章节内容逐条进行分析讨论，形成修改意见。

（王晴）

【重大活动安全保障】 7月28日至9月4日，怀柔区安全监管局集中开展中国人民抗日战争暨世界反法西斯战争胜利70周年阅兵活动安全保障工作。保障工作分为“动员部署、集中执法、临战严管”3个阶段，对危险化学品、烟花爆竹、非煤矿山、职业卫生、有限空间、人员密集场所、粉尘爆炸场所、燃气安全以及建筑施工等重点行业领域，开展集中整治和执法严管。全区出动执法检查人员7635人次，检查生产经营单位5742家，整改消除各类安全问题和事故隐患3464项。

（夏科）

【“安责险”推广】 本年，怀柔区安全监管局组织危险化学品、烟花爆竹、有限空间作业等重点行业领域开展安全生产责任保险宣传活动5次，参与人数达800余人。全区企事业单位投保“安责险”63份，保费98274元，涉及危险化学品、烟花爆竹、餐饮3个行业领域。其中：危险化学品生产经营单位投保16份，保费59800元；烟花爆竹销售经营单位投保41份，保费24600元；餐饮业投保4份，保费10320元；有限空间作业单位投保1份，保费554元；大型活动经营管理单位投保1份，保费3000元。

（王晴）

危险化学品安全监管

【危险化学品使用单位专项检查】 1月4日至22日，怀柔区安全监管局对雁栖经济开发区危险化学品使用单位开展专项检查。执法人员重点检查配电室、危险化学品储存库房、操作车间、工业气瓶区及液氨、液氩、液氮等储罐区等场所，检查企业“一书一签”、危险化学品安全周知卡、安全标志标识、防爆及通风设施、消防器材、特种设备防护装置等内容。检查危险化学品使用单位23家，下达执法文书55份，整改消除事故隐患101项。

（王晴）

【油气输送管道隐患整治部署与督查】 2月13日，怀柔区安全监管局召开专题会议，部署油气输送管道隐患整治工作，中石油怀柔分公司、中油国门油料销售公司和加油站、工业气体充装单位主管领导参加会议。针对此次整治行动，会议要求各企业单位加大隐患排查治理力度，制定工作方案，并按时予以上报。对排查出的隐患要进行核查，聘请管道保护方面专家或具有资质的专业机构进行评估，及时消除事故隐患，确保安全生产。会后，区安全监管局分别对有关单位油气输送管道隐患整治工作进行督导检查。

（夏科）

【重大危险源安全审查】 3月13日，怀柔区安全监管局组织专家对北京中油国门油料有限公司危险化学品重大危险源项目进行安全审查。审查过程中，专家组听取项目建设单位、评价单位的汇报，查阅该项目的有关资料，实地查看现场。经过讨论形成专家组意见，油库危险化学品重大危险源项目的规划符合要求，《危险化学品重大危险源专项安全评估报告》符合相关安全生产法律法规和标准要求，项目建设及评价报告通过审查。

（王晴）

【油库输送管道隐患整治督导检查】 3月19日，怀柔区安全监管局组织督导组对218油库、庙城油库油气输送管道隐患整治理工作进行督导检查。督导组查阅庙城油库、218油库前期关于油气输送管道隐患排查治理方案、管道铺设路线图，听取企业油气输送管道隐患治理情况汇报。结合企业油气输送管道隐患整治开展情况，督导组专家对两家油库现有油气管道存在隐患及治理方案提出意见和建议。

（王晴）

【化工企业调查摸底】 5月5日至20日，怀柔区安全监管局对全区化工企业开展调查摸底工作。原工商登记注册的化工企业名单中怀柔区化工企业有45家，经过各属地摸底调查，现有化工企业15家，分布于怀柔镇、庙城镇、北房镇、桥梓镇、怀北镇、雁栖经济开发区6个属地，其中涉及重点监管危险化学品1家。

（王晴）

【危险化学品储存管理联合检查】 8月26日，怀柔区安全监管局联合区卫生计生委、公安分局、公安消防支队等部门，对全区医疗机构危险化学品储存管理进行安全检查。检查组先后到北京怀柔医院、怀柔区中医医院重点检查氧气储存库房和高压氧舱安全运行状况，询问氧气存储量和管理情况，现场查看防爆灯具、监控、探测、阀门等安全设备设施，以及危险化学品“一书一签”管理制度落实等情况。针对检查发现的安全问题和事故隐患，区安全监管局依法下达行政执法文书，提出具体整改意见和建议，消除安全隐患。

（王晴）

【油漆稀料治理专项检查】 8月26日至9月3日，怀柔区安全监管局成立执法检查组对全区销售、储存油漆稀料的经营场所进行执法检查。检查油漆、稀料经营商户22家，其中有11家存在非法销售、储存油漆稀料行为。执法人员责令11家商户停止经营活动，对11家商户的油漆、稀料进行清理，消除安全隐患。同时，组织全区乡镇街道、管委会开展非法经营、储存油漆、稀释剂等危险化学品非法违法行为清理整治行动。经过整治，对86家商户非法违法经营的油漆、稀料进行清除。

（王晴）

【联合查封违法柴油储罐】 10月14日，怀柔区安全监管局联合公安、消防、工商、交通等相关职能部门开展治理非法运输、储存汽油柴油专项行动。检查组针对某公司内部设置的加油装置、设备设施不符合国家标准要求，不具备安全生产条件的情况，下达限期整改指令书，整改消除3项事故隐患。针对某运输单位非法储存、使用柴油行为，当即下达现场处理措施决定书，对该单位柴油储罐进行查封，拆除并停止使用。

（王晴）

【易燃易爆安全大检查】 本年，怀柔区安全监管局开展中国人民抗日战争暨世界反法西斯战争胜利 70 周年纪念活动和 2015 年北京国际田联世界田径锦标赛“两个重大活动”期间易燃易爆物品安全大检查。全局分 3 个检查组，对辖区内 56 家危险化学品经营单位进行全覆盖执法检查。重点对易制毒、易制爆、剧毒单位、烟花爆竹批发和长期零售网点等易燃易爆场所流向登记及管控措施落实情况，监控、报警、隔离、防雷等设备设施运行管理、领导带班值守、隐患排查治理、应急演练等情况，落实停批、停运、停售、集中封存措施落实情况进行检查。“两个重大安保活动”期间，检查烟花爆竹、危险化学品经营使用单位 92 家，下达执法文书 122 份，整改消除事故隐患 34 项。

（王晴）

【危险化学品许可】 本年，怀柔区安全监管局受理危险化学品经营许可事项 53 项。其中：变更申请 41 项、延期申请 10 项、新增申请 2 项，为符合换证条件的 53 家单位颁发危险化学品经营许可证。

（王晴）

【危险化学品信息管理系统】 本年，怀柔区安全监管局推广、利用科技和信息化手段，提高危险化学品安全监管水平。在危险化学品使用单位摸底调查工作中，在区安全生产智慧平台中开发危险化学品日报系统，开展危险化学品使用单位数据上报工作，实现对危险化学品使用单位的动态监管。

（王晴）

烟花爆竹安全监管

【烟花爆竹网点】 本年，怀柔区许可烟花爆竹零售网点 43 个，同比减少 2 个。按许可时限划分：长期零售网点 3 个，春节期间临时网点 40 个。

（王晴）

【烟花爆竹从业人员安全培训】 1 月 30 日，怀柔区安全监管局组织 2015 年春节期间烟花爆竹经营单位从业人员岗前安全知识教育培训活动。培训会上，区安全监管局对烟花爆竹经营（零售）单位全体从业人员进行笔试考核和应急演练，合格率 100%。

（夏科）

【烟花爆竹安全检查】 2 月 13 日至 23 日，怀柔区安全监管局采取全覆盖检查、抽查巡查的方式，加强烟花爆竹安全监管工作。腊月二十五至二十九，区安全监管局分成 8 个执法检查组，对城区内 16 个烟花爆竹零售网点每天进行一次全覆盖执法检查，对城区外烟花爆竹零售网点开展不间断巡查。除夕夜，局领导分别带领 4 个检查组开展夜查，每组检查 4 家烟花爆竹经营单位。初一至初五，每日组成 2 个检查组，对城区内烟花爆竹经营单位进行全覆盖检查，对城区外烟花爆竹经营单位开展抽查巡查。初五局领导带队对城区烟花爆竹网点开展夜查，保障春节期间烟花爆竹销售安全。

（王晴）

【烟花爆竹销售和回收】 本年，怀柔区烟花爆竹批发单位储备烟花爆竹 5390 箱，配送零售网点 5290 箱，同比下降 13%；销售烟花爆竹 4500 箱（金额 157 万元），同比下降 1.2%；回收烟花爆竹 790 箱（金额 28 万元）。

（王晴）

矿山安全监管监察

【尾矿库汛期安全检查】 6 月 3 日，怀柔区安全监管局邀请尾矿库专家组成检查组，到汤河口镇马圈子尾矿库开展汛期安全检查，检查组详细询问了解企业汛期应急预案的编制、救援物资的储备等工作，并实地检查库区安全生产情况，对企业安全生产各项工作给予肯定，并要求企业在汛期加强应急值守，确保尾矿库安全度汛。

（夏科）

【市安全监管局汛期安全检查】 8月4日、25日，市安全监管局检查组对怀柔区汤河口、长哨营等属地内闭库尾矿库以及前安岭铁矿尾矿库的防汛安全工作进行检查。检查组查看尾矿库的坝体、库面以及排洪、导流设施等情况，重点检查各企业应急值守和领导带班制度落实情况。市安全监管局检查组要求企业完善应急预案，强化汛期巡查和日常看护，掌握汛情变化，确保汛期安全。

（夏科）

【非煤矿山冬季检查】 11月16日，怀柔区安全监管局对兴发水泥和前安岭铁矿2个非煤矿山企业开展冬季安全检查。检查组对矿山火工品管理、液化石油气使用、安全用电、人员应急值守等情况进行重点检查，要求企业严格落实安全生产各项规章制度，结合冬季特点强化动态安全管理和应急值守，认真排查安全隐患，有效防范事故发生。

（夏科）

【非煤矿山安全检查】 本年，怀柔区安全监管局结合季节特点，在抓好日常检查的基础上，以随机检查、专项检查或联合检查的形式，对非煤矿山和尾矿库进行执法检查。全年出动执法人员78人次、车辆38台次，检查非煤矿山企业35家次，排查治理安全隐患8项。

（王佳贺）

隐患排查治理

【住宅内非法违法生产经营整治】 1月至7月，怀柔区安委会办公室组织相关部门在全区范围内开展全面清理住宅内非法违法生产经营活动专项行动，重点打击利用民宅从事非法违法生产、经营、储存液化石油气、汽油、油漆稀料、烟花爆竹等危险物品以及变住宅为仓库非法违法储存易燃易爆物品的行为。专项行动期间，全区出动执法人员4037人次，执法检查1140次，清理取缔非法违法生产经营场所21个。

（李颖鑫）

【“双打”专项行动】 6月至7月，怀柔区安委会办公室在全区集中开展严厉打击特种作业及特种设备作业人员“持假证上岗、无证上岗”专项执法行动。重点检查电气线路敷设及配电箱柜安全运行、配电室安全运行及电气作业人员安全管理情况，特种作业及特种设备作业人员持证上岗、企业管理制度以及人员档案、劳动防护用品及个人佩戴使用、教育培训等情况。专项行动期间，出动执法人员171人次，检查生产经营单位94家，下达执法文书55份，整改消除事故隐患136项，行政处罚4起，罚款6.5万元。

（夏科）

【粉尘涉爆危险企业专项整治】 7月至10月，怀柔区安全监管局组织开展粉尘治理专项整治行动。此次专项整治的重点是辖区内存在铝镁粉尘爆炸危险的企业，以及煤粉、面粉、淀粉、血粉、鱼粉、纸粉、木粉、棉花、烟草、塑料、染料等同样存在粉尘爆炸危险的企业。整治分部署摸排、企业自查、重点整治、深化总结4个阶段组织实施。整治主要内容为企业落实《严防企业粉尘爆炸五条规定》情况以及安全教育培训、防爆电气设备使用、涉尘作业场所安全管理、安全防护用品配备使用等，旨在提高企业安全责任意识，推动安全生产主体责任落实，防止安全生产事故发生。

（夏科）

【油气输道管线安全隐患整治】 本年，怀柔区深入开展油气输送管道隐患整治攻坚战。经区编办批准，成立怀柔区油气输送管道安全隐患整治工作领导小组，明确领导小组组成人员及工作职责，开展油气输送管道安全隐患整治。全年排查油气输送管道隐患27项，整改23项。聘请专家组及有资质单位对218油库、庙城油库油气输送管道隐患进行专项评估，按照评估结果，进行隐患整改。

（李颖鑫）

【危险化学品罐区专项整治】 本年，怀柔区安全监管局开展辖区内危险化学品罐区专项整治工作。全区危险化学品罐区单位17家，其中4家单位将储罐拆除不再使用，6家企业按要求完成整治工作，其余单位将于2016年年底全面完成罐区改造工作。2015年度罐区整治企业累计投入资金500万元。

（王晴）

【涉氨非制冷企业专项整治】 本年，怀柔区安全监管局对液氨非制冷企业开展安全生产专项整治。整治范围涉及所有涉氨非制冷企业，包括液氨经营企业和液氨使用企业，整治内容以北京市地方标准《液氨使用和储存安全技术规范》（DB11/1014—2013）为依据，重点从安全管理制度制定和落实，从业人员资质，作业人员培训，安全设施、应急救援器材和装备配备维护等方面展开。通过专项整治，全区3家液氨非制冷企业中，1家企业采取改变工艺用其他介质代替方式退出，2家企业完成隐患治理。3家企业用于液氨管道、用电设备设施、喷淋设施、气体浓度报警仪、储存区设计改造等资金46.65万元。

（王晴）

【218油库自动化改造与输油管道隐患整治】 本年，怀柔区218油库安全自动化改造项目通过市安全监管局专家组验收。218油库安全自动化改造投入资金305万元，市安全监管局拨款油库奖励资金39万元。在218油库输油管道隐患整治工作方面，针对输油管道沿途穿越公路、果园、厂房、别墅区等复杂情况，218油库委托专业机构绘制详细的示意图，对输油管道进行检测，并出具检测报告上报区安全监管局备案。为预防管道被破坏，218油库已在管道沿途每隔200米设置1个警示立柱标识，共设置警示标识45个，每个标识立柱为1.2米，下埋0.7米。管道检测和警示标识设置投资7万余元。

（王晴）

应急救援

【“一对一”应急救援预案演练】 7月9日至10日，怀柔区安全监管局组织中油国门油料销售有限公司开展油库重大危险源“一对一”应急救援预案演练。演练采取桌面与实战相结合的方式，模拟中油国门油料公司3号罐起火，遂向公安、消防部门紧急求助救援，并向安全监管等部门报告。消防部门出动两辆消防救援车，对3号罐进行泡沫灭火，同时企业开启罐体喷淋系统对旁边的5号罐喷水降温。企业对伤员开展紧急自救。公安部门开展人员疏散和治安维护工作。气象部门进行现场风力、风向监测。交通部门开展事故现场及周边区域交通管制。事故救援及调查处理后，环保部门对事故周边环境破坏情况及水质进行检测。安全监管部门专家指导协调现场救援工作。在各部门和救援队伍的努力下，最终油火成功扑灭，险情得到控制，应急救援预案演练取得成功。

（王晴）

【液氨企业应急救援演练】 11月10日，怀柔区安全监管局在怀柔肉联厂组织开展液氨事故应急救援演练。演练采取实战演练与桌面演练相结合的方式。实战模拟怀柔肉联厂液氨机房3号机组阀门压盖发生液氨泄漏，企业启动应急预案，开展紧急自救。通过广播通知车间及办公人员疏散到安全地点，液氨机房两名操作工穿戴防护用品进入现场进行处置，并开启喷淋系统对泄漏氨气进行稀释，液氨泄漏基本得到控制。同时拨打电话，向消防部门请求救援，向相关职能部门报告事故情况。各相关职能部门按照各自职责和处置程序，与企业进行“一对一”救援预案衔接桌面推演。演练结束后，职能部门与企业进行讨论，对预案和演练中存在的问题和不足，提出修改意见和建议。

（夏科）

执法监察

【建筑建材行业执法检查】 1月14日至19日，怀柔区安全监管局对杨宋镇、北房镇和雁栖经济开发区开展建筑施工、建材家具等生产经营单位安全生产专项执法检查。此次检查重点对企业配电室、配电箱等生产作业过程易发生事故的设备设施，以及从业人员劳动防护用品配备使用等情况进行检查。对企业安全生产规章制度建立落实、特种作业人员档案管理进行抽查。检查生产经营单位8家，整改消除事故隐患13项，整改率100%。

（王佳贺）

【全国“两会”安全保障】 全国“两会”期间，怀柔区安全监管局采取联合检查、重点检查、专项检查的方式，对辖区内非煤矿山企业、危险化学品、烟花爆竹、工业企业、人员密集场所等重点行业、重点领域开展拉网式执法检查行动，检查生产经营单位1381家次，下达执法文书336份，行政处罚4起，整改消除事故隐患443项。

（王海珠）

【危险化学品运输联合执法检查】 4月7日至5月22日，怀柔区安全监管局联合区交通局、公安分局交通支队对全区危险化学品运输企业开展联合执法检查。检查危险化学品运输企业11家次，下达执法文书16份，整改消除事故隐患11项。

（王海珠）

【北京国际电影节安全保障】 4月15日至24日，北京国际电影节在怀柔区举行。为做好电影节安全保障工作，怀柔区安委会办公室制定《怀柔区第五届北京国际电影节安全保障活动方案》，明确相关属地及监管部门的职责，采取“部门协同、市区联动”的方式，与市安全监管局以及属地政府协同联动，重点加强对会展中心主会场周边200米范围内生产经营单位、电影嘉年华活动一主三分四个场地进行每日不间断安全监管和巡查，出动执法人员183人次、执法车辆132车次，检查企业133家次，下达整改指令书51份，查处事故隐患80项，行政处罚3家，罚款1.8万元。圆满完成北京国际电影节活动现场及周边安全保障任务。

（李颖鑫）

【旅游景区、星级宾馆行业联合检查】 7月9日至17日，怀柔区安全监管局联合区旅游委、质监局、公安消防支队对全区旅游景区、星级宾馆饭店开展联合执法检查。重点检查企业安全生产规章制度建立和落实情况，以及现场营业区安全生产情况。检查生产经营单位10家，下达执法文书30份，行政处罚1起，整改消除事故隐患36项。

（王海珠）

【文化娱乐场所联合检查】 7月22日至30日，怀柔区安全监管局联合区文化委、质监局、公安消防支队对全区文化娱乐场所进行联合执法检查。检查生产经营单位11家，下达执法文书31份，整改消除事故隐患22项。

（王海珠）

【建筑施工联合检查】 7月29日至31日，怀柔区安全监管局联合区住房城乡建设委对全区建筑施工行业开展联合执法检查。重点对安全生产规章制度制定落实情况以及施工现场安全生产隐患排查治理情况进行检查。检查生产经营单位28家次，下达执法文书42份，行政处罚1家，罚款0.4万元，整改消除事故隐患22项。

（王海珠）

【餐饮场所燃气安全检查】 8月5日，怀柔区安全监管局联合区市政市容委、商务委、城管执法局、质监局、公安消防支队对全区餐饮经营单位开展燃气安全专项执法检查。纠正和制止燃气使用中的违法违规行为，消除燃气使用安全隐患。检查生产经营单位31家，下达执法文书69份，整改消除事故隐患50项。

（王海珠）

【非法储运油料联合执法】 8月19日，怀柔区安全监管局联合公安消防支队、庙城镇政府、庙城镇派出所对庙城镇西台下村非法储运油料窝点（北京华经中宇石油化工有限公司）进行联合执法。公安消防支队依法查封该窝点，区安全监管局全程监督地下油罐移除及土地原貌恢复。

（王海珠）

【危险化学品安全检查】 8月23日至9月3日，怀柔区安全监管局成立执法小组对油库、油站、烟花爆竹批发仓库和零售网点等危险化学品经营单位开展安全保障执法检查。重点对危险化学品经营单位的监控、报警、隔离、防雷等设备设施运行管理情况、领导带班值守、隐患排查治理、应急演练等进行全面检查。对烟花爆竹批发和长期零售网点落实停批、停运、停售、集中封存措施落实情况进行专项检查。检查危险化学品和烟花爆竹经营单位26家次，下达执法文书47份，整改消除隐患14项。

（王晴）

【危险化学品经营企业夜查】 8月28日，怀柔区安全监管局实施危险化学品专项整治和安全生产大检查夜查行动。检查组采取“四不两直”的方式，对区加油站、油库、部分人员密集场所进行专项执法检查，重点检查危险化学品经营许可、视频监控系统、应急照明设备、消防设备、配电室、安全生产规章制度及应急值守等情况。检查生产经营单位11家，下达执法文书17份，整改消除事故隐患4项。

（王海珠）

【粉尘防爆专项检查】 8月至10月，怀柔区安全监管局对全区范围内排查核实的31家涉及粉尘作业的企业开展全覆盖安全生产大检查，重点对涉尘企业安全生产各项规章制度、应急预案制定及演练、安全生产教育培训、现场设备设施、日常检查和应急指施等情况进行检查。出动执法人员120人次，检查涉尘企业57家次，下达执法文书71份，罚款1.1万元，整改消除隐患62项。

（石旭）

【安全生产大检查】 8月至12月，怀柔区安委会办公室组织开展非煤矿山、危险化学品、烟花爆竹、油气输送管道、道路交通、建筑施工、消防、粉尘涉爆、特种设备等重点行业领域安全生产大检查，按照“全覆盖、零容忍、严执法、重实效”的总要求，消除事故隐患、强化事故预防工作。全区各部门出动检查组5387个，检查单位19339家次，整改消除事故隐患11775项，打击非法违法和违规违章行为668起，罚款100.87万元，责令停产整顿企业61家（其中包含51家醇基液体燃料使用单位），关闭取缔企业48家。

（夏科）

【危险化学品专项执法检查】 9月，怀柔区安全监管局在全区范围内开展危险化学品实体经营企业、重大危险源企业和烟花爆竹经营、存储企业专项执法检查。按照“全覆盖、零容忍、严执法、重实效”和“深下去、严起来”的要求，检查生产经营单位85家次。下达执法文书109份，整改消除事故隐患13项。

（王海珠）

【“读懂中国”国际会议安全保障】 10月20日，怀柔区安全监管局召开专题会议，部署“读懂中国”国际会议安全生产保障工作，明确安全生产保障任务。重点检查雁栖湖示范区内以及示范区联络线、京加路（三公里至河防口段）周边200米内生产经营单位。区安全监管局组成6个执法检查组，对商市场、建筑施工、危险化学品、交通运输等重点行业领域进行安全生产检查，对存在重大安全隐患的单位给予高限处罚。出动执法人员1983人次，检查生产经营单位1045家，下达执法文书725份，整改消除事故隐患900余项。

（王海珠）

【白酒制造企业专项整治】 11月至12月，怀柔区安全监管局组织专家，对怀柔区白酒生产企业开展专项整治工作。重点对白酒生产企业酒库、车间等进行现场指导检查，对防火分区、电气防爆、消防系统和自动化监控系统等方面提出专业性指导意见。

（王海珠）

【工业企业执法检查】 本年，怀柔区安全监管局开展重点工业企业安全生产执法行动，重点对企业安全生产责任制、安全生产规章制度、安全生产教育培训以及重点场所、重点部位等进行执法检查。检查生产经营单位468家次，下达执法文书671份，整改消除事故隐患363项，行政处罚14家，罚款25.1万元。

（王海珠）

职业卫生监督检查

【职业健康跟踪检查】 1月12日至15日，怀柔区安全监管局根据职业健康检查机构反馈，对辖区内14家用人单位的51名职业健康检查异常人员复查、调离情况进行跟踪检查。通过检查发现，13家用人单位按照职业健康检查机构要求，及时安排体检异常人员进行相应的复查，并根据复查结果对职业禁忌证人员进行调离。对1家未根据职业健康检查情况采取相应措施的用人单位，依法给予行政处罚。

（夏科）

【市安全监管局职业卫生督查】 3月12日，市安全监管局副局长阎军带队，到怀柔区开展职业卫生安全督查。此次督查采取“四不两直”方式，随机抽查古诺凡希家具有限公司，重点检查企业职业卫生管理制度和职业卫生档案建立、职业危害合同告知、职业卫生安全教育培训、警示标识设置、职业危害因素检测、职业健康体检、作业场所职业危害防护等方面情况。查阅企业职业卫生管理资料，对存在职业危害的工作场所进行实地检查，并对检查发现的问题提出具体整改意见。

（夏科）

【雁栖开发区职业卫生执法检查】 3月至6月，怀柔区安全监管局对雁栖经济开发区内存在职业危害的用人单位开展执法检查。专项检查主要内容涉及用人单位职业卫生管理制度和操作规程建立、职业卫生档案建立、职业病危害因素检测评价、接触职业危害劳动者职业健康检查、职业卫生教育培训、职业病危害合同告知情况等。检查用人单位105家，复查单位83家，下达执法文书305份，罚款9万元，整改消除187项。

（石旭）

【有限空间作业专项检查】 7月，怀柔区安全监管局在全区范围内开展有限空间作业专项执法检查行动。检查主要内容包括有限空间制度建立落实、教育培训、现场监护人员持证上岗、安全设备设施配备、劳动防护用品配备、应急救援演练等方面，重点对通信和电力行业开展检查。出动执法人员58人次，检查有限空间作业单位17家，下达执法文书54份，罚款2万元，整改消除隐患28项。

（石旭）

【有限空间作业调查摸底】 本年，怀柔区安全监管局对辖区内企业中有限空间安全作业条件进行调查摸底。经调查摸底，全区工贸企业中有限空间作业企业124家，其中工业企业49家、商贸企业75家；有限空间自行作业企业39家，外包作业企业85家。区安全监管局要求企业建立有限空间作业安全管理规章制度和操作规程，设置相关警示标识，配置安全防护装备和设施，并有针对性地开展应急演练。

（王海珠）

【职业病防治安全知识宣传】 本年，怀柔区安全监管局制作职业卫生宣传知识折页4000份，通过企业管理人员安全会议、安全生产月活动、综合性培训、社区广播、咨询活动等多种形式，宣传职业病防护安全知识，指导用人单位了解掌握职业病安全防范基本知识和方法，提高职业卫生管理水平。

（石旭）

宣传培训

【职业卫生培训】 3月26日，怀柔区安全监管局组织2015年度全区职业卫生安全管理培训。培训的内容为用人单位职业病危害告知与警示标识设置管理等相关知识；全区314家单位的主要负责人和职业卫生安全管理人员，共计580余人参加培训，并进行相应的考核，考核合格率100%。

（石旭）

【信息写作培训】 4月10日，怀柔区安全监管局组织安全生产信息写作培训会。培训邀请区委宣传部、《怀柔报》有关负责人，从信息概念入手，以建立新闻写作的"百宝箱"、提升写作水平的"三板斧"，信息写什么、怎么写为主要内容，采取案例教学方式，就信息写作事项及写作要求进行培训讲解。

（夏科）

【危险化学品安全知识培训】 4月20日，怀柔区安全监管局组织区内危险化学品经营、使用单位主要负责人和安全管理人员400余人参加2015年危险化学品安全生产专题培训班。此次培训邀请专家，对新修订的《中华人民共和国安全生产法》有关高危行业机构与人员设置、安全生产责任制与规章制度制定与落实，以及重大危险源和危险源辨识、危险化学品目录（2015版）等内容进行解读。以罐区监控设备设施及技术控制措施、危险有害因素识别、现场安全标识设置、防火防爆与应急管理等方面为主要内容，采取案例分析与问答互动的方式开展教学培训。

（王晴）

【安全生产"进农村"活动】 4月29日，怀柔区安全监管局在三渡河村开展安全生产专项培训，实践安全生产"进农村"活动。培训邀请安全生产专家，结合农村实际情况和特点，从安全事故案例入手，以家庭安全用电和燃气使用安全为主要内容，进行通俗易懂的培训讲解。并为现场村民发放用电安全和燃气使用安全手册。

（夏科）

【有限空间安全管理培训】 5月14日，怀柔区安全监管局组织行业有限空间作业相关负责人、有限空间用人单位负责人和一线从业人员300余人参加有限空间安全管理培训。培训会通报有限空间安全生产形势以及有限空间生产安全事故情况。市劳动保护科学研究所专家结合有限空间典型案例，从有限空间作业基本知识、注意事项、操作规范、法律法规和主要危险有害因素辨识及评估进行讲解。

（石旭）

【家庭燃气安全知识竞赛】 5月，怀柔区安全监管局联合区市政市容委、总工会、妇联在全区范围内组织开展2015年家庭燃气安全知识竞赛活动。竞赛内容以《中华人民共和国安全生产法》《城镇燃气管理条例》等法律法规，以及燃气"十二五"规划和燃气安全科普知识为主。最后琉璃庙镇家庭代表胜出，代表怀柔区参加全市复赛并获得第三名的好成绩。

（夏科）

【企业安全管理培训】 6月9日至10日，怀柔区安全监管局组织举办2期1100余人参加的生产经营单位主要负责人及安全管理人员培训班。培训邀请安全生产专家，结合案例剖析，对安全生产“十个一”工程、隐患排查治理体系建设等方面进行授课辅导。培训结束后，所有参加培训人员参加安全生产知识考核，合格率100%。

（夏科）

【宣传咨询日】 6月16日，怀柔区安委会办公室在雁栖湖景区门前举行怀柔区2015年安全生产月宣传咨询日活动。雁栖湖景区负责人介绍该单位安全生产主体责任落实情况。副区长任武军和有关部门领导向企业职工代表赠送安全生产宣传海报和视频资料。现场人员共同观看、参与职业危害防护、有限空间、应急救援等安全装备展示。安全监管职能部门联合对雁栖湖景区开展安全生产检查。咨询日当天，全区发放各类宣传资料25000余份、安全生产宣传画及挂图3000余张，制作并悬挂安全生产宣传横幅300幅。

（夏科）

【危险化学品网上申报系统培训】 9月29日，怀柔区安全监管局举办危险化学品调查摸底网上申报系统培训会议。会议邀请相关专家对危险化学品管理系统使用进行讲解和演示。此系统分为企业用户端和政府用户端，危险化学品企业通过企业用户端完善信息、填报日常经营和消耗使用数量情况，以便监管部门进行动态监管；政府用户端实现对企业填报危险化学品经营情况分类统计，为领导决策及监管工作提供数据参考。

（王晴）

【工业气体从业人员培训】 12月4日，怀柔区安全监管局结合“12.4”国家宪法日活动，开展工业气体经营、储存、使用安全知识及应急管理专题培训。全区涉及工业气体从业人员以及各属地专职安全生产检查员300余人参加培训。此次培训聘请有关专家授课，专家以氢气、氧气、二氧化碳、氮气等工业气体的特性、安全技术、管理规范等为主要内容，结合工业气体爆炸事故案例，进行系统培训讲解，提高企业职工和属地一线执法人员工业气体管理及辨识隐患能力。

（王晴）

【应急预案评审标准培训】 12月10日，怀柔区安全监管局举办应急预案编制评审备案标准培训班，全区重大危险源单位、危险化学品经营储存单位负责人参加培训。区安全监管局依据《生产经营单位生产安全事故应急预案编制导则》，对全区危险化学品从业单位应急预案编制工作进行指导，并就部分单位应急救援预案存在的处置程序、处置措施、逃生路线图和分布图缺失等问题进行说明和纠正，为做好企业应急预案管理工作打下基础。

（王晴）

【执法监察业务技能竞赛】 12月，怀柔区安全监管局参加由市安全监管局、总工会举办的2015年北京市“职工技协杯”职业技能竞赛安全生产执法监察业务技能竞赛。派出3个参赛小组12人，分别参加工业、危险化学品经营、职业卫生专业现场执法决赛。最终在全市17个区县中获得团队一等奖，有1人获得个人三等奖、1人获得个人总成绩第16名的好成绩。

（夏科）

【粉尘防爆知识宣传】 本年，怀柔区安全监管局会同怀柔电视台录制粉尘防爆电视宣传片，并利用安全生产工作会、企业管理人员培训会等相关活动，宣传粉尘防爆知识和防爆措施。向属地及企业发放粉尘防爆宣传折页4000册，粉尘防爆光盘1000张。

（石旭）

法制建设

【行政执法信息服务平台】 3月27日，怀柔区安全监管局组织全局执法人员召开专题会议，对北京市行政执法信息服务平台应用工作进行部署和培训。平台系统管理员介绍平台的基本功能，对平台注册、行政执法处罚信息录入、系统操作等进行演示。区安全监管局按照全市统一部署，对行政处罚案件开展录入工作，为全市法制建设提供基础数据。

（夏科）

【案卷评查】 本年，怀柔区安全监管局参加市安全监管局和怀柔区政府法制办组织的案卷评查中，4本参评案卷得分均在90分以上，获得优秀成绩。

（田保海）

标准化建设

【标准化评审座谈会】 4月23日，怀柔区安全监管局组织三级标准化评审单位召开安全生产标准化评审单位座谈会。会议通报北京市安全生产标准化工作会议精神，传达相关工作部署，就有关安全生产标准化建设文件进行学习和讨论。

（夏科）

【标准化复评会】 5月7日，怀柔区安全监管局召开专题会议，研讨危险化学品安全生产标准化复评工作。安全生产标准化评审员、辖区危险化学品从业单位标准化自评员及相关负责人参加会议。会议学习危险化学品安全生产标准化复评工作相关文件，从指导思想、目标任务、重点工作、复评工作组织形式、工作要求、权重调整、开放要素7个方面对安全生产标准化复评标准进行解读，重点强调评审标准、开放要素中的否决项以及评审要素分值权重调整情况。与会单位就标准化运行过程中存在的问题进行认真研讨。

（王晴）

【标准化自评员培训】 10月15日，怀柔区安全监管局举办危险化学品从业单位自评员培训班，全区参加三级标准化复评的33家危险化学品经营单位主要负责人及业务骨干100余人参加会议。区安全监管局介绍并解读相关管理办法，标准化评审机构对安全生产各项管理制度、管理档案及台账、企业现场安全条件、设备设施管理等评审内容进行讲解，明确评审要素和标准。

（夏科）

【218油库达标评审指导】 11月25日，怀柔区安全监管局会同中国安全生产科学研究院7位专家对218油库二级安全生产标准化达标工作进行评审指导。专家重点从评审资料审核和企业现场隐患排查两个方面进行指导。此次评审指导分组进行，7位评审专家根据12个标准化评审要素，对照评审标准从防火防爆、信息化、重大危险源、油库设计、电气安全、管理制度和应急管理7个方面对企业标准化达标工作进行指导，针对资料审核和企业现场隐患排查中存在的问题，向企业提交问题清单。

（王晴）

【危险化学品三级标准化复评】 12月1日至9日，怀柔区安全监管局组织5家标准化评审单位对31家危险化学品经营储存单位进行安全生产三级标准化复评工作。区安全监管局和评审单位结合12个评审要素、对照评审标准对每家单位的现场安全生产条件和安全生产标准化体系运行情况、制度执行情况进行评审。31家危险化学品经营储存单位全部通过评审。

（王晴）

【企业标准化达标创建】 本年，怀柔区完成二级、三级标准化达标企业分别为19家、86家，为市安委会下达目标任务的105%；完成小微标准化达标企业420家，为市安委会下达目标任务的105%。

（王明华）

密云县

概述

2015年，密云县安全生产工作以深入落实“四化三体系双基”总任务为中心，深化安全生产领域改革，加强以提高履职能力为核心的安全生产队伍建设工作。

一、推进“四化”建设

法制化建设。一是根据《中华人民共和国安全生产法》《安全生产监管监察职责和行政执法责任追究的暂行规定》，规范安全生产执法检查。二是按照法律法规和案卷评查标准对案件进行复核，全年复核行政处罚案卷54卷次，提出复核意见267项、规范性意见236项。三是根据市安全监管局关于监察员、检查员有关培训和资格管理文件要求，做好监察员、检查员培训和资格管理工作。四是依法加强安全生产执法监察，强化日常执法检查工作，适时开展集中执法检查，排查安全隐患。五是按照“四不放过”原则，依法对发生事故的企业和责任人进行处理。

标准化建设。确定30家三级企业和600家小微企业的安全生产标准化达标任务，年内完成30家企业三级标准化验收工作，695家小微企业岗位达标验收工作，验收企业全部达标。

信息化建设。一是完成数字证书办理和更新工作，为新从事安全生产管理工作的人员以及安全生产条件普查员授权544人，并解决原数字证书到期更新等问题24次。二是加强隐患自查自报工作的常态化管理。三是采用先进技术对重点企业、重点部位进行安全监控，对所有尾矿库实施24小时在线实时监控和重要数据检测，提高尾矿库安全系数；加强地下矿山建设重要部位、重要设备、重要数据的安全管理；建立烟花爆竹仓库、销售点监控网络，严格日常管理。

社会化建设。一是加强安全生产信息管理，向有关部门、报纸报刊报送信息1714条。二是开展安全生产月系列活动，包括“安全生产咨询日”“家庭燃气安全知识竞赛”“文艺汇演”等11项全县性活动。三是组织2300名特种作业人员考试；开展高危行业安全资格考核6期，参考人员318人；培训526家生产经营单位的870名安全管理人员。四是查处举报投诉25件，案件办结率和群众满意率100%。五是成立密云县安全生产协会。

二、构建3个体系

安全生产责任体系。一是落实《密云县安全生产职责规定》，结合实际制定《密云县安全生产党政同责规定》。二是健全全县安全生产管理制度、预警预报机制等制度体系，完善监督检查、信息沟通制度。三是督促指导企业落实国家、北京市有关安全生产规定，落实生产安全事故隐患排查治理、特种作业人员管理、领导现场带班、安全生产“三同时”等制度。

隐患排查治理体系。一是县安委会召开专题会研究制定工作方案，落实安全防范措施，确保全县重要时期安全稳定。二是推进事故隐患排查治理月报告制度，排查生产经营单位3149家，查处安全生产隐患17614项，督促整改隐患17532项，整改率99.5%，落实整改资金72万元。三是推进“打非治违”专项行动，打击非法违法行为5202起，消除大量安全事故隐患。四是开展清理住宅内非法违法生产经营活动专项行动，受理举报住宅内非法违法生产经营活动，核查住宅内非法违法生产经营317家，取缔非法违法生产经营31家。五是开展安全生产大检查，组织检查组6525个，检查各类生产经营单位25536家，查处各类安全隐患20012项，全部整改完毕。

安全预防控制体系。一是加强应急预案管理，完成县级生产安全事故应急预案4个，全县规模企业基本完成应急预案备案，7家重大危险源企业（油库1家，尾矿库6座）完成属地政府与重大危险源企业“一对一”生产安全事故应急预案编制备案工作。二是严格执行应急工作制度，结合重点时期、汛期等工作，加强应急值守，确保信息渠道畅通，按规定加强队伍建设、应急物资设备储备，确保应急工作需要。三是开展应急演练，全县各部门、镇街结合安全生产月演练周，组织重点企业、非煤矿山、加油站、建筑施工、人员密集场所等行业领域开展应急演练。

三、狠抓基层基础

提升基层安全监管水平。一是通过专项培训提高安全监管人员业务水平和能力，加强安全生产监管（管理）队伍建设。二是根据市政府办公厅指导意见，组建120名安全生产专职安全员队伍，制定完善管理制度，将制度覆盖安全生产专职安全员管理工作各个环节，明确专职安全员各方面的工作要求及方法。三是督促生产经营单位落实安全生产主体责任，依法建立安全管理机构，配备专兼职安全员。

夯实安全生产基础工作。县安全监管局共监督检查生产经营单位1573家次，整改各类事故隐患2472项，行政处罚38次，罚款26.6万元。

综合监管

【控制指标】 本年，密云县发生安全生产事故死亡41人，占市安委会下达年度安全生产控制指标的89.13%。其中：道路交通事故死亡39人，同比增加3人；生产安全事故死亡1人，同比减少2人；

铁路交通事故死亡 1 人，同比增加 1 人。未发生火灾死亡事故。

（柳世杰）

【安全生产大会】 2 月 15 日，密云县政府召开安全工作大会暨春节期间安全工作部署会。县安委会副主任、县安全监管局局长张艳生代表县安委会通报 2014 年全县安全生产工作情况，部署 2015 年安全生产工作主要任务。县长王海臣讲话指出：要按照国家及北京市政府工作要求，落实好各项安全生产责任，落实企业主体责任，发挥企业主体作为安全工作中最核心、最关键、最基础的作用。

（柳世杰）

【全国“两会”安全保障】 2 月，密云县安全监管局采取 4 项措施加强全国“两会”安全生产保障工作。一是制定下发《关于切实做好全国“两会”期间安全生产工作的通知》，对安全生产工作进行部署，提出具体要求。二是加强对人员密集场所、非煤矿山、危险化学品、烟花爆竹、建筑施工、交通运输、市政设施、职业病防治及有限空间等重点行业、重点企业、重点环节的安全监管，开展安全隐患排查整改工作，强化安全生产事故预防和源头控制。三是结合“全面清理住宅内非法违法生产经营活动”专项行动、“深入开展油气输送管道隐患整治攻坚战”专项行动和安全生产领域“打非治违”专项行动，全面开展执法检查行动，严肃查处各类违法、违规行为，彻底堵塞安全漏洞，有效防范各类安全生产事故发生。四是加强安全生产应急管理，制定“两会”安保措施，严格落实应急值守、信息快报等工作制度，确保安全稳定。

（柳世杰）

【总局安全生产调研】 3 月 5 日，国家安全监管总局副局长徐绍川带队到密云县调研安全生产工作。调研组听取市、县两级安全生产工作总体情况，并给予充分肯定。调研组提出要求：一要学习贯彻党中央、国务院关于安全生产工作的指示精神，坚持依法治理；二要注重改革创新，抓好人员管理和安全生产队伍建设；三要树立安全生产“红线”意识，强化安全生产问责，构建安全生产责任体系，做到“党政同责、一岗双责、全面覆盖”；四要不断改进信息化建设；五要增强安全生产法制意识，以法律手段推动安全生产工作平稳有序的发展。

（陈旭）

【安全生产条件普查部署会】 3 月 24 日，密云县安全监管局召开生产经营单位安全生产条件普查工作部署会。会议通报《密云县第一次生产经营单位安全生产条件普查工作实施方案》，介绍安全生产条件普查有关事项，部署安全生产条件普查工作。会议要求各单位摸清全县各类生产经营单位数量和分布情况，掌握全县生产经营单位基本情况和安全生产条件，为实施监管提供依据，为搭建安全生产监管网络提供基础保障。

（张鹏鹏）

【安全生产协会成立】 4 月 29 日，密云县安全监管局召开安全生产协会第一届会员大会暨成立大会。大会审议通过《密云县安全生产协会章程》《密云县安全生产协会第一届会员大会选举办法》《密云县安全生产协会会费标准及管理办法》，并选举成立理事会和监事会。

（李红霞）

【党政同责规定】 5 月 14 日，密云县县委、县政府下发《密云县安全生产“党政同责”规定》，明确各级党委、政府安全生产责任。密云县“党政同责”规定是结合全县实际情况以及安全生产工作特点，对县委、县政府，乡镇党委、政府，街道党工委、街道办事处，开发区党工委、开发区管委会及相关部门安全生产职责的进一步细化和分解。《规定》明确各级党委、政府的安全生产工作主要职责，明确“党政同责”的工作机制，明确监督与考核和责任追究的具体情形和原则。《规定》是对安全生产“一岗双责”制度的重要补充，首次规定各级党委的安全生产工作职责，明确安全生产政府抓、党委也要抓的工作机制，强化各级安委会的作用。

（柳世杰）

【上半年安委会工作会议】 6 月 17 日，密云县安委会召开上半年安全生产工作会议，会议通报上半年全县安全生产工作，分析安全生产形势，部署重点工作。会议要求各单位针对端午节假期，按照职责分工，及时组织开展安全生产大检查，特别要加大对旅游景区、商场超市、娱乐场所、道路交通的安全监督，严防踩踏和交通事故发生。

（柳世杰）

【安全生产专项会议】 8 月 19 日，密云县政府召开安全生产专项工作会议。会议通报安全生产情况，部署《全县持续全面开展安全生产大检查工作方案》。县长王海臣要求：一要从思想上高度重视安全生产，切实把思想统一起来，以更加坚决的态度、更加务实的作风、更加有力的措施，坚决打好安全生产大检查及重点领域专项整治这场攻坚战。二要从责任制度上保障安全生产，健全完善安全生产责任制，认真按照大检查方案搞好自查自纠，确保各环节、各岗位均有安保责任，从源头上减少安全事故的发生。三要从具体工作上落实安全生产，对交通运输、建筑施工、危险化学品、人员密集场所等重点行业领域要结合专项整治，切实做到安全检查细致、全面，整改坚决、迅速，不留死角、不留盲区。四要从舆论引导上宣传安全生产，安全生产大检查要与宣传教育有机结合，确保安全生产“红线”意识和安全发展理念深入到人民群众中去，将安全意识转化为全社会的自觉行动。

（柳世杰）

【县长带队检查危险化学品企业】 8 月 20 日，密云县县长王海臣带队检查北京清源净水剂厂安全生产情况。检查组重点检查该厂储药池、安全设施、监控装置、操作规程等建设管理情况，针对企业存在的危险化学品存储设施不完善、标识不清晰等问题，要求企业立即停产整顿。经复查，存在问题整改完毕。

（刘佳）

【副县长带队突击检查油库】 8 月 24 日，根据《密云县人民政府关于印发全面开展安全生产大检查工作方案的通知》要求，副县长郭鹏带领安全监管、消防等部门采取“四不两直”的方式，突击检查中国石化销售有限公司北京密云石油分公司油库和发货场。郭鹏对油库安全管理提出工作要求：一要严格贯彻企业“五落实、五到位”，履行企业主体责任；二要提高安全管理和维稳反恐意识，加强红线意识，时刻不能麻痹大意；三要加强对应急值守人员、应急救援队伍和应急救援物资的管理，保证应急处置能力处于最佳状态，确保密云县油库安全运行。

（刘佳）

【中秋、国庆“两节”安全保障】 9月25日，密云县安委会办公室对中秋、国庆“两节”期间安全生产工作进行动员部署。一是县安委会组成3个督查组分赴各镇街及重点行业，结合安全生产大检查第一轮专项督查，对全县“两节”安全生产保障工作进行重点督导；二是开展安全生产大检查，各镇街、各行业监管部门联合联动，对县域内危险化学品经营、建筑施工、旅游景点、商市场、文娱场所、客运、货运公司及道路设施情况进行集中执法大检查，排查安全生产隐患；三是通过电视、广播和电子屏幕等多种形式，向民众播放安全提示、温馨提醒，强化安全理念；四是加强节日期间应急管理，落实各级领导带班和应急值班值守等工作制度，确保全县节日期间安全稳定。

（柳世杰）

【安全生产综合考核】 11月25日至12月4日，密云县安委会对全县58家安全生产责任制单位就安全生产责任制落实情况、安全生产大检查工作及年度重点工作开展情况进行综合考核。通过考核，各单位均按签订的《2015年安全生产目标管理责任书》及安全生产大检查工作要求履行职责，完成安全生产保障任务。考核组针对检查中发现的突出问题与相关单位进行意见反馈，并逐一提出整改意见。

（柳世杰）

危险化学品安全监管

【危险化学品票据经营单位检查】 4月27日至5月8日，密云县安全监管局对县域内15家危险化学品票据经营单位（无实物储存）开展专项执法检查行动。根据存在问题，县安全监管局下达限期整改指令书3份，行政处罚1起，注销未申请延期的经营单位3家。

（刘佳）

【危险化学品安全监管会议】 8月13日，密云县安全监管局组织消防、交通部门及辖区内重点危险化学品企业主要负责人召开危险化学品安全监管工作会议。县安全监管局对加强本县危险化学品企业安全监管工作进行部署。

（刘佳）

【危险化学品总结部署会】 12月10日，密云县安全监管局召开危险化学品安全生产工作总结会暨上年工作部署会。会议总结全县危险化学品行业安全生产工作情况，分析危险化学品行业存在的主要问题，提出整改要求，就安全生产责任保险投保、加油站“双层罐、双管线”改造、三级标准化复评等重点工作进行安排和部署。全县63家危险化学品生产经营企业负责人参加会议。

（刘佳）

烟花爆竹安全监管

【烟花爆竹网点审批】 春节前，密云县安全监管局共受理烟花爆竹零售网点申请44个，其中主渠道网点16个，非主渠道网点28个。审核过程中，非主渠道网点中3个未通过安全条件审查，1个经公安部门查实储存非法烟花爆竹，以上4个网点均已终止审批。最终审定网点40个，其中非主渠道24个，主渠道网点16个。

（刘佳）

【零售网点安全检查】 2月15日，密云县副县长郭鹏带队检查烟花爆竹零售网点及人员密集场所安全管理工作。检查组随机抽查城区部分烟花爆竹销售网点，未发现重大安全隐患。

（刘佳）

【烟花爆竹回收】 春节期间，密云县烟花爆竹零售网点销售烟花爆竹3914箱，同比减少16.2%，累计销售金额236.4万元。截至2月23日，剩余烟花爆竹回收工作全部完成，回收烟花爆竹400箱，库存烟花爆竹600箱。

（刘佳）

矿山安全监管监察

【矿山安全调研】 3月4日，国家安全监管总局副局长徐绍川带队到密云县调研矿山企业安全生产工作。市安全监管局副局长、巡视员贾太保，密云县县长王海臣、副县长郭鹏参加调研。徐绍川查看威克冶金有限责任公司尾砂提取车间、首云矿业股份有限公司井下配电室和破碎硐室，并听取密云县冶金矿山公司和有关企业关于矿山安全生产工作情况的汇报。徐绍川对密云县矿山安全生产工作给予充分肯定，并提出工作要求。

（张鹏鹏）

【非煤矿山安全检查】 5月，市安全监管局组织采矿、尾矿库、机电等专家到密云县非煤矿山企业进行安全检查。专家组在查阅安全管理资料和现场安全状况后，出具整改报告，经复查隐患整改完毕。

（张鹏鹏）

【矿山企业安全检查】 6月8日至12日，密云县安全监管局对全县5家铁矿开展安全生产大检查。此次检查实地查看尾矿库、露天采场、地下矿井、尾矿砂提取车间、选矿车间，了解矿山企业安全生产和生产经营情况。检查组要求矿山企业要在总结以往工作的基础上，准确把握矿山安全生产工作的新常态，在尾矿库防汛、矿山建设和开采、尾砂提取利用等生产经营过程中创造性开展安全生产工作，构建并落实安全生产责任体系。以坚持安全生产标准化动态管理为途径，全面提升安全生产水平；以隐患排查治理为抓手，全面预防和控制安全生产事故。检查组特别强调，汛期要对尾矿库重大危险源严防死守，做到“五个到位”，即防汛责任落实到位、领导带班到位、监测巡查到位、抢险物资到位，通信系统到位。

（张鹏鹏）

【矿山企业防汛检查】 7月21日，市安全监管局副局长贾太保带队检查密云县矿山企业防汛工作。检查组实地查看密云县威克冶金有限责任公司的尾矿库运行情况、安全措施落实情况，查阅安全巡查记录。并听取矿山企业防汛安全生产工作情况的汇报，向企业详细询问防汛工作管理和落实情况。贾太保就密云县矿山企业防汛工作提出具体要求：一是企业要认真开展自查，全面做好汛期安全生产工作；二是加强对汛期安全生产工作的领导，要分工明确，落实责任，加强应急值守，统筹安排好防汛工作；三是注重有关资料、数据收集整理工作，特别是地下矿山涌水量的观测，预防井下透水事故；四是分析查找安全隐患和薄弱环节，在汛期开展隐患排查工作，安排专人24小时巡查，确保通信畅通，发现问题立即上报，及时采取措施予以消除；五是完善矿山防汛应急预案，健全防汛应急工作机制，做好应急物资储备。

（张鹏鹏）

隐患排查治理

【隐患排查治理】 本年，密云县排查生产经营单位3149家，查处各类安全生产隐患17614项，督促整改隐患17532项，整改率99.5%，落实整改资金72万元。

（柳世杰）

【安全生产条件普查】 本年，密云县安全监管局开展全县第一次生产经营单位安全生产条件普查工作。524名普查人员经培训后开展入户调查、填写表格、网上录入等工作。调查生产经营单位19563家，其中法人单位4890家，个体工商户14655家，在建工程项目18个。

（张鹏鹏）

应急救援

【有限空间应急演练】 4月27日，中国联合网络通信有限公司北京市分公司管线中心密怀平管线局举行地下有限空间作业应急演练。密云县安全监管局、联通密云分公司、管线中心行政事务中心及电信工程局、密怀平管线局相关负责人及安全员观摩此次演练。演练模拟从业人员在电缆井下作业时突发安全事故，现场应急救援小组按照应急救援预案实施救援。演练主要包括下井作业前安全准备事项和作业步骤、气体检测仪等安全设备和器材的使用、防护用具的穿戴方法、事故发生后的报告程序等过程。经过应急救援，事故得到有效处置，应急演练圆满结束。县安全监管局对此次演练进行讲评，并提出改进措施。

（马尚彬）

【应急管理部署会】 5月8日，密云县安全监管局召开安全生产应急管理示范企业试点工作部署会。县域内危险化学品、非煤矿山、涉及粉尘危害等23家试点单位主要负责人参加会议。会议按照《安全生产应急管理示范企业试点工作方案》要求，对应急管理示范企业试点工作进行部署，并结合《企业安全生产应急管理工作标准》，就企业应急管理机构和队伍建设、应急预案编制和演练、应急物资储备和管理等内容进行详细讲解。县安全监管局对试点企业提出3点工作要求：一是要高度重视应急管理工作，认真对照工作标准查找不足；二是加大应急管理资金投入，特别是做好应急物资的储备；三是按照工作部署，把握工作进度，按时完成应急管理试点企业达标创建工作。

（刘佳）

【尾矿库应急演练】 5月，密云县安全监管局组织5家矿山企业分别开展尾矿库“一对一”生产安全事故应急救援预案演练。演练采取实战演习方式，模拟尾矿库事故场景，预设因急降暴雨，尾矿库水位急剧上涨，造成洪水漫坝。各单位根据预案要求，相继启动四级至一级响应行动，在最短时间内组织救援队伍赶赴现场进行救援抢险，疏散尾矿库下游群众。此次演练出动抢险人员600余人，抢险救援车辆50余辆，大型机械设备20余台，专业医疗救护队5支，紧急疏散尾矿库下游村民500余人。演练结束后，各单位及时总结经验、完善预案，以确保尾矿库安全度汛。

（张鹏鹏）

【油库应急演练】 6月25日，中国石油化工股份有限公司密云石油分公司模拟“油库工作人员操作不当引起储油罐起火的危险情况"，开展应急救援演练。县安全监管局、县消防大队到场并对本次演练进行讲评，要求各加油站按照应急管理相关要求定期开展应急救援演练，定期维护保养应急物资，全员参加并留存文字和影像资料，切实提高应急处置能力。

（刘佳）

【建筑消防应急演练】 6月30日，密云县安全监管局、住房城乡建设委、应急办、体育局、总工会、公安消防支队联合北京城建六建设集团有限公司在密云县体育局体校综合楼改造现场举行建筑行业消防应急演练。演练模拟密云县体校综合楼装修改造工程结构内，管路焊接施工作业时，焊花引燃现场可燃材料，发生火灾。现场管理人员迅速组织工作人员疏散，并在火场周围拉起警戒线。义务消防员利用消防设施实施灭火救援，公安消防支队迅速到达施工现场，拟定救援方案并实施灭火，成功扑灭明火。演练结束后，县住房城乡建设委相关负责人对演练进行总结。要求各单位通过演练检验预案的可操作性，做到切合实际，实施有效；做好各类应急救援物资的储备工作，保证物资充足；及时总结经验和不足，提高全员安全意识。

（柳世杰）

执法监察

【夜间突击检查】 2月16日，密云县安全监管局成立安全生产执法检查小组，对全县烟花爆竹零售网点及加油站的安全生产情况进行夜间突击检查，重点检查应急值守制度落实、应急救援物资配备等情况。抽查企业10家，其中烟花爆竹销售网点5家、加油站5家。从检查情况看，烟花爆竹销售网点和加油站均有专人进行值守，网点内存放的烟花爆竹品种、数量符合规定要求。但个别烟花爆竹销售网点存在销售棚内设置临时照明的事故隐患，检查组督促其当场整改完毕。

（李磊）

【汛期用电专项执法检查】 6月11日至30日，密云县安全监管局开展用电安全暨特种作业领域"双打"专项执法行动。此次专项行动邀电气专业技术人员协助执法人员进行检查。抽查18家生产经营单位，查处电工防护用品逾期未检、配电室堆放杂物等事故隐患100项。各镇街及开发区安全管理人员检查生产经营单位53家，特种作业人员272人。通过专项行动，严厉打击电气作业违法违规行为，强化特种作业及特种设备作业人员持证上岗意识，完善特种作业人员基础台账，有效预防用电安全事故的发生。

（李磊）

【涉氨企业执法检查】 8月25日至9月1日，密云县安全监管局对全县液氨储存、使用企业进行集中执法检查，重点检查各单位应急值守、领导带班、特种作业人员持证上岗、设备设施检测维护等情况。检查发现个别单位存在安全设备未定期检测、检查记录填写不规范等事故隐患，检查组责令企业立即整改。此次行动，检查企业8家，下达责令限期整改指令书6份，查处安全隐患30项，约谈企业1家。

（李磊）

【非煤矿山专项执法检查】 11月27日至12月2日，密云县安全监管局开展非煤矿山企业安全生产专项执法检查。检查非煤矿山企业5家，查处各类隐患69项。经复查，隐患整改完毕。县安全监管局对企业提出3项要求：一是高度重视四个自查，即安全生产标准化整体运转情况、生产设备设施检修情况、作业现场安全状况和按照矿山设计开采情况的检查。二是落实地下矿山企业领导带班下井制度、人员出入井登记制度、入井作业前安全检查和气体检测制度、井下发现隐患征兆时先撤人后报告制度等地下矿山安全管理制度。三是加强外协用工的管理，各非煤矿山企业要与外协单位签订安全管理协议，明确管理职责。将外协工安全生产管理纳入本单位安全管理体系，保障外协工安全生产教育培训、职业健康保护、劳动保护等权利。

（李磊）

【工业气体经营单位执法检查】 12月9日至16日，密云县安全监管局对全县9家工业气体经营单位进行集中执法检查。检查中，共发现安全隐患24项，主要集中在气瓶存储区未设置防倾倒措施等方面。执法人员责令相关单位限期整改并监督整改完毕。

（李磊）

职业卫生监督检查

【职业卫生总结部署会】 3月13日，密云县安全监管局召开职业卫生、粉尘防爆和工贸企业有限空间工作会议。会议总结职业卫生工作，通报密云县职业病防治评估成绩，对职业卫生基础建设、“一企一书”、用人单位职业病危害告知与警示标识设置双达标工作进行部署。会议要求各镇街、经济开发区认真开展本年各项重点工作，加强粉尘防爆和工贸企业有限空间监督管理工作，预防事故发生。

（马尚彬）

【有限空间及粉尘防爆安全培训】 5月12日，密云县安全监管局组织开展工贸企业有限空间及粉尘防爆安全管理培训。邀请市安全监管局监管相关负责人授课，培训内容侧重工贸企业生产过程中进行有限空间危害和粉尘防爆辨识及管理，防范有限空间和粉尘爆炸事故。通过培训，加强工贸企业有限空间和粉尘防爆安全管理工作，提升管理人员安全意识，普及有限空间及粉尘防爆相关知识。

（马尚彬）

【职业卫生培训班】 5月14日至15日，密云县安全监管局分两批对镇街和开发区管委会用人单位主要负责人和职业卫生管理人员开展职业卫生培训。培训内容主要针对用人单位主要负责人应履行自身职业病防治主体责任，按照职业卫生法律法规规定落实职业病防治工作，普及职业卫生管理知识。培训后进行考试，使用人单位掌握职业卫生管理的基本内容、方法和要求。

（马尚彬）

【职业病防治管理】 7月13日至16日，密云县安全监管局联合矿山公司对5家矿山企业职业病防治管理工作进行专项检查。经查，被检查单位能够按照《中华人民共和国职业病防治法》和相关规章规范本单位档案管理、场所检测、职业健康体检和个人职业防护用品佩戴等方面工作，生产车间内加建隔音监控室实际使用情况良好。县安全监管局和矿山公司要求各矿山企业巩固、完善职业卫生防护设施建设，采取科学有效措施为广大一线员工提供健康的工作环境，保障一线员工安全健康。

（马尚彬）

【有限空间和粉尘防爆工作会】 8月26日，密云县安全监管局组织全县各镇街、开发区有关人员召开密云县工贸企业有限空间和粉尘防爆工作会。会议根据国家安全监管总局及市安全监管局提出的工作要求进行详细部署，要求各镇街、开发区在有限空间和粉尘防爆辨识排查的基础上，对辖区内涉及有限空间和粉尘防爆企业重新进行排查确认。会议通报国家安全监管总局《工贸企业有限空间作业安全管理与监督暂行规定》和工贸企业有限空间管理、粉尘防爆等相关内容，明确工贸企业有限空间和粉尘防爆检查要求，布置安全检查工作。

（马尚彬）

【职业病危害防治评估】 12月10日至11日，按照市安全监管局工作要求，市安全生产科学技术研究院和市化工职业病防治院6位专家组成评估组，到密云县开展职业病危害防治评估工作。评估组随机抽取汉拿世特科（北京）汽车部件有限公司等20家涉及职业病危害因素企业，采取查看职业卫生档案资料方式进行评估。随机抽取北京力达塑料制造有限公司等4家企业，采取查看职业卫生档案资料和现场考核方式进行评估。通过评估，专家组对密云县职业病危害防治工作给予充分肯定。

（马尚彬）

【职业卫生统计报告】 9月至12月，密云县安全监管局组织各镇街、开发区及所属涉及职业病危害因素的企业开展职业卫生统计填报工作。据统计，密云县职业卫生统计填报系统中存在职业病危害因素企业247家，上报247家，上报率100%。通过开展职业病危害因素统计填报工作，为全县职业卫生监管工作提供基础数据支持。

（马尚彬）

宣传培训

【安全员入职培训】 1月5日，密云县安全生产专职安全员入职培训班在北京全诚劳务派遣公司正式开班。培训共计148学时，主要内容包括安全生产法律法规等理论知识、军事化训练、安全生产交流讨论活动以及现场安全检查实践活动。通过培训，使安全生产专职安全员能够掌握现行安全生产法律法规、安全生产检查方法、事故预防与应急处置等知识，从而提高安全生产管理能力，为从事安全生产检查工作奠定基础。副县长郭鹏要求：一要认清形势，提高认识。充分认识安全生产工作的严峻形势，增强做好安全生产工作的紧迫感、责任感和使命感。二要认真学习，明确权限。要认真学习安全生产相关知识，了解安全生产专职安全员需要履行的职责以及政府部门的监管职责，围绕推进“四化”进程、健全3个体系、提高双基水平的总任务开展工作。三要严格要求，确保实效。要树立正确的态度，坚持学以致用。

（陈旭）

【安全生产诗歌征集活动】 2月至5月，密云县安全监管局与文化委、广电中心、团县委联合在全县范围内开展“安全第一，生命至上”诗歌征集活动。活动共收到原创诗歌90余篇。通过活动的开展，提高社会公众的安全意识，在全社会营造良好的舆论氛围。

（陈旭）

【安全生产条件普查培训】 4月13日，密云县安全监管局在鼓楼街道举行安全生产条件普查培训会，邀请北京市劳动保护研究所专家讲解安全生产条件普查标准和普查系统软件的使用。各镇街、开发区以及外聘普查员546名工作人员参加培训。通过培训使普查人员认识到开展安全条件普查对全面掌握密云县生产经营单位安全生产现状、推动企业安全生产主体责任落实、提升全县安全生产监管监察水平具有重要意义，掌握安全生产条件普查的工作流程和具体内容，为安全生产条件普查顺利展开奠定基础。

（张鹏鹏）

【模拟检查课堂】 4月28日，密云县安全监管局在北京华云人防古建构件厂开设模拟检查课堂，组织穆家峪、巨各庄、河南寨、西田各庄等乡镇的23名安全生产专职安全员进行实地安全检查技能培训。在模拟检查地点，县安全监管局在保证安全的前提下预先设置15处安全隐患点。参训专职安全员逐一到现场进行模拟检查，并开具执法文书。模拟检查后，县安全监管局对专职安全员开具执法文书进行汇总，发现多数专职安全员能够查出8项隐患，较好的查出11项。县安全监管局监察人员对预设的隐患向在场专职安全员进行讲解，并对此次模拟检查在执法文书使用、隐患发现率、执法检查程序等方面进行讲评。

（李磊）

【党政机关领导专题培训班】 5月16日，密云县委组织部、县安全监管局在密云党校共同举办安全生产专题培训班。全县各机关单位党政“一把手”、副职领导230余人参加培训。此次培训班邀请国家安全监管总局政策法规司副司长邬燕云对新修订的《中华人民共和国安全生产法》进行讲解。邬燕云主要从法律修改、总体思路、主要内容、近年特别重大事故追究等方面诠释新修订的《中华人民共和国安全生产法》精髓。通过培训，强化“党政同责、一岗双责”，提高党政“一把手”责任意识和“红线”意识，拓宽工作思路和工作方法，建立“生产经营单位负责、职工参与、政府监管、行业自律、社会监督”工作机制，为构建安全生产齐抓共管的工作格局奠定基础。

（陈旭）

【家庭燃气安全知识竞赛】 5月30日，密云县安全监管局、市政市容委、总工会、妇联在密云县工人俱乐部联合举办北京市家庭燃气安全知识竞赛密云赛区选拔赛。经各镇街选拔赛分别推选的18组参赛家庭参加县级复赛。分组比赛后密云镇、东邵渠、穆家峪、新城子、河南寨、溪翁庄选拔的6组家庭入围决赛。比赛现场各组家庭精神饱满，观众互动环节积极踊跃，现场气氛热烈，达到普及安全知识、增强群众安全意识的预期效果。经过个人必答题、抢答题、团体必答题、风险题4个环节角逐，最终穆家峪代表队脱颖而出，以230分的优异成绩夺冠，其他代表队分别获得二、三等奖。活动结束后，现场举行颁奖仪式，活动主办单位领导为获奖单位颁发荣誉证书。

（陈旭）

【安全生产月活动】 5月，密云县安委会办公室结合实际，制定并下发《2015年密云县“安全生产月”活动方案》，对安全生产月活动进行安排部署。全县开展用电安全警示教育周、隐患集中排查治理周、新修订的《中华人民共和国安全生产法》集中宣传周、安全生产应急演练周等活动，各镇街、各部门、各单位结合实际开展区域性活动、行业活动等特色活动，丰富安全生产月活动内容。

（陈旭）

【宣传咨询日】 6月16日，密云县安委会办公室在经济开发区同方人工环境有限公司组织开展以“强化依法治安意识，建设安全发展城市”为主题的全国安全生产月宣传咨询日活动。县委宣传部、安全监管局、公安局、应急办、教委、民防局、广电中心、总工会、团县委、妇联、市政市容委、地震局、民防局、气象局主管领导和相关负责人参加活动，市安全监管局相关领导也到现场参加宣传活动。活动现场设置“12350”宣传咨询台，集中摆放安全生产宣传展板80余块。在活动中向职工群众发放主题招贴画、宣传法律读本、环保袋、标语、宣传扑克、围裙等各类宣传资料和宣传品1万余份。

（陈旭）

【“我是安监人”文艺汇演】 7月28日，密云县安全监管局、总工会在密云县工人俱乐部联合举办“我是安监人”安监系统文艺汇演。副县长郭鹏、县总工会主席何丽娟、县安全监管局局长张艳生以及县安委会各成员单位、各镇街主管领导观演。小合唱《相亲相爱一家人》拉开序幕，随后演出情景剧《考察》、舞蹈《曙光》、诗歌朗诵《相信未来》和大合唱《光荣安监人》等节目。县安全监管局全体人员及120名安全生产专职安全员参加汇演活动。

（陈旭）

【执法专项培训】 7月31日，密云县安全监管局开展首批安全生产执法专项培训。此次专项培训针对河南寨、开发区、十里堡、密云镇、溪翁庄、西田各庄6个乡镇的35名安全生产专职安全员，根据所在辖区工业企业情况进行讲解。培训采用图文并茂课件，采用互动交流和随时解答的教学方式，以提升专职安全员实际执法检查技能。

（李磊）

【职业技能竞赛】 9月，密云县安全监管局组织开展“职工技协杯”竞赛活动。活动包括理论考试和现场检查部分，一是在全县范围内开展安全生产专职安全员安全监管技能大比武活动，比赛内容与全市职业技能竞赛内容相同。二是根据技能竞赛考试大纲，统一进行重点内容学习和考试题库难题讲解，要求参加竞赛执法人员每天至少自学2个小时，或以科室为单位进行讨论交流。三是要求执法人员在日常执法检查的基础上，有针对性地对考试大纲内容进行现场模拟检查，熟练掌握执法检查流程，并准确指出常见隐患的法律法规依据。四是开展模拟测试，组织参赛人员以科室为单位在准备参赛的同时进行模拟测试，检验学习效果，并按照模拟测试的情况，查缺补漏，掌握牢固知识点，达到熟练掌握的效果。

（陈旭）

【专职安全员执法业务技能竞赛】 10月，密云县安全监管局在全县范围内开展安全生产专职安全员执法检查技能竞赛。活动包括安全生产理论知识考核、现场检查技能考核以及安全生产知识竞赛3部分，按照各单位团体平均成绩评出6支参赛队伍进入决赛。11月25日，县安全监管局在工人俱乐部举办安全生产知识竞赛决赛。决赛内容包括安全生产有关法律法规，危险化学品、应急救援、职业安全健康管理等安全生产知识与执法检查常识。经过个人必答题、抢答题、团体必答题和风险题4个环节的激烈角逐，最终巨各庄镇代表队以250分的成绩获得冠军，开发区、穆家峪镇代表队获得二等奖，经济信息化委、密云镇、高岭镇代表队获得三等奖。本次活动还评选出个人奖12名、优秀组织奖6个。

（陈旭）

法制建设

【普法督查考核】 8月19日，密云县法制宣传教育领导检查小组对县安全监管局“六五”普法工作进行检查验收。首先听取县安全监管局“六五”普法自查报告，随后从“组织领导、重点对象、法律六进、宣传形式和载体、主题宣传活动、法治创建、工作保障”7个方面查阅近5年县安全监管局普法工作相关文件资料。检查组对县安全监管局5年来普法工作取得的成效表示肯定。检查组提出两点意见：一要不断加强安全监管系统内部法律宣传；二要探索创新宣传形式，加强对社会群众的法律宣传。

（陈旭）

【行政审批督查考核】 9月18日，市安全监管局到密云县对2014年7月1日至2015年6月30日期间的行政审批工作进行督查考核。检查组听取县安全监管局行政审批工作情况汇报，与企业负责人座谈调研，了解企业在办理行政许可过程中遇到的问题、困惑及对许可工作建议。检查组到相关科室调阅许可项目档案，了解县安全监管局贯彻落实市委、市政府关于行政审批制度改革情况。检查组对县安全监管局行政审批工作取得的成效给予肯定，并提出两点意见：一是不断提高行政审批质量和效率；二是分管领导要严把审核关。

（陈旭）

标准化建设

【矿山企业标准化建设】 4月，密云县安全监管局联合县冶金矿山公司启动矿山选矿厂安全生产标准化达标工作，落实选矿厂安全管理责任和安全管理制度，规范作业现场安全管理，提升选矿厂本质安全水平，有效防范和遏制矿山企业生产安全事故的发生。密云县5家矿山企业通过开展国家一级安全生产标准化达标创建工作，完善安全生产责任体系，健全安全生产管理制度，提高安全生产水平。

（张鹏鹏）

【危险化学品标准化复评部署】 5月14日，密云县安全监管局召开危险化学品从业单位安全生产标准化复评工作部署会，53家危险化学品从业单位主要负责人参加会议。县安全监管局部署复评工作目标、开展程序、机构选择和工作时限，并对评审标准和开放要素进行讲解。县安全监管局要求各单位负责人重视复评工作，为复评达标做好充分准备，加大软件硬件投入力度，确保复评顺利通过。

（刘佳）

【小微企业标准化验收】 6月，密云县安全监管局对全县小微企业安全管理人员分批进行集中培训，要求企业将标准化评审过程中发现的隐患问题，经整改后的情况上报有关部门申请验收。有关部门按照以查代评的原则，对小微企业岗位达标创建工作进行评审。截至12月，全县验收达标企业 695 家，并按照市局要求，以 10%比例对达标单位进行抽查，均符合要求。通过开展此项工作进一步提高小微企业的安全生产水平，有效遏制生产安全事故的发生。

（张鹏鹏）

【标准化部署会】 8 月 14 日，密云县安全监管局召开安全生产标准化工作部署会。会议下发《2015 年密云县安全生产标准化工作方案》和《密云县安全生产委员会办公室关于印发密云县小微企业安全生产标准化达标管理办法的通知》等文件，总结 2013 年和 2014 年全县标准化创建工作情况，研究和部署 2015 年三级标准化和岗位达标创建工作目标和任务，并讲解小微企业安全生产标准化评定标准和申报、评审程序。县安全监管局提出“普遍发动，行政推动，企业自愿，规范创建”的工作要求，确保按时保质完成三级标准化和小微岗位达标创建工作。

（张鹏鹏）

【标准化培训班】 9 月 10 日，密云县安全监管局举办 2015 年安全生产标准化培训班。会议提出安全生产标准化工作要求，明确时间节点。培训班邀请中国安全生产科学研究院专家授课，对安全生产标准化评审标准和工作流程、网上系统申报进行讲解，并确定各企业评审标准。此次培训为顺利完成标准化达标创建工作打下基础。

（张鹏鹏）

【标准化达标验收】 11 月，密云县安全监管局邀请安全生产标准化专家并联合全县各镇街、各部门，集中开展全县企业三级标准化达标验收工作。标准化评审组采取公平、公正、公开的原则，按照安全生产标准化评定标准和有关规定，采取查阅企业文件资料、实地检查、询问及现场抽考有关人员等方式，全面进行审查，完成全年验收工作。有 31 家企业验收合格，取得安全生产三级标准化企业称号。

（张鹏鹏）

延　庆　县

概　　述

2015 年，延庆县安全生产工作在县委、县政府的领导下，经过县安委会成员单位、乡镇街道和各单位的共同努力，全县安全生产形势继续保持稳中向好态势，安全生产事故连续 10 年未突破市安委会下达的控制指标，被市安委会评为“2015 年度安全生产工作先进区县”。

一、强化责任意识，构建长效机制。县委常委会、县长办公会多次听取全区安全生产工作汇报，区领导经常采取“四不两直”方式，深入一线检查安全生产工作。区政府与全区 62 家处级单位签订《安全生产责任书》，明确工作职责、任务和要求。安全监管、公安、消防、质监、商务、建设、旅游、市政市容等部门扎实开展危险化学品、建筑施工、人员密集场所、“六打六治”等重点行业领域联合执法，有效遏制事故发生。检查生产经营单位65325家次，发现隐患问题19316项，下达执法文书16874份，罚款2203.97万元。

二、开展执法检查，消除安全隐患。县安委会集中开展安全生产大检查深化“打非治违”和专项整治工作，组织检查组5698个，检查企业14905家次，打击非法违法行为37592起，整治违规违章行为8645起，发现隐患49622项，整改49154项，整改率99%。安全监管部门坚持“全覆盖、零容忍、严执法、重实效”的总体要求，相继开展重点建设工程、文化娱乐场所、危险化学品等33次专项执法行动，加强对全县44家危险化学品生产经营单位、51家建材、机械和轻纺行业企业以及142家职业危害单位安全监管工作。检查生产经营单位3468家次，下达行政执法文书3097份，查出事故隐患3401项，完成隐患整改3352项，整改率98%。实施行政处罚107起，罚款157.2万元。

三、抓好重点工作，夯实监管基础。将企业安全生产标准化工作纳入县政府年度折子工程，召开安全生产标准化工作动员部署会，明确工作目标和工作重点，对推进安全生产标准化较快的企业给予奖励。开展安全生产条件普查工作，全县普查生产经营单位7671家，其中：一般法人单位319家，小规模法人单位1200家，大型个体工商户28家，小型个体工商户4617家，在建工程项目部6家，商市场（综合楼宇）内生产经营单位1501家（法人单位142家，个体工商户1359家）。推动安全生产责任保险试点工作开展，安全生产责任保险投保工作在9大行业取得突破，投保102家次，投保费用73.05万元。

四、加强宣传教育，弘扬安全文化。开展“百名专家服务万家企业”活动和“百名安全监管干部与万家企业主要负责人对话谈心”活动，深入全县140家“五小企业、六小场所”和工业企业、人员密集场所、危险化学品等关键行业的90家重点监管企业，与企业的主要负责人进行对话谈心，宣传法律法规，听取意见建议，增强企业负责人安全生产主体责任意识。围绕“强化依法治安意识 建设安全发展城市”安全生产月活动主题，开展家庭燃气知识竞赛、安全生产情景剧大赛、安全微小说征集、有限空间作业大比武、“一对一”应急实战演练、手机彩漫等13项宣传教育活动，组成安全生产宣讲团，深入延庆镇和八达岭镇及企业、社区和工地等场所进行安全生产宣讲，宣传安全生产工作法律法规、“北京安监精神”以及安全生产工作常识，提高全民安全生产意识，营造良好社会氛围。

综合监管

【控制指标】 本年，延庆县发生安全生产事故死亡33人，占市安委会下达年度安全生产控制指标的89.19%。其中，道路交通事故死亡32人，同比增加1人；生产安全事故死亡1人，同比持平。未发生火灾和铁路交通死亡事故。

（杨光）

【“两节”期间检查】 元旦期间，延庆县安委会办公室制发《关于加强元旦、春节期间安全生产工作的通知》（延安办发〔2015〕36号），要求安委会各成员单位部署落实“两节”期间安全生产工作，加强监管，抓好重点行业和领域安全生产工作。1月至2月，出动检查人员5320人次，检查生产经营单位3101家次，发现隐患问题1324项，下达执法文书454份，行政处罚13006起，罚款157.3万元。

（杨光）

【住宅内非法违法生产经营整治】 1月至7月，延庆县安委会组织开展全面清理住宅内非法违法生产经营活动专项行动。全县行政村内张贴《关于严禁住宅内从事非法违法生产经营活动的通告》380余份，发放《致全市居民的一封信》4500余份，出动执法人员4323人次，执法检查805次。

（杨光）

【安全生产总结部署会】 2月13日，延庆县安委会召开全县领导干部会，总结2014年安全生产和应急管理工作，部署2015年安全生产重点工作，并就春节期间应急值守和城市运行保障工作进行部署。县委、县政府领导和各部门、各乡镇街道党政“一把手”参加会议。会上，副县长刘兵总结2014年安全生产工作，部署2015年重点工作。常务副县长张素枝总结2014年应急管理工作，部署2015年重点工作。县委副书记胡耀刚部署全县春节期间应急值守和社会安全稳定工作。县长李先忠与安委会成员单位代表签订2015年度安全生产责任书。县委书记李志军讲话并提出工作要求。

（杨光）

【县领导春节前安全检查】 2月12日至15日，延庆县县长李先忠，常务副县长张素枝，副县长刘兵、刘明利等县领导带领县政府办、安全监管局、质监局、农业局、工商分局、公安消防支队等部门执法人员，分别对烟花爆竹零售网点、加油站、旅游景区、餐饮企业、百货商场、文化娱乐场所等重点区域进行节前安全生产检查。各职能部门根据各自职责，分别对存在问题的单位提出整改要求，责令其按要求进行整改。县安全监管局对存在安全隐患的单位下达责令限期整改指令书，均在规定期限内整改完毕。

（程文杰）

【民俗户节安全检查】 2月13日，延庆县安委会办公室组织县市政市容委、旅游委、食品药品监管局、工商局、质监局、安全监管局、公安消防支队和井庄镇开展柳沟村民俗户安全生产检查工作。一是组织柳沟村所有民俗户召开春节前安全生产工作动员部署会；二是对8家民俗户燃气使用、电气线路敷设、预防煤气中毒、食品安全和消防器材配备等方面进行检查；三是组织召开现场协调会。

（程文杰）

【元宵节安全检查】 3月5日，延庆县副县长刘兵带领县安全监管局、公安消防支队、经济技术开发区等职能部门对中石化延庆鑫鑫旺园加油站、北京迪威尔石油天然气技术开发有限公司机电设备分公司两家生产经营单位的应急疏散通道、消防器材配备、劳动防护用品配备、职业卫生、从业人员安全教育培训等情况进行安全生产检查。针对检查发现的问题，各职能部门根据各自职责，分别对存在隐患问题的单位提出整改要求。经复查，隐患问题整改完毕。

（闫淑亮）

【施工企业约谈】 3月26日，延庆县安全监管局组织城建万科项目部、建雄马铃薯项目部、七中风雨操场项目部等10余家建筑施工企业主要负责人和安全管理人员召开约谈会。会议通报典型事故案例，讲解新修订的《中华人民共和国安全生产法》。县安全监管局负责人分析安全生产形势，并对加强安全生产工作提出具体要求。会后为各企业发放光盘、海报、书籍等安全生产宣传材料60余份。

（闫建杰）

【第二季度安全生产工作会】 5月12日，延庆县安委会召开第二季度安全生产工作会。会上，县住房城乡建设委通报1月至4月建筑施工安全检查情况，部署建筑施工安全工作，县安全监管局通报“5·7”自建房屋垮塌事件情况，部署安全生产工作。副县长刘兵参加会议并就做好第三季度安全生产工作提出工作要求。要求各部门、各单位要从落实属地安全生产管理责任、强化部门安全生产监管责任、督促企业落实安全生产主体责任3方面入手，以高度的政治责任感和使命感，抓好安全生产各项工作，确保全县安全生产形势持续稳定。

（杨光）

【副县长带队安全检查】 6月2日，延庆县副县长刘兵带领县安全监管局、公安消防支队、住房城乡建设委等职能部门，到北京卓文时尚纺织有限公司、日上加油站、中银酒店等单位开展安全生产检查。检查组重点对各单位消防和电气安全进行检查，对检查中发现的安全隐患，下达责令限期整改指令书。副县长刘兵要求：一是各职能部门要高标准严要求，发现问题绝不手软；二是企业自身要提高安全意识，加强自查自纠，发现隐患迅速整改。经复查，隐患全部整改完毕。

（闫建杰）

【养老机构安全检查】 6月9日，延庆县副县长谢文征带领县民政局、安全监管局和公安消防支队负责人，采取“四不两直”的方式，对温馨之家养老院等3家养老机构的安全管理制度、应急预案和电气线路、应急疏散标识、消防器材配备情况进行安全检查。针对检查中所发现的隐患问题，各职能部门分别提出整改要求。经复查，隐患问题全部整改完毕。

（程文杰）

【第三季度安全生产工作会】 7月23日，延庆县安委会召开第三季度安全生产暨消防安全工作会，县安委会成员单位负责人、部分重点企业负责人参加会议。会上，县安全监管局、公安消防支队分别对2015年上半年全县安全生产和消防安全工作进行总结，分析研判安全生产形势，部署第三季度重点工作。副县长刘兵参加会议并讲话，要求各单位针对季节特点，开展安全生产和消防安全各项工作，落实安全生产监管（管理）职责。

（杨光）

【安全生产大检查及专项行动】 8月18日，延庆县安委会召开会议部署安全生产大检查及“六打六治”、危险化学品专项整治工作。会议决定：8月至12月，在全县范围内开展安全生产大检查和“六打六治”专项行动；8月17日至9月17日，对所有涉及危险化学品和易燃易爆物品的企业开展整治行动。

（杨光）

【副县长带队检查重点行业安全】 9月1日至2日，延庆县副县长谢文征、刘兵分别带领相关职能部门，采取“四不两直”的方式，对北京中义渔洋商贸中心、中踏广场、温馨之家养老院、中石化大城堡加油站和建材城等重点行业生产经营单位安全管理制度落实、应急值守、电气线路、应急疏散通道、应急疏散标识、消防器材配备等进行安全生产检查。针对检查中所发现的隐患问题，相关职能部门分别提出整改要求。经复查，隐患全部整改完毕。

（程文杰）

【行政机关安全抽查】 9月24日，延庆县安全监管局、公安消防支队、质监局联合对延庆镇办公楼、金宸大厦、县综合办公楼等县内部分行政机关办公场所安全自查情况进行抽查。针对检查中发现的消防中控室无人值守、操作人员无证上岗、消防设施不完好等问题，要求有关单位按照规定要求，制定整改方案，明确整改措施和责任人员，及时消除隐患。

（杨光）

【县领导国庆节前带队检查】 9月28日至29日，延庆县长李先忠和副县长魏怡、刘兵带领县安全监管局、质监局、旅游委和公安消防支队等部门，采取“四不两直”的方式，对2家危险化学生产经营单位和10家商场超市、餐饮企业、电影院开展国庆节前安全检查。针对检查发现的22项隐患问题，各职能部门分别对存在问题的单位提出整改要求。县安全监管局对存在问题的单位下达责令改正指令书，要求在国庆节期间加强日常管理，认真巡查，落实领导带班制度及各项安全防范措施，保障国庆节安全稳定。

（程文杰）

【第四季度安全生产工作会】 10月30日，延庆县安委会召开第四季度安全生产暨消防安全工作会。会议总结前三季度全县安全生产和消防安全工作，分析研判安全生产形势，部署第四季度重点工作。副县长谢文征参加会议并讲话，要求各单位在安全生产和消防安全宣传工作上要拓展渠道，创新形式，有所突破；要加快进度，统筹兼顾，确保全年各项工作任务顺利完成。

（杨光）

【安全生产责任体系】 本年，延庆县县委、县政府和县安委会制发《中共延庆县委　延庆县人民政府关于实施安全发展战略促进和谐宜居之区建设的意见》《延庆县人民政府关于进一步完善安全生产监督管理责任的实施意见》《中共延庆县委办公室　延庆县人民政府办公室关于印发〈延庆县安全生产“党政同责”规定〉的通知》《延庆县企业安全生产违法行为警示办法》《延庆县安全生产情况通报办法》《延庆县人民政府关于印发延庆县安全生产“一岗双责”实施办法的通知》《延庆县人民政府办公室关于印发延庆县安全生产事故隐患排查治理体系建设实施方案的通知》《延庆县人民政府办公室关于印延庆县安全生产约谈办法的通知》“1+7”责任体系制度文件，形成完善的安全生产责任体系。

（杨光）

【安全生产综合考核】 本年，延庆县安委会办公室运用台账检查、抽查检查、系统数据、综合评定等方式对全县各部门2015年安全生产工作开展情况进行综合考核。考核指标包括制度建设、组织领导、安全生产标准化、安全生产条件普查、专项整治、“安责险”、应急管理、宣传教育等14项内容。经考核，县市政市容委、旅游委、住房城乡建设委、经济信息化委、文化委、教委、工商分局、质监局、水务局、交通局和延庆镇、康庄镇、张山营镇、八达岭镇、旧县镇、井庄镇、珍珠泉乡、百泉街道、延庆开发区、八达岭开发区被评为延庆县“2015年安全生产工作先进单位”。

（杨光）

【企业消防安全专项整治】 本年，延庆县安委会在全县范围内开展劳动密集型企业及生产加工类作坊消防安全专项治理。排查劳动密集型企业5家，行政处罚2起，临时查封1起，拆除、更换泡沫夹心彩钢板面积5854平方米。

（杨光）

【专职安全员队伍】 本年，延庆县安全生产专职安全员队伍在日常安全生产检查、重点行业领域安全生产整治、安全宣传教育、安全生产条件普查、小微企业岗位达标创建等具体工作中发挥重要作用。检查生产经营单位15085家，下达执法文书10827份，排查并跟踪整改隐患9706项，整改率99%。参加各类演练、宣教活动417场，发放宣传材料60950份。在安全生产条件普查工作中，专职安全员排查底册17736家。

（杨光）

危险化学品安全监管

【危险化学品运输企业专项检查】 4月23日，延庆县安全监管局联合县交通局、公安局交通队对县域内道路危险化学品运输企业进行检查。针对个别单位存在的安全管理资料不完善、安全警示标识褪色等问题，执法人员下达责令限期整改指令书。

（刘新星）

【危险化学品安全生产大检查】 8月17日至9月17日，延庆县安全监管局组织县交通局、公安局、公安消防支队、城管执法局、质监局和各乡镇街道对县域内所有涉及危险化学品和易燃易爆物品的企业进行安全生产大检查。一是对危险化学品和易燃易爆物品生产、经营、仓储、运输企业进行事故隐患排查治理；二是按照有关工作要求，督促中石化北京延庆康庄油库和县域内两家涉氨企业推进危险化学品罐区和涉氨非制冷等一系列专项整治工作；三是对停产危险化学品生产经营企业和转产经营危险化学品企业进行检查；四是检查危险化学品和易燃易爆物品企业汛期、高温期间防汛措施和应急救援物资管理情况。

（刘新星）

【危险化学品行政许可】 本年，延庆县安全监管局完成危险化学品经营单位变更和申请35家。其中，首次申请2家，变更申请23家，延期申请10家。完成易制毒经营备案1家，危险化学品建设项目“三同时”设计审查1家。

（刘新星）

【罐区专项治理】 本年，延庆县安全监管局开展危险化学品罐区专项整治工作。重点检查企业危险化学品罐区的设计资质和安全监控、紧急切断阀、应急救援器材等安全装置配备、整改情况。要求涉及危险化学罐区专项整治的各单位按照工作要求，开展罐区内监测监控设施、特殊作业管理、设备设施管理、源头控制、隐患排查整治等7个方面的隐患自查整改工作，消除危险化学品罐区安全隐患。

（刘新星）

烟花爆竹安全监管

【烟花爆竹行政许可】 本年，延庆县有1家烟花爆竹批发单位，2家烟花爆竹长期销售网点。延庆县安全监管局受理15家烟花爆竹零售网点经营许可证申请，经审查14家零售网点商户取得烟花爆竹经营许可证，并与烟花爆竹批发单位、销售网点签订2015年烟花爆竹安全管理责任书。

（刘新星）

【烟花爆竹安全部署】 1月4日，延庆县安全监管局、公安局、工商分局、城管大队、公安消防支队联合召开会议，对准备申请烟花爆竹零售经营许可证的商户进行动员部署。会议通报《延庆县2015年春节烟花爆竹销售（储存）安全管理工作方案》，对春节期间烟花爆竹时间安排、零售网点各项安全管理规定、投保安全生产责任保险、违法经营“黑名单”、公安部门“三禁止、三报告、一登记”制度和雾霾天气停售措施等内容进行部署。

（刘新星）

【安全管理培训】 2月4日，延庆县安全监管局组织烟花爆竹批发单位和销售网点主要负责人、从业人员进行安全管理培训。主要对零售网点各项安全管理要求、零售大棚搭建和音、视频设备安装调试以及许可期结束拆除工作、每日安全巡查和投诉处理等内容进行培训，组织烟花爆竹零售网点全部销售人员进行考试。要求烟花爆竹零售网点：一是加强销售期间零售场所的日常检查、看护等各项工作；二是保持通信畅通，配合有关单位搭设零售大棚和安装音视频监控系统；三是守法守规销售烟花爆竹，严禁销售伪劣烟花爆竹产品。

（刘新星）

【烟花爆竹执法检查】 春节期间，延庆县安全监管局对烟花爆竹存储仓库和各零售网点进行日常检查和夜间检查。出动检查人员37人次、检查车辆12车次，检查烟花爆竹批发和经营单位40家次，下达行政执法文书12份，查处安全隐患10余项。

（刘新星）

【烟花爆竹配送、销售和回收】 春节期间，延庆县共配送烟花爆竹1500箱，价值45万元；销售烟花爆竹1380箱，价值42万元；库存烟花爆竹1020箱（其中回收烟花爆竹120箱），价值36万元。

（刘新星）

隐患排查治理

【醇基燃料专项整治】 6月到8月，延庆县安全监管局组织开展醇基燃料专项整治行动。一是组织各乡镇街道安全科排查县域内使用醇基液体燃料餐饮经营单位，完善基础台账，做到使用单位底数清、情况明。二是重点检查餐饮企业经营场所安全状况、危险化学品“一书一签”等情况，对于存在安全隐患、不能提供危险化学品“一书一签”的，责令企业停止使用醇基液体燃料。三是发现非法违法生产经营行为，依法从严查处。

（刘新星）

【废弃尾矿库防汛安全管理】 8月19日，延庆县安全监管局对大庄科乡废弃的金石通尾矿库进行执法检查。重点检查尾矿库排水是否畅通、植被生长是否正常、是否存在盗采等情况。县安全监管局要求有关单位针对汛期雨量较大的特点，提高警惕，加强对尾矿库隐患排查工作，落实监管职责，确保尾矿库汛期安全。

（刘新星）

【白酒制造企业专项整治】 9月23日，延庆县安全监管局组织北京市白酒制造企业安全生产专项整治专家对延庆的北京龙庆峡酒业有限公司和北京市八达岭酿酒公司的酒库、酿造车间、勾兑车间、包装车间等进行检查指导，针对防火分区、电气防爆、消防系统和自动化监控系统等方面指出16项安全隐患。专家针对企业存在的问题并结合企业实际情况分别提出合理化意见及整改措施。县安全监管局督促企业落实资金、时限、责任人、措施及预案，要求企业按照相关标准进行整改，推进延庆白酒制造企业安全生产专项整治工作，及时消除事故隐患，确保安全生产。所有隐患全部督促完成整改。

（程文杰）

【再生资源站回收点专项整治】 本年，延庆县安全监管局采取3项措施开展再生资源回收站点安全生产专项整治。一是制定《再生资源回收站点治理方案》，成立以主要领导为组长的工作小组，制定检查计划，确保工作有序开展。二是自5月1日起，按照计划每周一对再生资源回收站点进行专项检查。出动执法人员82人次，出动执法车辆24车次，检查再生资源回收站点150家次，查处各类安全隐患62项，下达责令限期整改指令书28份，立案查处1起。三是开展安全检查工作的同时，及时督促存在安全隐患的单位落实整改，经复查隐患全部整改完毕。

（程文杰）

【隐患排查治理体系】 本年，延庆县安委会成立隐患排查治理体系建设工作领导小组，负责隐患排查治理体系建设工作的指导，研究决定有关重大事项，并以县政府名义印发《安全生产事故隐患排查治理体系建设实施方案》。县安委会办公室制发《关于进一步做好安全生产事故隐患排查治理工作的通知》，明确乡镇街道、开发区及各职能部门工作职责和安全生产责任，通过层层落实责任、协调配合、监督考核等多种方式，做到隐患问题早发现、早控制、早排除，推动隐患排查治理落到实处。

（杨光）

【安全生产条件普查】 本年，延庆县安全监管局制定《关于开展北京市第一次生产经营单位安全生产条件普查工作方案》，成立领导小组，部署各阶段工作。普查生产经营单位7642家，其中：一般法人单位317家，小规模法人单位1191家，大型个体工商户28家，小型个体工商户4600家，在建工程项目部6家，商市场（综合楼宇）内生产经营单位1500家（法人单位141家，个体工商户1359家）。

（杨光）

【隐患自查自报系统】 本年，延庆县安全监管局结合安全生产标准化创建工作，强化安全生产事故隐患自查自报系统建设。安全生产事故隐患自查自报系统覆盖部门45个、属地乡镇街道20个，纳入自查自报企业973个。企业上报一般隐患数量117个，无重大隐患。

（杨光）

应急救援

【有限空间事故应急救援演练】 2月10

日，延庆县安全监管局参加县市政市容委在城东供暖中心举行的有限空间作业事故应急救援演练。演练模拟工作人员在进行有限空间作业时，发生人员中毒晕厥事件，现场工作人员及时进行抢救。整个演练分为下井作业前准备、下井作业、下井救援和送医院抢救4个阶段。演练环节协调有序，成功处置有限空间作业事故。

（闫淑亮）

【油库应急预案桌面演练】 6月2日，延庆县安全监管局组织县应急办、卫生计生委、公安局、环保局、交通大队、公安消防支队、康庄镇政府有关负责人参加与中石化康庄油库"一对一"生产安全事故预案桌面演练。以巡线员发现2号汽油罐进油管线发生破裂为开端进行桌面推演，按照发现险情后信息报告、处置中事态升级、救援风险评估、政府联合救援、事故成功处置的演练程序，各部门负责人按照演练流程完成推演，演练过程紧张有序。

（刘新星）

【油库应急预案演练】 6月17日，延庆县安全监管局联合县应急办、公安局、交通队、环保局、卫生计生委、公安消防支队、康庄镇政府在中石化康庄油库开展政府与重大危险源企业"一对一"生产安全事故预案应急演练。演练模拟油库工作人员在日常巡查中发现2号汽油罐进油管线发生破裂造成油品泄漏，随即将情况报告油库负责人，负责人启动预案进行紧急处置。处置中，堵漏材料与进油管线碰撞产生火花，油蒸汽遇到火花突然发生爆燃，造成人员烧伤，火势迅速蔓延。县安全监管局接到报告后立即建议县政府启动"一对一"应急救援预案，按照企业处置、处置中事态升级请求县政府支援、应急救援风险评估、应急救援处置和事故调查处理5个程序展开。演练历时1小时，参与人员83人，出动车辆11辆，各部门联合行动，快速高效对事故进行应急救援。

（刘新星）

【敬老院事故应急演练】 12月28日，延庆县安全监管局在北京温馨之家敬老院开展事故应急演练活动，20余名工作人员及老人参与演练。县安全监管局对演练进行指导，提出注意事项，并对参与人员教授正确使用灭火器材的方法。演练按照应急预案要求有序展开，过程中报警、疏散老人、伤员救护、灭火等各个环节协调有序、行动迅速。演练活动结束后，县安全监管局对演练进行点评，指出演练中存在的问题，提出有效解决办法，完善应急预案。此次演练，提高该敬老院事故应急处置能力，取得良好效果。

（程文杰）

执法监察

【人员密集场所安全检查】 1月7日，延庆县安全监管局联合区商务、公安、消防等部门对商贸总公司下属单位及租赁商户进行安全检查。针对检查中发现的人员密集场所存在电气线路敷设不符合规范、疏散通道堆放杂物、液化气使用不符合规范等安全隐患，执法人员对存在问题的单位下达责令限期整改指令书，要求在整改期间认真巡查，加强管理，落实各项安全防范措施。经复查，隐患问题全部整改完毕。

（程文杰）

【医疗机构安全检查】 1月30日，延庆县安全监管局、卫生计生委、质监局等部门对延庆县中医院、延庆县妇幼保健院、张山营镇社区卫生服务中心、永宁社区卫生服务中心的配电室、食堂、液化气间等重点场所进行安全检查。检查发现有的单位配电室缺少挡鼠板、液化气间缺少警示标识等安全隐患。检查人员分别对4家单位下达现场检查记录单，要求立即整改。各类隐患均在春节前整改完毕。

（程文杰）

【消防安全检查】 2月2日，延庆县安全监管局、公安消防支队、质监局、商务委对县域内重点人员密集场所开展为期一周的安全生产大检查。重点检查疏散通道、安全出口、消防器材、应急演练及教育培训等情况，要求各单位在春节期间加强巡查，落实各项安全防范措施，严防火灾等生产安全事故的发生。针对检查中发现的问题，检查人员责令单位立即整改，隐患问题均在春节前整改完毕。

（程文杰）

【交通行业联合检查】 2月5日，延庆县安全监管局、交通局等部门对北京龙庆峡出租汽车有限责任公司、北京八方达客运有限责任公司延庆分公司、北京明光辉汽车维修中心等8家单位进行安全生产联合检查。检查发现个别单位存在安全生产规章制度不健全、灭火器未按期检测等问题，检查人员下达责令限期整改指令书。要求单位在整改期间认真巡查，加强管理，落实各项安全防范措施，确保春运期间安全稳定。经复查，隐患全部整改完毕。

（程文杰）

【滑雪场执法检查】 2月5日，延庆县安全监管局、质监局对全县两家滑雪场开展执法检查。执法人员对存在安全隐患的单位下达责令限期整改指令书并监督整改消除，要求单位在运营期间加强安全管理，做好设备设施的安全防护和保养维护工作，确保安全生产。

（闫建杰）

【春节联合检查】 2月10日至11日，延庆县安全监管局、商务委、公安消防支队、工商局、质监局等职能部门对沃尔玛超市、人民商场、北京妫川双信商城有限公司第五分公司、北京永博瀚集贸市场中心、顺兴商店等8家人员密集场所、烟花爆竹销售点开展春节前联合检查。针对检查中发现的安全隐患，检查人员对有关单位下达责令限期整改指令书。经复查，隐患全部整改完毕。

（程文杰）

【人员密集场所执法检查】 2月11日，延庆县安全监管局对位于康庄镇的北京康庄兴隆生活消费品零售市场中心、北京快乐福超市、北京芙蓉小城餐厅3家人员密集场所进行安全生产执法检查。对于检查中发现的员工安全教育不到位、疏散通道未保持畅通等隐患问题，执法人员分别下达责令限期整改指令书，要求在节日期间加强对员工安全教育，保障疏散通道畅通，开展自查自纠，消除各类安全隐患。经复查，隐患全部整改完毕。

（程文杰）

【农家院安全检查】 2月15日，延庆县安全监管局、食品药品监管局、市政燃气办等部门对延庆县古城、韩郝庄村内的北京永昌丰隆农家饭庄、延庆县旧县镇韩双根农家餐厅等6家农家院进行安全生产检查。对于检查发现的部分农家院厨房间内液化气软管超长、缺少灭火器材、电气线路敷设不符合规范等安全隐患，检查人员提出整改要求，并明确整改期限。经复查安全隐患均在春节前整改完毕。

（程文杰）

【全国“两会”安全保障】 3月4日至6日，延庆县安全监管局联合相关职能部门，对龙庆峡、八达岭2家旅游景区和沃尔玛（北京）商业零售有限公司延庆妫水北街分店、北京豪杰尚品自助烤肉餐厅、北京好伦哥餐饮有限公司延庆分店、北京全味轩餐饮中心等8家餐饮企业，以及北京鑫捷酒店管理有限公司、北京满家福酒店管理有限公司、北京时尚爱思酒店管理有限公司等6家快捷酒店开展“两会”期间安全生产检查工作。检查发现隐患18项，各部门依据职责，对存在隐患的单位下达责令整改指令书并提出具体整改措施，监督隐患整改，确保“两会”期间安全稳定。

（程文杰）

【旅游景区安全检查】 4月14日至15日，延庆县安全监管局、旅游委、质监局、公安消防支队等部门对县域内野鸭湖湿地公园、北京龙庆峡旅游发展有限公司进行安全生产检查。重点检查电气设备、燃气使用、应急演练、教育培训等情况。针对检查中所发现的安全隐患，检查人员分别对2家单位下达责令限期整改指令书。要求各单位落实各项安全生产规章制度，做好从业人员安全教育培训，强化应急演练，保障旅游安全。经复查，隐患全部整改完毕。

（程文杰）

【游乐设施安全检查】 4月16日至17日，延庆县安全监管局、质监局、旅游委等部门对县域内北京八达岭双通滑车输送有限公司、北京八达岭索道有限公司、延庆县妇女儿童社会服务中心、北京龙湾国际露营公园有限公司4家游乐设施使用单位进行安全生产检查。一是查阅资料，主要检查各单位作业人员培训记录、应急预案建立情况；二是现场检查，重点检查各单位配电室挡鼠板、应急照明、灭火器、警示标识。针对检查中发现的安全隐患，检查人员分别下达责令限期整改指令书。要求各单位加强对大型游乐设施维护，重视大型游乐设施安全工作，确保人民群众生命安全。经复查，隐患全部整改完毕。

（程文杰）

【“五一”节前专项检查】 4月29日，延庆县安全监管局对八达岭、龙庆峡、玉渡山等旅游景区进行安全生产专项检查。向各单位发放安全生产宣传挂图和安全生产法律法规等材料，要求做好员工安全生产教育和培训工作，加强节假日期间领导带班和应急值守，落实责任，加强安全巡查，发现安全隐患及时整改消除。

（闫建杰）

【建筑工地执法检查】 5月至12月，延庆县安全监管局联合县住房城乡建设委等职能部门对县域内建筑施工工地进行安全生产执法检查。检查建筑施工单位200余家，行政处罚22起，罚款11.9万元。

（闫建杰）

【宗教场所安全检查】 6月10日，延庆县安全监管局、民族宗教办、公安消防支队等职能部门对北京基督教会延庆堂、天主教北京教区永宁教堂、泽润寺、岔道清真寺等宗教场所开展安全生产专项检查。检查发现部分场所存在电气线路敷设不符合规范、疏散通道未保持畅通等问题。县安全监管局对存在问题的单位下达责令限期整改指令书，要求各宗教场所在整改期间认真巡查，加强管理，落实各项安全防范措施，确保日常宗教活动安全有序。经复查，隐患问题全部整改完毕。

（程文杰）

【福利企业专项检查】 6月16日，延庆县安全监管局、民政局、公安消防支队等部门对北京金都泰拓冶金技术研究有限公司和延庆县救助站两家福利企业开展安全生产专项检查。检查中发现金都泰拓冶金技术研究有限公司存在电气线路敷设不符合规范、疏散通道堆放杂物、个别设备缺少操作规程等问题；延庆县救助站缺少疏散指示标识、个别灭火器过期。县安全监管局针对两家单位检查发现的安全隐患，分别下达责令限期整改指令书。经复查，隐患问题全部整改完毕。

（程文杰）

【废弃尾矿库汛期专项检查】 6月22日至24日，延庆县安全监管局组织有关乡镇政府对大庄科乡、千家店镇、井庄镇和张山营镇4座废弃的尾矿库进行防汛专项执法检查，各尾矿库地貌情况良好，坝堤坚固，排水通畅。

（刘新星）

【电梯安全专项检查】 7月27日至31日，延庆县安全监管局、质监局、商务委对中踏、沃尔玛等10余家大型商市场开展电梯安全专项检查。重点检查特种设备维修保养以及从业人员安全教育培训等情况。通过检查，发现存在维保人员不能及时到场、电梯紧急制动失灵、警示标识张贴不到位等隐患问题。执法人员责令相关单位立即停止设备使用，并组织专业人员进行维修，经复查合格后投入使用。

（闫建杰）

【学校施工工程联合检查】 8月3日至7日，延庆县安全监管局、教委、住房城乡建设委等职能部门，对永宁小学、旧县小学、四中等10余所学校的建筑施工工程开展安全生产联合检查。对于检查发现的安全生产培训记录不完善、应急救援预案不健全等36项隐患，检查组约谈教育相关施工负责人5人次，下发内业资料指导书9份，并责令进行整改。经复查，隐患全部整改完毕。

（闫建杰）

【工业企业执法检查】 8月28日，延庆县安全监管局、经济信息化委、质监局等职能部门对北京制造金属制品厂等5家工业企业进行联合执法检查。检查发现有的企业存在配电室缺少应急灯、配电室缺少灭火器、危险化学品未专库存放等安全隐患，县安全监管局下达责令限期整改指令书，责令存在问题的企业立即整改。

（程文杰）

【燃气专项检查】 8月18日至25日，延庆县安全监管局联合县燃气办、质监局等职能部门对北京夏都大地燃气有限责任公司等单位开展燃气专项检查。检查人员重点对电气线路敷设、现场监控系统等情况进行检查，对于检查发现的电气线路敷设不符合规范、监控摄像头损坏等隐患问题，分别下达责令限期整改指令书。经复查，隐患全部整改完毕。

（闫建杰）

【建筑施工安全检查】 9月8日，延庆县安全监管局对大庄科乡的残长城加固、铁炉村新农村改造和井庄镇的军都山渡槽加固项目3处建筑工地进行安全生产检查。检查发现个别单位存在施工人员未正确穿戴防护用品、施工现场未设置警示标识、施工现场邻边防护不到位等问题。执法人员对存在安全隐患的单位下达责令限期整改指令书，要求加强管理，落实安全防范措施，确保施工安全。经复查，隐患全部整改完毕。

（程文杰）

【老旧小区改造工程执法检查】 10月12日至14日，延庆县安全监管局会同县住房城乡建设委对县域内第二批老旧小区改造工程开展安全执法检查。检查组重点对各单位的临时用电、教育培训等情况进行检查，对检查发现的临时用电不符合规范、水平网破损、从业人员未按要求穿戴劳动防护用品等隐患问题，下达责令限期整改指令书，责令施工单位按要求限期整改。经复查，隐患全部整改完毕。

（闫建杰）

【供暖锅炉执法检查】 11月11日至13日，延庆县安全监管局、市政市容委、质监局、环保局等职能部门对县域内19家锅炉供暖单位49台锅炉进行为期3天的联合执法检查。检查组重点对供暖单位司炉工持证上岗、煤炭掩盖和炉渣处理、电气线路敷设、灭火器配备等情况进行检查。对于检查发现的配电柜前未设置绝缘胶垫、电气设备间堆放杂物、除尘设备无吸纳袋、燃煤及炉渣未覆盖等问题，检查组责令立即整改，并要求各单位落实安全生产责任制，加大安全巡查力度，保障冬季供暖安全。

（闫建杰）

【重点企业安全检查】 11月20日，延庆县安全监管局、民政局、质监局、公安消防支队等部门对城南供暖所、石河营建材城、北京八达岭金宸建筑有限公司县医院病房楼扩建工程施工现场、延庆县永聚养老院4家单位的配电室、特种作业人员持证上岗、电气线路敷设等情况进行安全检查。针对检查中所发现的问题，各职能部门根据各自职责，责令相关单位立即整改。经复查，隐患全部整改完毕。

（程文杰）

【文娱场所执法检查】 12月1日至3日，延庆县安全监管局对县域内网吧、台球厅等文娱场所开展安全执法检查。重点检查安全疏散通道、消防设施、安全警示标识等安全情况。对于检查发现的灭火器被遮挡、安全警示标识设置不符合规范等隐患问题，下达责令限期整改指令书。经复查，隐患全部整改完毕。

（闫建杰）

【大型活动安全保障】 本年，延庆县安全监管局加强对“2015北京世界马铃薯大会”“冰雪之城，激情冬奥”北京延庆欢乐冰雪季、“全国大众速度滑冰马拉松赛”等22项大型活动开展安全保障。提前对活动现场的临建设施搭建、临时用电、现场防护等情况进行执法检查，对存在安全隐患的单位下达责令整改指令书，并监督落实整改。出动执法人员165人次、车辆55车次，在重大活动举办过程中全程应急值守，确保活动顺利进行。

（程文杰、闫建杰）

【安全生产举报投诉】 本年，延庆县安全监管局受理安全生产举报投诉9件。其中：市安全监管局“12350”举报投诉中心转办4件，群众电话举报5件。通过对举报投诉核查，全部为安全生产隐患类。所有举报投诉事项均在规定时限内查办完成，并反馈给转办单位和举报人，办结率100%，满意率100%。

（于芳）

职业卫生监督检查

【有限空间作业培训】 3月19日，延庆县安全监管局组织中国联通延庆分公司工程部100余名工作人员进行有限空间作业培训。培训采取展示PPT、播放视频等形式，对有限空间作业相关政策法规、有限空间基本知识、从业人员防护用品和设备使用、安全教育培训、警示标识和有限空间作业事故案例分析及事故特点等方面进行讲解和指导。

（闫淑亮）

【职业病防治法宣传周】 4月29日，延庆县安全监管局联合区卫生监督所、人力社保局在中材科技风电叶片股份有限公司和北京天立成信机械电子设备有限公司2家工业企业举办《中华人民共和国职业病防治法》宣传周主题宣传日活动，发放《中华人民共和国职业病防治法》等法律法规、配套规章及标准等宣传材料近200份。

（闫淑亮）

【粉尘防爆专项检查】 8月，延庆县安全监管局对县域内涉及粉尘作业的工业企业进行专项检查。重点对安全生产各项规章制度、安全生产教育培训考核、作业现场设备设施、日常检查和应急管理措施等情况进行检查。针对检查发现的问题进行督促整改。

（闫淑亮）

【国庆节前职业卫生专项检查】 9月21日，延庆县安全监管局对县域内涉及职业卫生的重点企业开展专项检查。对企业职业病防治责任制度、职业卫生管理制度、职业卫生档案的建立情况，从业人员配备劳动防护用品、员工教育培训和体检、生产车间现场检测等情况进行检查。针对检查中发现的从业人员未正确穿戴劳动防护用品、员工培训教育不到位等问题，要求相关单位限期整改并监督其整改落实。

（闫淑亮）

【职业卫生申报】 本年，延庆县存在职业病危害的生产经营单位143家，完成申报并通过审核143家，申报率100%。

（闫淑亮）

【有限空间夜查机制】 本年，延庆县安全监管局建立有限空间夜查机制，针对夜间施工单位，开展高频次、高质量、不定期的夜间检查。应对夏季有限空间作业量持续上升态势，防止有限空间作业事故发生。

（闫淑亮）

【职业健康体检】 本年，延庆县安全监管局会同北京市化工职业病防治院在延庆县设置临时体检站，解决全县企业职工进行职业健康体检路途遥远、手续烦琐等问题。北京市化工职业病防治院到延庆经济开发区服装产业园为印刷、汽修等行业的260余名职工进行职业健康体检。

（闫淑亮）

【职业卫生培训】 本年，延庆县安全监管局举办两期职业卫生培训，142家生产经营单位的284名主要负责人和职业健康管理员参加培训，并通过考试取得《北京市用人单位主要负责人职业卫生培训合格证》和《北京市职业卫生管理员培训合格证》。

（闫淑亮）

宣传培训

【安全生产月活动】 5月25日，延庆县安委会办公室制发《2015年安全生产月活动方案》，成立由副县长刘兵为组长的安全生产月活动领导小组，举办安全生产咨询日、家庭燃气知识竞赛、安全生产情景剧大赛、安全微小说征集、有限空间作业大比武、“一对一”应急实战演练、手机彩漫等13项宣传教育活动。6月16日，在妫川广场举行以“强化依法治安意识，建设安全发展城市”为主题的2015年延庆县安全生产月宣传咨询日活动，市安全监管局、延庆县政府领导出席活动并讲话；县宣传部、总工会、妇联、团委、住房城乡建设委、商务委等22个部门主管领导参与宣传咨询；县安全生产协会、危险化学品企业、燃气企业、建筑施工企业和市政抢险、有限空间作业施工企业的代表，以及专职安全员代表组成方阵参加此次活动。县工商、交通、质监、卫生、消防、市政市容等职能部门在活动现场设置宣传咨询台，通过悬挂横幅、摆放展板、发放宣传材料、现场咨询等形式开展宣传咨询日活动。现场设置互动体验区，由公安消防支队和市政供暖所进行安全防护用品、消防车辆、消防器材以及有限空间设备展示，群众通过观看演示、互动体验增强消防安全意识，提升避灾自救技能。由市安全监管局副巡视员谢清顺、延庆县副县长刘兵带队，各部门负责人参加，分成6个组分别开展“六进”活动，在北玻院、沈家营镇施工工地、尚书苑小区、十一学校、八达岭景区、人民商场开展宣传教育活动。全区各乡镇街道、经济开发区、大型商市场、旅游景区、宾馆饭店、危险化学品企业及有关单位设立宣传分站。宣传活动设立宣传站48处，发放宣传挂图、各类折页等宣传资料7万余份。在全市安全生产月活动表彰中，延庆县获得“宣贯新安法—我来说安全”微小说和安全连环漫画征集活动优秀组织奖。

（杨光）

【家庭安全知识竞赛活动】 6月25日，延庆县安全监管局联合县总工会开展以“关注燃气安全　建设平安家庭”为主题的2015年延庆县家庭燃气安全知识竞赛活动。经过基层选拔和县级初赛，香水园街道代表延庆县参加由市安全监管局、市政市容委、妇联联合举办的市级复赛，获第三名。

（杨光）

【幼儿暑期安全教育】 6月25日，延庆县安全监管局到延庆第一幼儿园，开展以“快乐过暑假，安全是第一”为主题的暑期安全专题培训。通过讲故事的形式，向幼儿传授安全自防自救知识，深化预防火灾、触电、溺水安全意识，使教师和幼儿了解和掌握一些基本的安全措施和避险方法，提高自我防范意识和自护、自救的能力。

（杨光）

【安全生产宣讲团】 10月，延庆县安全监管局成立安全生产宣讲团，宣讲团以“服务安全生产大局、宣传政策法规、倡导安全发展”为宗旨，深入企事业单位开展安全生产法律法规、安全生产管理知识、安全生产事故案例分析、应急救援等方面的宣传培训。

（李辛）

【路桥员工安全生产培训】 11月4日，

延庆县安全监管局协调县安全生产协会专家到千家店镇对北京路桥瑞通养护中心十处施工人员进行《公路施工企业安全管理》培训讲座。参加培训30余人。培训主要针对公路施工企业管理知识、季节性施工注意事项、野外防火及预防煤气中毒等内容为员工进行讲解。

（闫建杰）

【燃气安全培训】 11月19日，延庆县安全监管局和区市政燃气办联合举办延庆县液化石油气安全检查专题培训活动。县有关部门和各乡镇街道、开发区相关工作人员百余人参加培训。培训针对液化气相关管理法律法规、乡镇燃气检查重点场所、餐饮场所液化气检查要点等内容进行讲解。

（刘新星）

【安全生产培训考核】 本年，延庆县安全生产指导中心举办特种作业培训班31期，培训人员2000余人次。举办生产经营单位主要负责人、安全生产管理人员培训班1期，83家单位213人参加培训并通过考试，获得安全培训合格证。举办高危行业培训班10期，286人参加培训考核，其中企业负责人15人，安全管理人员271人。

（杨光、时晓杰）

【特种作业考核】 本年，延庆县安全生产指导中心组织特种作业考核47期，1244人报名参加考试。其中：电工低压取证315人、复审215人；电工高压取证64人、复审315人；焊工取证123人、复审189人；有限空间取证11人、复审12人。考试合格发证950人。

（池江洋）

【“双百工程”】 本年，延庆县安全监管局开展“百名安全监管干部与企业主要负责人对话谈心”和“百名专家服务万家中小企业”活动，成立“双百工程”工作领导小组，制定工作方案，明确工作目标和工作任务。市县两级10名处级以上领导干部和全县150家企业主要负责人开展对话谈心活动，并深入140家企业开展指导服务活动，提高企业负责人及从业人员安全意识，促进企业主体责任落实。

（程文杰）

法制建设

【“六五”普法检查】 8月5日，延庆县人大常委会和县依法治县领导小组到县安全监管局，以听取汇报、查阅台账等方式对县安全监管局“六五”普法工作进行检查。检查组对县安全监管局在创新法制宣传方式、提高干部队伍学法用法能力和执法水平、法律“六进”等方面取得的成绩给予肯定，并对下一步普法工作提出意见和建议。

（李辛）

【微信公众号】 11月，延庆县安全监管局顺应信息技术发展趋势，开拓思路，打造与群众沟通的新平台，开通微信公众号。公众号以发送安全生产知识、动态、政策解读为主，通过宣讲团的大力宣传吸引大量企事业单位从业人员和社区居民关注，促进法律法规的普及工作。

（李辛）

【宪法日宣传活动】 12月4日，延庆县安全监管局在环球新意购物广场参加由县依法治县领导小组组织的“弘扬宪法精神，推动创新、协调、绿色、开放、共享发展”法律知识宣传教育活动，为过往群众提供现场咨询。发放法律宣传海报100余份、安全生产知识手册300余份。

（李辛）

【安全生产法宣传】 本年，延庆县安全监管局加强新修订的《中华人民共和国安全生产法》宣传贯彻工作，为企业送去新修订的《中华人民共和国安全生产法》单行本和安全生产宣传海报。执法人员在检查的同时对新修订的《中华人民共和国安全生产法》重点条款向企业管理人员进行解读，并解答企业提出的有关问题。

（闫建杰）

【案卷审查】 本年，延庆县安全监管局规范行政处罚案卷处理程序。全局行政执法案件在进行处罚告知前由法制科室对案卷的制作、证据的来源以及合法性等方面进行程序性审核，待审核完毕后统一发放案卷编号进行处罚，规范行政处罚的内部监督机制。

（李辛）

科技与信息化

【特种作业考点建设】 本年，延庆县安全生产指导中心对特种作业理论机房考场、电工实操考场、焊工实操考场、有限空间实操考场进行改建。实操考场设备均采用先进设备，与企业工作环境相结合，达到"标准化、信息化、现代化"三化考点的建设标准，并通过北京市安全生产考试中心验收，正式投入使用。

（池江洋）

【安全监管装备配备】 本年，延庆县安全监管局提高安全监管装备水务，为执法检查人员配备单警执法记录仪，做到执法人员和专职安全员人手一台执法记录仪，并为局执法科室配备双界面便携式IC卡读写器。根据县域内企业安全生产特点，为职业安全卫生监督管理科室配备防爆粉尘浓度检测仪、便携式粉尘检测仪和噪声计，为应急管理和事故调查科室配备防爆对讲机，为专职安全员配备特种作业读卡器、插座检测器、精密噪声声级计、便携式复合气体检测仪等安全监管装备。

（于芳）

【注册安全工程师考前辅导】 本年，延庆县安全监管局做好执法人员报考全国注册安全工程师的有关工作，利用每周五安全监管大课堂组织全国注册安全工程师考前辅导。有10名执法人员考取全国注册安全工程师资格，占符合报考条件人员的40%。

（于芳）

标准化建设

【标准化协调会】 3月，延庆县安全监管局召开安全生产标准化工作协调会，总结2014年标准化工作，讨论工作中存在的困难，研究部署2015年标准化重点工作。会议确定2015年标准化培训计划与工作目标，年底前创建三级以上达标企业100家，创建岗位达标企业500家。其中：三级以上企业达标创建工作重点在行业及开发区开展，岗位达标创建工作重点在各乡镇街道开展。会议决定由县安全监管局定期召开协调会交流工作情况，要求评审机构每月上报工作进展情况。

（杨光）

【企业负责人标准化培训】 4月1日，延庆县安全监管局、总工会举办安全生产标准化培训班。县商务委、住房城乡建设委、旅游委、发展改革委、经济信息化委、市政市容委、文化委、水务局、交通局、园林绿化局、八达岭开发区、延庆开发区、八达岭旅游总公司、八达岭特区等部门和单位有关负责人及各重点行业所属拟达标企业负责人200余人参加培训。培训邀请北京联合智业认证有限公司专家进行授课，主要针对开展安全生产标准化工作重要性和必要性，企业申报达标具体申报流程和标准进行讲解。

（杨光）

【旅游行业标准化创建】 4月，延庆县旅游委召开旅游景区等级复核暨安全标准化工作动员部署会，就开展安全生产标准化创建工作的重要性和必要性向参会人员进行宣传和动员。5月，县旅游委召开旅游行业安全生产标准化工作推进会，总结2014年旅游行业安全生产标准化工作开展情况，对下一阶段安全生产标准化达标创建工作进行部署。旅游行业生产经营单位按照县旅游委的统一部署，积极与第三方咨询服务机构接洽对接，推动旅游行业安全生产标准化创建工作顺利实施。年内，全县15家3A级以上旅游景区全部完成安全生产标准化创建工作。

（杨光）

【文化市场标准化培训】 5月19日，延庆县文化委召开文化市场安全生产标准化培训会，县有关部门和单位相关领导及县域内文化行业安全工作负责人参加会议。会议分析研究延庆县文化行业企业安全生产标准化建设工作推进的重点问题，并对下一阶段安全生产标准化工作进行部署。

（杨光）

【三级标准化达标企业检查】 8月6日，延庆县安全监管局对北京军山机械设备制造有限公司、北京凯宏鑫医药有限责任公司两家标准化三级达标企业进行检查。针对检查中发现的企业档案资料不够规范、灭火器过期、工人不按规定正确穿戴劳动防护用品等问题，检查人员下达责令整改指令书，要求企业限期整改。经复查，检查发现问题全部整改完毕。

（杨光）

【市检查组标准化核查】 11月27日，市安全生产科学技术研究院检查组到延庆县进行安全生产标准化工作现场核查。核查延庆开发区、八达岭开发区、康庄镇3个属地共6家企业安全生产标准化工作。检查组采用查阅档案材料、现场检查等方式，对已达标企业的安全生产情况进行核查，针对检查中发现的问题，下达整改通知单，要求企业限期整改。

（杨光）

【企业标准化达标创建】 本年，延庆县安委会办公室制发《关于加强2015年安全生产标准化建设工作的通知》，明确2015年延庆县安全生产标准化工作目标、评审机构及工作职责、保障措施和工作要求。要求全县各部门、各单位认真落实，扎实有序开展企业安全生产标准化达标创建工作。全年完成二级标准化企业达标11家，三级标准化企业达标120家，小微企业达标597家。

（杨光）

【标准化评审资金支持】 本年，延庆县对安全生产标准化三级及以上达标企业给予评审资金补助。对与评审机构签约且于8月底前完成评审的企业给予4000元的评审补助；于年底前完成评审的企业给予2000元的评审补助。全县120家企业完成安全生产标准化三级以上达标创建，发放补助资金25.2万元。

（杨光）

北京经济技术开发区

概　　述

2015年，北京经济技术开发区安全生产工作以“四化三体系双基”总任务为中心，推进各项安全监管措施的落实。坚持责任落实，健全管委会安全生产监管体制，建立安委会“三委合一”会议制度，构建安全生产责任体系；坚持问题导向，构建隐患排查治理体系，完成隐患排查治理体系建设试点、科研实验室隐患排查及危险化学品储存条件抽查工作；坚持预防为主，构建安全预防控制体系，推进职业卫生工作，实现职业卫生基础建设和职业卫生“双达标”，开展企业职业病危害因素辨识，推进安全生产应急管理示范企业试点工作，开展以危险化学品重点单位为核心的应急联动演练，完善应急物资补充配备；坚持科技兴安，推广工业园区危险化学品统一配送试点工作，建设开发区安全生产监管信息化系统，提升物联网监控服务水平；坚持依法行政，推进行政指导专项工作，梳理行政处罚权力清单，推行“双百工程”工程；坚持服务引导，优化政府资源社会服务，落实安全文化示范企业建设工作，完成安全生产条件普查工作；坚持固本强基，强化安全生产基础管理，推进安全生产标准化建设，开展安全生产月宣传和安全生产大检查活动，做好注册安全工程师使用试点和安全生产责任保险试点工作；坚持制度管理，夯实基层基础队伍建设，建立全员定期业务培训制度和政风行风监督员制度，做好专职安全员管理工作，提升安全生产保障能力。据统计，开发区安全监管部门出动执法人员1174人次，检查生产经营单位587家，下达执法文书356份，暂时停产停业整顿18家，立案15起，罚款44.4万元。排查整改各类隐患775项，隐患整改率100%。

综合监管

【控制指标】 本年，开发区发生安全生产事故死亡5人，占市安委会下达年度安全生产控制指标的62.5%。其中：道路交通事故死亡4人，同比减少2人；生产安全事故死亡1人，同比持平。未发生火灾死亡事故。

（孙鹏）

【安全生产部署会】 3月2日，开发区安全监管局召开2015年安全生产工作部署会，全区425家企业安全生产负责人参加会议。会议要求各企业开展各项安全生产管理工作，完成2015年生产工作任务，保障开发区安全生产形势持续稳定向好发展。

（王山）

【科研单位安全生产专题会】 6月9日，开发区安全监管局召开科研单位安全生产专题工作会，全区142家科研单位负责人参加会议。会上，区安全监管局有关负责人分析科研单位存在的风险点，通报工业园区危险化学品统一配送工作，并对隐患排查治理标准逐条进行说明。化工协会专家介绍《实验室危险化学品安全管理规范》。

（冯丽颖）

【工业园区安全生产专题会】 10月13日，开发区安全监管局召开安全生产专题会议，明确属地街道对工业园区物业单位的安全监管职责。会议决定，由街道负责工业园区物业单位及园区内无生产作业场所经营单位安全监管工作，街道应建立健全企业台账，加强对禁止使用压缩天然气、醇基液体燃料等情况的安全检查，并及时向区有关部门通报安全生产情况。

（赵伟）

【安全生产大检查“回头看”督查】 12月7日，市安委会办公室督查组对开发区安全生产大检查进行“回头看”督查。督查组对国务院安委会督查组检查的法美高新气体公司、SMC公司和赫凯加油站3家企业进行重点检查。针对国务院安委会督查组指出问题的整改情况进行逐项核实，要求开发区深化以危险化品为重点的安全生产大检查工作，解决突出问题，确保开发区安全生产形势持续稳定好转。

（王山）

【企业安全生产机构和人员设置】 本年，开发区安全监管局根据市安全监管局有关文件要求，以“底数清、起点高、行动快、执法严”为指导方针，督促企业依法设置安全生产管理机构和配备专、兼职安全生产管理人员，构筑企业三级安全生产防护网，做到机构设置、工作职能、信息公示“三统一”。全区6000余名专、兼职企业安全生产管理人员守卫在生产经营第一线，排查治理事故隐患，推进开发区安全生产形势持续稳定好转。

（赵伟）

危险化学品安全监管

【工业园区危险化品配送部署会】 5月21日，开发区安全监管局组织40家工业园区负责人召开危险化学品统一配送动员部署会。会议介绍试点园区统一配送取得的效果，并对2015年推广工作进行部署。要求各单位在5月至7月进行科研单位易燃液体类情况摸底，编写园区易燃液体类使用情况的报告，明确配送模式。8月至11月，园区牵头开展统一配送工作，区安全监管局提供专家资源、推进协调进度，实现40个园区危险化学品的统一配送。

（薛小敏）

【工业园区危险化学品配送沟通会】 7月16日，开发区安全监管局与博大经开股份公司召开推广工业园区危险化学品统一配送沟通会。会上，分析公司所属园区易燃类危险化学品情况报告，并对危险化学品统一配送工作所采取模式进行交流。博大经开股份公司制定工作方案，召开园区科研单位危险化学品统一配送工作会，及时听取并采纳企业的意见和建议。

（薛小敏）

【危险化学品安全保障】 8月13日，开发区安全监管局召开中国人民抗日战争暨世界反法西斯战争胜利70周年纪念活动和2015年北京国际田联世界田径锦标赛安全保障会议，部署危险化学品禁运、严格储存管理等各项安全保障工作。通报天津危险化学品爆炸事故情况，要求各单位加强安全管理，消除安全隐患，做好危险化学品库房等重点部位的巡检巡查和应急值守工作。部署企业危险化学品使用调研工作，要求各企业根据实际情况填报危险化学品使用、存储情况调查表。

（刘国建）

【医药企业安全保障会议】 8月13日，开发区安全监管局组织全区32家大型医药及研发企业安全负责人召开安全生产保障会议。会议通报天津港“8·12”瑞海公司危险化学品仓库特别重大火灾事故情况，布置危险化学品严格储存管理和禁运等安保工作，要求各单位加强安全管理，消除安全隐患，做好重点部位安全检查和应急值守工作。

（刘国建）

【化工企业调查摸底】 本年，开发区安全监管局对市安全监管局划定的26家化工企业名单进行调查核实，最终确认资生堂丽源化妆品有限公司、大宝化妆品有限公司等6家化工企业。通过摸底调查，建立化工企业基础台账。

（刘国建）

隐患排查治理

【重大危险源监控】 4月至8月，开发区安全监管局组织对开发区重大危险源物联网监控企业进行回访，对设备监测点进行实地测试。完成京东方五代线重要点位的监控工作。实现对全区重大危险源企业的监测，设立监测点位500余个。

（孙鹏）

【隐患排查治理体系建设】 9月，开发区安全监管局完成年度隐患排查治理体系建设试点工作。一是实施《北京经济技术开发区2015年隐患排查治理体系建设试点工作方案》，制定《企业安全隐患排查治理工作绩效评估办法》《安全生产重大事故隐患挂牌督办制度》等规范性文件；二是聘请第三方中介机构开展试点企业隐患排查治理体系建设工作；三是明确12家有代表性的企业作为试点，建立覆盖全企业、全过程的隐患排查治理流程及相关规章制度，以企业主导、专家辅导的方式编制隐患查报标准和岗位清单，实现“一企一标准，一岗一清单”隐患排查治理工作模式。

（高云祥）

【66家企业分类分级复评】 本年，开发区安全监管局委托北京中机爱生安全技技术咨询有限公司作为技术支持单位，对区内66家企业进行分类分级复评。从4月份开始，北京中机爱生安全技技术咨询有限公司依据评定标准，对企业进行分类分级复评，并提交每家企业的《分类分级评定报告》和《不符合项整改建议报告》。通过安全生产分类分组复评，加强企业隐患排查治理工作，提升精细化安全管理水平。

（赵伟）

应急救援

【涉危企业应急管理】 3月31日，开发区安全监管局组织危险化学品重点单位及存在爆炸性粉尘企业召开安全生产工作会，对重点企业应急管理工作提出要求。要求企业结合隐患排查治理工作进行工艺过程安全自检，做好应急预案备案、应急演练、应急物资储备更新、应急队伍建设工作。

（薛小敏）

【应急救护培训】 4月29日，开发区安全监管局邀请应急救护专家，为开发区行业主管部门和企业有关管理人员进行应急救护方面的专场培训。专家老师与学员积极互动，模拟各种遇险场景中的救治，如：心肺复苏、紧急包扎等演示，使大家学会处置伤患、车祸逃生、火灾逃生、地震求生、紧急求助等技能，普及应急自救、互救常识。

（冯丽颖）

【应急管理示范企业推进会】 7月14日，开发区安全监管局召开安全生产应急管理示范企业推进会，深化安全生产应急管理示范企业试点工作。全区共21家试点企业参加会议。会议确定应急管理示范企业工作的时间进度、应急预案、应急演练、应急物资及培训等要求，对企业提出的问题进行解答。

（薛小敏）

【应急联动】 10月15日，开发区安全监管局组织博世力士乐（北京）液压有限公司及周边企业、学校签订应急联动协议并开展片区危险化学品泄漏综合应急演练。应急联动是开发区安全监管局从2014年构建的危险化学品重点使用单位周边企业的应急联动机制，专门为涉危企业及周边单位搭建的沟通平台。通过应急联动和联合演练，使各相关单位提高应急响应能力，做到信息共享、救援物资共享，最大限度地减少事故损失。

（李浩）

执法监察

【危险化学品输送管道安全检查】 6月23日，开发区安全监管局联合区质监分局，对法美高新、联华林德两家危险化学品企业的输送管道进行安全检查。本次检查涉及氮气、氧气、氩气、氢气等工业气体。管道全长6.5公里，贯穿京津塘高速公路。

（冯丽颖）

【新入职执法人员参与企业分类分级复评检查】 8月至9月，开发区安全监管局组织新入职安全生产执法人员，参加中机爱生、中安质环两家中介机构开展的企业分类分组复评检查。此次复评检查涉及机械加工、医药制造、生物研发、电子等行业。通过检查，使新入职执法人员尽快掌握执法业务、熟悉执法检查工作。

（王一敏）

【涉危企业执法检查】 9月3日至5日，开发区安全监管局对全区危险化学品重点生产、使用及储存单位及存在爆炸性粉尘企业开展安全生产执法检查。组织7个执法检查组，出动执法人员35人次，检查企业28家，下达责令限期整改指令书10份，整改隐患21项。

（李浩）

【天然气违规使用联合执法】 9月16日，开发区安全监管局、城管分局、工商分局对一家餐饮企业违规使用天然气的行为进行联合执法。执法过程中，区城管分局依法开具执法文书，责令该餐饮企业限期整改并给予经济处罚；区工商分局依法暂扣该餐饮设备，责令限期补办相关手续。区安全监管局和博兴街道办事处也分别采取执法措施。

（赵伟）

【科研型企业实验室安全检查】 12月18日，开发区安全监管局出动执法人员，对加科思、石草溪、富龙康泰等医药研发企业及重点园区企业实验室进行安全检查。执法队员通过检查实验记录，了解实验室安全防护状况。要求企业汲取清华大学实验室火灾事故教训，加强安全管理，制定规章制度，落实安全责任，确保安全稳定。

（蒋立涛）

【停产、转产企业专项检查】 12月，开发区安全监管局针对区内停产、转产企业在收尾阶段易发生事故的特点，组织对三箭合众鼎、欧文托普、三洋能源、豪特耐、富智康等重点企业开展安全生产专项检查。执法人员针对检查中发现的部分企业危险化学品未妥善处置、未签订安全管理协议、现场无人管理、孔洞无防护、高处作业人员防护不到位等问题，依法下达责令限期整改指令书，监督企业进行整改。执法人员要求企业停产停业前，加强安全管理，妥善处置危险化学品，严格焊接作业、临时用电等特种作业操作，确保安全生产。

（赵伟）

职业卫生监督检查

【汽车维修行业职业卫生工作会】 4月2日，开发区安全监管局召开汽车维修行业职业卫生工作会，全区15家汽车维修企业有关负责人参加会议。会议通报全区安全生产情况，逐一核实企业职业卫生工作落实情况，反馈职业卫生管理存在的问题，要求各企业遵守安全生产法律法规，强化安全意识，落实企业主体责任。

（张涛）

【全国职业病防治知识竞赛获奖】 1月6日，国家安全监管总局和中华全国总工会主办的全国职业病防治知识竞赛获奖名单揭晓，开发区安全监管局获得优胜单位奖。此次竞赛活动得到开发区企业的高度重视和大力支持，有350余家单位的27702名职工参加竞赛。竞赛活动的开展，宣传、普及职业病防治知识，提高劳动者职业病防治意识。

（王山）

【职业卫生管理员继续教育】 3月25日至26日，开发区安全监管局组织培训会，对全区360余名职业卫生管理员进行职业卫生继续教育，提升企业职业卫生管理员专业素质。会议对2014年度职业卫生工作进行总结，对2015年度职业卫生“双达标”“职业病责任告知书”发放、企业职业卫生基础建设、职业卫生管理人员培训等相关工作进行部署。

（王山）

【职业病防治法宣传周活动】 4月27日，市安全监管局等5部门联合主办、开发区安全监管局等4部门联合承办的《中华人民共和国职业病防治法》宣传周宣传咨询活动在开发区永康公寓活动广场举行，开发区工业企业的数百名员工参与现场咨询活动。此次宣传活动的主题为“依法防治职业病，切实关爱劳动者”。在活动现场，向参加活动的职工群众发放职业病防治知识读本、宣传挂图等宣传材料，并为职工免费提供量血压、测听力等服务。

（王山）

【市安科院职业病危害防治评估】 12月23日至24日，市安科院对开发区职业病危害防治工作进行评估。评估组从北京市安全生产监管信息平台随机抽取开发区存在职业病危害的24家企业，对4家企业进行现场核查，对20家企业进行资料审查。评估组肯定了开发区职业病防治工作，认为开发区的职业卫生教育培训、职业病危害因素监测、职业健康体检、危害告知、警示标识设置和监督检查等方面工作开展到位，职业病防治扎实有效。

（王山）

宣传培训

【宣传贯彻安全生产法】 2月28日，开发区安全监管局组织全体干部召开会议，宣传贯彻新修订的《中华人民共和国安全生产法》。会议确定每周五下午为固定学习时间，从局领导班子到一线执法人员全部参加学习讨论。组织全区大会，聘请有关专家专题辅导，就新修订的《中华人民共和国安全生产法》进行讲解。组织《中华人民共和国安全生产法》知识竞赛，57家企业代表队参加比赛，产生一等奖1名，二等奖2名，三等奖3名。

（张润婕）

【对话谈心活动】 5月8日，开发区安全监管局局长与本区隐患排查重点企业主要负责人开展对话谈心活动。会上，组织与会人员观看事故案例录像、进行安全试卷现场答题、解读新修订的《中华人民共和国安全生产法》中对企业主要负责人安全生产职责的规定，强调管生产就要管安全，坚守“红线”意识，落实企业主体责任。

（张润婕）

【有限空间专项培训】 6月9日，开发区安全监管局组织有限空间安全专项培训，邀请市劳动保护科学研究所专家授课并进行现场实物教学，全区近70家企业141人参加培训。培训重点讲解有限空间典型事故案例、有限空间作业主要有害因素辨识及安全作业要求，向学员展示作业中常用的气体检测仪、正压式呼吸器等设备，并演示设备的使用方法。

（王山）

【专职安全员岗前培训】 本年，开发区安全监管局通过公开招聘组建安全生产专职安全员队伍，并组织为期一周的安全生产专职安全员岗前培训。为做好培训工作，区安全监管局成立领导小组，制定培训方案，编制培训课程及培训讲义。培训内容以市安全监管局印发的专职安全员培训教材为基础，结合开发区实际情况和特点，邀请安全生产专家和一线执法骨干进行授课，从安全生产法律法规、安全生产管理、执法监察业务、开发区安全生产形势及执法检查等多方面入手，对安全生产监督管理工作进行讲解。

（孙鹏）

【注册安全工程师队伍建设】 本年，开发区安全监管局加强注册安全工程师队伍建设工作。召开注册安全工程师试点推动会，通报全区注册安全工程师队伍建设试点工作方案，明确注册安全工程师配备人数，培育和支持注册安全工程师事务所，强化注册安全工程师职责和权利，发挥注册安全工程师在企业中的作用。举办2015年注册安全工程师考前辅导培训班，与开发区总工会联合印发

《关于鼓励企业在签订职业安全健康专项集体合同中发挥注册安全工程师作用的通知》《关于对已建会单位中的注册安全工程师给予奖励的通知》。经审核，全区47家企业单位的168名注册安全工程师提交的申请材料符合条件。

（张润婕）

法制建设

【行政指导培训与研讨会】 5月21日，市安全监管局在北京经济技术开发区召开行政指导培训与研讨会。开发区作为全市安全生产行政指导工作试点示范区，通过此次培训，安全生产执法人员知悉行政指导工作的法律依据，认清开展行政指导工作的客观要求，明确行政指导的概念、功能、类型和方式，了解掌握全国部分地区、部分部门开展行政指导工作的成功案例。通过研讨，执法人员对创新安全生产管理模式方法之一的行政指导工作，以及如何开展行政指导工作，有更明确、清晰的思路。

（张涛）

【行政执法培训】 7月22日，开发区安全监管局举办安全生产行政执法培训班，区安全生产执法人员和专职安全员参加此次培训。培训班邀请市安全监管局有关负责人以行政执法工作中最基础的法规—《中华人民共和国行政处罚法》为依据，结合安全生产执法实际工作中的行政处罚案卷及文书制作中存在的问题，由理论到实践进行讲解。

（张涛）

【行政指导体制建设】 本年，开发区安全监管局制定《行政指导管理办法》《行政指导案卷归档管理制度》等行政指导工作制度。根据《行政指导专项项目职责分工》，梳理本部门各项工作，确定具体工作事项，明确具体负责人员。并以业务负责人员为专项行政指导工作的第一责任人，开展行政指导工作的具体流程。及时进行总结分析，提高安全生产行政指导工作的效能。

（张涛）

标准化建设

【开发区标准化评定标准】 本年，开发区安全监管局委托市劳动保护研究所制订开发区安全生产标准化评审及分类分级初评、复评标准，作为开发区安全生产标准化评审的重要标准，经过反复修改和讨论并与有关部门多次沟通，《北京经济技术开发区安全生产标准化评定标准》正式实施，并与市安全监管局标准化系统同步上线。

（孙鹏）

【标准化评审机构互评互查机制】 本年，开发区安全监管局根据安全生产标准化工作安排，分别对5家评审机构进行工作划分，通过分类分级、评审、抽查、复评工作，按照时间要求、行业分类、工作重点制定评审机构年度工作计划。评审机构除完成各自负责的行业标准化咨询、评审工作外，还负责其他评审机构标准化抽查复评工作，互相监督，形成相互抽查评审的工作报告。通过评审机构相互监督的工作方式，提高工作质量，较好地完成标准化评审工作。

（孙鹏）

【企业标准化达标创建】 本年，开发区安全监管局通过加强执法检查分类分级、评审咨询和评审抽查等工作，推进企业安全生产标准化建设工作。年内完成标准化达标企业226家，其中三级标准化达标企业173家、小微企业岗位达标23家、餐饮业标准化达标企业30家。抽查达标企业105家，对抽查企业标准化评审中的扣分项整改情况进行核查，建立抽查台账。

（孙鹏）

6月11日，首钢总公司董事长靳伟（右一）检查京唐公司安全生产工作

2月16日，首钢总公司党委副书记许建国（右二）检查氧气厂安全生产工作

1月16日，首钢安全生产大会

▲ 1 月 15 日，北汽集团副董事长吕振清（左四）检查企业安全生产工作

▼ 9 月 23 日，北汽集团隐患排查治理体系建设培训会

▶ 6月29日，京城控股公司党委书记任亚光（左五）检查企业安全生产工作

◀ 6月17日，京城控股公司组织企业职工健康体检

▼ 12月25日，京城控股公司检查京外企业安全生产工作

▲ 1月8日，北化集团安全工作会议

▶ 6月18日，北化集团消防安全演练

◀ 6月23日，北化集团总部员工交通安全承诺签名活动

▲ 7月7日，金隅集团组织新入职员工安全培训

▲ 11月，金隅集团安全生产标准化复评工作会

▶ 金隅集团“三级安全”教育登记卡

▲ 8 月 27 日，纺织控股公司党委书记吴立（中）检查企业安全生产工作

▲ 8 月 27 日，纺织控股公司总经理李学彬（右三）检查企业安全生产工作

▲ 12 月 14 日，纺织控股公司主要负责人安全述职会

▲ 11 月 4 日，纺织控股公司隐患排查治理体系建设工作会

◀ 2 月 21 日，工美集团安全稳定工作会

▶ 6 月 16 日，工美集团组织消防应急疏散演练

▼ 11 月 12 日，工美集团消防安全培训

▶ 5月4日，同仁堂集团公司一季度安全生产工作会

◀ 3月18日，同仁堂集团公司企业安全员检查车间设备

▶ 7月23日，同仁堂集团公司专职消防队训练

▲ 3 月 6 日，北京住总集团一季度安委会电视电话会议

▶ 4 月 6 日，北京住总集团总经理王宝申（中）检查施工项目安全生产工作

◀ 6 月 16 日，北京住总集团安全生产宣传咨询日活动现场

▲ 燃气集团应急救援队伍

▶ 5 月 28 日，燃气集团液化气公司组织应急救援演练

授予：北京市燃气集团第五分公司

"安全在我手中"全员创意安全承诺活动

最佳实践活动奖

北京市安全生产委员会办公室

二〇一五年十一月

◀ 燃气集团燃气第五分公司荣获“‘安全在我手中’全员创意安全承诺活动最佳实践活动奖”

▲ 5 月 19 日，热力集团领导到东城分公司调研安全生产工作

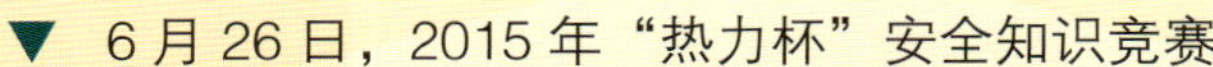

▼ 6 月 26 日，2015 年“热力杯”安全知识竞赛

7月16日，北京地铁公司组织《中华人民共和国安全生产法》专题辅导

6月8日，北京地铁公司“安全是永恒的旋律”主题情景剧决赛现场

9月23日，北京地铁公司五里桥车辆段列车起复应急演练

▲ 4 月 1 日，北京环卫集团有限空间作业大练兵

▼ 6 月 25 日，北京环卫集团组织消防应急疏散演练

▲ 5 月 6 日，北京排水集团 “安全是永恒的旋律”主题情景剧决赛现场

▼ 5 月 29 日，北京排水集团开展有限空间作业大比武

▲ 2月9日，粮食集团安全生产工作部署会

▼ 12月30日，粮食集团副总经理王振忠（右二）检查库区安全生产工作

◀ 2月3日，北京奔驰公司签订安全生产目标责任书

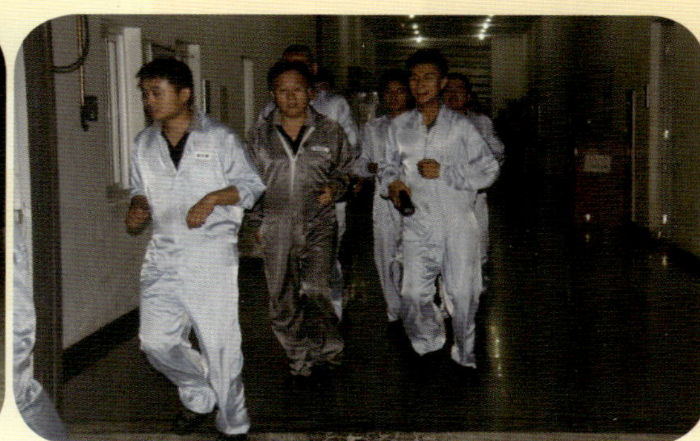

▲ 6月29日，北京奔驰公司MARI喷漆车间安全消防疏散演习

▶ 11月27日，北京奔驰公司通过ISO14001 & OHSAS18001环境与职业健康安全管理体系认证

▲ 10 月 25 日，北京启迪公司承办通州区安全生产隐患排查治理体系建设培训班

▲ 6 月 9 日，西城区主要负责人安全生产培训班

◀ 11 月 8 日，北京启迪公司开展企业隐患排查工作

5月11日，市安科院启动民政系统安全生产技术支撑战略合作项目

3月9日，市安科院举办“百名安全生产专家服务万家企业”活动培训班

3月24日，市安科院开展纸制品制造安全生产工作调研

▲ 11月26日，宣传教育中心组织第九届北京安全文化论坛

◀ 6月4日，宣传教育中心举办安全生产新闻通讯员培训班

▶ 10月28日，宣传教育中心组织践行“北京安监精神”报告会

▶ 2月5日，信息中心组织北京市安全生产条件普查工作推进会

◀ 7月9日，烟花爆竹综合管理物联网应用示范工程竣工验收会

▶ 1月9日，国家安全监管总局调研本市安全生产信息化工作

▲ 举报投诉中心荣获“全国青年文明号”称号

▼ 4 月 28 日，《北京市安全生产举报奖励实施办法》新闻发布会

▲ 6 月 18 日，“12350”举报投诉进企业服务活动

▼ 举报投诉中心编制印发《北京市安全生产举报典型案例选编》

▲ 12 月 30 日，北京安联安全生产标准化工作专题会议

▼ 11 月 3 日，北京安联组织专家对工业企业标准化（二级）评审工作进行现场复核

▲ 12 月 12 日，高危行业安全管理人员考试现场

▼ 12 月 2 日，北京安联组织开展安全生产应急管理示范企业试点验收工作

企事业单位安全生产管理

首钢总公司

2015年，首钢总公司落实国家和地方政府关于安全生产的各项工作部署，增强依法依规落实安全生产主体责任意识，组织集团各单位坚持党政同责，强化安全管理，全面开展隐患排查、专项整治、宣传教育和应急救援演练等工作。

【安全生产责任制】 本年，首钢总公司强化安全生产管理体系建设，贯彻《北京市安全生产“党政同责”规定》，修订下发《首钢总公司安全生产责任制》，明确总公司党委书记（董事长），分、子公司和厂矿党委书记、支部书记及园区管理部、园区开发部等10个专业部门安全生产职责。落实国家安全监管总局《企业安全生产责任体系五落实五到位规定》，下发《关于调整首钢总公司安全生产委员会成员的通知》，明确由总经理担任安委会主任并对安委会成员进行调整。多次召开党委常委会、经理办公会、安全生产工作会，研究部署国家和地方政府安全生产各项要求。结合季节特点，总公司领导多次带队，对相关单位安全生产工作情况、危险化学品及易燃易爆品存储使用情况、应急预案编制及应急演练情况、重大活动期间安全生产保障情况进行检查，对于现场发现的问题和隐患立即组织整改，为基层单位开展安全生产工作起到示范效应和推动作用。

【安全生产检查和专项督导】 本年，首钢总公司将安全生产大检查和专项检查督导作为强化现场安全管理的重要抓手。开展春节、全国“两会”“五一”、安全生产月、暑季、国庆节期间安全生产大检查。完成对长安街景观提升护栏项目一期施工等重点项目的现场检查、监护。组织开展安全生产大检查“回头看”、安全生产费用提取和使用专项检查督导。吸取天津港“8·12”特别重大火灾爆炸事故教训，下发《关于立即深入开展危险化学品及易燃易爆物品专项安全大检查工作的通知》等文件，组织相关单位开展自检整改工作，组成多个检查组对工作落实情况进行重点抽查。对于安全生产检查和隐患排查工作中发现的问题，坚持落实责任，严格复查，严格考核。各相关单位按照总公司要求，由主要领导带队对危险化学品和易燃易爆物品的生产、经营、仓储、运输、使用进行全面排查。针对深圳“12·20”滑坡事故，组织各单位开展安全生产大排查、大整治，加强安全防控工作。各级单位查处违规行为1969起，对273家次责任单位2581名责任人给予严肃处理。通过安全检查、隐患排查，发现各类隐患问题28132项，全部落实整改。

【隐患排查治理体系建设试点】 本年，首钢总公司开展“把隐患当事故处理”试点工作，党委常委会、经理办公会研究部署，下发《首钢总公司“把隐患当事故处理”试点工作方案》《试点实施细则》。冷轧公司作为先行试点单位，全面启动此项工作。总公司安委会办公室针对试点过程中存在的问题强化检查督导，并邀请专家对试点工作进行指导帮助。冷轧公司按照总公司总体部署深入开展宣传教育、制定制度标准、全员排查隐患、严格落实奖惩等各个环节工作，体现全员、全面、全过程、全天候的“四全”原则，实现由过去“事故后责任追究”到“隐患排查治理责任追究”的管理模式转变。推行试点工作以来，冷轧公司实现工伤事故“零”的工作目标。

【安全生产月活动】 本年，首钢总公司开展安全生产月活动，组织各单位做好警示教育、安全培训、安全文化宣传、应急救援演练等工作。开展事故案例警示教育活动，针对2014年5类生产安全事故（物体打击、机械伤害、起重伤害、高处坠落、中毒与窒息）比例较高的情况，编写下发《班组安全教育学习材料》。开展培训基地安全理念文化、安全制度文化体系建设活动，矿山地区的矿山培训中心、北京地区的技师学院通过市安全监管局“三化”（信息化、标准化、现代化）考点达标验收。加强安全生产月活动的组织工作，举办“安全第一　生命至上”诗歌征集朗诵活动和“关注安全　平安是福”安全有奖征文评选，传递安全文化的正能量。结合北京市“用电安全警示教育周”工作安排，将《用电安全警示录》等宣传教育片于首钢在线学习网发布。在首钢北京园区开展安全宣传咨询日活动，在首钢生物质能源科技公司开展应急救援演练，增强职工安全意识，提高突发事件处置能力。

首钢总公司安全环保部叶凯供稿

北京汽车集团有限公司

2015年，北京汽车集团有限公司坚持“安全第一，预防为主，综合治理”的方针，把安全生产作为企业生产经营活动的重点，全面落实安全生产各项工作。全年发生轻伤事故34起，低于0.03%的控制指标，无重伤和特种设备事故。企业安全投入1.68亿元，保障企业生产经营活动顺利开展。企业安全管理水平持续提升，安全生产形势平稳向好。

【安全生产目标管理】 2月，北汽集团召开2015年度安全生产委员会会议，总结2014年安全生产工作，分析面临的形势，制定安全生产工作指导意见，提出工作目标和各项重点工作要求。集团公司董事长徐和谊与所属二级企业主要负责人签订安全生产目标责任书，明确安全生产目标和考核标准，落实企业安全生产主体责任。

【制度体系建设】 本年，北汽集团建立完善“党政同责，一岗双责”安全生产责任体系。制定《安全生产约谈管理制度》，明确企业安全生产违规行为、领导干部不作为等情况由集团安委会进行诫勉谈话；制定《企业事故事件报送及调查管理制度》，明确事故分类、报送时限、范围及事故调查等各项管理要求；编制《关于开展注册安全工程师有关工作的实施方案》，对企业注册安全工程师的比例、培养、使用、责任提出明确要求；编制《安全生产隐患排查治理体系实施方案》，明确企业隐患类别、排查标准、处理措施以及完成目标、完成时限等；编制《北汽集团班组安全生产标准化创建标准》，明确班组标准化达标的具体内容。受市安委会委托，组织编制《北京市汽车行业安全生产等级评定技术规范》，此项规范将作为北京市地方标准颁发。

【安全生产月活动】 本年，北汽集团制定《关于开展2015年“安全生产月”活动的通知》《2015年“安全生产月”评比活动方案》《关于做好夏季安全生产工作的通知》，确定“依法治企、以人为本、安全发展”的安全生产月活动主题，开展形式多样、内容丰富的安全生产月活动。集团公司组织各单位开展安全生产知识问答，发放试卷8万余份；组织《安全第一，生命至上》诗歌征集活动，征集作品300余篇，获得北京市优秀组织奖；承办北京市十佳安全宣传员评选活动，获得北京市安全生产杰出贡献奖。北汽集团安全生产月活动得到市安委会的充分肯定，北汽集团被评为安全生产月活动优秀组织单位。

【安全检查】 本年，北汽集团开展重点时期安全大检查活动，检查企业53家，查处各类隐患210项，督促企业完善安全管理制度，消除安全隐患。中国人民抗日战争暨世界反法西斯战争胜利70周年纪念活动和2015年北京国际田联世界田径锦标赛期间，集团公司要求企业“一把手”对本单位安全生产工作进行再动员、再部署、再检查，主要领导和分管领导亲自带队检查，落实隐患排查治理和监控责任制，确保安全稳定。组织开展危险化学品专项整治行动，对集团各单位危险化学品使用情况进行摸底建档，要求各单位加强安全管理和防护措施，重点检查危险化学品仓库、涂装车间、加油站、锅炉房、配电室等易燃易爆场所，建立完善危险化学品入库、使用登记等各项管理制度。

【安全培训】 本年，北汽集团加强对注册安全工程师管理，组织3期安全生产培训，参加培训人员主要包括各单位安全生产分管领导、安全生产部门负责人、工会负责人。举办安全生产标准化审核员培训班，组织安全生产标准化骨干力量参加培训，参训人员取得审核员证书。开展职业健康知识专项培训，聘请国内职业健康方面的专家对职业健康法规、职业健康预防控制措施和防护知识进行讲解。开展隐患排查治理专项培训，聘请专家对《隐患排查治理实施导则》进行梳理，并对隐患排查治理出现的问题进行分析，指导各单位隐患排查治理体系建设工作。

【标准化创建】 本年，北汽集团推进安全生产标准化创建工作，集团公司7家单位实现安全生产标准化达标，全面完成达标创建任务。集团公司安全生产标准化达标单位达到78家，标准化达标单位涵盖本市所有生产性企业、外埠生产性企业、在京汽车4S店以及在京非生产性企业。企业本质安全水平进一步提升。

北汽集团赵长明供稿

北京京城机电控股有限责任公司

2015年，北京京城机电控股有限责

任公司坚持“安全第一、预防为主、综合治理”的方针，深入落实安全生产主体责任，贯彻新修订的《中华人民共和国安全生产法》，健全“党政同责、一岗双责”制度，强化隐患排查治理，安全生产形势持续稳定。

【签订安全生产责任书】 2月28日，京城控股公司与各企业单位签订安全生产目标责任书，明确企业安全生产主体责任、做好安全生产工作的各项要求。各单位按照“分级管理、分线负责”的原则，根据目标责任书的要求，将安全生产各项工作任务进行细分和量化，分解落实到基层，并逐级签订目标责任书，落实安全生产主体责任。

【隐患排查治理体系建设】 本年，京城控股公司贯彻《北京市人民政府关于推进安全生产隐患排查治理体系建设的意见》，推动隐患排查治理体系建设工作。与各单位“一把手”签订目标责任书，把隐患排查治理体系建设纳入责任书内容。通过目标管理和工作监督，加强隐患自查、上报和整改工作。将隐患排查治理体系建设与安全生产大检查、消防安全大检查和危险化学品安全检查相结合，全员参与，建立台账，强化整改，安全投入2500万元，有效防范各类事故发生，推动实现本质安全。

【安全生产保障】 本年，京城控股公司加强重要节假日、重点时期安全生产工作，开展中国人民抗日战争暨世界反法西斯战争胜利70周年纪念活动和2015年北京国际田联世界田径锦标赛期间安全生产保障工作。召开全系统安全稳定工作专题会，印发《关于开展消防安全大检查的通知》《关于做好当前交通安全工作的通知》《关于切实做好“两大安保”期间安全保障工作的通知》，对安全生产保障工作提出具体要求。公司安全生产督导组对重点企业、重点地区、重点部位进行重点检查，开展危险化学品和易燃易爆品专项检查，确保安全稳定。

【非经资产和外埠企业安全管控】 本年，京城控股公司遵循“全覆盖、零容忍”的原则，对租赁房屋、地下室、锅炉房、配电室、校舍宿舍等部位进行自查自纠，对发现的隐患立即整改或采取有效措施进行防范，严防各类安全事故的发生。将外埠企业和外包分包单位安全生产纳入到公司的安全生产管理工作中，加强对京城环保呼市公司、电线厂台州公司、新能源酒泉公司、天海廊坊公司及天海天津公司的安全检查工作，做到底数清、情况明。公司安全督导组组织开展全面督查，推动建立常态化工作机制。

【安全生产月活动】 本年，京城控股公司开展以“强化依法治安意识，建设安全发展城市”为主题的安全生产月活动。公司领导班子对重点生产经营单位进行安全生产督查，了解企业安全生产月活动各项工作开展和落实情况，对车间及重点部位进行检查；发放《机电安全（安全生产月专刊）》杂志和新修订的《中华人民共和国安全生产法》，在《京城机电》上设立安全专版，多角度大篇幅持续宣传报道安全生产月活动；邀请市消防局专家为企业主管消防工作的部门负责人进行消防安全培训。公司全系统参加安全生产月活动人数为1.6万人，开展各类安全生产培训教育200余场、应急演练近百场、安全检查300余次，整改安全隐患540项。张贴各种宣传画2000余张，悬挂横幅、设置专栏、板报等宣传园地150余个，利用60块电子显示屏循环播放安全生产月主题宣传片或公益宣传片。

【教育培训】 本年，京城控股公司根据《企业安全生产责任体系五落实五到位规定》，结合工作实际，开展全员安全生产教育培训工作。组织各单位主管领导、部门负责人和控股公司安全生产督导组在北京工贸技师学院对新修订的《中华人民共和国安全生产法》进行宣传培训；8月31日，公司在华德亦庄厂区为公司系统报名参加2015年注册安全工程师资格考试的员工举办考前冲刺培训；在北京市经济管理干部学院举办“2015年度系统企业领导干部安全生产管理培训班”和“安全生产主管领导、部门负责人、督导组成员、企业安全管理骨干安全生产管理培训班”，学习安全管理、职业健康监护和劳动保护等内容。各单位分别对本单位管理人员、安全员、班组长、一线员工及特种作业人员开展安全生产教育培训工作，组织500余场次，参加培训1.8万余人次，投入培训经费约80万元。

京城控股公司安全环保部穆嘉澍供稿

北京化学工业集团有限责任公司

北京化学工业集团有限责任公司是一个具有50多年历史的国有独资大型企业，有企事业单位34家，主要涉及精细化工、橡塑制品、工程塑料、化工装备制造及新材料、电子化学品、新能源、循环经济产业等为主的制造业和房地产开发及置业领域。

【安全生产责任制】 本年，北化集团召开4次安全生产委员会会议，审议安全生产工作计划和措施，对加强和改善安全环保工作提出要求，落实安全生产责任制。集团公司与所属二级单位100%签订安全环保目标管理责任书，定期召开季度安全环保工作会，分析安全生产形势和问题，部署落实各阶段安全环保工作。

【安全检查和隐患排查】 本年，北化集团开展以危险化学品为重点的安全生产大检查，深化“六打六治”专项行动。按照市安全监管局《关于加强危险化学品使用安全管理工作的通告》要求，开展危险化学品使用单位专项整治，加强企业生产、储存、运输、使用、废弃等全过程安全管理；按照市国资委《关于市属企业加强对外埠企业和外包分包单位安全生产管理工作的通知》要求，开展外埠企业和外包分包单位安全管理工作，相关单位对京外企业及外包分包单位开展全面检查，并填报调查表，集团公司建立台账；开展重大节日和活动期间安全生产大检查、人员密集场所安全检查、防汛检查、消防专项检查、冬防安全检查、京外企业检查、化工园区专项安全检查等不同形式的检查60余次。集团公司企业运行部、资产经营与管理部、建设管理部等专业部室按照“一岗双责”的要求，分别开展多次检查。集团公司编制《北化集团安全检查隐患排查参考手册》，手册汇集集团公司检查表、部分单位检查表、安全监管和消防部门检查表、环保部门检查表等，主要便于各级各类管理人员了解集团公司各单位安全检查要点，了解有关行业、专业安全检查项目对安全检查隐患排查的标准要求，确保安全检查和隐患排查取得实效。

【安全教育培训】 本年，北化集团组织危险化学品生产、使用、经营单位参加“祥云杯”全国（北方赛区）危险化学品安全知识竞赛问卷答题活动，获得二等奖。组织43人参加为期4天的注册安全工程师培训考试工作。安全生产月活动期间，组织各单位开展“安全第一、生命至上”诗歌征集朗诵活动、具有化工行业特色的应急演练活动、以交通安全为主题的签名承诺活动等，营造安全生产氛围。

【标准化建设】 本年，北化集团按照市安全监管局《关于危险化学品从业单位安全生产标准化复评工作的指导意见》要求，组织所属危险化学品生产单位开展安全生产标准化自评工作，修订完善各项安全管理制度、操作规程、各类档案台账，并升级生产装置安全设施等，5家单位完成二级标准化企业达标创建工作。

【青年安全生产示范岗创建】 本年，普莱克斯（北京）半导体气体有限公司生产运行岗获得由团市委和市安全监管局联合颁发的“北京市青年安全生产示范岗”荣誉称号。北普公司青年安全生产示范岗创建集体的各类安全管理和安全活动资料齐全、规范，内容翔实，可追溯性强，实现全员重视安全、全员实施安全的目的。

北化集团安全环保部化鹏飞供稿

北京金隅集团有限责任公司

2015年，北京金隅集团有限责任公司围绕“确保平安稳定”总任务，创新工作形式，开展专项整治，以安全生产标准化和“平安单位”创建活动为载体，提升安全管理水平和保障能力，推动隐患排查体系建设，确保各项安全生产目标落到实处。圆满完成中国人民抗日战争暨世界反法西斯战争胜利70周年纪念活动和2015年北京国际田联世界田径锦标赛等各项重大活动安全保障任务，安全生产形势持续稳定。

【安全责任制】 本年，金隅集团与所属61家单位签订《安全生产和保卫目标管理责任书》，明确安全管理和目标管理的原则、考核及奖罚、控制指标、工作要求、重点任务、专项工作等内容。各单位根据责任书要求及时分解任务，逐级签订责任书，签约率100%。

【重大活动安全保障】 8月11日，金隅集团制发《关于加强世界田径锦标赛和抗日战争胜利70周年纪念两个重大活动期间的安保工作要求》，要求相关单位实施管控措施，加大安全检查力度，强化专职消防队训练，加强护厂巡逻、守卫工作，将系统内10个混凝土搅拌站和8个在施工地全部停工，封存全部287辆混凝土运输车。

【专项检查】 本年，金隅集团组织开展多次安全生产专项检查。6月，针对某小区物业楼顶广告牌等基础设施存在安全隐患的问题，开展为期10天的专项检查，下发隐患整改通知单3份，并对小区物业管理存在的安全问题提出分类调整、提前谋划、积极沟通、限期整改的安全管理要求。中国人民抗日战争暨世界反法西斯战争胜利70周年纪念活动和2015年北京国际田联世界田径锦标赛期间，集团公司对所属建设工程进行突击检查，查出隐患20多项，并采取措施落实整改。年内，集团公司安全管理部门指导检查企业612家次，对2889个重点部位的安全生产情况进行检查。组织安全夜查67次，检查企业132家次，对464个部位的值班值守、安全巡查等情况进行检查。下发隐患整改通知55份、隐患考核通知单32份，并监督整改落实。

【宣传教育活动】 本年，金隅集团利用安全生产月、“安康杯”知识竞赛、“119”消防宣传周等活动，动员全体员工开展安全生产知识竞赛、演讲比赛、读书活动等寓教于乐的宣传教育活动。组织开展“安全第一，生命至上”诗歌征集朗诵活动和“安全是永恒的旋律”安全情景剧活动，均取得良好效果。集团青年安全管理优秀人才李春支参加首届北京市青年安全管理大师赛，荣获金奖。在《北京金隅》开辟专栏，及时报道活动亮点和先进单位及个人，有效调动起广大一线员工的参与热情，增强安全意识和防范事故的能力。

【安全评价】 3月至4月，金隅集团组织金隅科研总院消防检测中心有关专家对22个企业（项目）的546个点位开展消防器材设施专项抽查检测。对40多个项目开展安全审查，提出专业意见，在可研阶段做好安全生产和职业卫生预评价，在设计阶段完善安全防范措施。

【标准化建设】 本年，金隅集团推进安全生产标准化常态化建设。新增承德金隅、金隅涂料等5家达标企业单位，曲阳金隅、金隅混凝土、金隅加气、生态岛、红树林等企业单位按周期完成复评，在达标评审过程中通过对不符合项的整改消除隐患。安全生产标准化创建由制造业企业向非制造业企业延伸，有多家物业管理和服务性企业完成安全生产标准化达标创建工作。

【编制安全生产技术规范】 本年，金隅集团组织建都设计院及琉璃河、天坛家具公司等单位专业技术人员和安全管理骨干参与北京市“百项地标”制订工作，负责安全生产等级评定技术规范的编制工作，包括水泥、商品混凝土、加气混凝土、家具等行业。此项工作得到有关部门肯定，为集团公司在加强行业安全管理与适应外部监管争取主动和先机。

【安全教育培训】 本年，金隅集团组织各单位安全生产主管领导和管理人员，针对安全管理特点，开展消防安全、交通安全、特种设备安全以及应急预案管理专项培训和安全技术大练兵活动，培训800人次。举办注册安全工程师备考培训班，15人通过考试取得证书。北京金隅大成物业管理有限公司等单位开展消防控制、电梯巡护等专业人员培训实践活动，以及全员交通安全知识答卷活动。环贸分公司完成消防培训教室项目硬件施工工程并投入使用，科技学校完成223名特种作业人员培训考核工作。

金隅集团安全生产和保卫部王惠芬供稿

北京纺织控股有限责任公司

2015年，北京纺织控股有限责任公

司贯彻落实新修订的《中华人民共和国安全生产法》，以创建“平安纺织”为目标，以实施“五化一体”建设为主线，以推行“党政同责”为契机，以开展“千岗创安”活动为重点，强化“红线”意识，树立安全发展理念，为“十二五”收官和“十三五”开局打造平安稳定的工作环境。

【安全生产宣传培训】 6月，纺织控股公司开展主题为“强化岗位创安意识，建设平安纺织”的安全生产月活动，落实企业主体责任。各集团公司单位、企事业单位按照统一部署，营造安全生产月活动宣传氛围。全系统悬挂横幅190条、安全标语1100张，制作壁报232张、宣传画近500张、专栏板报96副，组织安全生产答题2300余人次，观看安全宣传录像1800人次，派发安全学习书籍1300余册。

【安全生产责任制】 本年，纺织控股公司与二级单位主要领导签订目标责任书，贯彻落实安全生产“党政同责，一岗双责”规定。在首都重大活动、重要节日期间对重点企业以“四不两直”方式开展安全检查，重点对出租房屋和人员密集场所等进行消防安全检查，确保安全稳定。

【安全生产考核机制】 本年，纺织控股公司加强安全生产考核工作，推动安全基础管理。安全生产考核采取3种形式：一是连续第7年开展安全生产工作述职会，强化企业安全生产主体责任，落实安全生产工作；二是领导带队对企业进行安全检查，排查问题、落实整改；三是探索建立安全考核量化机制，抽查三级企业安全生产相关资料，以此作为对二级单位考核依据，对企业安全管理水平的提升起到推动作用。

【隐患排查治理体系建设】 本年，纺织控股公司建立具有自身特色和有针对性的隐患排查治理长效机制。对岗位、场所的隐患进行全面排查，已辨识和查找生产岗位危险源1069个，对所有危险源进行梳理分类，按照“定整改责任人，定整改措施，定整改完成时间，定整改完成人，定整改验收人”的要求，制定2466项具体防范措施和应急工作方案。华泰龙安公司利用信息化系统以及手机APP的定制开发，在各项目部开展为期半年的试运行，形成符合自身特点的涵盖排查发现、整改治理、监控防范、验收审查和惩处问责全过程的隐患排查治理信息化系统。控股公司还顺利通过由市安全监管局、国资委组织的隐患排查治理体系建设试点项目验收。华泰龙安公司参加2013—2015年北京市安全生产先进单位评选，获得“北京市安全生产先进单位”荣誉称号。

【消防安全专项检查】 本年，纺织控股公司开展为期3个月的出租房屋消防安全专项检查，并采取交叉检查的工作方式，由8个直属单位抽签组队，对16处出租房产进行安全检查，排查治理消防安全隐患45项，实现安全隐患排查的“全方位、全视线和全覆盖”。开展用电安全和消防安全自查工作，重点检查用电安全管理、消防安全责任制、日常防火检查巡查、建筑消防设备设施和安全出口及疏散通道是否符合要求、应急预案演练落实情况。

【千岗创安活动】 本年，纺织控股公司开展主题为“从岗位做起，建设平安纺织”的“千岗创安”活动，将安全生产预防工作直接推进到前沿生产岗位，掌握各单位生产及管理岗位的安全生产现状，明确各个工作岗位的危险源和预防措施，逐步建立起标准清晰、防范措施健全、岗位安全管理全覆盖的安全生产新格局。企业根据各自生产特点和生产组织状况，建立完善“操作自查、班组日查、专业巡查、管理核查、监督抽查”检查制度以及与岗位相结合的隐患排查治理发现机制、整改机制和监督机制。“千岗创安”活动第一阶段，对涉及生产岗位的3233名职工进行岗位划分工作，划分生产岗位311个，并逐岗进行分类，编制岗位操作规程200多项；第二阶段对全系统1237名管理人员进行划分，划分出管理岗位430个，其中一线管理岗位147个，制定安全岗位职责。推动企业安全生产管理向严管、精管、细管方向发展。

【安全生产地方标准制订】 本年，纺织控股公司承担北京市安全生产地方标准第八部分纺织企业和第九部分服装加工制造企业两个地方标准编制工作。公司成立以吴鹤立副总经理为组长、纺织系统资深专家在内的地方标准工作组，全程把控地方标准编制的总体思路、总体进度和编制质量。按照“有标采标、无标制标、缺标补标”的原则，结合本市纺织企业和服装加工企业的实际情况，制定工作方案，确定工作职责，并且依照相关文件精神，对所有的分工任务，都提出阶段性时间进度安排。年内完成标准初稿，通过市安全监管局组织的专家评审。

纺织控股公司安全保卫管理部杨建军供稿

北京工美集团有限责任公司

2015年，北京工美集团有限责任公司坚持“预防为主、综合整治、保障有力”安全工作方针，落实生产经营单位安全生产主体责任，始终将安全稳定工作作为生产经营活动的基本保障来抓，履行安全生产“一岗双责”总要求，保持安全发展的局面。

【安全责任制】 本年，工美集团分别与所属单位签订年度《安全工作责任书》，对各单位落实安全责任制情况进行检查。加强特种设备操作、安全专业人员持证上岗执行情况的检查工作，修改完善安全管理制度，增强员工做好安全工作的责任感和自觉性。

【安全检查】 本年，工美集团按照安全生产“四不两直”工作要求，组织5批次安全检查和专项检查（季度、施工、供热前），排查各类隐患问题21项，下发检查通知单65份，提出整改要求156条，落实隐患排查治理措施，提高隐患整改执行力。

【宣传培训】 本年，工美集团大力开展安全宣传教育活动。定期召开安全工作会和季度安全汇报会，组织安全保卫干部开展安全技能培训，通过工美报刊对安全生产法律法规进行宣传解读。据统计，工美集团在安全生产宣传教育活动中，悬挂宣传横幅25条，张贴宣传挂图312张，制作板（墙）报42期，开辟安全（微信）专栏20期，发放安全宣传资料4类500份，全员观看《伤逝第二季》和《痛·思》警示教育片。营造集团内部安全宣传氛围，增强安全防范意识。

【标准化创建】 本年，工美集团推进企业安全生产标准化建设。按照市安委会《关于进一步深化企业安全生产标准化建设工作的若干意见》文件要求，明确安全生产标准化的总体目标和方案。虎城小区供热中心完成安全生产标准化二级企业达标创建工作，王府井工美大厦、握拉菲首饰、工美聚艺园、工美国金、工美文化5家单位完成安全生产标准化三级企业达标创建工作。在安全生产标准化建设工作中，各单位依据评定标准，建立完善规章制度，改善安全生产环境。

工美集团保卫部苏辉供稿

中国北京同仁堂（集团）有限责任公司

2015年，中国北京同仁堂（集团）有限责任公司坚持“安全第一，预防为主，综合治理”方针，以落实新修订的《中华人民共和国安全生产法》为主线，以重大活动、节假日及安保敏感期为重点，强化“红线”意识，全面加强安全生产、交通、内保、防火和维护稳定工作，实现安全工作“五个零”管理目标，为集团公司“十二五”战略规划圆满收官提供保障。

【安全保卫责任制】 本年，同仁堂集团公司分别与直属各单位签订2015年安全保卫目标责任书，形成党委领导、行政负责、部门分工、职工参与的企业安全生产工作格局。直属各单位分别与所属各单位以及外协单位签订安全保障书和安全协议书，与劳务派遣公司签订劳务用工安全协议书，明确安全主体责任和各自权利、义务，为集团公司实现2015年度各项安全保卫工作管理目标奠定基础。集团公司及各单位与所在地区的公安、消防、交通等部门签订2015年安全保障书，确保安全稳定。

【安全检查】 本年，同仁堂集团公司组织开展5次安全大检查和4次安全抽查。集团各单位结合工作实际开展安全检查。全系统开展安全大检查、综合检查及专项检查750余次，发现隐患问题469项，隐患整改率100%。股份集团对5家生产单位的40个重点部位开展粉尘防火专项检查；科技集团实行班组、岗位日检查，车间周检查，分厂月检查的三级安全检查制度，根据各单位工作实际、岗位危险因素开展日常安全检查，确定检查项目和预防措施，有效实施安全监控和事故防范工作。

【消防演练】 本年，同仁堂集团公司中医院组织重点部门进行4次消防、反恐防暴演练活动，提高员工及安保人员应对突发事件的能力。房管部为提高安保人员扑救初期火灾能力，组织开展灭火器和消防水带使用实操模拟灭火演练，宿舍区居民积极参与。通过演练，提高全员消防安全意识和遇险应对能力。

【教育培训】 本年，同仁堂集团公司组织直属各单位围绕贯彻新修订的《中华人民共和国安全生产法》，开展多种形式的教育培训工作。集团公司举办2015年同仁堂安全保卫干部培训班，6个二级集团和各子公司、单位的主管领导及安全保卫干部80余人参加培训，邀请专家就落实安全生产法律法规和突发生产安全事故应急救援等方面对学员进行培训。股份集团与同仁堂学院联合举办培训班，有40名安全主管领导和专职安全保卫干部参加，培训班重点讲解新修订的《中华人民共和国安全生产法》的有关内容，并举办两期班组长安全培训班（共120人参加），聘请有关安全专家结合典型事故案例，讲解安全规范操作的重要性；科技集团在安全生产月和“安康杯”知识竞赛活动中开设知识讲座，使职工掌握应急避险和自救逃生技能；健康集团组织消防知识、应急响应、危险化学品管理等专项培训18场，参与人数864人次；商业集团加强新职工进店、职工换岗和特殊工种培训工作，安全培训500人次，进行安全知识问答1000人次；制药公司邀请安全生产专家为全体员工进行“新安全生产法解读”专题培训。药材参茸集团、国药集团、中医院、研究院、教育学院、生物制品公司也都结合单位实际，开展一系列的宣传教育活动。

【安全生产月活动】 本年，同仁堂集团公司制定《安全生产月活动方案》，召开专题会议进行动员部署，指导协调直属各单位开展安全生产宣传教育活动。在北京市安全生产月活动中，组织参加“安全第一，生命至上”诗歌征集活动，药酒厂职工创作的《世界上最遥远的距离》诗歌荣获一等奖。在“参与首都消防、建设平安家园”为主题的北京市“119”消防宣传月活动中，股份配送中心消防专职队参加全市专职消防队伍实战化岗位练兵比武竞赛活动，获得集体第7名的好成绩，为集团争得荣誉。

【标准化建设】 本年，同仁堂集团公司持续开展安全生产标准化工作，直属各单位安全基础工作得到提高和改善。通过标准化达标验收的单位均取得证书并挂牌，早期通过标准化达标单位均通过复检工作。通过开展安全生产标准化工作，使企业建立健全安全责任体系、安全检查体系、安全培训体系、应急管理体系等一系列的管理体系和制度。

同仁堂集团公司安全保卫部李懿

北京住总集团有限责任公司

2015年，北京住总集团有限责任公司坚持安全发展、科学发展，坚守安全生产“红线”，以隐患排查治理和施工扬尘治理工作为主线，开展以“企业文化年”为主题的安全环保培训教育、检查活动，安全生产、绿色施工、文明施工水平稳步提高。

【安全检查和隐患排查治理】 本年，北京住总集团在春节、中国人民抗日战争暨世界反法西斯战争胜利70周年纪念活动和国庆节期间开展3次停复工专项检查活动，及时召开安全生产工作会议，部署工程项目停工、复工工作要求，统计停复工工程，跟踪确定日期，并进行项目自检和公司验收。结合季节特点、特殊时期和施工节点风险情况开展专项检查活动，采取“四不两直”的方式对所属重点工程开展日常安全巡查活动。每季度组织对所属工程项目进行安全检查，每月度对所有所属项目工程进行联合检查，每周对项目施工现场进行安全联合检查。集团公司开展安全生产隐患排查治理体系建设活动，完成信息平台硬件搭建和软件平台编制工作，开始隐患排查治理信息系统的测试、调整、试应用及系统应用培训等工作。通过市安全监管局组织的安全生产事故隐患排查治理体系建设试点单位验收。

【扬尘治理与环保】 本年，北京住总集团开展扬尘治理宣传教育培训活动、观摩交流活动、检查整改活动。集团公司处于土方施工阶段的工程均实现100%安装洗车机、现场100%申报安装或使用视频监控系统并安装使用洗轮机、视频监控系统，使用“四统一”车辆100%具备《渣土消纳证》和《运输证》。集团公司推广拼装可移动式封闭垃圾站、LED节能灯具、可周转硬化路面、现场自动喷淋系统等绿色施工扬尘控制技术手段，控制施工过程中的烟尘排放和能源节约。

【安全生产基础管理】 本年，北京住总集团依据新修订的《中华人民共和国安全生产法》有关规定对集团公司《安全生产奖惩制度》进行修订，加大对安全生产先进单位和个人的奖励权重，激励员工落实安全责任；集团公司编写完成《隐患排查治理管理办法》《隐患排查要点》《隐患分类分级标准》《隐患排查治理管控考核办法》等20多项制度文件和18个管理岗位《岗位隐患排查清单》；集团公司参与市住房城乡建设委组织的内业资料管理规程等文件的编制工作，按要求组织专家研讨、编写、提交有关文件标准。

【安全生产教育培训】 本年，北京住总集团开展管理人员安全教育培训和施工人员安全教育培训考核。集团开展“百名书记讲安全、千名党员谈发展、万名职工圆梦想”主题实践活动，各级单位党委、党支部书记、团委书记宣讲安全生产知识。核查专职安全管理人员等三类人员的岗位证书，督促参加培训和取证考试，开展施工现场安全绿色施工观摩交流活动，对所属北京市档案馆工程、天津大光明市场工程、北航沙河校区组团四工程进行现场观摩交流；对施工人员进行安全教育培训考核，坚持实施入场安全三级教育制度，实施“劳务人员入场五步法安全流程管理”，针对特殊工种、关键工种作业人员落实差异化管理要求，开展专业安全培训和考试，核查特种作业人员操作证书，保证作业人员的专业知识技能。

【安全生产月活动】 本年，北京住总集团制定安全生产月活动专项方案，及时动员部署安全生产月活动。集团公司所属各单位在生产经营场所通过悬挂安全条幅、标语、宣传画，播放安全生产录像、视频、光盘等方式开展安全生产宣传。为做好新修订的《中华人民共和国安全生产法》宣传贯彻工作，编制《中华人民共和国安全生产法》试题答卷，组织全员开展有奖答卷活动，有2300余人参与答卷。

北京住总集团安全监管部崔玮供稿

北京市燃气集团有限责任公司

2015年，北京市燃气集团有限公司坚持以人为本，以安全生产责任制落实为主线，以安全生产达标创建和安全文化建设为抓手，强化安全风险管理与隐患排查治理，深化职业健康安全管理体系运行，创新安全管理工作方法，夯实安全基础管理，推动安全管理整体水平提升。

【安全生产责任体系建设】 本年，燃气集团根据《中华人民共和国安全生产法》有关规定和“党政同责、一岗双责”“谁主管、谁负责”的要求，补充完善各级安全生产责任制。逐级签订安全目标责任书，对安全生产责任制的落实情况实施专项效能监察。细化完善每个岗位、每名员工的安全生产责任，使安全职责“横到边，竖到底”不留死角。通过安全生产责任体系的横向关联、纵向延伸及实时监察，安全生产责任意识在广大员工中不断强化。

【安全管理】 本年，燃气集团加强安全管理，总结经验，提高安全保障能力。在生产运营类事件分析中，增加事件结果分析项目，从工程管理、工程技术、运行维护等方面查找事件发生的深层次原因。借助季度安全工作会，搭建安全经验交流平台，组织各基层单位就安全管控热点、难点、优秀经验进行典型发言、讨论和交流。采取高压翻转内衬、管道防腐涂层检测、薄壁不锈钢管道外爬、燃气表箱集中外设等新技术、新工艺，推广灶前过流切断阀和长寿命胶管等本质安全产品，从源头上消除管网隐患，降低用户用气风险。

【隐患排查治理】 本年，燃气集团从系统风险防控入手推进安全生产事故隐患排查治理工作。通过完善制度、流程的方式规范各层级、各岗位隐患治理责任，明确隐患管控职责，将防控落实到日常工作中。启动燃气集团范围内所属各类燃气设施设备的安全核查，摸排安全隐患，落实防控措施。建立安全隐患数据库，并在筛查、评估基础上，落实隐患整改责任、计划、措施、资金、时限和预案，规范治理隐患工程过程管控，推进管网隐患治理工作。落实市安委会《关于深入开展油气输送管道隐患整治攻坚战的通知》精神，推进违章占压隐患整改攻坚战役。成立燃气管道违章隐患整治工作领导小组，制定专项工作方案，拟定 3 年治理隐患计划，落实主体责任，调动各方力量，治理市级挂账违章隐患。完善隐患基础资料和应急预案，与属地政府及街道实现排查治理和防范新增隐患对接机制，安全风险管控能力大幅提升。

【应急保障】 本年，燃气集团在城区设置 15 处安全应急值守点，平均每日安排值班人员 1296 名、应急车辆 272 车次，配备各类应急救援物资，运用信息系统搭建一体化多功能应急指挥平台，提高全市燃气管网应急事件处置能力。组织消防演练等 8 大预案演练活动，完成中国人民抗日战争暨世界反法西斯战争胜利 70 周年纪念活动和 2015 年北京国际田联世界田径锦标赛等重大活动应急保障任务。

【监督检查】 本年，燃气集团开展安全生产全过程四级安全检查，利用三级督查网络对安全生产的关键环节进行“四不两直”现场督查，对发现的典型问题在各级会上进行通报，对检查出的问题实行跟踪监控，逐项落实整改；通过结果导向型考核指标的设立，发挥考核作用。燃气集团领导班子全体成员带队进行安全检查，形成安全管理人人有责、安全检查人人参与的良好局面。

【有限空间作业】 本年，燃气集团开展有限空间作业监护人员培训并组织参加有限空间作业安全大比武活动。燃气集团五分公司、高压公司包揽市政市容系统内有限空间比武前两名，并代表市市政市容委参加北京市有限空间作业大比武，荣获二等奖。承办北京市第一届

"北京燃气杯"燃气行业有限空间作业技能大赛。编制针对燃气有限空间作业安全方面的管理标准、技术大纲，建立培训题库。有限空间作业安全管理得到全方位提升。

【培训教育】 本年，燃气集团举办北京市燃气安全生产专业技术人员高级研修班。研修班以先进管理手段在城市燃气安全管理方面的应用为主题，通过专家授课、研讨、实地观摩等方式，对从事安全生产管理工作且具有高、中级专业技术职务的39名专业人员开展为期8周的高级研修活动。

【安全文化建设】 本年，在燃气集团已有6个单位取得市级安全文化建设示范企业称号的基础上，高压公司又获得国家级安全文化建设示范企业称号。燃气集团获得"2015全国安全生产月先进单位"称号；新闻中心和五分公司分别荣获"北京市安全生产月优秀新闻报道奖和最佳实践活动奖"；燃气集团一名安全员荣获北京市"十佳安全宣传员"称号。燃气集团还承办以"关注燃气安全，保障家庭生活"为主题的全市家庭燃气安全知识竞赛活动。

【标准化创建】 本年，燃气集团结合职业健康安全管理体系运行，开展市燃气供应企业安全生产标准化达标创建工作。将安全生产标准化创建与职业健康安全管理体系运行各环节有机整合，针对创建过程中发现的问题采取完善制度、规程管控、加强培训检查和落实整改资金等手段进行整改。推进所属各单位开展安全生产标准化达标创建，所属供气、供热及其他业务板块各子公司均于年内完成达标认证或评审工作，实现燃气集团安全生产标准化全面达标。

燃气集团企业安全部钱林供稿

北京市热力集团有限责任公司

2015年，北京市热力集团有限公司以"主要在领导，核心在基层，重点在岗位，关键在员工"为主导，坚持以安全稳定供热、优质高效服务为总基调，推进"三提、三化、两激发"工程。全年未发生安全事故以及影响社会稳定的突出事件，完成春节、"两会"、中国人民抗日战争暨世界反法西斯战争胜利70周年纪念活动和2015年北京国际田联世界田径锦标赛期间应急服务保障工作，以及2015—2016年度采暖初期的供热服务保障工作。

【安全生产责任制】 本年，热力集团建立健全"党政同责、一岗双责、齐抓共管"安全生产责任制等4类管理规章制度，将《24类安全保卫管理制度》汇编成册下发至各管理单位，加大安全生产考核权重，实行安全生产和重大事故风险"一票否决"制度。集团和各分、子公司逐级签订《安全保卫目标责任书》，明确各个部门、各级人员、各个环节治安保卫工作任务，将安全责任层层分解，落实到具体岗位、具体个人。

【安全保障】 本年，热力集团对16处全国"两会"代表驻地热力设施所管辖的单位进行走访并建立联络机制；对下属15家单位进行治安防范对抗式检查，针对存在的问题提出立即整改要求；在全国"两会"服务保障工作期间，加强在岗值守，保证24小时联络畅通和信息报送的及时、准确。为杜绝由于燃放烟花爆竹引发安全事故，集团与下属分、子公司签订《烟花爆竹安全管理工作责任状》。在中国人民抗日战争暨世界反法西斯战争胜利70周年纪念活动和2015年北京国际田联世界田径锦标赛期间，加强安全管理，对阅兵沿线基础设施进行清查统计，对阅兵沿线供热管线进行反恐排爆，制定“两个重大活动”保障方案及应急预案。

【安全生产大检查和应急演练】 本年，热力集团制定方案，全面开展安全生产大检查，特别针对重点时期的要害单位和重点部位进行对抗式检查，对有限空间作业现场进行突击式检查。全年进行安全检查264次，其中集团党政主要领导带队抽查29次，集团安保部领导检查55次，各分、子公司主管安全的领导带队检查180次。发现各类安全隐患426项，全部整改完毕。根据京能集团《关于加强安全管理工作的紧急通知》文件精神，开展危险化学品应急演练，集团安保部、培训中心、北京特洁能环保技术发展有限公司、北京豪特耐管道设备有限公司以及天津分厂全体员工71人参加演练，提高突发情况下队伍快速反应能力，锻炼现场抢险的协同作业能力。

【安全生产培训】 本年，热力集团组织专业管理人员上岗资格培训、转岗职工保卫培训、应届毕业生安全培训、供热值班员安全培训、有限空间操作证书培训、职工大讲堂等系列讲座培训96场，培训安全管理人员和各专业职工近400名，强化“红线”意识，提高安全生产管理水平。

【安全生产月活动】 本年，热力集团开展主题为“强化依法治安意识，建设安全发展城市”的安全生产月活动，下发《企业安全生产责任体系五落实五到位规定》挂图200张、安全宣传教育书籍和光盘11493套。活动期间，举办安全文化展览，在7家分公司和集团机关轮流布展，观看展览人数2159人。展板内容涉及新修订的《中华人民共和国安全生产法》解读、安全生产基础知识、消防安全教育、用电用气安全常识、各种效应理论以及典型安全生产事故案例。举办“热力杯”安全生产知识竞赛，竞赛分为预赛和决赛，所属20个分、子公司组成参赛代表队。活动强化全员安全意识，宣传安全生产法律法规知识、管理制度、操作技能，提升集团安全生产管理水平。举办北京市第二届有限空间作业大比武活动，有来自供水、排水、供电、供热、供气等10个行业的64支队伍，320名一线作业人员参加比赛。集团输配分公司代表队以优异成绩获得市安全监管局颁发的“北京市有限空间作业大比武二等奖”。此次活动荣获市安委会颁发的“2014—2015年度‘北京汽车杯’活动优秀组织奖”和“2015年北京市安全生产月活动优秀组织奖”。

【标准化建设】 本年，热力集团在朝一、朝二、丰台3家分公司开展安全生产标准化达标企业周期性复评工作。3家分公司通过自查上报整改项目和资金预算，经集团安保部审核后，由经理办公会审议通过。北京中机爱生咨询有限公司初评，发现隐患3467项，整改内容主要集中在：电器设备加装漏电保护器、水泵联轴器防护、水位计防护、配电室小动物防护网、燃气报警探头效验、配电柜防鼠板、热力站板换保温防护罩、制度上墙、站户名牌及区域化管理后新接收热力站内液位计护套、挡鼠板、安全折梯、站牌、标识安装等。经整改，年内完成所有项目的安全生产标准化达标终评工作。

【安全生产责任保险】 2014—2015年，热力集团投保公众责任险（包括热力站、供热、生活热水、输配一次管网）、雇主责任险、“安责险”，使集团公司风险管理能力显著提升。本年，集团制定《热力集团保险管理规定》，定期召开保险理赔沟通会，掌握每月公众责任险发案结案数量，指导各单位日常保险管理工作。2014年10月至2015年10月，集团投保各险种共出险1085件，结案1061件，结案率98%，赔付到账金额总计566万元。完成2015至2016年度保险续保工作。

【消防安全】 本年，热力集团组织各分、子公司开展消防安全宣传教育活动，进行各类防灾减灾演练。“5·12防灾减灾日”活动期间举行宣传教育48场次，开展突发事件演练29次；“119消防宣传日”发放安全警示牌1500张；集团与特佳公司举办办公大楼消防应急疏散演练。开展对非阻燃型彩钢板建筑材料整改工作进行全面排查，涉及的非阻燃型材料使用场地37处，面积约8000平方米，全部完成整改工作。

【交通安全】 本年，热力集团与市交通安全管理委员会签订《北京市交通安全目标管理责任书》，并与各分、子公司逐级签订责任书。集团无交通肇事导致死亡的事故发生，完成各项考核指标。在重大活动期间，按照限行交通管理措施要求，集团530辆车停驶422辆，达到总数的80%，出行车辆遵循单双号限行规定，完成各项要求。日常工作中，要求所属各单位强化车辆管理，避免发生各类事故及违法行为，贯彻尾号限行规定，加强车辆出行和节假日管理制度。

热力集团安全保卫部王军彪供稿

北京市地铁运营有限公司

2015年，北京市地铁运营有限公司贯彻党的十八届三中、四中、五中全会精神和习近平总书记系列重要讲话以及对北京工作的重要指示精神，把握和适应首都发展的新形势、新变化，坚持稳中求进工作总基调，提高各项工作水平，凝心聚力建设“六型地铁”，圆满完成中国人民抗日战争暨世界反法西斯战争胜利70周年纪念活动和2015年北京国际田联世界田径锦标赛“两个重大活动”运输保障任务，确保昌平线二期按计划开通试运营，并在法治建设、安全运营、更新改造、企业改革等各方面取得新成绩。截至2015年，地铁公司运营里程达到460公里。全年安全运送乘客28.32亿人次，占北京轨道交通全路网的86%；安全行车4.34亿车公里，同期增长16.35%；列车运行图正点率和兑现率分别为99.87%和99.93%，乘客满意率95.6%。

【安全管理】 本年，北京地铁公司结合新修订的《中华人民共和国安全生产法》以及大规模网络化运营管理实际，对33项安全管理规章制度进行梳理和完善。强化“小问题大影响、抓小防大、安全关前移”理念，对照法规对有关安全的所谓小问题进行排查研判、分级归类，完善规章制度，提升安全管控标准。组织危险化学品专项排查整改，健全管理台账，实现规范管理。组织集团公司级检查62次，发现问题198件，均进行通报、督促整改。充分发挥积分管理激励作用，兑现奖励285万元，促进管理措施有效落实。

【设备维修】 本年，北京地铁公司强化车辆设备维修质量，治理机场线T2隧道道床脱空问题，以及昌平线、房山线等线路14个桥梁支座“病害”，消除安全隐患。制定突发事件应急处置管理办法及49个专项应急预案，完成23个抢险点建设，为提升故障抢修能力奠定基础。车辆设备运行可靠性得到提升，车辆救援、设备故障率及故障延时分别下降66.7%、16.36%和28.86%。

【运营环境】 本年，北京地铁公司加强安检管理，强化合同履约监管，制定安检规范，实施安检项目部百分考核评比，提升安检管理水平。全年安检物品15.9亿件，“人、物同检”乘客1.56亿人次，查获违禁品13.4万件。加强警企配合的区域联防，制定并落实重点运输任务专项保障方案。依法落实安全保护区巡查制度，整改问题80项。配合公安及执法部门开展站车秩序整顿74次，清理不法人员1014人次。配合新线建设、市政管线穿越等外部工程104项，完成24项。创新管理方式，广泛动员和组织乘客以志愿服务的形式参与地铁安全环境建设，形成2.7万人的地铁志愿者队伍。参加高峰服务及清理小广告等活动万余人次，报告有效信息850条，形成群策群力维护安全秩序的良好局面。

【安全文化】 本年，北京地铁公司加强安全文化建设，组织主题鲜明的警示教育、诗歌征集及情景剧比赛等活动，结合大规模网络化运营特点和典型事故案例，开展“小问题大影响”安全大讨论，组织科级管理人员及班组长培训，增强全员安全责任意识。强化操作类员工技能培训，对8119名员工进行职业技能鉴定。组织4次综合演练及436次专项演练，针对发现的问题完善预案，提升员工突发事件处置能力。

【运营服务】 本年，北京地铁公司提升运营服务水平，组织员工开展“服务之星”“优秀服务能手”活动，深入班组宣讲传播优质服务理念、典型事迹和先进经验，并强化技能培训。完善服务设施，完成八通线标识改造和西直门试点站地徽改造，完成全网无障碍标识增设，完成14处乘客服务中心建设。针对乘客反映强烈的卫生间脏乱、异味等问题，为60个卫生间安装除味装置，对70个卫生间进行改造。改善服务环境，对全网通风空调系统和4条线的洞体进行清扫，为9座车站换乘通道安装通风空调，为4条线开通4G信号。组织规范化站区“星级”评选，以点带面促进规范化站区建设。

北京地铁公司安全监察室王敏供稿

北京环境卫生工程集团有限责任公司

2015年，北京环境卫生工程集团有限责任公司完成“两节”“两会”、中国人民抗日战争暨世界反法西斯战争胜利70周年纪念活动和2015年北京国际田联世界田径锦标赛，以及劳动节、国庆节等重大活动和重要节日的安全保障任务。完成环卫保障作业 119 万运输车次，安全行驶 4562 万公里，各项环卫作业正常开展，所属环卫设施安全稳定运行。获得北京市安全生产月优秀组织奖、蝉联北京市有限空间作业大比武活动冠军。安全生产形势持续稳定。

【安全生产责任制】 本年，北京环卫集团对《安全工作管理办法》等 8 项安全制度进行梳理、完善，按照“党政同责、一岗双责、齐抓共管”“管行业必须管安全、管业务必须管安全、管生产经营必须管安全”的原则，明确各级管理人员责任；依据新修订的《中华人民共和国安全生产法》，结合集团公司实际，修订《事故报告、调查和处理办法》《安全例会管理办法》，制定《安全生产教育培训管理办法》《安全生产检查管理办法》，通过制定完善各项安全管理制度，为深入开展安全生产工作奠定基础。

【安全保障】 本年，北京环卫集团在春节、全国“两会”、中国人民抗日战争暨世界反法西斯战争胜利 70 周年纪念活动和 2015 年北京国际田联世界田径锦标赛期间，安排部署各项安全保障工作，制定安全工作方案及应急预案，开展应急演练。对天安门、代表会场、驻地等重点区域进行全覆盖安全检查和审查备案，覆盖率 100%；组织干部职工开展应急反恐等专题安全教育培训，参训率 100%；对参与作业的车辆、设备、临时厕所的安全状况进行检查，对重点区域的地下沟槽、井盖进行安检排爆，检查覆盖率 100%，并安排专人实行 24 小时看护，落实防火、防盗、防破坏安全防范措施。圆满完成重大活动安全保障任务。

【隐患排查治理】 本年，北京环卫集团开展安全检查和隐患排查治理工作，检查二级单位落实安全主体责任、安全隐患自查自纠、安全培训教育等安全工作的情况。采取“四不两直”的方式，开展安全隐患排查 28 次，及时发现并督促整改安全隐患 32 项。组织二级单位完成技术防范监控系统升级改造工作。聘请专业咨询机构和安全领域专家对集团公司安全生产现状进行风险评估，提出合理化建议，针对风险防范重点区域及重要部位开展专项整治和教育培训。

北京环卫集团安保后勤部吴国铮供稿

北京城市排水集团有限责任公司

2015 年，北京城市排水集团有限责任公司安全生产工作始终坚守“红线”意识，坚持雷厉风行的务实作风，以问题为导向开展工作，落实安全生产主体责任，推进安全生产标准化和隐患排查治理体系建设，开展“四不两直”检查督查，夯实基础，细化责任，强化现场监管，提升安全管理水平，确保集团安全形势稳定，圆满完成中国人民抗日战争暨世界反法西斯战争胜利 70 周年纪念活动和 2015 年北京国际田联世界田径锦标赛等重大活动安全保障任务。

【安全生产责任制】 本年，北京排水集团完善安全生产责任制，制定党政同责、一岗双责管理办法。全员逐级落实责任，在岗人员 3579 名，签约率 100%。新增（含转岗）责任书签订 1055 人次，形成“党政同责、一岗双责、齐抓共管”的安全生产责任体系。

【隐患排查治理体系】 本年，北京排水集团按照市安全监管局、国资委工作部署，围绕“一岗一清单、一业务多清单”规范隐患排查内容，解决“什么是隐患，怎么查隐患”的问题，明确隐患分级标准和处理流程，重点构建以隐患分级处理、清单自配、流程自主、移动处理、隐患一键自动排查、大数据分析等为核心内容的“四化三全两智能”隐患排查治理信息系统，形成“明职责、立标准、有平台、能考评”的安全隐患排查治理体系。北京排水集团事故隐患排查治理体系建设项目在市安全监管局、国资委组织的验收中获得好成绩。

【安全生产监督检查】 本年，北京排水集团加强安全生产监督检查工作。一是持续开展“四不两直”安全专项检查，采取“四不两直”检查方式，开展专项检查51次，领导带队检查27次。二是集中开展专项治理，天津“8·12”事故发生后，立即组织传达贯彻上级精神，党委书记、董事长林雪梅和总经理郑江就专项治理工作提出明确要求和具体安排，在全集团范围内集中开展安全生产“三项行动”(安全生产大检查、“六打六治”打非治违、危险化学品专项治理)，“三项行动”持续到年底。重点采取明确甲方安全监管责任、细化装卸环节安全管理内容和动态管理、减少储存、强化内保等措施，强化危险化学品安全管理。三是继续实施绩效考核，安全绩效考核借助安全监管综合信息平台对各单位进行智能评价，排查各单位安全基础管理存在的问题，运用安全大数据的优势，为开展现场检查和内业复核提供了依据。

【宣传教育】 本年，北京排水集团创新开展“安全生产诗歌征集活动”“安全情景剧”“安全知识趣味竞赛”“安全密室”“安全辩论赛”等安全生产宣传教育活动，荣获“北京市安全生产月活动优秀组织奖”和“北京市安全情景剧优秀组织奖”。精心组织有限空间作业比武活动，荣获市级3个三等奖和2个优秀奖。分4期开展新修订的《中华人民共和国安全生产法》宣传培训，培训620人；分两期开展班组长安全专业技能培训，培训170余人；开展注册安全工程师和安全持证教育培训，组织危险化学品安全管理经验交流活动。

【标准化达标创建】 本年，北京排水集团19家单位全面启动安全标准化达标工作，全部取得“北京市水务安全生产标准化二级单位”称号。通过标准化达标创建工作的开展，各单位对安全管理制度进行全面梳理完善，新订173项、修订252项，形成425项安全管理制度体系。查出并整改一批隐患，整改率90.31%，投入整改资金357.04万元。对暂未整改的隐患均制定整改计划和防范措施，抓紧整改。

北京排水集团安全部徐院锋供稿

北京粮食集团有限责任公司

2015年，北京粮食集团有限责任公司坚持“安全第一、预防为主、综合治理”方针，坚守“发展决不能以牺牲人的生命为代价”的“红线”意识，巩固以安全生产标准化创建为抓手、以隐患排查治理为手段、以全员教育培训为方法的安全生产管理模式，安全生产工作稳步推进。

【安全责任制】 本年，粮食集团召开6次安全生产专项会议对企业安全工作进行督导。分别与集团直属及控股30家企业签订《安全生产目标管理责任书》，定期听取企业安全生产工作汇报，落实安全生产“党政同责、一岗双责、齐抓共管”责任体系。

【安全检查】 本年，粮食集团对直属及控股企业进行安全检查，坚持“四不两直”方式，建立安全生产监督检查机制。重点对企业施工工地、出租场地、粉尘场所等重点部位进行安全检查，检查80余次，下发整改通知书51份（责令停产整改出租场所1处），隐患整改率90%以上。集团直属及控股企业坚持执行三级检查模式。西南郊粮库领导带队前往外埠分库开展安全检查；京粮置业公司加大对老旧小区、建筑工地、外租场所检查频次；通州粮油总公司借助政府部门力量，联合相关执法部门对存在隐患较多的“三合一”出租场所实施整顿关闭，消除多项安全隐患；大兴粮油总公司从大局出发，协调属地和粮油应急保障中心推进隐患排查治理工作。

【隐患治理】 本年，粮食集团对日常检查、专项检查、安全生产大检查中发现的各类隐患建立隐患登记台账，逐一落实整改治理工作。对于一般隐患，要求企业立即采取措施予以整改；对于较大隐患，下发限期整改通知书，对隐患现状进行评估，制定治理方案，落实治理责任、治理资金、治理措施、治理时限和应急预案，并对企业整改情况进行复查。集团投入隐患整改资金近2000万元。其中：京粮顺兴公司投入340万元，整改消防安全隐患；延庆粮油总公司改造库房罩棚，增加储粮容积，消除安全隐患；古船食品及北京正大饲料公司治理粉尘爆炸事故隐患，对车间淘汰型电气开关、照明灯具进行更换，为企业营造安全生产作业环境。

【安全培训】 本年，粮食集团组织两场安全生产培训视频会，从安全生产管理、隐患排查治理、标准化创建、交通安全警示等方面对企业经营管理者和一线安全员进行培训，培训2000余人次，对培训合格者颁发培训合格证书。组织参加市安全监管局、公安局消防局、公安局交管局等部门举办的各类安全培训。集团直属及控股企业积极开展安全生产培训和安全知识答卷等活动，增强员工安全意识。

【标准化创建】 本年，粮食集团27家直属及控股企业完成安全生产标准化达标创建任务（其中二级企业达标24家、三级企业达标3家）。通过开展企业安全生产标准化工作，提升安全生产管理水平，规范安全生产行为，消除安全事故隐患。集团要求有关单位严把标准化评审质量关，把标准化创建取得的成效融入企业日常安全管理当中。

粮食集团安全保卫部吉喆供稿

北京奔驰汽车有限公司

2015年，北京奔驰汽车有限公司围绕“保增长、保安全、保质量”总体要求，坚持“安全责任重于泰山、维稳意识高于一切”的中心思想，安全生产、环保管理工作取得进展，完成全年安全管理目标任务。

【安全生产目标管理】 本年，北京奔驰

公司未发生消防安全火灾事故、无甲方责任重大交通安全事故、无重大设备事故、无食品中毒事故。轻伤事故千人负伤率0.45，同比减少72%。公司实行安全站例会制度，每月、周、日，按照不同级别准时召开安全站例会，强化安全责任制。公司加强环保工作，确保全年无环境污染事故、无环保行政处罚事项，污染物排放浓度、总量均稳定达标，环保治理设施正常运转率100%，危险废物规范处置率100%。

【防汛安全】 本年，北京奔驰公司做好防汛安全的动员部署工作，制定公司部门职责以及汛期值班制度，保障防汛物资准确到位，并进行专业化统筹安排。发动机工厂缸体车间对防汛物资进行充分的准备，组织员工进行防汛抢险演习，增强员工的防汛意识。物流运营部制定防汛工作计划，3个厂区分别建立汛期值班表，防汛抢险队伍和应急物资准备到位。MRAⅠ装焊车间检查车间防汛沙袋按规定码放到位，防汛物资储备齐全，各工段认真落实车间防汛工作计划。

【应急演练】 6月17日，北京奔驰公司发动机工厂曲轴机加工车间联合缸体机加工车间举行疏散演习，通过演习增强员工疏散逃生的安全意识；6月23日，MRAⅡ装焊车间组织员工开展消防安全应急培训及演练，通过宣传讲解和实战演练，使员工更好地掌握消防器材的用途及正确使用方法；6月25日，MRAⅠ总装车间完成线工段B2班协同B1班、B3班开展汽油加注机汽油泄漏事故演练，增强员工消防安全防范意识。

【安全生产季活动】 本年，北京奔驰公司开展“安全生产季”活动，通过宣传安全生产法律法规、传播安全知识、强化安全意识、开展隐患排查、落实应急演练等内容，推进公司安全生产工作有序进行。公司1.1万余名中外员工参加北汽集团组织的安全生产知识答卷活动，掀起安全生产宣传教育热潮。各单位根据实际生产特点，制作安全生产和环境保护宣传看板和海报，利用早会及工余时间进行集中宣传讲解。“安全生产季”期间，公司全面开展设备设施隐患排查和整改工作，并对各车间、在建项目进行专项安全检查，发现隐患30余项并督促落实整改。

【教育培训】 本年，北京奔驰公司开展厂级、车间、班组三级员工安全教育培训工作，形成一级抓一级、一级保一级、各有侧重、责任到人的工作机制。根据实际工作内容进行岗位安全操作规程、安全知识、重点危险源的培训。创新使用“四清楚卡”形式，将现场安全隐患风险、控制措施，应急措施，用一张简单通俗的表单进行培训。组织员工进行安全知识、安全技能培训教育，让员工熟悉和适应作业情况，确保安全生产。

【标准化达标创建】 本年，北京奔驰公司根据国家安全监管总局《关于冶金等工贸行业安全生产标准化示范企业创建工作实施方案》，筹备创建安全生产标准化示范企业。设立安全生产标准化示范企业创建工作推进办公室，开展5个专业的安全生产标准化示范企业创建工作，推进各项工作实施，同年完成企业安全生产标准化一级资质复评工作。

北京奔驰公司安全管理与环保科
卢伟供稿

北京启迪智信注册安全工程师事务所有限责任公司

2015年，北京启迪智信注册安全工程师事务所有限责任公司推进安全生产管理社会化建设，在市安全监管局指导下，立足做好政府的专业技术助手、企业的专业安全顾问，在安全管理咨询、教育培训、标准化评审、安全规划、安全评估、事故分析等方面展开工作。

【编制隐患排查治理实施导则】 本年，公司受市安全监管局委托，参与编制《北京市企业建立隐患排查治理责任机制实施导则》(简称《导则》)。《导则》是北京市安全生产事故隐患排查治理规范性文件，其目的是围绕企业主体责任，按照安全生产的法治化、标准化、信息化、社会化建设要求，指导企业建立事故隐患排查治理责任机制，落实隐患排查治理主体责任。《导则》于4月28日发布实施。

【安全监管技术支撑】 本年，公司全面开展安全生产监督管理技术服务工作。受丰台区安全监管局委托，完成丰台区安全生产标准化三级、小微企业达标评审工作；作为昌平区安全监管局聘请技术支持服务单位，为昌平区各行业企业提供专业技术服务工作，组织现场咨询活动，提供安全专业培训，开展安全生产标准化企业达标评审工作；受西城区安全监管局委托，开展西城区企业主要负责人“安全生产大培训”工作，共培训24期3000人。公司还参与海淀区、通州区、平谷区安全监管局组织的安全生产培训教育和企业安全生产标准化达标评审工作。

【行业管理技术服务】 本年，公司根据新修订的《中华人民共和国安全生产法》关于加强行业管理的相关规定，参与行业主管部门安全生产监督管理的技术服务工作。受市旅游委委托，编写北京市旅游行业安全标准化考评标准，对相关企业包括星级宾馆、旅游景区和旅行社进行3个方面的培训、指导。通过遴选，成为北京市旅游行业二级安全生产标准化达标评审单位，北京市供热行业、燃气行业安全生产标准化二级达标评审单位，北京自来水集团和北京排水集团及下属企业安全生产标准化咨询评审单位，为企业开展安全生产咨询与服务。

北京启迪智信注册安全工程师事务所有限责任公司综合管理部常莎供稿

北京市安全生产科学技术研究院

2015年，北京市安全生产科学技术研究院围绕“四化三体系双基”总任务，打品牌、树形象、强服务、谋发展，完成各项重点工作任务。

【坚持科技引领】 本年，市安科院与清华大学、北京地铁公司合作，开展安全监管大数据平台关键技术研究与应用示范项目可行性研究，成功申报市科委市级科技绿色通道项目，《首都安全生产领域科技创新成果转化调研及相关政策研究》列为市科委市级软科研项目。起草饮料制造、纸制品制造、机动车维修等行业等级评定标准。向人力社保部门申请，正式成立博士后科研工作站，搭建安全生产科研工作平台，不断提升安科院科技研发能力。会同北京石油化工学院，成立北京市安全生产工程技术研究院；会同北京工业职业技术学院，筹备成立北京市电气安全技术研究所。通过实验室计量资质现场评审，实验室职业卫生检测项目达到115项，检测能力处于本市同类实验室先进行列，电气安全检测实现突破，具备23项检测检验资质。

【特种作业考核管理】 本年，市安科院规划全市考点布局，制定特种作业实操考试标准，明确10个工种、38个操作项目考核要求。首次引入模块化考试方式，确定安全用具使用、操作技术、隐患排除、应急处置4个科目，使实操考试更加科学、规范。加强考试过程监管，启用安全培训考试信息系统，推行指纹识别、现场拍照、候考叫号等功能，在全部考点安装远程视频监控设备，与市考试中心对接，实现考试过程监控全覆盖。提高特种作业人员安全操作技能，实现特种作业考试与职业技能鉴定的有效对接，打通特种作业人员职业晋升通道。完成10期特种作业人员和高危行业人员安全资格考试，考核从业人员16.1万人。制发各类证件10.3万本，审核各类考试材料15.3万份。

【社会服务与技术支撑】 本年，市安科院承担安全技术服务项目13项，初步实现技术服务与本市安全生产工作全面对接。与市民政局签署战略合作协议，对本市28家养老院、福利院进行现场检查。配合市新闻广电局，对电影院、印刷企业、图书城安全管理现状进行调研，编制新闻行业安全管理制度汇编。推进商务、广电、文化、旅游等行业二级标准化评审组织工作，完成36家企业现场复核。编制西城、丰台、石景山、通州、平谷区安全生产“十三五”规划。与大兴、石景山等区签订战略合作协议，开展标准化核查、安全条件普查复核、区域安全评估。编写《百名安全生产专家服务企业活动指导手册》，完成150余名安全服务专家选定和培训工作。开展“职工技协杯”特种作业电工安全竞赛，组织22个考试点竞赛活动。

【标准化核查与职业危害评估】 本年，市安科院开展企业安全标准化核查工作，重点检查已达标企业标准化持续改进情况，核查企业350家，发现不符合项2700余处，切实提高评审质量。针对职业卫生技术服务机构开展年度评估，检查机构18家，分析技术服务机构存在的突出问题，为推行机构分类管理奠定基础。开展区县职业病危害防治评估，摸清本市职业危害现状。

【安全生产培训教材编制】 本年，市安科院制定《北京市安全生产培训大纲考核标准和培训教材编制规划（2015—2019）》，完成66个培训大纲、考核标准以及44本培训教材编制工作。在教材编制过程中，注重突出针对性和实用性，特种作业培训教材首次编制6个操作项目实操培训手册，配有600余幅彩色图片，以图文并茂、通俗易懂的方式，增强教材使用效果，受到培训机构和考生的欢迎。

北京市安全生产科学技术研究院王罡供稿

北京市安全生产宣传教育中心

2015年，北京市安全生产宣传教育中心围绕“四化三体系双基”总任务，紧盯“十三五”规划和京津冀协同一体化的宏伟蓝图，紧贴全市安全生产工作实际，以“强化依法治安意识，建设安全发展城市”为主题，组织开展安全生产宣教活动、新闻宣传、安全文化建设等一系列工作。

【宣教活动】 本年，宣传教育中心制定《2015年北京市安全生产宣传工作指导意见》，组织召开全市安全生产宣传工作会议。制订《北京市安全生产月活动方案》，确定安全生产咨询日、“十佳安全宣传员”、微小说和连环漫画征集、安全主题诗歌大赛、情景剧大赛、家庭燃气知识竞赛等16项全市性活动，并对全市各区县、行业、企业提出安全生产月活动各项工作的具体要求。注重从活动的内容和形式进行突破，覆盖企业、社区、学校等场所，涉及学生、职工、农民工等群体。通过互动性强、喜闻乐见的活动，对强化公众安全生产意识、参与安全生产管理、提高安全生产技能、维护自身安全权益等起到宣传和激励作用。

【新闻宣传】 本年，宣传教育中心在市级以上主流媒体刊发新闻报道3100余篇，其中：电视类280余篇次，同比增长133.3%；政务网站类1.7万余条，日均点击量13万次，同比增长41.3%。围绕烟花爆竹监管等重点内容发布信息15次，“安责险”制度参保企业签约、《北京市安全生产举报奖励实施办法》等被各主流媒体纷纷报道和转载；组织媒体采访报道120余次，刊发报道1500余条次，在《中国安全生产报》刊发“首都安全”专版20期，《北京晚报》“12350百姓安全身边事”专栏26期，在《首都之窗》制作专题访谈节目12期；在市安全监管局政务网站发布事故快报79条，在《北京日报》策划推出安全生产警示曝光专版3期，在北京电视台开辟“直击安全现场”栏目，播出节目40余期；妥善应对和处置“12·29”清华附中工地坍塌事故和天津港“8·12”火灾爆炸事故后媒体和公众对本市危险化学品安全生产工作的关注和诉求。

【安全文化建设】 本年，宣传教育中心以安全文化促进会为桥梁、以安全文化论坛为平台，以安全社区建设和安全文化示范企业指导建设为抓手，推动安全文化社会化进程。安全文化促进会新吸收会员单位17家、个人会员13名，拥有103家会员单位和54名个人会员，为企业与政府之间搭建“桥梁”，为安全文化建设注入新的力量。开展安全文化示范企业创建，举办安全文化建设示范企业培训班，培养一批企业安全文化建设骨干力量。

【安全社区建设】 本年，宣传教育中心推进安全社区建设，夯实基层基础工作。指导安全文化促进会成功申报挂牌“全国安全社区北京支持中心”，修订编制《北京市安全社区建设五年发展规划》《北京市安全社区创建指导手册》，启动安全社区创建指导专家“一对一”走访指导工作。截至2015年底，北京市建成国际安全社区24个、全国安全社区39个、市级安全社区60个。

【筹办安全文化论坛】 本年，宣传教育中心筹办“提升安全法治理念，推进安全文化创新”为主题的第九届北京安全文化论坛。设主论坛和4个分论坛，邀请加拿大、美国及国内对新政策研究的资深专家，围绕“四化三体系双基”总任务的实现，尝试对京津冀一体化和安全生产新情况、新问题进行研讨，提高安全文化建设水平。2000余人参与本次安全文化论坛。

【社会化宣传】 本年，宣传教育中心充分调动和发挥社会力量，建立健全安全生产宣传教育运行机制，营造全社会支持安全生产工作的环境氛围。组织安全生产宣传咨询日活动、“安全是永恒的旋律”主题情景剧比赛、微小说安全连环漫画征集活动，制作光盘、海报、手册、折页、实物等安全生产宣传品21.4万件，面向社会公众和企业员工宣传安全知识。围绕安全生产重点工作任务，推出《烟花爆竹主题海报》《企业五落实五到位》《北京安监精神海报》《12350海报》8万余件；开发《用电安全知识手册》《用电安全折页》《企业员工安全知识手册》《特种作业安全知识手册》9.3万件等；制作《用电安全》等安全警示教育光盘1.8万张，制作实用性和趣味性强的扑克、便携袋、围裙等1.3万件。深化政务网站改革和新媒体应用，发布政务类微博825篇，收到网友转发、评论共1786条，粉丝量78万。微信自5月份开通以来，发布信息200余条，粉丝5000余人，在全国省级安监公众号排名中多次位居前列。

北京市安全生产宣传教育中心焦文霞供稿

北京市安全生产信息中心

2015年，北京市安全生产信息中心围绕“四化三体系双基”总任务，以落实《北京市安全生产信息化三年行动计划》为主线，以安全生产条件普查为重点，以系统建设和推广应用为抓手，以强化干部队伍建设为基础，坚持问题导向，强部署、严督查、控进度，稳步推进各项重点工作。

【安全生产条件普查】 本年，信息中心精心组织，稳步推进全市第一次生产经营单位安全生产条件普查工作。指导各区县建立普查工作机构，协调各方落实普查资金，为开展普查提供坚实保障。抓好宣传培训，营造良好氛围，借助报刊、电视台等媒体开展宣传。开展检查抽查，对区县普查工作进行督导，对发现的问题及时反馈区县整改。建立普查底册数据，做好服务保障工作，抽调专人和技术公司全程服务，做到解决问题不过夜。

【信息平台推广应用】 本年，信息中心控制增量，盘活存量，深化全市安全监管信息平台推广应用工作。建成行政许可和电子监察系统，实现市区两级安全监管所有行政许可审批事项的全流程上网办理，实现实时网络监控。优化安全生产执法检查系统，实现从检查、执法到案件办理的全流程记录。完善安全监管信息平台功能，对安全生产标准化达标创建、危险化学品管理等功能进行完善，新建市安科院网站页面、网络教育学院、油气输送管道安全专项整治系统。启动全市安全生产隐患自查自报和隐患排查数据采集分析平台建设，围绕隐患排查治理体系“532”工作框架，完成项目建设需求和功能框架完善，设计系统原型。依托绩效考核，推广系统应用，制定《北京市安全生产监管信息平台对接和资源共享技术指南》等4项管理制度，编制《业务信息系统应用绩效考核管理办法》。

【信息平台运维保障】 本年，信息中心健全体系，完善机制，做好安全监管信息平台运维保障工作。坚持制度先行，梳理运维制度文件，确定“1+5+N”运维体系框架。制定《北京市安全生产监督管理局网络与信息系统运维管理制度》及3个配套文件；编制人员、技术、资源、过程、安全5方面管控31项制度。做好重要时期技术保障，提前谋划、周密部署，对系统设备进行安全检查和技术保障演练，实行24小时技术保障值守。依据《信息化运维考核管理实施细则》对信息化运维总包单位按季度予以考核，强化信息化运维考核结果与运维合同费用支付挂钩，对考核发现问题迅速组织运维总包单位进行整改，有效提升运维服务单位信息化运维服务质量和工作效率。

【干部队伍建设】 本年，信息中心加强干部队伍建设工作。一是制定重点工作计划和折子工程，细化重点任务，明确完成时限，每周编制督办周报，每月开展督办分析，扎实推进各项工作。二是完善制度体系，进一步梳理各项规章制度，形成包括财务、人事、后勤等一整套制度体系。三是加强学习培训，把提升干部综合能力放在突出位置，将干部学习培训与支部会议、处务会、每周五科室例会相结合，见缝插针抓学习。

北京市安全生产信息中心范开花供稿

北京市安全生产举报投诉中心

2015年，北京市安全生产举报投诉中心在市安全监管局的领导下，围绕“四化三体系双基”核心总任务，强化管理，规范服务，督促企业落实主体责任。加强队伍建设，弘扬“敬业、协作、创优、奉献”的职业精神，获得共青团中央授予的“2013—2014年度全国青年文明号”荣誉称号。

【安全生产举报奖励办法出台】 3月19日，市安全监管局、财政局公布实施《北京市安全生产举报奖励实施办法（试行）》，规范全市安全生产举报行为，引导社会公众参与社会监督，为全市安全生产举报奖励发放提供依据和标准。该《办法》具有广、细、清3个特点：一是适用范围广。任何单位或个人都可以向“12350”特服热线举报本市行政区域内煤矿、非煤矿山、道路交通、危险化学品、烟花爆竹、冶金机械等行业领域安全生产事故隐患和非法违法行为，以及用人单位存在职业病危害因素违法行为案件线索，经查证属实后，均可获得相应的现金奖励。二是奖励条件细。根据举报内容细化奖励条件，给予200元至3万元的现金奖励。调动从业人员参与安全生产举报工作的积极性，提高企业自觉守法意识。三是权利义务清。举报人须对举报内容真实性负责，受理举报部门必须为举报人保密，不得泄露举报人个人信息。

【“两个重大活动”安全保障】 8月20日至9月5日，举报投诉中心按照市安全监管局部署，启动中国人民抗日战争暨世界反法西斯战争胜利70周年纪念活动和2015年北京国际田联世界田径锦标赛安全保障工作。一是“12350”特服电话实行三级应急值守制度，加强值班力量，执行双人值班、党员干部24小时带班；二是对重点区域举报信息建立快速办理通道，确保“重要信息不漏接、紧急信息不延处”；三是实行每日“零报告”制度，及时报送《举报投诉专刊》10期，做好“两个重大活动”期间安全生产举报投诉工作；四是与市“12345”非紧急救助服务中心和“96119”消防热线建立信息快速共享和联动机制，共享举报信息98件。“两个重大活动”期间，“12350”特服电话接听群众有效来电1521个，接收电话、网络、传真等渠道举报126件，安全监管系统立案查处举报94件，核查完成90件，办结率95.7%，移送行业主管部门32件。

【树立“12350”新形象】 9月6日，举报投诉中心开通“12350”安全生产举报投诉微信公众号，强化“12350”服务指导功能，搭建发挥社会监督作用的新平台。采用图文并茂，生动活泼的形式，重点宣传《中华人民共和国安全生产法》《北京市安全生产举报奖励实施办法（试行）》、安全知识等内容。在市安全监管局政务网站发布安全生产信息，全年解答在线咨询2000余条，发布属实举报案件办理情况146件、统计分析7期，搭建政企、政民间沟通桥梁，突出安全监管系统窗口形象，震慑安全生产违法行为。

【质量管理体系认证】 本年，举报投诉中心推进ISO9001质量管理体系建设，精心组织咨询服务、文件编写、内审、管理评审、外审等工作，申请质量管理体系认证。根据GB/T19001－2008 idt ISO9001：2008质量管理体系标准，经过有关机构评审，认为举报投诉中心符合所申请的质量管理体系标准要求，给予注册并颁发质量管理体系认证证书，有效期从2015年11月3日至2018年11月2日。

【“一号通”建设试点】 本年，举报投诉中心制定《关于整合安全生产举报投诉热线资源实现12350热线“一号通”的工作方案》，逐一走访全市16个区县和北京经济技术开发区安全监管局，就“一号通”达成共识。确定市区两级安全生产举报投诉系统技术整合方案和统计数据信息化等整合方案，选取西城区、丰台区和大兴区3个区进行试点运行，实地测试方案可行性、技术可靠性、操作便捷性。“一号通”建设工作列入2016年市安全监管局信息化建设项目。

【举报投诉典型案例选编】 本年，举报投诉中心按照安全生产《典型案例》系列丛书编写规划，在编写过程中突出“生产经营单位主要负责人、管理人员和特种作业人员”3类人员的作用，有针对性地编写10个典型案例，指导企业提高安全生产自查自纠能力，及时发现并消除安全隐患。更好地为市民举报身边的安全隐患提供指导。

【培育青年岗位能手】 本年，举报投诉中心开展以“文明服务我第一、受理准确我第一、转办准确我第一”为主题的“十项技能竞赛”活动，强化岗位练兵，增强业务技能。组织“青年服务之星”评选活动，评选出月度“青年服务之星”12人次，季度“青年服务之星”4人次，年度“青年服务之星”1人次。组织赴企业一线现场学习15次，既提高理论知识水平，又提升业务实践能力。举报投诉中心有4人入围首届安全生产业务技能标兵评选面试，两人取得笔试第二名和第四名的优异成绩。

【举报途径】 本年，电话、网络仍为市民举报主要途径，主要原因是电话、网络举报途径宣传力度大，又较为方便快捷，已被广大市民普遍接受。随着便捷性、可视性更强的“12350”手机APP应用程序的开发与推广，可实现举报照片实时上传，将会成为市民举报的又一便捷途径。（图1）

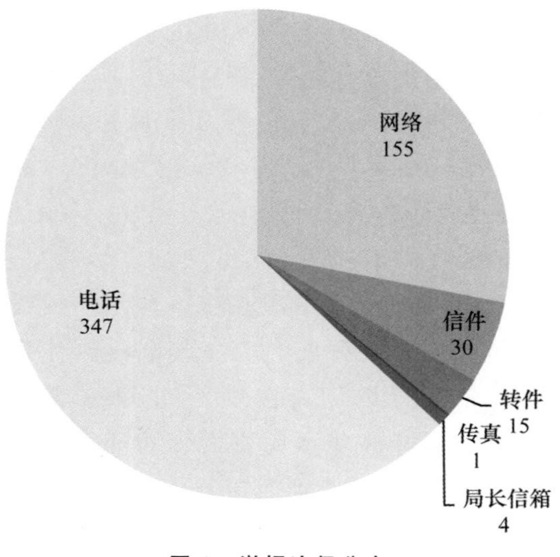

图1 举报途径分布

【举报区域分布】 本年，朝阳区、房山区、昌平区、大兴区等城乡结合部安全隐患问题突出，举报数量多，属实率较高。市民反映主要问题有“三合一”场所、配电室设置不符合标准、企业未按要求发放劳动防护用品、临时电源线私拉乱接、特种作业人员无证上岗、未对从业人员进行安全教育培训等。（图2）

【举报行业分布】 本年，制造业、批发零售业、建筑业和居民服务业成为市民举报较为集中的行业，此类安全隐患问题涉及从业人员和市民的切身利益，关乎城市安全运行，受到市民的普遍关注。（图3）

【举报数量月份分布】 1月至7月，市民举报数量呈平稳态势，无大幅波动。8月份举报数量猛增，源于“8·12”天津港爆炸事件后，市民对危险化学品类安全隐患高度关注，如危险化学品使用单位、储存仓库、燃气站、加油站等与居民住宅区距离过近，危险化学品随意存放，

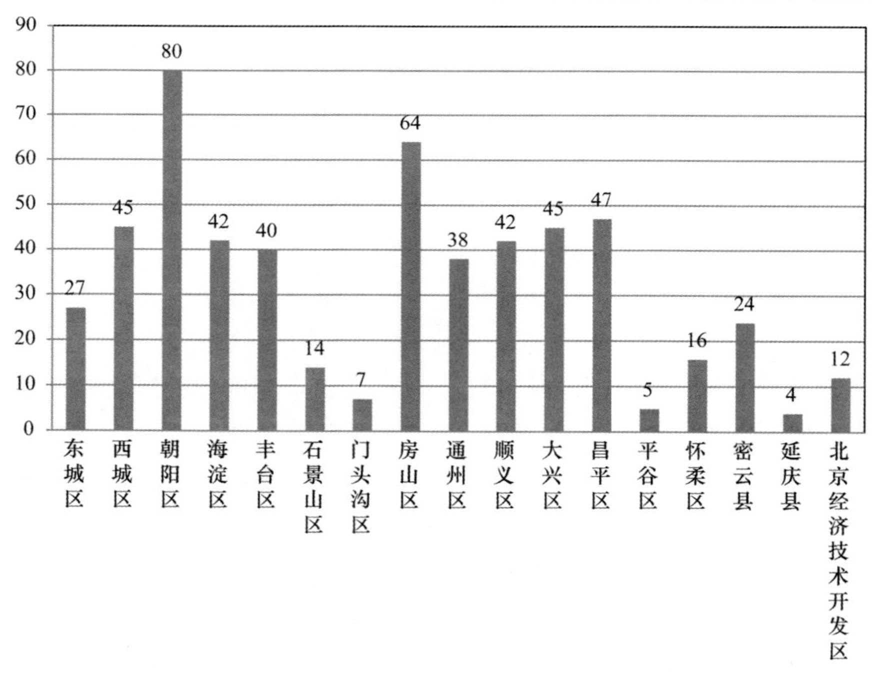

图2 举报区域分布

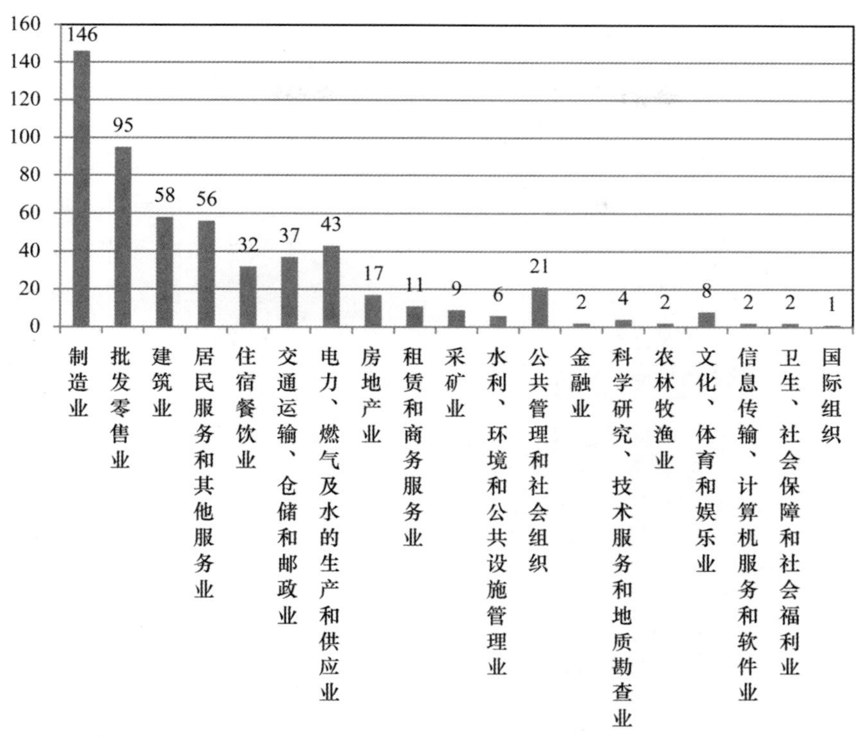

图 3　举报行业分布

餐馆内煤气罐储存不当，无资质违规生产、经营、储存危险化学品，加油站无消防灭火设施、存在打手机行为等，举报数量大幅增加。（图 4）

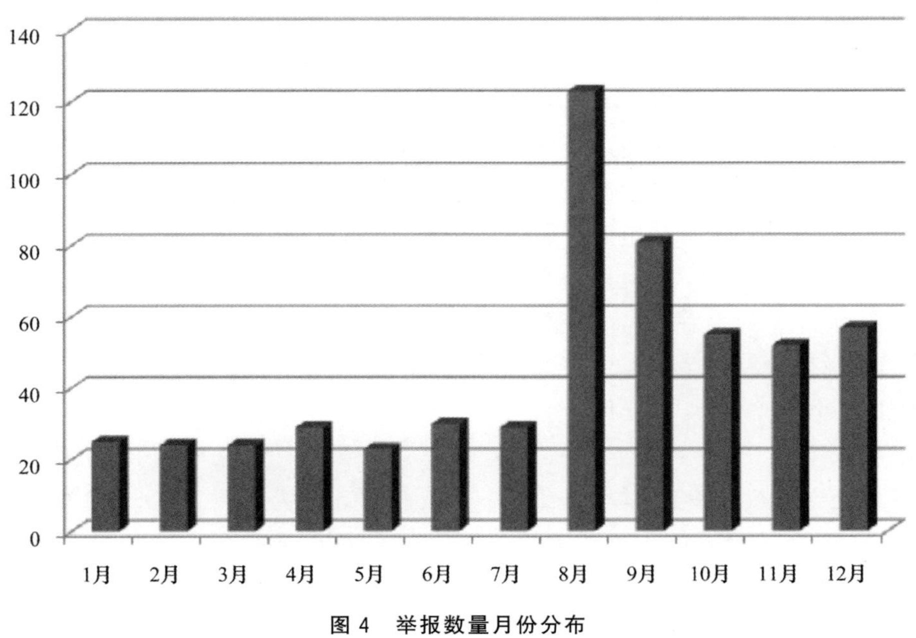

图 4　举报数量月份分布

【举报内容分类】 本年，安全隐患类举报占总数的86.23%，同比下降2.77%；非法违法生产经营建设类举报占总数的7.07%，同比持平；事故类举报占总数的1.99%，同比持平；安全隐患类是市民举报重点内容。（图5）

【立案查处】 本年，举报投诉中心接听市民来电10867个，接收举报750件，立案查处552件，移送其他单位198件。全市安全监管系统立案查处477件，占86.41%；市安委会成员单位立案查处75件，占13.59%。办结518件，办结率为93.84%，安全监管系统办结率为100%。查证属实160件，采取行政处罚措施173项，其中责令整改151家，行政罚款11家，责令停产停业9家，关闭2家。

北京市安全生产举报投诉中心
焦宁供稿

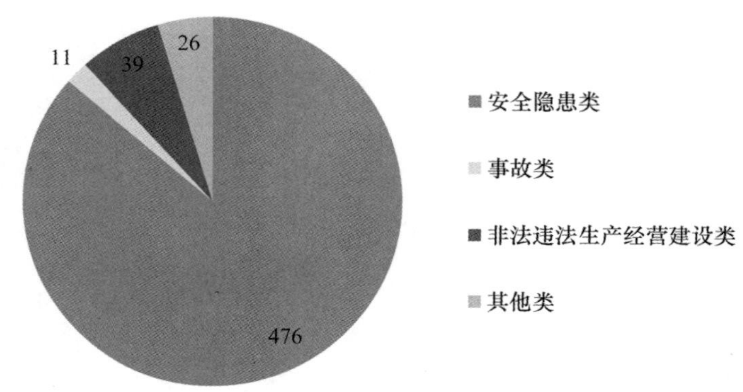

图5　举报内容分类

北京市安全生产联合会

2015年，北京市安全生产联合会在市安全监管局正确领导下，在市社团办指导监督下，围绕安全生产“四化三体系双基”总任务，立足“枢纽型”社会组织建设和“三个服务”能力提升两条主线，狠抓内部管理，强化会员服务，积极拓展业务，严格按章程规定开展工作，为本市安全生产领域各社团建设发挥引领示范作用。

【“枢纽型”社会组织建设】 本年，北京安联按照“枢纽型”社会组织建设要求，在市安全监管局和市社工委支持下，统计汇总市区两级安全生产社团人员组成、工作职责、内设机构、服务范围，编制完成17个安全生产社会组织台账，掌握基本情况。统筹6家社团组织，完善基础数据，建立会员共享机制，减轻企业负担。主动联系市社团办，组织开展社团专业培训，内容涵盖社会组织项目管理、财税制度、政府购买社会组织服务制度等9部分，协助相关社团开展税务登记、社保缴纳、工资核定、人员招聘等工作。

【社团联合党支部和工会小组】 本年，北京安联在市安全监管局机关党委、工会指导下，调查研究相关社团党组织和工会组织情况，理顺归属关系，联合局属各社团成立北京市安全生产领域社会团体联合党支部和联合工会小组。社团联合党支部和联合工会小组的成立，为顺应新形势下加强社会组织党和工会建设和社会组织改革发展提供组织保障，具有重大意义。

【标准化评审管理】 本年，北京安联按照市安全监管局要求，修订完善安全生产标准化评审单位、评审组织单位、评审员管理办法等制度。通过北京安联推荐，市安全监管局认定43家单位为本市工业企业标准化评审机构。坚持“创建目标是有质量的目标”和“数量服从质量”两个原则，定期报送标准化工作推进情况，细化现场复核方案，调整审核发牌机制。按照系统复核、现场复核、专家审议、办公会审核的4级质控模式，强化内控流程，提高管理水平。全年新申请标准化二级复核企业139家，发放牌匾印发证书72家。

【安全生产信用评价】 本年，在市安全监管局指导下，北京安联组建安全生产信用评价与信息管理工作部，承担本市安全生产信用的等级评定、后台数据录入及数据应用分析等相关工作。专门配备办公场地及设备，招聘人员并确定岗位职责，开展安全生产信用评价系统建设及前期调研工作。

【走访会员单位】 本年，北京安联先后赴北京城乡建设集团、北京公交集团和部分安全生产中介服务机构等10余家会员单位调研走访，了解会员单位安全管理现状，收集安全诉求和服务需求。针对会员需求安排培训课题，提高安全管理水平和工作质量。不断探索会员服务新举措，充分发挥桥梁纽带作用。

【会员单位培训】 本年，北京安联组织市属国有企业、安全生产标准化评审机构、行业企业，举办9期新修订的《中华人民共和国安全生产法》、标准化评审、隐患排查治理导则等专题培训班，培训1000余人，效果明显，反响良好，为会员单位带来看得见、摸得着的“安全实惠”。

【搭建会员交流平台】 本年，北京安联建立会员交流QQ群，加强政企、社企互动联动，向会员单位转发中国安全生产协会、市安全监管局组织的各类安全生产交流活动，为企事业单位参与安全生产技术交流提供平台和项目支持。开通北京安联微信公众平台，完善基础信息模块，充分利用新媒体、自媒体快速传播优势，及时宣传安全生产相关政策法规，充分调动会员单位参与安全生产工作积极性。

【安全生产年鉴编纂】 本年，北京安联加强《北京安全生产年鉴》编写质量过程管理，制定年鉴编纂管理办法和年鉴条目编写规范，明确年鉴组稿人职责和供稿单位负责人审核机制。发挥年鉴编纂专家专业优势和行业管理经验，拓展年鉴编纂范围，扩大影响力。对2014年信息稿件报送的6个先进单位和27名优秀信息员进行表彰和奖励。

【组建社团财务管理中心】 本年，北京安联根据市安全监管局工作要求，按照集中办公、集中审批、集中管理的工作原则，制定北京安联财务中心组建方案，明确财务部门指导、事务所监督、财务中心审批、北京安联管理的工作模式，牢固树立财务管理的“红线”意识，加强资金监管，不断巩固和创新社团财务工作。财务中心相关人员陆续到位，各社团财务情况摸底和移交工作全部完成。

【应急示范试点企业评估验收】 本年，

北京安联受市安全监管局委托，开展北京市应急示范试点企业评估验收工作。11月中旬，北京安联组织专家培训会，明确任务分工和时间节点，在人手紧缺、专家资源有限的情况下，利用1个月时间高标准完成全市88家加油站应急示范试点企业评估工作。

北京市安全生产联合会安洋供稿

统计资料

2009—2015年全市安全生产形势分析报告

一、安全生产事故总体情况

2009—2015年，全市共发生安全生产事故6973起，死亡7654人，其中：生产安全事故607起，死亡704人，分别占比8.71%和9.20%；道路交通5984起，死亡6501人，分别占比85.82%和84.94%；火灾202起，死亡267人，分别占比2.90%和3.49%；铁路交通177起，死亡179人，分别占比2.54%和2.34%；农业机械3起，死亡3人，分别占比0.04%和0.04%。

表1　　2009—2015年全市安全生产事故总体情况表

指标名称	2009年	2010年	2011年	2012年	2013年	2014年	2015年
安全生产死亡事故起数人数（起/人）	1049/1157	1062/1176	977/1089	982/1073	937/1032	1003/1096	963/1031
1. 生产安全	101/123	119/136	88/101	83/99	91/95	80/102	45/48
2. 道路交通	901/981	884/974	843/924	845/918	791/860	860/923	860/921
3. 火灾	26/32	26/32	12/30	24/26	32/53	43/51	39/43
4. 铁路交通	21/21	32/33	33/33	29/29	23/24	20/20	19/19
5. 农业机械	0	1/1	1/1	1/1	0	0	0

2015年，全市共发生生产安全、道路交通、火灾、铁路交通死亡事故963起，死亡1031人，与2009年相比分别减少86起126人，分别下降8.2%和10.9%。

2009年以来，全市各项安全生产相对指标基本控制在国务院安委会下达的年度控制目标范围内。2015年，亿元地区GDP生产安全事故死亡率低于全国水平近54%，工矿商贸企业从业人员10万人生产安全事故死亡率低于全国水平近60%，道路交通万车死亡率低于全国水平近21%，煤矿百万吨死亡率基本与全国水平持平。

2009—2015年，全市共发生较大及以上安全生产事故117起，死亡441人，其中：2009年19起72人，2010年24起76人，2011年20起85人，2012年17起62人，2013年17起67人，2014年11起47人，2015年9起32人。

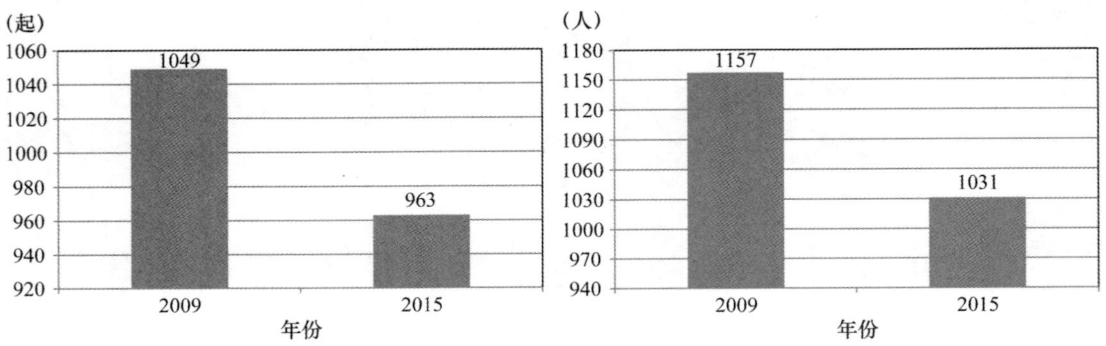

图 1　安全生产事故事故起数情况对比图　　图 2　安全生产事故死亡人数情况对比图

表 2　　2009—2015 年较大及以上安全生产事故情况表

名称	2009 年	2010 年	2011 年	2012 年	2013 年	2014 年	2015 年	合计
起数	19	24	20	17	17	11	9	117
人数	72	76	85	62	67	47	32	441

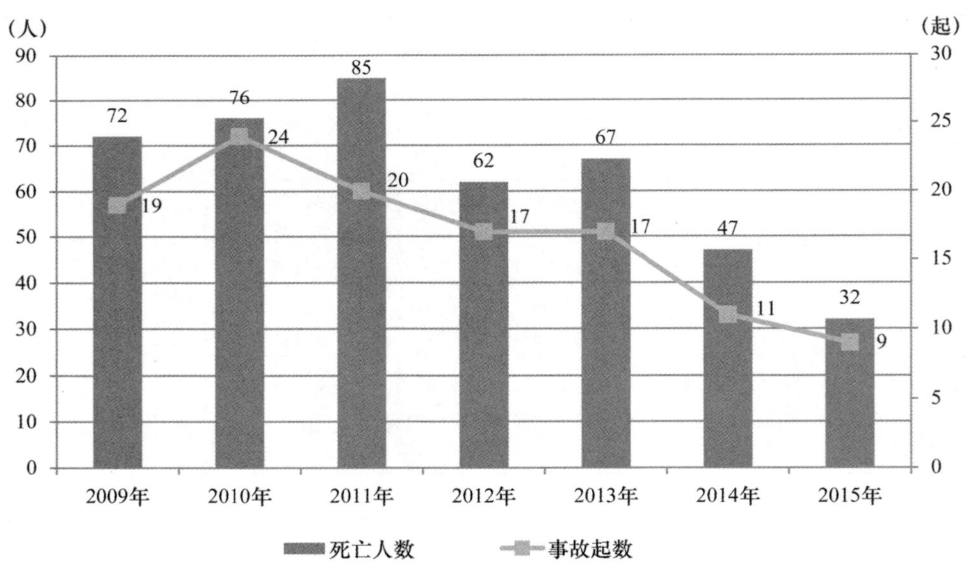

图 3　2009—2015 年较大及以上安全生产事故情况对比图

2009—2015 年，较大及以上事故城市功能区分布情况为：首都功能核心区发生 1 起，死亡 3 人，分别占比 0.85%和 0.68%；城市功能拓展区发生 25 起，死亡 105 人，分别占比 21.37%和 23.81%；城市发展新区发生 65 起，死亡 246 人，分别占比 55.56%和 55.78%；生态涵养发展区发生 24 起，死亡 81 人，分别占比 20.51%和 18.37%；其他地区和单位发生 2 起，死亡 6 人，分别占比 1.71%和 1.36%。

表 3　　2009—2015 年较大及以上安全生产事故人数情况表

类别	2009 年	2010 年	2011 年	2012 年	2013 年	2014 年	2015 年
首都功能核心区	0	0	0	0	3	0	0
城市功能拓展区	16	13	18	6	27	20	5
城市发展新区	50	29	47	39	34	27	20
生态涵养发展区	6	28	20	17	3	0	7
其他地区和单位	0	6	0	0	0	0	0

2015 年，全市共发生较大安全生产事故（全部为道路交通事故）9 起，死亡 32 人，同比减少 2 起 15 人，分别下降 18.2%和 31.9%。较大安全生产事故得到一定遏制。

2009—2015 年，全市 17 个地区事故呈现不均衡态势，朝阳区事故总量最大，死亡 1298 人，其次为昌平区、顺义区，分别死亡 830 人、807 人。

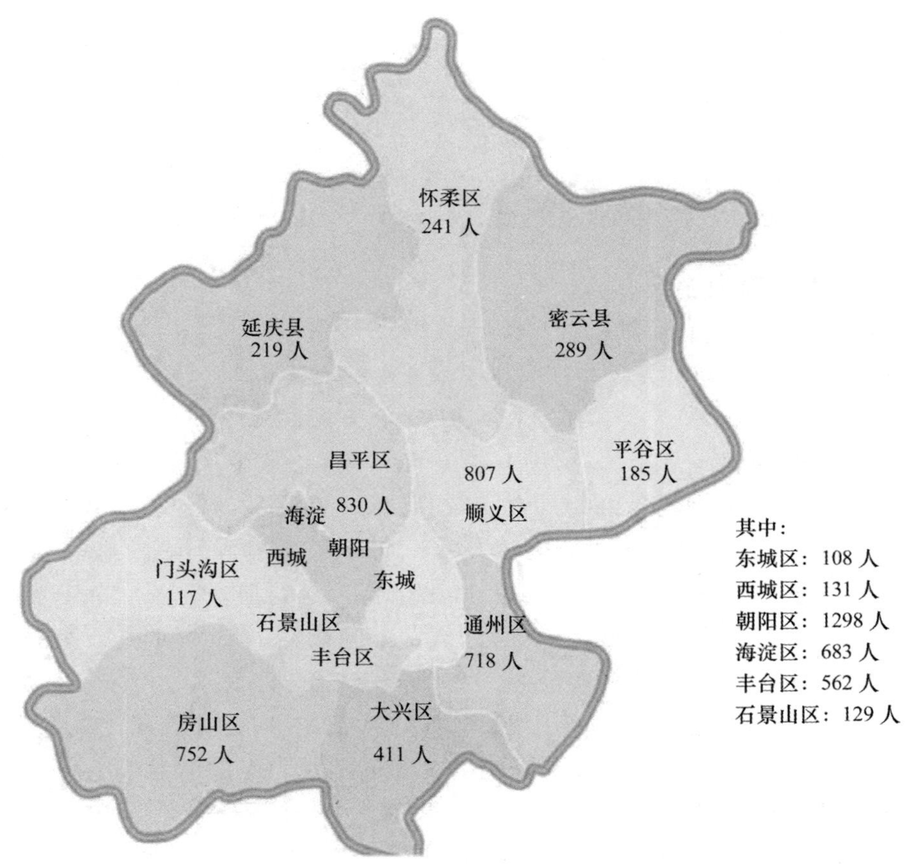

图 4　2009—2015 年安全生产事故死亡人数地区情况对比图

从功能区分布看，2009—2015 年，城市发展新区安全生产事故死亡 3560 人，占全市安全生产事故死亡人数的 46.51%，总量在全市四个功能区中排位最高。首都功能核心区安全生产事故死亡 239 人，占全市安全生产事故死亡人数的 3.12%，总量在全市四个功能区中处于最低。城市功能拓展区安全生产事故死亡 2672 人，占全市安全生产事故死亡人数的 34.91%。生态涵养发展区安全生产事故死亡 1051 人，占全市安全生产事故死亡人数的 13.73%。

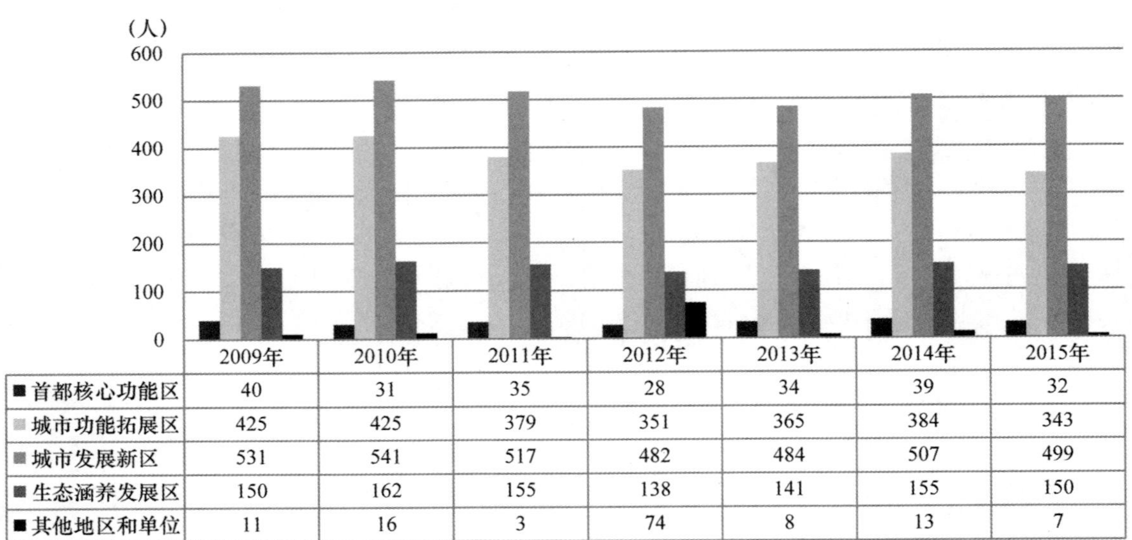

	2009年	2010年	2011年	2012年	2013年	2014年	2015年
■首都核心功能区	40	31	35	28	34	39	32
■城市功能拓展区	425	425	379	351	365	384	343
■城市发展新区	531	541	517	482	484	507	499
■生态涵养发展区	150	162	155	138	141	155	150
■其他地区和单位	11	16	3	74	8	13	7

图 5　2009—2015 年安全生产事故死亡人数区域情况对比图

二、安全生产事故主要特点

（一）生产安全事故降至历史最低水平

2009—2015 年，全市共发生生产安全事故 607 起，死亡 704 人，其中：2009 年 101 起 123 人，2010 年 119 起 136 人，2011 年 88 起 101 人，2012 年 83 起 99 人，2013 年 91 起 95 人，2014 年 80 起 102 人，2015 年 45 起 48 人。从生产安全事故死亡人数看，2009—2011 年，全市生产安全事故死亡人数相对处于高位，但总体呈震荡下降态势，其中 2011 年较 2010 年生产安全事故死亡人数下降 25.7%，下降趋势明显。2012—2013 年，全市生产安全事故死亡人数总体平稳，处于低位运行阶段，死亡人数均小于 100 人。2014—2015 年，本市生产安全事故进入震荡下降期，在 2014 年生产安全事故出现小幅反弹后，2015 年实现较大幅度下降。2015 年，全市共发生生产安全死亡事故 45 起，死亡 48 人，事故起数同比减少 35 起，下降 43.8%，死亡人数同比减少 54 人，下降 52.9%，为历年来生产安全事故下降幅度最大的年份。但是，由于生产安全事故总量已经处于较低水平，下降趋势将可能趋缓。

统计数据表明，人的不安全行为、物的不安全状态以及管理上的缺陷等隐患问题仍是导致事故发生的最主要因素。2009—2015 年本市共发生生产安全事故 607 起，死亡 704 人。其中：违反操作规程劳动纪律、不按规定佩戴劳动防护用品等人的不安全行为造成事故 331 起，死亡 397 人，占事故起数、死亡人数的 54.5% 和 56.4%；技术设计缺陷，设备、设施、工具附件缺陷或生产作业环境不良等物的不安全状态造成事故 165

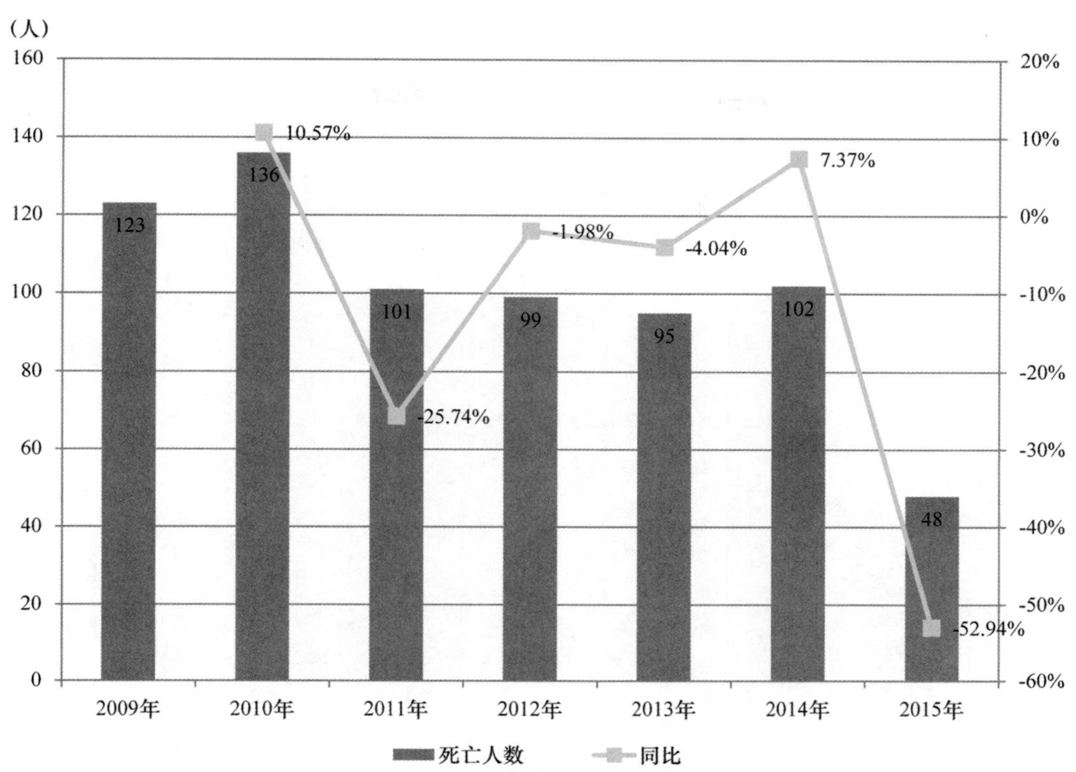

图 6　2009—2015 年生产安全事故情况对比图

起，死亡 183 人，占事故起数、死亡人数的 27.2%和 26.0%；劳动组织不合理、现场检查、教育培训不到位等管理上的缺陷造成事故 85 起，死亡 98 人，占事故起数、死亡人数的 14.0%和 13.9%。

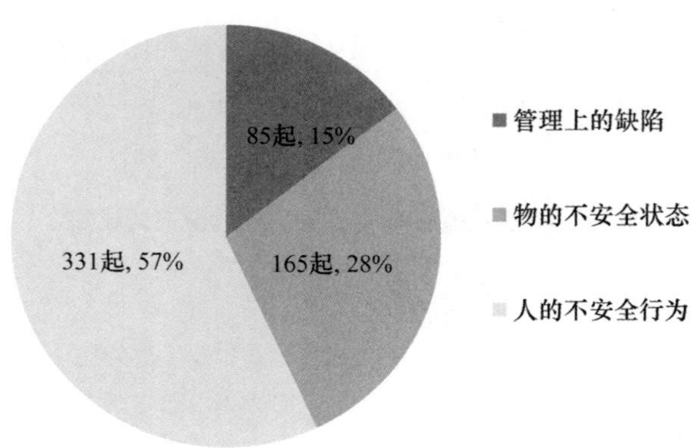

图 7　2009—2015 年不同事故原因对应的生产安全事故起数情况图

（二）道路交通事故波动下降

2010 年全市共发生交通死亡事故 884 起，死亡 974 人，与 2009 年同期相比，事故起数减少 17 起，下降 1.9%，死亡人数减少 7 人，下降 0.7%。2011 年、2012 年道路交通事故稳中有降，2011 年共发生道路交通死亡事故 843 起，死亡 924 人，2012 年发

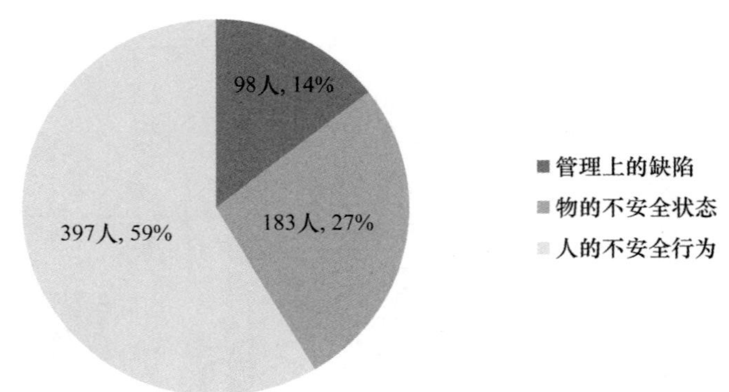

图 8　2009—2015 年不同事故原因对应的生产安全事故死亡人数情况对比图

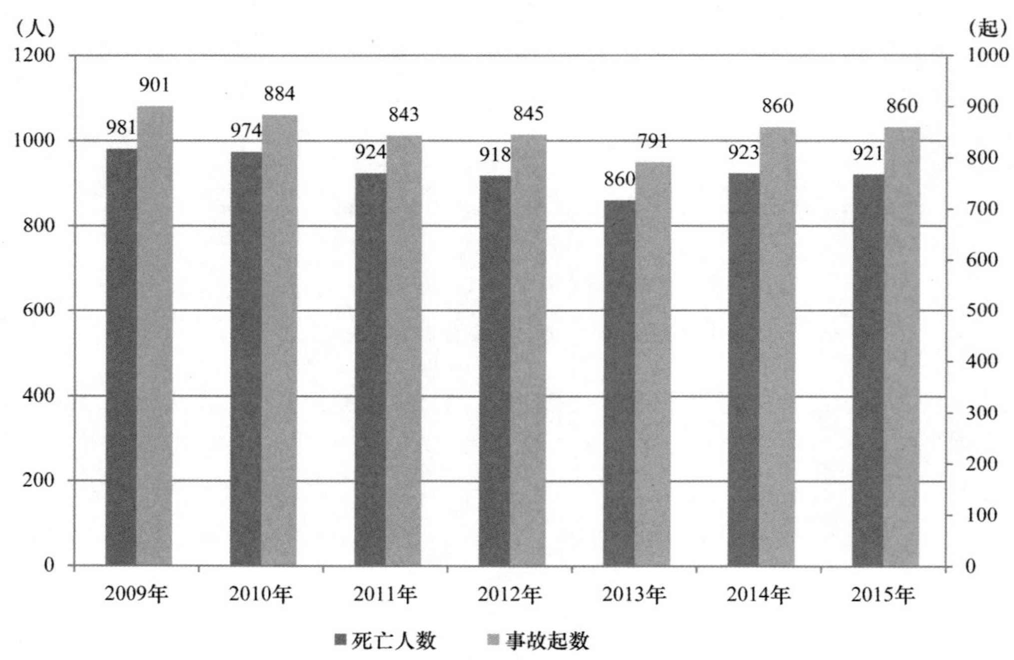

图 9　2009—2015 年道路交通事故情况对比图

生 845 起，死亡 918 人。

2013 年，全市道路交通死亡事故为近 5 年来最低，共发生 791 起，死亡 860 人，同比分别减少 54 起 58 人，下降 6.4%和 6.3%（其中生产经营性道路交通事故 193 起 214 人）。远郊区、外埠来京人员车辆事故高发，占死亡总人数六成以上。

2014 年，道路交通事故呈现向上攀升态势，全市共发生道路交通死亡事故 860 起，死亡 923 人，同比增加 69 起 63 人，分别上升 8.7%和 7.3%。发生生产经营性道路交通死亡事故 227 起，死亡 248 人，同比增加 34 起 34 人，分别上升 17.6%和 15.9%。分析全年情况，上半年事故多发，同比最高上升幅度达到 30%，下半年事故高发情况有所缓解。但是，全年事故上升趋势未得到控制。

2015年，道路交通事故呈现平稳下降态势，全市共发生道路交通死亡事故860起，死亡921人，事故起数同比持平，死亡人数同比减少2人，下降0.2%。其中，发生生产经营性道路交通死亡事故199起，死亡227人，同比减少28起21人，分别下降12.3%和8.5%。分析全年情况，下半年事故高发，全年事故总体平稳。

从历年道路交通事故情况分析，有以下几方面的特点：一是远郊区交通死亡事故仍呈高发态势；二是小客车死亡事故突出；三是外埠人员死亡比例较大；四是一次死亡3人以上较大事故多发。

（三）火灾事故总量相对稳定

2009—2012年，火灾事故总体平稳。其中：2009年发生火灾死亡事故26起，死亡32人；2010年发生火灾死亡事故26起，死亡32人；2011年发生火灾死亡事故12起，死亡30人；2012年发生火灾死亡事故24起，死亡26人。

自2013年开始，火灾事故有所上升，2013年全市共发生火灾死亡事故32起，死亡53人，同比增加8起27人（其中生产经营性火灾事故4起15人）。特别是朝阳区"11·19"重大火灾事故，导致12人死亡，直接造成全市火灾事故总量的上升。

2014年，火灾事故与2013年相比保持相对稳定，但仍处于相对高位，全市共发生火灾死亡事故43起，死亡51人，事故起数同比增加11起，上升34.4%，死亡人数同比减少2人，下降3.8%。发生生产经营性火灾死亡事故3起，死亡5人。同比减少1起10人，分别下降25%和66.7%。分析全年情况，"小火亡人"事故多发，占死亡事

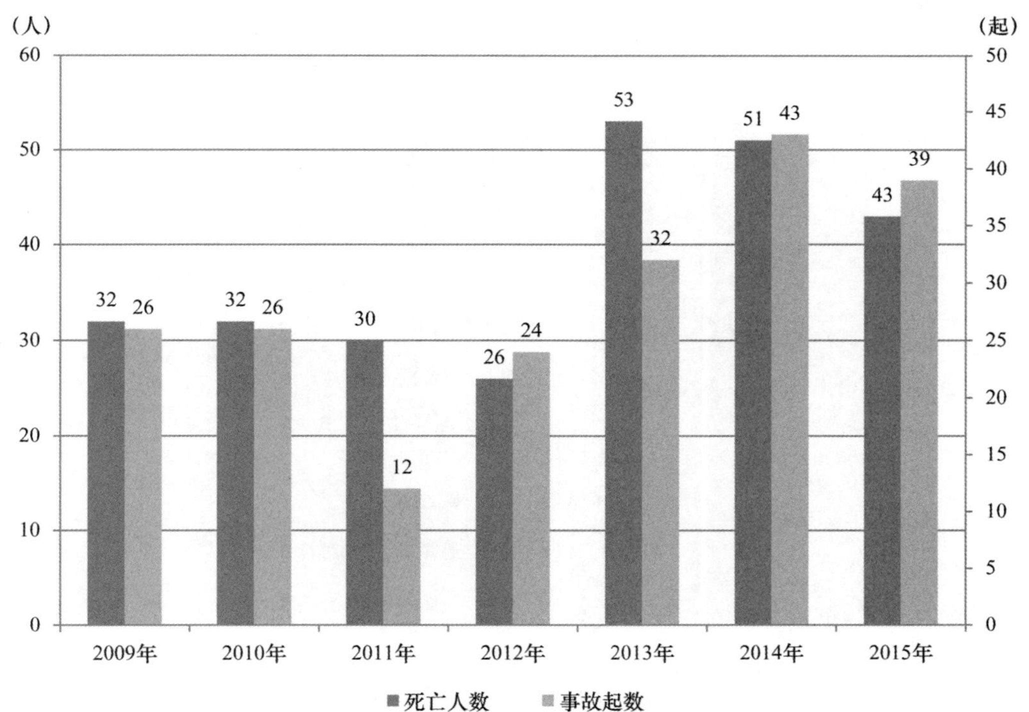

图10　2009—2015年火灾事故情况对比图

故总量近60%。从事故发生类别看，主要是居民火灾事故。

2015年，全市共发生火灾事故39起，死亡43人，事故起数同比减少4起，下降9.3%，死亡人数同比减少8人，下降15.7%。发生生产经营性火灾事故3起，死亡3人，事故起数同比持平，死亡人数减少2人，下降40%。分析全年情况，上半年事故多发，从事故发生类别看，主要是居民火灾事故。

（四）铁路交通事故逐年下降

自2012年起，铁路交通事故保持逐年下降态势。2012年，全市发生铁路交通死亡事故29起，死亡29人，同比减少4起4人，均下降12.1%，死亡人数占年度控制指标的90.6%。2013年，全市发生铁路交通死亡事故23起，死亡24人，同比减少6起5人，分别下降20.7%和17.2%。2014年，全市共发生铁路交通死亡事故20起，死亡20人，同比减少3起4人，分别下降13.0%和16.7%。从事故发生区域看，主要集中在京承线、丰沙线和S2线，占事故总量的71.4%。2015年，全市共发生铁路交通死亡事故19起，死亡19人，事故起数和死亡人数同比减少1起1人，均下降5.0%。行人肆意翻越铁路护网，横穿线路或在铁路线上逗留仍是造成铁路伤亡事故多发的主要原因。

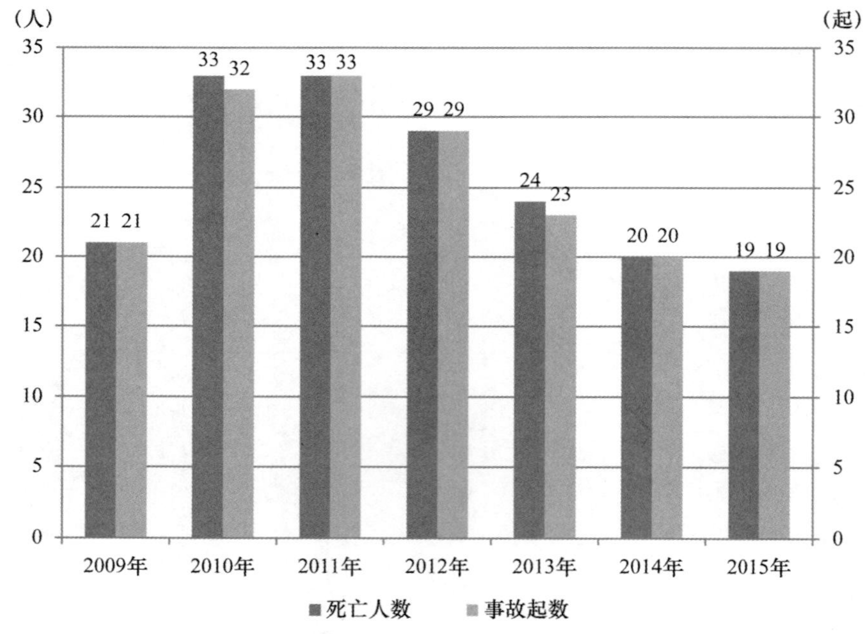

图11 2009—2015年铁路交通事故情况对比图

（五）农业机械事故连续3年实现零死亡

2009—2015年，本市农业机械事故总体平稳，共发生农业机械事故3起，死亡3人，其中：2010—2012年均为1起1人，2009年、2013—2015年均为0起0人，连续3年实现零死亡。

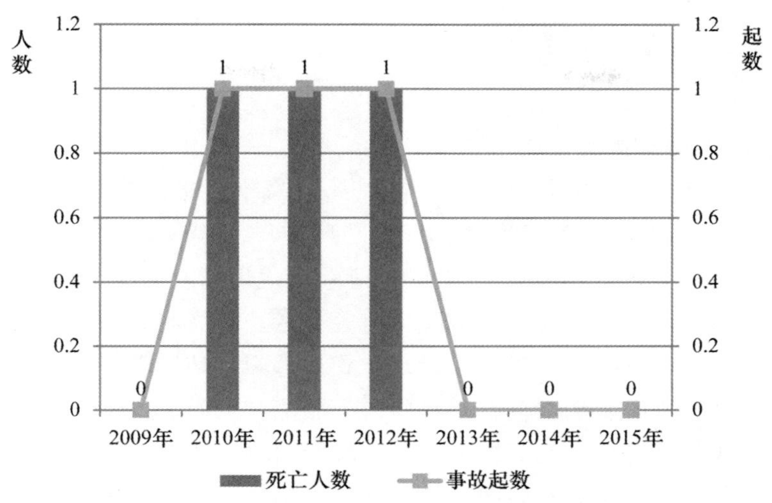

图 12　2009—2015 年农业机械事故情况对比图

三、安全生产事故反映出的主要问题

（一）企业主体责任落实不到位

从全市情况看，企业安全发展理念、安全生产方针政策贯彻落实不够深入，企业主要负责人思想认识问题尚未真正解决，部分中小企业工作仍然停留在表面上，单纯注重经济效益而忽视安全生产带来的长久效益。部分企业规章制度不健全、不落实，安全生产投入不足，设备设施维修保养不到位或存在缺陷，事故、隐患查而未禁、禁后重犯、反复出现。

（二）重点领域安全隐患依然严重

2010 年以来，随着全市机动车保有量的不断增长，道路交通领域安全隐患问题不断显现。一方面，由于路网建设存在差距，一些郊区路段的技防、安全措施不足，无法满足快速增长的交通出行需要，导致环城五区道路交通事故始终保持在全市总量的 60%以上。同时，大量外埠过境车辆普遍存在疲劳驾驶、超载等严重隐患问题，在全市事故总量中占 40%左右。此外，酒驾、超速等违章行为引发的事故有所增加，在全市事故总量中所占比例呈现上升趋势。

消防安全隐患的周期性、季节性特点仍然明显。冬季仍然是火灾事故的高发期，占事故总量的 40%以上。部分劳动密集型企业消防设施先天不足、消防管理不到位、消防安全意识薄弱等传统和非传统火灾隐患叠加，仍然存在引发较大以上事故的可能。因外来务工人员、独居老人的不安全用电、取暖行为引发的火灾事故同样占据一定比例。

建筑施工领域分包、转包的安全管理问题未能得到有效解决，据统计，2010 年以来，各类建筑施工事故中，存在非法违法分包、转包问题的，占事故总量 70%以上，已经成为影响建筑施工安全的重要因素。同时，现场安全管理缺失，违规违章作业，抢工期、赶进度引发事故的现象仍然没有得到有效控制。外地来京务工人员安全培训仍存在不到位的现象。

特种设备安全运行压力较大，截至 2014 年底，全市共有特种设备 30.94 万台(套)，各类气瓶 208 万只，压力管道 4182 千米。近年虽未发生严重事故，但是存在的安全风险不容忽视。

(三) 安全监管存在盲区死角

随着城市化建设快速发展，地区自身建设基础及经济发展不平衡，造成城区之间、城乡之间发展的不平衡，形成大量“城中村”“厂中厂”现象。农村、城乡结合部等发展水平相对落后的地方，基层安全管理相对薄弱，危旧房拆迁、农民自建房、非法占地、违章建设问题突出。部分乡镇街道安全监管力量、能力与任务不相匹配，存在安全生产工作力量层层递减现象。同时，目前行业管理部门和地区管理部门各自职责及相互间的法律关系等没有予以明确，存在条块分割、职能交叉问题，不能形成齐抓共管的协同局面，无法实现条块管理的无缝衔接，导致监管力度不够和存在监管盲区。此外，对于一些安全监管工作中发现的新问题，如天然气添加二甲醚、醇基液体燃料使用等，没有法律法规进行规范，增加了安全监管工作的难度。

(四) 安全生产基层基础有待加强

从安全生产标准化情况看，全市 60 余万家企业中，目前各类标准化达标单位仅有 5 万余家，占企业总数的 10%左右。从安全生产培训教育情况看，全市安监系统每年培训各类人员 20 余万人，与全市二三产业 1100 余万的从业人员总数相比，仅占 2%，大量人员安全培训情况不明确。同时，应急管理方面也存在缺陷，消防设施、消防水源不足的问题长期得不到有效解决，企业政府间预案衔接还存在一定差距。此外，全社会关注安全生产、参与安全生产的氛围也没有全面形成。

四、面临的形势和下一步工作措施

2016 年是安全生产“十三五”规划实施的开局之年，也是集中精力推动京津冀协同发展，继续深化安全生产领域改革创新的重要一年。面对新形势、新任务、新要求，我们要坚决贯彻落实党中央、国务院和习近平总书记、李克强总理等中央领导同志关于安全生产的重要指示批示精神，在市委、市政府的坚强领导下，努力破解安全发展难题，实现“十三五”时期安全生产工作的良好开局。

(一) 强化激励约束，有效推动企业主体责任落实

加快制定企业主体责任落实指导意见，强化企业法定代表第一责任人的责任。持续推进安全生产标准化达标创建活动、安全生产诚信体系、安全生产责任保险制度等举措，加强对企业主体责任落实情况的督促检查，确保企业安全投入、管理、应急、培训等措施真正落到实处。

(二) 深化落实推动，健全党政部门安全生产责任体系

市政府与各地区签订安全生产目标责任书，严格落实“党政同责、一岗双责、失职追责”，进一步细化责任和工作任务。各级安委会要加强督促协调，指导各地区、各部门落实安全生产责任，发生事故的要坚决查处，严肃追究责任，社会影响较大的一般事故要提高处理层级。

（三）编制“十三五”规划，深入推进京津冀协同发展

坚持把疏解非首都功能、推进京津冀协同发展作为安全生产“十三五”规划的核心任务，加快研究首都核心区危险化学品经营企业的布局，探索危险化学品集中管理体系向津冀延展。进一步提高首都安全准入标准，推动经济存量中高危险、高污染、高耗能、高职业危害企业转移或退出。

（四）加强统筹推进，深化隐患排查治理和预防控制体系建设

在全市范围内开展淘汰不合格燃气用具和推广安装独立式烟感火灾探测报警装置工作，市安委会办公室负责牵头抓总，各有关部门协调联动，各区政府具体组织实施，切实消除居民火灾和燃气泄漏爆燃事故隐患。深入贯彻实施《北京市生产安全事故隐患排查治理办法》政府规章，完成2000家企业的隐患排查治理标准清单编制任务。坚决打好城镇燃气和输油气管线重大隐患治理攻坚战，争取年内全部完成1280项隐患的治理任务。

（五）严格监督执法，持续推进安全生产法治建设

制定重点行业领域的执法计划，深入开展道路交通、建筑施工、矿山、危险化学品、涉爆粉尘等重点行业领域专项整治。启动安全生产条例修订和危险化学品管理办法立法调研工作，推进实施“百项地标”，进一步健全安全生产地方法规标准体系。继续深化打非治违，严厉打击非法违法生产经营建设行为，公开曝光一批责任不落实违法企业。

（六）强化科技创安，提升安全生产科技支撑作用

深化和加快安全生产信息资源的开发利用，依托全市安全生产条件普查，加快推进安全生产大数据可视化平台建设，搭建全市安全生产数据中心。开展安全生产监管大数据应用研究，综合分析各类风险因素，提升基于大数据挖掘分析的安全监管监察及风险预警预测能力。

（七）强化基层基础，提高安全生产保障水平

加大安全生产中介机构培育力度，完善职业卫生监管机制。深化应急救援体系建设，提高应急救援队伍能力水平。继续抓好乡镇街道专职安全员队伍建设，加快组建区政府部门专职安全员队伍，解决基层安全生产监管力量薄弱问题。持续开展宣传教育活动，普及安全常识，营造良好社会舆论氛围。发挥“12350”安全生产举报投诉热线作用，调动社会力量参与安全生产监督，查找安全隐患，落实有奖举报制度。

表4　　2009—2015年安全生产各类死亡事故情况表

指标名称	2009年	2010年	2011年	2012年	2013年	2014年	2015年
安全生产死亡事故起数人数（起/人）	1049/1157	1062/1176	977/1089	982/1073	937/1032	1003/1096	963/1031
其中： 1. 生产安全	101/123	119/136	88/101	83/99	91/95	80/102	45/48

续表

指标名称	2009 年	2010 年	2011 年	2012 年	2013 年	2014 年	2015 年
煤矿	3/3	6/8	0	2/2	2/2	5/5	24/1
建筑施工	51/60	73/84	57/64	52/64	55/56	51/69	24/26
建委系统	26/29	24/30	28/34	17/23	16/16	18/19	0
2. 道路交通	901/981	884/974	843/924	845/918	791/860	860/923	860/921
生产经营性	—	—	—	251/283	193/214	227/248	199/227
3. 火灾	26/32	26/32	12/30	24/26	32/53	43/51	39/43
生产经营性	—	—	—	12/14	4/15	3/5	3/3
4. 铁路交通	21/21	32/33	33/33	29/29	23/24	20/20	19/19
5. 农业机械	0	1/1	1/1	1/1	0	0	0
安全生产指标控制比率（%）	115	111	117	108	111	106	107

	2009 年		2010 年		2011 年		2012 年		2013 年		2014 年		2015 年		绝对数趋势图	占比趋势图
合计	1157		1176		1089		1073		1032		1096		1031			
	人数	占比	人数	占比	人数	占比	人数	占比	人数	占比	人数	占比	人数	占比		
一、工矿商贸合计	123	10.6%	136	11.6%	101	9.3%	99	9.2%	95	9.2%	102	9.3%	48	4.7%		
1. 煤矿	3	0.3%	8	0.7%	0	0.0%	2	0.2%	2	0.2%	5	0.5%	1	0.1%		
2. 金属与非金属矿	0	0.0%	0	0.0%	0	0.0%	0	0.0%	2	0.2%	0	0.0%	0	0.0%		
3. 建筑施工	60	5.2%	84	7.1%	64	5.9%	64	6.0%	56	5.4%	69	6.3%	26	2.5%		
4. 工商贸其他	60	5.2%	44	3.7%	36	3.3%	33	3.1%	35	3.4%	28	2.6%	21	2.0%		
二、消防火灾	32	2.8%	32	2.7%	30	2.8%	26	2.4%	53	5.1%	51	4.7%	43	4.2%		
三、道路交通	981	84.8%	974	82.8%	924	84.8%	918	85.6%	860	83.3%	923	84.2%	921	83.9%		
四、铁路交通	21	1.8%	33	2.8%	33	3.0%	29	2.7%	24	2.3%	20	1.8%	19	1.8%		
五、农业机械	0	0.0%	1	0.1%	1	0.1%	1	0.1%	0	0.0%	0	0.0%	0	0.0%		

表 5　　2009—2015 年安全生产主要相对指标情况表

指标名称	2009 年	2010 年	2011 年	2012 年	2013 年	2014 年	2015 年
亿元地区 GDP 生产安全事故死亡率（人/亿元）	0.098	0.085	0.068	0.060	0.053	0.051	0.045
工矿商贸企业从业人员 10 万人生安全事故死亡率（人/10 万人）	1.34	1.45	1.04	0.98	0.94	0.91	0.43
道路交通万车死亡率（人/万车）	2.44	2.03	1.85	1.77	1.58	1.65	1.64
煤矿百万吨死亡率（人/百万吨）	0.499	1.569	0	0.41	0.4	0.91	0.22
特种设备万台死亡率（人/万台）	—	—	—	0.079	0.070	0	1

表 6　　2009—2015 年安全生产较大以上死亡事故情况表　　单位：起数/人数

事故类别	2009 年	2010 年	2011 年	2012 年	2013 年	2014 年	2015 年
生产安全	5/19	4/12	1/5	2/10	0	4/23	0
其中：建筑施工	2/6	3/9	0	2/10	0	0	0
煤矿	0	1/3	0	0	0	0	0
道路交通	13/50	18/58	18/62	14/49	14/49	7/24	9/32
火灾	1/3	2/6	1/18	1/3	3/18	0	0
铁路交通	0	0	0	0	0	0	0
农业机械	0	0	0	0	0	0	0
总计	19/72	24/76	20/85	17/62	17/67	11/47	9/19

表 7　　2009—2015 年生产安全死亡事故情况表

类别	2009 年	2010 年	2011 年	2012 年	2013 年	2014 年	2015 年
生产安全事故起数	101	119	88	83	91	80	45
起数同比	—	17.82%	−26.05%	−5.68%	9.64%	−12.09%	−77.78%
生产安全事故死亡人数	123	136	101	99	95	102	48
人数同比	—	10.57%	−25.74%	−1.98%	−4.04%	7.37%	−52.94%

表 8　　2009—2015 年道路交通死亡事故情况表

类别	2009 年	2010 年	2011 年	2012 年	2013 年	2014 年	2015 年
道路交通事故起数	901	884	843	845	791	860	860
起数同比	—	−1.89%	−4.64%	0.24%	−6.39%	8.72%	0.00%
道路交通事故死亡人数	981	974	924	918	860	923	921
人数同比	—	−0.71%	−5.13%	−0.65%	−6.32%	7.33%	0.22%

表 9　　2009—2015 年火灾死亡事故情况表

类别	2009 年	2010 年	2011 年	2012 年	2013 年	2014 年	2015 年
火灾事故起数	26	26	12	24	32	43	39
起数同比	—	0.00%	−53.85%	100.00%	33.33%	34.38%	−9.30%
火灾事故死亡人数	32	32	30	26	53	51	43
人数同比	—	0.00%	−6.25%	−13.33%	103.85%	−3.77%	−15.69%

表 10　　2009—2015 年铁路交通死亡事故情况表

类别	2009 年	2010 年	2011 年	2012 年	2013 年	2014 年	2015 年
铁路事故起数	21	32	33	29	23	20	19
起数同比	—	52.38%	3.13%	−12.12%	−20.69%	−13.04%	−5.00%
铁路事故死亡人数	21	33	33	29	24	20	19
人数同比	—	57.14%	0.00%	−12.12%	−17.24%	−16.67%	−5.00%

表 11　　2009—2015 年农业机械死亡事故情况表

类别	2009 年	2010 年	2011 年	2012 年	2013 年	2014 年	2015 年
农业机械事故起数	0	1	1	1	0	0	0
起数同比	—	—	0.00%	0.00%	−100.00%	—	—
农业机械事故死亡人数	0	1	1	1	0	0	0
人数同比	—	—	0.00%	0.00%	−100.00%	—	—

表 12　　2015 年安全生产事故各区县同比情况表

单位名称	合计（人）		生产安全（人）		火灾（人）		道路交通（人）		铁路交通（人）	
	实际	同比	实际	同比	实际	同比	实际	同比	实际	同比
东城区	14	−2	1	−1	1	−1	12	0	0	0
西城区	18	−5	3	−2	1	−3	13	−1	1	1
朝阳区	164	−19	11	−9	8	2	144	−11	1	−1

续表

单位名称	合计（人）		生产安全（人）		火灾（人）		道路交通（人）		铁路交通（人）	
	实际	同比	实际	同比	实际	同比	实际	同比	实际	同比
海淀区	91	-14	8	-12	4	-4	78	1	1	1
丰台区	69	-9	2	-5	3	-1	63	-1	1	-2
石景山区	19	1	3	1	5	3	11	-1	0	-2
门头沟区	16	-2	2	0	0	0	13	-1	1	-1
房山区	105	1	3	0	2	0	98	0	2	1
通州区	102	4	3	-5	2	0	95	9	2	0
顺义区	117	-3	1	-4	5	2	109	0	2	-1
大兴区	56	-1	2	-1	3	-1	50	1	1	0
昌平区	114	-6	0	-8	6	-1	105	2	3	1
平谷区	27	0	1	0	1	0	25	0	0	0
怀柔区	33	-1	3	-2	0	0	28	-1	2	2
密云县	41	-2	1	-2	0	-4	39	3	1	1
延庆县	33	0	1	0	0	-1	32	1	0	0
开发区	5	-2	1	0	0	0	4	-2	0	0
京煤集团	1	-4	1	-4		0		0		0
其他	6	-1	1	0	2	1	2	-1	1	-1
合计	1031	-65	48	-54	43	-8	921	-2	19	-1

表 13　2015 年安全生产事故各区县指标情况表

序号	单位名称	合计			指标控制率	指标控制进度	排名
		控制指标（人）	实际死亡人数（人）	同比（人）			
1	东城区	19	14	-2	1.357	73.68	2
2	西城区	21	18	-5	1.167	85.71	4
3	朝阳区	175	164	-19	1.067	93.71	9
4	海淀区	97	91	-14	1.066	93.81	10
5	丰台区	79	69	-9	1.145	87.34	5
6	石景山区	20	19	1	1.053	95.00	12
7	门头沟区	20	16	-2	1.250	80.00	3
8	房山区	108	105	1	1.029	97.22	15

续表

序号	单位名称	合计			指标控制率	指标控制进度	排名
		控制指标（人）	实际死亡人数（人）	同比（人）			
9	通州区	107	102	4	1.049	95.33	13
10	顺义区	117	117	－3	1.000	100.00	17
11	大兴区	58	56	－1	1.036	96.55	14
12	昌平区	115	114	－6	1.009	99.13	16
13	平谷区	30	27	0	1.111	90.00	8
14	怀柔区	35	33	－1	1.061	94.29	11
15	密云县	46	41	－2	1.122	89.13	6
16	延庆县	37	33	0	1.121	89.19	7
17	开发区	8	5	－2	1.600	62.50	1
18	其他	14	7	－5	2.000	50.00	—
合计		1106	1031	－65	1.07	93.219	—

注：指标控制率等于控制指标人数除以实际死亡人数。

事故案例

【案例一】

清华大学附属中学体育馆及宿舍楼工程“12·29”筏板基础钢筋体系坍塌事故

2014年12月29日8时20分，在海淀区清华大学附属中学体育馆及宿舍楼工程工地，作业人员在基坑内绑扎钢筋过程中，筏板基础钢筋体系发生坍塌，造成10人死亡、4人受伤。

一、事故基本情况

(一) 工程基本情况

清华大学附属中学体育馆及宿舍楼工程（以下简称“清华附中工程”）位于中关村北大街清华大学附属中学校园内，总建筑面积20660平方米，是集体育、住宿、餐厅、车库为一体的综合楼。该建筑地上5层、地下2层。地上分体育馆和宿舍楼两栋单体，地下为车库及人防区。

2014年2月27日，教育部批复同意清华附中工程初步设计及概算。2014年6月12日，取得市规划部门核发的《建设工程规划许可证》(2014规建字0037号)。2014年7月18日，取得市住房和城乡建设部门核发的《建筑工程施工许可证》(2014施建字0434号)。

(二) 事故所涉相关单位情况

1. 建设单位：清华大学。使用方为清华大学附属中学。清华大学基建规划处代表清华大学具体负责该项目的建设管理工作，并成立项目管理部。

2. 总包单位：北京建工一建工程建设有限公司（以下简称“建工一建公司”），具有房屋建筑工程总承包一级资质，系北京第一建筑工程有限公司全资子公司。

2006年，东兆长泰投资集团有限公司和北京建工集团有限责任公司（以下简称“北京建工集团”）合资改制北京第一建筑工程有限公司，分别占股51%和49%。建工一建公司与北京第一建筑工程有限公司组织机构及管理人员相同。北京建工集团将建工一建公司纳入下属二级公司管理体系实施管理。

2014年7月，建工一建公司委派和创分公司（建工一建公司下属分支机构）相关人员参与项目管理工作。备案项目经理叶××，商务经理杨××。经调查，在工程投标前，叶××已被建工一建公司安排至其他项目任职。清华附中工程项目实际负责人为杨××。

3. 劳务分包单位：安阳诚成建设劳务有限责任公司（以下简称“安阳诚成劳务公司”），具有钢筋作业分包一级资质，具体负责工程主体结构劳务施工。

4. 监理单位：北京华清技科工程管理有限公司（以下简称“北京华清技科公司”），具有房建和市政工程监理甲级资质。

5. 设计单位：清华大学建筑设计研究院有限公司（以下简称“清华设计研究院”），具有工程设计甲级资质，为清华大学控股有限公司全资子公司。

（三）现场勘验情况

事发部位位于基坑3标段，深约13米、宽约42.2米、长约58.3米。底板为平板式筏板基础，上下两层双排双向钢筋网，上层钢筋网用马凳支承。事发前，已经完成基坑南侧1、2两段筏板基础浇筑，以及3段下层钢筋的绑扎、马凳安放、上层钢筋的铺设等工作；马凳采用直径25毫米或28毫米的带肋钢筋焊制，安放间距为0.9米至2.1米；马凳横梁与基础底板上层钢筋网大多数未固定；马凳脚筋与基础底板下层钢筋网少数未固定；上层钢筋网上多处存有堆放钢筋物料的现象。事发时，上层钢筋整体向东侧位移并坍塌，坍塌面积2000余平方米。

（四）工程承揽情况

2014年3月，清华附中工程项目公开招标信息发布后，杨××与建工一建公司相关人员共同开展投标工作，并个人出资10万余元用于投标。建工一建公司工程中标后，6月30日，杨××以其妻子王×（非建工一建公司员工）名下的房产作为抵押，与建工一建公司签订《建筑安装（装饰）工程内部经济责任承包合同》（以下简称“《内部承包合同》”），并签署王×名字。工程开工后，杨××垫付前期工程费用。事故发生后，建工一建公司销毁3份署名为王×的《内部承包合同》，与杨××本人重新签订《内部承包合同》，并提交至事故调查组，严重干扰事故调查认定工作。

根据对相关人员调查情况及上述认定的事实，经市住房城乡建设主管部门认定：在该项目投标、合同订立期间，建工一建公司涉嫌允许杨××以本企业名义承揽清华附中工程项目。

二、事故经过

2014年7月，建工一建公司清华附中工程项目部制定《钢筋施工方案》，明确马凳制作钢筋规格32毫米、现场摆放间距1米，并在第7.7条安全技术措施中规定“板面上层筋施工时，每捆筋要先放在架子上，再逐根散开，不得将整捆筋直接放置在支撑筋上，防止荷载过大而导致支撑筋失稳”。《钢筋施工方案》经监理单位审批同意后，建工一建公司项目部未向劳务单位进行方案交底。

2014年10月，杨××与安阳诚成劳务公司签订《建设工程施工劳务分包合同》，合同中包含辅料和部分周转性材料款的内容，且未按照要求将合同送工程所在地住房城乡建设主管部门备案。劳务单位相关人员进场后，作业人员在未接受交底情况下，组织筏板基础钢筋体系施工作业。确定使用25毫米或28毫米钢筋制作马凳。基坑1、2段底板浇筑完成后，组织作业人员绑扎3段底板钢筋。

2014年12月28日下午，劳务队长张××安排塔吊班组配合钢筋工向3标段上层钢筋网上方吊运钢筋物料，用于墙柱插筋和挂钩。12月29日6时20分，作业人员到达现场实施墙柱插筋和挂钩作业。7时许，现场钢筋工发现已绑扎的钢筋柱与轴线位置不对应。张××接到报告后通知放线员去现场查看核实。8时10分，经现场确认筏板钢筋体系整体位移约0.1米。随后，停止钢筋作业，通知信号工配合钢筋工将上层钢筋网上集中摆放的钢筋吊走，并调电焊工准备加固马凳。8时20分，筏板基础钢筋体系失稳整体发生坍塌，将在筏板基础钢筋体系内进行绑扎作业和安装排水管作业的人员挤压在上下层钢筋网之间。

事故发生后，现场人员立即施救，并拨打报警电话。市区两级政府部门立即启动应急救援，对现场人员开展施救，及时将受伤人员送往医院救治。事故造成10人死亡、4人受伤。

三、事故原因及性质

调查组依法对事故现场进行认真勘查，及时提取相关物证、书证和视听资料，对事故相关人员进行调查询问，并委托国家建筑工程质量监督检验中心对现场开展技术分析，查明事故原因并认定事故性质。

（一）直接原因

未按照方案要求堆放物料、制作和布置马凳，马凳与钢筋未形成完整的结构体系，致使基础底板钢筋整体坍塌，是导致事故发生的直接原因。

国家建筑工程质量监督检验中心对照《施工组织设计》和《钢筋施工方案》的要求，对现场筏板基础钢筋体系的施工情况开展全面分析，确定该起事故的技术原因为：

1. 未按照方案要求堆放物料。施工时违反《钢筋施工方案》第7.7条规定，将整捆钢筋物料直接堆放在上层钢筋网上，施工现场堆料过多，且局部过于集中，导致马凳立筋失稳，产生过大的水平位移，进而引起立筋上、下焊接处断裂，致使基础底板钢筋整体坍塌。

2. 未按照方案要求制作和布置马凳，导致马凳承载力下降。现场制作的马凳所用钢筋直径从《钢筋施工方案》要求的32毫米减小至25毫米或28毫米；现场马凳布置间距为0.9～2.1米，与《钢筋施工方案》要求的1米严重不符，且布置不均、平均间距过大；马凳立筋上、下端焊接欠饱满。

3. 马凳及马凳间无有效的支撑，马凳与基础底板上、下层钢筋网未形成完整的结构体系，抗侧移能力很差，不能承担过多的堆料载荷。

（二）间接原因

施工现场管理缺失、备案项目经理长期不在岗、专职安全员配备不足、经营管理混乱、项目监理不到位是导致事故发生的间接原因。

1. 施工现场管理缺失。一是技术交底缺失，未按照要求对作业人员实施钢筋作业的技术交底工作，致使作业人员未按照方案施工作业，擅自减小马凳钢筋直径、随意增大马凳间距，降低马凳的承载能力。二是安全培训教育不到位，未按照要求对全员实施安全培训教育，施工现场钢筋作业人员存在未经培训上岗作业的现象。三是对劳务分包单位管理不到位，未及时发现其为抢赶工期、盲目吊运钢筋材料集中码放在上层钢筋网上的隐患，导致载荷集中。

2. 备案项目经理长期不在岗、专职安全员配备不足。一是建工一建公司对项目部项目经理统一调配和协调管理不到位，明知备案项目经理无法到现场履行职责，仍未及时履行相应的变更手续，致使备案的项目经理长期未到岗履职；清华大学发现备案项目经理长期不到岗的行为后，也未及时督促整改。二是未按照相关规定配备 2 名以上专职安全生产管理人员。

3. 经营管理混乱。建工一建公司存在非本企业员工以内部承包的形式承揽工程的行为。在清华附中工程项目投标阶段，建工一建公司涉嫌允许杨××以本企业名义承揽工程，致使不具备项目管理资格和能力的杨××成为项目实际负责人，客观上导致出现施工现场缺乏有专业知识和能力的人员统一管理、项目部管理混乱的局面。

4. 监理不到位。一是对项目经理长期未到岗履职的问题监理不到位，且事故发生后，伪造针对此问题下发的《监理通知》。二是对钢筋施工作业现场监理不到位，未及时发现并纠正作业人员未按照钢筋施工方案要求施工作业的违规行为。三是对项目部安全技术交底和安全培训教育工作监理不到位，致使施工单位使用未经培训的人员实施钢筋作业。

5. 行业管理部门监督检查不到位。海淀区住房城乡建设委作为该工程项目的行业监管部门，负责该工程的质量安全监督工作。该单位未认真履行行政监管职责，未按照《A 栋体育馆等 3 项（附属中学体育馆及宿舍楼）工程质量监督执法抽查计划》规定的检查次数、内容实施监督检查，仅在 2014 年 10 月 15 日对该工程开展一次检查，检查过程中只进行现场施工交底，未落实执法计划规定的其他内容，其他时间均未到场开展检查。

此外，清华设计研究院绘制的施工图中，个别剖面表达有误，在向施工单位实施设计交底过程中签到记录不全、交底记录签字时间与实际交底时间不符。清华大学确定的招标工期和合同工期较市住房城乡建设委核算的定额工期，压缩 27.6%；在施工组织过程中，未按照《北京市建筑工程质量监督执法告知书》的要求书面告知海淀区住房城乡建设委开工日期；且强调该工程在 2015 年 10 月清华附中百年校庆期间外立面亮相，对施工单位工期安排造成一定的影响。

（三）事故性质

鉴于上述原因分析，根据国家有关法律法规的规定，事故调查组认定，该起事故是一起重大生产安全责任事故。

四、事故责任分析及处理建议

根据国家有关法律、法规的规定，事故调查组依据事故调查情况和原因分析，认定下列人员和单位应承担相应的责任，并提出如下处理建议：

（一）建议追究刑事责任的人员

1. 刘×，建工一建公司总经理，负责公司全面工作。未按照《中华人民共和国安全生产法》第 18 条的规定认真履行建工一建公司主要负责人安全生产管理职责，督促检查本公司安全生产工作不到位，未对清华附中工程项目工地实施检查，未及时消除公司经营管理混乱、备案项目经理长期不在岗、专职安全员配备不足、施工现场安全管理缺失等生产安全事故隐患；对公司允许非本企业员工以内部承包的形式承揽工程等行为监督检查不到位，同意杨××以内部承包形式承揽清华附中工程项目，致使项目部安全管理混乱，对事故发生负有直接管理责任。由公安机关立案侦查，依法追究刑事责任。

2. 徐××，建工一建公司副总经理，分管公司生产、安全和劳务单位管理工作。对清华附中工程项目存在的安全隐患督促整改不到位，对于检查发现的项目部安全员配备不足、安全技术交底缺失等隐患未有效督促项目部整改落实；对清华附中工程项目未签订正式劳务分包合同和履行劳务备案手续的情况失管失察，对事故发生负有直接管理责任。由公安机关立案侦查，依法追究刑事责任。

3. 杨××，建工一建公司总经理助理兼和创分公司经理，负责和创分公司全面工作。未按照《中华人民共和国安全生产法》第18条的规定认真履行和创分公司主要负责人安全生产管理职责，对清华附中工程项目部安全生产工作督促、检查不到位，未及时消除清华附中工程项目部违反钢筋方案施工、项目经理不到岗履职、技术交底缺失、专职安全员配备不足、培训教育不到位等事故隐患，导致项目部管理混乱；对项目承包人资格审查不严，允许杨××签署妻子王×名字签订《内部承包合同》，致使项目部安全管理混乱，对事故发生负有直接管理责任。同时，事故发生后，伪造与杨××签订的《内部承包合同》。由公安机关立案侦查，依法追究刑事责任。

4. 王××，建工一建公司和创分公司副经理，主管分公司生产、安全工作。对清华附中工程项目存在的项目经理长期不到岗、安全员数量配备不足、安全培训教育不到位、安全技术交底缺失、施工作业现场未按方案盲目施工等安全隐患，未采取有效措施，对事故发生负有直接管理责任。由公安机关立案侦查，依法追究刑事责任。

5. 杨××，清华附中工程项目实际负责人兼商务经理，负责项目材料采购、内部承包和经济分配。未履行安全生产管理职责，导致现场安全员数量不足、现场安全措施不够，未消除劳务分包单位盲目吊运大量钢筋材料集中码放在上层钢筋网上的安全隐患，导致载荷集中，对事故发生负有直接管理责任。2015年3月3日，海淀区人民检察院以涉嫌重大责任事故罪批准逮捕。

6. 王××，清华附中工程项目部执行经理，负责项目生产、安全、质量等工作。对筏板基础钢筋体系施工现场安全管理、安全技术交底、安全培训教育、安全员配备等情况监督检查不到位；未及时消除施工现场作业人员违反《钢筋施工方案》施工、盲目吊运码放钢筋的安全隐患，对事故发生负有直接管理责任。2015年2月6日，海淀区人民检察院以涉嫌重大责任事故罪批准逮捕。

7. 王××，清华附中工程项目部生产经理，负责项目生产、安全工作。对筏板基础钢筋体系施工现场作业人员违反《钢筋施工方案》制作、安放马凳的行为监督检查不力；未督促落实钢筋作业安全技术交底工作，对事故发生负有直接管理责任。2015 年 2 月 6 日，海淀区人民检察院以涉嫌重大责任事故罪批准逮捕。

8. 曹××，清华附中工程项目部技术负责人，负责项目施工现场作业方案制定、安全技术交底工作。未安排项目部人员对作业人员实施钢筋作业的安全技术交底，导致作业人员盲目在上层钢筋网上大量码放钢筋物料、现场马凳的制作和安放不符合方案要求，对事故发生负有直接管理责任。2015 年 2 月 6 日，海淀区人民检察院以涉嫌重大责任事故罪批准逮捕。

9. 张××，安阳诚成劳务公司法定代表人，负责公司全面工作。以参股和内部承包的形式委派劳务队长负责劳务作业管理，未对工程项目实施安全管理；未对项目实施安全检查，未及时发现劳务作业人员在无安全技术交底的情况下，盲目组织实施筏板基础钢筋的施工作业行为；未组织对该项目作业人员的安全培训教育，对事故发生负有直接管理责任。2015 年 2 月 6 日，海淀区人民检察院以涉嫌重大责任事故罪批准逮捕。

10. 张××，安阳诚成劳务公司队长，全面负责该项目现场劳务作业。违规与杨××签订扩大劳务分包合同，计取辅料和周转性材料费；对筏板基础钢筋体系作业现场安全管理缺失，在未接受《钢筋施工方案》技术交底的情况下，盲目组织作业人员吊运钢筋物料和绑扎作业，致使作业现场物料码放、马凳制作和安放间距不符合《钢筋施工方案》要求，导致施工现场堆料过多，且局部集中，对事故发生负有直接责任。2015 年 2 月 6 日，海淀区人民检察院以涉嫌重大责任事故罪批准逮捕。

11. 赵××，安阳诚成劳务公司技术负责人，负责劳务技术工作。在未接受《钢筋施工方案》交底和技术交底的情况下，盲目指导筏板基础钢筋绑扎作业，导致现场马凳制作和码放间距均不符合要求，对事故发生负有直接责任。2015 年 2 月 6 日，海淀区人民检察院以涉嫌重大责任事故罪批准逮捕。

12. 李×，安阳诚成劳务公司钢筋班长，负责马凳加工、现场钢筋绑扎作业。在未接受技术交底、不清楚《钢筋施工方案》内容的情况下，盲目加工制作马凳；在事发前一日晚上放任现场作业人员将大量钢筋堆载在筏板基础上层钢筋网上方，导致局部堆料过于集中，对事故发生负有直接责任。2015 年 2 月 6 日，海淀区人民检察院以涉嫌重大责任事故罪批准逮捕。

13. 李××，安阳诚成劳务公司钢筋组长，负责组织现场钢筋吊装、绑扎作业。在未接受《钢筋施工方案》安全技术交底的情况下，指挥现场作业人员将大量钢筋堆载在筏板基础上层钢筋网上方；事发当天仍安排钢筋吊装作业，导致局部堆料过于集中，对事故发生负有直接责任。2015 年 2 月 6 日，海淀区人民检察院以涉嫌重大责任事故罪批准逮捕。

14. 郝××，北京华清技科公司副总经理兼该项目总监理工程师，负责项目监理全面工作。对项目安全管理混乱的情况监督检查不到位，未组织安排审查劳务分包合同、钢筋施工的技术交底和专职安全员配备等工作；对施工单位长期未按照方案实施筏板基础钢筋作业的行为监督检查不到位；明知备案项目经理长期不在岗的情况，仍未按照职责签发监理指令，对事故发生负有直接监理责任。2015 年 2 月 6 日，海淀区人民检察院以涉嫌重大责任事故罪批准逮捕。

15. 张××，清华附中工程项目执行总监，负责项目现场监理工作。接受总包单位项目部和专业分包单位的吃请，履行安全监理职责不到位，对项目经理长期未到岗履职、专职安全员数量配备不足、施工现场《钢筋施工方案》未交底、作业人员未接受安全培训教育、盲目制作并安放马凳的施工行为监督检查不到位，对事故发生负有直接监理责任。事故发生后，伪造针对项目经理长期不在岗问题下发的监理指令。2015 年 2 月 6 日，海淀区人民检察院以涉嫌重大责任事故罪批准逮捕。

16. 田××，清华附中工程项目土建兼安全监理工程师，具体负责现场土建施工及安全管理的监理工作。对施工现场《钢筋施工方案》未交底、作业人员盲目制作并安放马凳、吊运钢筋物料的施工行为检查巡视不到位，对事故发生负有直接监理责任。2015 年 2 月 6 日，海淀区人民检察院以涉嫌重大责任事故罪批准逮捕。

（二）建议给予党纪、政纪处分的人员

1. 戴××，北京建工集团董事长、总经理、党委书记。对下属改制参股企业经营管理、施工管理混乱等问题失察失管，对事故发生负有重要领导责任。依据《行政机关公务员处分条例》第 20 条的规定，给予其行政警告处分。

2. 丁××，北京建工集团副总经理，分管施工和安全工作。对建工一建公司在施工过程中存在施工管理混乱、项目经理长期不在岗履行职责等问题失察失管，对事故发生负有主要领导责任。依据《行政机关公务员处分条例》的规定，给予其行政记过处分。

3. 杨×，北京建工集团安全监管部部长。未掌握下属企业安全生产工作监督指导不到位，未有效督促建工一建公司加强对施工现场的安全管理工作、落实集团相关管理制度，特别是在安全培训教育和安全技术交底等方面督促检查不到位，对事故发生负有一定管理责任。依据《安全生产领域违法违纪行为政纪处分暂行规定》第 12 条第 7 项的规定，责成北京建工集团给予其记大过处分。

4. 高××，北京建工集团经营部部长。对下属企业经营发展工作监督指导不到位，特别是对建工一建公司与非本企业职工签订《内部经济承包合同》监督检查不力，致使经营管理混乱，对事故发生负有一定管理责任。依据《安全生产领域违法违纪行为政纪处分暂行规定》第 12 条第 7 项的规定，责成北京建工集团给予其记大过处分。

5. 赵××，建工一建公司常务副总经理，负责公司经营发展、工程招投标、项目经理调配工作。对项目部项目经理的配备和协调方面管理不到位，在明知清华附中工程项目申报的项目经理无法到岗履职的情况下，仍允许使用其个人资格投标；工程开工后，也未按照要求到建设行政主管部门履行项目经理变更手续；对公司经营、投标等工作管理不到位，对事故发生负有重要管理责任。依据《安全生产领域违法违纪行为政纪处分暂行规定》第 12 条第 7 项的规定，责成北京建工集团给予其撤职处分。

6. 孙××，建工一建公司安全总监兼安全施工管理部部长，负责公司安全监督检查工作。对清华附中工程项目安全监督检查不到位，未有效组织督促项目部对安全员数量不足、安全技术交底缺失等存在的安全隐患整改落实；未检查发现施工现场存在的违反施工方案盲目施工作业的行为，对事故发生负有重要管理责任。依据《安全生产领域违法违纪行为政纪处分暂行规定》第 12 条第 1 项的规定，责成建工一建公司给予其撤职处分。

7. 吕××，建工一建公司和创分公司安全施工管理部部长，负责分公司安全生产工作。对清华附中工程项目部安全教育培训不到位、施工现场安全管理混乱、安全技术交底缺失等隐患监督检查不到位；作为项目部备案安全员，长期未到岗履行职责，对事故发生负有主要管理责任。依据《安全生产领域违法违纪行为政纪处分暂行规定》第 12 条第 1 项的规定，责成建工一建公司给予其开除处分。

8. 王×，建工一建公司和创分公司质量技术部部长，负责施工方案制定及落实情况的监督检查工作。对清华附中工程项目《钢筋施工方案》的技术交底和现场是否按照方案施工等方面检查不到位，未及时消除施工现场未按照方案要求加工制作并安放马凳、盲目吊运堆放钢筋物料等安全隐患，对事故发生负有主要管理责任。依据《安全生产领域违法违纪行为政纪处分暂行规定》第 12 条第 1 项的规定，责成建工一建公司给予其开除处分。

9. 韩××，清华附中工程项目部安全员。未对现场钢筋作业人员全部实施安全培训教育；对施工现场未按照方案施工、未开展安全技术交底工作检查不到位；未通过检查发现作业人员盲目吊运并堆放大量钢筋物料的事故隐患，对事故发生负有主要管理责任。依据《安全生产领域违法违纪行为政纪处分暂行规定》第 12 条第 1 项的规定，责成建工一建公司给予其开除处分。

10. 保××，清华大学基建规划处处长，负责该项目施工组织协调工作。未按照《北京市建筑工程质量监督执法告知书》的要求书面告知海淀区住房城乡建设委开工日期；未有效督促项目管理人员认真履行职责，对总包单位未整改项目经理不到岗履行职责和监理单位未严格落实监理责任的行为督促检查不力，对事故发生负有一定管理责任。依据《事业单位工作人员处分暂行规定》第 17 条第 9 项的规定，责成清华大学给予其记过处分。

11. 盖××，清华大学基建规划处规划设计科科长兼清华附中工程项目建设单位负责人，未认真履行施工现场建设单位统一协调、管理职责，明知总包单位备案项目经理长期不到岗的情况，但未有效督促整改；未严格督促监理单位认真履行监理职责，致使施工现场安全管理混乱，对事故发生负有重要管理责任。依据《事业单位工作人员处分暂行规定》第 17 条第 9 项的规定，责成清华大学给予其撤职处分。

12. 刘××，海淀区住房城乡建设委行业管理处主任（副处级，试用期内）。对相关科室监督工作领导不力，未落实好监督责任制，对事故发生负有主要领导责任。依据《行政机关公务员处分条例》第 20 条的规定，给予其行政记过处分。

13. 李×，海淀区住房城乡建设委行业管理处副主任，分管行政执法工作。没有认真组织实施监督工作计划的落实和未按照《北京市建设工程质量监督执法告知书》内容开展相关监督工作，对事故发生负有重要领导责任。依据《中国共产党纪律处分条例》第 127 条和《行政机关公务员处分条例》第 20 条的规定，给予其党内严重警告、行政降级处分。

14. 樊××，海淀区住房城乡建设委行业管理处五科科长。未掌握该项目的开工时间、项目经理在岗等情况，未有效组织相关执法人员实施监督工作计划，未按照《北京市建设工程质量监督执法告知书》相关要求开展监督工作，对事故发生负有直接监管责任。依据《中国共产党纪律处分条例》第 127 条和《行政机关公务员处分条例》第 20 条的规定，给予其党内严重警告、行政撤职处分。

（三）建议给予行政处罚的人员和单位

1. 郭××，建工一建公司法定代表人。作为公司的主要负责人，履行安全生产职责不到位，对本单位安全生产工作的管理主要是听取汇报，未对事发的清华附中工程工地实施过检查，督促检查本单位的安全生产工作不到位，未及时发现并消除施工现场存在的生产安全事故隐患。其行为违反《中华人民共和国安全生产法》第 18 条第 5 项的规定，对事故发生负有主要领导责任。依据《中华人民共和国安全生产法》第 91 条和第 92 条的规定，由安全生产监督管理部门给予其上一年度收入 60%的罚款，撤职处分并终身不得担任本行业生产经营单位的主要负责人。

2. 闫××，建工一建公司董事、总会计师。事故发生后，安排伪造《内部承包合同》。依据《生产安全事故报告和调查处理条例》第 36 条第 5 项的规定，由安全生产监督管理部门给予其上一年度收入 100%的罚款。

3. 叶××，清华附中工程项目备案项目经理，长期未到岗履行项目经理职责。明知在清华附中工程项目投标时，已被建工一建公司安排至朝阳区望京综合体育馆工程担任项目执行经理，仍未拒绝使用其项目经理资格参与清华附中工程招投标。依据《建设工程安全生产管理条例》第 58 条的规定，由市住房城乡建设委提请住房城乡建设部给予其吊销一级建造师注册证书，终身不予注册的行政处罚。

4. 张××，北京华清技科公司总经理。作为公司主要负责人，履行安全生产职责不到位，未组织制定并实施本单位安全生产教育和培训计划；监督检查本单位安全生产工作不力，未及时发现并纠正公司派驻清华附中工程项目监理人员履行安全监理责任不到位的行为。其行为违反《中华人民共和国安全生产法》第18条第3项和第5项的规定，对事故发生负有主要领导责任。依据《中华人民共和国安全生产法》第91条和第92条的规定，由安全生产监督管理部门给予其上一年度收入60%的罚款，撤职处分并终身不得担任本行业生产经营单位的主要负责人。

5. 建工一建公司作为清华附中工程项目总包单位，存在允许非本企业员工以内部承包的形式承揽工程的行为，允许杨××以内部承包形式承揽清华附中工程项目，致使项目部安全管理混乱；未严格落实安全责任，对项目安全生产工作管理不到位，未就筏板基础钢筋施工向作业人员进行技术交底；部分作业人员未经安全培训教育即上岗作业；未按照要求配备相应的专职安全员；对施工现场监督检查不到位，未及时发现作业人员违反施工方案要求施工作业和盲目吊运钢筋材料集中码放在上排钢筋网上导致载荷过大的安全隐患。其行为违反《中华人民共和国安全生产法》第25条、第41条，《建设工程安全生产管理条例》第23条、第24条，《建设工程质量管理条例》第28条的规定，对事故发生负有主要责任。依据《中华人民共和国安全生产法》第109条第3项的规定，由安全生产监督管理部门给予其360万元的罚款。同时，由市住房城乡建设委吊销其安全生产许可证，并提请住房城乡建设部吊销其房屋建筑工程施工总承包一级资质。

6. 北京华清技科公司作为清华附中工程项目监理单位，对该项目监理工作履职不到位，对总包单位备案项目经理长期未到岗履职的情况，未及时下达监理指令；未及时发现并纠正作业人员未按照钢筋施工方案要求施工作业的违规行为；对项目部安全技术交底和安全培训教育工作监理不到位。其行为违反《建设工程安全生产管理条例》第14条的规定，对事故发生负有重要责任。依据《中华人民共和国安全生产法》第109条第3项的规定，由安全生产监督管理部门给予其200万元的罚款。同时，由市住房城乡建设委提请住房城乡建设部吊销其房屋建筑工程监理甲级资质。

7. 安阳诚成劳务有限公司作为清华附中工程项目筏板基础钢筋作业的劳务分包单位，未对劳务作业人员进行必要的安全生产教育和培训，未告知作业人员操作规程和违章操作的危害；在未接受《钢筋施工方案》交底的情况下，盲目组织施工作业；违规与总包单位签订包含辅料和部分周转性材料款内容的劳务分包合同。其行为违反《中华人民共和国安全生产法》第25条、第41条的规定，对事故发生负有一定责任。由市住房城乡建设委通报河南省住房城乡建设主管部门吊销其施工劳务资质和安全生产许可证。

（四）建议由相关部门另案处理的情形

1. 针对清华附中工程项目投标、合同订立期间，建工一建公司涉嫌允许杨××以本企业名义承揽工程及其他涉嫌以内部承包经营的形式出借资质、转包等违法行为，由市住房城乡建设主管部门另行立案调查处理。

2. 针对事故调查中发现的相关人员涉嫌收受贿赂的线索，由检察、监察机关依法调查处理。

此外，责成市规划部门针对清华附中工程项目设计过程中存在的问题，对相关设计人员给予通报批评；责成海淀区人民政府和市住房城乡建设委向市政府做出深刻检查。

五、事故防范和整改措施建议

（一）深刻吸取事故教训

建工一建公司、北京建工集团和海淀区人民政府及其有关部门要深刻吸取清华附中工程“12·29”筏板基础钢筋体系坍塌重大事故的沉痛教训，牢固树立科学发展、安全发展理念，切实贯彻落实市委市政府关于“党政同责、一岗双责”的有关规定，坚守“发展决不能以牺牲人的生命为代价”的“红线”，严格落实建筑企业安全生产主体责任，坚定不移抓好各项安全生产政策措施的落实，全面提高建筑施工安全管理水平，切实加强建筑安全施工管理工作。

（二）严格落实主体责任

建工一建公司要严格规范企业内部经营管理活动，落实对工程项目的安全管理责任，严禁对施工项目“以包代管”，严禁利用任何形式实施出借资质、违法分包等违法行为。北京建工集团要加强技术管理、安全管理、合同履约管理，加强对下属施工企业的指导、管理，督促各级管理人员严格落实安全生产责任制，杜绝“名不符实”的现象发生。北京华清技科公司要严格履行现场监理职责，加强对施工过程的监督管理，严格审查承包企业资质和施工方案，对发现建设单位、施工单位存在的违法违规行为，要及时督促整改，并报告建设行政主管部门。清华大学要依法履行建设单位职责，合理确定工期、造价，协调、督促各参建单位履行各自的安全生产管理职责。清华设计研究院要举一反三，对设计质量、设计深度进行全面摸排，提高技术水平，落实《建设工程安全生产管理条例》中规定的设计单位的安全责任。

（三）加强施工现场管理

全市建筑施工企业要深刻吸取事故教训，严格规范企业内部经营管理活动，建立、健全并严格落实本单位安全生产责任制。各施工企业要严查工程合同履约情况，组织检查、消除施工现场事故隐患，施工项目负责人必须具备相应资格和安全生产管理能力，中标的项目负责人必须依法到岗履职，确需调整时，必须履行相关程序，保证施工现场安全生产管理体系、制度落实到位。各施工企业要严格技术管理，严格执行专项施工方案、技术交底的编制、审批制度，现场施工人员不得随意降低技术标准，违章指挥作业。

（四）加大行政监管力度

市、区住房城乡建设主管部门要严格落实安全生产监管职责，督促各责任主体落实安全责任，深入开展建筑行业“打非治违”“工程质量治理两年行动”，严厉打击项目经理不到岗履职和建设单位随意压缩工期、造价等行为，严厉打击出借资质、违法分包等行为，建立打击非法违法建筑施工行为专项行动工作长效机制，不断巩固专项行动成果，确保建筑安全生产监督检查工作取得实效。各区县人民政府及其相关部门要加强对施工企业和施工现场的安全监管，根据工程规模、施工进度，合理安排监督力量，制定可行的监督检查计划，严格监管，坚决遏制重特大事故发生。

（五）健全完善法规标准

建设、规划等行政主管部门针对建筑市场新的违法违规行为，要不断完善相关企业市场违法行为的认定标准；尽快健全超厚底板钢筋支撑结构设计、制作、验收和检查标准，明确将支撑结构费用计入工程造价；进一步完善勘察、设计单位落实建设工程安全生产管理职责的相关标准、措施，健全设计、施工、监理“三同时”工作机制，督促设计单位和设计人员履行安全职责。

【案例二】

顺义区“1·25”破坏燃气管线事故

2015 年 1 月 25 日 17 时许，保定兴国市政建筑工程有限公司作业人员在顺义区京承高速大柳树营桥西南侧，实施电力管线顶管作业过程中，将地下燃气管线破坏。事故未造成人员伤亡，造成直接经济损失 414.86 万元。

一、事故发生经过及抢险救援情况

2014 年 9 月 12 日，保定兴国市政建筑工程有限公司开始在京承高速大柳树营跨河桥（往承德方向 30 米处）进行地下管线探测。探测深度为地下 5 米（工程实际顶管深度为地下 8 米）。经探测，仅发现一条 DN1100 大唐燃气管线，未发现 DN500 的燃气管线。

2014 年 9 月 23 日，北京顺力成电力设备安装维修有限公司就施工组织设计和施工方案向监理单位北京吉北电力工程咨询有限公司发出《工程技术文件报审表》，但未获得监理单位批准。此后，北京顺力成电力设备安装维修有限公司未将修改后的施工组织设计报监理单位审批。

2015 年 1 月 5 日，保定兴国市政建筑工程有限公司编制穿越京承高速机械顶管方案、应急预案等工程文件后，未上报监理单位审核。

2015 年 1 月 11 日，监理单位北京吉北电力工程咨询有限公司对北京顺力成电力设备安装维修有限公司发出监理联系单，要求其对穿越京承高速顶管路段重新地勘后上报合格地勘报告，并要求未经监理同意不得施工。1 月 13 日，保定兴国市政建筑工程有限公司擅自将顶管竖井与接收竖井对调，由接收竖井向顶管竖井（南向北），开始顶管施工作业。

1 月 25 日 17 时许，保定兴国市政建筑工程有限公司顶管机操作人员张××在操作顶管机顶进至 125 米左右时，发现顶管机压力表显示异常，同时发现有气泡从泥浆池内排水管连续冒出，并伴有轻微燃气气味，便立即上报现场施工队长于××。于××到现场查看后，指挥工人关闭顶管机电源，疏散现场人员，拉起警戒线，并通知北京顺力成电力设备安装维修有限公司施工现场负责人高××。18时30分左右，北京市燃气集团抢险队赶到现场，对现场情况进行勘查、检测。21时许，依据勘查及检测结论，判定为现场可燃性气体超标，燃气管线泄漏。

事故发生后，市安全监管局、市政市容委、燃气集团、中石油北京公司及顺义区相关部门及单位立即赶赴现场了解情况，并成立现场指挥部，指挥抢险作业。

经抢险作业，1月28日凌晨管线泄漏初步得到控制。2月9日，燃气管线漏点处理完毕，恢复正常压力运行，并断开旁通管路。同时，开始阶段性恢复场地。

二、事故原因及性质

（一）直接原因

现场作业人员在施工方案未经审批且未实施有效物探的情况下，违规施工冒险作业，导致顶管机将燃气管线顶漏，是此次事故发生的直接原因。

（二）间接原因

1. 保定兴国市政建筑工程有限公司在实施物探过程中，未能探测出燃气管道的基本情况；在无方案的情况下，擅自调换顶管竖井与接收竖井位置；未能在发现顶管机压力表数据异常情况下及时停工，并采取必要的措施对施工路由附近的地下管道进行全面排查，继续冒险作业。

2. 北京顺力成电力设备安装维修有限公司未执行监理单位下达的停工指令；未及时制止专业分包单位违规、冒险作业；未按照施工文件报审程序，在施工前将工程的施工组织设计、专业施工方案、应急预案等上报监理审核。

3. 北京市供用电建设承发包公司，未能按照《施工总承包合同》的约定，向北京顺力成电力设备安装维修有限公司提供准确、完整的地下管线资料；未能在工程路由和施工工艺发生变化后，及时提供工程设计变更。

三、事故责任分析及处理建议

（一）保定兴国市政建筑工程有限公司未按照工程设计图纸施工，在专项施工方案未经监理审核通过的情况下，冒险作业；在施工现场附近未能发现漏气燃气管道的标识牌与标识桩，在实施物探的过程中，未能探测出漏气燃气管道的基本情况；擅自调换顶管竖井与接收竖井位置；发现顶管机压力表数据异常时，未能及时停工并采取必要的措施对施工路由附近的地下管道进行全面排查，其行为违反《建设工程质量管理条例》第28条第1款的规定，对事故发生负有主要责任，依据《中华人民共和国安全生产法》第109条第1项的规定，由安全生产监督管理部门给予其行政处罚。

（二）北京顺力成电力设备安装维修有限公司施工管理不到位，未能执行监理单位的停工指令，未能及时阻止专业分包单位的违规冒险作业；未能按照施工文件报审程序，在工程施工前，将工程的施工组织设计、专业施工方案、应急预案等工程文件报经监理审核通过；

在施工现场附近未能发现漏气燃气管道的标识牌与标识桩，在实施物探的过程中，未能探测出漏气燃气管道的基本情况，其行为违反《建设工程安全生产管理条例》第26条和《关于加强北京市建设工程质量施工现场管理工作的通知》（京建发〔2010〕111号）第2条第3项的规定，对事故发生负有重要责任，依据《中华人民共和国安全生产法》第109条第1项的规定，由安全生产监督管理部门给予其行政处罚。

（三）北京市供用电建设承发包公司未能按照《施工总承包合同》的约定向北京顺力成电力设备安装维修有限公司提供准确、完整的地下管线资料；在工程路由和施工工艺发生变化时，未能及时提供工程设计变更，其行为违反《建筑法》第40条、《建设工程安全生产管理条例》第6条第1款的规定，对事故发生负有重要责任，依据《中华人民共和国安全生产法》第109条第1项的规定，由安全生产监督管理部门给予其行政处罚。

（四）保定兴国市政建筑工程有限公司主要负责人刘××，未履行自身安全生产职责，未能督促、检查本单位的安全生产工作，及时消除生产安全事故隐患，其行为违反《中华人民共和国安全生产法》第18条第5项的规定，对事故发生负有管理责任，依据《中华人民共和国安全生产法》第92条第1项的规定，由安全生产监督管理部门给予其行政处罚。

（五）保定兴国市政建筑工程有限公司施工现场负责人于××，在顶管方案未经审批、未对现场作业人员进行安全技术交底的情况下，违章指挥现场作业人员顶管穿越公路。其行为违反《建设工程安全生产管理条例》第27条、《北京市市政工程施工安全操作规程》（DBJ01－56－2001）2.0.3和《顶管施工技术及验收规范》1.0.9的规定，其行为涉嫌违法犯罪。由公安机关立案侦查，依法追究其刑事责任。

（六）北京顺力成电力设备安装维修有限公司施工现场负责人高××，未履行自身安全生产职责，对施工现场疏于管理，未能执行监理单位的停工指令，未能及时阻止现场违规施工、冒险作业；未能按照施工文件报审程序，在工程施工前，将工程的施工组织设计、专业施工方案、应急预案等工程文件报经监理审核通过，其行为违反《安全生产领域违法违纪行为处分暂行规定》第12条第1项的规定，对事故发生负有管理责任，依据《安全生产领域违法违纪行为处分暂行规定》第12条，责成北京顺力成电力设备安装维修有限公司给予其撤职处分。

四、建议措施

这是一起由于违规施工、作业现场疏于管理而导致的生产安全责任事故。应从事故中吸取的教训：

（一）施工单位一是要强化安全意识，吸取事故教训，落实安全生产主体责任，履行《中华人民共和国安全生产法》《建设工程安全生产管理条例》规定的各项法定职责，提高各级施工管理人员遵章守法意识，提高事故隐患防范意识，发现重大险情时，采取应急措施，杜绝冒险施工现象，避免事故的发生；二是在穿越市政管道施工作业前，应按照相关法律、法规要求向市政部门提出申请并经批复同意后方可施工；三是应当在开工前及时按照相关要求，书面通知管道企业相关人员到位。

（二）施工总承包单位：一是应当根据全国管道发展规划编制管道建设规划，将管道建设规划确定的管道建设选线方案报送建设部门审核，并将审核后的施工方案报至市政部门备案后方可建设；二是针对新建管道通过的区域受地理条件限制，不能满足石油天然气管道保护法和有关法律、行政法规以及国家技术规范规定保护距离的，应当提出防护方案，并经专家评审论证和市政部门批准后，方可建设；三是对管道安全风险较大的区段和场所应当进行重点监测，采取有效措施防止管道事故的发生，对不符合安全使用条件的管道，应当及时更新、改造或者停止使用；四是应当制定管道事故应急预案，与属地相关部门建立应急联动协调机制，并报市政部门备案，同时，配备抢险救援人员和设备，并定期组织应急救援演练。

（三）建设单位应认真履行《中华人民共和国安全生产法》《建设工程安全生产管理条例》规定的各项法定职责，向施工单位提供准确、完整的地下管线资料，若工程实际情况与预先设计不一致，应协调完成设计变更后，方可允许施工单位施工。同时，应尊重监理单位的意见，杜绝重进度、轻安全的思想，避免事故的发生。

【案例三】

北京古船福兴食品有限公司“10·1”坍塌事故

2015年10月1日10时20分许，肖××、王××、王××、张××、王××5名作业人员在大兴区北京古船福兴食品有限公司院内，对食堂内墙体实施拆除作业过程中，墙体发生坍塌，事故造成2人死亡、2人重伤。

一、事故基本情况

（一）事故相关单位基本情况

1. 北京古船福兴食品有限公司成立于2010年12月2日，2015年1月，北京古船食品有限公司原制造二部并入后正式运营，隶属于北京古船食品有限公司，法定代表人王××、总经理孙××，注册地址为北京市大兴区黄村镇大庄村东北京大兴国家粮食储备库院内，注册资本金4500万元，主要生产小麦粉。该公司实际运营后，无安全管理制度，执行北京古船食品有限公司相关管理制度，员工169人，其中除总经理及副总经理外，其余公司员工无岗位责任制。

2. 北京古船食品有限公司为北京粮食集团有限责任公司全资子公司，成立于2001年12月18日，法定代表人王××、总经理刘××，注册地址为北京市通州区运河西大街139号1幢至25幢，注册资本金13188万元，主要从事加工、销售粮油、粮油制品和粮食收购等生产经营活动，拥有北京古船福兴食品有限公司的人事任免权、资金和项目审批权。

（二）事故现场基本情况

事故发生地点位于北京古船福兴食品有限公司南侧一砖混结构平房内。该平房坐南朝北，东西长29米，南北宽12.5米，高6.3米，内部分隔为四个房间，由西向东依次为会议室、杂物间（58.5平方米）、饭厅（76平方米）和食堂操作间（105.3平方米）。

杂物间与饭厅之间隔断高5.7米，进深为11.7米。隔断由梁体和墙体组成，梁高1.5米，墙高4.2米（“二四”墙）。墙体由石灰砂浆砌筑而成。

经现场勘验，杂物间与饭厅之间墙体整体向西倒塌，倒塌高度2.8米、南北长10.2米。倒塌后，残留墙体高0.4米、南北长11.7米，其中，顶部深12厘米红砖被剔除，墙体南侧、北侧分别开凿出0.88米和0.66米的豁口。

（三）工程基本情况

大兴国家粮食储备库受北京粮食集团有限责任公司委托，以京粮现代产业园基础设施配套工程工作塔名义取得工程相关许可后，由北京古船食品有限公司和北京古船福兴食品有限公司相关负责人组成项目部对该项目进行管理。2014年11月，北京大兴国家粮食储备库项目部将京粮现代产业园基础设施配套工程项目中食堂装修、办公楼门口翻新、工作塔地面抹灰及自流平4项小型工程（工程费用93万余元）交由邵××（个人）施工。2015年1月，食堂装修完成并投入使用。2015年9月初，北京古船福兴食品有限公司总经理孙××向北京古船食品有限公司总经理刘××口头请示拆除食堂与杂物间隔断墙，扩大食堂就餐区面积。经刘××口头同意后，9月下旬，孙××向其单位副总经理陈××（9月30日出国）布置“十一”停产期间食堂拆除隔断墙工作，并将停产期间食堂拆除隔断墙的工作口头发包给邵××，由其负责组织墙体拆除作业。

二、事故经过及现场救援情况

10月1日上午6时，前期参与食堂装修的肖××、王××、王××、张××、王××5人来到古船福兴食品有限公司作业现场，准备对食堂与杂物间之间的墙体实施拆除作业。5人在墙体西侧搭设两套移动式脚手架，王××、王××分别站在脚手架上用手锤拆墙体顶部的砖，拆下的砖由王××、张××运至地面。肖××码放好之后由张××负责用推车推走。上午8时30分左右，按照节日期间值班安排，北京古船福兴食品有限公司总经理孙××、行政主管孙××等3人到食堂门口进行巡查。巡查人员向肖××提出现场施工人员未戴安全帽，但未进行督促整改。墙体距地面3.2米以上部分拆除完成后，王××、王××分别在墙体南侧、北侧开凿出0.88米和0.66米的豁口，豁口开凿至距地面0.4米处。王××在墙体西侧底部距地面0.4米高处用电锤掏掘墙体。上午10时20分许，墙体突然整体向西侧倾倒，将作业人员肖××、王××、张××、王××4人砸伤，王××立即拨打120并呼救，闻讯赶来的北京古船福兴食品有限公司员工将被砸4人救出。其中，王××、肖××经抢救无效死亡，王××、张××受伤。

三、事故原因及性质

（一）直接原因

现场作业人员违反《建筑拆除工程安全技术规范》（JGJ 147－2004）4.1.3规定，采用掏掘方式对墙体实施拆除作业，导致墙体失稳坍塌，是造成此次事故的直接原因。

（二）间接原因

导致此次事故的间接原因一是拆除施工负责人在拆除作业前未对现场施工人员进行安全培训和考试；二是施工负责人和施工现场安全管理人员在对拆除现场安全检查过程中，发现现场作业人员实施拆除作业过程中未佩戴安全帽，未予以制止，未督促其整改；三是拆除作业项目发包过程中未签订任何形式安全协议约定各自安全生产管理职责，未严格审核工程承包人的资质和安全生产条件，致使不具备资质和安全生产条件的个人承揽工程，现场作业人员未配备任何劳动防护用品违规实施拆除作业。

（三）事故性质

事故调查组认定该起事故是一起一般生产安全责任事故。

四、对事故有关责任人员和责任单位的处理建议

（一）王××作为现场实施拆除作业人员，违反《建筑拆除工程安全技术规范》（JGJ 147－2004）4.1.3规定，采用掏掘方式对墙体实施拆除作业致使墙体倒塌，对事故发生负有直接责任，鉴于其在事故中死亡，免于追究其刑事责任。

（二）王××作为现场负责人，违反《建筑拆除工程安全技术规范》（JGJ 147－2004）4.1.3规定，采用掏掘方式对墙体实施拆除作业致使墙体倒塌，对事故发生负有直接责任，由公安机关立案侦查，依法追究其刑事责任。

（三）邵××作为拆除作业施工负责人，在不具备任何资质的情况下承揽拆除作业项目，未督促现场作业人员配备安全防护用品；未对现场施工人员进行安全培训和考试；对于施工现场违章作业的行为监督检查不到位，致使施工现场作业人员在未配备任何劳动防护用品的情况下，违规实施拆除作业。其行为违反《建筑拆除工程安全技术规范》（JGJ147－2004）4.5.3和5.0.4的规定，对事故发生负有直接管理责任，由公安机关立案侦查，依法追究其刑事责任。

（四）北京古船福兴食品有限公司总经理孙××作为该单位主要负责人，未建立健全本单位安全生产责任制；未组织制定本单位安全生产规章制度；在拆除作业项目发包前未严格审核承包人的安全生产条件和资质，未签订任何形式安全协议，并约定各自安全生产管理职责，致使不具备资质和安全生产条件的个人承揽工程。其行为违反《中华人民共和国安全生产法》第18条第1项、第2项、第5项的规定，依据《中华人民共和国安全生产法》第91条第2款，给予其撤职处分；依据《中华人民共和国安全生产法》第92条第1项，给予其上一

年度收入30%罚款的行政处罚。同时，责成其所在党组织依照有关规定给予其党纪处分。

（五）北京古船食品有限公司副总经理阎××作为公司分管北京古船福兴食品有限公司领导，事故发生后指使北京古船福兴食品有限公司人员提供虚假材料，依据《安全生产领域违法违纪行为政纪处分暂行规定》第13条第2项规定，给予其记大过处分。同时，责成其所在党组织依照有关规定给予其党纪处分。

（六）北京古船福兴食品有限公司未建立安全生产责任制和安全管理制度，对于现场施工人员违章实施拆除作业行为失管失察；在对拆除作业现场安全检查过程中，发现现场作业人员未配备劳动防护用品后，未督促整改；在拆除作业项目发包过程中，未严格审核承包人的安全生产条件，未签订任何形式的安全协议，致使不具备任何资质和安全生产条件的个人承揽工程；事故发生后向事故调查组提供虚假材料，其行为违反《中华人民共和国安全生产法》第46条第1款、第2款的规定，对事故发生负有责任，依据《中华人民共和国安全生产法》第109条，由安全生产监督管理部门给予其45万元罚款的行政处罚。

五、事故防范和整改措施建议

（一）北京古船福兴食品有限公司应尽快建立安全生产责任制和安全管理制度；应切实加强日常安全管理和监督检查，在检查过程中要及时纠正工人违章作业的行为，消除在监督检查过程中发现的各类安全隐患；在小型工程发包过程中，应严格审核承包单位资质和各项能力，杜绝无资质和不具备安全生产条件的个人承揽工程。

（二）北京古船食品有限公司应当严格按照《中华人民共和国安全生产法》相关要求完善外委工程发包制度，所有工程发包前应签订生产安全协议，施工合同中明确双方安全管理责任；督促下辖的独立法人单位落实《中华人民共和国安全生产法》规定的各项安全主体责任，严格各类小型工程审批和项目现场安全管理工作。

人　物

市安全监管局领导

局　　　　长　张树森（党组书记）
副　局　长　陈　清（党组成员，9月挂职任新疆维吾尔自治区乌鲁木齐市市委副书记）
　　　　　　贾太保（兼）（党组成员）
　　　　　　阎　军
市纪委驻局纪检组组长　续　栋（党组成员）
副　局　长　唐明明（党组成员）
　　　　　　李东洲（党组成员）
副　巡　视　员　谢清顺
　　　　　　钱　山
　　　　　　高士虎

北京煤监局领导

局　　　　长　张树森（党组书记）
副　局　长　陈　清（党组成员）
　　　　　　贾太保（党组成员、巡视员）
　　　　　　阎　军
市纪委驻局纪检组组长　续　栋（党组成员）
副　局　长　唐明明（党组成员）
　　　　　　李东洲（党组成员）

市安全监管局处室（总队）领导

办公室（督查室）　主　　任　李振龙
　　　　　　　　副　主　任　任　忠
财务处　副　主　任　田志斌（正处级监察专员、主持工作）
　　　　　　　　康　勇

法制处 处长 李刚
副处长 仲俊生
研究室 主任 路韬
科技处 处长 王树琦
副处长 孙建军
安全生产协调处 处长 靳玉光
副处长 赵同立
应急工作处（值班室） 处长 李怀冰
副处长 王欣
事故调查处 处长 曹柏成
副处长 王晓杰
安全监督管理一处 处长 孟庆武
副处长 时会佳
安全监督管理二处 处长 魏丽萍
副处长 赵玉辉
安全监督管理三处 处长 刘丽
职业卫生综合处 处长 丁大鹏
副处长 孙晶晶
职业卫生监督处 处长 李玉祥
副处长 靳大力
矿山安全监督管理处 处长 马存金（兼）
行政审批处 处长 王中堂
副处长 冯印辉
人事教育处 处长 孙雷
副处长 栗晋春
机关党委、工会 专职副书记 孙雷（兼）
驻局纪检组副组长、监察处 处长 段辉建
执法监察总队 总队长 贾兴华
副总队长 张涛
毛宇权
闵绍辉

北京煤监局处室领导

综合办公室 主任 何多云
监察一室 主任 贾克成

监察二室　主　　任　潘洪季
　　　　　监察专员　董文同
监察三室　主　　任　杨庆三
　　　　　副主任　贾　宏

市安全监管局直属单位领导

安全生产科学技术研究院　院　　长　贾秋霞
　　　　　　　　　　　　党总支书记　季学伟
　　　　　　　　　　　　副院长　张　鹏
　　　　　　　　　　　　　　　　张晋伟
　　　　　　　　　　　　　　　　薛映宾

安全生产宣传教育中心　主　　任　高云飞
　　　　　　　　　　　副主任　刘丽纯
　　　　　　　　　　　　　　　车广杰
安全生产信息中心　主　　任　张震国
　　　　　　　　　副主任　陆金周
安全生产投诉举报中心　副主任　吴　强（主持工作）
　　　　　　　　　　　　　　　魏志钢
安全生产联合会　秘书长　徐杰立

区县安全监管局领导成员

东城区安全监管局

局　　长　薛国强（3月离任）
　　　　　曹永军（3月任职）
党组书记　赵鹏锦
副局长　张丙申
　　　　王寿永
　　　　石建军
纪检组长　张团南
副局长　黎洪垓
调研员　韩德谋
副调研员　李　明（10月退休）
副调研员　何建明

副调研员　王俊峰

西城区安全监管局

党组书记　李连防（副局级）
局　　长　陈国红（8月离任）
　　　　　李　华（9月任职）
副局长　毕军东
　　　　　丁　琦（6月离任）
　　　　　林育才（6月任职）
　　　　　曹长春
纪检组长　陈礼玉（6月离任）
　　　　　王美玉（6月任职）
调研员　曲绍勃
副调研员　张　蕊
　　　　　张　文

朝阳区安全监管局

局　　长　刘炳起
党组书记　安永存
副局长　姜金平
　　　　　周　琼
　　　　　袁裕中
纪检组长　赵岚静
副调研员　张小平
　　　　　冯春友

海淀区安全监管局

局　　长　田一川
党组书记　曾子锋
副局长　贾　宁
　　　　　孙茂山
　　　　　张有涛
纪检组长　王雪梅

副 局 长 徐春兰

丰台区安全监管局

局 长 董铁铮（党组书记）
副 局 长 崔 林
史 勤
王 平

石景山区安全监管局

局 长 韩从笔
副 局 长 李振华
董新理（3月离任）
高金山（6月任职）

门头沟区安全监管局

局 长 刘振林
党 组 书 记 梁光学
纪 检 组 长 方 钢
副 局 长 周玉陆
阿显德

房山区安全监管局

局 长 张海生
党 组 书 记 周德运
副 局 长 刘继承
李劲松
高保光
纪 检 组 长 孙晓东

通州区安全监管局

局 长 曹树常（党组书记）

副　局　长　杨文庆
　　　　　　吴宝祥
纪检组长　雷雨雯
副　局　长　王志佳
调　研　员　吴国语
　　　　　　张　杰
副调研员　袁文旭
工会主席　邹秉志

顺义区安全监管局

局　　　长　孙书林（党组书记）
副　局　长　李正义（10月任职）
　　　　　　申志勇（8月离任）
　　　　　　王桂金
　　　　　　孟家祝
工会主席　邱国庆
调　研　员　王明金
副调研员　张建明
　　　　　　杨　槟

大兴区安全监管局

局　　　长　张福长
党组书记　张义祥
副　局　长　李建军
　　　　　　丁开明
　　　　　　王建军
纪检组长　杨玲荣
副调研员　李长龙
　　　　　　尉志强
　　　　　　胡贵平
　　　　　　陈春来

昌平区安全监管局

局　　　长　兰剑波

党 组 书 记　韩文亮（11 月任职）
副　局　长　徐立荣
　　　　　　彭士杰
　　　　　　张卫东
纪 检 组 长　郑秀云

平谷区安全监管局

局　　　长　崔曙光
党 组 书 记　胡玉峰
纪 检 组 长　李满胜
副　局　长　赵承河
　　　　　　张振宇

怀柔区安全监管局

局　　　长　王国栋
副　局　长　李俊娥（6 月退休）
　　　　　　姚怀峰（9 月离任）
纪 检 组 长　边振泉（9 月离任）
　　　　　　李世森（9 月任职）
副　局　长　高志平
　　　　　　曾　灏
副 调 研 员　曹勇军
　　　　　　乔海青

密云县安全监管局

局　　　长　张艳生（党组书记）
调　研　员　马延春（党组副书记）
副　局　长　梁乃顺
　　　　　　张宏伟
副 调 研 员　刘海生
　　　　　　赵德民

延庆县安全监管局

局　　　长　臧文柱（党组书记）
副　局　长　尤长存
纪检组长　王菊英
副　局　长　张　鑫
　　　　　　王吉兴
调　研　员　贾晓义（3月退休）
副调研员　尤海泉（5月退休）
　　　　　　闫福军

北京经济技术开发区安全监管局

局　　　长　吴伯军
副　局　长　窦桂芹（10月离任）
调　研　员　闫庆平

市安全监管局　北京煤监局先进集体、先进个人

先进集体

市安全监管局被市安委会评为“安全生产工作先进单位”，授予“安全生产工作突出成绩奖”。

市安全监管局安全生产协调处、安全监督管理三处被市安委会办公室、人力社保局评为“2013—2015年度北京市安全生产先进单位”。

先进个人

市安全监管局安全监督管理二处魏丽萍被中共中央、国务院授予“2015年全国先进工作者”称号。

市安全监管局安全生产协调处靳玉光，财务处叶柏杉，办公室（督查室）李怀峰，法制处戴贺霞，事故调查处邵柏，安全监督管理二处张聪，人事教育处李子扬，执法监察总队徐阳、侯占杰，安全生产信息中心李东侠被市安委会办公室、人力社保局评为“2013—2015年度北京市安全生产先进个人”。

区县安全监管局先进集体、先进个人

东　城　区

先进集体

东城区被市安委会评为“2015 年度安全生产工作先进区县”。

东城区安全监管局被市安委会办公室、人力社保局评为“2013—2015 年度北京市安全生产先进单位”。

先进个人

东城区安全监管局史红光被市安委会办公室、人力社保局评为“2013—2015 年度北京市安全生产先进个人”。

西　城　区

先进集体

西城区被市安委会评为“2015 年度安全生产工作先进区县”。

西城区安全监管局被市安委会办公室、人力社保局评为“2013—2015 年度北京市安全生产先进单位”。

先进个人

西城区安全监管局毕军东、张峥被市安委会办公室、人力社保局评为“2013—2015 年度北京市安全生产先进个人”。

朝　阳　区

先进集体

朝阳区被市安委会评为“2015 年度安全生产工作先进区县”。

朝阳区安全监管局被市安委会办公室、人力社保局评为“2013—2015 年度北京市安全生产先进单位”。

先进个人

朝阳区安全监管局冯春友、王峰被市安委会办公室、人力社保局评为“2013—2015 年度北京市安全生产先进个人”。

海　淀　区

先进单位

海淀区被市安委会评为“2015 年度安全生产工作先进区县”。

丰 台 区

先进集体

丰台区被市安委会评为“2015 年度安全生产工作先进区县”。

丰台区安全监管局被市安委会办公室、人力社保局评为“2013—2015 年度北京市安全生产先进单位”。

先进个人

丰台区安全监管局窦爱国、薛波被市安委会办公室、人力社保局评为“2013—2015 年度北京市安全生产先进个人”。

石景山区

先进集体

石景山区被市安委会评为“2015 年度安全生产工作先进区县”。

石景山区安全监管局被市安委会办公室、人力社保局评为“2013—2015 年度北京市安全生产先进单位”。

先进个人

石景山区安全监管局刘同明、李杰被市安委会办公室、人力社保局评为“2013—2015 年度北京市安全生产先进个人”。

门头沟区

先进集体

门头沟区被市安委会评为“2015 年度安全生产工作先进区县”。

门头沟区安全监管局被市安委会办公室、人力社保局评为“2013—2015 年度北京市安全生产先进单位”。

先进个人

门头沟区安全监管局张宇被市安委会办公室、人力社保局评为“2013—2015 年度北京市安全生产先进个人”。

房 山 区

先进集体

房山区被市安委会评为“2015 年度安全生产工作先进区县”，授予“安全生产工作重大进步奖”。

房山区安全监管局被国务院安委会办公室评为“2015 年全国安全生产月活动先进单位”。

房山区安全监管局被市交通安委会评为“北京市 2015 年度交通安全先进单位”。

房山区安全监管局被市安委会办公室、人力社保局评为“2013—2015 年度北京市安全生产先进单位”。

先进个人

房山区安全监管局刘振国、邱玉姗被市安委会办公室、人力社保局评为“2013—2015 年度北京市安全生产先进个人”。

通　州　区

先进集体

通州区被市安委会评为“2015 年度安全生产工作先进区县”，授予“安全生产工作基础管理创新奖”。

通州区安全监管局、安全生产执法监察大队被市安委会办公室、人力社保局评为“2013—2015 年度北京市安全生产先进单位”。

先进个人

通州区安全监管局顿六平被中共北京市委、北京市人民政府评为“2015 年北京市先进工作者”。

通州区安全监管局王志佳、吴宝祥、花春生、高海波、张明、张克金被市安委会办公室、人力社保局评为“2013—2015 年度北京市安全生产先进个人”。

顺　义　区

先进集体

顺义区被市安委会评为“2015 年度安全生产工作先进区县”，授予“安全生产工作重大进步奖”。

顺义区安全监管局被市安委会办公室、人力社保局评为“2013—2015 年度北京市安全生产先进单位”。

先进个人

顺义区安全监管局汤媛媛、李剑锋、丁宁、邵峰被市安委会办公室、人力社保局评为“2013—2015 年度北京市安全生产先进个人”。

大　兴　区

先进集体

大兴区被市安委会评为“2015 年度安全生产工作先进区县”，授予“安全生产工作基础管理创新奖”。

大兴区安全监管局被市安委会办公室、人力社保局评为“2013—2015 年度北京市安全生产先进单位”。

先进个人

大兴区安全监管局丁开明、燕非、贾东、胡伟、刘佳被市安委会办公室、人力社保局评为“2013—2015 年度北京市安全生产先进个人”。

昌 平 区

先进集体

昌平区被市安委会评为“2015 年度安全生产工作先进区县”。

昌平区安全监管局被国务院安委会办公室评为“2015 年全国安全生产月活动先进单位”。

昌平区安全监管局被首都精神文明建设委员会评为“首都文明单位”。

昌平区安全监管局被市安委会办公室、人力社保局评为“2013—2015 年度北京市安全生产先进单位”。

先进个人

昌平区安全监管局李旺、隗功杰、杨启峰、张海燕、郑媛元被市安委会办公室、人力社保局评为“2013—2015 年度北京市安全生产先进个人”。

平 谷 区

先进集体

平谷区被市安委会评为“2015 年度安全生产工作先进区县”。

平谷区安全监管局被市安委会办公室、人力社保局评为“2013—2015 年度北京市安全生产先进单位”。

先进个人

平谷区安全监管局杜春光、郭向东、郭明智、王艳娇被市安委会办公室、人力社保局评为“2013—2015 年度北京市安全生产先进个人”。

怀 柔 区

先进集体

怀柔区被市安委会评为“2015 年度安全生产工作先进区县”。

先进个人

怀柔区安全监管局高志平、李刚、孙瑾琪、李昕、吴荣福被市安委会办公室、人力社保局评为“2013—2015 年度北京市安全生产先进个人”。

密　云　县

先进集体

密云县被市安委会评为“2015 年度安全生产工作先进区县”。

密云县安全监管局被市安委会办公室、人力社保局评为“2013—2015 年度北京市安全生产先进单位”。

先进个人

密云县安全监管局李磊被市安委会办公室、人力社保局评为“2013—2015 年度北京市安全生产先进个人”。

延　庆　县

先进集体

延庆县被市安委会评为“2015 年度安全生产工作先进区县”。

延庆县安全监管局被市安委会办公室、人力社保局评为“2013—2015 年度北京市安全生产先进单位”。

先进个人

延庆县安全监管局臧文柱、赵会鹏被市安委会办公室、人力社保局评为“2013—2015 年度北京市安全生产先进个人”。

北京经济技术开发区

先进集体

北京经济技术开发区被市安委会评为“2015 年度安全生产工作先进区县”。

先进个人

北京经济技术开发区安全监管局赵伟被中共北京市委、北京市人民政府评为“2015 年北京市先进工作者”。

北京经济技术开发区安全监管局肖怡宁、冯丽颖被市安委会办公室、人力社保局评为“2013—2015 年度北京市安全生产先进个人”。

附 录

【附录 1】

北京市安全评价乙级机构

机构名称：中国铁道科学研究院

办公地址：北京市海淀区大柳树路 2 号

业务范围：二类 15.a 铁路运输业，二类 15.b 城市轨道交通及辅助设施

联系人：郭湛

联系电话：010－51893599

机构名称：北京联合智业认证有限公司

办公地址：北京市朝阳区北苑路 170 号

业务范围：一类 3. 石油和天然气开采业，一类 4.a 石油加工业，一类 4.b 化学原料、化学品及医药制造业，一类 4.c 燃气生产及供应业，一类 4.d 炼焦业，二类 7. 房屋和土木工程建筑业，二类 8. 管道运输业，二类 9. 仓储业，二类 14.a 黑色、有色金属冶炼及压延加工业，二类 14.b 金属制品业，二类 14.c 非金属矿物制品业，二类 18.a 机械设备制造业，二类 18.b 电器制造业，二类 19.a 轻工业，二类 19.b 纺织业，二类 19.c 烟草加工制造业

联系人：李庆伟

联系电话：010－84850008

机构名称：北京市工业技术开发中心

办公地址：北京市朝阳区工体北路凯富大厦

业务范围：一类 4.a 石油加工业，一类 4.b 化学原料、化学品及医药制造业，一类 4.c 燃气生产及供应业，一类 4.d 炼焦业，二类 7. 房屋和土木工程建筑业，二类 9. 仓储业，二类 11.a 火力发电业，二类 11.b 热力生产和供应业，二类 14.a 黑色、有色金属冶炼及压延加工业，二类 14.b 金属制品业，二类 14.c 非金属矿物制品业，二类 18.a

机械设备制造业，二类 18. b 电器制造业，二类 19. a 轻工业，二类 19. b 纺织业，二类 19. c 烟草加工制造业

联系人：额冬梅

联系电话：010－84045670

机构名称：北京市化工职业病防治院

办公地址：北京市海淀区香山一棵松 50 号

业务范围：一类 2. a 金属矿采选业，一类 2. b 非金属矿采选业，一类 2. c 其他矿采选业，一类 4. a 石油加工业，一类 4. b 化学原料、化学品及医药制造业，一类 4. c 燃气生产及供应业，一类 4. d 炼焦业，二类 7. 房屋和土木工程建筑业，二类 8. 管道运输业，二类 9. 仓储业，二类 11. a 火力发电业，二类 11. b 热力生产和供应业，二类 14. a 黑色、有色金属冶炼及压延加工业，二类 14. b 金属制品业，二类 14. c 非金属矿物制品业，二类 15. a 铁路运输业，二类 15. b 城市轨道交通及辅助设施，二类 16. 公路，二类 17. 港口码头，二类 18. a 机械设备制造业，二类 18. b 电器制造业，二类 19. a 轻工业，二类 19. b 纺织业，二类 19. c 烟草加工制造业

联系人：崔西勇

联系电话：010－62594766

机构名称：中国船舶重工集团公司第七一四研究所

办公地址：北京市朝阳区科荟路 55 号

业务范围：二类 7. 房屋和土木工程建筑业，二类 9. 仓储业，二类 14. a 黑色、有色金属冶炼及延压加工业，二类 14. b 金属制品业，二类 14. c 非金属矿物制品业，二类 15. a 铁路运输业，二类 15. b 城市轨道交通及辅助设施，二类 17. 港口码头，二类 18. a 机械设备制造业，二类 18. b 电器制造业，二类 19. a 轻工业，二类 19. b 纺织业，二类 19. c 烟草加工制造业

联系人：陈健

联系电话：010－53255142

【附录2】

2015年北京市工业企业安全生产标准化（二级）评审单位名单（43家）

1. 北京中经科环质量认证有限公司
2. 北京利华永安注册安全工程师事务所有限公司
3. 北京安雅教育科技有限公司
4. 北京石油化工学院
5. 北京众心成诚注册安全工程师事务所有限公司
6. 北京中安质环技术评价中心有限公司
7. 北京全方略咨询有限责任公司
8. 北京京安晟晖注册安全工程师事务所有限公司
9. 北京众易安信管理咨询有限公司
10. 北京安科研培技术有限公司
11. 北京赛福德注册安全工程师事务所有限公司
12. 北京蔻凯恒安咨询有限公司
13. 北京京信安博技术服务有限公司
14. 北京联合智业认证有限公司
15. 北京启迪智信注册安全工程师事务所有限责任公司
16. 北京天晟百纳安全技术有限责任公司
17. 尚锦文（北京）文化传媒有限责任公司
18. 北京大方安科技术咨询有限公司
19. 中国建材检验认证集团股份有限公司
20. 北京永旺嘉诚安全科技发展有限公司
21. 北京中矿基业安全防范技术有限公司
22. 北京市工业技术开发中心
23. 北京市劳动保护科学研究所
24. 国家安全生产监督管理总局研究中心
25. 上海柏科管理咨询股份有限公司
26. 北京神龙安科技术发展中心
27. 北京中机爱生安全技术咨询有限公司
28. 北京地大安环科技发展有限公司
29. 北京桑莱注册安全工程师事务所有限公司
30. 北京云帆沧海安全防范技术有限公司
31. 北京阳光企安注册安全工程师事务所有限公司
32. 首都经济贸易大学
33. 北京思源注册安全工程师事务所有限公司
34. 北京埃尔维质量认证中心
35. 中环冶金总公司
36. 北京德康莱安全卫生技术发展有限公司
37. 北京泰瑞特认证中心
38. 北京中机安达安全技术咨询有限公司
39. 北京万方同人技术顾问中心
40. 北京国泰民康安全技术中心
41. 北京安信兴业管理咨询有限公司
42. 北京原祓注册安全工程师事务所有限公司
43. 吉林宝华安全评价有限公司

索　引

K

L

M

P

Q

R

S

T

W

X

Y

Z